Albert Schweitzer

Werke aus dem Nachlaß

Herausgegeben von
Richard Brüllmann (†), Erich Gräßer, Claus Günzler,
Bernard Kaempf, Ulrich Körtner, Ulrich Luz,
Johann Zürcher

Albert Schweitzer

Kultur und Ethik in den Weltreligionen

Herausgegeben von
Ulrich Körtner und Johann Zürcher

Verlag C. H. Beck

Die Deutsche Bibliothek – CIP-Einheitsaufnahme

Schweitzer, Albert:
Werke aus dem Nachlaß / Albert Schweitzer.
Hrsg. von Richard Brüllmann ... – München : Beck
ISBN 3-406-39130-3

Kultur und Ethik in den Weltreligionen/
Albert Schweitzer, Hrsg. von Ulrich Körtner und
Johann Zürcher. – München : Beck, 2001
ISBN 3-406-47782-8

ISBN 3 406 47782 8 für diese Ausgabe
ISBN 3 406 39130 3 für die Gesamtausgabe

Satz: Fotosatz Otto Gutfreund GmbH, Darmstadt
Druck- und Bindearbeiten: Kösel Kempten
Gedruckt auf säurefreiem, alterungsbeständigem Papier
(hergestellt aus chlorfrei gebleichtem Zellstoff)
Printed in Germany

www.beck.de

ULRICH NEUENSCHWANDER
(1922–1977),
dem Initiator der Nachlaß-Ausgabe,
gewidmet

Inhalt

Anhänge

A. Anhang zu «Kultur und Ethik in den Weltreligionen»

B. Anhang zu «Mensch und Kreatur in den Weltreligionen»

C. Anhang zu den Hibbert-Vorlesungen:
Die Religion im heutigen Geistesleben

Verzeichnis der von Albert Schweitzer zitierten
und benutzten Literatur

Abkürzungen

Die Abkürzungen folgen dem Abkürzungsverzeichnis der Theologischen Realenzyklopädie von S. M. Schwertner, Berlin/New York [2]1994. Weitere Abkürzungen:

aut.	autographisch
Dok.	Dokumentationsabschrift im Archiv Günsbach
Dok.-S.	Seitenzahlen der Dok.
Expl.	Exemplar(e)
folg.	folgende(n)
Hs.	fremde Handschrift
id.	identisch
Korr.	Korrektur(en)
Masch.	Maschinenschriftkopie, geschrieben von Annie Fischer (außer den bei III zum Vorwort genannten Unterlagen)
Ms., Mss.	Manuskript, Manuskripte
Ms.-S.	Manuskript-Seite(n)
ZAG	Zentralarchiv im A. Schweitzer-Haus, Günsbach (Elsaß)
ZB	Zentralbibliothek Zürich

Vorwort

Der vorliegende Band umfaßt im Zusammenhang mit der universalen Frage nach der Ehrfurcht vor dem Leben die religionsphilosophischen Aspekte. Sie stellen das Bindeglied zwischen der rein *theologischen* und der rein *kulturphilosophischen* Betrachtungsweise dar.

Die beiden Schriften *Kultur und Ethik in der Weltanschauung der Weltreligionen* und *Mensch und Kreatur [in den Weltreligionen]* und die Hibbert-Vorlesungen über *Die Religion im heutigen Geistesleben* sind durch ihre religionsphilosophische Thematik vereint, stammen aber aus zwei verschiedenen Schaffensperioden Schweitzers.

Kultur und Ethik in der Weltanschauung der Weltreligionen wurde 1920/21 verfaßt, ziemlich gleichzeitig mit *Kultur und Ethik* (Kulturphilosophie II). 1932 bezog Schweitzer die Arbeit, gemäß ursprünglicher Absicht, in neuer (kürzerer) Fassung in den größeren Zusammenhang der Fortsetzung der Kulturphilosophie ein. Damit wurde gleichzeitig die Kulturphilosophie in einen religionsphilosophischen Horizont hineingestellt.

Das Manuskript *Mensch und Kreatur [in den Weltreligionen]* entstand 1933 in Lambarene. Diese Schrift ist genau parallel zu *Kultur und Ethik in der Weltanschauung der Weltreligionen* aufgebaut. Sie gehört zur dritten (die Skizzen zur ersten) der drei vorhandenen Entwurfsreihen von 1931–1933 zu *Kulturphilosophie III*; die Zuordnung zur Weltreligionenschrift von 1920/21 (Vorschlag von Ulrich Neuenschwander) empfiehlt sich durch die erwähnte Parallelität der Kapitelfolge in beiden Schriften.

Ebenfalls nach Vorschlag U. Neuenschwanders fügen wir dem Band noch die Hibbert-Vorlesungen von 1934 bei, die Schweitzer in Oxford und London gehalten hat. Es sind an sich selbständige Vorlesungen, die nicht als Teil der Fortsetzung der Kulturphilosophie gedacht waren. Ihr Thema, die Bedeutung der Religion für unser Zeitalter, ist jedoch der Sache nach die Weiterführung der Gedanken von *Kultur und Ethik in der Weltanschauung der Weltreligionen* in unsere abendländisch-christliche Situation hinein. Die Ausführungen in diesen Vorlesungen zeigen bereits die Integration von Religionsgeschichte und Philosophie in eine übergreifende Religionsphilosophie, die Schweitzer vorschwebte. In den parallelen Schriften *Kultur und Ethik in den Weltreligionen* 1920/21 und *Kultur und Ethik* 1923 (*Kulturphilosophie II*) ist diese Integration noch nicht in dem Maße vollzogen.

Sämtliche drei Beiträge dieses Bandes sind bisher unveröffentlicht. Ihre Edition ist durch widrige Umstände lange verzögert worden. Die vorliegende Ausgabe basiert auf den Vorarbeiten von U. Neuenschwander, der 1977 unerwartet starb. Sein ehemaliger Assistent Johann Zürcher führte die Editionsarbeit bis zu einem ersten Fahnendruck fort. Der vorliegende Band gedieh jedoch nicht bis zur gedruckten Ausgabe, weil das ursprüngliche Projekt der Nachlaßedition zum Erliegen kam. Während zu Beginn die Absicht bestand, nur die fertigen Haupttexte mit Beigabe der (ergänzten) originalen Anmerkungen herauszugeben, tauchten im Verlauf der Arbeit und Durchsicht, Inventarisierung und Transkription aller nachgelassenen Arbeitsmaterialien, Skizzen und Notizen Schweitzers immer wieder Textabschnitte, Sätze und Notizen auf, die als dazugehörend nachträglich noch aufzunehmen waren. Für die vorliegende Edition wurde eine umfangreiche Auswahl getroffen, wobei die Nachträge in ihrem jeweiligen größeren Zusammenhang geboten werden. Wörtliche Zitate des Hauptteils werden, unter Hinweis auf die betreffenden Seiten des Haupttextes, weggelassen, wenn es – z. B. bei zusammenhängenden Textstücken – möglich war. Sprachlich wesentlich abweichende Textstücke jedoch werden mitgeteilt, auch wenn sie inhaltliche Duplikate sind. Auf diese Weise erklärt sich der verhältnismäßig große Umfang der Beilagen zum vorliegenden Band.

Der 1991 neu gegründete Herausgeberkreis legte neue Editionsrichtlinien fest, die eine umfassende Überarbeitung der bereits vorliegenden Druckfassung dieses Bandes erforderlich machten. Da es sich bei der gesamten Nachlaßausgabe um eine Textedition, keine kommentierte Ausgabe handelt, mußten zahlreiche kommentierende Anmerkungen, die zum Teil noch von U. Neuenschwander stammten, gestrichen werden. Dazu gehört auch ein für die Nachlaßausgabe verfaßter Kommentar Neuenschwanders zu den Hibbert-Lectures, welcher aber der von Johann Zürcher hergestellten Dokumentationsabschrift beigegeben ist.[1] Die im Kommentar enthaltenen Zitatnachweise und Angaben von Werktiteln u.ä. haben wir jedoch in die Anmerkungen übernommen.

Die Endfassung des vorliegenden Bandes hat Ulrich Körtner erstellt. Die editorische Hauptarbeit aber hat Johann Zürcher geleistet, dem wir nicht nur die Dokumentationsabschrift aller benutzten Texte, sondern auch alle in [ ] gesetzten Herausgeberzusätze und Anmerkungen sowie den größten Teil der Einleitungen verdanken. Die Herausgeber danken Frau Mag. theol. Marianne Karner und vor allem Herrn Mag. theol. Andreas Klein, welche mit großer Sorgfalt die Reinschrift des Typoskripts erstellt haben. Herr Klein war überdies bei der Erstellung der Register sowie des Verzeichnisses der von Schweitzer zitierten und benutzten Literatur behilflich. Unser besonderer Dank gilt einem ungenannt bleiben wollendem Spender, der die Veröffentlichung durch einen großzügigen Zuschuß unterstützt hat.

Wien und Worb

Ulrich Körtner
Johann Zürcher

1 ZAG, Dok.-S. 211–224.

Kultur und Ethik in den Weltreligionen

Einleitung

Von Ulrich Neuenschwander,
bearb. von Johann Zürcher und Ulrich Körtner

Die Schrift über *Kultur und Ethik in den Weltreligionen* liegt in mehreren Fassungen vor. Die erste stammt aus dem Jahre 1919. Sie trägt noch den Titel *Das ethische Suchen der Menschheit.* Darunter findet sich die weitere Überschrift: *Die Grundidee des Sittlichen* und der erste Untertitel: *Die Regeneration der Kultur.* Auf dem ersten Blatt ist vermerkt: «Begonnen am 30.VII.19, Chirurg. Klinik Stoltz. Straßburg. Als Patient in dieser Klinik Abt. 207, Zimmer 2».[1] Schweitzer mußte sich der Krankheit wegen, die ihn im Interniertenlager in Frankreich befallen hatte, einer zweiten Operation unterziehen.

Die zweite, für den Haupttext unserer Ausgabe maßgebliche Textfassung ist stark erweitert und teilweise ganz neu geschrieben. Sie ist 1920/21 in Straßburg entstanden. Das letzte Kapitel «Rückblick», das in der Version von 1919 noch fehlt, wurde nach mehrmaliger Bearbeitung in Günsbach am 19. Juni 1921 abgeschlossen.[2] Welche Bedeutung Albert Schweitzer dieser Arbeit über die Weltreligionen beimaß, erhellt daraus, daß er in seiner Selbstbiographie in einer Weise darüber berichtet, wie er es sonst nur bei den veröffentlichten Werken tut.[3]

Das Manuskript dieser zweiten Fassung (unsere Ms.-Vorlage, in der ursprünglich die Überschriften zu Kap. III-VIII noch «Das ethische Pro-

---

1 Vgl. Anh. A,2, S. 290.

2 Vgl. S. 161 und Anh. A,6a-c, S. 340 ff.

3 *Aus meinem Leben und Denken*, Leipzig 1931, S. 158 ff. – Kurzzusammenfassungen der Arbeit bietet er neben denjenigen zu späteren Texten zu Kulturphilosophie III in *Kultur und Ethik* (Kulturphilosophie II), in Kap. IV, ferner in: *Le probleme de l'ethique dans l'evolution de la pensée humaine* (Revue des Travaux de l'Académie des Sciences morales et politiques, 4e série, 1952, 2e semestre), deutsch von I. Weidekampf in: *Albert Schweitzer – Genie der Menschlichkeit* (Fischer-Bücherei 83), Frankfurt a. M./Hamburg 1956, S. 225–239 und in: *Albert Schweitzer, Die Lehre von der Ehrfurcht vor dem Leben. Grundtexte aus Jahrzehnten*, hg. v. H.W. Bähr, München 1966, Kap. VIII; auch in: *Das Christentum und die Weltreligionen*, München/Bern 1924, zusammen mit Schweitzers eigener Übersetzung des zuvor genannten Aufsatzes *Le problème* ... bei Beck, München 1978, S. 69–88, erschienen.

blem ...» hießen) ist als endgültiger Text durch Frau Annie Fischer auf Schreibmaschine übertragen worden. Diese in mehreren Exemplaren vorhandene «Fischer-Kopie», unsere unmittelbare Druckvorlage («Maschinenschrift-Vorlage»), enthält noch Korrekturen von dritter Hand, die meist kleine Schreibfehler betreffen; die originalen Zwischentitel sind am Rand in derselben Handschrift beigefügt. Wahrscheinlich handelt es sich um Frau Fischers eigene Handschrift. Die Schreibmaschinenexemplare sind aber auch noch von Albert Schweitzer selbst wieder überarbeitet worden. Insbesondere hat er das Kapitel III nochmals handschriftlich wesentlich erweitert und dem Kapitel V eine Einleitung vorangestellt.[4] Um dieser Überarbeitung willen ist die «Fischer-Kopie» als der maßgebliche endgültige Text zu betrachten.

Dennoch war es ratsam, diese Fassung genau mit dem Manuskript zu vergleichen. Einzelne unklare Stellen scheinen doch auf fehlerhafter Lesung zu beruhen und konnten durch Vergleich mit den Manuskripten berichtigt werden. Ebenso verdienten einige handschriftliche Varianten, die im Maschinentext oder bereits im Manuskript gestrichen wurden, unser Interesse. Auf solche differierende Stellen, soweit sie von sachlichem Gewicht sind, machen wir in den Anmerkungen aufmerksam. Eine besondere Schwierigkeit besteht bei Kap. V darin, daß Schweitzer in die Schreibmaschinenexemplare z.T. voneinander abweichende Korrekturen eingetragen hat.

Die Fassung von 1920/21 mit dem kürzeren Titel *Kultur und Ethik in den Weltreligionen*, den wir auch als Gesamttitel des vorliegenden Bandes gewählt haben, oder gelegentlich noch kürzer *Kultur und Weltreligionen*, stellt ein abgeschlossenes und abgerundetes Ganzes dar. Der jetzigen Zählung der Kapitel ging eine andere, nachher gestrichene, voraus. Statt I–IX wurde VIII–XVI gezählt. Die 7 ersten Kapitel waren im wesentlichen diejenigen von *Verfall und Wiederaufbau der Kultur* (*Kulturphilosophie I*), wobei Kap. VI «Optimistische und pessimistische Weltanschauung» ausfiel und Kap. VII, «Das ethische Problem», als Kap. III in *Kulturphilosophie II* zu stehen kam. Das Kap. VIII «Das ethische Denken beim primitiven und beim jugendlichen Menschen»[5] fiel ebenfalls weg, bildet aber eine Vorfassung des gleichzeitigen definitiven Kapitels I der Weltreligionen-Schrift von 1920/21; es ist auch identisch mit Teilen der Einleitung zum *Ethischen Suchen der Menschheit*[6] (welcher Text, wie schon erwähnt, am 30. 7. 1919 begonnen wurde) und des Textes «Anfänge der Ethik»[7] (21. 10. 1920). Datiert ist dieses Kap. VIII nur mit «Straßburg 1920». Die definitive Fas-

4 In der Masch.-kopie, der diese autogr. Einleitung beigeordnet ist, hat Schweitzer selbst die Seitenzahlen 1–13 in 5–17 abgeändert.

5 Quellenverzeichnis Anh. A,3 b, S. 445 (nicht abgedruckt). Das Kapitel wurde durch ein neues Kap. VIII ersetzt, das jetzige Kap. IV von *Kulturphilosophie II*.

6 Quellenverzeichnis Anh. A,2, S. 444.

7 Quellenverzeichnis Anh. A,3 a, S. 445 (nur teilweise gedruckt).

sung der 4 ersten Kapitel von *Kulturphilosophie I* («Europafassung»: *Dekadenz und Regeneration der Kultur*) wurde am 18. 8. 1920 in Straßburg begonnen. In diese Zeit fiel dann wohl der Entschluß, die Arbeit über die Weltreligionen zu verselbständigen und mit neuen Kapitelzahlen (I–IX statt VIII–XVI) zu versehen.

In den «Alten Skizzen zu den Weltreligionen»[8] und in der Ausarbeitung *Das ethische Suchen der Menschheit* (beide 1919) wird der ganze Stoff, der sich mit dem Verhältnis von Religion und Ethik befaßt, in einem einzigen Kapitel dargeboten. Es trägt in der Skizze die Überschrift «Religion und Ethik» und zählt in der fertigen Ausarbeitung als Kapitel III,[9] ohne daß die einleitenden Texte entsprechend als Kapitel I und II durchnumeriert würden. Die Aufteilung des Weltreligionenstoffes in neun Kapitel erfolgte erst in dem zum Druck vorbereiteten Haupttext von 1920/21.

Die Übersicht über die Entstehung der Kapitelnumerierung zeigt, daß die Weltreligionen-Schrift Teil der Kulturphilosophie ist und schließlich einen Band derselben darstellen sollte.[10] Schon der bereits zitierte Untertitel *Regeneration der Kultur* weist darauf hin, ferner die Randnotiz 27 der Fassung 1919, Ms.-S. 85: «Kulturphilosophie. Titel: Das ethische Suchen der Menschheit» und ganz eindeutig eine Briefstelle vom 14. 6. 21 an Ernst Kurth: ... «ich übe fleißig für Konzerte und schreibe an meiner Kulturphilosophie, deren 1. Band *Ethik und Kultur in der Weltanschauung der Weltreligionen* dieser Tage fertig sein wird.»[11]

Aus dieser Briefstelle vom 14. 6. 1921 ist ferner zu entnehmen, daß mindestens bis zu diesem Datum die Absicht bestand, diesen 1. Band wirklich herauszugeben; die Nummern der folgenden Bände hätten dann aber II–V statt I–IV sein müssen. Hiervon war jedoch nie die Rede, vielmehr wurden die 1923 erschienen Bände der Kulturphilosophie schon 1920 mit I und II numeriert. Dies steht zur genannten Briefstelle im Widerspruch, der sich allenfalls durch die Annahme löst, daß die betreffenden Titel und Titelblätter, die die Band-Nummern I und II nennen, erst etwas später den Manuskripten beigelegt wurden, als das Nichterscheinen des Weltreligionenbandes feststand.

---

8 Ms.-S. 30–52, Quellenverzeichnis Anh. A,1, S. 443 f. (nur teilweise gedruckt).

9 Ms.-S. 12, s. S. 301.

10 Wie schon im Vorwort erwähnt, hat Schweitzer 1932 den ganzen Weltreligionenstoff in neuer Fassung in den (1.) Entwurf zu Kulturphilosophie III einbezogen (2. Reihe, als Kap. V) und schon im selben Jahr auch erwogen, daraus die beiden Kapitel über China und Indien als selbständige Bücher auszubauen. Vgl. M. Woytt-Secretan, *Albert Schweitzer. Der Urwalddoktor von Lambarene*, Straßburg 1947, Bern 1956, S. 167.

11 Nach der Briefkopie aus dem Besitz von E. R. Jacobi, Zürich. Das Titelblatt eines fragmentarischen Maschinenschriftexemplars nennt noch weitere Varianten der Überschrift: (*Die*) *Weltanschauung und die Weltreligionen*, wozu Schweitzer beifügt: «oder *die Weltanschauung der Weltreligionen*».

Im Albert Schweitzer-Archiv Günsbach fanden sich unter den Materialien zu den Gifford-Lectures 2 Briefe Schweitzers vom 27. 6. 1921 an Ch. Th. Campion, Grahamstown, und an den Erzbischof von Schweden, N. Söderblom, worin von den Kulturphilosophie-Bänden und ihrer Übersetzung und Drucklegung die Rede ist.[12] Der Weltreligionenband wird hier nicht mehr, wie noch 2 Wochen vorher am 14. 6. 1921, als erster, sondern als zweiter Band bezeichnet, *auf den man notfalls, um Druckkosten zu sparen, verzichten könne* (offenbar in der vorgesehenen schwedischen Ausgabe der Bände, denn «*in der deutschen und englischen Ausgabe der Bände wird er figurieren*», wie es im Brief an den Erzbischof heißt). Demnach ist es möglich, daß für das Nichterscheinen des Weltreligionenbandes rein äußere, finanzielle Gründe maßgebend waren, denen Schweitzer durch ein Verzicht-Angebot entgegenkam. Die Begründung, Druckkosten zu sparen, gilt aber zweifellos auch für die deutsche Ausgabe (die den Band dann doch nicht enthielt): 1923, im Jahr der großen Inflation in Deutschland, nach dem 1. Weltkrieg, mochten sich finanzielle Rücksichten wohl gebieterisch aufgedrängt haben. Die schwedische Ausgabe von Kulturphilosophie I erschien dann 1924 (II: 1946), die englische Ausgabe beider Bände im selben Jahr wie die deutsche: 1923.

Aufschlußreich ist ferner noch, was Schweitzer über seine Art der Zitierung von Texten schreibt (im Brief an Campion): «... oft weicht die von mir benutzte deutsche Übersetzung davon [der Zitate] von der englischen ab, dann suchen Sie entweder einfach die deutsche zu übersetzen oder einen mittleren Text! Oft übersetze ich auch nur im Auszug! – Ich bin nicht gebunden, auf alle philologischen Fragen der Übersetzung einzugehen. Ich schreibe ein philosophisches Werk. Also kommt es nur darauf an, daß der Sinn in den Zitaten richtig angegeben ist. – Für die chinesische Literatur haben Sie James Legge's Übersetzungen von ‹The Chinese Classics› (1862 [vol. 1–5, 1861–72]) und die taoistischen Texte in ‹[The] Sacred Books of the East› (1891 ff. [vol. 39/40]). Aus Prinzip zitiere ich nie, nach welcher Übersetzung ich gehe, da ich manchmal zwischen zweien das Mittelding wähle, oft auch stilistisch korrigiere.»

Die Schwierigkeit, die verschiedene Herkunft der Zitate, oft sogar in ein und demselben Satz (z. B. im Abschnitt über Ägypten) nachzuweisen, hat also ihre Ursache in dieser Art des Zitierens. Im übrigen beweist diese Briefstelle, daß Schweitzer bereits 1921 Verhandlungen über eine englische Übersetzung des Weltreligionenbandes führte.

Der 1921 dann doch nicht edierte Weltreligionenstoff wurde in die späteren Entwürfe zur Kulturphilosophie eingearbeitet und für Kurzauszüge von Vorträgen und Aufsätzen verwendet.[13] Die beiden Kapitel

---

12 Die Herausgeber verdanken die Kenntnis dieser Briefe der Betreuerin des Archivs Günsbach, Frau Ali Silver († 1987).

13 Vgl. dazu Anm. 3 und 10.

über China und Indien sollten zu selbständigen Monographien erweitert werden. Von den beiden Büchern erschien nur das über Indien (1935),[14] das andere über die *Geschichte des chinesischen Denkens* liegt in zwei ungedruckten Fassungen aus den Jahren 1937 und 1939/40 vor. In nuce entwerfen diese Arbeiten wie auch die Weltreligionen-Schrift und die späteren Textfassungen einzelner Teile derselben eine Geschichte des Denkens der Menschheit, die Schweitzer als Prolegomena zu seiner *Kulturphilosophie* vorschwebte. Die Nachlaßtexte bieten im allgemeinen ihren Stoff zwar wohl nicht immer in der endgültigen Form und Vollständigkeit, die Schweitzer anstrebte, doch kann die vorliegende Schrift über die Weltreligionen als erster Versuch einer ideengeschichtlichen Gesamtdarstellung gelten. Umfang und Stoffauswahl entsprechen offenbar genau Schweitzers damaligen Intentionen, hat er doch selbst den Haupttext in übersichtliche Kapitel gegliedert und für den Druck vorbereitet.[15]

Zur Verbindung der Arbeit über die Weltreligionen mit *Kultur und Ethik*[16] (Kulturphilosophie II), sei noch angemerkt, daß die Vorarbeiten zu beiden Komplexen z. T. ineinander übergehen. So sind z. B. die «Alten Skizzen zu den Weltreligionen»[17] Teil von am 8. 7. 1919 begonnenen «Notizen und Skizzen für die ethische Arbeit». Für die Schriften über die Weltreligionen wurden jedoch nur diejenigen Materialien und Vorarbeiten beigezogen und teilweise[18] aufgenommen, die den Weltreligionenstoff betreffen. Das gilt auch für die Buchtitel, die Schweitzer in einem Verzeichnis «Literatur für die ethische Arbeit. Angefangen Juli 1919» zusammengestellt hat.[19]

Die Materialien zu den Vorlesungen in Uppsala (Frühjahr 1920), die u. a. auch die Weltreligionen betreffen, wurden nicht berücksichtigt, da diese in einem für Vorlesungen und Vorträge reservierten Band der Nachlaßausgabe erscheinen sollen. Von den Vorlesungen über die «Auseinandersetzung der religiösen Weltanschauung mit den Ergebnissen der geschichtlichen Erforschung der Religionen und den Tatsachen der Naturwissenschaft» im Wintersemester 1911/12 (Straßburg), die Schweitzer in *Aus meinem Leben und Denken* (zu Beginn des XI. Kapitels) er-

14 *Die Weltanschauung der indischen Denker*, München/Bern 1935.

15 Nur das Nichtzustandekommen des Drucks brachte es mit sich, daß Schweitzer dann nicht genötigt wurde, zwischen seinen differierenden Korrekturen einiger identischer Stellen zu entscheiden.

16 Beide Begriffe, «Kultur» und «Ethik», erscheinen auch in den Weltreligionen-Überschriften, was an sich schon ein Hinweis darauf ist, daß die Studie über die Weltreligionen zum Konzept der Kulturphilosophie gehört. Die Kapitelüberschriften lauten übrigens, außer in Kap. V (und in der Hauptüberschrift) «Ethik und Kultur» …, eine wohl nur zufällig veränderte, aber von uns belassene Reihenfolge der Begriffe.

17 Siehe Anm. 8.

18 Teile aus Sac 6, Nr. 1b/c.

19 Sac 6, Nr. 5.

wähnt, wurde 1989 die Nachschrift der vier letzten Stücke gefunden, die wir im Band *Straßburger Vorlesungen* (1998) ediert haben.

In den Texten über die Weltreligionen konzentriert sich die Darstellung auf den Beitrag der *Religionen* zum Aufbau einer ethischen Kultur. In manchen Einzelheiten ist die religionsgeschichtliche Forschung inzwischen weitergeschritten oder zu neuen Resultaten gelangt. Das Wesentliche dieser Texte liegt aber nicht in Einzelfakten äußerer Art wie etwa der Frage nach der Historizität der Begegnung von Laotse und Kungtse, auch nicht in der Erkenntnis und Beschreibung religionsphänomenologischer Gegebenheiten, sondern im *religionsphilosophischen Gehalt.* Die Bedeutung der ganzen Schrift beruht auf der Klarheit, mit der Albert Schweitzer die *Größe* wie auch die *Grenzen* der Religionen für die ethische Kultur der Menschheit aufzeigt.

I. Die Probleme der Weltanschauungen der Weltreligionen[1]

Religiöse und philosophische Weltanschauung

Seit Jahrzehnten werden die Weltreligionen eingehend religionsgeschichtlich untersucht. Man beschäftigt sich mit den einer jeden von ihnen eigentümlichen Vorstellungen und kultischen Gebräuchen. Zugleich beginnt man aber, sich in steigendem Maße davon Rechenschaft zu geben, daß nicht nur die Religionsgeschichte, sondern auch die Philosophie sich über sie zu äußern habe.

Seit Jahrhunderten leben die Geschlechter, die sich auf Erden folgen, in der Hauptsache von den Weltanschauungen der Weltreligionen. Sie sind geworden, was diese aus ihnen gemacht haben. Sittlichkeit besitzen sie so viel, als sie in diesen gefunden haben. Zu Kultur sind sie so weit gelangt, als diese es ihnen geboten oder zuließen.

In den Weltreligionen ist der große, geistige Fortschritt niedergelegt, in dem die Menschheit aus dem Primitivismus herausgetreten ist. In ihnen ist zugleich gegeben, daß sie über bestimmte Punkte nicht hinauskam.

Durch die furchtbaren geistigen und materiellen Ereignisse, die über unsere Zeit hereingebrochen sind, werden wir dazu angehalten, Klarheit über die Menschheit und uns selber zu suchen. Wo sind wir? Wohin wollen wir? Was haben wir zu hoffen? So kommen wir dazu, Fragen an die Weltreligionen zu stellen, mit denen man so eindringlich bisher nicht an sie herangetreten ist. Wir wollen wissen, was sie in dem Suchen der Menschheit nach Weltanschauung bedeuten.

In der Entwicklung, die an den Weltreligionen zutage tritt, findet eine Anstrengung auf Erkenntnis des Wesens des Universums und der Bestimmung des Menschen in ihm statt. Zu welchen Überzeugungen sind sie in diesen Fragen des Wissens vom Leben gelangt? Was ist das Gemeinsame an ihrem Suchen? Was bedeutet es, daß die eine diesen, die andere jenen Weg einschlägt? Warum machen sie alle Halt, ehe sie zu endgültiger, in jeder Hinsicht als reine Kraft wirkender Weltanschauung gelangt sind?

Darf man aber an die Weltanschauungen der Weltreligionen philosophische Fragen stellen?

Je eingehender man sich mit ihnen befaßt, desto mehr kommt einem zu Bewußtsein, wie fließend eigentlich die Grenzen zwischen religiöser

---

1 [R] Straßburg 1920.

und philosophischer Weltanschauung sind. Beide wollen ja dasselbe: dem Menschen den Sinn des Lebens enthüllen und ihn so zum wahren Erleben des Lebens führen. Daß die eine dabei sich mehr an Überliefertes hält und mit bildlichen Vorstellungen umgeht, während die andere sich bestrebt, voraussetzungslos zu sein und mit Begriffen zu arbeiten, ist wohl ein bedeutungsvoller, aber kein absoluter Unterschied. Wenn die religiösen Weltanschauungen sich zu einer gewissen Vollkommenheit ausbilden, geraten sie in irgendeiner Weise auf das Gebiet des reinen Denkens; wenn die Philosophie in die Tiefe geht, wird sie irgendwie religiös.

In Indien und in China bildet sich die eigentliche Weltanschauung in der Art aus, daß fast fraglich sein kann, ob sie als philosophisch oder als religiös zu gelten hat. Sie wahrt die Beziehung mit dem überlieferten Glauben. Zugleich aber läßt sie ihn in eigentümlicher Weise hinter sich, indem sie sich aus Anregungen entwickelt, die vom unmittelbaren Denken über das Universum, das Leben und die Ethik ausgehen. Buddha und andere indische Lehrer können beim Atheismus anlangen, ohne damit in Widerstreit zur überlieferten Religion zu treten. Laotse und Konfuzius (Kungtse) in China bilden eine ethische Weltanschauung aus, ohne dafür im einzelnen auf das Vorstellungsmaterial der überlieferten Religion zurückzugreifen.

Das Christentum zieht die Trennungslinie zwischen Religion und Philosophie viel schärfer als die Religionen des Ostens. Aber sich von der Philosophie abzuschließen vermag es nicht. Kaum in die griechisch-römische Welt eingetreten, geht es die mannigfachsten Wechselbeziehungen mit ihrem Denken ein und strebt danach, sich in dem hier vorgefundenen Gedankenmaterial zu gestalten. Im Mittelalter stellt es sich ganz auf die Philosophie des Aristoteles ein. Der neuzeitlichen Philosophie gibt es seine ethischen Weltanschauung als zu lösende Aufgabe auf und sucht in ihrem Denken fähig zu werden, die Bedürfnisse des modernen Geistes zu verstehen und zu befriedigen.

Religion und Philosophie sind also nur zwei verschiedene Arten des mit Weltanschauung beschäftigten Denkens. Die tiefe religiöse Weltanschauung läßt sich auf einen philosophischen Ausdruck bringen, und die tiefe philosophische nimmt religiösen Charakter an. Auf verschiedenen Wegen führen beide zu der Höhe, auf welcher der Mensch sich in dem Universum erschaut und seinen Willen an den Urwillen des Seins hingibt.

Maßstäbe der Weltanschauung. Das ethische Problem

Nach welchen Maßstäben sind die Weltanschauungen der Weltreligionen zu vergleichen und zu beurteilen? Nach der Stärke, in der Ethik und Kultur in ihnen begründet sind. Was sie aus dem Menschen machen, entscheidet über ihren Wert.

In den niederen Religionen sucht der Mensch Schutz gegen die Gewalten, denen er sich unterworfen fühlt. Mit dem Fortschritt der Religion veredelt sich die Vorstellung der Erlösung. Jetzt will der Mensch bei der Macht, die über den Ereignissen steht, nicht nur Schutz finden. Er denkt zugleich den Gedanken der Hingabe an sie. Was er von seinem Leben zu halten und was er aus ihm machen solle, will er nun von der Religion erfahren. Höher orientierte Weltanschauung und Lebensauffassung treten in der Vorstellung der Erlösung auf und bestimmen Gepräge und Wert des betreffenden Glaubens. Die Bedeutung einer Religion für den Einzelnen wie für die Menschheit ist also nach der Stärke zu bewerten, in der sie ihren Bekennern Energien zur Betätigung von Ethik und Kultur entstehen läßt.

Um zu ermessen, was die einzelnen Weltreligionen in dem großen Suchen nach Ethik geleistet haben, muß man sich vergegenwärtigen, worin das ethische Problem eigentlich besteht.

Die primitive Ethik, soweit wir sie noch an den heutigen Naturvölkern studieren können, tritt auf drei Wegen in die Erscheinung. Gewisse rudimentäre ethische Grundsätze ergeben sich aus der Notwendigkeit eines einigermaßen erträglichen Zusammenlebens von Menschen. Andere leiten sich aus den Solidaritätsverhältnissen ab, die zwischen Menschen derselben Familie und desselben Stammes bestehen. Wieder andere gehen darauf zurück, daß durch religiöse Vorstellungen ein Solidaritätsverhältnis hergestellt wird, wo sonst Indifferenz oder Feindseligkeit gelten würde. Dieser Art sind die Gebote des Gastrechtes, in denen der primitive Mensch dem modernen vorbildlich sein könnte. Hat der Fremde den Bezirk des Hauses betreten, so ist er heilig und wird wie ein Blutsverwandter behandelt. Die eigentliche Logik dieses religiös-ethischen Gedankens ist noch nicht vollkommen aufgehellt.

Aber die ethischen Anregungen, die aus der primitiv-religiösen Weltanschauung kommen, sind sehr unzuverlässig. Sie können auch das Inhumanste und Sinnloseste als ethisch sanktionieren. So ist, zum Beispiel, die Blutrache bei den Primitiven nicht eine einfache Rachetat, sondern eine sittlich-religiöse Pflicht. Bei manchen Naturvölkern wird sie so ausgeübt, daß der Verwandte, dem sie zufällt, den ersten besten Menschen, der ihm in den Weg kommt, erschlagen muß, wenn er des Mörders eines Mitgliedes seiner Sippe nicht habhaft werden kann.

Bei allen Fortschritten, welche der Forschung noch beschieden sein können, wird uns die Ethik des primitiven Menschen immer mehr oder weniger dunkel bleiben, weil er selber uns rätselhaft ist. Wer mit Naturvölkern verkehrte, weiß, wie schwer es uns wird, uns in die Mentalität zu versetzen, in der vernunftgemäße und magische Vorstellungen ohne Unterschied ineinander übergehen. Je mehr man in diese Gedankenwelt

Einblick gewinnt, desto unmöglicher scheint es, die ersten Kapitel der Naturgeschichte des Gewissens zu schreiben.

Es hat auch keinen Sinn, das Wesen der Ethik aus ihren Anfängen darstellen zu wollen. Nicht die Richtung, die der Fluß nach seinem Entspringen hat, sondern die definitive, in der er dem Meere zustrebt, entscheidet über seinen Lauf.

Eine Zeitlang besteht der Fortschritt der Ethik darin, daß sie Gebot zu Gebot tut, den Kreis ihrer Betätigung immer mehr erweitert und immer tiefergehende Ansprüche stellt.

Der chinesische Philosoph Mong Dsi (Mengtse; Mencius) sagt einmal,[2] daß es sich bei der Ethik um nichts anderes handle, als [darum,] die Gefühle der Liebe und Pflicht, die wir unserm Nächsten gegenüber unmittelbar und in natürlicher Weise empfinden, auf die ganze Welt auszudehnen.

Je mehr sie fortschreitet und über sich selbst klar wird, desto mehr kommt die Ethik zur Einsicht, daß ihre scheinbar so verschiedenartigen Forderungen zuletzt auf eine einzige zurückgehen. Es muß ein Grundprinzip des Sittlichen geben. Wie aber ist es zu formulieren und zu begründen?

Die Richtung, in der die Formulierung des Inhaltes des Grundprinzips des Sittlichen verläuft, ist einigermaßen klar. Sie hat irgendwie zum Ausdruck zu bringen, daß der Mensch nicht nur mit seinen natürlichen Angehörigen, sondern mit allen Menschen, ja mit allen Lebewesen von Natur aus in einem Solidaritätsverhältnis steht, das ihm gütiges und hingebendes Verhalten gegen sie auferlegt.

Aber wie läßt sich das so erkannte Wesen des Ethischen begründen? Es tritt als mehr oder weniger klar empfundene Tatsache auf und beansprucht, zu einer denknotwendigen Überzeugung erhoben zu werden. Ist dies möglich angesichts der Tatsache, daß die Forderungen des Sittlichen zum natürlichen Selbsterhaltungstrieb in Gegensatz stehen? Was ist es, das mich antreibt, aus meiner Fremdheit gegen andere Geschöpfe herauszutreten?

Die Frage nach dem begründeten Grundprinzip des Sittlichen ist nicht etwas zum Zeitvertreib des Denkens Ersonnenes. Sie[3] liegt in jedem Menschen. Je klarer er sie stellt und je überzeugender er sie beantworten kann, desto mehr trägt er das Ethische als stetig und sicher wirkende Kraft in sich. Je weniger sie ihm bewußt ist, desto unzuverlässiger und ungeklärter ist seine Sittlichkeit.

Die Weltreligionen – wie auch die Philosophie – sind von der Frage nach dem begründeten Grundprinzip des Sittlichen bewegt. Daß sie die Lösungen in ganz verschiedenen Richtungen suchen, zeigt die Schwere des Problems an.

---

2 [Masch.-Vorlagen:] zweimal. [Zum Zitat vgl. Kap. III, S. 53 (VII A, 15).]

3 [Masch.-Vorlagen:] Es.

Laotse, Kungtse (Konfuzius), Mong Dsi (Mengtse), Tschuangtse (Dschuang Dsi) und andere chinesische Denker bestimmen das Sittliche als das Verhalten nach dem «Sinn» der Welt. Die Brahmanen, Buddha und andere Denker Indiens wollen es als Welt- und Lebensverneinung und als Aufgehen im reinen Sein begreifen. Zarathustra, die jüdischen Propheten, Jesus und das Christentum bringen das Sittliche mit einem Weltprinzip in Verbindung, das gegen die natürliche Welt ankämpft und sie zu überwinden trachtet.

Alle diese Lösungen gründen sich auf verschiedenartige Tatsachen des so vielgestaltigen und in sich so widerspruchsvollen Phänomens des Sittlichen in uns. Aber keine erfaßt und deutet es in seiner Totalität. Darum hat keine von ihnen [eine] definitive und sich mit der Wirklichkeit vollkommen auseinandersetzende Sittlichkeit aufzustellen vermocht. Die Lichter, die sie entzündet haben, sind hell, aber sie vermögen das Dunkel nur zu einem Teil zu überwinden.

Viel ist, was die Weltreligionen der Menschheit an Ethik erworben haben. Uns aber ist beschieden, weiter zu streben und die Ethik zu suchen, die sicher und stark genug ist, die Menschen und die Völker so in ihren Bann zu ziehen, daß sie der Inhumanität weiter nicht mehr verfallen können, sondern das, was zur Vervollkommnung, zum Wohle und zum Frieden aller dient, tun müssen. Zu lange haben wir dieser [diese] Aufgabe vergessen und gemeint, was an Ethik in der Welt sei, reiche zum stetigen Fortschritt der Menschheit aus. Schwer haben wir diesen Irrtum gebüßt.

Genötigt, über das ethische Problem denkend zu werden, greifen wir mit ehrfürchtigen Händen auf das zurück, was die großen religiösen Denker der Menschheit darüber zu bieten wußten. Aber noch mehr als Entscheide suchen wir bei ihnen. Das Problem selbst, wie es sich ihnen stellte, wollen wir mit ihnen erleben, daß wir es von allen Seiten einsehen und zum voraus die Wege meiden, die sich in der Vergangenheit als nicht zum Ziele führend erwiesen haben.

In das Rätsel, wie Welt und Ethik in uns und außer uns zusammenzudenken seien, gilt es einzudringen. Nur wenn wir es in der Auseinandersetzung mit uns selbst und den mit ihnen beschäftigten Geistesgewaltigen der Vergangenheit in seiner wirklichen Tiefe erfassen, sind wir bereitet, der Lösung näher kommen zu können, als es der Menschheit bisher beschieden war.

Pessimistische und optimistische Weltanschauung

Als das andere große Problem der Weltanschauung tritt neben dem ethischen das der Welt- und Lebensbejahung oder Welt- und Lebensverneinung auf. Sollen wir uns optimistisch oder pessimistisch zum Sein verhalten?

Von dem Entscheid, den eine Weltanschauung auf diese Frage gibt, hängt ab, wie viel und wie wenig sie äußere Kultur hervorbringen will und kann.

Was an Kultur in der Welt aufgetreten ist, ist auf Grund von Weltanschauung entstanden. In der Natur sproßt nichts, als was aus keimendem Samen kommt. In der Geschichte der Menschheit ereignet sich nichts, das nicht durch in der Menschheit vorhandene Ideen gegeben ist. Der Inbegriff aller Ideen ist die Weltanschauung. Darum ist die Geschichte der Weltanschauung die Geschichte der Menschheit von innen heraus erschaut.

Es gibt eine innere und eine äußere Kultur. Die innere besteht darin, daß der Einzelne zu möglichst hoher geistiger und sittlicher Vollendung gelangt. Die äußere hat es mit der Vollendung der Organisation der menschlichen Gesellschaft und mit den aus den Fortschritten des Wissens und Könnens sich ergebenden materiellen Errungenschaften zu tun.

In welchem Verhältnis stehen innere und äußere Kultur zu einander?

Etwas äußere Kultur ist naturgemäß gewöhnlich mit der inneren vergesellschaftet. Die geistige und ethische Vervollkommnung der Einzelnen wirkt verbessernd auf die gesellschaftlichen Zustände ein. Andererseits erleichtern die durch materielle Errungenschaften gedeihlicher gestalteten Existenzbedingungen dem Einzelnen die Erreichung des geistigen und sittlichen Fortschritts bis zu einem gewissen Grade.

Trotzdem aber ist die innere Kultur gegen die äußere im Prinzip selbständig. Die jüdischen Propheten und Laotse und seine Schüler dringen auf ethische Kultur, ohne in erheblichem Maße für äußere interessiert zu sein. Die indischen Denker verwerfen die letztere ausdrücklich. Nur seine innerliche Vervollkommnung habe der Mensch zu erstreben. Wertvolle in der Welt zu verwirklichende Allgemeinziele werden nicht anerkannt.

Die indische, enge Auffassung von Kultur leitet sich aus der Welt- und Lebensverneinung ab, die in der brahmanischen Weltanschauung wirksam ist.

Das Ideal vollständiger Kultur tritt erst da in Sicht, wo eine Weltanschauung der Welt- und Lebensbejahung am Werke ist. Weil sie eine solche besitzen, sind Kungtse (Konfuzius) und seine Schüler und Zarathustra für Fortschritt auf allen Gebieten begeistert. Das abendländische Denken war ebenfalls bestrebt, welt- und lebensbejahende Weltanschauung aufzustellen. Die Gehobenheit des Lebensgefühls, die sich für den neuzeitlichen Menschen aus den Entdeckungen der Wissenschaft und der damit erlangten Macht über die Naturkräfte ergibt, macht uns diese Weltanschauung und die mit ihr verbundene Auffassung von Kultur selbstverständlich.

Nun aber hat sich herausgestellt, daß die äußere Kultur sich bei uns zum Schaden der innerlichen entwickelte. Wir glaubten von Errungenschaften leben zu können und setzten nicht in Rechnung, daß in der Gesellschaft und in den Völkern in Folge der Errungenschaften schwere Probleme auftreten, die in letzter Linie nur durch ethische Gesinnung zu lösen sind. Weil wir diese nicht in erforderlicher Stärke besaßen, kam die Katastrophe über unsere Kultur. Ihre geistigen und materiellen Folgen sind nicht abzusehen.

Was wir erlebt haben, zwingt uns, die Frage der welt- und lebensbejahenden Weltanschauung, in der wir so sicher waren, noch einmal vorzunehmen. Mit überlegener Miene halten uns Inder und Schüler Laotses vor, daß wir uns in äußerlichem Optimismus und Betätigungsdrang verloren haben. Inwieweit sind sie damit im Recht?

So kamen in unserer Zeit welt- und lebensbejahende und welt- und lebensverneinende Weltanschauung dazu, sich eingehend miteinander auseinanderzusetzen. Auch in den Weltreligionen stehen sie gegeneinander. Welche von beiden ist am natürlichsten begründet? In welcher Art verhält sich die Ethik zu ihnen?

So sind die Weltreligionen für uns ein reicher geistiger Besitz, in dem wir tiefe Gedanken und wertvolle Orientierung suchen, wo wir, um uns zu dauerhafter Kultur emporzuarbeiten, zu universeller, alle wertvollen Ideen in sich vereinigenden Weltanschauung gelangen müssen. Die großen religiösen Denker der Vergangenheit, in dem, was sie erkannt und in dem, worin sie geirrt haben, geleiten uns auf diesem Suchen.

II. Die Ethik in den primitiven Religionen und im assyrischen, ägyptischen und griechischen Polytheismus

Die Ethik in den primitiven Religionen

Jahrtausende lang war das Schicksal der Ethik und der Kultur mit dem der Religion verbunden. Das auf das Sittliche und den Fortschritt gehende Suchen kam nur so weit, als die in der Frömmigkeit gegebenen Vorstellungen es voranließen und vorantrieben.[1]

Dreifacher Art war das sich daraus ergebende Schicksal der Ethik. Im Fetischismus und in wenig entwicklungsfähigen animistischen und polytheistischen Religionen blieben Religion und Ethik miteinander dauernd auf einer mehr oder weniger tiefen Stufe stehen. Bei den Chinesen, den Indern, den medo-persischen Völkern und den Israeliten kam eine fortgeschrittene Ethik in der Religion oder in Harmonie mit ihr auf. Bei den Griechen löste sie sich von der nicht weiter fortbildungsfähigen Religion ab und strebte auf eigener Bahn vorwärts.

Die Hemmung der Ethik bei den auf dem Standpunkte des Fetischismus stehenden Völkern ist fast vollständig.[2]

Bei den japanischen, slavischen, germanischen und keltischen Völkern hält sich der Fortschritt innerhalb enger Grenzen. Kaum haben sie sich aus dem Primitivismus einigermaßen emporgearbeitet, so machen sie in religiöser wie in kultureller Hinsicht vorerst Halt. Ihre geistige Begabung bleibt latent, bis sie durch fremde Anregungen entbunden und dann zum Teil großartiger Leistungen fähig wird.

---

1 [R] Straßburg 1920. [Diese einleitenden Zeilen lauten im Entwurf «Die Anfänge der Ethik» vom 21. 10. 1920 (im Quellverzeichnis auf S. 445, Ms.-S. 19/31, Titel: «Die Ethik der babylonischen und ägyptischen Religion»):] Die erste große Hemmung des ethischen Suchens der Menschheit war darin gegeben, daß Jahrtausende lang das Schicksal der Ethik mit dem der Religion verbunden war. Die sittlichen Anschauungen gediehen nur soweit, als die in der Frömmigkeit gegebenen Vorstellungen und Antriebe es erforderten oder erlaubten. [R:] Ethik in der Religion begraben. Ausführliche Darstellung der niederen und höheren Religionen in P. D. Chantepie de la Saussayes *Lehrbuch der Religionsgeschichte* (2 Bände, [Tübingen,] 1887) und in [C. P.] Tiele – [N.] Söderbloms *Kompendium der Religionsgeschichte* ([Breslau,] ⁵1920). – In diesen Werken ist die Literatur angegeben. Sie beschäftigen sich hauptsächlich mit den Glaubensvorstellungen und dem Kultus. Auf das Problem der ethischen Weltanschauung, wie es sich in der Entwicklung der Religionen auswirkt, gehen sie nur nebenbei ein.

2 [Entwurf vom 21. 10. 1920, Ms.-S. 19/31 (s. Anm. 1):] Die Hemmung der Ethik durch eine wenig entwicklungsfähige Religion ist um so stärker, je tiefer die Religion steht. Bei den auf dem Standpunkte des Fetischismus stehenden Völker ist sie fast vollständig.

Die phönizischen, syrischen, assyrischen und babylonischen Völker haben eine relativ hohe Kultur erreicht. Auch ethische Gedanken sind in ihnen wirksam gewesen, wie eine vielfach Achtung gebietende Veredlung der Rechtsanschauungen erkennen läßt.

Die Gesetze Hammurabis

Wie weit diese Veredlung bei den alten Babyloniern gediehen war, zeigen die ungefähr aus dem Jahre 2200 v. Chr. stammenden Gesetze Hammurabis. Sie finden sich auf einer bei den französischen Ausgrabungen 1897–1899 in Susa entdeckten Stele. Elamitische Könige hatten sie aus der babylonischen Stadt Sippar, wo sie ursprünglich stand, als Siegestrophäe fortgenommen und dorthin gebracht.[3]

In den Sätzen, die diese Gesetze ein- und ausleiten, rühmt sich Hammurabi, «der König der Gerechtigkeit», sie auf Eingebung der Götter gegeben zu haben, «damit der Starke dem Schwachen nicht schade, um Waisen und Witwen zu sichern».[4]

Diese Gestze bilden einen Markstein in der Geschichte der Entwicklung der Organisation der menschlichen Gesellschaft. Aber Gedanken einer individuellen Ethik, wie sie sich in manchen Partien des alttestamentlichen Gesetzes finden, kommen in ihnen noch nicht vor. Der Horizont reicht bis zur vernunftgemäßen Gerechtigkeit der Gesellschaft, nicht weiter. Es ist kein Versittlichungsprozeß im Gange, bei dem das geistige Leben des Volkes von ethischen Problemen beunruhigt und zur Aufstellung von ethischen Idealen gedrängt wird. Die Weltanschauung kommt nicht in Bewegung, weil sie in einer auf Naturmythen beruhenden und weiter nicht entwicklungsfähigen Religion eingeschlossen bleibt.

Die Ethik in der Weltanschauung der alten Ägypter

Bei den alten Ägyptern tritt die Ethik bereits aus dem Rahmen des Gesetzlichen heraus und verlangt persönliches, sittliches Verhalten zum Nebenmenschen. Also bezeugen es die Weisheitssprüche des Wesirs Ptahhotep im Papyrus Prisse, die Sprüche des Ani im Papyrus Boulaq IV und die Worte der Beichte des Toten vor den Totenrichtern im

---

3 Es handelt sich um etwa 280 kurze Gesetzesaussprüche, die sich mit dem Verhältnis von Herr und Arbeiter, mit der Haftpflicht, dem Recht im Handelsverkehr und dem Eherecht befassen. Deutsche Übersetzung von H. Winckler, *Die Gesetze Hammurabis* (*Der alte Orient.* Gemeinverständliche Darstellungen. Leipzig 1902). – Siehe auch H. Greßmann, *Altorientalische Texte und Bilder zum Alten Testament* ([Berlin] 1909).

4 [Winckler, Gesetze, S. 8,40; Greßmann, Texte, S. 381, 407.]

125. Kapitel des Totenbuches.[5] Der Papyrus Prisse stammt ungefähr aus dem Jahre 2000 v. Chr. und läßt Ptahhotep um 2600 v. Chr. reden. Der Papyrus von Boulaq IV, jetzt im Museum Kairo, dürfte etwa um 1000 v. Chr. niedergeschrieben sein. Aber die Sprüche des Ani, die er aufzeichnet, gehen auf ältere Überlieferung zurück. Das Totenbuch besitzen wir in einer etwa dem Jahre 1500 v. Chr. angehörenden Redaktion. In seinen älteren Bestandteilen reicht es jedoch wohl bis ins Jahre 3500 v. Chr. zurück.

Das Totenbuch wurde der Mumie beigelegt. Es bot dem Verstorbenen die Anweisung für die auf seiner Wanderung ins Jenseits zu erfüllenden Riten und für sein Verhalten vor Osiris[6] und weist auch einen erstaunlichen Grad der Vollendung auf. Seine[7] Vorschriften ziehen alle Lebensverhältnisse in Betracht und enthalten Entscheide eines gesunden, auf hohe Ideale gerichteten Geistes. Behandelt wird das Verhalten gegen Familienmitglieder, Vorgesetzte, Untergebene, Schmeichler, Streitsüchtige und Arme. Gewarnt wird vor Unwahrhaftigkeit, Zungensünden, Hochmut, böser Laune, Unfreundlichkeit und Unhöflichkeit.

Aus den Weisheitssprüchen des Ptahhotep [Papyrus Prisse]:

Sei nicht hochfahrend auf Grund deiner Gelehrsamkeit. Rede mit dem Unwissenden wie mit dem Wissenden. [99] *33.*[8]

Wenn du groß geworden bist, nachdem du klein warst, und Vermögen erworben hast, nachdem du früher arm warst in deiner Vaterstadt, vergiß nicht, was du früher hattest.

Sei nicht stolz auf deinen Reichtum. Er ist dir als Geschenk Gottes geworden. (13,6) [vgl. 99] *82.*[9]

---

5 E. Amélineau, *La morale égyptienne, quinze siècles avant notre ère. Etude sur le Papyrus Boulaq Nr. 4* ([Paris] 1892). Von demselben: *Essai sur l'évolution historique et philosophique des idées morales dans l'Egypte ancienne* ([Paris] 1895). Der Text der Maximen Ptahhoteps und der Sprüche Anis bietet manche Dunkelheiten. Amélineaus Übersetzung ist nicht immer zuverlässig.

Zur Orientierung: Günther Roeder, *Urkunden zur Religion des alten Ägypten* (Jena 1915). – E. A.Th. Wallis Budge, *[The Chapters of Coming Forth by Day or the Theban recension of] the Book of the Dead*, [I-III, London] 1898, [1910]. – J. H. Breasted, *Development of Religion and Thought in ancient Egypt*, [London] 1912. – H. Schneider, *Kultur und Denken der alten Ägypter* ([Leipzig] 1907 [31924]). – Für freundliche Beratung in diesem Abschnitt bin ich Herrn Prof. Wilhelm Spiegelberg in Heidelberg zu Dank verpflichtet.

6 [Hier bringt das Ms. folg. Fortsetzung:] und seinen 42 Beisitzern. Diese uns aus dem 3. und 2. Jahrtausend v. Chr. bezeugte persönliche Ethik ist nicht nur die älteste, die wir kennen, sondern weist auch einen erstaunlichen Grad der Vollendung auf.

7 [Vorlagen:] Ihre.

8 [Die Paginierung der Papyrusseiten bei Amélineau, Essai, geben wir in [ ], diejenigen bei Virey, Etudes, in Kursivdruck.]

9 [Schweitzers Übersetzung nach Amélineau s. Anh. A,2, S. 303, dort auch ein anschließender, hier fehlender Spruch:] Versetze die Menschen nicht in Angst: also ist es der Wille Gottes. [101] 41.

Behandle die Menschen so gut als du kannst. [101] *69.*

Wenn du Schiedsrichter bist, höre auf die Rede dessen, der seine Sache vorträgt.

Gehe nicht übel mit ihm um, denn dies entmutigt ihn. Sag ihm nicht: dies hast du schon erzählt. Die Nachsicht ermutigt ihn, das zu erledigen, wofür er gekommen ist. [109] *59/60.*

Wenn du der Sohn des Gerichtsbeamten bist, beauftragt, die Menge zufrieden zu stellen ... sei nicht parteiisch. (13,1) [vgl. 105].

Wenn du mächtig bist, verschaffe dir Ansehen durch Wissen und ruhige Rede. (11,12) [vgl. 100].

Willst du, daß dein Verhalten gut und vom Übel frei sei, hüte dich vor jedem Anfall böser Laune. Diese ist die verhängnisvolle Krankheit, die zum Zwiste führt. [109/110] *63/64.*[10] – Dein Gesicht sei heiter, so lange du lebst. [110] *87.*

Wenn dein Freund Unwissenheit zeigt und du ihn beschämen könntest, behandle ihn im Gegenteil freundschaftlich ... Schneide ihm das Wort nicht ab, antworte ihm nicht hart, aus Angst, daß er nicht wieder zu dir zurückkehre und man sich dem Gespräch mit dir entziehe. [114] *86/87.*

Wenn du einen Besuch in einem Hause machst, ob du nun eintrittst als Herr, Bruder oder Freund, an jedem Ort, wo du eintrittst, hüte dich, den Frauen nahezukommen. (9,7) [vgl. 111] *61/62.*

Wenn du wünschest, daß dein Verhalten gut sei, nimm dich vor allem Bösen in acht.

Widerstrebe der Habsucht ... Sie verdirbt Väter, Mütter und Mutterbrüder. Sie trennt Mann und Frau. (9,13) [vgl. 110] *Vgl. 65.*

Es besteht der Mann, dessen Richtschnur die Wahrheit ist. (9,13) [vgl. 110] *Vgl. 66.*

Wenn du klug bist, gründe dir einen Hausstand. Liebe dein Weib, wie es sich gehört ...

Erfreue ihr Herz, so lange du lebst. (10,8) [vgl. 111] *67/68.*

Wie schön ist es, wenn ein Sohn annimmt, was sein Vater sagt. Ihm wird dafür ein hohes Alter zuteil werden. (16,5) [vgl. 115/116] *96/97.*

Beuge deinen Rücken vor deinem Vorgesetzten, deinem Aufseher vom Königshause ...

Es ist schlecht, sich dem Vorgesetzten zu widersetzen. (13,9) [vgl. 104 u. 103.] *Vgl. 83/84.*

Siehe, ein guter Sohn, den Gott gegeben hat, tut mehr als ihm von seinem Herrn gesagt ist. Er tut die Wahrheit. (19,5) [vgl. 116] *106.*

Schlußwort: Wenn du mich (das heißt: meine Wahrheitslehren) erreichst, so wird dein Leib gesund bleiben und der König wird mit allem, was von dir geschieht, zufrieden sein. Du wirst viele Lebensjahre davon nehmen ... Ich nahm hundert und zehn Lebensjahre davon, dank der Gnade des Königs. Mein Lob übertraf das der Vorfahren, weil ich die Wahrheit tat für den König bis zum Grabe. [Vgl. 116] *106/107.*

---

10 [In den «Alten Skizzen zu den Weltreligionen» (Sac 6, 1 c, Ms.-S. 22):] Was zum Zwiste führt, ist eine verhängnisvolle Krankheit.

Aus den Sprüchen des Ani [Papyrus Boulaq]:[11]

Übernimm dich nicht des Biertrinkens ... (2,13) [47].

Des Mannes Leib ist weiter als ein Speicher, der voll von allerlei Antworten ist. Wähle die gute[n] und rede gut, während die schlechte[n] eingesperrt bleiben möge[n]. Böse Worte sind wie ein Schlag. Sprich friedlich und freundlich. (6,9) [135].

Rede nicht viel, sondern schweige, dann wirst du gut fahren (3,1, [Masch.-Vorlage:] 9,1) [202]. – Der Ruin des Menschen liegt auf seiner Zunge (6,9) [130].

Setze dich nicht, wenn ein anderer steht, der älter oder höher gestellt ist als du. (5,10) [109/110].

Iß nicht dein Brot, während ein anderer neben dir steht, ohne für ihn deine Hand nach dem Brote auszustrecken. Daß unter den Menschen der eine reich und der andere arm ist, ist nicht für immer (das heißt: wechselt), und das Brot bleibt dem, der großmütig war [157/158].

Gehe nicht in die Versammlung, wenn du zum Streite geneigt bist [174]. – Gehe nicht hart mit deiner Frau im Hause um, wenn sie dir nahe steht. Sag' ihr nicht: «Wo ist das, bringe es her!», wenn sie es an seinen richtigen Platz gestellt hat, was dein Auge sieht [188].

Aus der Beichte des Totenbuches [sogenanntes negatives Sündenbekenntnis]:[12]

Ich habe nicht Sünde getan. Ich habe nicht geraubt. Ich habe nicht betrogen. Ich habe nicht gestohlen. Ich habe keinen Menschen getötet. Ich habe den Scheffel nicht verkleinert. Ich habe keinen Frevel verübt. Ich habe keine Gottesopfer gestohlen. Ich habe keine Lüge gesprochen. Ich habe kein Essen geraubt. Ich habe nicht geflucht ... Ich habe kein Opferbrot geraubt ... Ich habe keinen, der nach seiner Habe rief, beraubt ... Ich habe nicht Feuer gelegt ... Ich war gegen keine wahre Rede taub. Ich habe nicht gezankt. Ich habe nicht geblendet.

Ich habe nicht Unzucht getrieben ... Ich bin nicht gewalttätig gewesen. Mein Herz war nicht vorschnell. Ich habe keine Binden von Toten [Roeder: Verklärten] geraubt ...

Seht (ihr Richter), ich komme zu euch ohne Sünden und Verbrechen ... Ich lebe von Gerechtigkeit ... Ich habe getan, was die Menschen zu sagen und womit die Götter zufrieden zu sein pflegen, und habe den Gott erfreut mit dem, was er liebt. Ich habe Brot dem Hungernden, Wasser dem Dürstenden, Kleider dem Nackten und eine Fähre dem Schiffslosen gegeben ... Errettet mich und schützt mich ... Ich bin ein Mann mit reinem Mund und reinen Händen, dem von denen, die ihn sehen, gesagt wird: «Willkommen im Frieden!»[13]

Bestand unter den Menschen des alten Ägypten eine diesen Worten wirklich entsprechende, ethische Bewegung? Zu einem Urteil hierüber zu kommen, ist schwer.

Inwieweit und inwiewenig ethische Gedanken in der alt-ägyptischen

---

11 In [ ] Seitenzahlen nach Amélineau, *La morale égyptienne*, in () Paginierung nach den Vorlagen.

12 [Aus Kap. 125, nach Roeder, *Urkunden*, S. 275 f., 277 f.]

13 [Vgl. auch den Stelen-Text Anh. A,1, S. 289, und 2, S. 305, Anm. 55.]

Gesetzgebung wirksam gewesen sind, wissen wir nicht, weil von den vierzig Gesetzesrollen, die es gegeben haben soll, bisher so gut wie nichts wieder zutage gekommen ist.

Bedenken erweckt die naive moralische Selbstgefälligkeit in den ethischen Urkunden. Ptahhotep rühmt sich, daß sein Lob das der Vorfahren übertrifft. Im Totenbuche beichtet der Abgeschiedene nicht als Mensch, der gestrebt und gefehlt [hat], sondern sagt eine auswendig gelernte, ruhmredige Verteidigung her.

Auch daß unter den bisher entzifferten Schriftstücken sich so wenige auf Ethik beziehen, spricht nicht für das Bestehen einer großen ethischen Bewegung.

Schwer in Gewicht fällt, daß die ägyptische Religion, ihrem Wesen nach, eine dominierende Bedeutung der Ethik in der Welt- und Lebensanschauung nicht zuließ. Ist doch nach ihr das Schicksal des Menschen nach dem Tode, mit dem sie sich so sehr beschäftigt, in letzter Linie nicht durch sein Verhalten, sondern durch zauberkräftige Riten bestimmt. Diese machen den Hauptinhalt des Totenbuches aus. Ihre richtige Vollziehung bildet die Hauptsorge. Das Bekenntnis vor dem Totenrichter ist fast nur ein Ritus neben andern.

Durch alle Jahrhunderte hindurch behielten die magischen Vorstellungen die Oberhand in der ägyptischen Religion und verbauten der Weltanschauung den Weg zur tiefergehenden Versittlichung. Die Annahme liegt nahe, daß die erhabene alte Ethik der Sprüche Ptahhoteps und Anis und des Totenbuches mehr in der Literatur als in der Wirklichkeit lebte und fast wie eine schöne Mumie gehalten wurde.

Andererseits aber sind Zeugnisse dafür vorhanden, daß es in und neben der durch magische Vorstellungen beherrschten Frömmigkeit Bewegungen gab, in denen vertiefte und versittlichte Weltanschauung Gestaltung suchte. Um 2000 v. Chr., also zur Zeit des Papyrus Prisse, treten in der Literatur und den Inschriften des mittleren Reiches die Begriffe der Wahrheit und Gerechtigkeit in den Vordergrund. In jener Zeit auch kämpft der Papyrus «Der beredte Bauer» für das Recht des Armen, verkündet, daß der höchste Beamte und der geringste Diener vor dem sittlichen Richterspruch Gottes gleich seien und zählt auf den Triumph der Gerechtigkeit und der Wahrheit.

Amon-Rä [Rā], der Gott von Theben, der im «neuen Reiche», von 1600 v. Chr. an, zum höchsten Gott erhoben wird, zeigt lebendige ethische Züge. In seinem Kulte entwickelt sich persönliche, innerliche Frömmigkeit. Um 1200 v. Chr. preisen ihn die Handwerker in Psalmen, die sich auf Stelen in der Totenstadt Theben aufgezeichnet finden, als den Gott, der verzeiht. In andern Hymnen wird er als der, der gütigen Herzens ist und den Schwachen schützt, gepriesen.

Der moralischen Ruhmredigkeit, die in den Sprüchen Ptahhoteps, in der Beichte des Totenbuches und auch auf so manchen bekannten

Denkmälern zu Worte kommt, stehen einige, freilich wenige, Zeugnisse entgegen, in denen das Bewußtsein der Sündhaftigkeit zu Worte kommt. Sie finden sich bezeichnenderweise auf unscheinbaren Denkmälern, die von Angehörigen der niederen Volksklassen aufgestellt sind.

Ethisches Leben war also vorhanden, trotzdem die magische Religion dem Aufkommen einer ethischen Weltanschauung entgegenstand. Aber es war nicht imstande, sich in der Öffentlichkeit durchzusetzen und Ideale für eine höhere Organisierung der Gesellschaft hervorzubringen.

Die Kultur des alten Ägypten bleibt uns ein Rätsel. In so und so vielen äußerlichen Leistungen Staunen hervorrufend, ist sie innerlich so merkwürdig arm, weil keine Persönlichkeiten in ihr erstehen. Das ägyptische Denken war nicht schöpferisch.

Es ist also nicht so, wie es nach dem Wortlaut der erhaltenen ethischen Dokumente scheinen könnte, daß Jahrtausende vor Christus ein helles Licht ethischer Erkenntnis aus Ägypten in die Welt hinausstrahlte. Selbst wenn man die Wirkung dieser Ethik in ihrer Heimat hoch anschlagen will, so ist doch sicher, daß sie auf andere Völker kaum Einfluß ausgeübt hat. Dies war schon durch die Art, wie sich Ägypten von aller geistigen Berührung mit der Fremde abschloß, unmöglich gemacht.

Auch die Griechen haben eigentlich wenig aus dem Niltal empfangen. Herodot, in dem, was er über dieses Land und seine Menschen schreibt, ist der beste Zeuge dafür. Plato hatte nur dunkle Kunde von ägyptischem Denken, wenn er auch die Vorstellung vom Totengericht im Dialoge Phaidon anführt.

Der Konflikt zwischen der Ethik und dem griechischen Polytheismus. Der Orphismus

In der griechischen Religion war eine tiefere Ausgestaltung der Ethik aus verschiedenen Gründen unmöglich.[14] Auf ziemlich primitive Naturmythen zurückgehend, war sie schon an sich für eine Verbindung mit ethischen Gedanken nicht geeignet. Erschwerend trat noch hinzu, daß diese Mythen in der Zeit, als noch die naive, vorsittliche Denkweise herrschte, ihre dichterische Vollendung erfuhren. Damit war aber der Möglichkeit weiterer Umgestaltung ein Ende gemacht. Der künstleri-

---

14 Zur Orientierung: S. Wide, *Griechische und römische Religion* ([Berlin] 1910). – M. P.-F. Foucart, *Recherche sur l'origine et la nature des Mystères d'Eleusis* (Paris 1895). – E. Maaß, *Orpheus* ([München] 1895). [Aus dem Verzeichnis] «Literatur für die ethische Arbeit, angefangen Juli 1919»:] E. Caird, *The Evolution of Theology in the Greek Philosophers*, 2 Bde., Glasgow 1904.

sche Geist war vor dem sittlichen erwacht. Er schuf sich Göttergestalten, die auf eindringender Beobachtung des Menschen beruhten, bevölkerte den Himmel mit interessanten, aber mehr oder weniger beanstandbaren Charakteren und machte ihn zum Schauplatz der sich zwischen ihnen ergebenden Intrigen, Komödien und Dramen. Die tiefere Vorstellung, daß die Götter die Hüter von Treue und Recht seien, war dadurch ausgelöscht. Sie ringt um ihre Existenz bei den Dichtern wie bei den Denkern und verleiht der oder jener olympischen Gestalt, wie etwa dem Zeus, neben den amoralischen auch ergreifend hoheitsvolle Züge. Aber eine wirkliche Vertiefung und Versittlichung konnte diese Religion nicht erleben. Die Götter waren schon so fertig, daß sie nicht mehr ins Ethische umgedeutet werden konnten.

Tatsächlich ist auch die Frömmigkeit des Griechentums der klassischen Zeit im Vergleich zu seiner sich sonst offenbarenden geistigen Begabung merkwürdig unentwickelt. Der Kultus war in erster Linie öffentliche Angelegenheit. Was an genuin griechischen Mysterien vorhanden war, stellte auch keine vertiefte Religion dar, sondern stand mit noch unveredelten Anschauungen in Verbindung. Selbst in den berühmten Weihen von Eleusis wurde in ganz äußerlicher Weise die Anwartschaft auf möglichst gute Existenzbedingungen im Hades vergeben. So konnte Diogenes von Sinope, wie Diogenes Laertios berichtet, höhnen, daß es einen Agesilaos oder Epaminondas dort schlechter ergehen solle als irgend einem nichtsnutzigen, aber geweihten Menschen.[15]

Die einzige tiefere Bewegung innerhalb des älteren Griechentums, der sich auf den sagenhaften thrakischen Sänger Orpheus zurückführende «Orphismus», trägt fremdländischen Charakter.[16] Es handelt sich um eine Lehre, die sich mit den Problemen der Unvollkommenheit der Welt und der wesenhaften Sündhaftigkeit der Menschen beschäftigt, eine Seelenwanderung annimmt und die Erlösung in Askese, Enthaltung von Fleischgenuß und heiligen Weihen zustande kommen läßt.

Aus thrakischen Mythen ist diese Religiosität und ihre Ethik nicht abzuleiten. Sie setzt ein ausgebildetes religiöses Denken über das Universum voraus, wie es im älteren Griechentum nirgends anzutreffen ist. Die Ähnlichkeit mit der Vorstellungswelt der Brahmanen Indiens macht es wahrscheinlich, daß sie von dort nach dem Abendland gekommen ist. Funde in Indien legen die Annahme nahe, daß in alter Zeit Handlungsbeziehungen zwischen Griechen und Indern bestanden haben, von denen uns die Geschichte keine Nachricht erhalten hat.

---

15 [Siehe Fassung 1919, Anh. A,2, S. 307, Anm. 59:] Buch 6.

16 [Siehe ebenda, Anm. 60: Hinweise auf] E. Gerhard, *Orpheus und die Orphiker*, Berlin 1861.

Im 6. Jahrhundert v. Chr. fängt der Orphismus zu wirken an. Pythagoras, gestorben um 500 v. Chr., Pindar (552–448), Aischylos (525–456) und Plato (428–347) sind von ihm beeinflußt.[17] Durch ihn sind auch die Eleusinischen Mysterien vertieft und veredelt worden. Vieles von der ethischen, schwermütigen, ungriechischen Stimmung, die uns in der griechischen Dichtung entgegentritt, geht wohl auf ihn zurück.

Aber bei aller Bereicherung, die er für das griechische Geistesleben bedeutete, war auch der Orphismus nicht imstande, die Volksreligion, wie sie durch die homerische Götterwelt festgelegt war, in eine neue Bahn zu bringen. An dem Schicksal, daß das ethische Denken in Hellas sich nur gegen die überlieferte Religion entwickeln könne, war nichts zu ändern. So kam es auch. Als Aristophanes, in seiner Komödie *Die Wolken*, und Meletos, Anytos und Lykon, vor den Richtern, den Sokrates der Gottlosigkeit ziehen, hatten sie Recht und Unrecht zugleich.[18] Im Unrecht waren sie, weil er, so viel wir wissen, nie etwas gegen die Götter gesagt hat. Recht aber hatten sie, weil sein ethisches Denken sich mit der gewohnten Religion innerlich nicht vertrug. Aristophanes durfte die Götter in seinen Komödien lächerlich machen. Er wurde ihnen nicht gefährlich. Sie ertrugen Spötterei und lachten mit. Aber der, der die Frage nach der wahren Sittlichkeit aufwarf, brachte den Olymp ins Wanken, auch wenn ihm jede Absicht einer religiösen Revolution fern lag. Wenn Plato in der «*Republik*» verbietet, daß man den Kindern die unmoralischen Mythen von den Göttern beibringe,[19] spricht er nur aus, was in der Konsequenz seines Lehrers liegt.

Von dem Augenblick an, wo der griechische Geist zum sittlichen Denken erwachte, mußte er seine Götter preisgeben und gottlos werden. Dieses tragische Schicksal war notwendig für die Entwicklung der abendländischen Menschheit. Hätten die Hellenen es irgendwie vermocht, höhere sittliche Gedanken in ihre Religion hineinzulegen, so wären sie nie dazu gekommen, die Frage nach dem Begriffe und dem Wesen des Sittlichen an sich aufzustellen. Wann jedoch wäre dies aber dann jemals geschehen? Welches andere Volk wäre dieser notwendigen kritischen Tat in dem Maße fähig gewesen wie das hellenische?

Glücklicher jedoch war das Los der Völker, die diese Seelenkämpfe nicht durchzumachen brauchten, sondern einen großen Fortschritt der Ethik in der Veredlung oder wenigstens im Rahmen der Religion erleben durften.

---

17 [Siehe ebenda, S. 308, Anm. 61.].
18 [Siehe ebenda, S. 308, Anm. 63.].
19 [Vgl. Platon, Republik II,17 – III,12.].

III. Ethik und Kultur im chinesischen Denken

Die Taolehre als Voraussetzung einer Kulturethik. Monistische Ethik[1]

Die chinesische Religion erwies sich der Entwicklung der Ethik in zwiefacher Weise günstig. Zunächst einmal war sie so unentwickelt, daß in ihr noch nichts ausgesprochen Unethisches festgelegt war. Sie bestand aus Ahnen- und Heroenkult, Glauben an Naturgeister (Animismus) und Verehrung von Erd- und Himmelsgöttern. Eine ausgebildete Mythologie gab es nicht. Der Weg nach vorwärts war also der Ethik in keiner Weise versperrt. Sie konnte sich veredeln, ohne mit religiösen Anschauungen in Konflikt zu geraten.

Sodann aber bestand in und neben dieser animistischen und polytheistischen Religion mit ihrem einfachen Opferkult eine Art religiöser Naturphilosophie, in der positive ethische Anregungen gegeben waren. Es war die so schwer in unser Denken zu übersetzende Vorstellung vom Tao. Tao heißt ursprünglich der «Weg», in übertragener Bedeutung «Sinn des Weltgeschehens». Gewöhnlich wird es mit «Sinn des Seins» oder kurzweg mit «Sinn» übersetzt. Was sich in der Natur ereignet, wird als durch ein vernünftiges gutes Prinzip verursacht angesehen. Diese Annahme ist nicht davon abhängig gemacht, daß sich in dem Geschehen ein logisch befriedigender Weltzweck entdecken lasse. Die Überzeugung, daß das, was ist, sich in einem harmonischen Spiel der Kräfte entfalte, steht für das chinesische Denken in primärer und naiver Weise fest. Wie weit sie mit der Vorstellung eines als unpersönlich gedachten höchsten Wesens zusammenhängt, ist bei der eigentümlichen Unbestimmtheit, in der sich das chinesische Denken in dieser Frage bewegt, nicht sicher zu entscheiden.

Hinter der Kulturreligion steht also eine monistische, optimistisch-ethische Weltanschauung. Sie ist es, die das chinesische Denken beschäftigt, eine entwickelte Ethik aufkommen läßt und eine harmonische und freie Beziehung zwischen Ethik und Religion erhält. Die Frage nach dem Grundprinzip des Sittlichen ist in dieser Auffassung der Natur in natürlicher Weise gegeben und beantwortet. Das Sittliche kann in nichts anderem bestehen, als daß der Mensch sich in seinem Handeln im Sinne des Willens, der auch in der Natur wirkt, betätigt und so die Einheit von Naturordnung und sittlicher Weltordnung verkörpert. Der stoische Gedanke, daß wir das Leben in innerlicher Harmonie mit der

1 [R] Straßburg 1920.

Natur erleben müssen, steht also im Mittelpunkte des chinesischen Denkens, nur daß er sich nicht nach der Resignation hin orientiert, sondern unbefangen zuversichtlich auf lebensbejahende Ethik gerichtet ist.

Die Schwierigkeiten, mit denen der gewöhnliche Monismus zu ringen hat, wenn er das Sittengesetz als Ausfluß des Naturgesetzes zu begreifen und zu formulieren sucht, bleiben dem chinesischen erspart. Dieser braucht nicht darzutun, warum und wie ein als mehr oder weniger ethisch indifferentes Prinzip des Weltgeschehens im Menschen schließlich doch eine ethische Wendung nehme. Er hat das Ethische in naiver Weise schon in den durch den «Himmel» bestimmten Naturverlauf hineingelegt und kann es nun auch ihm entnehmen.

Das populäre chinesische Denken befaßt sich mehr mit den praktischen Konsequenzen dieser monistischen Ethik als mit den Problemen ihrer Begründung. Besteht wirklich Harmonie zwischen dem Weltgeschehen und dem sittlichen Handeln, so muß mit Naturnotwendigkeit der Gute glückliche und der Böse schlimme Schicksale erleben.

Es handelt sich dabei nicht um eine banale, mit Verheißungen und Drohungen das Ethische als das Vorteilhafte empfehlende Lohn- und Straftheorie, wie sie in der religiösen und nicht religiösen volkstümlichen Ethik des Abendlandes in so mannigfaltigen Gestalten auftritt. Der Gedanke, daß das äußere Glück das gute Verhalten begleite «wie der Schatten den Körper» – um die Sprache des *Kan-Ying-Pien*, der populärsten ethischen Schrift Chinas zu reden –, tritt in der erhabenen Selbstverständlichkeit einer Naturwahrheit auf. Er ist gewissermaßen nur die Bestätigung der Grundwahrheit, die es einzusehen gilt, daß nämlich das Sittliche das im wahren Sinne Naturgemäße sei. Daß der chinesische Eudämonismus mehr als eine Begleiterscheinung einer ethisch-religiösen Weltbetrachtung [denn] als eine Forderung der Ethik auftritt, gibt ihm etwas eigenartig Edles. Auch in den größten Naivitäten sinkt er nicht ins Vulgäre herab. Nie wird der Gedanke, daß man das Gute aus innerlicher Naturnotwendigkeit tue, durch Lohnerwartung in den Schatten gestellt. Im Gegenteil. Er ist die Sonne und die Lohnidee der Mond, der von ihr sein Licht empfängt.

Ob im Leben der Menschen tatsächlich überall glückliches Schicksal auf sittliches Verhalten folgte, wird nicht kritisch nachgeprüft.[2] In die-

2 [Hier folgt ein nur in der Masch.-Vorlage, nicht aber im Ms. gestrichener Satz:] Wenn einige revolutionäre Denker das Problem aufgreifen, so ist es, als ob sie das ruhige Wogen des Meeres mit hineingeworfenen Steinchen zu stören versuchten. [Im Ms. folgt der gestrichene Abschnitt:] Nie hat das Denken des chinesischen Volkes in diesem Punkte seine Unbefangenheit aufgegeben. Das verzweifelte Fragen nach dem Lohne der Gerechtigkeit, das Israel in der nachprophetischen Zeit erschütterte und es dazu brachte, seine Hoffnungen von der Erde in den Himmel oder in eine von Gott herbeigeführte übernatürliche Welt zu verlegen, blieb in China unbekannt. Hier wird unent-

sem Leben schon soll das Gute seinen Lohn und das Böse seine Strafe empfangen. Die Annahme einer zukünftigen Existenz spielt für die chinesische Ethik keine Rolle. Sie verlangt von der Religion nicht, daß sie ihr den Ausweg der Annahme von Himmelsfreuden und Höllenstrafen auftue, denn sie kommt nicht in die Lage, durch der Wirklichkeit entnommene Argumente in die Enge getrieben zu sein. Das Dasein nach dem Tode ist ein Schattendasein. Mit diesem Bescheide des primitiven Glaubens kann sich das chinesische Denken begnügen, weil ihm die Illusion, daß in dem diesseitigen Leben das Sittliche mit dem glücklichen Schicksal und das Nichtsittliche mit dem Unglück vereinigt sei, unzerstörbar ist. Für begangenes Unrecht wird einem Menschen die ihm ursprünglich gesetzte Lebenszeit verkürzt. In gewissen Fällen wird seine Schuld an seinen Nachkommen heimgesucht, indem diese Lebensjahre und Lebenstage einbüßen und Leid erdulden müssen. Auch sein Verdienst kann sich an ihnen auswirken.[3]

Weil die Lehre vom Tao eine optimistische Weltanschauung bedeutet, ist die chinesische Ethik Kulturethik in reinster Gestalt. Durch sittliches Verhalten die Welt und die Gesellschaft in seinem Teil zu der ihr bestimmten Vollkommenheit zu bringen, ist die klar vorgezeichnete Lebensaufgabe des Einzelnen. Darin stimmen Laotse und Kungtse unter sich und mit der populären Anschauung überein. Nur in der Frage, welches das dazu zweckmäßigste und vollendetste Verhalten sei, trennen sich ihre Wege. Kungtse legt den Hauptnachdruck auf das sittliche Handeln, Laotse auf das sittliche Sein an sich. Indem jeder auf seinem Wege fortschreitet, gelangen sie in weit auseinanderliegende Welten.

Ethik und Kultur bei Kungtse (Konfuzius)

Kung-Tse, das heißt Meister Kung, lebte von 551–479 v. Chr. und ist im Abendland unter dem aus dem fehlerhaften Kung-fu-tse entstande-

---

wegt die Überzeugung festgehalten, daß das Gute und das Böse in diesem Leben ihren Lohn und ihre Strafe finden.

3 [Im Ms. hier folgender, gestrichener Abschnitt:] Es liegt etwas Tiefes in der Naivität, die das chinesische Denken gegen die Tatsache blind machte und ihm die Illusion einer Beziehung zwischen den einem Menschen bestimmten äußeren Schickungen und seinem ethischen Verhalten aufrecht erhielt. In elementarer Überzeugung steht ihm fest, daß das Wesen des Naturverlaufs nicht anders als gut sein könne und das sittliche Verhalten also das naturgemäße sei. Die Ehrfurcht vor dem Sinn des Universums [zuerst: Seins], wie es ihn aus innerer Notwendigkeit denken muß, läßt den Gedanken nicht aufkommen, daß äußerliche Betrachtung, die äußere Erfahrung, als Gegengewicht auf die Waage gelegt werden könnte. Darum wird in so ungebrochener Zuversicht die Welt nach der optimistisch-ethischen Weltanschauung gedeutet. Also will es die Lehre vom Tao.

nen Namen Konfuzius bekannt.[4] Sein Leben fällt in eine politisch trostlose Zeit. Die Kleinfürsten regierten das Volk durch Günstlinge, saugten es durch Steuern aus und bekriegten sich gegenseitig. Gegen dieses Elend suchte Kungtse in seiner Heimat, dem Königreich Lu in der heutigen Provinz Schantung [Nordchina], sowie in andern Ländern als Reformator aufzutreten. Zeitweise bekleidete er hohe Ämter. Einmal war er sogar erster Minister des Staates Lu. Aber einen großen Teil seines Lebens brachte er, von einigen treuen Schülern begleitet, in der Fremde umherirrend zu, weil er den Fürsten und ihren Ratgebern ein zu unbequemer Mahner war. Er starb dreiundsiebzig Jahre alt. Der Gram, an Stelle der ersehnten Erneuerung des Volkes den Fortschritt des Verfalls zu sehen, soll ihm die letzten Jahre seines Lebens verdüstert haben. Später nahmen sein Name und sein Geist die Aufgabe, an der sich der Mensch zerarbeitet hatte, wieder auf und vollbrachten ein großes erzieherisches Werk.

Eine ethische Schrift hat Kungtse nicht verfaßt. Das einzige der neun heiligen Bücher der Chinesen, das auf ihn zurückgeht, ist eine *Tschuntshien*[5] [Tschun Tsiu] (Frühjahr und Herbst) betitelte, von 722–484 v. Chr. reichende Chronik des Staates Lu. Seine Hauptarbeit galt der Sammlung und Überarbeitung der vorgefundenen heiligen Schriften, die er in drei Büchern vereinte. Es sind: der in einzelnen Teilen vielleicht bis ins 12. Jahrhundert v. Chr. zurückreichende *I-king* (Buch der Wandlungen, orakelhafte Sentenzen über die Bedeutung der alten, symbolischen chinesischen Schriftzüge), der *Schu-king* (Erzählungen aus den drei ersten Kaiserdynastien) und der *Schi-king* (311 alte Lieder und Oden).

Ethischen Inhalts aber sind die fünf anderen, in der Hauptsache von Kungtses Schülern und deren Nachfolgern herrührenden heiligen Schriften: der *Li-ki* (Riten und ethische Sentenzen mit Beispielen aus dem Leben der alten Weisen), der *Lun-Yü* (kurze ethische Unterredungen Kungtses mit seinen Schülern), der *Ta-hioh* (moralische Anweisungen für die Staatsleiter), der wahrscheinlich von Tse-Tse, dem Enkel Kungtses verfaßte *Tschungyung* (Von der richtigen Beherrschung der Leidenschaften) und das den Namen Mong Dsis (Mengtses), des bedeutendsten Fortbildners der Lehre Kungtses, tragende Buch.[6]

Am wertvollsten für die Kenntnis der Gedanken Kungtses sind die Dialoge des *Lun-Yü*.[7]

---

4 [Ms.:] Kung-tse (560–480 v. Chr.) ... ist der Mann der Tat [Änderung in den Masch.-Vorlagen].

5 [Ms.:] ... trockene, Tsch'un-ts'ien ... betitelte ... [«trockene» in den Masch.-Vorlagen gestrichen].

6 [Im Ms. folgt hier noch der Satz:] [Es] entwickelt seine [Mengtses] Anschauungen über die ethische Reform des Staates in Gestalt von Gesprächen zwischen ihm und einem Fürsten.

7 Zur Orientierung: W. Grube, *Geschichte der chinesischen Literatur* ([Leipzig] 1902). – Ins

Aus den Gesprächen Kungtses im *Lun-Yü*:[8]

Das Alte üben und das Neue kennen: dann kann man als Lehrer gelten (II,11). – Ohne Sittlichkeit kann man nicht dauernde Bedrängnis noch langen Wohlstand ertragen (IV,2). – Glatte Worte und einschmeichelnde Mienen sind selten vereinigt mit Sittlichkeit (I,3). – Abmachungen müssen sich an die Gerechtigkeit halten, dann kann man sein Versprechen erfüllen (I,13).

Der Jüngling befleißige sich im Hause der Liebe zu den Eltern, außerhalb desselben der Brüderlichkeit. (I,6.) – Einen Fehler machen und sich nicht bessern, das erst heißt fehlen (XV,29). – Weisheit macht frei von Zweifeln, Sittlichkeit macht frei von Leid, Entschlossenheit macht frei von Furcht (IX,28). – Der Sittliche hat sicher auch Mut; aber der Mutige hat noch nicht notwendig Sittlichkeit (XIV,5).

Der Edle ist ohne Trauer und ohne Furcht (XII,4). – Der Edle ist beharrlich, aber nicht hartnäckig (XV,36). – Der Edle ist verträglich, aber macht sich nicht gemein; der Unedle macht sich gemein, aber ist nicht verträglich (XIII,23). – Der Edle ist stolz, aber nicht hochmütig; der Gemeine ist hochmütig, aber nicht stolz (XIII,26). – Der Edle stellt Anforderungen an sich selbst; der Gemeine stellt Anforderungen an die andern Menschen (XV,20). – Der Meister sprach: Wo alle hassen, da muß man prüfen; wo alle lieben, da muß man prüfen (XV,27).

Dsi Gung sprach: Hat der Edle auch Haß? Der Meister sprach: Er hat Haß. Er haßt die, welche den Leuten Übles bereiten; er haßt die, welche in untergeordneter Stellung befindlich die Oberen verleumden; ... er haßt die, welche fest und waghalsig, aber beschränkt sind (XVII,24).

Meister Kung sprach: Auf dem ganzen Erdkreis fünf Dinge durchzuführen, das ist Sittlichkeit. Dsi Dschang sprach: Darf ich danach fragen? Meister Kung sprach: Würde, Weitherzigkeit, Wahrhaftigkeit, Eifer und Gütigkeit (XVII,6). – Meister

---

Englische übersetzte die 9 heiligen Bücher Chinas der Missionar James Legge: *The Chinese Classics. In seven volumes* [Bd. I-V, London ²1893 ff.] – Ins Französische und Deutsche sind sie bis jetzt nur teilweise übertragen. Eine vorzügliche deutsche Ausgabe der Urkunden der Religion und Philosophie Chinas veranstaltet seit 1911 [1910] R. Wilhelm, im Verlage von Eugen Diederichs. Die 3 vorkonfuzianischen heiligen Bücher werden in Auszügen wiedergegeben. Hingegen werden die mehr philosophischen Werke, auch die nicht in die heiligen Schriften aufgenommen, in wünschenswerter Vollzähligkeit und Vollständigkeit geboten.

Der *Lun-Yü* ist von James Legge ins Englische übertragen [London 1861, dann in *The Chinese Classics*, Bd. I: *Confucius Analects*, London 1861]. Erste deutsche Übersetzung von W. Schott, [*Werke des chinesischen Weisen Kung-Fu-Dsü und seiner Schüler, zum Erstenmale aus der Ursprache ins Deutsche übersetzt und mit Anmerkungen begleitet.* Zwei Teile: Halle] 1826 und [Berlin] 1832). Neuere Übersetzung von R. Wilhelm, [*Kungfutse, Gespräche (Lun Yü),* Jena] 1914 – Französische Übersetzung von [P. S.] Couvreur, [*Les quatre livres avec un commentaire abrégé en chinois*] ([Ho-Kien-fu] 1895).

[Die Nachweise mit den Kapitel- und Abschnittsangaben beziehen sich bei Kungtse auf das *Lun-yü*, bei Laotse auf das *Tao-te-king*, bei Dschuang Dsi auf *Das wahre Buch vom südlichen Blumenland*, bei Liä Dsi und Yang Dschu auf *Das wahre Buch vom quellenden Urgrund*, bei Mong Dsi auf die mit *Mong Dsi* betitelte Ausgabe der Gespräche.]

[Fassung 1919 (Ms.-S. 22):] R. K. Douglas, *Confucianism and Taoism*, [London] 1889 [⁶1906]. – J. H. Plath, *Confucius' und seiner Schüler Leben und Lehren, Abhandlungen der Münchner Königl. Akademie* [philos.-philolog. Classe, Bd. 11–13, München] 1867–1874 [1873].

8 [Nach R. Wilhelm (außer Zitat I,6).

Dsong sprach: Unseres Meisters (Kungtses) Lehre ist Treue gegen sich selbst und Gütigkeit gegen andere. Darin ist alles befaßt (IV,15).

Dsi Gung fragte und sprach: Gibt es Ein Wort, nach dem man das ganze Leben hindurch handeln kann? Der Meister sprach: Nächstenliebe. Was du selber nicht wünschest, tue nicht den andern (XV,23).

Es sprach jemand: Durch Güte Unrecht vergelten, was ist damit? Der Meister sprach: Womit soll man dann Güte vergelten? Durch Geradheit vergelte man Unrecht, durch Güte vergelte man Güte (XIV,36).

Der Meister war in seinem Wesen mild und doch würdevoll. Er war Ehrfurcht gebietend und doch nicht heftig. Er war ehrerbietig und doch selbstbewußt (VII,37).

Der Meister fing Fische mit der Angel, nie mit dem Netz; er schoß Vögel, aber nie, wenn sie im Neste saßen (d. h. brüteten) (VII,26).

Kungtse stellt also Tugendregeln auf, die das Verhalten des Menschen in der Familie, in der Gesellschaft, im Volke und der Kreatur gegenüber bestimmen sollen. Er entwickelt eine lebendige, von Kulturideen erfüllte Ethik. Ein tief humaner Zug geht durch sie hindurch. Die populär-chinesische Lohn- und Straftheorie tritt ganz zurück.

Auf die Korrektheit des äußeren Benehmens legt er einen großen Wert. Dabei geht er auf die ethische Bedeutung, die den Anstandsregeln zu Grunde liegt, zurück. Was er predigt, ist Herzenshöflichkeit und Streben nach wahrer Würde. «Ein Mensch ohne Menschenliebe, was hilft dem die Form?», sagte er im Lun-Yü [III,3]. Durch Beobachtungen sinnvoller Umgangssitten soll sich der Mensch so in die Gewalt bekommen, daß er sicher ist, in allen Situationen feine Humanität zu bewahren und immer ethisch und würdevoll zu handeln.[9]

Dieses Benehmen lebte der als ein Muster von empfindender Korrektheit gepriesene Meister seinen Schülern vor. Wenn er, wird im Lun-Yü erzählt, an der Seite eines Mannes in Trauer saß, aß er sich nicht satt [VII,9]. Sah er einen Blinden oder jemand in Trauer- oder in Hofkleidung, so stand er bei ihrem Anblicke auf, auch wenn sie jünger waren als er [IX,9; X,16]. Als einst, während er Minister war, der königliche Marstall abbrannte, frug er herzueilend nicht, ob alle Pferde gerettet wären, sondern ob sich kein Mensch verletzt habe [X,12].

Als Beispiel für vollendetes bescheidenes Benehmen führt Kungtse den Offizier Mong Dschi Fan an. Als dieser nach einer verlorenen Schlacht, vom fliehenden Heere mitgerissen, als letzter ins Stadttor ein-

---

9 [Ms.-Fassung dieses Abschnitts:] Das Wertlegen auf die Korrektheit des äußeren Benehmens darf nicht mißverstanden werden. Die Anstandsregeln haben für Kungtse einen solchen Wert, weil er auf die ethische Bedeutung, die ihnen zu Grunde liegt, zurückgeht. Die Höflichkeit, die er predigt, ist Herzenshöflichkeit. Zugleich hat sie die Wahrung wahrer Würde zum Gegenstand. Indem der Mensch sich fortwährend zur Beobachtung sinnvoller Umgangssitten anhält, bekommt er sich so in die Gewalt, daß er sicher ist, in allen Situationen feine Humanität zu bewähren und auch in der Aufregung immer ethisch und würdevoll zu handeln.

ritt, trieb er sein Pferd an und sprach: «Es ist nicht mein Mut, daß ich zuhinterst bin; mein Pferd läuft nicht» [VI,13].

Im Palaste seines Amtes waltend oder zur Audienz befohlen, setzte der Meister eine überaus ernste Miene auf.[10] Sowie er aber den Hof verließ, hielt er darauf, ein natürliches heiteres Benehmen zur Schau zu tragen, um nicht als Wichtigtuer zu erscheinen [X,4].

Daß Kungtse die Nötigung empfand, die Höflichkeit so in die Ethik hineinreden zu lassen, zeigt wie stark seine Ethik für die Kultur interessiert ist. Was er unternahm, muß jede Ethik, die Kulturethik sein will, ebenfalls als ihre Aufgabe anerkennen. Daß bei uns modernen Menschen die Höflichkeit sich nicht mehr bewußt ist, eine Erscheinungsform, gewissermaßen eine Kunstleistung der Humanität zu sein, zeigt den ethischen Tiefstand unserer Kultur an.

Das Übernehmen von Regierungsämtern ist nach Kungtse eine Pflicht, der sich die dazu Befähigten nicht entziehen dürfen. Der ethische Mensch soll sich bewußt sein, der Öffentlichkeit anzugehören. Insbesondere hat er an seinem Teile bei der Wiederaufrichtung des geordneten und von sittlichem Geiste belebten Staates mitzuhelfen. Von dieser Reform erwartet Kungtse die Rückkehr zur gediegenen Kultur, wie sie nach der alten Überlieferung unter den ersten Kaisern bestanden haben soll. Bei der Zeichnung des Ideals des Herrschers wird vor allem betont,[11] daß er eine ethische Persönlichkeit sein müsse. Darin liege seine Macht.

«Wer durch Herrschertugend herrscht», heißt es im Lun-Yü, «ist dem Nordstern gleich. Er steht an seinem Orte, und alle Gestirne umkreisen ihn» [II,1]. Ebendaselbst: «Wer selbst recht ist, braucht nicht zu befehlen, und es geht. Wer selbst nicht recht ist, mag befehlen, doch es wird nicht gehorcht» (XIII,6). Drei Grundsätze muß ein Fürst hochhalten: In seinem Benehmen und allen Bewegungen halte er sich ferne von Roheit und Nachlässigkeit; seinen Gesichtsausdruck ordne er, daß er Vertrauen einflöße; er bemühe sich bei all seinem Reden, sich von Gemeinheit und Unschicklichkeit fern zu halten (VIII,4).

Gerühmt werden die Herrscher der Vorzeit. «Sie waren weitherzig, so gewannen sie die Massen; sie ware treu, so vertraute ihnen das Volk; sie waren eifrig, so hatten sie Erfolg; sie waren gerecht, so waren (alle) befriedigt» [XX,1]. Als Ideal wird der Kaiser Yü gepriesen, der nur schlichte Kleidung trug und in einer geringen Hütte wohnte, aber alle seine Mittel auf die Regulierung der Gewässer – er soll als erster dem gelben Fluß ein Bett gegeben und damit den Überschwemmungen im Nordchina ein Ende gemacht haben – verwandte [VIII,21].

---

10 [Das Ms. zit. hier auch den Satz:] Beim Empfang des königlichen Siegels beugte er sich, als ob diese Last ihn zur Erde drückte, und legte seine Stirne in sorgenvolle Falten.

11 [Ms.:] ... wird die Humanität stark betont. «Laß den Fürsten kindliche und brüderliche Liebe üben, dann wird sein Volk die Tugend schätzen lernen», heißt es im Lun Yü. Schott, *Werke*, IV. Buch [2. Kap.] II,2 [S. 73].

An den Problemen der Auseinandersetzung der Ethik mit der Wirklichkeit geht Kungtse nicht vorüber. Beim Regenten muß sich, sagt er, Humanität und Festigkeit paaren. Ein allzu weiches Gemüt verhindert ihn am richtigen Wirken. Ganz allgemein wird im Lun-yü auch vor zu großer Selbstaufopferung gewarnt. Als Dsai Wo frug, ob ein sittlicher Mensch, wenn er höre, es sei jemand in den Brunnen gefallen, sogleich hinunterspringen solle, um ihm zu helfen, antwortete der Meister, daß der Edle zwar hingehen, aber nicht hineinspringen, sondern sich erst unterrichten werde ..., ob man ihn nicht belüge oder zum Narren habe [VI,24][12]

Ethik und Kultur bei Laotse. Der Tao-te-king

Was bedeutet die Ethik Laotses?

Laotse, geboren 604 v. Chr., war 53 Jahre älter als Kungtse. Sein Geschlechtsname war Li. Lao-Tse ist ein Beiname und bedeutet: der alte Meister. Er war Archivar am kaiserlichen Hofe, der damals in Loyang, in der heutigen Provinz Honan, residierte. Nachrichten über ihn verdanken wir dem Geschichtsschreiber Simatsien (163–85 v. Chr.). Anekdoten über ihn finden sich in den Schriften der Philosophen Lietse und Tschuangtse, aus dem 4. Jahrhundert v. Chr.

Die Entstehung des *Tao-te-king*, des einzigen Werkes, das wir von Laotse besitzen,[13] erzählt Simatsien in folgenden Worten:

«Laotse befliß sich [des] Taos und der Tugend. Er strebte danach, sich verborgen zu halten. Nicht berühmt zu werden, war sein Bemühen. Er wohnte lange im Staate Tschen. Als er den Verfall von Tschen sah, ging er schließlich fort und erreichte den Grenzpaß. Des Grenzpasses Oberbefehlshaber Yin Hi sprach: ‹Will sich der Herr denn zurückziehen, so bemühe er sich um meinetwillen, ein Buch zu schreiben›.

12 [Dieser Abschnitt lautet im Ms.:] An den ethischen Konflikten, die sich für die Träger öffentlicher Verantwortungen ergeben, geht Kungtse nicht vorüber. Beim Regenten muß sich, nach dem Lun Yü, Humanität mit Festigkeit paaren. Ein allzu weiches Gemüt führt zu einem Übermaß an Menschlichkeit. Auch sonst wagt Kungtse, seine Ethik der allgemeinen Menschenliebe mit der Wirklichkeit in Auseinandersetzung treten zu lassen und Kasuistik zu treiben. So läßt er sich die Frage vorlegen, ob zur vollkommenen Tugendhaftigkeit gehöre, einem Menschen, der in eine Grube gefallen ist, nachzuspringen, um ihn zu retten. Seine Antwort lautet: «Der achtungswürdige Mann stürzt sich nicht tollkühn in Todesgefahr» [nach Schott, *Werke*, I. Teil, III. Buch, 2. Kap., XXIV, S. 61]. Überhaupt polemisiert er gegen unüberdachte Kühnheit und will nur, hierin ganz rationalistisch denkend, diejenige Selbstaufopferung gelten lassen, bei der begründete Aussicht auf Verwirklichung eines entsprechenden Zweckes besteht.

13 [Nach neueren Erkenntnissen ist der Taoteking um 300 v. Chr. niedergeschrieben worden. Sein Verfasser kann nicht mit dem Laotse von 604 v. Chr. identisch sein. Die Biographie dieses Laotse ist legendarisch. – Lebensdaten Laotses nach A. Forke, *Die Gedankenwelt des chinesischen Kulturkreises*, München/Berlin 1927, S. 5 und ders., *Geschichte der alten chines. Philosophie*, Hamburg 21964, S. 255: ca. 480–390 v. Chr.]

Deshalb schrieb Laotse dann ein Buch in zwei Teilen, die seine Gedanken von Tao und der Tugend aussprechen in fünftausend und mehr Schriftzeichen und ging fort. Niemand weiß, wo er geendet. Laotse war ein verborgener Weiser».[14]

Ein altes chinesisches Bild zeigt Laotse auf einem schwarzen Büffel reitend im Gespräch mit dem Offizier des Grenzpostens.

Der Titel *Tao-te-king* ist dem Buche vom Kaiser Hang Ging Di (156–140 v. Chr.) beigelegt worden. King bedeutet «heiliges Buch», Te «Leben», in der späteren Literatur auch «Tugend». Tao-te-king heißt also: Das Buch vom Leben nach dem Tao, d. h. nach dem Sinn des Seins.[15]

Laotses Bestreben geht, wie das der Schriftgelehrten und Kungtses, darauf aus, das Volk zur alten, gediegenen Kultur der ersten Kaiser zurückzuführen. Aber das Erziehungswerk in Tugendregeln, das die andern unternehmen, hält er für aussichtslos. Jene ethischen Vorschriften erscheinen ihm als gutgemeinte, aber blindlings gegebene Medizinen, bei denen das Wichtigste, die Erforschung der Krankheit und die Hebung der natürlichen Lebenskräfte vergessen wurde. Das bisher Unterlassene macht er sich zur Aufgabe. Statt Tugendideale aufzustellen, die bei der allgemein herrschenden Unwahrhaftigkeit zur Phrase werden, will er die Menschen zur Grundgesinnung, aus der alle Tugenden kommen, zurückführen. Kungtse und die anderen legen das in der Tao-Lehre gegebene Grundprinzip des Sittlichen in Einzelgebote aus; er will es in seiner ganzen Tiefe zur Geltung bringen.

---

14 [Mit dem genannten Grenzpaß] ist gemeint der Schang-gu-Paß [Ms.: Han-Gu], der von Tschen nach dem westlichen China führt. Laotse verließ also China nicht.

Yin Hi war selber Philosoph. In einem Anhang zum Buche des Philosophen Dschuang Dsi (Tschuangtse) werden Aussprüche von ihm überliefert. Einer derselben lautet: «Wer nicht verharrt in seinem Ich, dem stellt sich das Wesen der Dinge an sich dar.»

15 [Ms.:] ... nach der Weltordnung.

Übersetzungen des Tao-te-king: Französisch von S. Julien, [*Lao-tseu Tao-te-king*:] *Le livre de la voie et de la vertu*, [*composé dans le VI. siècle avant l'ère chretienne par le philosophe Lao-Tseu*, Paris] 1842; deutsch von V. von Strauß, [*La-otse's Tao-te-king*] ([Leipzig] 1870[; aus dieser Übersetzung zitiert Schweitzer in der Fassung 1919]), J. Grill, [*Lao-tzes Buch vom höchsten Wesen und vom höchsten Gut*, Tübingen] 1910, Richard Wilhelm, [*Laotse, Taoteking. Das Buch des Alten vom Sinne und Leben*, Jena] 1911, und, sehr frei, A. Ular, [*Lao-tse. Die Bahn und der rechte Weg, Der chinesischen Urschrift nachgedichtet*, Leipzig] 1920; englisch von J. Legge in *The Sacred Books of the East*, [Bd. XXXIX, Oxford] 1891. – [Die Fassung 1919 nennt noch:] J. Chalmers, *The Speculation on Metaphysics, Polity and Morality of the old Philosopher Lao-tsze*, [London] 1868. [Zur Bedeutung des Begriffs «Tao» notiert Schweitzer in der Fassung 1919 (Ms.-S. 18):] Tao = Naturintuition (Gott, *Weg*, Vernunft, Wort). [Ms.-S. 19:] Tao: Das wirkende Prinzip. [Ebenda:] Tao = Weltsinn! Ehrfurcht vor dem Sinn der Welt. [Zur Übersetzung von «Te» mit «Tugend» daselbst, Ms.-S. 18:] Nein, sondern «Leben». Leben nach der Weltordnung, später Tugend. [Auch Wilhelm übersetzt in der Ausgabe von 1921 mit LEBEN. Solche Übersetzungsänderungen Wilhelms geben wir in den folg. Zitaten in [] wieder. Siehe auch Anm. 17.]

Bei der einzigen Begegnung, die er mit Laotse hatte, ging Kungtse ihn um sein Urteil in Fragen der Sitten und Gebräuche an. Er erfuhr von ihm in ziemlich herben Worten, daß der Weise sich nicht «mit dem auswendigen Schein»[16] abzugeben habe. Wahrscheinlich geht die Geringschätzung, mit der im *Tao-te-king* von der Vielwisserei und Gelehrsamkeit geredet wird, ebenfalls auf Kungtse.

Fälschlich ist behauptet worden, daß Laotse eine Ethik der Welt- und Lebensverneinung lehre und also in Ideenverwandtschaft mit Buddha stände. Er ist durch und durch lebensbejahend, wie Kungtse. Auch seine Ethik will Kulturethik sein. Wie wird der Mensch fähig, in ethisch-zweckmäßiger Weise auf die Welt zu wirken? Dies ist die Frage, die sich durch den ganzen *Tao-te-king* hindurchzieht. Die Anwort lautet: Indem sein Wirken wird, wie das der Natur.

Laotse behält also die für das chinesische Denken charakteristische mystisch-monistische Fundamentalanschauung bei.

Von einem logischen Ergründen des Charakters des Naturgeschehens ist natürlich nicht die Rede. Laotse verbleibt vollständig in der naiven, monistisch-optimistischen Weltanschauung. In einer Reihe von ineinander verschlungenen Gleichnissen deutet er seine Ethik aus der Natur heraus. Das Geschehen auf dem Felde und im Walde wird ihm zur Offenbarung für das Sittliche, wie sich für Jesus das Geheimnis der Art und des Kommens des Reiches Gottes in der wachsenden Saat enthüllt.

Warum vermögen die Kräfte der Natur so Gewaltiges zu vollführen? Weil sie unscheinbar, selbstlos, ohne äußere Geschäftigkeit, in innerlicher Macht wirken. Um sittlich Einfluß auf die Welt auszuüben, muß der Mensch Kraft in dieser Art werden.

> Der Himmel ist ewig und die Erde dauernd.
> Die Ursache der ewigen Dauer von Himmel und Erde ist,
> daß sie sich nicht selber leben.
> Darum können sie dauernd Leben geben.
> Also auch der heilige Mensch [der Berufene]:
> Er setzt sein Selbst hintan,
> und sein Selbst kommt voran.
> Er entäußert sich seines Selbst,
> und sein Selbst bleibt erhalten.
> Ist es nicht also:
> Weil er nicht Eigenes will,
> darum wird sein Eigentum vollendet. (Kap.7)[17]

---

16 [In einem der (apokryphen) Gespräche heißt es: «Wer unabhängig ist vom Äußeren und nicht den Schein zu suchen braucht, der ist wirklich unabhängig von der Welt.» *Dschuang Dsi* XX 5, Schluß.]

17 [Zitate nach R. Wilhelm; in [ ] eine andere Übersetzung einzelner Begriffe durch Wilhelm aus der Ausgabe von 1921.]

Die Ewigkeit erkennen: das ist Weisheit ...
Wer die Ewigkeit nicht erkennt, der handelt blindlings und unheilvoll.[18]
Erkenntnis der Ewigkeit bringt Duldsamkeit,
Duldsamkeit bringt Edelsinn.
Edelsinn bringt Herrschaft. ... (Kap. 16)

Paradoxien enthüllt die Natur dem suchenden Geiste. «Wahre Worte sind wie umgekehrt», heißt es einmal im *Tao-te-king* (Kap. 78). Die fundamentale Paradoxie ist die, daß das, was als stark erscheint, schwach ist, und was als schwach erscheint, stark.

Der Mensch ist weich und schwach, wenn er geboren wird,
fest und stark, wenn er stirbt.
Kräuter und Bäume sind weich und saftig, wenn sie entstehen,
dürr und hart, wenn sie sterben.
Denn das Feste und Starke gehört dem Tode,
das Weiche und Schwache gehört dem Leben. ... (Kap. 76)

Das Allerweichste auf Erden
überholt das Allerhärteste auf Erden.
Das Nichtseiende dringt auch noch in das,
was keinen Zwischenraum hat. ... (Kap. 43)

Wie ist dies zu erklären? Jeder ausgeübte Druck, auch wenn er besten Absichten dient, erzeugt Gegendruck. Dadurch wird die Stärke ohnmächtig. Die Kraft aber, die nur ist, ohne bewußte Absicht und Anstrengung, sich durchzusetzen, vollbringt, was in ihr ist, weil sie sich keine Widerstände schafft. Dies ist der Sinn des so oft mißverstandenen Preises der «Tatenlosigkeit» bei Laotse. Nicht Quietismus lehrt er, sondern nur Aufgeben jeder Gewaltanwendung und jeder falschen Geschäftigkeit. Die Kraft, etwas zu wirken, ist die Gesinnung, die in dem Menschen ist. Je mehr er sie läutert, desto stärker wird er. Ohne Zwecke zu verfolgen, wird er dann unmittelbar Gutes tun.

Herrscht ein ganz Großer, so weiß das Volk nur eben, daß er ist.
Mindere Herrscher werden geliebt und gelobt,
noch Mindere werden gefürchtet,
noch Mindere werden mißachtet. ... (Kap. 17)

Die Welt erobern wollen durch Handeln:
Ich habe erlebt, daß das mißlingt. ... (Kap. 29)

Die hohe Tugend [das hohe LEBEN[19]] ist ohne Handeln und ohne Absicht.
Die niedere Tugend handelt und hat Absichten.
Die Liebe handelt und hat nicht Absichten.
Die Gerechtigkeit handelt und hat Absichten. ... (Kap. 38)

---

18 [R; Fassung 1919, zur Stelle (Ms.-S. 19):] Er spricht ein Geheimnis aus. Erschaut in sich das Geheimnis des Wirkens. Deutet danach die Natur. Ohne Gott!

19 [Siehe Anm. 15, Schluß, und Anm. 17.]

Wer die Zustände bessern will, muß die Menschen bessern. Dies vollbringt er aber nur, soweit Geist in ihm ist, der in ethischer Überlegenheit auf andern Geist wirkt und ihn versittlicht. Auch gegen die Schlechten gut sein, heißt, sie für das Gute gewinnen; auch gegen Treulose treu sein, heißt, sie für die Treue gewinnen. Wahrhafte Sittlichkeit weckt notwendigerweise Sittlichkeit. Auf diesem Wege ist die Verwirklichung sittlicher Kultur zu erstreben.

> Der heilige Mensch [der Berufene] hat kein Herz für sich.
> Er macht der Leute Herz zu seinem Herzen.
> Zu den Guten bin ich gut,
> und zu den Nichtguten bin ich auch gut;
> denn Tugend [das LEBEN] ist Güte.
> Zu den Treuen bin ich treu, und zu den Nichttreuen bin ich auch treu:
> Denn Tugend [das LEBEN] ist Treue.
> Der heilige Mensch [der Berufene] lebt in der Welt ganz still.
> Aber er macht sein Herz weit für die Welt.
> Die Leute starren alle auf ihn und horchen.
> Der heilige Mensch behandelt sie alle als seine Kinder. (Kap. 49)

Nicht Tugend soll man die Menschen lehren, sondern sie anleiten, zu der Gesinnung, in der sie unbewußte Naturkraft des Guten sind, zurückzukehren. Die Differenzierung der Sittlichkeit in unterschiedene Elemente bedeutet ja nur, daß sie sich zerspaltet, um sich der Welt anzupassen. Je mehr sie diese Differenzierung überwindet, desto mehr wird sie aus einer Summe von Tugenden wieder Sittlichkeit schlechthin.

> Der große Tao ward verlassen:
> so gab es Sittlichkeit und Pflicht.
> Klugheit und Erkenntnis kamen auf:
> so gab es die großen Lügen.
> Die Blutsverwandten wurden uneins:
> so gab es Kindespflicht und Liebe.
> Die Staaten kamen in Verwirrung und Unordnung:
> so gab es treue Diener. (Kap. 18)
>
> Ist der große Tao[20] abhanden gekommen, dann ist Tugend [das LEBEN].
> Ist die Tugend [das LEBEN] abhanden gekommen, dann ist Liebe.
> Ist Liebe abhanden gekommen, dann ist Gerechtigkeit ... (Kap. 38.)

Nicht durch Gebote und Verbote soll man das Volk regieren, und nicht in äußeren Errungenschaften den Fortschritt suchen. Zur Kultur wird das Volk geführt, wenn es zur allgemeinen Einfachheit geleitet wird.[21]

---

20 [Anm. im Ms.:] Tao bedeutet das aus der Einsicht in das gütige Naturgeschehen gewonnene Grundprinzip der Sittlichkeit. [«Tao» übersetzt Wilhelm 1921 mit «SINN», von A. S. jedoch nicht übernommen.]

21 [Im Ms. steht hier noch folgendes Zitat (nach Wilhelm, Tao te king, 1921):]

Die letzte Konsequenz der falschen Geschäftigkeit ist der Krieg. Laotse verurteilt ihn in erhebenden Worten.

> ... Wo zwei Armeen kämpfend aufeinander treffen,
> da siegt der, der es mit schwerem Herzen tut. (Kap. 69)
>
> Die Waffen sind unheilbringende Geräte,
> nicht Geräte für den Edlen.
> Nur wenn er nicht anders kann, gebraucht er sie.
> Ruhe und Friede sind ihm das Höchste.
> Er siegt, aber er freut sich nicht daran.
> Wer sich daran freuen wollte, würde sich ja des Menschenmordes freuen. (Kap. 31)[22]
> Wer im Kampfe gesiegt, der soll wie bei einer Trauerfeier weilen. (Kap. 31)

Der *Tao-te-king* ist eines der gewaltigsten Dokumente in der Geschichte des ethischen Suchens der Menschheit. In ihm wird zum ersten Male mit voller Klarheit die Besinnung auf ein begründetes Grundprinzip der Ethik als die große Aufgabe des ethischen Denkens erfaßt. Daß die in der chinesischen Weltanschauung gegebenen Voraussetzungen auf diesen Weg wiesen, nimmt dem ethischen Genie, das ihn begangen, nichts von seiner Größe.

> ... «Um die Welt zu gewinnen,
> muß man frei sein von Geschäftigkeit.
> Woher weiß ich, daß es also mit der Welt steht?
> Je mehr es Dinge auf der Welt gibt, die man nicht tun darf,
> desto mehr verarmt das Volk.
> Je mehr die Menschen Mittel des Wohlstandes haben,
> desto mehr kommen das Reich und das Haus in Verwirrung.
> Je mehr die Leute Kunst und Klugheit [Schlauheit] pflegen,
> desto wunderlichere Dinge kommen auf.
> Je mehr die Gesetze und die Befehle prangen,
> desto mehr gibt es Diebe und Räuber.
>
> Darum spricht der heilige Mensch [ein Berufener]:
> Ich handle nicht, und das Volk wandelt sich von selbst.
> Ich liebe die Stille, und das Volk wird von selber redlich.
> Ich habe keine Geschäfte, und das Volk wird von selber reich.
> Ich habe keine Begierden, und das Volk wird von selber einfach.» (Kap. 57)

22 [Im Ms. (S. 20) werden hier anschließend noch die folgenden Verse zitiert (in der Masch.-Vorlage gestrichen):]

> «Wer sich des Menschenmordes freuen wollte, kann nicht sein Ziel erreichen in der Welt.
> Bei Glücksfällen achtet man die Linke als Ehrenplatz.
> Bei Unglücksfällen achtet man die Rechte als Ehrenplatz.
> Der Unterfeldherr steht zur Linken, der Oberführer steht zur Rechten.
> Das heißt: er nimmt seinen Platz ein nach dem Brauch der Trauerfeiern.
> Menschen töten in großer Zahl, das soll man beklagen mit Tränen des Mitleids.»

Weiter hat Laotse als erster die fundamentale Erkenntnis ausgesprochen, daß die entscheidende Wirkungsweise des Ethischen die geistige ist, kraft deren unethische Gesinnung in die Gewalt ethischer kommt. Bei ihm findet sich auch zum ersten Male das vertiefte Nachdenken über Kultur, das klar zwischen Wesentlichem und Unwesentlichem in ihr scheidet und sie auf das Ethisch-Geistige gründet. Erstmalig ist im *Tao-te-king* auch ausgesprochen, daß das ethische Suchen sich nicht so sehr mit Sozialethik, das heißt: mit dem Aufstellen einer ausgeführten Ethik vom Standpunkte der Gesellschaft aus, zu beschäftigen habe, sondern auf Individualethik, das heißt: die Ethik der ethischen Persönlichkeit, gehen müsse. Schon hier also ist mit der Illusion aufgeräumt, als ob aus den Forderungen, die die Gesellschaft an den Einzelnen zu stellen hat, sich jemals eine wirkliche Ethik ergeben könne. Die Wahrheit, daß sie viel mehr sei als dies, ist erkannt.

Auch das Problem des Verhältnisses von Religion und Ethik ist entschieden. Nirgends greift Laotse für die Ethik auf die überlieferte Religion zurück. Die als Taoismus bezeichnete chinesische, animistische und polytheistische Volksreligion hat mit dem *Tao-te-king* nichts zu tun, obwohl sie das Buch und seinen Verfasser für sich in Anspruch nimmt und ihm göttlichen Rang zuerkennt.

Die Idee von Lohn und Strafe ist in allen ihren Formen, selbst in ihrer Verfeinerung als Verbindung von Tugend und Glückseligkeit, in der sie bei Kungtse auftritt, aufgegeben. Laotses Ethik ist reine Ethik. Um seiner selbst willen, aus innerer Notwendigkeit, wird das Gute getan. Das Bewußtseins, in dem ewigen, guten und zweckmäßigen Weltwillen aufzugehen, ist alles, was die ethische Persönlichkeit in ihrem Handeln sucht. Ethische Mystik ist das Ergebnis der von Laotse in ihren Konsequenzen ausgedachten Lehre [vom] Tao.

So ist der *Tao-te-king* ein heiliges Buch nicht Chinas, sondern der Menschheit. Gedanken der tiefsten Ethiker, die in der Folge auftraten, sind von ihm vorweggenommen. Jesu Seligpreisungen der geistig Armen, der Sanftmütigen und der Friedfertigen kündigen sich in ihm an. Spinozas Geist regt sich in ihm. Wer einmal in dasselbe hineingeschaut hat, kommt nicht mehr von ihm los.

Bei aller Größe und Tiefe ist Laotses Ethik aber zugleich eigentümlich unbefriedigend. Daß er die geistige Wirkungsweise der ethischen Persönlichkeit als das Entscheidende betont, ist eine Wahrheit, für die ihm die Welt nicht genug danken kann. Aber er will nicht darauf eingehen, daß die ethische Persönlichkeit sich auch in materiell tätiger Weise ausgeben und an der Schaffung einer ethisch organisierten Gesellschaft mitarbeiten müsse. Infolge dieser Einseitigkeit kommen viele der schwersten Probleme, die der Mensch in seinem sittlichen Streben erlebt und denen die Menschheit in ihrem ethischen Suchen begegnet, bei ihm nicht zu Worte.

Aber auch die, auf die er eingeht, erfaßt er nicht immer in ihrer ganzen Unmittelbarkeit. Es ist, als ob er viele ethische Fragen nicht genug als kämpfender und seine Verantwortung suchender Mensch, sondern zu sehr nur als überlegener Geist erlebt hätte.[23]

Diese doppelte Unzulänglichkeit der Ethik Laotses erklärt sich aus ihren Voraussetzungen. Ist die ethische Wirksamkeit wirklich als eine Erscheinungsform des Wirkens der Natur aufzufassen, so kommt nur das, was sie durch ihre Innerlichkeit schafft, in Betracht. Wird die in der Welt wirkende Kraft ihrem Wesen nach als gut in Ansatz gebracht, so ist die Ethik nicht der Kampf zur Überwindung der Welt in uns und außer uns, sondern geht im Grunde nur noch auf die Vermeidung der Unvollkommenheit, die daraus entsteht, daß der Mensch nicht genug auf den Weltwillen eingeht. Daher die eigentümliche Begrenztheit und Abgetöntheit der Ethik Laotses. Weil er den naiven, optimistisch-ethischen Monismus, den er aus der Volksanschauung übernimmt, in tiefer[24] Weise für die Ethik ausdenkt, treten bei ihm sowohl die aus dem Naiven als die aus dem Monistischen fließenden Schwächen zu Tage.

Laotses Ethik ist ein wunderbar großes Thema, das sich aber nicht zur Symphonie gestaltet, weil keine Gegenthemen auftreten, gegen die es sich zu entwickeln und durchzusetzen hat. Die Auseinandersetzung mit der Wirklichkeit bleibt unvollständig.

Das ethische Problem im philosophischen Jahrhundert Chinas

Wie Griechenland hat auch China sein philosophisches Jahrhundert gehabt. Dasselbe erreicht wie das griechische seine höchste Blüte gegen die Mitte des 4. Jahrhunderts v. Chr. zu. Seine größten Namen sind: Mong Dsi (Mengtse), Dschuang Dsi (Tschuangtse), Liä Dsi (Lietse), Yang Dschu (Yangtse), Mo Di (Mitse [5. Jhdt., 2. Hälfte]), Gung Sun Lung und Hui Dsi. Ein Teil der in dieser großen philosophischen Bewegung entstandenen Schriften ist uns erhalten. Über die verschiedenen Schulen und ihr Treiben haben wir einen wertvollen Bericht in einer anonymen Abhandlung, die dem Buche des Dschuang Dsi angehängt ist.

Fünf große Richtungen treten nebeneinander auf. Mong Dsi (Mengtse) setzt Kungtses moralisierendes Philosophieren über Liebe und Pflicht fort. Mo Di (Mitse) und andere verkünden das schrankenlose absolute Gebot der Liebe. Die Sophisten unter Führung von Gung Sun Lung und Hui Dsi gleichen ganz den griechischen. Hui Dsi, den

---

23 [Der hier noch folgende Satz ist in den Masch.-Vorlagen gestrichen, im Ms. jedoch nicht:]
Der Begriff des Bösen tritt in seinen Gedanken nicht elementar auf.

24 [Ms., gestrichen:] in tiefsinniger [dann:] in konsequenter.

wir durch seine Dispute mit Dschuang Dsi am besten kennen, verzichtet auf eine eigene feste Meinung und geht nur darauf aus, in den wissenschaftlichen und ethischen Behauptungen der anderen die logischen Schwierigkeiten aufzuzeigen und, wie es von ihm heißt, ihren Mund zu besiegen. Seine Schriften sollen fünf Wagen gefüllt haben. Dschuang Dsi (Tschuangtse) bemühte sich, die ethische Naturphilosophie Laotses festzuhalten. Liä Dsi (Lietse) und Yang Dschu (Yangtse) schreiten zum ethiklosen Monismus und zur Negierung der Kultur fort.[25]

Die chinesische Philosophie hat also das Problem von Kultur und Ethik in elementarer Weise nach allen Seiten hin durchgearbeitet. Alle Fassungen und Beantwortungen desselben, soweit sie vom Standpunkte der monistischen Naturphilosophie denkbar sind, kommen bei ihr vor. Von der dualistisch-spekulativen Weltanschauung aus ist sie aber nie an es[26] herangetreten. Auch kompliziert es[27] sich bei ihr nicht mit der erkenntnistheoretischen Frage nach der Realität der Sinnenwelt. Immer bewegt man sich auf dem Boden monistischer, elementarer Naturphilosophie.

Mong Dsis (Mengtses) Kulturethik

Mong Dsi (Mengtse, 372–289 v. Chr.) lebte wie sein Vorbild Kungtse.[28] Wie dieser wollte er in amtlichen Stellungen an der Wiederauf-

---

25 Auf eine einheitliche Übertragung der chinesischen Namen und des Titels «Meister» haben sich die europäischen Gelehrten noch nicht geeinigt. «Meister» geben sie bald mit Tse, bald mit Dsü, bald mit Dsi wieder. Die deutschen Übersetzer haben 1910 [Kopie sac 19 a: 1911] die Wilhelm-Lessingsche Schreibweise als die rationellste angenommen.

Die wichtigsten Namenvarianten sind: Mengtse, latinisiert Mencius, Wilhelm-Lessingsche Schreibweise: Mong-Dsi; Tschuangtse oder Chuang Tsü, W.-L. Schreibweise: Dschuang Dsi; Lietse oder Litse, latinisiert Licius, W.-L. Schreibweise: Liä Dsi; Yangtse oder Yangtschu, W.-L. Schreibweise: Yang Dschu; Metse oder Mitse, latinisiert Micius, W.-L. Schreibweise: Mo Di; Huitse, W.-L. Schreibweise: Hui Dsi.

Im Folgenden wird, außer für die jetzt einmal feststehenden Namen Laotse und Kungtse (Konfuzius), die W.-L. Schreibweise angewandt.

Die Zitate werden in der Regel nach der Übersetzung von R. Wilhelm gegeben. Auch seine eingehenden historischen Anmerkungen sind der Darstellung zugute gekommen.

26 [Vorlagen:] sie.

27 [Vorlagen:] komplizieren sie ... [Gemeint ist aber doch wohl das Problem von Kultur und Ethik.]

28 Das unter Mong Dsis Namen überlieferte Werk, das als neuntes unter die heiligen Schriften aufgenommen worden ist, geht wohl zu einem bedeutenden Teil auf Aufzeichnungen von seiner Hand zurück. In seinem ersten Teile bietet es hauptsächlich Gespräche über die Verwirklichung des Kulturstaates, die er mit Fürsten und Schülern hatte; im zweiten folgen allgemeine moralische Sentenzen.

Übersetzungen: Französisch von S. Couvreur ([Ho-Kien-fu] 1895), englisch von

richtung des Reiches arbeiten. Wie dieser führte er ein Dasein, in dem der Erfolge wenig und der Enttäuschungen viel waren. «Gott will noch nicht, daß Friede und Ordnung auf Erden herrschen» [II B,13], sagt er sechzigjährig zu einem seiner Schüler. Sein Wort «Ohne festen Lebensunterhalt dennoch ein festes Herz zu behalten, das vermag nur ein Gebildeter» (I A,7) steht wie ein Motto über seinem Leben.

In einem unterscheidet er sich von Kungtse. Er fühlt sich nicht als der ehrfurchtsvolle Diener der Fürsten, wie es dieser getan hatte, sondern als ihr Mahner. Es kommt vor, daß er sie in scharfer Rede zur Rechenschaft zieht und vor ihrem Gefolge bloßstellt. Im übrigen wird er nicht müde, immer aufs neue zu wiederholen, daß nur der nach sittlichen Grundsätzen geleitete, auf «Liebe und Pflicht» erbaute Staat gedeihen könne. Die Machtkriege, die die Fürsten, wie in der Renaissance, gegeneinander führten, verurteilte er aufs schärfste. Nur wer «als Knecht Gottes handelt», das heißt den Zweck verfolgt, unterdrückte Menschen zu befreien, darf zu den Waffen greifen. [II B,8.) Einem König, der der Herrschaft seines gewalttägigen Nachbars ein Ende gemacht und nun von dessen Land Besitz ergreifen will, hält er vor, daß er dazu erst, dem Beispiel der gerechten Herrscher der Vorzeit folgend, eine dahingehende Volksbefragung, bei den Untertanen des Besiegten veranstalten müsse.[29] Einen Unterschied zwischen der Moral des Staates und der des Individuums erkennt er nicht an. Das Prinzip «Milde bringt Ehre, Härte bringt Schmach» [II A,4] soll für beide gelten.

Aus Mong Dsis Aussprüchen über Fürstendienst und Kulturstaat:[30]

Der Edle dient seinem Fürsten dadurch, daß er allein sich bemüht, ihn auf den rechten Weg zu bringen und seinen Willen auf das Gute zu richten ... [VI B,8]. Die Fürstendiener von heute sprechen: ‹Ich kann für meinen Fürsten Land gewinnen, ich kann ihm seine Kammern und Schatzhäuser füllen›. Was man heute ehrliche Diener nennt, nannte man vor alten Zeiten Verbrecher am Volk (VI B,9).

Ich habe nie gehört, daß einer, der selbst sich krümmt, andere gerade machen kann [V A,7].

In alter Zeit befestigte man Pässe, um Gewalttat abzuhalten. Heutzutage befestigt man Pässe, um selbst Gewalttat zu üben (VII B,8).

J. Legge (in *The Chinese Classics*, [Bd. II, s. Anm. 7]), deutsch von R. Wilhelm, *Mong Dsi* ([Jena] 1914). Auszüge bot Ernst Faber, *Mencius, eine Staatslehre auf ethischer Grundlage oder Lehrbegriff des chinesischen Philosophen Mencius*, [Elberfeld] 1877. –

[Die Ms.-Fassung enthält über Mong Dsi nur folgende Sätze:] Die ethische Staatslehre Kungtses führte Mengtse ... aus. Auch bei ihm, wie bei Kungtse, überrascht das starke Betonen der Humanität, «Nur der Humane», sagt er, «ist rechtmäßig auf hohem Posten. Ist der Inhumane auf hohem Posten, so streut er Böses unter die Menge.» [IV A,1.]

29 [I B, 11 (sich «mit allem Volk beraten»).]

30 Hier wie in den folgenden Zitaten-Abschnitten nach R. Wilhelm werden Erzählungen und Worte zuweilen etwas verkürzt wiedergegeben.

König Hui von Liang hatte in unglücklichen Kriegen viel Land an den Fürsten von Tsin und den von Tschu verloren. Als er Mong Dsi um Rat anging, wie er diese Schmach abwaschen könne, antwortete dieser: Und wäre ein Land auch nur hundert Meilen im Geviert, so kann man damit doch die Weltherrschaft erringen. Wenn Ihr, o König, ein mildes Regiment führt über eure Leute, Strafen und Bußen spart, Steuern und Abgaben ermäßigt, so daß die Felder tief gepflügt und ordentlich gejätet werden können, daß die Jugend Zeit hat zur Pflege der Tugenden der Ehrfurcht, Brüderlichkeit, Gewissenhaftigkeit und Treue, daß sie zu Hause ihren Eltern und Brüdern und im öffentlichen Leben ihren Fürsten und Oberen dienen – dann könnt Ihr ihnen Knüppel in die Hand geben, um damit die starken Panzer und scharfen Waffen der Herren von Tsin und Tschu zu zerschlagen (I A,5).

Wenn alle Menschen ihre Nächsten lieben und ihre Älteren ehren, dann ist die Welt in Frieden (IV A,11).

In der Ethik hat Mong Dsi prinzipiell Neues über Kungtse hinaus nicht vorgebracht. Aber er hat seine Lehre in der Auseinandersetzung mit den Sophisten, den Anhängern Laotses und den Amoralisten vertieft und vollendet. Er steht zu Kungtse wie Beethoven zu Haydn.

Ausgangspunkt seines Denkens ist ethischer Optimismus. Unentwegt bekennt er, daß die Anlage des Menschen gut sei und daß das Gute in dem Wesen des Seins begründet sei. Den Sophisten Gau Dsi, der behauptet, «daß die Natur einen Unterschied zwischen Gut und Böse ebensowenig kenne, wie das Wasser den zwischen Ost und West», widerlegt er mit Eifer [VI A,2]. Aber das Gute muß die richtige Pflege finden, damit es sich entwickle und in richtiger Zweckmäßigkeit betätige. Liebe allein reicht zur ethischen Organisation der Gesellschaft nicht aus. Mit heftigen Ausdrücken verketzert Mong Dsi den Mo Di (Mitse), der mit seiner Predigt von schrankenloser Menschenliebe die Gemüter verwirre und Staat und Kultur in Gefahr bringe. Liebe ist das innere Prinzip des Handelns. Neben es muß das von außen her, durch die Logik der Umstände bestimmte [Prinzip] der Pflicht treten und unsere Beziehung zu denjenigen regeln, denen wir der natürlichen Ordnung nach angehören.

In zielbewußter Weise läßt Mong Dsi seine durch dieses Doppelprinzip bestimmte Ethik sich mit der Wirklichkeit auseinandersetzen. An seiner gediegenen Kasuistik scheitern die Angriffe der Sophisten.

Wie kaum einem andern ist es ihm verliehen, auf die Fragen der Ethik des täglichen Lebens einzugehen und dabei immer tief zu bleiben. Für seine Tiefe zeugt, daß er, der so praktisch veranlagte Moralist, den Utilitarismus als die große Gefahr für die Ethik erkennt. Er war mit ihm durch den Verkehr mit den Sophisten bekannt geworden. Mit demselben Ernste wie Kant verteidigt er die unmittelbare, absolute Notwendigkeit des Ethischen und verwahrt sich dagegen, daß man es, wenn auch in bester Absicht, auf das Nützliche zurückführen wolle.

Ethische Aussprüche Mong Dsis:[31]

Was die Menschen können, ohne es gelernt zu haben, das ist ihr eigentliches Können ... Jedes Kind, das man auf den Arm nimmt, weiß seine Eltern zu lieben, und wenn es etwas größer ist, weiß es seine älteren Brüder zu achten. Anhänglichkeit an die Nächsten ist die Liebe, Achtung vor den Älteren ist die Pflicht. Es handelt sich um nichts anderes, als diese Gefühle auszudehnen auf die ganze Welt (VII A,15).

Menschenliebe ist die natürliche Gesinnung des Menschen, Pflicht ist der natürliche Weg des Menschen. Wie traurig ist es, wenn einer seinen Weg verläßt und nicht darauf wandelt, wenn einer sein Herz verloren gehen läßt und nicht weiß, wie er es wiederfinden kann! ... Die Bildung dient uns zu nichts anderem als nur dazu, unser verloren gegangenes Herz zu suchen. (VI A,11).

Die Wälder auf dem Kuhberg waren einstens schön. Aber weil er in der Nähe der Gemarkung einer Großstadt lag, wurden sie mit Axt und Beil gefällt. Als Regen und Tau den Boden fruchteten und neue Triebe wuchsen, kamen die Rinder und die Schafe dahinter und weideten sie ab. Nun steht er kahl da ... Aber wie will man behaupten, das sei die Natur des Berges? ... Es gibt nichts, das nicht in Verfall geriete, wenn es der rechten Pflege entbehren muß (VI A,8).

Der große Mann bewahrt sein kindliches Herz [IV B,12]. – Der Gütige läßt die Art, wie er einen geliebten Menschen behandelt, auch dem Ungeliebten zuteil werden (VII B,1). – Wer anerkennt, was er bei andern Gutes findet, der fördert sich im Guten (II A,8).

Güte siegt über Ungüte, wie Wasser über Feuer siegt. Aber heutzutage übt man die Güte so, als wollte man mit einem Becher Wasser einen brennenden Wagen voll Reisig löschen, und wenn die Flammen nicht auslöschen, dann sagen, daß Wasser Feuer nicht löschen könne (VI A,18).

Das Korn ist am wertvollsten unter allen Samen. Wenn es aber nicht reif ist, so ist es nicht einmal so viel wert, wie Samen von Gras und Quecken. Auch bei der Güte kommt alles auf die Reife an (VI A,19).

Sung Kang war im Begriffe, zum Fürsten von Tsin und zu dem von Tschu zu gehen, um sie von den Kriegsrüstungen, die sie gegeneinander betrieben, abzubringen. Mong Dsi frug: ‹Auf welche Weise wollt Ihr ihnen zureden?› Jener sprach: ‹Ich werde darüber sprechen, wie unvorteilhaft die Sache sei.› Aber Mong Dsi hielt ihm vor, daß diese Begründung nicht zu billigen sei. Würden die Fürsten sich überzeugen lassen, den Krieg nur, weil er unvorteilhaft sei, zu meiden, so könnten alle Stände und Menschen in ihrem Reiche sich an ihnen ein Beispiel nehmen, Gut und Böse mit Vorteilhaft und Unvorteilhaft gleichzusetzen. Daß dies zu unhaltbaren Verhältnissen führen müsse, sei sicher. Sung Kang solle also zu den Fürsten gehen und ihnen den Krieg mit Berufung auf Liebe und Pflicht ausreden [Nach VI B,4].

Wer beim Hahnenruf aufsteht und an nichts anderes denkt als an Gutes tun, der ist ein Genosse des Heiligen Schun. Wer beim Hahnenruf aufsteht und an nichts anderes denkt als an seinen Nutzen, der ist ein Genosse des Räubers Dschi [VII A,25].

---

31 Zum Teil gekürzt.

Mo Dis (Mitses) Ethik der schrankenlosen Menschenliebe. Chinesischer Sozialismus und Pazifismus

Mo Di (Mitse, Micius) der Verkünder der reinen Menschenliebe, war wahrscheinlich ein jüngerer Zeitgenosse Kungtses. In dem unter seinem Namen erhaltenen Werk[32] handelt ein großer Teil merkwürdigerweise über Mechanik und Festungsbau. Er soll sich auch mit dem Bau von Flugmaschinen abgegeben haben. Seine Anhänger lebten hauptsächlich in Südchina. Später soll seine Schule durch Ku Hu, Gi Tschi und Döng Ling in die Sophistik hineingekommen und in ihr aufgegangen sein.

Mo Di zieht nun die Konsequenzen aus der ethisch-optimistischen Naturphilosophie, die Laotse und Kungtse voraussetzen. Ist die Kraft, die in dem Sein zutage tritt, wirklich Güte und Liebe, dann dürfen nur Güte und Liebe, und nichts anderes, die Verhältnisse der Menschen und Völker zu einander bestimmen. Rang- und Machtunterschiede und die aus ihnen abgeleiteten Verpflichtungen bestehen also nicht zu Recht.

Man muß tun, was der Himmel wünscht, und unterlassen, was der Himmel nicht wünscht. Was wünscht und was haßt aber der Himmel? Er wünscht, daß die Menschen einander lieben, daß sie einander nützen, und wünscht nicht, daß die Menschen [einander hassen,] einander berauben. Aber woher weiß man das? Daher, daß er sie ausnahmslos liebt, ausnahmslos ihnen nützt. Das erkennt man an dem, daß er sie ausnahmslos besitzt und ausnahmslos ernährt. So gäbe es also unter dem Himmel keine großen und kleinen Staaten, sondern alle wären sie Gemeinschaften des Himmels; die Menschen hätten nicht Klein, Groß, Vornehm und Gering, sondern alle wären sie Diener des Himmels, so daß jedermann Opfertiere und Wein und Getreide darbrächte, um den Himmel zu verehren (Mo Di I,4).[33]

Mit der Forderung unumschränkter Menschenliebe stellt Mo Di konsequenterweise die der Gleichheit aller Menschen auf. Er erwartet den ethischen Zustand der Menschheit und den Frieden auf Erden nicht wie Kungtse und Laotse von einer Rückkehr zum idealen patriarchalischen Regiment, sondern erstrebt eine Neuordnung der Gesellschaft nach sozialistischen Grundsätzen. Weil er so am Bestehenden rüttelt, dem wir uns in Pflichten unterwerfen sollen, verketzert ihn Mong Dsi als Volksverderber.[34]

---

32 Auszugsweise findet sich die Schrift des Mo Di ins Deutsche übersetzt bei E. Faber, *Die Grundgedanken des alten chinesischen Sozialismus* [*oder die Lehren des Philosophen Micius*, Elberfeld] 1877. Englische Fragmente daraus in James Legges *Chinese Classics*, im Band über Mengtse [Bd. II]. – Zwei deutsche Übersetzungen, eine von A. Forke und eine von R. Wilhelm, sid in Vorbereitung. [A. Forke, *Mê-Ti, des Sozialethikers und seiner Schüler philosophische Werke*, Berlin 1922. Die Übersetzung von R. Wilhelm ist nie erschienen.]

33 [Stellenangabe aus der Fassung 1939/40. Zitat nach] E. Faber [a.a.O.], Kap. 4, S. 40. Danach (und nach dem Ms.) auch die Stelle in [ ] ergänzt.

34 [Vgl. III A,5; III B,9; VII B,26. – Ms.-Fassung über Mo-Di:] Mo Di ..., im

Der Anhang zum Werk Dschuang Dsis (Tschuangtses) berichtet noch von einer anderen Philosophie der allgemeinen Menschenliebe, die im 4. Jahrhundert v. Chr. eine Rolle spielte. Als ihre Vertreter werden Sung Giän und Yin Wen genannt. In welchem Verhältnis sie zu Mo Di standen, wird nicht deutlich.

Ihr und ihrer Schüler Auftreten wird folgendermaßen geschildert:

Sie suchten durch eine brennende Liebe die Menschen der Welt brüderlich zu vereinigen. Die Bekämpfung der Lüste und Begierden war ihr Grundsatz. Wenn sie beschimpft wurden, hielten sie es nicht für Schande, nur darauf bedacht, die Menschen vom Streit zu erlösen. Sie verboten den Angriff und wollten die Niederlegung der Waffen, um die Menschen vom Krieg zu erlösen. Mit diesen Lehren durchzogen sie die ganze Welt. Sie ermahnten die Fürsten und belehrten die Untertanen. Wenn auch die Welt ihre Lehren nicht annehmen wollte, so blieben sie um so fester dabei und ließen sie nicht fahren. Es hieß von ihnen, daß Hoch und Niedrig vermied, mit ihnen zusammenzukommen, daß sie aber mit Gewalt sich Zutritt verschafften.[35]

Dschuang Dsis (Tschuangtses) Versuch, Ethik aus Naturphilosophie zu begründen. Überethische Mystik als Ergebnis

Dschuang Dsi (Tschuangtse[36]) will die Taolehre Laotses gegen die Sophistik aufrecht erhalten, wie Mong Dsi die Moralphilosophie des Kungtse.[37] Beide blühten um die Mitte des 4. Jahrhunderts; eine Zeit-

5. Jh. v. Chr., hatte die Ethik der allgemeinen Menschenliebe so konsequent durchgeführt, daß er darin weit über Kungtse hinausging, wofür er von Mengtse verketzert wurde. Den Gedanken, daß in der Ethik einzig das Gesetz der Liebe gelten dürfe, leitet er aus dem Wesen des Himmels ab, den der Gute zum Vorbild nehmen müsse. [Zitat aus I,4 wie oben.] Von dieser Voraussetzung der Gleichheit aller Menschen ausgehend, sucht Mo Di die ethische Organisation der Gesellschaft nicht wie Kungtse in einer Rückkehr zum idealen patriarchalischen Regiment, sondern in einer religiös-sozialistischen Neugestaltung. Einfluß auf das chinesische Denken gewann er so wenig wie sein Zeitgenosse Yang Dschu (Yang-tse), der, an der hergebrachten Vorstellung des [vom] Guten irre werdend, ungefähr gleichzeitig mit Epikur eine Ethik aus dem Begriff der Lust zu entwickeln suchte.

35 [Zit. bei R. Wilhelm, Einleitung zu *Dschuang Dsi*, S. XIX.]

36 [Etwa 380–310 v. Chr., gilt als Schüler Laotses.]

37 Dschuang Dsis Philosophie und die der anderen Nachfolger Laotses wird als «Taoismus» bezeichnet. Taoismus bedeutet aber zweierlei: einmal eine philosophische Schule, die die Lehre vom Tao nach ihrer naturphilosophischen und ethischen Seite zu ergründen sucht, im Unterschied zur Schule Kungtses, die ins reine Moralisieren verfällt, und zweitens eine unentwickelte Volksreligion in China.

Dschuang Dsis Schrift führt den Titel *Das wahre Buch vom südlichen Blumenland*, weil seine Geburtsstadt Möng später den Namen Nan Hua, «Südliches Blumenland», anlang lebten sie sogar zusammen in derselben Stadt. Merkwürdigerweise aber erwähnt keiner den anderen.

Daß der ethische Monismus Laotses bei Dschuang Dsi durch die Sophistik hindurchgeht, bedeutet, daß ihm auferlegt ist, aus der geheimnisvollen Logik der Symbole herauszutreten und sich in der Klarheit des begrifflichen Denkens darzustellen. Kann er dies, ohne seine Natur zu ändern?

Dschuang Dsi nimmt es an. Er verkündet die Ethik des Seins wie die Natur und des Nichthandelns in derselben Art wie der Meister.

Wenn einst der Sinn (Tao[, höchstes LEBEN]) herrscht ..., dann sind die Menschen ehrlich und aufrichtig und wissen nicht, daß sie damit ihre Pflicht tun. Sie haben einander gern und wissen nicht, daß sie damit Liebe üben. Sie sind wahrhaftig und wissen nicht, daß sie damit Treue üben. Sie sind zuverlässig und wissen nicht, daß sie damit Glauben üben ... Darum hinterlassen ihre Taten keine Spur und ihre Werke werden nicht erzählt. [XII,13; Beifügung in [ ] nach den Ausgaben 1920 und 1984.]

Preis des Tao:

O mein Meister, o mein Meister,
der du alle Dinge richtest und bist doch nicht gerecht;
der du alle Geschlechter segnest und bist doch nicht gütig;
der du warst vor aller [Ur]zeit und bist doch nicht alt;
der du Himmel und Erde schirmst und trägst;
der du alle Zeitalter [Gestalten] bildest und bist doch nicht kunstreich:
du bist's, in dem wir wandeln! [VI,6. In [ ]: nach d. Ausg. 1920 und 1984.]

Darum wendet sich Dschuang Dsi gegen die lehrhafte, in Tugendregeln sich ergehende und Weltverbesserung sich vorsetzende Ethik. Die Moralisten sind ihm verhaßt. Sie kommen ihm vor wie Gelehrte, die dem Kinde mit grammatikalischen Regeln seine Muttersprache beibringen wollen [XXVI,6, Schluß]. Nur die kleine Weisheit ist lehrbar. Die große ist da.[38]

Man soll die Welt leben und gewähren lassen, man soll nicht ordnen [XI,1]. Verläßt man den unbewußt wirkenden Sinn (Tao) und stellt statt seiner das Gute auf ..., so

---

nahm. Daraufhin erhielt der Philosoph posthum, 742 n. Chr., durch kaiserlichen Erlaß den Titel «Der wahre Mensch vom südlichen Blumenland».

Übersetzung von J. Legge in *The Sacred Books of the East* (1891, Bd. XXXIX/XL): *The Writings of Kwang Zze* (s. Anm. 15). – [Deutsch von] R. Wilhelm, [Dschuang Dsi ..., Jena 1912,] 1920 [Düsseldorf/Köln 1969, 1976, Köln 1984]. Eine erste deutsche Übersetzung von E. Faber wurde ein Raub der Flammen, ehe sie gedruckt werden konnte.

38 [XXVI,6, Schluß: «Laßt ab von eurer kleinen Weisheit, und die große Weisheit wird euch erleuchten!» Vgl. II,2: «Große Weisheit macht sicher und frei, kleine Weisheit ist Tyrannei.»]

geht die Natur verloren. Man folgt dem Verstand. Verstand tauscht mit Verstand Kenntnisse aus und ist doch nicht fähig, der Welt eine feste Ordnung vorzuschreiben [XVI,2]. Die Überschätzung der Erkenntnis verwirrt die Welt [X,3, Schluß.]

Die Welt ist so groß, daß man ihr mit Lohn und Strafe nicht beikommen kann. Von Anbeginn der Weltgeschichte gab es nur Aufregung. Immer gab man sich nur damit ab, zu belehren und zu strafen. Da hatte man freilich keine Zeit mehr, sich ruhig abzufinden mit den Verhältnissen der Naturordnung [XI,1].

Die Tugenden der Liebe und Pflicht bringen nur Unwahrheiten hervor; ihre Pflege ist, wie wenn man einem Vogelsteller Netze leihen wollte [XXIV,12, vgl. XXIV,2].

Die Räuber und Tugendhelden sind wohl verschieden an Moral; aber darin, daß sie ihre ursprüngliche Art verloren haben, sind sie einander gleich ... [XII,15]. Darum muß man die Heiligen vertreiben und die großen Räuber sich selbst überlassen [X,3].

Am liebsten läßt Dschuang Dsi seiner Polemik gegen die Tugendmoral ihren Lauf in der Wiedergabe von ergötzlichen Anekdoten, in denen Kungtse mit Laotse zusammentrifft, von ihm zurechtgewiesen wird, sich bekehrt oder geknickt seines Weges weiterzieht. «Dieses ewige Gerede von Liebe und Pflicht macht mich ganz verrückt», sagt Laotse in einer dieser Anekdoten [XIV,6]. Natürlich sind sie alle erfunden. Die beiden Alten sahen sich nur einmal.

Dschuang Dsis Polemik trifft, so paradox sie anmutet, den Kern der Sache. Nur scheinbar stehen Kungtse und seine Schüler auf dem Boden der Tao-Naturphilosophie, die auch sie für sich in Anspruch nehmen. Die ethische Naturphilosophie verlangt, daß das ethische Verhalten als ein Ausfluß des Naturgeschehens dargetan werde. Dieser Forderung glauben die Moralisten der Schule Kungtses dadurch zu genügen, daß sie behaupten, das Gute gehe auf eine angeborene Anlage zurück. Damit schieben sie aber der ursprünglichen Behauptung der Naturhaftigkeit des Sittlichen eine viel engere unter. Aus dieser leiten sie dann Tugenden und Pflichten ab, ohne sich weiter darum zu kümmern, in welcher Weise das so geforderte Tun mit dem Naturverlauf in Einklang steht. Weiter behaupten sie, daß die in ihren Tugendregeln erstrebte ethische Organisation der Gesellschaft eine Rückkehr zur ursprünglichen Vollkommenheit der Menschheit bedeute und insofern ein Weltziel darstelle. Wie aber soll etwas Weltziel sein, das sich nicht als im Naturverlauf begründet legitimieren kann?

Logisch hat Dschuang Dsi also vollkommen recht. Mit der Behauptung des Angeborenseins des Guten wollen Kungtse und die Seinen ihre Tugendmoral in der Naturphilosophie verankern. Aber der Anker faßt nicht, sondern treibt. Die wahre Naturphilosophie kann nicht anders, als solche Moral als etwas ansehen, das anders ist als die Natur.

Nun hätte Dschuang Dsi sich seinerseits die Frage vorlegen sollen, ob die Naturphilosophie überhaupt zu irgendwie ethischen Resultaten kommen kann oder ob sie bei kritischem Zusehen nicht einfach Naturphilosophie bleibt. Er stellt sie nicht, weil er in der Anschauung Laotses bleibt. Aber daß die Gedanken bei ihm ihre Konsequenzen ziehen, kann er nicht verhindern.

In naiver Symbolik hatte Laotse gefunden, daß die Natur gut und das unscheinbare Wirken in der Hingabe an ihren Geist sittlich sei. Die Sophistik bezeichnete, in China wie im Abendland, das Ende des Naiven. Die Ansicht Laotses in logisch-begrifflichem Denken durchzuführen, wäre die Aufgabe Dschuang Dsis gewesen. Er unternahm sie nicht. Statt ein Weiterbildner zu werden, blieb er ein großartiger Wiederholer.

Er redet die Symbole Laotses nach. Aber was er Sachliches bringt, ist ärmlich. Wie verhält sich das naturhaft Sittliche zu dem, was gemeinhin als böse oder gut gilt? Darauf weiß Dschuang Dsi nichts anderes zu sagen, als daß der nach dem «Sinne» (Tao) Sittliche «sich auf der einen Seite von allem Moraltrieb, auf der andern von allem zügellosen und unwahren Wandel zurückhält» [VII (Schluß), vgl. V,6]. Worin besteht aber diese Mitte? Welchen Inhalt hat dieses «Nichttun»? Inwiefern ist es naturhaft-ethisch? Darauf erhält man keine Antwort.

Laotse wirkt überzeugend durch den Enthusiasmus, mit dem er das unscheinbare Tun als das wahrhaft sittliche verkündet und Schwäche als wahre Kraft preist. Dschuang Dsi legt ihn sich noch zu, besitzt ihn aber nicht mehr. Er ist nicht mehr naiv und will noch als Naiver reden.

Zu sehr ist er durch die Sophistik hindurchgegangen, als daß er noch glaubte, daß die Natur irgendwie gut sei. In einem Garten beobachtete er, wie ein Insekt das andere vergewaltigt, bis es selber einem Vogel zum Opfer fällt. Erschüttert sagt er dann: «Ach, wie die Geschöpfe einander bedrängen und ein jedes sich selbst das Unglück zuzieht!» [XX,8.]

Tatsächlich geht seine Überzeugung, wie die der älteren Stoa, auch nicht weiter, als daß es dem Menschen bestimmt ist, sich der Natur zu unterwerfen, innerlich frei zu werden und Frieden zu finden in der Hingabe an den Geist, der in dem universellen Sein wirkt. Sich nicht an die Welt verlieren, sondern sich selbst besitzen: dies ist der eigentliche Inhalt seiner Philosophie. Wer ohne Leidenschaften ist, nicht durch seine Zuneigungen und Abneigungen sein inneres Wesen schädigt, nicht sucht, sein Leben zu mehren, für die Welt ist, wie ein unbrauchbarer Baum: der wandelt außerhalb der Regeln, in der Urkraft der Natur. Er ist der höhere Mensch, der mit dem Schöpfer wie Mensch zu Mensch verkehrt. [VI,4.]

Für Laotse dient das Einswerden mit dem Weltgeist und das Freiwerden von der Welt einem Zwecke: es läßt den Menschen als ethische Naturkaft in der Menschheit wirken. Bei Dschuang Dsi ist es Selbstzweck. Das Erleben des Einsseins mit dem Geiste des universellen Seins bedeutet ihm nur das Erleben der höchsten Steigerung des Bewußtseins des Lebens. Die Mystik ist dieselbe geblieben, aber das Ethische hat sich mit dem Naiven verflüchtigt, das Objektive hat sich ins Individualistische gewandelt.

Ganz nahe kommt diese überethische Mystik an die indische heran. Nur der schmale, tiefe Abgrund zwischen optimistischem und pessimistischem Denken über das Sein liegt zwischen ihnen. Freiheit von der Welt als beseligendes Erleben oder beseligendes Ersterben: der Unterschied ist nicht mehr bedeutungsvoll, weil die Freiheit von der Welt hier ja dem Individuum als Endzweck seiner Existenz gilt, Tatenlosigkeit bleibt [und] um ihrer selbst willen, nicht als Kraft zu ethischem Wirken, erstrebt wird.

Was Dschuang Dsi, wo er nicht in den Worten des Laotse redet, eigentlich lehrt, ist Resignation, tiefe, vollendet heitere Resignation, aber nichts mehr.

Geburt und Sterben, Leben und Tod, Erfolg und Mißerfolg ..., Lob und Tadel, Hunger und Durst, Hitze und Kälte wechseln in den Ereignissen miteinander ab, wie es dem Gang des Schicksals entspricht. Darum ist es nicht der Mühe wert, durch diese Dinge den inneren Einklang stören zu lassen; man darf sie nicht eindringen lassen in die Behausung der Seele. Wer es vermag, mit diesem inneren Einklang sein ganzes Leben im voraus zu durchdringen und seine Freudigkeit nie verliert, wer Tag und Nacht der Welt ohne Unterbrechung diese Frühlingsmilde zeigt und so entgegennimmt, was der Zeit entsprechend in seinem Herzen entsteht: der beweist die Völligkeit seiner Naturanlage (V,4).

Der Berufene wandelt im Lande der Freiheit ... Er hat der Menschen Gestalt, aber nicht der Menschen Leidenschaften. Weil er menschliche Gestalt hat, darum gesellt er sich zu den Menschen; da er aber nicht menschliche Leidenschaften kennt, so haben ihre Wertungen keinen Einfluß auf sein Leben. Verschwindend klein ist, was ihn mit den Menschen verbindet: in stolzer Größe schafft er sich einsam seinen Himmel (V,5).

Die Lehre vom ethischen Menschen geht in die vom Übermenschen über.

Um Fortschritt, Kultur und Gesellschaft kümmert sich dieser wahre Mensch nicht. Ämter zu übernehmen ist ihm Torheit. Das, was die Menschen als Errungenschaften feiern, belächelt er. Je primitiver es in der Welt zugeht, desto besser ist es. Daß man Ziehbrunnen erfunden hat, um es den Menschen zu ersparen, für jeden Eimer Wassers in den Brunnen hinabzusteigen [XII,11], ist für Dschuang Dsi eine Verwirrung. Nur Kungtse und seine Schüler, bei denen der Fortschrittsfanatismus Hand in Hand mit dem Moralfanatismus geht, sagt er, können sich daran freuen. Maschinen besitzen will heißen, daß die Leute lernen, alles maschinenmäßig zu betreiben, bis sie ein Maschinenherz in der Brust haben und nicht mehr fähig sind, sinngemäß über das Leben nachzudenken.

In dem ewigen Werden und Vergehen bleibt eines: das lebendige Sein. Die Wiedergeburtslehre des optimistischen Monismus ist eine andere als die des pessimistischen. Sie behauptet den ewigen Fortgang des Lebens, weil es das gegebene Wertvolle ist. Nicht das Determinierende des Individuums, die Seele, wird reinkarniert, sondern das Leben im Allgemeinen. Das in Zeit und Raum belebte Sein ist nicht etwas Schmerzvolles, das zu Ende gebracht werden muß, sondern das Natürliche und Notwendige, das über Gut und Böse, Glücklich und Unglücklich steht. Von optimistischer Lebensbejahung eingegebenen Glauben an das überindividuelle Fortleben des Lebens verkündet Dschuang Dsi.

«Groß ist der Schöpfer!» sagte Meister Li zu Meister Lai, der röchelnd im Sterben liegt und mit dem er Freundschaft geschlossen hat, weil sie miteinander die Überzeugung teilen, daß der Mensch das Nichts zum Kopf, das Leben zum Rumpf und das Sterben zum Schwanz hat. «Was wird der Schöpfer nur aus dir machen? Wohin wird er dich jetzt führen? Wird er eine Rattenleber aus dir machen, oder einen Fliegenfuß?» Meister Lai sprach: «Wenn die Eltern dem Sohne gebieten, nach Osten oder Westen, nach Norden oder Süden zu gehen, so folgt er einfach ihrem Befehl. Die Natur ist für den Menschen mehr als Vater und Mutter ... Wenn der große Gießer sein Metall schmelzt und das Metall wollte aufspritzen und sagen: ‹Ich will, daß du ein Balmungsschwert[39] aus mir machst!›, so würde der große Gießer das Metall für untauglich halten. Wenn ich, nachdem ich einmal Menschengestalt erhalten haben, nun sprechen wollte: ‹Wieder ein Mensch, wieder ein Mensch will ich werden!›, so würde mich der große Schöpfer sicher als einen untauglichen Menschen betrachten. Nun ist die Natur der große Schmelzofen, der Schöpfer ist der große Gießer: wohin er mich schickt, soll es mir recht sein. Es ist vollbracht; ich schlafe ein, und ruhig werde ich aufwachen» [VI,3].

Als Dschuang Dsi im Sterben lag, wollten seine Jünger ihn prächtig bestatten. Er sprach: «Himmel und Erde sind mein Sarg, Sonne und Mond leuchten mir als Totenlampen, die Sterne sind mir Perlen und Edelsteine, und die ganze Schöpfung gibt mir das Trauergeleite. So habe ich doch ein prächtiges Begräbnis. Was wollt ihr noch hinzufügen?» Die Jünger sprachen: «Wir fürchten, die Krähen und Weihen möchten den Meister fressen.» Dschuang Dsi sprach: «Unbeerdigt diene ich Krähen und Weihen zur Nahrung, beerdigt den Würmern und Ameisen. Den einen nehmen, um es den andern zu geben: warum so parteiisch sein?» [XXVII,20]

Liä Dsis (Lietses) ethiklose Mystik der höheren Lebensbejahung

In Liä Dsi und Yang Dschu (Yangtse) ist die monistische Naturphilosophie ethiklos geworden, wie bei Dschuang Dsi.[40] Aber sie gestehen es

---

39 [Balmung ist der Name von Siegfrieds Schwert im Nibelungenlied. Angeregt durch Erwähnung des Schwertes des Königs Hu Lü v. Wu, hat Wilhelm diesen Namen als Übersetzungsäquivalent eingesetzt.]

40 Liä Dsis und Yang Dschus Aussprüche und die, die ihnen die Nachwelt beilegte, finden sich in einem Buche vereinigt, das den Titel *Das wahre Buch vom quellenden Urgrund* führt. Die Lehre wird, wie auch bei Dschuang Dsi, hauptsächlich in Erzählungen entwickelt. Der Stil ist, wie bei allen chinesischen Philosophen dieser Zeit, von großartiger Einfachheit.

offen ein, daß ihre Tao-Philosophie nicht mehr auf den ethischen Menschen, sondern auf den Übermenschen geht.

Indem der Mensch sich dem in dem Sein wirkenden «Sinn» hingibt, will er nichts anderes, als den wahren Sinn seines Lebens verstehen und daraufhin fähig werden, es in seiner höchsten Fülle zu erleben. Dies ist der gemeinsame Grundgedanke ihrer Lehre. In den Ergebnissen gehen sie auseinander.

Wie Dschuang Dsi, wo er original ist, läßt Liä Dsi das wahre Leben darin bestehen, daß der Mensch in der innerlichen Hingabe an den Weltgeist, wie er ihn in sich erlebt, frei wird von dem, was in der Welt ist.

Wer sich der Notwendigkeit überläßt, für den gibt es kein Recht und kein Unrecht.

Wer sich seinem Gefühl überläßt, für den gibt es kein Widerstreben oder Folgen.

Wer sich der Natur überläßt, für den gibt es nicht Ruhe noch Gefahr. Von dem kann man sagen, daß er an nichts glaubt und an alles glaubt. Der hat die Wahrheit unverfälscht ... (VI,8).

Immer wieder soll sich der Mensch einreden, daß alles relativ und unsicher ist: der Unterschied zwischen Wachen und Schlafen [III,4] nicht anders als der zwischen normal und verrückt (III,9) und der zwischen sittlich und unsittlich. Hier, und noch besonders in der Art, wie dies ausgeführt wird, bekundet sich, daß die Naturphilosophie der Taolehre der Einwirkung der Sophistik ausgesetzt war. Die Erreichung der «Beruhigung», der «Vergessenheit» (III,8), der «Abgeschlossenheit» ist das einzige Ziel, das wir unserm Willen setzen sollen.

Nun aber treibt das Lebensbejahende, das in dem Optimismus des taoistischen Monismus liegt, Liä Dsi über die heitere Resignation Dschuang Dsis hinaus. Den «Sinn» (Tao) besitzen, ist ethische Macht, hatte Laotse gelehrt. Liä Dsi läßt das Ethische fort und sagt: Den Sinn besitzen, ist Macht. [Vgl. II,3 und 6.]

Wenn der Betrunkene vom Wagen fällt, führt er einmal aus, tut er sich nichts an, obwohl seine Knochen sind wie die anderer Leute. Warum? Weil er nicht merkt, daß er fällt. Er hat im Wein eine völlige «Abgeschlossenheit», eine Konzentration auf sich selbst erlangt. In dieser besitzt er ein Vermögen, das dem gewöhnlichen Menschen abgeht. «Wie erst muß es sein, wenn einer im Geiste Abgeschlossenheit erlangt!» [II,4 (Ausgabe 1921)]

Daß «Abgeschlossenheit» die große geheimnisvolle Macht ist, ergibt sich für Liä Dsi aus Erscheinungen auf allen Gebieten.

Französische Übersetzung von Charles de Harlez, *Textes Taoistes*, Paris 1891, deutsche von Ernst Faber, *Der Naturalismus bei den alten Chinesen*, Elberfeld 1877, und R. Wilhelm, *Liä Dsi. Das wahre Buch vom quellenden Urgrund*, [Jena] 1921.

Ein Mann sollte einem Fürsten einen Kampfhahn dressieren. Zuerst brachte er ihn dahin, daß er nicht mehr eitel, stolz und zornig war, dann dahin, daß er nicht auf jeden Laut oder Schatten losging, dann dahin, daß er nicht mehr heftig blickte und sich auf seine Kraft nichts mehr einbildete, dann dahin, daß das Krähen anderer Hähne keinen Eindruck mehr auf ihn machte. Als der Hahn anzusehen war, wie von Holz, da war er der rechte Kampfhahn: Fremde Hähne wagten nicht, mit ihm anzubinden; sie kehrten um und liefen weg [II,20].

Die Kunst des alle überragenden Schützen besteht darin, daß er anders schauen lernte als die gewöhnlichen Menschen. Um seinen Schüler Gi Tschang auf den Gipfel der Vollkommenheit zu bringen, ließ ihn sein Meister Fe Wa eine Laus an einem Haar im Fenster aufhängen und vom Zimmer aus nach ihr schauen. Nach zehn Tagen fing sein Blick an, das gewöhnliche Maß der Dinge zu verlieren. Nach drei Jahren sah er die Laus so groß wie ein Wagenrad und die anderen Dinge so groß wie Berge. Als er so weit war, nahm er einen Bogen und einen feinen Pfeil und durchschoß der Laus das Herz, ohne daß das Haar abriß [V,15].

Ein Fürst schickte den, der ihm als bester Pferdekenner gepriesen war, in seinem Land umher, er solle ihm das beste Pferd aussuchen. Er bezeichnete als solches eine gelbe Stute. Als man das Pferd dem Fürsten vorführte, erwies es sich als ein schwarzer Hengst. So sehr war der beste Pferdekenner gewöhnt, seine Beobachtung auf die innerlichen, äußerlich nicht sichtbaren Eigenschaften der Tiere zu richten, daß er das Äußerliche und Zufällige, Farbe und Geschlecht, das dem gewöhnlichen Menschen in das Auge fällt, nicht mehr richtig sah, aber doch das beste Pferd auswählte [VIII,15].

«Wer seinen Willen gebraucht ohne Zerteilung, dem verdichtet er sich zu einer geistigen Macht» [II,10]. Wer sich auf die Erfassung des Sinnes der Welt konzentriert, sich in das innere Wesen der Dinge «einträumt», der verliert die gewöhnlichen Anschauungen und Kenntnisse. Er erscheint den anderen wie von einer «Krankheit» befallen. Aber er ist in Gemeinschaft mit dem Weltgeiste und hat Teil an seiner Macht. Gewalt, von der der gewöhnliche Mensch keinen Begriff hat, ist ihm verliehen. Er bemeistert alle Dinge, beugt, wenn er will, Himmel und Erde, rührt Geister und Götter, durchkreuzt die Enden der Welt, vertauscht die Jahreszeiten ... Er ist der Übermensch.[41]

So denkt Liä Dsi die gewaltige Lehre, daß Freiheit von der Welt, als Hindurchdringen zum tieferen Sinn, Macht ist, ins Phantastische aus. Dabei befindet er sich auf dem Wege, auf dem einst das Denken der Brahmanen seine Wanderung begann. Die Überlegung, durch Freiheit und Reinheit von der Welt Macht über die Götter zu bekommen, war ja für jene Priester Anstoß, diese Freiheit zu suchen.[42] Die Wendung in die Erlösungslehre und ins Pessimistische kam als das Sekundäre hinzu und

41 [Vgl. II,6, überhaupt das ganze Buch II. Das Wort vom Vertauschen der Jahreszeiten: III,2.]

42 [Orig. (in den Zusätzen zur Masch.-Vorlage):] Anstoß, Freiheit und Reinheit von der Welt zu suchen, war ja für jene Priester die Überlegung, damit Macht über die Götter zu bekommen.

verdrängte nach und nach das Ursprüngliche, ohne jedoch seine Spuren auslöschen zu können.

Yang Dschus (Yangtses) Lebensbejahung des Sichauslebens

Yang Dschu (Yangtse) kommt neben Liä Dsi im siebenten und noch einige Male im achten Teile des *Wahren Buches vom quellenden Urgrunde* zu Worte.[43]

Daß dieser Denker gewöhnlich als Pessimist bezeichnet wird, ist unbegreiflich und zeigt nur, wie wenig Klarheit über Optimismus und Pessimismus in der Philosophie herrscht.

Yang Dschu gehört dem optimistischen Monismus, der einzigen philosophischen Richtung, die in China überhaupt aufgetreten ist, an. Voll und ganz bewegt er sich innerhalb der Lebensbejahung.

Nichtethisch ist er allerdings, so sehr man es nur sein kann. Die Sophisten haben bei ihm gründliche Arbeit getan. Eine Wonne ist für ihn, den Nachweis zu führen, wie alles Ethische relativ ist und wie das, was es in der Welt ausrichtet, für alle Teile überaus problematischer Natur ist.

Was man Pflichttreue nennt, ist keineswegs ausreichend, dem Herrn, dem man dient, Ruhe zu verschaffen, aber es ist vollständig ausreichend, das eigene Ich in Gefahr zu bringen. Uneigennützigkeit ist keineswegs ausreichend, den Nebenmenschen zu nützen; aber sie ist vollständig ausreichend, das eigene Leben zu schädigen [VII,18].

Ein Mann hatte die Gewohnheit, am Neujahrstage gefangenen Tauben die Freiheit zu geben, um milde Gesinnung zu betätigen. Damit tat er einigen dieser Tiere Gutes an. Aber für die vielen, die verwundet oder getötet wurden, wenn die Leute Tauben fingen, um sie ihm zu seinem guten Zwecke zu bringen, war er der unbewußte Verderber. Hätte er sich überhaupt nicht um Tauben gekümmert, wäre es diesen viel besser ergangen.[44] [Vgl. VIII,27]

Als Yang Dschu die Frage vorgelegt wurde, ob er ein einziges Härchen seines Leibes drangeben würde, wenn er damit der ganzen Welt aufhelfen könnte, antwortete er mit Nein. Dabei berief er sich auf die Menschen des Altertums, von denen keiner jemals der Gesamtheit zu nützen suchte, wobei sich die Gesamtheit am wohlsten befand. [Vgl. VII,11]

Yang Dschu dehnt also die Kritik, die Dschuang Dsi und alle Nachfolger Laotses an der Tugendmoral übten, auf das Sittliche überhaupt aus. Er braucht sich nicht mehr, wie diese, in der eigentlich nichtssagenden Mitte zwischen dem, was herkömmlich als Böse und Gut gilt, zu halten, weil er für das höhere, nach dem Sinn des Seins orientierte Le-

---

43 [Siehe Anm. 40.]

44 Verkürzt [d.h. frei] wiedergegeben.

ben einen wirklichen Inhalt hat und danach also das wahrhaft Gute bestimmen kann. Das höhere Leben ist das schrankenlose Sichausleben!

> Laß deine Ohren hören, was sie begehren!
> Laß deine Augen sehen, was sie begehren!
> Laß deine Nase riechen, was sie begehrt!
> Laß deinen Mund reden, was er begehrt!
> Laß deinen Leib genießen, was er begehrt!
> Laß deinen Willen tun, was er begehrt! (VII,7)

Das Leben, was es auch bringen mag, ist an sich etwas Wertvolles. Nur eine große Beeinträchtigung desselben gibt es: daß der Genuß auf allen Gebieten nicht etwas beliebig Erhaltbares und Steigerungsfähiges ist, sondern entsteht und sich erschöpft. Eine dauernde Befriedigung gibt es also nicht. Überdruß stellt sich ein.

Es ist also eine Weisheit der Natur, daß sie keine ewige Dauer des Lebens duldet. Also muß man sich in [das] Leben und in [den] Tod in der richtigen Weise hineinfinden. Dies tut man, indem man beide «unwichtig» nimmt. So hält es der höhere Mensch.

Yang Dschu ist kein einfacher Skeptiker oder Immoralist. Er ist auch kein Enttäuschter des Lebens, der, wie der Prediger Salomonis, seine wenig erfreuliche Bilanz vorlegt. Was er ausspricht, gründet sich ihm auf optimistische Naturphilosophie. Die unmittelbare Bejahung von allem, was im Leben gegeben ist, ist für ihn die höhere Pflicht, die wir gegen das rätselhafte Sein, in das wir gestellt sind, haben. Sie erfüllen heißt, in der Wahrheit wandeln.

Yang Dschu ist ein Apostel der Lebensbejahung. Er ist Nietzsche ohne dessen Krankhaftigkeit.

Die populäre chinesische Ethik nach dem «Buche von den Belohnungen und den Strafen» (Kan-Ying-P'ien)

Einen nachhaltigen Einfluß auf das chinesische Denken haben diejenigen, die die Taolehre ins Nichtethische zu Ende dachten, nicht ausgeübt. Der chinesische Monismus blieb, was Laotse aus ihm gemacht hatte: eine ethisch gefärbte mystische Naturphilosophie. Zu Ansehen gelangt er in der Form, die ihm Dschuang Dsi gegeben hatte. Die größte Blüte erreicht er unter den Dynastien der ersten Jahrhunderte n. Chr.

Naturgemäß blieb der Taoismus mehr die Philosophie der Vornehmen. Die breiten Schichten des Volkes hielten sich an das einleuchtende und auf die Wirklichkeit eingehende Moralisieren Kungtses. Die Schriftgelehrten seiner Schulen waren das Gewissen der Masse. Wie die Pharisäer bauten sie die Sittlichkeit zu einem starren Gesetz aus, das sich auf die heiligen Schriften und die Überlieferung stützte. Wer das Hergebrachte antastete, war ihr Feind.

Gegen Ende des 3. Jahrhunderts v. Chr. wollte der Gründer der Tsin-Dynastie das alte Lehenswesen außer Kraft setzen. Die Seele des Widerstandes waren die konfuzianischen Schriftgelehrten. Darum gab der Kaiser im Jahre 213 den Befehl, daß im ganzen Reiche die heiligen Schriften ausgeliefert und verbrannt werden sollten. 460 Gelehrte, die Bücher zu verbergen suchten, wurden lebendig dem Feuer überantwortet. 3 Jahre dauerte die Verfolgung. Erst mit dem Todes des Kaisers, 209 v. Chr., nahm sie ein Ende. Die Vertreter der Taophilosophie, selber Gegner der Bücherweisheit und des Moralisierens, waren unbehelligt geblieben.

Den besten Einblick in das volkstümliche ethische Denken Chinas bietet das Buch *Kan Ying P'ien*, das heißt *Buch von den Belohnungen und Strafen.*[45] Es entstand erst spät, etwa im 11. Jahrhundert n. Chr. Kanonische Würde hat es nicht erlangt. Aber dennoch wird es als heilige Schrift angesehen. Es durch Abschrift oder Druck zu verbreiten, gilt als verdienstliches Werk.

Es besteht aus 212 meistens sehr kurzen Sätzen über das, was gut und böse sei. Sehr verbreitet ist eine Ausgabe, in der jeder Spruch von einem kurzen Kommentar begleitet und sodann durch zwei oder drei Erzählungen erläutert wird.

Die Sprüche sind Laotse in den Mund gelegt, gehen aber nicht auf ihn zurück. Von der ethischen Mystik des Taoismus findet sich in diesem Buche nichts. Vielmehr ist es im Sinne Kungtses geschrieben. Es predigt eine einfache, aber in ihrer naiven Innerlichkeit ergreifende Ethik.[46] Die

---

45 A. Remusat, *Le livre des récompenses et des peines* ([Paris] 1816). – Stanislas Julien, *Le livre des récompenses et des peines, en chinois et en français,* [*accompagné de … légendes, anecdotes et histoires qui font connaître les doctrines, les croyances et les mœurs de la secte des Tao-ssé, traduit par S. Julien*, Paris] 1835. – Julien bietet die erweiterte Form des Buches, mit den Kommentaren und den Lehrerzählungen. – Englisch von [D.] T. Suzuki und P. Carus, [*T'ai-Shang Kan-Ying P'ien.*] *Treatise of the Exalted One on Response and Retribuation*, Chicago 1906. – Die Sentenzen finden sich auch in James Legges *The Texts of Taoism*[, *The Thâi-Shang Tractate of Actions and their Retribuations*]. (*The Sacred Books of the East*, [Bd. XL, Oxford] 1891, S. 235–246.)

Deutsche Übersetzung von W. Schüler, *Das Buch des Höchsten von den Taten und Vergeltungen*, ZMRW [XXIV] (1909), [S. 240–246. Anm. im Ms.:] Wörtlich übersetzt lautet der Titel: *Buch über die den Handlungen angemessene Vergeltung.*

[Anm. in der Fassung 1919 (Ms.-S. 24 f.):] Das Buch gehört dem Taoismus an. Dabei ist aber zu bedenken, daß in der Zeit seines Entstehens sich die Unterschiede zwischen Taoismus, Konfuzianismus und Buddhismus für den Volksglauben stark verwischt hatten. – Wenn in dem Buch … mehrmals vom Erlangen der Unsterblichkeit die Rede ist, so geht dies wohl auf fremde Einflüsse zurück. Wie diese Anschauung sich mit der in dem Buche ursprünglich zugrunde liegenden verträgt, wird nicht deutlich. …

46 [Aus dem Schluß des Abschnitts in der Fassung 1919, Ms.-S. 24 f.:] Zugrunde liegt allen Sprüchen die Anschauung, daß nach der zwischen Naturgesetz und Sittengesetz bestehenden Harmonie das sittliche Tun des Menschen bestimmend ist für das Schicksal seines Lebens. Das Gute wird belohnt und das Böse bestraft, aber nicht in einem

volkstümliche Idee vom Lohn und von der Strafe tritt als etwas Selbstverständliches auf. Am Ende der moralischen Erzählungen wird immer wieder berichtet, daß der und der, der ethisch handelte, in der Folgezeit seine Staatsprüfungen gut bestand und hohe Staatsämter erhielt oder dieses Glück für seine Nachkommen erwarb.

In der Beschreibung der Tugend kommen ganz christlich geartete Sprüche vor.

Aus dem *Buche von den Belohnungen und Strafen*:

Habt Mitleid mit den andern. – Freuet euch über den Erfolg der andern. – Errettet die Menschen aus Gefahr. – Zieht die Unvollkommenheiten der andern nicht ans Licht. – Wehret dem Bösen, frohlocket über das Gute. – Erzürnet euch nicht, wenn euch Beleidigung widerfährt. – Tut wohl, ohne Lohn zu erwarten. – Gebet, ohne Bedauern darüber zu empfinden. [Auswahl aus Julien S. 74–111][47]

Als Unrecht soll gelten:

Undankbarkeit zeigen, wo man Gutes empfangen; – Gedanken des Hasses im Herzen hegen; – das Menschenleben gering achten; – Unschuldige Strafe leiden lassen; – andere aus Stellen vertreiben, um sich selbst an ihren Platz zu setzen; – die Feinde, die sich ergeben, töten; – die Gesetze verletzen und der Bestechung zugänglich sein; – die leichten Fehler der andern als schwer ausgeben; – sich zornig über einen Menschen äußern, der zu Tode geführt wird; – den andern Unglück wünschen; – die Verdienste anderer nicht anerkennen; – die guten Eigenschaften der anderen in den Schatten stellen; – die Fehler der anderen hervortreten lassen; – unter Verwandte, die wie Fleisch und Knochen zusammengehören, Uneinigkeit tragen; – Frucht, die in Halmen steht oder reif ist, zerstören; – falsches Lob erkaufen; – Grausamkeiten begehen, verwunden und töten; – Tuch sinnlos zerschneiden; – Korn vergeuden; – seinen Gläubigern den Tod wünschen; – sich über die körperlichen Fehler der anderen lustig machen; – böse Gedanken gegen seine Lehrer hegen; – List und Trug anwenden, um vorwärts zu kommen; – auf die Entdeckung der Fehler seiner Untergegebenen ausgehen; – anders reden als man denkt; – Güte im Gesicht und Grausamkeit im Herzen haben; – sich der Wollust ergeben; – betrügerischen Gewinn machen; – die Einfältigen überlisten; – den Wein übermäßig lieben; – mit seiner Frau in Unfrieden leben; – sich bei jeder Gelegenheit rühmen; – unnütze Dinge treiben; – in Liebe und Haß ungerecht sein. [Auswahl aus Julien S. 175–474]

---

zukünftigen Leben, sondern in diesem. Begeht ein Mensch Unrecht, so wird ihm die Lebenszeit, die ihm ursprünglich gesetzt war, gekürzt [Julien, Livre, S. 28] oder er bekommt Unglück zu tragen. In gewissen Fällen wird seine Schuld auch an Nachkommen heimgesucht, indem diese Lebensjahre und Lebenstage einbüßen und Leid erdulden müssen. Lohn und Strafe aber, und das ist das Große an der chinesischen Ethik, sind im Grunde nicht Motive des Handelns, sondern nur Begleiterscheinungen desselben.

47 [Einige weitere Texte hierzu (Sprüche und moralische Erzählungen) s. Anh. A,4 d, S. 334 ff.].

Unter den ethischen Geboten und Verboten treten religiöse auf, die das Primitive des Volksglaubens erkennen lassen. Unrecht ist in diesem Sinne:

Die Geister der Vorfahren mißachten; – Verwünschungen und Beleidigungen gegen den Wind und den Regen aussprechen; – Flüche gegen den Norden tun; – die Geister beleidigen, indem man in der Dunkelheit unbekleidet herumläuft; – mit dem Finger auf den Regenbogen zeigen; – lange die Sonne und den Mond anschauen;[48] – gegen die Sternschnuppen ausspucken;[49] – am letzten Tag des Monats oder des Jahres singen oder tanzen. [Das Zitat ist von Schweitzer aufgrund von Julien S. 465. 374. 485. 500. 490. 489 f. 494. 481 zusammengestellt.]

Eine Reihe von Sprüchen beschäftigt sich mit dem Mitleid gegen die Kreatur.[50]

Unrecht begeht: wer Menschen und Tiere abhetzt und quält; – wer mit Pfeilen auf Vögel schießt und Vierfüßler jagt; – wer die Insekten aus ihren Löchern vertreibt und die Vögel, die auf dem Baume schlafen erschreckt; – wer die Insektenlöcher verstopft und Vogelnester zerstört; – wer trächtige, weibliche Tiere tötet und Vogeleier zerbricht.[51] Seid menschlich mit den Tieren; – tut auch den Insekten, den Pflanzen und den Bäumen nicht weh. [Aufgrund von Julien S. 312. 230. 233. 235. 237. 51 zusammengestellt.]

Daß das Vergnügen an der Jagd eine sittliche Verirrung sei, wird in einer Reihe von Geschichten erwiesen. Eine derselben lautet:

Tang aus Liu-ling pflegte seinen Sohn mit auf die Jagd zu nehmen. Eines Tages trafen sie einen Hirsch, der mit seinem Jungen spielte. Als er Tang sah, ergriff er die Flucht. Dieser aber nahm einen Pfeil und tötete das Junge. Der erschreckte Hirsch floh unter schmerzlichem Geschrei. Als Tang sich in dem hohen Gras versteckt hatte, kam der Hirsch und leckte die Wunde des Jungen. Tang spannte wiederum seinen Bogen und tötete den Hirsch. Etwas später erblickte er einen andern Hirsch und sandte ihm einen Pfeil nach. Aber der Pfeil kam aus seiner Bahn und durchbohrte den Sohn. Da warf Tang seinen Bogen hin und umarmte seinen Sohn unter Tränen. In diesem Augenblick hörte er aus den Lüften eine Stimme, die zu ihm sprach: «Tang, der Hirsch liebte sein Junges eben so sehr als du deinen Sohn ...» [Julien S. 232]

Dieses Eintreten für das Mitleid gegen die Kreatur geht nicht etwa auf buddhistischen Einfluß zurück, wie man annehmen wollte. Es handelt sich um genuin chinesische Gedanken, die sich schon bei Kungtse ankündigen. Von ihm erzählt ja der Lun-Yü, daß er die Fische nur mit der Angel, nie mit dem Netz fing (um nicht mehr Wesen zu töten als unum-

---

48 [Dieser Satz fehlt bei Julien. Bei Remusat, *Livre*, S. 32; bei Schüler, *Buch*, S. 246.]

49 [R (1919, Ms.-S. 26, zu ähnlicher Spruchauswahl):] auch kultische Vorstellungen darin.

50 [1919 steht hier noch der Satz:] Hier spielen wohl Einflüsse des Buddhismus mit herein, die sich seit 61 n. Chr. in China verbreiteten. [Dazu die Bemerkung:] (Nein!)

51 [In der Fassung 1919 (Ms.-S. 26) und in den «Alten Skizzen» (Ms.-S. 52):] [Unrecht ist,] zur Jagd im Frühling das Gebüsch zu verbrennen (um das Wild daraus heraus zu bringen). [Julien, S. 498.]

gänglich nötig war) und nur zuweilen auf Vögel schoß, und zwar nie auf ruhende, sondern nur auf fliegende.

Wie kaum eine andere Schrift ist das «Buch von den Belohnungen und den Strafen» aus dem Leben gegriffen. In sinnigster Weise geht es auf alle Fragen ein, die sich dem das Sittliche suchenden Menschen stellen. Ein Geist tiefer und milder Humanität durchweht es. In naiven Sätzen und Erzählungen ist eine umfassende Kultur niedergelegt. Das Buch Sirach und andere Sammlungen ethischer Sentenzen, jüdische wie griechische, reichen nicht an dieses Werk heran.

Das Resultat des chinesischen Denkens. Kultur und Ethik in ihrem Verhältnis zu optimistischer Naturphilosophie

Der chinesische Geist durchdenkt den optimistischen, lebensbejahenden Monismus, wie der indische den pessimistisch lebensverneinenden. Was ergibt sich dabei für Ethik und Kultur?

Die chinesische Naturphilosophie will ethisch sein. Von ihrer mythischen Vergangenheit her bringt sie die Überzeugung mit, daß sich das Grundprinzip des Sittlichen aus der Einsicht in das Wesen der die Welt schaffenden und erhaltenden Kräfte ergebe. Dieses Sittlichwerden durch Einswerden mit dem Geiste der Natur setzt aber voraus, daß die Urkraft, wie sie sich in dem universellen Sein entfaltet, irgendwie sittlichen Charakter hat. Man legt ihr ihn unbefangen bei. Im 4. Jahrhundert v. Chr. aber, wo die taoistische Naturphilosophie auf einige Zeit unter den Einfluß kritischen Denkens kommt, zeigt sich, daß die Naturphilosophie, wenn sie nur von dem lebt, was sie von sich aus besitzt, es nur zur Mystik, nicht zu ethischer Mystik bringt. Noch mehr: Die sich aus der Weltanschauung der Naturphilosophie ergebende Lebensanschauung bleibt merkwürdig unbefriedigend. Sie kommt nicht weiter als zur Behauptung, das Einssein mit dem Urprinzip des Seins sei die höhere Bejahung des Lebens. Sowie sie aber den Inhalt derselben angeben will, verliert sie sich in auseinander gehende Meinungen und endigt im Paradoxen. Dschuang Dsi erlebt das Einssein mit dem Urgeiste als heitere Resignation, Liä Dsi als geheimnisvolle Macht, Yang Dschu als grenzenlosen Willen zur Lust.

Dieses vernichtende Resultat des kritischen monistischen Denkens hat der chinesische Geist nicht anerkannt. Das Sittliche in ihm behauptet sich gegen die Konsequenzen der Naturphilosophie aus eigener Kraft weiter. Dabei schlägt es zwei Verfahren ein. In der taoistischen Philosophie behält es die monistische Naturphilosophie bei, unterwirft sie sich aber, indem es weiter unbefangen dem Sinn der Welt irgendwie ethischen Charakter beilegt. Im Konfuzianismus verankert sich die Ethik nur ganz lose in der Naturphilosophie, indem sie sich damit begnügt, ihr die Behauptung zu entnehmen, das Gute sei in der natürlichen Anlage des Menschen begründet. Im übrigen entwickelt sie sich ohne Beziehungnahme auf Naturphilosophie, ganz damit beschäftigt, Gesetze für die ethische Entwicklung der Menschheit aufzustellen.

In Wirklichkeit besteht die chinesische Ethik also nicht durch die Naturphilosophie, sondern trotz derselben. Je weiter sie von ihr abrückt, desto stärker ist sie. Die Ethik der Taophilosophie bleibt ganz im Unbestimmten. Kungtse und seine Schüler aber stellen eine bis ins einzelne ausgebildete, zweckmäßige Ethik auf, die sich eingehend mit der Wirklichkeit auseinandersetzt.

Mit der Kultur verhält es sich wie mit der Ethik. Je stärker sich die Naturphilosophie bemerkbar macht, desto schwächer sind die mit der Kultur zusammenhängenden Vorstellungen entwickelt und umgekehrt.

Für die taoistische Philosophie ist alles, was so gewöhnlich als Fortschritt gilt, Künstelei. Die wahre Kultur gilt ihr als etwas rein Innerliches. Sie hat nichts mit Bildung und Wissen zu tun, sondern besteht einzig in dem geistigen Einssein mit der Natur. Die Vervollkommnung der äußeren Lebensführung und die technischen Fortschritte wirken als Ablenkung von der Natur und sind für die wahre Kultur als negative Größen in Ansatz zu bringen. Verfehlt ist auch, die Menschheit als Gesamtheit organisieren zu wollen. Die Naturphilosophie kennt nur Menschen als einen Teil der Natur. Die organisierte Gesellschaft gilt ihr als eine künstliche Größe, die sich, je mehr sie sich ausbildet, von wahrer Kultur entfernt.

Kultur ist für die chinesische Naturphilosophie also etwas ganz Innerliches und ganz Individuelles. Sie besteht darin, daß die Einzelnen in ein mystisches Verhältnis zur Natur kommen.

Wo hingegen die Naturphilosophie zurücktritt, ist alsbald die Vorstellung von Kultur da, die für den Fortschritt auf allen Gebieten interessiert ist. Wohl ist auch für Kungtse und die Seinen die Kultur vor allem etwas Innerliches, insofern als sie vornehmlich in der sittlichen Vollendung der Persönlichkeit besteht. Aber die Vervollkommnung des Einzelnen verläuft für sie zusammen mit der fortschreitenden ethischen Ausbildung der Gesellschaft. Wissen und Bildung und auch alle Fortschritte, die die materielle Verbesserung der Lebensführung ermöglichen, tragen zur Erreichung des Zieles bei.

Das Resultat des chinesischen Denkens ist also dieses, daß der optimistische, lebensbejahende Monismus, trotz aller positiven Kräfte, die in ihm gegeben sind, nicht imstande ist, von sich aus die Idee von Ethik und Kultur hervorzubringen! Dieselben werden der Naturphilosophie in naiver Weise angedichtet, oder sie entwickeln sich neben ihr. Von sich aus bringt es die optimistische lebensbejahende Naturphilosophie nicht zur Lebensbejahung, in der der Einzelne und die Gesellschaft sich in treibenden ethischen und fortschrittlichen Idealen zusammenfinden, sondern bleibt in derjenigen gefangen, die ihn als Einzelnen auf die Natur zurückwirft.

Liegt dieses deprimierende Resultat nur in der Eigentümlichkeit des chinesischen Denkens oder in dem Wesen der Naturphilosophie überhaupt begründet?

Was die scheinbar auf dem Monismus sich erbauende, in Wirklichkeit aber sich gegen ihn behauptende chinesische Ethik samt den sich mit ihrer vergesellschaftenden Kulturidealen im Laufe der Jahrhunderte an ruhiger, stetiger Erziehungsarbeit geleistet haben, erfüllt mit Ehrfurcht, wie ihr Wesen selbst. Der chinesische Geist – so viel ist an dem Wort «Ex oriente lux» wahr – hat als erster in der Menschheit die Fackel denkender Humanität entzündet. Ihm auch – in der Person Kungtses und Mong Dsis – verdanken wir den ersten und in seiner Art schon so merkwürdig vollständigen Entwurf einer Kulturethik und des Kulturstaates. Seine schlichte denkende Güte legte er in die Natur hinein und schuf so optimistisch-ethische Weltanschauung, welche allein ja fähig ist, Kulturideale hervorzubringen.

Freilich waren die Kulturenergien und die ethischen Energien des chinesischen Denkens dadurch beschränkt, daß sie auf naive Weltanschauung zurückgingen. Die Humanitätsgesinnung setze sich nicht zielbewußt durch. So tritt die chinesische Kultur in der Geschichte als ein rätselhaftes Gemisch von Fortschrittlichkeit und Rückschrittlichkeit, naiver Humanität und naiver Inhumanität auf. Heute wird die Kraft dieser naiven Kulturweltanschauung noch durch die Berührung mit dem kritischen abendländischen Denken gefährdet, wie auch unsere rohe Politik den Gang dieser Kultur seit Generationen stört ...

IV. Ethik und Kultur im indischen Denken

Die Weltanschauung der Brahmanen. Veden, Upanishad's und Vedanta[1]

Wie entstand die Weltanschauung der Welt- und Lebensverneinung, die der indischen Ethik zu Grunde liegt?

Mit den Persern, Slaven, Kelten, Germanen, Griechen und Römern gehören die Inder zur großen arischen Völkerfamilie. Als sie sich von den Persern, mit denen sie noch lange Zeit verbunden gewesen waren, trennten und als Eroberer in das Industal eindrangen, waren sie ein kriegerisches und lebensfrohes Geschlecht. Das Mahābhārata, das große indische Epos, gibt noch Zeugnis davon.

Auch ihre Religion hatte nichts Weltabgewandtes. Sie bestand in einem ziemlich entwickelten Polytheismus. Verehrt wurden Indra, der Kriegsgott, Agni, der Feuergott, Varuna, der Weltregierer, Mitra,[2] der auch bei Zarathustra auftretende Gott, und neben ihnen Hunderte von Göttern zweiter und dritter Ordnung.

Das Dokument dieser ältesten Religion und Weltanschauung ist der Veda, der, wie auch die späteren brahmanischen Werke, in der Sanskritsprache abgefaßt ist. Am wichtigsten ist der erste Teil desselben, der sogenannte Rigveda, eine Sammlung von Liedern über die Götter, die bei den Opferfesten gesungen wurden.[3] Die ältesten dieser Hymnen gehen

---

1 [R (Ms.):] Straßburg 6.XII.20. Nach der Rückkehr aus der Schweiz. (Konzerte, Vorträge.) Müdigkeitskrise. Enerv[iert], weil die Füllfeder kaputt ist und ich mit gewöhnlichen Stahlfedern nicht mehr schreiben kann.

2 [Nach Ms. Masch.-Vorlagen:] Mithra. [Im nächsten Abschnitt bringt jedoch auch das Ms. den Namen mit h.]

3 Veda bedeutet «Wissen». Der Rigveda enthält 1028 Hymnen, von denen nur ein kleiner Teil wirklich dichterisch und gedanklich wertvoll ist. – Der zweite Teil des Veda, der Atharvaveda, enthält Zauberformeln. Daran schließen sich der Samaveda (Angabe von Melodien und Liedern für die Opfer) und der Yajurveda (Opferformeln).

Zur Orientierung: A. Barth, *Les religions de l'Inde (Encyclopédie des sciences religieuses*, [Paris] 1870). Englische Ausgabe: *The Religions of India* ([London] 1882, ⁴1906). – A. Bergaigne, *La religion védique* (3 Bde., [Paris] 1878–83). – H. Graßmann, *Rig-Veda übersetzt und erläutert* (2 Bde., [Leipzig] 1876–77). – Englische Vedenübersetzungen von [F.] M. Müller und H. Oldenberg in *The Sacred Books of the East* [, Bd. XXXII und XLVI (Oxford 1891 und 1897)]. – Vollständige Literaturangabe in [P. D.] Chantepie de la Saussayes *Lehrbuch der Religionsgeschichte* [s. S. 26, Anm. 1] und in [C. P.] Tiele – [N.] Söderbloms *Kompendium der Religionsgeschichte* (5. deutsche Ausgabe [Breslau] 1920 [Ms.:] 1921.

[Die Fassung 1919 nennt hier noch:] [K.] Geldner und [A.] Kaegi, *Siebenzig Lieder des Rigveda* [mit Beiträgen von R. Roth, Tübingen] (1875). – [A.] A. Macdonell, *Vedic*

wohl bis in das 15. vorchristliche Jahrhundert zurück. Ethische Gedanken treten in ihnen nicht oder nicht entschieden auf. Das Bestreben, die mit Ausnahme von Mitra von Haus aus wenig oder gar nicht ethischen Götter zu ethischen Persönlichkeiten zu erheben, kündigt sich hie und da an. Die kultischen Anschauungen sind durchweg primitiv. Opfer gelten als Mittel, die Götter zu ernähren und sie sich zu verpflichten.

Das Merkwürdige ist nun, daß unter der Priesterschaft dieser Religion, den Brahmanen, eine philosophierende Religiosität aufkommt, die von Haus aus mit dem vedischen Polytheismus und seinem Opferdienst im Grunde nichts mehr zu tun hat, sich aber mit ihm verträgt und neben ihm einhergeht. Andeutungen dieses Denkens finden sich schon in einigen Liedern des Veda.[4] Zur Entwicklung kommt es in den Upanishad's. Die Upanishad's – Upanishad bedeutet ursprünglich Niedersitzen zur Belehrung – wollen gewissermaßen eine Auslegung des geheimen Sinnes des Veda geben.[5] In ihren ältesten Teilen reichen sie wohl bis in das 8. vorchristliche Jahrhundert[6] zurück. Vollendet wird die Brahmanenphilosophie in der Vedāntalehre. Vedānta heißt «das Ende [des Veda]».[7]

Arthur Schopenhauer war es, der in Europa erstmalig das allgemeine Interesse auf das indische Denken lenkte. Er kannte es durch den Oupnek'hat. Der Oupnek'hat ist eine anno 1656 in Delhi für den Bruder des mohammedanischen Sultans Daraschakah ins Persische übersetzte Aus-

---

Mythology, London 1900. – H. Oldenberg, *Die Religion des Veda*, [Berlin] 1894. – E. Hardy, *Die vedisch-brahmanische Periode der Religion des alten Indiens*, [München, Aschendorff] 1893. – J. Happel, *Die religiösen und philosophischen Grundanschauungen der Inder*, Gießen 1902.

4 L. Scherman, *Philosophische Hymnen aus dem Rig- und Atharvaveda-Sanhitâ, verglichen mit den Philosophemen der älteren Upanishads* ([Straßburg] 1887).

5 P. Deussen, *Die Geheimlehre des Veda.* (*Ausgewählte Texte der Upanishad's*, Leipzig ⁴1911.) – [Von demselben:] *Allgemeine Geschichte der Philosophie*, [I,1: *Allgemeine Einleitung und] Philosophie des Veda bis auf die Upanishad's* ([Leipzig] 1894), [I,2:] *Die Philosophie der Upanishad's* ([Leipzig] 1899). – Das Ms. und die Fassung 1919 nennen vom selben Verfasser auch noch:] *Sechzig Upanishad's des Veda*, Leipzig 1897, 1906. – Englische Übersetzungen von Upanishaden von [F.] M. Müller in *The Sacred Books of the East* [, Bd. I und XV, Oxford 1879, 1884]. – Paul Oltramare, *L'histoire des idées théosophiques dans l'Inde (Annales du Musée Guimet* [23,31], [Paris] 1906 [1908].).

6 [Fassung 1919:] 7. vorchristl. Jh.

7 P. Deussen, *Das System des Vedânta* ([Leipzig] 1883. – Von demselben: *Die Sûtra's des Vedânta ... nebst dem vollständigen Commentare des Cañkara, aus dem Sanskrit übersetzt* ([Leipzig] 1887). – G. Thibaut, *The Vedanta-Sutras* (*The Sacred Books of the East*, [Bd.] XXXIV und XXXVIII, [Oxford 1890–96; Bd. XLVIII, 1904, Ms.: Bd.] XLVI).

Die Brahma-Sûtras (Sûtra bedeutet Faden), in denen die Vedānta-Lehre niedergelegt ist, sind 555 in ihrer Formulierung und Kürze schwerverständliche Merksätze, die zur Memorierung der brahmanischen Lehre und Anknüpfung für die mündliche Erklärung dienten. Später wurde diese in schriftlichen Kommentaren fixiert. Der berühmteste ist der des Śamkara im 8. Jahrhundert n. Chr. Er ist der Thomas von Aquino der brahmanischen Scholastik.

wahl von 50 Upanishad's. Dieses Werk brachte der Franzose Anquetil Duperron (1723–1805) mit dem Avesta und 180 andern in Indien gesammelten Handschriften nach Paris. Um zur Erforschung der avestischen[8] und der indischen Religionen nach Bombay zu gelangen, hatte er sich, da er die Mittel zur Reise nicht besaß, als Seemann und holländischer Kolonialsoldat anwerben lassen. Den Oupnek'hat veröffentlichte er 1801–1802 unter Hinzufügung einer von ihm herrührenden lateinischen Übersetzung.[9] In dieser lernte Schopenhauer das Werk kennen, von dem er in den Parerga sagt, daß es der Trost seines Lebens und der seines Sterbens sein werde.[10]

Dichterisch stehen die Upanishad's viel höher als die Hymnen des Veda. Sie enthalten neben vielem Banalem und Abstrusem Stücke von ergreifender Schönheit. Die Erörterung verläuft gewöhnlich in Fragen und Antworten. Dabei werden die Grundideen des brahmanischen Denkens nicht zusammenhängend entwickelt, sondern tauchen im Verlaufe von mythologischen und kultischen Erörterungen auf. Derselbe Gegenstand wird in immer neuen und oft barocken Wendungen behandelt. Ursprünglich wollen die Upanishad's nur die Geheimlehre über das Opfer und über die Erlangung der Heiligkeit[11] bieten. Auf diesem Wege kommen sie zum religiösen Philosophieren.

Die Weltanschauung der Brahmanen: Seelenwanderung und Erlösung

Welches sind die Grundgedanken dieser philosophischen Religion?

Das brahmanische Denken wagt den großen Schritt, die Wesensgleichheit aller Geschöpfe einzusehen. Es isoliert den Menschen nicht, wie dies sonst überall, im Morgenlande wie im Abendlande, selbstverständlich erscheint, sondern erklärt, daß Götter, Dämonen, Menschen und Tiere, ja selbst die Pflanzen im Grunde ein und dasselbe Ding seien. Die Gedanken des primitiven Animismus werden also zu einer bedeutungsvollen Erkenntnis ausgedacht.

Was aber ist das wahre Selbst des belebten Dings? Diese Frage gibt Anlaß zu umständlichen Erörterungen über Schlafen und Träumen und über die Art, in der Sehen, Hören, Riechen und andere Lebensfunktionen vor sich gehen. Daraus ergibt sich, daß das eigentlich Reale der Existenz, Ātman (Hauch) genannt, als etwas Unteilbares und Feines anzu-

8 [Ms.:] Zarathustrischen.

9 Deutsch von F. Mischel, Dresden 1882. [Titel: *Das Oupnek'hat.* Die aus den Veden zusammengefaßte Lehre von dem Brahman. Aus der sanskrit-persischen Übersetzung des Fürsten Daraschekoh in das Lateinische von Anquetil Duperron, in das Deutsche übertr. v. F. Mischel.]

10 [A. Schopenhauer, *Parerga und Paralipomena* II, Kap. 16, § 184.]

11 [Im Ms. gestrichen:] und der damit verbundenen Macht.

sehen sei und nicht mit dem Körper identisch gesetzt werden dürfe. Der tiefe traumlose Schlaf ist die reinste Form des Daseins.

Welches aber ist der Ursprung aller dieser Geschöpfseelen? Das Brahman, die Weltseele. In diesem universellen reinen Sein wurzeln alle Existenzen. In ihm wohnen, nach einem vedischen Lied, auch die Götter, «wie die Kühe im Kuhstall».[12] Diese Einheit alles Seins, das «Tat twam asi» (du bist es),[13] gilt es zu erkennen. Mein Geist ist in dem All und das All in meinem Geiste. Diese Mystik, und zwar mehr nach ihrer stolzen als nach ihrer demütigen Seite gedacht, ist das Fundament des brahmanischen Denkens.[14] Die älteste Deutung von Brahman ist «Opferwort». Ursprünglich handelte es sich in dem Denken der Priester um die wahre Einsicht in die im Opfer und den Opferformeln zustande kommende, auf die Götter wirkende, geheimnisvolle Macht. Sie wird mit der Urkraft des Seins gleichgesetzt. Wer mit dieser in Gemeinschaft tritt, hat «Macht». Der Weg dazu ist das Freiwerden von der Welt in der Erkenntnis und im Verhalten. Wer vom Sinnenfälligen, in dem sich das Sein darstellt, absieht und über Erde und Himmel hinausdenkt nach dem Sein, wie es an sich ist, der ist eins mit diesem Sein und hat Teil an seiner Kraft.

Das Verhalten, welches von der Welt frei macht, ist die Tatenlosigkeit und die Askese. Vor einem Asketen (Yogin) erschrecken nach altindischer Vorstellung die Götter. Er ist mit der Macht, die über sie gebietet, in Verbindung getreten. Sie selber sind ja nur ein Teil der Sinnenwelt.

Wie bei den Chinesen verläuft also auch bei den Indern das Denken nicht so sehr in den Vorstellungen der überlieferten Religion als in einer

---

12 [Atharvaveda II, 8, Vers 32 (Scherman, *Hymnen*, S. 68: «Alle Gottheiten» ...).]

13 [z. B. Chandogya-Upanishad VI (Deussen, *Upanishad's*, S. 166–170), Kaivalya-Upanishad VI (a.a.O., s. 740 f.).]

14 [Der oben folgende Text der Masch.-Vorlage über Brahman, Yogin, Erlösung, ist eine Erweiterung des entsprechenden Ms.-Textes, der wie folgt lautet:]

[Anm.:] Die älteste Bedeutung von Brahman ist «Opferwort». Es handelt sich also ursprünglich um die in dem Opfer und den Opferformeln zustande kommende geheimnisvolle Macht über die Götter, die dann mit der Urkraft des Seins gleichgesetzt wird. Auch die Askese diente ursprünglich dem Erlangen dieser geheimnisvollen Macht. Vor einem Asketen (Yogin) erschrecken, nach altindischer Vorstellung, die Götter. Ausgangspunkt der brahmanischen Spekulation war also der Gedanke der durch Opfer und Askese zu erlangenden geheimnisvollen Macht. Die Erfassung der so hergestellten Einheit mit dem Urprinzip der Welt als Erlösung war das Sekundäre. Darum wird die Mystik von den Brahmanen vorzugsweise nach ihrer stolzen Seite vorgestellt; darum wird das Betreten des Weges der Erlösung ursprünglich als ein Vorrecht der Angehörigen der Priesterkaste angesehen. (Es war ursprünglich der Weg zur Macht.)

[Haupttext:] Ziel dieses Denkens ist die Einsicht in die wahre Erlösung. Was bewog die Weltseele, aus ihrer ursprünglichen Einheit und Ruhe herauszutreten und sich in einer verworren bewegten Welt von sinnlichen Wesen und Dingen darzustellen? Eine klare Antwort auf diese Frage hat der indische Geist weder gesucht noch gegeben. Der Vorgang wird ... [etc., siehe folgende Seite.].

sich dahinter auftuenden monistischen Philosophie über das Wesen des Seins. Ziel dieser aus der mythischen Vergangenheit herkommenden Naturphilosophie war bei den Chinesen die Erlangung naturhafter Ethik, bei den Indern die mystischer Macht.

In der Gestalt aber, wie sie uns überliefert ist, hat die indische monistische Naturphilosophie schon die Wendung ins Pessimistische genommen. Die Freiheit von der Welt in Erkenntnis und Verhalten und das darin zustande kommende Einswerden mit dem Ursein soll Erlösung bewirken. Aber daß es sich dabei ursprünglich um den Weg zur Macht handelt, scheint noch darin durch, daß diese Erlösung als ein Vorrecht der Brahmanen gilt und die Mystik immer noch vorzugsweise nach ihrer stolzen Seite, als Erleben der Urmacht, nicht als Aufgehen in ihr, durchgeführt wird.

Die mancherlei Unausgeglichenheiten in der brahmanischen Mystik gehen alle letzten Endes darauf zurück, daß sie uneingestandenermaßen zwei Orientierungen hat.

Als Erlösungslehre ausgeführt nimmt sich diese Mystik folgendermaßen aus:

Aus ihrer ursprünglichen Einheit und Ruhe trat die Weltseele heraus, um sich zugleich in einer verworrenen bewegten Welt von sinnlichen Wesen und Dingen darzustellen. Die Frage, warum und wie sie dies tut, die den orientalisch-griechischen Gnostizismus beschäftigt, läßt der indische Geist beiseite liegen. Der Vorgang wird gewöhnlich in mehr oder weniger naiven Mythen und Gleichnissen beschrieben. Angenommen wird, daß der Prozeß irgendwie durch eine Begierde in Gang kam. Aus ihr kommt alles Bewegte und Leidvolle der Existenz.

Die Welt, wie sie ist, ist also etwas, das rückgängig gemacht werden muß. Diesen aufzuhebenden Prozeß an sich zu vollziehen, muß das Bestreben der Einzelseele sein. Wissend geworden, kennt sie nur noch die eine Sehnsucht, sich als mit der Weltseele identisch zu erleben und in diesem Zustande Frieden zu finden.

Kompliziert wird diese pessimistische Mystik durch die Annahme der Seelenwanderung (Saṃsāra). Diese Vorstellung existierte ursprünglich ohne Beziehung zu der brahmanischen Erlösungslehre und vor ihr. In einem der ältesten Upanishad's wird angenommen, daß der Mond das Durchgangstor zum seligen Leben sei, das in der primitiven indischen Anschauung als körperliches Freudendasein in einem glücklichen Himmel mit fetten Kühen und schönen Frauen gedacht ist. Das Anschwellen des Mondes rührt daher, daß er Seelen zum Durchgang in sich aufnimmt. Beim Abnehmen gibt er die guten an den Himmel ab, während er die bösen wieder auf die Erde regnen läßt, wo sie ein Tierdasein oder wieder ein Menschdasein annehmen.[15]

15 [Kauṣītaki-Upanishad I, 1, 4, 5 (Deussen, *Upanishad's*, S. 24, 2).]

Weil das brahmanische Denken auf die Seelenwanderungslehre eingeht, kann es die Erlösung nicht in einem einzigen kontinuierlichen Denkakt, wie es seine Mystik eigentlich verlangen würde, zustande kommen lassen. Es verteilt sich auf eine Reihenfolge von Existenzformen. Damit betritt es die Bahn des Naiven, statt zum großen, kosmischen Gnostizismus fortzuschreiten. Es findet eine Verengerung des Denkens statt. Die Frage der Erlösung der Welt wird nicht gestellt und nicht beantwortet. Alles Erwägen des Menschen gilt nur dem Problem, wie er für sich aus der Seelenwanderung herauskommen könne. Diesen eigentümlich engen und egoistischen Standpunkt der indischen Weltanschauung sind wir, wie es auch Schopenhauer tat, zu übersehen geneigt. Wir denken sie als mystischen, kosmischen Gnostizismus. Hierin wie in manchem anderen idealisieren wir sie.

Wie kommt nun Erlösung von der Seelenwanderung zustande? Durch Werke, durch Askese und durch Wissen. Unter Werken versteht die brahmanische Lehre aber nicht so sehr die ethischen Handlungen als die religiösen Werke, die Opfer. Zu den Opfern muß die Askese treten. Sie ist die Übung, in der der Wille zum Leben praktisch ertötet wird. Aber dies alles ist nur Vorbereitung. In Wirklichkeit ist die Erlösung ein mystischer Erkenntnisakt. Der Mensch muß seinem individuellen Leben ein Ende machen, indem er schon jetzt, durch seine Einsicht in das Wesen der Dinge, aus dem Eigendasein in das universelle Sein eingeht. Legt er allen Tätigkeitsdrang ab, so hört er auf, individuell zu leben.

> Gleich wie das Feuer brennholzlos
> zur Ruhe kommt an seinem Ort,
> so kommt, betätigungslos, auch
> der Geist an seinem Ort zur Ruhe.[16]

Wie eine Schlangenhaut tot und abgeworfen auf einem Ameisenhaufen liegt, also liegt dann auch – nach einem Bilde der Upanishad's – der Körper da.[17] Er ist innerlich abgestorben, wenn er auch äußerlich noch in der vorherigen Erscheinungsart weiter besteht.

Ein Zustand der Weltentrücktheit ist zu erstreben. Die Dinge, die um ihn herum vorgehen, sollen den, der Erlösung sucht, nicht mehr beschäftigen.

> Schau an die Formen wie Blinde,
> wie Taube höre an den Schall,
> wie ein Stück Holz den Leib achte,
> dann heißt du ein Beruhigter.[18]

---

16 [Maitrāyana-Upanishad 6,34 (P. Deussen, Sechzig Upanishad's des Veda, 1921, S. 357).]

17 [Bṛhadāraṇyaka-Upanishad IV, 4, 7 (Deussen, *Geheimlehre*, S. 64, 7).].

18 [Amritabindu-(Amritanāda-)Upanishad (P. Deussen, *Upanishad's*, S. 653, 14).].

Die Erreichung dieser Bewußtlosigkeit wird als eine Kunst gelehrt. Die Upanishad's bieten Anleitung,[19] wie man bei der Meditation zu sitzen, den Blick zu richten und den Atem einzuziehen und auszuhalten habe. Eine große Rolle spielt dabei auch die Beschäftigung mit dem heiligen Laut «Om», der als mystische Formel für das Brahman gilt. Es handelt sich also um Übungen der Selbsthypnose.

Diese Erlösungslehre stellten die Brahmanen für sich selbst auf und lebten sie als Abschluß ihres Erdendaseins. Der Priester verheiratete sich und zeugte Kinder. Waren seine Söhne herangewachsen und gründeten sie ihrerseits einen Hausstand, so kam für ihn die Zeit, die Erreichung der Vollendung zu erstreben.[20] Er zog als bettelnder Einsiedler in den Wald und lebte der Askese und der Meditation. Oft wählte er den Tod durch Feuer oder Wasser.

Die Lehre der Sāṃkhyaphilosophie und des Jinaordens

In Verbindung mit der brahmanischen religiösen Philosophie tritt eine Reihe religiöser Bewegungen in Indien auf. Für ihr Entstehen kommen hauptsächlich zwei Momente in Betracht. Eine Reihe von Sekten und Schulen spalten sich ab, weil sie das philosophische Fundament der Lehre von der Erlösung durch das Wissen in manchem anders aufführen als die Upanishad's und die Vedāntalehre. Sodann aber erheben die andern Kasten den Anspruch, der ursprünglich der Priesterkaste vorbehaltenen Seligkeit ebenfalls teilhaftig zu werden. So entstehen religiöse Gemeinschaften, die der brahmanischen mehr oder minder nachgebildet sind. Auch bei dem Buddhismus und dem Hinduismus handelt es sich nicht um neue Religionsstiftungen, sondern um Verpflanzung der brahmanischen Religiosität auf einen neuen Boden, auf dem sie sich dann in besonderer Weise entwickelt.

Philosophische Lehren, die von der Brahmanenphilosophie abwichen, gab es eine ganze Reihe.[21] Die bedeutendste ist die Sāṃkhyalehre.[22] Sie steht im prinzipiellen Gegensatz zur Brahmanenphilosophie, insofern als sie kein oberstes Weltprinzip voraussetzt, sondern 25 Welt-

---

19 [Ms.:] Anleitungen.

20 [Nach orig. Korr. in den Masch.-Vorlagen. Ms.:] die Zeit, der Erreichung der Vollendung zu leben.

[Fassung 1919 (Ms.-S. 48 f.):] [Später] finden sich auch Bemerkungen, die die herkömmliche Gründung einer Familie für ihn nicht mehr als notwendig anerkennen wollen.

21 [R (Ms.):] Alles nur Unterschiede in der Metaphysik.

22 R. Garbe, *Die Samkhyaphilosophie* ([Leipzig] 1894, ^{2}1917). – [F.] O. Schrader, *Über den Stand der indischen Philosophie zur Zeit Mahaviras und Buddhas* ([Straßburg] 1902).

[Fassung 1919:] G. Bühler, *Über die indische Sekte der Jainas*, Akademie der Wissenschaften Wien 1887.

prinzipien «aufzählt», woher sie auch den Namen – Sāṃkhya bedeutet Aufzählung – erhalten hat. An Stelle des Pantheismus tritt also Atheismus. Nach der Lehre der Sāṃkhya gibt es nur Materie und zahllose Einzelseelen. Beide sind ewig. Aber das Erlösungsproblem ist im Grunde dasselbe wie in der Brahmanenlehre. Das Unglück der Seele ist, daß sie sich in immer neuen Existenzen mit der Materie verbindet. Wie kann sie aus dieser leidvollen Unsterblichkeit in die leidlose eingehen? Indem sie einsieht, daß sie für sich existiert und daß ihre Teilnahme an der Körperlichkeit nur Illusion ist. Dadurch verliert sie die Fähigkeit, sich weiter mit Körpern zu verbinden und verharrt dann für alle Zeit im Zustande einer absoluten Bewußtlosigkeit, die die einzig denkbare Seligkeit ist.

Mit der Sāṃkhyaphilosophie innerlich verwandt ist die Lehre des nach ihr, etwa im 9. Jahrhundert, aufkommenden Jinaordens. Bedeutung erlangte er durch seinen großen Reorganisator Māhavīra (599–527 v. Chr.), der ein älterer Zeitgenosse Buddhas war. Dieser Orden rekrutierte sich aus Angehörigen der Kriegerkaste und war hauptsächlich in den Gegenden des mittleren Gangestales, also im nordöstlichen Indien, verbreitet, während das Brahmanentum seinen Hauptsitz im Indusgebiet, im westlichen Hindostan, hatte. Jina heißt «der Überwinder».

Die Jinalehre teilt den Atheismus und die übrigen philosophischen Grundvoraussetzungen mit der Sāṃkhyalehre. Aber sie sieht die Teilnahme der Seele an der Körperlichkeit nicht als eine Illusion an. Sie nimmt im Gegenteil an, daß sich aus dem Zusammensein beider ein reales Tätigkeitsresultat, das Karman, ergebe, das für die Art der weiteren Existenzen bestimmend sei. Auf die Abtötung des Tätigkeitstriebes durch Askese wird großer Wert gelegt. Der freiwillige Hungertod wird als Abschluß der Laufbahn empfohlen. Die Erlösung wird als Nirvāṇa – Nirvana bedeutet Erlöschen – beschrieben. Damit ist das endgültige Aufhören des Tätigkeitstriebes, nicht aber das Nichts gemeint, denn die Seele ist, nach der Jinalehre, wie in der Sāṃkhyaphilosophie, als unzerstörbar gedacht.

Die Lehre Buddhas

Buddha (557–477), aus fürstlichem Geschlecht, wirkte im nordöstlichen Indien, wo auch die Jina ihre Heimat hatte.[23] Der von ihm gestiftete

23 E. Burnouf, *Introduction à l'histoire du Bouddhisme indien* ([Paris] 1844). – H. Oldenberg, *Buddha* ([Berlin 1881,] 3. Aufl. 1897, 6. Aufl. 1914). – R. Spence Hardy, *Eastern Monachism* ([London 1850,] 1860). – E[mile-Charles-Marie] Senart, *Les origines Bouddhiques* ([Paris] 1907). – E. Lehmann, *Der Buddhismus als indische Sekte und als Weltreligion* (deutsch aus dem Dänischen übersetzt, [Tübingen] 1911). – C. A. F. Rhys Davids, *Buddhist Psychology.* [*An Inquiry into the Analysis and Theory of Mind in Pali Lite-*

Bettelorden wendet sich an die Vornehmen und tritt als Rivale der Jina auf. Im Gegensatz zu ihr und zu den Brahmanen predigt er eine Erlösung ohne Askese und ohne Selbstpeinigung. Weiter verwirft er das gelehrte Forschen und Disputieren über das Wesen des Seins und der Erscheinungen, wie es in den Schulen der Brahmanen, der Sekten und Orden betrieben wird.

Buddha ist unphilosophisch. Nur was eine unmittelbar praktisch-religiöse Bedeutung hat, soll nach ihm den Geist beschäftigen. Wenn ein Mann von einem Pfeile getroffen ist, antwortete er einmal einem viel fragenden Jünger, wartet er nicht mit der Behandlung der Wunde, bis er erforscht hat, wie der, der auf ihn geschossen hat, heißt, welcher Familie er angehört, welches seine Körpergröße ist und wie die benutzte Waffe aussieht, sondern er zieht den Pfeil heraus und unternimmt, was der Heilung dienlich sein kann.[24]

---

rature] ([London] 1900 [, 1914, ²1924]). – H. Beckh, *Buddhismus* (2 Bde., [I: ²1919, II:] ²1920[, Göschen-Sammlung Berlin].)

Die zahlreichen und umfangreichen heiligen Schriften des Buddhismus sind uns in einer Sammlung der südlichen Kirche und in einer der nördlichen erhalten. Die der südlichen Kirche ist die wertvollere. Sie ist uns nicht in Sanskrit, der brahmanischen Priestersprache, sondern nur in der Übersetzung in den Pālidialekt erhalten. Das Pāli war ursprünglich eine Mundart des nordwestlichen Indiens, die dann zur Kirchensprache des südlichen Buddhismus erhoben wurde. Die Sammlung der nördlichen Kirche war ursprünglich im Sanskrittexte abgefaßt. Da aber der Buddhismus aus dem nördlichen und mittleren Indien vertrieben wurde und dann im Tibet und in China seine Heimat hatte, sind uns seine heiligen Schriften in tibetanischen und chinesischen Übersetzungen erhalten. Den Sanskrittext besitzen wir nur in Fragmenten.

Die Sammlung umfaßt drei große Abteilungen und heißt auf Pāli «Tripiṭaka», die drei Körbe. In den Schriften des «ersten Korbes» finden sich hauptsächlich die Mönchsregeln. Der «zweite Korb», Suttapiṭaka genannt, ist der wichtigste. Er bietet die Lehre (Dhamma) vielfach in Dialogen, in denen Buddha redend auftritt. In dem Anhang des zweiten Korbes findet sich das *Dhammapada*, eine Sammlung von religiösen und ethischen Sprüchen. In ansprechender Kürze bieten sie eine Darstellung der buddhistischen Ethik. Auch vorbuddhistisches Gut ist in ihnen enthalten. Manche Schriften des zweiten Korbes gehen wohl ins 3. Jahrhundert v. Chr. zurück. Der «Dritte Korb» hat weniger Bedeutung.

Unsere Kenntnis des Buddhismus beginnt mit der Veröffentlichung buddhistischer, von Hodgson 1828 im Nepal (Nordostindien) gefundener Sanskrittexte, die Eugène Burnouf 1852 unter dem Titel *Le lotus de la bonne loi* herausgab [Paris].

Englische Übersetzung des *Dhammapada* von [F.] M. Müller in *The Sacred Books of the East*, [vol. X (Oxford 1881, 1898, 1924)] und der *Buddhist Suttas* von T. W. Rhys Davids [ebenda vol. XI (1881)]. – Französische Übersetzung: *Le Dhammapada* par Ferdinand Hû ([Paris] 1878). – K. E. Neumann, *Buddhistische Anthologie. Texte aus dem Pālikanon* ([Leiden] 1892). – Von demselben: *Die Reden Gotamo Buddho's. Aus [der mittleren Sammlung Majjhimanikayo des] Pali-Kanons [zum ersten Male] übersetzt* (3 Bde., Leipzig 1896–1902). – R. Otto Franke, *Dighanikaya* ([Göttingen] 1913).

[Fassung 1919:] H. C. Warren, *Buddhism in Translations* (Harvard Oriental Series, Bd. III, [Cambridge] 1896

24 [M. Winternitz, *Geschichte*, Bd. II, S. 54.]

Auf die Frage, ob die Welt sei oder nicht, ob sie begrenzt oder unendlich sei und ob der Erlöste nach dem Tode fortlebe oder nicht, gibt Buddha keine Antwort. Er will nicht einmal, daß man sie stelle. Selbst über das, was der Seele und der Materie zur Grunde liegt, macht er sich keine Gedanken. Die innere und die äußere Welt, lehrt er, treten uns als eine Folge von «Gestaltungen» entgegen. Alles aber, was sich in dem ewigen Kreislauf des Entstehens und Vergessens ereignet, ist Leiden. Die Erlösung – Buddha denkt atheistisch, wie die Sāṃkhya- und Jinalehre – ist ein leidloser Zustand der einzelnen Seele, für den er den in der Jinalehre üblichen Ausdruck Nirvāṇa gebraucht.[25] Daß man in der Meditation und der Versenkung[26] zur Erlösung von der Seelenwanderung gelange, ist ihm in derselben Weise gewiß wie den Brahmanen. Hingegen ist er, wie die Vertreter der Sāṃkhya- und Jinalehre, ohne tieferes Interesse für den volkstümlichen Götterglauben.

Durch die Indifferenz gegen die gewöhnliche polytheistische Religion, durch die Ablehnung des philosophischen Forschens und durch Verwerfung der Askese setzt sich Buddha in Gegensatz zur indischen Mentalität. Dies rächte sich in der Folge. Nachdem seine Lehre einige Jahrhunderte viele Anhänger gezählt hatte, wurde sie mit der Zeit aus Indien verdrängt.[27] Nur in Ceylon und in Nepal, einem Gebiet auf dem Südabhang des Himalaya, erhielt sie sich. Dafür brachte sie es in China, vom 1. Jahrhundert n. Chr. ab, und im Tibet, vom 7. Jahrhundert n. Chr. ab, ferner noch in Japan, in der Mandschurei, in der Mongolei, in Hinterindien und auf den Sundainseln zur Verbreitung. Freilich ist in dem Buddhismus, der Weltreligion wird, der ursprüngliche kaum noch zu erkennen. Er ist eine Verbindung mit gedankenloser polytheistischer Religion eingegangen und hat die Eigenart und die Größe seines Denkens aufgegeben.

Die Weltanschauung des Hinduismus. Bhagavadgītā

Die Anfänge des Hinduismus reichen bis etwa in das 9. Jahrhundert v. Chr. zurück. Er entstand aus Sekten, die die denkende Religiosität des Brahmanentums in die bisher davon unberührte Frömmigkeit der niederen Kasten hineintrugen und sie so veredelten. Auch heute ist er

---

25 [Hier folgt im Ms. der Satz:] Ob sie als Nichts oder als höchste Seligkeit vorzustellen sei, läßt Buddha mit Absicht unentschieden. [Notiz in den «Alten Skizzen» ..., Ms.-S. 41:]
Nirvāṇa im Brahmanismus ein hypnotischer Zustand;
Nirvāṇa im Jainismus ein bewußtloses Weiterleben;
Nirvāṇa im Buddhismus ein Erlöschen des Willens zum Leben, der «Begierde».

26 [Ms.:] Ekstase.

27 [Im Ms. darüber die Notiz:] das heißt, der Buddhismus kehrt zum Brahmanismus und zum Polytheismus zurück und wird von ihm absorbiert.

keine einheitliche Erscheinung, sondern besteht aus einer Vielheit von Sekten.[28]

Der Hinduismus ist religiös und ethisch entwicklungsfähiger Polytheismus, der auf den ethischen Monotheismus zustrebt, ohne ihn zu erreichen. Vishṇu [Viṣṇu], der höchste, in der Regel mit Krishṇa identisch gedachte Gott – die alten Götter der vedischen Hymnen treten hinter den im niederen Volke verehrten zurück – ist Weltherrscher. Oft nimmt er geradezu die Stelle des Brahman (der Weltseele) ein. Der unpersön-

---

28 [Darüber (Ms.):] Bewegungen. – [Fußnote:] Die bedeutendste heilige Schrift des Hinduismus ist das *Mahābhārata*, ein Epos in 100 000 Doppelversen, das in seiner jetzigen Form etwa aus dem 1. Jahrhundert n. Chr. stammt, an sich aber viel älter ist. Es behandelt den Kampf zwischen zwei mächtigen Geschlechtern. In die erzählenden Teile sind religiös-philosophierende Stücke eingesprengt. Das berühmteste ist das große Gedicht Bhagavadgīta (Gesang von dem Hohen). [Hier folgt im Ms. noch folg. Text:] In diesem erteilt der Gott Krishṇa [Krsṇa], der hier, wie auch sonst oft, mit dem Gott Vishṇu zu einer einzigen Erscheinung verschmolzen ist, dem vornehmen Krieger Arjuna, der aus Abneigung gegen das Töten davor zurückschreckt, sich mit seinen Verwandten in eine Schlacht einzulassen, Belehrung über die wahre Erkenntnis, die wahre Hingabe an Gott und die wahre Pflichterfüllung und bestimmt ihn dadurch, die Waffe zu führen.

Englische Übersetzung des *Mahābhārata* durch Protah Chundra Roy (9 Bde., [Calcutta] 1883–96, neue Ausgabe 1919. – Deutsche Übersetzung der *Bhagavadgītā* durch R. Garbe ([Leipzig] 1905 [, ²1921]), und L. v. Schroeder ([Jena] 1912). – Schon Wilhelm von Humbold machte 1826 Europa mit den Gedanken der *Bhagavadgītā* bekannt. – [Ms. und Fassung 1919 nennen noch:] *Vier philosophische Texte des Mahâbhâratam* (darunter die Bhagavadgītā), ins Deutsche übersetzt durch P. Deussen [und O. Strauß (Leipzig] 1906), ferner (Fassung 1919):] J. Dahlmann, *Das Mahâbhârata als Epos und Rechtsbuch* ([Berlin] 1895).

Englische Auszüge aus dem *Mahābhārata* und dem *Rāmā-Yana*, dem anderen großen Epos des Hinduismus, veranstaltete R. C. Dutt [*The Ramayana and the Mahabharata*, Neudruck London 1910, und *The Epic of Ancient India*, London 1899]. – Im 16. Jahrhundert n. Chr. bearbeitete der Dichter Tulsī-Dās den Stoff des alten Rāmāyanaepos in einem tief religiösen mystischen Werk. [Ms.: «eine Schönheit mit Tiefe vereinigende Schöpfung».] In wunderbarer Sprache verkündet er die völlige Inkarnation der Gottheit im Gotte Rāma, die Erlösung durch die Liebe zu Gott und die persönliche Unsterblichkeit. Kaum irgendwo im Hinduismus ist der ethische Theismus so stark ausgeprägt wie bei ihm.

Unter den anderen heiligen Schriften des Hinduismus ragen hervor das *Gesetzbuch Manu's* und der *Kural*. Der *Kural* ist eine Sammlung moralischer Sentenzen des Dichters Tiruvaḷḷuvar Nāyānar.

Englische Übersetzung des Gesetzbuches Manu's von G. Bühler in *The Sacred Books of the East*, [Bd. XXV, Oxford] 1886, französisch[:] *Les lois de Manou* (*Manava Dharma Castra*), *traduites du Sanskrit par G. Strehly*, [Paris] 1893 (Annales du Musée Guimet). [Diese Angaben ergänzt nach einer «Skizze» ... vom 21. 10. 20 (s. Anm. 33). Daselbst folg. Notiz (Ms.-S. 34):] Das Buch will Offenbarung des Halbgottes Manu bieten. Hinduistisches Buch. Entstehungszeit zwischen 200 v. Chr. und 200 n. Chr. Geht auf ältere Vorlagen zurück. Die gewöhnlichen Gesetze und die der brahmanischen Heiligkeit durcheinander. Unerquicklich.

G. U. Pope, *The sacred Kurral* ([London] 1886). – Die erste deutsche Übersetzung des Kurals ist die des dänischen Missionars A. Fr. Cämmerer ([Nürnberg?] 1803).

liche Urgrund des Seins der Brahmanenlehre gewinnt also im Hinduismus persönlichen Charakter.[29] Die ganze Welt ist nur eine Entfaltung Vishṇus. Seine Erscheinungsweise als Gott unter andern Göttern in körperlicher Gestalt ist nur eine seiner vielen Daseinsweisen. Auch in andern Verwandlungen kann der persönliche Urgrund des Alls auftreten, um den Menschen näher zu kommen. Auch von seiner Menschwerdung ist die Rede. Er verlangt, daß sich die Menschen ihm hingeben. Durch diese Idee der gegenseitigen Hingebung zwischen Gott und Mensch sucht der Hinduismus die kalte, intellektualistische Mystik des Brahmanentums zu verlebendigen, ohne sie wirklich außer Kraft zu setzen. Nach jeder Richtung hin tritt er also als Kompromißreligiosität auf. Polytheismus und Theismus, mystischen Intellektualismus und Herzensfrömmigkeit, populäre Kultreligion und denkende Religion will er, ohne sich in die Evidenz der Unvereinbarkeit zu ergeben, zur Einheit zusammenbringen. Dadurch entsteht etwas großartig Reiches und zugleich gewaltig Unfertiges.[30]

Die klassische Stelle für den Glauben an einen höchsten persönlichen Gott, als den alles in sich fassenden Weltgrund, und [für] die Hingabe (Bhakti) an ihn, als die wahre Frömmigkeit, ist die berühmte religiös-philosophische Dichtung Bhagavadgītā (Gesang von dem Hohen), im 6. Buche des großen Epos Mahābhārata. Hier tritt der Gott Krishṇa selber als Offenbarer auf und verkündet dem Helden Arjuna diesen Weg der Erlösung als den höchsten und für alle Menschen gangbaren.

Aus der *Bhagavadgītā* [nach Deussen/Strauß, *Vier philosophische Texte aus dem Mahâbhâratam*]:

Der Heilige (Gott) sprach: Ich bin die Seele, die in der Tiefe aller Wesen weilt, ich bin der Anfang der Wesen, bin ihre Mitte, bin ihr Ende. Ich bin unter den Lichtern die strahlendste Sonne ... Ich bin unter den Gestirnen der Mond ... Ich bin der Götterberg Meru unter den Bergen ... Ich bin unter den Wassern der Ozean ... Für die Zählenden bin ich die Zeit ... Unter den Waldtieren bin ich der Löwe ... Unter den Flüssen bin ich die Ganga [der Ganges] ... Ich bin Anfang, Mitte und Ende der Schöpfungen ... Ich bin die These der Disputierenden ... Ich bin der alles dahinraffende Tod, ich bin die Entstehung dessen, was entsteht ... Unter dem, was trügt, bin ich das Würfelspiel ... Ich bin die Güte der Guten ... Ich bin das Schweigen der Geheimnisse, bin das Wissen der Wissenden. Alles, was mächtig und gut, alles, was schön und kraftvoll ist, dies alles entsteht als ein Teil aus meiner Kraft. [X,20 ff.]

Ich bin für diese ganze Lebewelt der Ursprung und auch der Untergang ... [VII,6].

Ich bin das Unsterbliche und der Tod, bin das Seiende und das Nichtseiende ... [IX,19].

Wer die Erkenntnis besitzt, der geht am Ende vieler Geburten bei mir ein ... [VII, 19]. Mir gib deinen Sinn hin, in mich vertiefe deinen Geist, so wirst du bei mir

29 [R, im Ms. und in 2 Masch.-Vorlageexemplaren, in letzteren gestrichen:] Daß man im Mondwechsel keine Bäume fällen darf. *Mahābhārata* (Philosophische Texte aus *Mahâbhârata*, S. 506. P. Deussen/ O. Strauß, *Texte*, 1905 [1906, s. Anm. 28]).

30 [Im Ms. beigefügt:] ewig in Wandlung Befindliches.

Wohnung nehmen nach diesem Dasein ... Kannst du aber dein Denken nicht dauernd in mich versenken, dann suche mich wenigstens durch Hingebung an die Übung zu erreichen ... [XII,8.9].

Höre noch weiter von mir das allergeheimste, höchste Wort: ich liebe dich gar sehr, darum will ich sagen, was zu deinem Heile dient. An mich denke, mir hänge an, mir huldige, mich verehre, und du wirst zu mir gelangen, ich verspreche es dir wahrhaftig, denn du bist mir lieb. Laß alle Satzungen dahinten, nimm zu mir allein deine Zuflucht, ich werde dich von allem Übel erlösen, trauere nicht! [XVIII,64–66]

Weil der Hinduismus in der Religion der mittleren und niederen Volksschichten wurzelt, hat er den Buddhismus zu verdrängen und dem Islam, als dieser vom Jahre 1000 n. Chr. ab, durch die Gewalt der Waffen getragen, von Nordwesten her in Indien eindrang, zu widerstehen vermocht. Von dem letzteren wurde er zeitweilig ziemlich stark beeinflußt, wie er seinerseits auch ihn anregte. Bekannt ist der Versuch Akbars des Großen (1542–1605), des mohammedanischen Herrschers von Delhi, aus dem Hinduismus, dem Islam und der Religion Zarathustras mit Zuziehung des Christentums, das er durch portugiesische Missionare kennengelernt hatte, eine Universalreligion zu schaffen. Seine Gründung hatte keinen Bestand.[31]

Vom Christentum ist der Hinduismus, seitdem er im 16. Jahrhundert mit ihm in Berührung kam, fortgesetzt beeinflußt worden. Seine großen Lehrer aus dem 19. Jahrhundert – unter ihnen Rāmmohun Roy [Rām Mohan Rāi] (1772–1833) und Keschub Chunder-Sen [Keshab Candra Sen] (1838–1884) – die ihn aus dem Polytheismus zum ethischen Monotheismus zu führen suchen, stehen unter dem Eindruck der Ideen und der Persönlichkeit Jesu.[32] Von ihnen ist die Bewegung der Brahma-Samadsch [Samāj] ausgegangen.

---

31 [Fortsetzung in der Fassung 1919 (Ms.-S. 40):] Hingegen hat sich eine aus dem Anfang des 15. Jahrhunderts n. Chr. stammende, unter islamitischem Einfluß im nördlichen Indien stattgefundene hinduistische Religionsgründung in der Religion der Sikhs bis auf den heutigen Tag erhalten. Zur Zeit aber ist sie im Begriff, vor dem Hinduismus zu verschwinden, gegen den auch die Sāṃkhyaphilosophie und die Jainalehre stetig an Bedeutung verlieren. [Anm.:] [Graf F.] A. [von] Noer, *Kaiser Akbar* (1. Bd. in 2 Abteilungen, [Leiden] 1880 und 1881, 2. Bd. 1885 nach des Verfassers Tod [erschienen]). – E. Trumpp, *Die Religion der Sikhs*, [Leipzig] 1881.

32 [Im Ms. steht von hier an folgender Schluß des Unterkapitels:] In dem volkstümlichen Hinduismus freilich ist von solchen Bestrebungen wenig zu bemerken. Er bleibt ein Chaos von polytheistischen und brahmanischen Vorstellungen und hat seine Hauptstärke in dem überlieferten Kultus. Bereits hat auch eine Reaktion der reinen brahmanischen Anschauungsweise im Hinduismus gegen die modernistische, dem christlichen Gedanken der Religion der Liebe allzuweit entgegenkommende Bewegung eingesetzt. Beide Tendenzen liegen im Wesen des Hinduismus. Welche wird sich gegen die andere durchsetzen? Straßburg 9. 12. 20.

[In den «Alten Skizzen» ... steht am Schluß eines «Definitiven Plans» über Indien der Satz:]

Eine Darstellung der indischen Weltanschauung, die sich nur an die klassischen Urkunden hält, wird ihr nicht gerecht. Ihr eigentliches Leben liegt heute in den vielfachen, besonders im Hinduismus auftretenden Versuchen, in die brahmanische Mystik alle wertvollen Ideen anderer Weltanschauungen hineinzudeuten. Besonders beliebt ist das Verfahren, sie mit der griechisch-christlichen Logoslehre des vierten Evangeliums gleichzusetzen. Dabei wird in naivster Weise ihrem monistischen Pessimismus Gewalt angetan.

Natürlich handelt es sich dabei vorwiegend um Bestrebungen unter den Gebildeten. Der volkstümliche Hinduismus bleibt ein Chaos von polytheistischen und brahmanischen Vorstellungen und hat seine Hauptstärke im überlieferten Kultus.

Die Unvereinbarkeit zwischen indischer Weltanschauung und Kulturethik. Bhagavadgītā

In welchem Maße ist die Weltanschauung der Welt- und Lebensverneinung fähig, ein Grundprinzip der Ethik hervorzubringen, das wirklich ethisch ist und sich in erforderlicher Weise mit der Wirklichkeit auseinandersetzt?

Von vornherein muß die mit sich selber konsequente indische Weltanschauung darauf verzichten, auf die von Volk und Gesellschaft an den Einzelnen gestellten Forderungen einzugehen. Weil sie eine Fortschrittsmöglichkeit für die in Raum und Zeit verlaufende Welt nicht annimmt, hat sie kein Interesse an der Entwicklung der Menschheit zu einer ethisch-organisierten Größe.[33] Zweckvolles Arbeiten und Wirken in den natürlichen Verhältnissen, in die der Mensch hineingestellt ist, kann sie nicht anerkennen. Die ohne Beziehung auf die Zukunft der Gesellschaft und der Menschheit erstrebte Selbstvervollkommnung des Einzelnen ist das einzige Ziel, das sie gelten läßt. Jede Tendenz zur Kulturethik wird also von vornherein abgelehnt.

Ein großes Gebiet dessen, was auch dem natürlichen Empfinden zum Reiche des Ethischen gehört, gibt die indische Weltanschauung al-

---

[Der] primäre Hinduismus [hat] Durst nach [einem] ethischen Weltgrunde, aber er [wird] vom Brahmanismus gebändigt, niedergehalten. [Daneben:] Philosophische Ethik von [der] Religion emanzipiert. Ganz recht. Aber sie ist auch von der Weltanschauung losgelöst! [Sac 6 Nr. 1 c, Ms.-S. 7.]

33 [Die «Skizze der def. Fassung der mittleren Kapitel des Bandes I der Kulturphilosophie», geschrieben zwischen dem 11. und 21. 10. 20 (erwähnt im Quellenverzeichnis unter «Zu Kap. IV» und Anh. A,4 a), Vorfassung des in der Fassung 1919 noch fehlenden Textteils, im folgenden «Skizze» genannt, hat hier noch die Sätze (Ms.-S. 14):] Alles, was in der Sinnenwelt geschieht und getan wird, gehört einem wirren, sinnlosen Spiel an. Der Vervollkommnung der ethisch-sozialen Organisierung der Gesellschaft eine Bedeutung beizulegen, muß ihr als ein Irrtum gelten.

so preis, um mit sich selber konsequent zu bleiben. Freilich hat sich diese Selbstbeschränkung[34] weder kampflos noch vollständig durchgesetzt. Das natürliche Empfinden des Volkes leistete Widerstand. Im Hinduismus kämpft es um sein Recht.

Man halte das Dhammapada, die Sammlung[35] ethischer Sentenzen des Buddhismus, mit dem Kural, dem berühmten moralischen Gedicht des hinduistischen Sängers Tiruvaḷḷuvar Nāyānar aus dem 3.–8. Jahrhundert n. Chr. zusammen.[36] In Dhammapada hat sich die Weltverneinung in der Ethik vollständig durchgesetzt. Als Höchstes wird dann die von aller irdischen Betätigung, der guten wie der bösen, absehende Tatenlosigkeit gepriesen. Auf die Pflichten des Menschen in der Familie und in der Gesellschaft wird nicht eingegangen.[37]

Der *Kural* aber, obwohl Jahrhunderte nach dem Dhammapada entstanden, geht auf alle Probleme der Wirklichkeit ein. Er handelt von der rechten Art, Kinder zu erziehen, von dem Verhalten als Gastgeber, vom Ackerbau als der edelsten Arbeit, von der rechten Verwaltung irdischer Güter, von dem würdigen Verhalten bei Verlust derselben, von der Wahrung der Würde überhaupt, von wahrer und falscher Höflichkeit, von der von den Vornehmen zu fordernden adeligen Gesinnung, von der Leitung des Staates, von den für Fürsten und Minister nötigen Eigenschaften, von der rechten Beredsamkeit des Staatsmannes und von der rechten Art, Krieg zu führen. Entworfen wird das Ideal des arbeitsamen, lebenstüchtigen und klugen Menschen, der bestrebt ist, in seinem Tun Gerechtigkeit, Sanftmut und Barmherzigkeit walten zu lassen. Von tätiger Liebe wird Erlösung von der Seelenwanderung erwartet.[38]

---

34 [Skizze (Ms.-S. 14):] Vergewaltigung.

35 [Ms.:] die klassische Sammlung.

36 [Über das Dhammapada s. S. 78, [Anm. 23].

Über den Kural s. S. 81, 86, [Anm. 28 und 39].

[Während Schweitzer in *Die Weltanschauung der indischen Denker* (1935) als Datierung des Kurals das 2. Jh. n. Chr. angibt, nennt er oben irrtümlicherweise das 16. Jh. (nach Ms., mit Fragezeichen). Verwechslung mit den Lebensdaten des Dichters Tulsi Das (1532–1623)? Wir haben die unkorrigiert gebliebene Datierungsangabe durch eine zusammenfassende Korrektur ersetzt.]

Das andere hinduistische Gesetzbuch, *Die Gesetze Manus*, ist weniger interessant. Es stellt überlieferte Gesetze und die Bestimmungen brahmanischer Heiligkeit nebeneinander [vgl. die Notiz hierüber in Anm. 28], wobei es für die letztere am meisten interessiert ist. Sein Gehalt an ethischem Geiste ist gering. Die Übersetzungen des Gesetzes Manus sind auf S. 81 angeführt.

37 [In der Skizze folgt hier der Satz (Ms.-S. 15):] Er wird beschäftigungslos, [als] ganz im Streben aufgehend, die vollkommene Erkenntnis und die errettende Losgelöstheit von der Welt zu erlangen, vorgestellt.

38 [Satz in der Skizze (Ms.-S. 15):] Daß er die Welt in sich ertöte, wird von dem Menschen nur insoweit gefordert, als er dadurch fähig werden soll, mit Hingabe an alles Gute in ihr zu wirken.

Mit Unrecht glauben G[eorge] U[glow] Pope, der englische Übersetzer des Kurals, und andere, annehmen zu müssen, sein Verfasser sei schon von christlichen Gedanken beeinflußt. Tiruvaḷḷuvar Nāyāner verkündet eine Kulturethik, die sich in einem vom brahmanischen Philosophieren unbeeinflußten Geistesleben Indiens in analoger Weise wie in China entwickelt hatte. Im Geiste Kungtses ist sie gedacht.[39] Wie die seine berührt sie sich mit der christlichen durch die tiefen Humanitätsforderungen, die sie aufstellt.

Was wird aus der ursprünglichen natürlichen Ethik, wenn sie sich mit der brahmanischen Weltanschauung der Welt- und Lebensverneinung auseinandersetzt?[40] Schon im 3. Jahrhundert v. Chr., also 18 [ca. 8] Jahrhunderte vor dem Entstehen des Kurals, hat sie dies unternommen und ist dabei unterlegen.

Das klassische Dokument dieses unglücklichen Ringens ist die *Bhagavadgītā*,[41] das gewaltige, in das 6. Buch des Mahābhārata-Epos eingefügte ethisch-religiöse Gedicht.[42] Hier ist das Problem des Wirkens in der Welt in der Form aufgeworfen, daß der Held Arjuna gegen seine fürstlichen Verwandten um Thron und Reich kämpfen soll. Unschlüssig läßt er seinen Streitwagen zwischen den beiden Schlachtreihen halten. «O, wehe», ruft er den Genossen zu, «wir sind im Begriff, eine große Sünde zu begehen! Aus Begierde nach den Freuden der Herrschaft wollen wir unsere eigenen Verwandten töten.» [I,45.] Lieber als für sein Reich zu kämpfen, will er sich selber töten lassen. Krishṇa aber, der hier als universelle Gottheit, wie sonst Vishṇu auftritt, belehrt ihn in einem langen Zwiegespräch, daß er seine Herrscherpflicht erfüllen und kämpfen müsse.

Wie aber verläuft dieses Zwiegespräch? [II,2 ff.] Der Gott überzeugt den Helden nicht mit natürlichen ethischen Argumenten. Nicht zeigt er ihm, wie er das Töten im Kampfe als Schuld auf sich nehmen müsse, um weiter als Herrscher für die Verwirklichung des Guten wirken zu können. Vielmehr führt er ihn in entlegene Überlegungen über Tod und Leben und über Vorherbestimmung alles Geschehens hinein und über das elementare ethische Urteilen hinaus. In höchster brahmanischer Einsicht in das wirkliche Wesen des Seins und Geschehens soll er begreifen, warum er töten darf und seine Herrscherpflicht erfüllen muß. «Wie kann ich Freuden genießen, die mit Blut besudelt sind?» Lächelnd antwortet der Gott: «Über Tote und Lebende klagt der Weise nicht. Wer gleichmütig bleibt bei Lust und Leid, der ist reif für die Unsterblichkeit

39 [Skizze (Ms.-S. 14):] Kural: Ethik des Menschen, der im tätigen Leben steht (Kungtse könnte sie geschrieben haben). [Ethik] des in der Welt Wirkens.

40 [R (Ms.):] sucht sich zur Geltung zu bringen.

41 [R (Ms.):] Vom Standpunkte der Ewigkeit aus.

42 [s. S. 81, Anm. 28.]

... Wer vermeint, daß jemand tötet, wer vermeint, daß jemand getötet werde, die wissen beide nicht die Wahrheit. Keiner tötet und wird getötet ... Dem Geborenen ist der Tod gewiß, dem Gestorbenen die Geburt;[43] darum darfst du über eine unvermeidliche Sache keine Trauer empfinden» [II,11,15,19,27].[44]

Noch von einer anderen Seite her führt ihn der Gott auf die Höhe der überethischen Betrachtungsweise. «Nicht durch Enthaltung von den Werken erlangt der Mensch die Befreiung vom Werk und nicht durch bloßes Wegwerfen von allem gelangt er zur Vollendung. (954) [III,4.] Der Fortgang des Körperlebens ist nicht möglich, ohne daß man Werke tut.» [III,8.] Nur muß man die Werke tun, als täte man sie nicht. Man handle ohne wirkliches Interesse an dem, was man betreibt. Als ein Opfer werde das Werk betrieben, nicht in Hingabe an die Sache, sondern nur als Hingebung an Gott [III,9,10,30].

Alles, was ist, ist Gott. Alles, was geschieht, geschieht in ihm. «Wer meine Werke tut, mich als das Höchste hat und mich verehrt ohne Anhänglichkeit an die Welt, wer ohne Feindschaft ist gegen alle Wesen, der kommt zu mir...» [XI,55]. «Die mir in Verehrung anhängen, die sind in mir und ich in ihnen» [IX,29].[45]

Es kommt also nicht darauf an, was man tut, sondern in welcher Gesinnung man es tut. Würde Arjuna sich mit Freude am Kampfe in das Töten stürzen, so würde er schuldig. Ist sein Herz aber losgelöst von dem, was er tut, erfüllt er nur die Pflicht in Gott, so hat sein Handeln nichts mehr mit den gewöhnlichen Anschauungen von Gut und Böse zu tun.

Alles, was der Mensch zu vollbringen hat, das Gute und das Böse, ist ihm bestimmt von Gott. Dem Brahmanen ist tatenloses, weltabgewandtes Leben beschieden, der Kriegerkaste Heldenmut, Kampf und Ausübung der Herrschermacht, der Vaiśyakaste Betätigung im Ackerbau, in der Viehzucht und im Handel, der Śudrakaste[46] Dienen. Die Vollendung erreicht der Mensch, indem er[47] alle in der Geburt ihm gewordenen Aufgaben wie in unpersönlichem, überethischem Handeln erfüllt. «Die angeborene Aufgabe soll man nicht fahren lassen, auch wenn sie mit Schuld behaftet ist, denn alles Tun ist von Schuld umhüllt, wie das Feuer vom Rauche» (1502) [XVIII,48]. «Derjenige, dessen Natur nicht der Selbstsucht verfallen, dessen Einsicht nicht getrübt ist, ein sol-

---

43 Gemeint ist die Wiedergeburt.

44 [Die Skizze hat hier noch folg. Satz:] Also darf Arjuna töten, ohne in Schuld zu geraten. Leid und Tod, die er seinen Lieben zufügt, sind ja nicht die Übel, als die er sie in seinem naiven unmittelbaren Empfinden ansieht. [Ms.-S. 17.]

45 [Die Übersetzer verweisen hier auf das Evangelium Joh., Kap. 14,20.]

46 [Skizze:] Cudrakaste [übrige Vorlagen:] Çudrasekte.

47 [Skizze (Ms.-S. 19):] in Hingebung an Gott und Loslösung des Geistes von der Welt ....

cher, wenn er auch die ganze Welt tötete, tötet doch nicht und ist nicht gebunden» (1471) [XVIII,17].[48]

In dem Gedanken der alles umfassenden Vorherbestimmung[49] wird hier also die Lösung aller ethischen Probleme gesucht.[50] Zwei Wesensschöpfungen gibt es in der Welt: die göttliche und die dämonische. Denen, die in der ersten geboren sind, werden alle Tugenden und alle Reinheit von der Welt zuteil. Die aus der dämonischen Geburt stammen, sind in Hingebung an die Welt verblendet, geraten aus einem dämonischen Mutterleib in den andern und gehen den «Weg in der Tiefe durch die drei Pforten der Hölle, die da sind Begierde, Zorn und Lüsternheit» [XVI,19–21].

«Ich bin die Zeit, welche in ihrem Fortschreiten den Untergang der Welt bewirkt, und ich betätige mich hienieden darin, daß ich die Menschen hinwegraffe», sagt der Gott zu Arjuna.[51] «Auch ohne dich würden sie alle nicht am Leben bleiben, sie, die in der Schlachtreihe als Kämpfer [sich] gegenüberstehen ... Schon längst sind diese hier von mir erschlagen, du sollst nur mein Werkzeug sein» (1279) [XI,32 f.].

Arjuna sprach: «Gewichen ist die Verblendung» [XVIII,73] ... und gab das Zeichen zur Schlacht.

Was geht in dieser gewaltigen philosophischen Dichtung vor? Ein hinduistischer Denker[52] erkennt die intellektualistische brahmanische Mystik an und will die dem ethischen Empfinden von sich aus feststehende Vorstellung des pflichtgemäßen und zweckmäßigen Wirkens in der Welt mit ihr in Einklang bringen. Dabei wagt er es, das Problem in seiner schwersten Form zu stellen, indem er den Fall wählt, daß der Mensch um eines zu verwirklichenden Zweckes willen schuldig wird.

Und die Lösung? In den unerbittlichen Kreis des brahmanischen Denkens hineingezogen, deutet sich die hinduistische Ethik, um sich zu behaupten, in die Mystik des Aufgehens in dem Absoluten hinein. Sie versucht, dem Absoluten einen persönlichen Charakter zu geben und so das erkenntnismäßige Aufgehen zugleich als ein Hingeben an eine alles

48 [In der Skizze steht dieses letzte Zitat nach dem vorigen Abschnitt, mit folg. gestrichener R (Ms.-S. 18):] Nimmt Verantwortung vom Menschen. Pflicht, die nur Pflicht in Gott ist, hört auf, wirklich ethische Pflicht zu sein. [Vgl. Anm. 53.]

49 [Ms.:] Prädestination.

50 [In der Skizze folgt hier der Satz (Ms.-S. 19):] Auch ob der Mensch sich zur Erkenntnis, die über Gut und Böse hinaushebt, hindurcharbeitet, liegt nicht an ihm sondern ist ihm bestimmt.

51 [Diesem Zitat stellt die Skizze den Satz voran (Ms.-S. 20):] So erfährt der Held, daß das Morden, zu dem ihn die Umstände rufen, nur ein Handeln Gottes ist, zu dem er nur die Gesten ausführt.

52 [Skizze (Ms.-S. 20):] Ein hinduistischer Ethiker erkennt die intellekualistisch-brahmanische Mystik und ihre Welt- und Lebensanschauung als Ausgangspunkt des ethischen Überlegens an. Mit dieser Grundanschauung aber will er die dem ethischen Empfinden ...

Geschehen in sich fassende persönliche Kraft zu deuten. Die brahmanische Mystik soll ethischen Odem bekommen.

Der Erfolg ist trügerisch. Die Worte sind gerettet, die Sache [ist] verloren. Der Begriff der tätigen Pflicht in der Welt wird gewahrt, indem man ihn als Hingebung an das alles Geschehen in sich fassende Wesen Gottes begreift. Durch diese Überleitung wird er aber sich selber entfremdet. Das natürliche, ethische Interesse an dem, was es zu verwirklichen gilt, wird aufgegeben. Nur der Schatten der auf die Welt gerichteten ethischen Pflicht bleibt übrig. Nicht mehr an sich, durch den verfolgten Zweck und die übernommene Verantwortung soll das Tun ethisch sein, sondern nur abgeleitetermaßen,[53] als in Gott vollbracht ... in Gott, der als überethisches Prinzip des Geschehens begriffen werden will!

Sobald die hinduistische Kultur- und Humanitätsethik also auf die brahmanische Mystik eingeht, ist sie verloren. Diese ist etwas Geschlossenes, in sich Konsequentes. Jene[54] aber ist, wie es auch im Kural offen-

---

53 [Fortsetzung in der Skizze (Ms.-S. 21 f.):] weil es in Hingebung an Gott und im Bewußtsein, daß alle Dinge in Gott vor sich gehen, geschieht. Ist angenommen, daß die Welt [eine] Welt des Scheins und die Freiheit des Handelns eine Illusion sei, so kann auch das auf die Verwirklichung ethischer Zwecke in der Welt gerichtete Tun zuletzt nur Schein sein. [Der hier anschließende Abschnitt ist gestrichen:] Der Begriff des zweckmäßigen, auf das Allgemeine gerichteten Wirkens, wie er für die Ethik notwendig ist, ist aufgegeben in einem Gaukelspiel, das er [der Mensch] ethisch empfindet. Das gesteht die Bhagavadgītā auch ein, indem sie die eigentliche sittliche Verantwortung von ihm [dem Menschen] nimmt und auf Gott überträgt. Gut und Böse, in Gott, das absolute, eigenschaftslose Wesen, zurückgetragen, verlieren ihre Bedeutung für den Menschen. Sein Handeln wird überethisch, jenseits von Gut und Böse. Ein neuer, unelementarer Begriff des Ethischen und Unethischen wird aufgestellt. Gut soll sein alles, was mit dem Bewußtsein, in Gott zu handeln, getan wird, böse, was ohne dieses geschieht. Von der Beziehung der Tat von dem Menschen auf den Menschen, von Pflicht gegen die Menschen ist keine Rede mehr. Das Absolute hat alles auf sich gelenkt, alles in sich verschlungen. Die Pflicht, die nur «Pflicht in Gott» ist, hört auf, wirklich ethische Pflicht zu sein. Die Gottes-Hingebungs-Ethik der Bhagavadgītā ist also nicht der Triumph des Ethischen in der indischen Frömmigkeit, als der sie gewöhnlich gepriesen wird, sondern die unerbittliche Absorption des Ethischen in der unethischen brahmanischen Erkenntnismystik. – Zur vollendeten «Gleichmütigkeit», wie sie das brahmanische Ideal bildet, und zugleich zur Ethik will die Bhagavadgītā anleiten. Wie kann sie das, was höchste Abtötung des Empfindens für Verantwortung bedeutet, mit dem, was höchste Steigerung desselben verlangt, zusammendenken und vereinigen?.

54 [Vorlagen:] Sie [Fortsetzung in der Skizze (Ms.-S. 22):] aber ist, wie es auch im Kural offenbar ist, eine in Sentenzen auftretende Ethik mit lebendigen Humanitäts- und Kulturtendenzen, aber ohne Begründung in einem denknotwendigen, aus Weltanschauung hergeleiteten Grundprinzip des Sittlichen. Von sich aus kommt sie nicht darüber hinaus, gepredigte Moral zu sein.

[Die folg. Sätze sind gestrichen:] Wehe ihr, wenn sie darauf verfällt, sich aus brahmanischer Erkenntnis vom Sein begründen zu wollen. Sie kann dann nur Gedankengänge hervorbringen, die schön anmuten, aber dem Denken nicht standhalten. In diebar ist, nur Sentenzenethik. Den Kampf um die ihr entsprechende Weltanschauung vermag sie nicht zu führen. Soweit die hinduistische Ethik aber unbefangene Ethik bleibt, ist sie im Vollbesitze ihrer auf Verwirklichung von Humanität und Kultur gerichteten Energien und fähig, die ihr gestellten ethisch-sozialen Aufgaben in Angriff zu nehmen. Was sie darin zu leisten vermag, zeigte sie durch die Art, wie sie den Kampf gegen die Kastenunterschiede, den gegen die Kinderehen, den gegen die erzwungene Ehelosigkeit der Witwen und alles damit gegebene soziale Frauenelend aufnahm. Auch sonst wagt sie sich an alle die soziale und geistige Zukunft des Volkes betreffenden Fragen heran, für die weder das Brahmanentum, noch der Buddhismus, noch die andern Orden und Schulen Verständnis hatten.

Es gibt also ein fertiges und ein unfertiges indisches Denken. Das fertige, das des Brahmanentums, ist das großartigere; das unfertige, das des Hinduismus, ist das wertvollere. Gewöhnlich aber tritt das letztere ganz hinter dem ersteren zurück. Die Erkenntnismystik wird, so ungenau dies ist, gewöhnlich als «das indische Denken» ausgegeben. Freilich leistet der Hinduismus dieser Ansicht Vorschub, indem er selber von jeher durch diese Mystik fasziniert wurde und bis heute in immer neuen Versuchen auf sie einzugehen sucht, statt eine seiner Ethik entsprechende Weltanschauung aufzustellen.

Die indische Ethik als Ethik des universellen Mitleids. Theoretisches und wirkliches Mitleid

Die[55] brahmanische und buddhistische Ethik muß sich also darauf beschränken, nur die Ethik der Selbstvollendung der Persönlichkeit sein zu wollen. Inwieweit vermag sie diese zu entwickeln und zu begründen?

Groß berührt an ihr, daß sie von den Menschen verlangt, in universellem, alle Kreatur umfassendem Mitleid wissend und edel zu werden.

---

sem Kreise bewegt sich der Hinduismus bis auf den heutigen Tag. Soweit er das Denken befriedigt, ist er unethisch wie die brahmanische Erkenntnismystik.

[Wieder gültiger Text:] Nur soweit er unbefangen ethisch bleibt und sich nicht in logischer Weltanschauung begreifen will, ist er im Vollbesitz seiner auf die Verwirklichung. ...

55 [In der Skizze (Ms.-S. 24) hier vorangestellter, gestrichener Abschnitt:] Ist es aber wirklich wahr, daß die brahmanische Erkenntnismystik keine wirkliche Ethik hervorzubringen vermag? Ja. [R: Ist also ein Gletscher, der sich vorwärts schiebt, das Grün des Tales unter sich begrabend.]

Den Schein, einen verlockenden Schein der Ethik kann sie erwecken. Aber bei näherer Prüfung zeigt sich dann immer, daß das, was wie wertvolles Gesinnungsgold aussah, nur vergoldete Welt- und Lebensverneinung, ein gleißender Stein ist. Verlokkend, verführerisch ethisch erscheint die brahmanische Erkenntnis, wo sie sich als universelles Mitleid ausgibt.

Durch die Voraussetzungen ihrer Weltanschauung ist sie gehalten, die Wesensgleichheit aller Geschöpfe anzuerkennen. Die Mauern, die die andern Religionen und das abendländische Denken einengen, sind niedergelegt. Das Auge wagt zu sehen, so weit der Blick reichen kann. Darum ist das erste Bekanntwerden mit dem indischen Geiste für den Abendländer ein überwältigendes Erlebnis.

Nimmt aber die indische Ethik das weite Land, das die Erkenntnis erschloß, wirklich in Besitz? Nur ganz unvollständig.

Aus der Einsicht in die Wesensgleichheit alles Belebten sollte sich ein lebendiges Miterleben der Schicksale aller kreatürlichen Existenzen ergeben. Dies erschien uns Abendländern so selbstverständlich, daß wir die indische Ethik, als wir sie erstmalig kennenlernten, unbefangen in diesem Sinne zur großen Ethik des Mitleidens und des Mitleids idealisierten. Aber sie ist es nicht in dem Maße, wie wir es annehmen. Die Wesensgleichheit mit der Kreatur tritt in ihr mehr als eine logische denn als eine im Mitgefühl erlebte Erkenntnis auf. Das berühmte «Tat twam asi» (du bist es), das wir unwillkürlich ethisch auffassen, hat in den brahmanischen Schriften nicht diesen Sinn, sondern erscheint als eine rein metaphysische Wahrheit. Was das Weh der andern und das Weh der Welt sei, kommt dem, der im Grübeln über das Wesen des Seins aufgeht, nicht in unmittelbarer Weise zum Bewußtsein.

Buddha unternimmt es, das universelle Mitleid besser in seine Rechte einzusetzen, als es die Brahmanen getan haben, wie er sich ja überhaupt gegen ihren kalten Intellektualismus auflehnt. Er charakterisiert den guten Menschen als den, «der sich am Wohlsein aller Wesen erfreut».[56] Aber trotz aller Wärme, mit der er sich in dieser Hinsicht in den überlieferten Lehrgesprächen ausspricht, will es ihm nicht gelingen, das theoretische Mitleid in umfassendem Maße in wirkliches zu überführen. Der buddhistische Mönch trägt ein Sieb zum Seihen des Wassers mit, damit er ja nicht in Gefahr komme, durch unwissentliches Verschlucken von Insekten, an ihrem Tode schuldig zu sein. Aber bei dieser Rücksichtnahme auf die andern Existenzen sind Glaube und Scheu fast mehr im Spiele als wirkliches Mitleid. Auch in der buddhistischen Literatur vermißt man Gedanken eines unmittelbaren Mitempfindens mit der Kreatur und eines überlegten und tätigen Bestrebens, Weh von ihr abzuwenden, wie sie sich im chinesischen Buch *Von den Belohnungen und den Strafen* finden.[57]

Daß die von den brahmanischen Denkern ausgesprochene Anerkennung der Wesensgleichheit aller Geschöpfe mehr aus theoretischem

---

56 [K. E. Neumann, *Reden*, Bd. I, S. 312, Bd. III, S. 151; M. Winternitz, *Buddhismus*, in: *Religionsgeschichtliches Lesebuch*, Tübingen 1908, S. 262, Nr. 42.]

57 Siehe [Kap. III,] S. 65 [Anm. 45]. – Auch der Kural spricht sich aus unmittelbarem Empfinden dagegen aus, daß man Tod oder Leid über Geschöpfe bringe. [131,132.]

Überlegen als aus wirklichem Empfinden[58] kommt, tritt auch darin zutage, daß ihre Ethik an den entwürdigenden Unterschieden, die Geschichte, Tradition und Religion in ihrem Lande zwischen den Menschen aufgerichtet hatten, keinen Anstoß nimmt. Sie erkennt das Kastenwesen an und sanktioniert die Verachtung, die den niedersten, dem Range nach unter die Tiere eingeschätzten Angehörigen der Śudrakaste entgegengebracht wird. Für ihr äußeres und seelisches Elend hat sie kein Verständnis. Es genügt ihr, anzunehmen, daß sie, wenn sie sich des Guten befleißigen, in einem besseren Stande wiedergeboren werden können.[59] Auch hierin steht Buddha ethisch höher. Er will auch den Menschen aus den niedersten Kasten das Recht zugestanden wissen, das mönchische Leben zu ergreifen. Aber im gewöhnlichen Verkehr hebt er die Bedeutung der Kaste nicht auf. Nur die hinduistische, ihre Energien in sich selber, nicht in der Erkenntnis-Mystik suchende Ethik ließ in dieser Frage das Mitleid zu Worte kommen.

Das Denken der Welt- und Lebensverneinung kann den Kreis des Mitleids ins Universelle erweitern. Zugleich aber verschließt es sich den Weg zum wirklich lebendigen Mitleid. Zu einem solchen gehört ja die Fähigkeit, durch das, was man um sich herum erlebt, beunruhigt zu werden, und der ungebrochene Drang, helfend einzugreifen. Dies beides aber muß vom brahmanischen und buddhistischen Denken abgelehnt werden,[60] weil es der erstrebten Gleichmütigkeit und Tatenlosigkeit entgegenwirkt.

Tatsächlich denkt der Brahmanismus, wo er vom «Weg der Erlösung durch Werke» redet, gar nicht an Taten der Liebe und Barmherzigkeit, sondern nur an Opfer. Und wo in der indischen Ethik das Almosengeben gepriesen wird, ist in der Regel damit nicht die Mildtätigkeit gegen die Armen, sondern die Freigiebigkeit gegen die Bettelmönche gemeint.

Buddha empfindet das Problem. Er möchte einer lebendigen, unmittelbaren Ethik das Wort reden. In seinen Gesprächen macht sich eine Wärme bemerkbar, die in dem Denken der Brahmanen und in der Sāṃkhya- und Jinalehre nicht vorhanden ist. «Rechte Tat» führt er an, wo er den achtteiligen Pfad der Erlösung beschreibt. Aber eine Ethik der Selbstvervollkommnung, in der tätige Liebe und Barmherzigkeit eine Rolle spielen, hat er doch nicht entwickelt. Die Welt- und Lebensverneinung, in der er befangen war, ließ es nicht zu.

In letzten Grunde ist ja alles tätige Mitleid durch die Grundanschauung des Brahmanismus und des Buddhismus von vornherein entwer-

---

58 [Ms., darübergeschrieben:] Erleben.

59 [R (Ms.):] Idee der Wiedergeburt hilft aus vielen Schwierigkeiten heraus.

60 [Im Ms. dazu notiert:] daß das Leben als solches einen Wert hat.

tet.[61] Was nützt es, daß ein Mensch einem andern Menschen oder irgend einem Wesen in der oder jener Not Hilfe bringt? Die Existenz an sich ist ja Leiden und die einzige wirkliche Befreiung vom Leiden besteht darin, daß man sich durch Erkenntnis in den Zustand der Leidlosigkeit erhebt. Es ist im Grunde also nutzlos, an dem Schicksal des andern im einzelnen etwas ändern zu wollen. Die einzig wirksame Barmherzigkeit, die man ihm antun kann, besteht darin, daß man ihm die große Aufklärung zuteil werden läßt und ihn zum Wissen von der Leidlosigkeit anleitet. Die leidende Kreatur kann nicht zur Leidlosigkeit bekehrt werden. Für sie muß man sich auf den Trost zurückziehen, daß sie im Laufe der Wiedergeburten einmal in eine Existenzform eingehen wird, in der sie dieser Selbsterlösung fähig sein wird.[62]

Auch die Ethik der Selbstvervollkommnung bleibt also im brahmanischen und im buddhistischen Denken unvollständig. Der Gedanke, daß der Mensch sich in lebendiger und tätiger Barmherzigkeit veredeln müsse, wird durch die allgemeinen Voraussetzungen der Welt- und Lebensverneinung in seiner Entwicklung gehemmt. Die Ethik verengert sich also zur Ethik der Selbstvervollkommnung durch Enthaltung von der Welt und dem Weltlichen.

Die indische Ethik als Ethik der Enthaltung von der Welt. Mönchsethik. Askese

«Was, ihr Freunde, ist das Gute?» frägt Sāriputta, der Lieblingsschüler Buddhas, die Mönche, die seine Belehrung suchen, und antwortet: «Enthaltung vom Töten ist das Gute,[63] Enthaltung von Geschlechtsgelüsten ist das Gute, Enthaltung von Lüge ist das Gute, Enthaltung vom Verleumden ist das Gute, Enthaltung von unwirscher Rede ist das Gute, Enthaltung von müßigem Geschwätz ist das Gute, nicht mißgünstig sein, ist das Gute, frei von Haß sein, ist das Gute, der rechten Lehre anhängen, ist das Gute.» [Majjhima-Nikāya, 9. Rede]

Im Dhammapada, welches diese negativistische Ethik im einzelnen ausführt, heißt es: «Wessen Sinne in Ruhe sind, wie Rosse wohl gebändigt vom Lenker, wer den Stolz von sich gelegt, alles Hemmnis über-

---

61 [Im Ms. dazu notiert:] Die Sophistik des indischen Denkens, Geschicklichkeit.

62 [Notiz in der Fassung 1919 (Ms.-S. 48):]

[Die] Seelenwanderungslehre muß eigentlich [eine] Ethik der Tiere annehmen. Wie [kann] sich [die Seele] von da aus [von der Tierexistenz aus] wieder heraufarbeiten[?] [Die] Seelenwanderungslehre ist das Verhängnis des indischen Denkens ([es] hat sich auf sie eingelassen).

63 [Im Ms. und in der Fassung 1919 folgt hier der Satz:] Enthaltung vom Diebstahl ist das Gute, ...

wunden hat, den also Vollendeten beneiden die Götter selbst.» (Dhammapda 94.)[64]

Buddha faßt seine Ethik in fünf Gebote zusammen: Kein lebendes Wesen töten, – nicht stehlen, – keinen Ehebruch begehen, – (für die Mönche: ehelos bleiben), – nicht lügen, – keine berauschenden Getränke trinken.[65]

Diese Ethik der Selbstläuterung bedeutet eine Gabe des indischen Geistes an die Welt. Sie bringt uns modernen Abendländern zum Bewußtsein, was wir zu vergessen im Begriff sind. Zu einseitig lehren wir die Ethik der rastlosen Betätigung, bei der der Mensch Gefahr läuft, sich im Weltgetriebe zu verlieren. Zu wenig sind wir mit dem, was wir innerlich werden, beschäftigt. Zu wenig suchen wir unseren Geist von der Welt rein zu erhalten. Das indische Denken mahnt uns, an was es uns fehlt. Es macht uns ungesammelte Menschen wieder mit gesammelten bekannt. Darum übt es solche Anziehungskraft auf uns aus.

Aber die indische Ethik, und dies ist ihr Verhängnis, hält den Menschen nicht zur Läuterung an, damit er dann als eine größere und reinere Kraft in der Welt wirke, sondern betrachtet sie nur als eine Phase (?) des allgemeinen Absterbens, in dem sich die Welt- und Lebensverneinung verwirklicht. Die Gesetze des Reinwerdens von der Welt und der Überwindung der Leidenschaften werden nicht an sich, aus ethischer Notwendigkeit, aufgestellt, sondern fließen aus der Lebensverneinung[66] als solcher und stehen in ihrem Dienste. Der Sockel, auf dem sich die Idee der Selbstläuterung erhebt, ist nicht ethisch, sondern intellektualistisch-mystisch.

Im Leben stehend, soll der Mensch gegen alles, auch gegen das, was das Dasein nach unbefangenem Urteil im guten Sinne wertvoll und sittlich macht, gleichgültig werden. In dieser Forderung[67] stimmen alle vom Brahmanentum ausgehenden Lehren zusammen, ob sie pantheistisch oder atheistisch, im erkenntnistheoretischen Sinne idealistisch oder materialistisch denken. In diesem Punkte fügt sich auch Buddha widerstandslos dem brahmanischen Denken ein; in diesem unterliegt ihm, wie die Bhagavadgītā zeigt, das hinduistische Denken, wenn es auf die welt- und lebensverneinende Erkenntnismystik eingeht. Die Ethik ist für sie nur ein Moment in einer Erlösungslehre, die verlangt, daß man das Leben dazu verwende, dem Leben abzusterben. «Weltverdrossenheit», in der man über nichts mehr Freude und über nichts mehr Leid empfindet, soll das Ziel des Strebens sein. Nicht wie er ethisch wird, lehrt das Dhammapada den Menschen, sondern wie er schon in

---

64 [Bemerkung im Ms.:] Magie!.

65 [H. Oldenberg, *Buddha*, ⁵1906, S. 341.]

66 [Im Ms. darüber notiert:] Ethik geht mit Lebensverneinung zusammen.

67 [Im Ms. dazu notiert:] Das Ethische eine Phase der Entwicklung des Geistigen.

dieser Welt in den Zustand absoluter Leidlosigkeit und Tatenlosigkeit eingehe.[68] «Der, der nichts in dieser und nichts in der kommenden Welt erhofft, allem entrückt, von allem los ist ... der ist ein Vollendeter.» [Dhammapada 410.]

Damit ist die Ethik aus dem Geleise geworfen. Dies zeigt sich darin, daß das indische Denken es aufgibt, die Ethik des Menschen aufzustellen, und sich darauf beschränkt, die des «Hauslosen», d. h. des Mönches, zu bieten. Wir Abendländer idealisieren sie auch darin, daß wir dies übersehen wollen. Aber die Texte sind unerbittlich. Mitten in den schönsten Reden Buddhas fällt ein Wort, das in Erinnerung bringt, daß er nur zu Mönchen redet, und am Schlusse heißt es regelmäßig: «Zufrieden freuten sich jene Mönche über das Wort des Erhabenen.» Der Zauber ist gebrochen. Was soll eine Ethik, die die große Masse der Menschen der Nichtsittlichkeit preisgibt, weil das Ideal, das sich aus ihren Voraussetzungen ergeben hat, von denen, die im Leben und in den Pflichten des Lebens verbleiben, nicht zu verwirklichen ist?

Die Gefährdung der Ethik durch die Welt- und Lebensverneinung als solche tritt auch darin zutage, daß ihr die Askese übergeordnet wird. Im allgemeinen nahm man es mit dieser furchtbar ernst. Schon die brahmanischen Büßer ersannen sich die merkwürdigsten und grausamsten Arten der Selbstpeinigung. Fasten bis zur Erschöpfung und starres Stillstehen zwischen vier Feuern spielten eine Hauptrolle. Womöglich sollte ein freiwilliger Tod das Dasein beschließen.[69] In der Jina wurde der Hungertod sogar den Laienbrüdern, die im übrigen im gewöhnlichen Leben und im Beruf verbleiben durften, anempfohlen.

Daß Buddha die Selbstpeinigung und den freiwilligen Tod verwarf, geht auf ein persönliches Erlebnis zurück. Sieben Jahre hatte er in der Einsamkeit dem schwersten Fasten und den schwersten Kasteiungen obgelegen, in der Hoffnung, so der Erleuchtung teilhaftig zu werden. Aber sie kam nicht. Da nahm er Speise zu sich, bis er wieder kräftig wurde, wie vordem. Bald darauf erlebte er den Augenblick, in dem ihm das Wissen, von der Wiedergeburt befreit zu sein, aufging. Darum bekämpfte er die Selbstpeinigung und verlangt, daß man dem Leben in gelassener Heiterkeit absterbe.

Die Auflehnung gegen die Askese hätte Buddha zu einer Kritik des mönchischen Lebens überhaupt und von da zu einem Irrewerden an der

---

68 [Fassung 1919, Ms.-S. 47:] ... Eine solche Ethik läßt sich aber nur in einem mönchischen Leben verwirklichen. Aristokratisches Mönchstum. [Die «Alten Skizzen» zitieren hierzu folgenden Spruch des Dhammapada 213,212:] «Aus Freude wird Leid geboren; aus Freude wird Furcht geboren. Wer von Freude erlöst ist, für den gibt es kein Leid. Woher käme ihm Furcht?

Aus Liebe wird Leid geboren; aus Liebe wird Furcht geboren. Wer von Liebe erlöst ist, für den gibt es kein Leid; woher käme ihm Furcht?» [Sac 6 Nr. 1 c, Ms.-S. 3.]

69 [Jâbâta-Upanishad 5, Kanthacruti-Upanishad 4.]

Weltanschauung der Welt- und Lebensverneinung führen sollen. Aber das mönchische Ideal war ihm so selbstverständlich, daß er nicht daran rührte. Indem er mit der Askese, aber nicht mit dem System der indischen Ethik bricht, bleibt er, wie auch sonst, auf halbem Wege stehen und schafft etwas in sich Widerspruchsvolles. Sein Ideal des heiteren Bettelmönches ist fast unnatürlicher als das des büßenden.

Der Antagonismus zwischen intellektualistischer Mystik und Ethik

Die gefährliche Lage, in die die Ethik gelangt, wenn sie sich in Welt- und Lebensverneinung begründet und mit Erkenntnis-Mystik verbindet, zeigt sich aber nicht nur darin, daß sie sich zuletzt bescheiden muß, nur Mönchsethik zu sein und durch die Askese überboten zu werden. Wagt sie, sich ihre Situation auszudenken, so muß sie sich eingestehen, daß sie überhaupt bedeutungslos geworden ist. Ist das Ziel des Lebens das Erleben der Erlösung von der Welt und kommt dieses in einem Erkenntnisakte zustande, so ist der Ethik nur eine dienende und nicht eine absolut notwendige Rolle zugestanden. Sie hilft mit, eine für das Zustandekommen jenes Erkenntnisaktes disponierende seelische Verfassung schaffen. Sie ist Mittel zum Zweck, wie die Übungen, durch welche die Ekstase erstrebt wird. Ist jene höchste innerliche Loslösung von der Welt aber erreicht, so wird die Qualität des Handelns etwas Indifferentes. Der Vollendete ist dann, noch in diesem Leben, über Gut und Böse hinausgehoben. Nicht nur, daß er sich nicht mehr [zu] bemühen braucht, das Gute zu tun: auch das, was nach gewöhnlichem Urteil schlecht ist, ist es nicht mehr für ihn. Diese in der Konsequenz der intellektualistischen Erlösungsmystik liegende Ansicht wird offen ausgesprochen. «Sogar wenn er seinen Vater, seine Mutter und zwei kriegerische Könige getötet hat, sogar wenn er ein Königreich mit allem, was daraus folgt, zerstört hat, ist der Vollendete (Brahmana) ohne Sünde», heißt es in Dhammapada. (294, auch in der Bhagavadgītā; [IV,36].)

In der Bhagavadgītā wird als eine befreiende höchste Einsicht verkündet, daß es zuletzt nicht darauf ankomme, ob sich ein Tun nach menschlichen Begriffen als gut oder böse darstellt, sondern nur ob es in der wahren Erkenntnis und in der Hingebung an Gott vollbracht sei.[70]

Zwischen dem mystischen Intellektualismus und der Ethik besteht ein Antagonismus, der sich bis zu einem gewissen Grade verbergen, aber nicht aufheben läßt. Die innere Freiheit von der Welt wird entweder, wie auf einem langen Wege, durch sittliche Selbstvervollkommnung, oder, in einem Akte, durch eine ekstatische Erkenntnistat erreicht. Werden beide Verfahren kombiniert, so ist das erstere im Prinzip außer Kraft

70 [Dieser Abschnitt ist im Ms. gestrichen.]

gesetzt. Daß ihm eine vorbereitende Bedeutung eingeräumt wird, ändert an dieser Tatsache nichts. Die Sittlichkeit ist damit untergebracht, nicht zur Geltung gebracht. Sie wird zu einem Nebenfluß, dessen Wasser sich im Hauptstrome der Befreiung durch das Wissen verlieren.

Das Schicksal der indischen Ethik ist in ihren Voraussetzungen besiegelt. Sie geht als ein Besonderes aus der allgemeinen Welt- und Lebensverneinung hervor und wird wieder in ihr aufgezehrt. Unaufhaltsam und unerbittlich, wie ein wandernder Gletscher gegen eine auf seinem Wege liegende Wiese, schiebt sich die kalte Mystik der durch Erkenntnis zu erlangenden Erlösung gegen sie vor. Zuerst bedeckt ihr Eis die Ethik des zweckmäßigen Wirkens in der Welt, dann die Ethik der Selbstvervollkommnung in lebendigem und tätigem Mitleid, und schon erstarrt unter dem von ihr ausgehenden kalten Hauche, was auf dem Gebiete der Ethik der Selbstvervollkommnung durch das innerlich Freiwerden von der Welt aufblühen könnte.

Die Welt- und Lebensverneinung an sich und das in einem Erkenntnisakte zustande kommende Aufgehen in einem als reines, qualitätsloses Sein gedachten Absoluten sind nicht ethischer Natur. Also kann sich wirkliche Ethik nicht aus ihnen ableiten und nicht einmal mit ihnen verbinden lassen. Auf einer gewissen Strecke, da wo es sich um die innerliche Freiheit und Reinheit von der Welt handelt, können die Gedanken der Welt- und Lebensverneinung wie Ethik aussehen. Aber von dem Punkte aus betrachtet, wo sie in dem Ganzen aufgehen, verlieren sie diesen lebendigen Schein und stellen sich in dem grauen, kalten Lichte dar, das über der Welt- und Lebensverneinung als solcher liegt. Nicht wertvolles ethisches Gesinnungsgold ist die Lehre von der Selbstvervollkommnung, wie sie das brahmanische und buddhistische Denken entwickelt, sondern nur Stein, der in Goldschaum glänzt.[71]

Was in der Geschichte der indischen Ethik vor sich geht, ist nur Bestätigung dieser Wahrheit. In der Lehre der Upanishads, der Vedānta, der Jina und der Sāṃkhyaphilosophie ist der intellektualistische Charakter der Erlösungsmystik so stark ausgeprägt, daß das Ethische überhaupt nicht aufkommt. Bei Buddha erlangt es ein dunkles Bewußtsein seiner selbst und lehnt sich soweit auf, daß es das kalte Philosophieren verhöhnt, die Askese abtut und von dem theoretischen zum lebendigen Mitleid zu gelangen sucht. In der Bhagavadgītā weiß es, was es will und unternimmt es, sich mit der Welt- und Lebensverneinung und mit der intellektualistischen Erlösungsmystik auseinanderzusetzen und sich in ihnen zu behaupten, indem es sich in sie hineindenkt und hineindeutet. Aber gerade in diesem gewaltigen Gedankenringen wird offenbar, wie unheimlich ethiklos diese Weltanschauung ist. Wie der sandige Strand

71 [R (Skizzen S. 24):] ist also ein Gletscher, der sich vorwärts schiebt, das Grün des Tales unter sich begrabend.

die Welle, die brandend auf ihn herabläuft, vernichtet, indem er sie in sich hineintrinkt, also absorbiert das brahmanische Denken die hinduistische Ethik, die über es kommt, um sich in ihm zu begreifen. Die Gottes-Hingebungs-Ethik der Bhagavadgītā ist nicht der Triumph des Ethischen in der intellektualistischen Erlösungsmystik, als was sie gewöhnlich verherrlicht wird, sondern das Offenbarwerden seiner Ohnmacht in ihr. Die Begriffe Gut und Böse werden in den Abgrund des Absoluten versenkt und leuchten nur noch mit einem irren Schein aus ihm herauf. Die sittliche Verantwortung wird von den Menschen auf Gott übertragen, und damit [wird] die die wahre Sittlichkeit zerstörende Vorstellung vom überethischen Handeln geschaffen.

An Stelle der natürlichen ethischen Pflicht ist die konstruierte Pflicht getreten, die darin besteht, daß man das, was man tut, mit dem Bewußtsein betreibe, als freiheitsloses Werkzeug in Gott zu handeln. An Stelle des wirklich durch Zwecke bestimmten Tuns ist das «Tun als ob» getreten. Von der Beziehung der Tat von dem Menschen auf den Menschen und von der sich davon herleitenden Pflicht ist keine Rede mehr. Das Absolute hat alle Tätigkeit auf sich gelenkt, alle überethisch gemacht, alle in sich verschlungen. Die Ethik hat sich in die Prädestination ergeben müssen und damit ihr Todesurteil ausgestellt.

Dies Ergebnis war unabwendbar. Das Aufgehen im qualitätslosen Absoluten läßt sich mit Worten als eine ethische Hingebung an eine allwirkende Gottespersönlichkeit beschreiben, aber nicht in eine solche umwandeln. Wo immer eine wirkliche Ethik sich in intellektualistischer Erlösungsmystik zu begreifen sucht, geht sie daran zugrunde. In der Bhagavadgītā wird sie mit schönen Blumen auf dem Sarg davongetragen.

In der indischen Weltanschauung kämpft die Ethik um ihre Existenz

Von welcher Seite man es auch betrachte, immer ergibt sich die Unmöglichkeit, daß die brahmanische oder eine unter ihrem Einfluß stehende Weltanschauung wirkliche Ethik – von einer vollständigen gar nicht zu reden – hervorbringen könne. Sie läuft auf Erlösungsegoismus hinaus. Auf egoistischem Boden kann aber das Ethische nicht wachsen. Sie hält dem Menschen eine Vollendung vor, die noch mehr als ethisch sein soll.[72] Das Ethische aber, das nicht alles in allem, letzter Zweck und Selbstzweck ist, ist überhaupt nicht. Sie [die brahmanische Weltanschauung] verlangt von dem Menschen ein innerliches Totsein. Das Ethische aber setzt höchste Lebendigkeit voraus, da es ohne die unstillbare Unruhe des Mitempfindens und den unhemmbaren Drang zur

72 [Im Ms. darüber die Notiz:] (Hier die Idee der Seelenwanderung.)

helfenden Bestätigung undenkbar bleibt. Die indische Lehre begnügt sich nicht, das Leidvolle an der Sinnenwelt festzustellen und ihr das Sinnvolle abzusprechen, sondern sie setzt sie noch zu einem Gaukelspiel herab. Mit dem Leidvollen und Sinnlosen kann die Ethik sich als mit etwas zu Überwindendem abfinden. In einem Gaukelspiel aber kann sie nie eine Rolle übernehmen, da sie, wo sie auftritt, immer ein zweckmäßig umgestaltendes Wirken auf die Wirklichkeit garantiert verlangt. Etwas Reales will sie in der Sinnenwelt ausrichten. In keiner Weise kann sie sich auf totes Aufgehen in einem qualitätslosen Absoluten einlassen. Ihr Wesen ist lebendige Hingabe an die Welt. Nicht daß wir ersterben, verlangt sie von uns, sondern daß wir innerlich von uns frei werden, um uns als reine Kräfte in dem Ethischen, das um uns herum vollbracht werden muß, betätigen zu können.

Der nach allen Richtungen schreiende Gegensatz zwischen dem brahmanischen und ethischen Denken läßt sich also nicht zum Schweigen bringen. Die pessimistische Weltanschauung ist nicht nur unvermögend, sich logisch auszudenken: sie muß darauf verzichten, eine wirkliche Ethik, ja auch nur ein Stück einer wirklichen Ethik hervorzubringen. Nicht einmal das, was man ihr immer zutraut, die Begründung der Selbstaufopferung, vermag sie zu leisten. Wie sollte sie es auch können? Lebensverneinung, die mit Weltverneinung einhergeht, ist vollkommene und reine Negation. Selbstaufopferung aber ist zweckvolle Hingabe, Negation einer Existenz zur Bejahung anderer ... Lebensverneinung in Lebensbejahung.

Die Weltanschauung der Welt- und Lebensverneinung kommt also nicht aus sich heraus und nicht über sich hinaus. Sie kann sich nicht in Ethik umsetzen, sondern bleibt, was sie ist. Dies steht in unerbittlichen Sätzen in den Dokumenten des indischen Denkens geschrieben.[73] Ein-

---

73 [Von hier an lautet im Ms. der (in der Fassung 1919 mit einigen Zusätzen versehene) Schluß von Kap. IV wie folgt:] Damit ist nicht gesagt, daß die indische religiöse Weltanschauung ohne Ethik sei. Es kann davon, wie im Hinduismus, sogar sehr viel vorhanden sein und in Erscheinung treten. Aber sie existiert nur durch die unmittelbare Kraft des ethischen Empfindens, nicht, wie sie sich selber einreden möchte, als tatsächliches Ergebnis der Weltanschauung. Sie ruht in dieser, wie – nach jenem Bilde – das Jesuskindlein auf der Flucht nach Ägypten in den steinernen Armen der Sphinx.

Was der indische Geist im brahmanischen und buddhistischen Denken unternahm, ist gewaltig. Sich von allen naiven Voraussetzungen frei machend, wagte er es, dem großen Rätsel des Seins ins Auge zu blicken und aus der Ergründung des Wesens des Seins die Weltanschauung zu gewinnen. In dieser Hinsicht ist er elementarer, tiefer und universeller als der abendländische. Das Ergebnis aber ist niederschmetternd. Was auf diesem Wege als Ethik gewonnen wird, ist keine.

Liegt dies an einem Fehler im Denken oder ist es mit dem Unternehmen als solchem gegeben?

Der Fehler im Denken liegt zutage. Er besteht darin, daß ein abstrakter, inhaltsloser Begriff des Seins angenommen wird, in dem sich der unfaßbar reiche und rätselhafte Inhalt des Begriffes Leben nicht unterbringen läßt. [Fortsetzung Fassung 1919, Ms.-

fache Welt- und Lebensverneinung ist an sich nicht ethischer als einfache Welt- und Lebensbejahung. Die brahmanische Weltanschauung ist im Negativen, was die Friedrich Nietzsches im Positiven ist.

Damit[74] ist in keiner Weise gesagt, daß der indische Geist ohne Ethik sei. Sie kann in ihm außerordentlich stark nach Geltung verlangen, wie es im Hinduismus der Fall ist. Aber sie ist nicht imstande, sich wirklich mit der aus dem indischen Denken über das Sein ergebenden Weltanschauung zu vereinigen. Sie dichtet sich ihr in überzeugter, manchmal ergreifender Weise an. In diesem Beginnen entfaltet der moderne Hinduismus eine Virtuosität, die ebenso großartig ist, wie die Selbstbewußtheit, mit der er dabei verfährt. Er ist überzeugt, die wahre ethische Weltanschauung und den wahren Begriff von Kultur zu begründen und der Menschheit darzubieten.

Sobald man aber wirkliche Denkforderungen an seine so hoheitsvoll gebende Überzeugung stellt, zeigt sich, daß er Ethik und Naturphilosophie in doppelsinnigen Worten zusammengelötet hat. Er schreibt modern orchestrierte Variationen über die Bhagavadgītā.

Ethik ist niemals Ergebnis der indischen Mystik, sondern sie ruht in ihr, wie – nach dem bekannten Bilde – das Jesuskindlein auf der Flucht nach Ägypten in den steinernen Armen der Sphinx.[75]

S. 55: «... wie er in der Erfahrung gegeben ist. Von diesem falschen Ausgangspunkt führt kein Weg in das Land der realen Kräfte und Probleme. Es findet also eine Vergewaltigung der Wirklichkeit statt.»] Auf dem Wege der Welt- und Lebensverneinung soll die Wirklichkeit jenem inhaltslosen Begriff gleichgemacht werden und sich in ihm auflösen. Natur und Mensch werden also entseelt und das Totsein zum Prinzip erhoben. So ergibt sich eine lebensverneinende Ethik, die, konsequent zu Ende gedacht, sich selber aufhebt. Einfache Lebens- und Weltverneinung ist an sich nicht ethischer als einfache Lebens- und Weltbejahung. Die indische Ethik ist im Negativen, was die Friedrich Nietzsches im Positiven ist: Nicht-Ethik. [Notiz 1919, Ms.-S. 55: «Im Pessimismus hebt sich alles, was zur Weltanschauung gehört, selber auf.»]

Ist es dieser Fehler allein, der die Schuld des Bankrotts der Ethik in der indischen Weltanschauung trägt, oder ist es so, daß die Idee des Sittlichen in der Ergründung des Seins niemals begründet, sondern durch sie immer nur in Frage gestellt werden kann? Ist das Schicksal, dem das indische Denken verfallen ist, ein tragisches Stück für sich oder nur der Prolog zu dem, was sich abspielen wird, wenn das Denken der Menschheit, das Unbefriedigende der bisherigen Herleitungen des Sittlichen einsehend, sich auf den Weg der Ergründung des Sittlichen aus dem Wesen des Seins begibt? Wird es sich auf demselben verlieren, wie das indische, oder ist Hoffnung vorhanden, daß, wenn das Reiche, Lebensbejahende und Geheimnisvolle [1919: «Rätselhafte»], das in dem Wesen des Seins vorliegt, anerkannt wird, sich eine Ethik aus dem Sein begründen läßt? Straßburg, Samstag 11. 12. 20. Abends.

[Schlußzeilen 1919, Ms.-S. 56: «Wo nicht, so müßten wir uns der furchtbaren Wahrheit unterwerfen, daß im Angesicht des unerklärlichen und gewaltigen Seins Gut und Böse, ob in lebensbejahenden oder in lebensverneinendem Sinne vorgestellt, zu etwas Relativem und Illusorischem werden.»] [R:] Günsbach, Montag, den 13. X. 19, an einem sonnigen Herbstmorgen.

74 [Datum des hier beginnenden aut. Nachtrag in der Masch.-Vorlage (sac 33, S. 32):] Günsbach, 18. 5. 21.

Zusammenfassendes über das Verhalten der chinesischen optimistischen und der indischen pessimistischen Naturphilosophie zu Kultur und Ethik

Was der indische und der chinesische Geist unternahmen, ist großartig. Sie wagten es, monistisch zu denken und Weltanschauung aus Naturphilosophie, das heißt aus der Ergründung des Wesens des Seins, herleiten zu wollen. In dieser Hinsicht ist ihr Denken elementarer, tiefer und universeller als das des Abendlandes.

Aber das Ergebnis ist niederschmetternd. Die auf diesem Wege gewonnene Weltanschauung enthält die Ideen von Kultur und Ethik nicht von sich aus. Sie leben nicht in ihr, sondern werden in sie hineingetragen oder an sie angebaut.

In dem chinesischen und dem indischen Geiste sind die Ideen von Ethik und Kultur, so weit sie vorhanden sind, also wie aus einer inneren Nötigung von sich aus da. Sie entspringen einer elementaren Funktion der Persönlichkeit. Die Persönlichkeit selber ist sich über diese besondere Herkunft nicht klar, sondern meint, alles, was sie als Inhalt ihrer selbst erlebt, «gedacht», das heißt im Denken über das Sein hervorgebracht zu haben und in ihm begründen zu können. Die Einheit der Persönlichkeit gibt ihr diese Illusion ein.

Das Ergebnis des chinesischen und [des] indischen Denkens ist also ein Doppeltes. Die monistische Naturphilosophie kann die Ideen von Kultur und Ethik nicht hervorbringen und nicht unterhalten. Sie kann sie aber auch nicht aus der Welt schaffen, sondern erlebt es, daß sie immer wieder unlogisch in die Weltanschauung hineinreden.

Je logischer die Denker sind, die in der chinesischen und indischen Naturphilosophie auftreten, desto geringer ist der ethische Gehalt ihrer Weltanschauung. Sie dringen zum Nordpol der reinen Lebensbejahung oder zum Südpol der reinen Lebensverneinung vor. Wo ihr suchendes Wandern sie hinführt, kommen die Idee von Kultur und Ethik nicht auf. Wohl aber gedeihen sie in den mittleren Gegenden, bei den Denkern, die keine Entdeckungsreisen machen, sondern, was an erkenntnismäßigen und praktischen Ideen zu einer allgemein befriedigenden und allgemein brauchbaren Weltanschauung gehört, auf einem Felde untereinander anbauen und dem Wertvollen mehr Pflege zuwenden als dem Logischen.

Dschuang Dsi (Tschuangtse), Liä Dsi (Lietse), Yang Dschu (Yangtse), die Brahmanen und die Leute der Sāṃkhya- und Jinalehre gehören zusammen. Sie denken den Monismus konsequent aus, sei es in der Tonart

75 [«Bekanntes Bild»: das Motiv war zwar literarisch, aber nicht ikonographisch eindeutig nachweisbar.]

der Lebensbejahung, sei es in der Lebensverneinung. Das höhere Leben ist für sie das reine Aufgehen in dem universellen Sein. Ihre Mystik, selbst wenn sie versuchen, die Worte anders lauten zu lassen, ist ethiklos.

Die «gemäßigten» Denker aber, Kungtse (Konfuzius), Mong Dsi (Mongtse), Buddha, Rāmmohun Roy [Rām Mohan Rāi], Keschub Tschunder Sen [Keshab Candra Sen] oder wie sie heißen mögen, modulieren nicht nur in der Tonart der Naturphilosophie, der sie angehören, sondern zugleich in der der Ethik oder der Kultur und der Ethik.

Die rein monistische Musik ist im Stil großartig, aber arm und monoton. Sie bringt nur ein Thema, und zwar eines, das sich nicht entwickeln, sondern nur wiederholen läßt. Hingegen ist die monistisch-ethische Musik stillos, aber lebendig, weil sie widerstreitende Themen gegeneinander durchführt. Wahrhaftig befriedigen kann sie aber nicht, weil sie gemacht ist.

Eine gegen die andere haben die lebensbejahende und die lebensverneinende Naturphilosophie im Hinblick auf die Verbindung mit den Ideen von Kultur und Ethik jede ihre Vorteile und Nachteile. Der lebensbejahende Monismus ist natürlicher, weil er von dem unmittelbar gegebenen, inhaltsreichen Begriff des Seins ausgeht. Der lebensverneinende arbeitet mit einem abstrakten, inhaltslosen Begriff des Seins, in dem sich das unfaßbar Reiche und Rätselhafte, das die Wirklichkeit als Sein bietet, nicht unterbringen läßt. Auf dem Wege der Welt- und Lebensverneinung soll die Wirklichkeit jenem inhaltslosen Begriff gleichgemacht werden und sich in ihm auflösen. Natur und Mensch werden entseelt und das Totsein zum Prinzip erhoben.

Der pessimistische Monismus ist Naturphilosophie, weil er Philosophie über das Sein ist. Aber man kann ihn fast nicht mehr so nennen, weil er sich mit toter Natur, dem abstrakten, qualitätslosen Sein abgibt.

Kultur und Ethik gehen auf eine vollendete Umgestaltung von Wirklichkeit aus. Der pessimistische Monismus, als radikale Verneinung der Wirklichkeit, besitzt also ein noch gründlicheres Unvermögen, sich mit den Ideen Kultur und Ethik zu verbinden, als der optimistische. Tatsächlich ist auch bei den virtuosesten unter den vermittelnden Denkern Indiens der Begriff der Kultur immer nur angedeutet, während er bei Kungtse und Mong Dsi in Robustheit auftritt.

Hingegen vermag der lebensverneinende Monismus mit fast dämonischer Macht den Trug durchzuführen, als ob er Ethik sei. Woher kommt dies?

Ethik ist ein geheimnisvoller Dreiklang von Weltbejahung, Lebensbejahung und Lebensverneinung, aus dem die Lebensverneinung, weil dem natürlichen Empfinden abgerungen, am stärksten heraustönt. Weil er mit diesem Ton in Einklang ist, meint der pessimistische Monismus als Ethik zu erklingen. In Wirklichkeit gibt er nur die Resonanz für Lebensverneinung ab. Wer die Weltbejahung und Lebensbejahung, die in der Ethik mitklingen, nicht im Ohre hat, läßt sich täuschen und glaubt, aus der Weltanschauung des lebensverneinenden Pessimismus Ethik als Weise des Denkens zu vernehmen. Darum ist es den indischen Denkern so leicht, sich und die andern zu überzeugen, daß sie in ihrer Weltanschauung tiefe Ethik als Ergebnis des Nachdenkens über das Sein aussprechen. Aber diese Ethik muß sich in vornehmer Distanz von der Welt halten. Sowie sie sich mit der Wirklichkeit auseinandersetzen sucht, wird offenbar, daß sie nur ethisch klingende Weltverneinung ist.

Die optimistische Naturphilosophie in ihrer Welt- und Lebensbejahung enthält Brennstoff für Kultur und Ethik, insofern als diese Tätigkeit sind, die die durch Menschen beeinflußbare Wirklichkeit zu höherem Leben bringen will. Aber das Holz läßt sich nicht zu dem Feuer, in dem es brennen sollte, entzünden, Kungtse und Mong-Dsi (Mengtse) bringen es nicht fertig, den grünenden Wald der welt- und lebensbejahenden Naturphilosophie mit den glimmenden Scheiten ihres Moral- und Fortschrittsfanatismus zu entzünden. In instinktiver Erkenntnis der Sachlage beharren sie auch nicht in diesem Beginnen, sondern ziehen es vor, vor dem Walde ein nützliches Feuer zu unterhalten. Sie entwickeln ihre Gedanken über Kultur und Ethik, machen der Naturphilosophie, der sie nach Rassenüberzeugung angehören, ihre ehrfürchtige Reverenz, lassen sie im Grunde aber auf sich beruhen.

Warum kommt die welt- und lebensbejahende Naturphilosophie von sich aus nicht in die eigentümliche Welt- und Lebensbejahung, in der die Ideen von Kultur und Ethik wirksam sind, hinein? Weil der Leitton der Modulation nach der Lebensverneinung nicht in ihr gegeben ist. Ethik ist Weltbejahung und Lebensbejahung, die durch miteinfließende Lebensverneinung in besonderer Weise aktiviert wird. Kultur entsteht durch Ethik. In konsequenten Denkern wie Laotse und Dschuang Dsi kann der chinesische Monismus nicht zu einer wirklichen Vorstellung [von] der Kultur gelangen, weil er unfähig ist, den Begriff der organisierten Gesellschaft zu denken. Er bleibt dabei, eine einfache Vielheit von Einzelmenschen in die Natur hineingestellt sein zu lassen. Warum? Der Begriff der Hingabe, ohne den der Gedanke der wirklich entwicklungsfähigen Gesellschaft nicht denkbar ist, bleibt ihm unerreichbar. In ihm [dem Begriff der Hingabe] steckt die Lebensverneinung, mit der der Einzelne seine Welt- und Lebensbejahung fähig macht, mit den aus seiner Existenz eingesetzten Energien Lebenserscheinungen im Bereiche seiner Wirksamkeit auf einen höheren Wert zu bringen.[76]

---

76 [Aut. Korr. in einer fremden Hs. des Nachtrags (sac 19 a):] ... fähig macht, Energien seiner Existenz einzusetzen, um anderes Leben, das im Bereiche seiner Wirksamkeit liegt, auf einen höheren Wert zu bringen.

Daß Laotse, Dschuang Dsi und andere sich weigerten, den Gedanken der Hingebung vom Standpunkte der Naturphilosophie aus anzuerkennen, zeugt für die Konsequenz ihres Denkens. Ihr Stehenbleiben ist eine der größten Denkleistungen, die die Geschichte der Philosophie – die auf ihren längsten Strecken eine Geschichte der Inkonsequenzen ist – aufzuweisen hat. Freilich müssen sie sich dann auch bescheiden, Ethik einzig in dem geistigen Einfluß des Menschen, der in der Natur die tiefe Natürlichkeit erlangt hat, bestehen zu lassen.

Ist die lebensbejahende Naturphilosophie nicht einmal imstande, die für die Idee der Kultur notwendige Lebensverneinung aufzubringen, wie viel weniger noch für die Ethik.

Für die Naturphilosophie besteht also das Problem der Kultur und Ethik enthaltenden Weltanschauung darin, Weltverneinung und Weltbejahung miteinander zu jenem sich vervollkommnenden und die Wirklichkeit um ihn herum auf einen höheren Wert bringenden Willen zum Leben sich vereinigen zu lassen. Instinktiv gehorchen sowohl die chinesischen wie die indischen Denker, soweit sie an Ethik und Kultur interessiert sind, dieser Forderung. Die chinesischen Moralisten operieren mit der Hingebung, von der ihr rein lebensbejahender Monismus nichts weiß. Die hinduistischen Denker sind nur dadurch imstande, überzeugend von Kultur und Ethik zu sprechen, daß sie in ihren Gedanken unvermerkt etwas Lebens- und Weltbejahung miteinhergehen lassen und die reine Welt- und Lebensverneinung dadurch ermäßigen und umdeuten.

Aber die Synthese zwischen Lebensbejahung und Lebensverneinung in einer dem Denken auch nur einigermaßen genügenden Weise zu vollziehen, war weder der chinesische noch der indische Monismus imstande.

Liegt dies an einer Unvollkommenheit ihres Denkens oder ist es überhaupt so, daß Naturphilosophie nur zu reiner Lebensbejahung oder reiner Lebensverneinung führen kann und also nie imstande sein wird, Kulturweltanschauung und ethische Weltanschauung zu begründen? Gibt es eine Selbstbegründung derselben, die sich mit Naturphilosophie in einer die Einheit des Denkens wahrenden Weise verbinden kann?[77]

Durch die Feststellung, daß der chinesische und der indische Monismus das Problem der Begründung von Kultur und Ethik in denkender

---

77 [Im aut. Nachtrag (sac 33) steht hier der folg. gestrichene Abschnitt, der in einer fremden Hs. (sac 19 a) von Schweitzer wieder eingesetzt wurde, wohl weil er (ähnlich lautend) im gestrichenen Schluß (s. Anm. 73) enthalten war:] Ist das Schicksal, dem das chinesische und das indische Denken verfallen sind, ein tragisches Stück für sich oder nur der tragische Prolog zu dem, was sich immer abspielen wird, wenn die Menschheit, das Unbefriedigende ihrer Weltanschauung einsehend, sich auf den Weg macht, aus dem Denken über das Sein und das Leben Kulturweltanschauung und ethische Weltanschauung zu begründen?

Weltanschauung nicht wirklich zu lösen vermögen, wird das, was sie geleistet haben und noch leisten, in keiner Weise berührt. Sie führen den Menschen immer wieder auf die elementaren Probleme seines Verhältnisses zur Welt und zum Sein zurück. Sie erhalten sein Denken in fortgesetztem regem Zusammenhang mit seinem Beobachten und Erleben und leiten ihn an, die Weltanschauung in sich selber zu suchen. Dadurch werden die Vielen davor bewahrt, sich selber zu verlieren und ohne Weltanschauung dahin zu leben. Das Denken bleibt elementar. Kräfte der Verinnerlichung sind stetig wirksam.

All dies Große und Tiefe, das uns an dem chinesischen und indischen Geist entgegentritt und uns immer wieder ergreift, geht aber letzten Endes darauf zurück, daß die Menschen des Ostens dabei blieben, Weltanschauung aus Naturphilosophie, aus Nachdenken über das Wesen des Seins und des Lebens, gewinnen zu wollen. Sie wandeln auf dem natürlichen Wege. Darin besteht eine Überlegenheit über uns Menschen des Westens, die wir Weltanschauung so oft auf künstlichen Pfaden suchten und sie von außen an den Einzelnen herantrugen.

V. Kultur und Ethik in der Religion Zarathustras

Dualistische und monistische Weltanschauung

Die Ideen von Kultur und Ethik sind ein elementares Erlebnis der Persönlichkeit. Der chinesische und der indische Geist suchen sie in die Welt hineinzudenken und als im Wesen des natürlichen Seins gegeben zu verstehen. Zarathustra, die jüdischen Propheten und Jesus verfahren anders. Sie denken sie an die Welt heran und lassen sie zum Wesen des natürlichen Seins in Gegensatz stehen. Welt und Menschheit gelten ihnen von Natur als nichtsittlich. Durch Einwirkung einer außerweltlichen Macht sollen sie, in Erfüllung des von Anfang an bestimmten Weltzieles, zur höheren Welt und zur höheren Menschheit umgestaltet werden. Die dualistische Weltanschauung tritt auf den Plan.

Im Prinzip ist sie ebenso berechtigt wie die monistische. Gibt sich der Geist davon Rechenschaft, daß die Ideen von Kultur und Ethik aus dem Weltverlauf nicht begründet und nur gewaltsam in ihn hineingedacht werden können, so kann er dazu kommen, zwei Weltprinzipien, ein natürliches und ein höheres, anzunehmen. Das eine entspricht den Ideen, die er aus der objektiven Beobachtung des Seins gewinnt, das andere denen, die er subjektiv in sich erlebt.

Die Einsicht, daß sich das Ethische nicht auf das Natürliche zurückführen läßt, bildet die Stärke der dualistischen Weltanschauung. Ihre Schwäche aber ist, daß sie sich über die Wirklichkeit hinaussetzt. Eine Anschauung, die nicht aus dem Sein ergründet, sondern durch rein schöpferisches Denken hervorgebracht ist, erhebt sie zur Weltanschauung. Gewaltsam setzt sie den Unterschied zwischen subjektiv und objektiv außer Kraft.

Formell könnten die dualistischen Religionen sich dagegen verwahren, als dualistisch bezeichnet zu werden. Sie erheben ja das gute Prinzip zum Weltschöpfer und wollen das böse mehr als eine zeitweilig daneben zur Geltung gekommene Macht ansehn. Diese naive Zurechtlegung der Dinge kann den Dualismus verschleiern, aber nicht aufheben. Sobald der Materie irgendwie eine widergöttliche Regung zugetraut werden kann, liegt Dualismus vor. *Wo der Pantheismus aufhört, beginnt der Dualismus.*

Interessant ist, daß der Dualismus in viel ausgesprochenerem Sinne Religion ist als der Monismus.

Die ergründende Weltanschauung der Chinesen und Inder konnte die überlieferten religiösen Anschauungen bei Seite liegen lassen, weil sie auf das Universum zurückging. Sie brauchte vorhandene Vorstellungen von außerweltlichen Mächten nicht zu bekämpfen und nicht umzubilden. Naturphilosophie wurde ihr zur höheren Religion, und die überlieferte Religion ging als ein unvollkommener Ausdruck derselben neben ihr einher.

Der dualistische Geist aber, unvermögend, auf das Denken über die Natur zurückzugreifen, muß sich mit den überlieferten religiösen Anschauungen beschäftigen und sich in sie hineindenken. Darum stellen sich die Weltanschauung Zarathustras, die der jüdischen Propheten und die Jesu als Reformen der vorgefundenen Religionen dar. Sie tragen höhere Ideen in das Überlieferte ein und versittlichen es. Die Weltanschauung wird zum Glauben an ein aus vorgefundenen Vorstellungen gestaltetes Drama, in dem die Welt der außerweltlichen Macht des Guten unterworfen und dadurch auf die ihr von jeher bestimmte Vollkommenheit gebracht werden soll.[1]

Da sich die Reformen in den vorgefundenen Religionen nie kampflos und nie vollständig durchsetzen, geht die dualistische Weltanschauung ihren Weg in dem Lärm ununterbrochener Auseinandersetzungen zwischen höheren und niedereren religiösen Überzeugungen. Der der ergründenden [Weltanschauung] verläuft still.

Noch ein anderer Zwiespalt wartet der dualistischen Weltanschauung. Es ist ihr auf die Dauer nicht möglich, die Wirklichkeit so abzutun, wie es in ihren Instinkten liegt. Versuche, Weltanschauung aus dem Denken über das gegebene Sein zu ergründen, tauchen fortgesetzt auf und müssen dann *entweder unterdrückt oder zugunsten des Dualismus umgedeutet* werden. Daraus entsteht der Kampf zwischen Glauben und Wissen, der dem Geistesleben der Völker, die sich dualistischen Religionen ergeben haben, etwas so Unruhevolles gibt. China und Indien kennen diese Qual nicht. Das Denken über das Sein kann sich dort nach jeder

---

1 Auch der Islam gehört zu den dualistischen Weltreligionen. Bei der philosophischen Beurteilung derselben kann er aber außer Betracht bleiben, obwohl er eine große geschichtliche Rolle gespielt hat und noch spielt. Seine Weltanschauung ist unoriginal und ungenial. Primitive, jüdische und christliche Gedanken sind in ihr zusammengebaut. Die Ethik ist ziemlich unentwickelt.

Eine Auseinandersetzung mit naturphilosophischem Denken lehnte der Islam konsequent ab. Darum verfolgte er den im 8. Jahrhundert aufkommenden Sufismus, in dem die Lehre des Propheten sich mit pantheistischer Mystik verbindet. Die bedeutendsten Mystiker des Islams sind Bayezid von Bistam [Bāyazīd al-Bistāmī] (gest. um 875), Ghazālī (gest. 1111), Dschalāl dīn Rūmī (gest. 1273). Ghazālī versuchte, die Mystik mit der orthodoxen Lehre zu versöhnen.

Unter dem Einfluß des Sufismus stehen auch die großen islamitischen Dichter Persiens, Firdusi [Firdawsī] (939–1020) und Sadi [Sa'adi] (gest. 1291).

Deutsche Übersetzung des *Korans* von [L.] Ullmann[, Crefeld 1840] (61878), französische von [M.] Kasimirski ([Paris] 1840, 1854), englische von E. H. Palmer ([Oxford] 1880[, in: *The Sacred Books of the East*, vol. VI u. IX]).

Richtung hin frei ausleben. Zum Träger der höheren Ideen erhoben, steht es anerkanntermaßen über allem religiösen Meinen.

So kommt es, daß die Ideen von Kultur und Ethik in der monistischen Weltanschauung eine ruhige, in der dualistischen eine bewegte Geschichte haben. Wo dramatisierte Weltgeschichte sich als Weltanschauung proklamiert, liefern sich die Ideen dem wilden Spiel der Geschichte aus.

Die Entstehung der Religion Zarathustras. Das Avesta

Die Religion Zarathustras – auch Mazdaismus oder Parsismus genannt – ist[2] durch eine ethisch geartete Reform aus einem fast noch primitiven Glauben hervorgegangen.[3] In radikaler Weise operiert sie mit dem vorhandenen Vorstellungsmaterial der Volksreligion. Was sie davon nicht verarbeiten kann, lehnt sie ab. Aus dem, was sie beibehält, schafft sie ein geschlossenes System.[4]

Wie sich der Neubildungsprozeß vollzog, ist im einzelnen nicht mehr ersichtlich. Was wir über das Aufkommen der Religion Zarathustras wissen, ist wenig und dann noch in sich widerspruchsvoll. Gewöhnlich wird angenommen, daß Zarathustra zu Beginn des 6. Jahrhundert v. Chr. aufgetreten [ist] und einem Priestergeschlecht des nordwestlichen Mediens angehört habe. Die alten Geschichtsschreiber bezeichnen seine Religion als die Religion der Magier. Waren die Magier, wie man vermutet, ein medisches Geschlecht mit priesterlichen Funktionen, das in Persien Einfluß gewonnen hatte, so wird erklärlich, wie der neue medische Glaube in Persien zur Herrschaft gelangen konnte. Dazu will aber nicht stimmen, daß zu ihrem Siege Darius (521–485), der ein Gegner der Magier war, beigetragen hat und daß in dem, was wir vom *Avesta*, der heiligen Schrift dieser Religion, besitzen, niemals von den Magiern die Rede ist. Hingegen weist ihnen Herodot

---

2 [Fassung 1919:] wie der Konfuzianismus.

3 [Hier folgen zwei Sätze, die Schweitzer in einem Masch.-Expl. (sac 33) stehen gelassen (wie im Ms.), in anderen jedoch gestrichen hat:] Bei Kungtse (Konfuzius) geht die höhere Ethik neben der Volksreligion einher. Bei Zarathustra will sie sie umgestalten.

Zur Orientierung über die Religion Zarathustras: [A. V.] W. Jackson, *Zoroaster, the Prophet of ancient Iran*, [New York] 1899, [³1919]. – J. E. Lehmann, *Zarathustra*, [*en bog im Persernes gamle tro*,] 2 Bde., [Kopenhagen] 1899[-1902], dänisch. – C. P. Tiele, [*Geschiednis van den Godsdienst in de Oudheit tot op Alexander den Groote*, Amsterdam 1891, 1902, deutsch von G. Gehrich:] *Geschichte der Religion im Altertum bis auf Alexander den Großen*, Bd. II, *Die Religion bei den iranischen Völkern*, [Gotha] 1903. – [Die Fassung 1919 nennt noch:] M. Haug, *Essays on the sacred language, writings, and religion of the Parsis*, [Bombay 1862,] 3. Aufl. [London/Edingburgh] 1884.

4 [R] [in der Fassung 1919 (Ms.-S. 27):] Geht nicht neben der Volksreligion einher wie bei [den] indischen Denkern und in China, sondern gestaltet sie um.

(I,133–140)[5] eine führende Stellung in der persischen Religion zu. Dunkel bleibt auch, wieviel von der neuen Religion in den Kreisen der Feueranbeter, die ihre ältesten Anhänger gewesen zu sein scheinen, schon vorgebildet war.[6] Es ist möglich, daß die Religion Zarathustras in viel frühere Zeit gehört, als gewöhnlich angenommen wird. Vielleicht hat er selber nicht zu Beginn des 6. Jahrhundert v. Chr., sondern viel früher gelebt.

Eine hohe Ethik verbindet sich mit einer noch auf der Entwicklungsstufe des Geisterglaubens stehenden Religion, vergeistigt sie und gibt ihr einen neuen, weiten Horizont. Dies ist das Wesen des Vorgangs, dessen Einzelheiten, obwohl er sich in geschichtlicher Zeit und auf geschichtlichem Boden abspielt, sich bei der Unzulänglichkeit der Dokumente nicht mehr ausmachen lassen.

Das Interessante ist, daß die in dieser Religion vorausgesetzten höheren Wesen rein geistigen Charakter haben. Beseelt vorgestellte Naturelemente verbinden sich mit sittlichen Ideen. Der Polytheismus, in dem die höheren Kräfte sich in Menschenpersönlichkeiten darstellen und gute und schlechte menschliche Eigenschaften annehmen, ist noch nicht in Frage gekommen. So wird dieses tote Geleise für die ethische Entwicklung der Religion vermieden.

In einer späteren Zeit[7] wird Mithra, der alte arische und vedische Gott [Mitra], als Hüter der Treue und als Totenrichter in die Schar der ethischen geistigen Wesen der Religion Zarathustras aufgenommen. Hymnen an ihn finden sich schon in den jüngeren Teilen des Avesta.

Die älteste Handschrift des *Avesta*, in der Pehlevisprache, der Sprache des Sassanidenreiches, aufgezeichnet, wurde 1761 von dem Franzosen Anquetil Duperron aus Indien nach Europa [Paris] gebracht und 1761[8] der dortigen Königlichen Bibliothek [Bibliothèque Royale] übergeben. Irrtümlicherweise nannte er das heilige Buch «*Zend-Avesta*»,[9] was Ausle-

---

5 [Diese Angabe ist in den Masch.-Vorlagen gestrichen. Fassung 1919:] Der Bericht über Religion und Ethik der Perser findet sich bei Herodot I,133–140.

6 [Fassung 1919:] und wieviel davon als Schöpfung Zarathustras zu gelten hat. Stammt ihr ethischer Charakter von dieser Persönlichkeit, oder war er irgendwie schon vorher gegeben?

7 [In einem Masch.-Expl. (sac 33) korr. aus:] In der späteren Entwicklung der Religion Zarathustras.

8 [1762? Die von A.-H. Anquetil-Duperron nach Paris gebrachten Mss. sind angeführt in einer *Liste des manuscrits ... déposés à la Bibliothèque du Roi le 15 mars 1762*, Paris 1762, 2 vol. (Nach: *Journal des scavans*, juin et juillet 1762. Angabe: Kat. Bibl. Nat., Paris.)]

9 Avesta heißt Wissen. – Das Avesta besteht aus kultischen und ethischen Geboten, die Zarathustra im Zwiegespräch mit Ahura Mazda erfährt. Sie bilden das erste Drittel des Avesta. Der Rest besteht aus Geboten und Hymnen an die hohen und niederen Gottheiten.

Französische Übersetzung des Avesta von C. de Harlez, *Avesta* ([Liège, 3 Bde.] 1875–77, [Paris] 21881) und von J. Darmesteter, *Le Zend-Avesta*[, 3 Bde.] (Annales du Musée Guimet, XXIf., XXIV [1892–1893]); deutsche von F. Spiegel, *Avesta. Die heiligen Schriften der Parsen*, (3 Bde., [Leipzig] 1852–1863) und F. Wolff, [*Avesta. Die heiligen*

gung des Avesta bedeutet. Entstanden ist das Avesta in der Hauptsache wohl in den 5 letzten vorchristlichen Jahrhunderten. Was uns erhalten ist, macht nur einen Bruchteil der ursprünglichen Schrift aus und ist an Umfang etwa so groß wie ein starkes Drittel des Alten Testaments.

Zarathustras Kulturethik

Ahura-Mazda (Ormuzd), der fast unpersönlich gedachte oberste gute Geist, ist der Erhalter des Lebens, der Wächter der Erkenntnis, der Gebieter der Reinheit, der Herr, dessen Wille in der Welt mächtig werden soll. Umgeben von dem Heer der ihm dienstbaren guten Geister kämpft er gegen Angra Mainyu (Ahriman), den Geist der Drangsal, der mit seinen Dämonen die Welt im Bösen zu erhalten sucht.[10] Nach Ablauf von vier Weltperioden von je 3000 Jahren, deren letzte mit dem Auftreten Zarathustras begonnen hat, wird er ihn besiegen.[11]

Den Kampf für das Gute kann Ahura-Mazda aber nur gewinnen, wenn gläubige Menschen ihm darin beistehen. Sie tun es auf zweierlei Weise: indem sie ihre Reinheit bewahren und indem sie Arbeit leisten, die die Entwicklung des guten Seins in der Welt fördert.

In den der Wahrung der Reinheit gewidmeten Vorschriften des Avesta bilden das Kultische und das Sittliche, das Primitive und das Erhabene ein wirres Durcheinander. In langen Ausführungen wird angegeben, wie man die drei heiligen Elemente, das Feuer, die Erde und das Wasser vor jeder Verunreinigung, besonders aber vor der durch Leichname verursachten, zu schützen habe. Wo ein Mensch gestorben ist, muß alsbald das Feuer ausgelöscht werden. Im Regen darf kein Leichnam getragen werden. Er soll auch nicht begraben werden. Auf einem Turm ist er der Verwesung preiszugeben. Die Strafen, die auf Verfehlungen gegen die heiligen Elemente und gegen die heiligen Tiere – vornehmlich den Hund und den Fischotter – gesetzt sind, und ebenso die abstrusen Riten zur Entsühnung werden für jeden Fall bis in die Einzelheiten festgelegt. Sie machen den Hauptbestandteil der Gesetze aus.

In dieser Wildnis kultischer Vorstellungen über Reinheit blühen, Wunderblumen gleich, Gedanken über Sittlichkeit. Die Lauterkeit der

---

Bücher der Parsen, Straßburg] 1910, englische von [J. Darmesteter,] L. H. Mills und anderen in: *The Sacred Books of the East.* [Darmesteter: Bd. IV, *The Vendîdâd,* Oxford 1880, und Bd. XXIII, *The Sîrôzahs, Yasts and Nyâyis,* Oxford 1883; Mills: Bd. XXXI, *The Yasna, Visparads,* etc., Oxford 1887. (Schweitzer gibt die Erscheinungsjahre 1892–94 an.)]

10 [R] [in der Fassung 1919 (Ms.-S. 28):] Weil [die] Welt dualistisch [aufgefaßt wird], hat das Ethische einen natürlichen Lauf.

11 [R] [in der Fassung 1919 (ebenda):] Dies [ein] weiterer Gedanke: ethisch: Gutes tun [als] notwendiges Ereignis in dem Weltziel.

Gesinnungen wird in oft an Jesu Predigten anklingenden Ausdrücken gepriesen. Mögen sich diese Stellen in den kultischen auch fast verlieren, so bricht doch die Erkenntnis, daß die sittliche Reinheit das Gesetz der Gesetze sei, allenthalben durch. «Dies ist die Reinheit, o Zarathustra, das Gesetz Mazdas: Wer sich selbst rein erhält durch gute Gedanken, Worte und Handlungen», heißt es am Schlusse einer Offenbarung, in der Ahura-Mazda seinem Propheten wirksame Beschwörungsformeln gegen die bösen Geister mitgeteilt hat. [Vendidad] (Vīdēvdāt) Fargard 10 [18.19].[12] Auf dieselbe Höhe führt der große Hymnus an das Feuer in den Versen:

> O Feuer, Sohn Ahura-Mazdas, wir nahen uns dir
> Mit gutem Geiste, mit guter Reinheit.
> Mit Taten und Worten der guten Weisheit nahen wir dir.
> Wir preisen dich, wir bekennen uns als deine Schuldner,
> Mazda-Ahura.
> Mit allen guten Gedanken, mit allen guten Worten,
> mit allen guten Werken nahen wir uns dir.
> Yasna 36.[13]

Wahrhaftigkeit, Treue, Friedfertigkeit und Demut werden eindringlich gepredigt. Die Anschauungen über geschlechtliche Sittlichkeit atmen einen strengen und zugleich gesunden Geist.

Grundgesetz der tätigen Sittlichkeit ist die Erhaltung und Förderung alles wertvollen Lebens. Das Avesta verlangt, daß die Ahura-Mazda ergebenen Gläubigen sich in einer zahlreichen Nachkommenschaft vermehren. Für die außer der Ehe geborenen Kinder wird bestimmt, daß der Vater, bis sie sich selber erhalten können, für ihren Unterhalt aufzukommen habe.

Aber auch im Tierreich gibt es wertvolles Leben, das zu fördern Pflicht ist. Sind Schlangen, Ratten und Raubtiere und Ameisen als Geschöpfe Angra Mainyus zu vertilgen, so muß den guten Kreaturen Ahura-Mazdas jede Hülfe geleistet werden. Im Anschluß an die Bestimmungen über den Unterhalt der außer der Ehe geborenen Kinder wird Vorsorge für die herrenlose Hündin mit ihren Jungen getroffen. [Vīdēvdāt] Fargard 15[, 20 ff.] Bis ins einzelne wird festgelegt, wer für sie aufzukommen habe. Geht sie zu ihrer Niederkunft in ein Haus oder in einen Stall, so darf sie nicht daraus verjagt werden. Der Besitzer des Gebäudes muß ihr Gastfreundschaft gewähren und für die Jungen sorgen. Kommt sie in einem Graben oder auf einer Wiese nieder, so ist der,

---

12 [J. Darmesteter, *Le Zend-Avesta*, 1960, Bd. II (Bd. XXII), S. 177 f. – Die folg. Avesta-Zitatnachweise stammen, soweit sie nicht in [ ] stehen aus der Fassung 1919. – «Fargard» bedeutet «Kapitel».]

13 [J. Darmesteter, *Le Zend-Avesta*, Bd. I (Bd. XXI), S. 262,1–5. Vgl. F. Wolff, *Avesta* (1960), S. 67: Yasna 36,3b-5. «Yasna» = liturgisches Textbuch zur Begleitung der Opferhandlungen mit den Gāthās als Kern.]

dem das betreffende Stück Land gehört, für sie haftbar und muß sie zu sich heimholen. Erst wenn die Jungen sechs Monate alt sind, ist er der Vormundschaft ledig. [Vīdēvdāt] Fargard 15[,20–45. 51.]

Im Begriff des für Ahura-Mazdas Kampf wertvollen Lebens ist auch die Nutzpflanze mit einbegriffen. Einöde durch Bewässerung oder Entwässerung in fruchtbares Land umzuwandeln, ist ein religiöses Werk, ebenso wie Herden von Nutztieren aufzuziehen. In dem Maße als das bebaute Land gegen das unbebaute zunimmt, nimmt die Herrschaft der Dämonen ab. Ihr Bestreben geht nämlich darauf, das Land im Zustande der Wüste zu erhalten. «Wie wird diese Erde mit der höchsten Freude erfreut?» fragt Zarathustra den Ahura-Mazda. Darauf erhält er eine Antwort des Inhalts:

Wenn ein heiliger Mann die Gesetze der Religion erfüllt, wenn ein heiliger Mann sich eine Wohnung baut, versehen mit Feuer, versehen mit Vieh, versehen mit Frau, mit Kindern und mit guten Herden, wenn durch Anbau Getreide, Futter und Fruchtbäume hervorgebracht werden, wenn viel Vieh und Zugtiere geboren werden. [Vīdēvdāt] Fargard 3[,1–4].[14]

Denn nicht ist die Erde froh, die lange unbebaut darliegt – Wer Feldfrüchte baut, der baut Reinheit an. Er befördert das mazdäische Gesetz, er breitet das mazdäische Gesetz aus. – Wenn es Feldfrucht gibt, zischen die Dämonen; wenn es Schößlinge gibt, husten die Dämonen; wenn es Halme gibt, weinen die Dämonen; wenn es dicke Ähren gibt, fliehen die Dämonen. [Vīdēvdāt] Fargard 3[,31.32.]

So lebt sich in der Religion Zarathustras das Entzücken des Nomaden über das bebaute Feld aus. Sie unternimmt es, wie auch aus andern Bestimmungen ersichtlich wird, streifende Horden zu seßhaften Menschen zu erziehen. Indem sie diese Aufgabe in eine große Anschauung von der Welt und der Rolle des Menschen in derselben hineinstellt und von ihr aus unter einem höheren Gesichtspunkt begreift, spricht sie Gedanken aus, die gewissermaßen den Entwurf einer Religion der Kultur und einer Ethik der Lebensbejahung darstellen. Als Friedrich Nietzsche eine lebensbejahende Lehre predigen wollte, hat er sie als eine Verkündigung Zarathustras ausgegeben. Nur hat er die große ruhige Lebensbejahung des medischen Propheten nicht fortgeführt, sondern eine krankhafte an die Stelle gesetzt.

Auch die religiöse Ethik Kungtses ist vom Ideal der Kultur beherrscht. Die Zarathustras aber ist viel leidenschaftlicher darin. Die chinesische will die guten alten Zustände zurückführen. Zarathustra ist von dem Enthusiasmus neuer, die ganze Welt umwandelnder Fortschritte bewegt.[15] Es findet sich bei ihm eine Wertung der Arbeit und

---

14 [Ausgewählte Sätze aus J. Darmesteter, a.a.O., Bd. II, S. 33–47; F. Spiegel, a.a.O., Bd. I, S. 79–88.]

15 [Fassung dieses Abschnitts 1919 (Ms.-S. 31):] Vielleicht ist Zarathustras religiöse Ethik

der Errungenschaften der menschlichen Tätigkeit, die man in der Ethik der andern außerchristlichen Religionen vergebens sucht.

In einer entlegenen Gegend Asiens, Jahrhunderte vor Christi Geburt, sind die Grundgedanken des modernen ethischen Empfindens in überraschender Klarheit ausgesprochen worden.[16] Der allgemeinen Richtung seiner Gedanken nach steht der Ethiker Zarathustra unserem Geiste näher als Aristoteles, näher als Spinoza, näher als Kant.

Sympathisch[17] und modern berührt auch, daß die Idee des Lohnes in dieser Ethik ganz im Hintergrund bleibt. Der chinesischen war sie in dezenter Form eigen, trat aber in dem tieferen Denken Kungtses und Laotses zurück. Im Mazdaismus ist sie von vornherein nicht vorhanden. Weder der Lohn im Jenseits noch der im Diesseits kommen in Betracht. Der erstere fehlt, weil die Religion noch so primitiv ist, daß die Idee eines zukünftigen Lohnes noch gar nicht ausgebildet ist. Das nach dem Tode erwartete Dasein ist, wenigstens in den älteren Teilen des Avesta, wie in der altisraelitischen Religion, als geisterhaftes Weitervegetieren gedacht, das durch die ethische Qualität des vorhergehenden Lebens nicht beeinflußt, sondern für alle gleich ist. Ein Lohn im Diesseits, wie in der chinesischen Ethik, kommt nicht in Frage, weil die naturphilosophischen Voraussetzungen der Taolehre nicht gegeben sind. Die mazdäische Weltanschauung hat ausgeprochen enthusiastischen Charakter. Der Bekenner Ahura-Mazdas ist mehr mit dem Schicksal der Welt als mit dem eigenen beschäftigt. Er sehnt sich nach der Verwirklichung des Reiches des Guten, um der Idee des Guten willen. Dieser ganz auf das Allgemeine gehende Idealismus ist das Resultat des Zusammentreffens einer hochstrebenden Ethik mit einer Weltanschauung, die noch so primitiv war, daß der Individualismus sich in ihr noch nicht hatte ausbilden können.

---

die einzige, die dem Grunde ihres Wesens nach wirklich von dem Ideal der Kultur beherrscht ist. Bei ihm findet sich eine Wertung der Arbeit ....

16 [Nach orig. Korr. in einem Masch.-Expl. (sac 33). Übrige Vorlagen und Fassung 1919 (Ms.-S. 31):] ... so klar ausgesprochen worden, daß alles, was zwischen damals und jetzt von anderer Seite über Ethik gedacht wurde, sich fast wie eine lange Parenthese ausnimmt. Der allgemeinen Richtung ....

17 [Dieser Abschnitt lautet in der Fassung 1919 (Ms.-S. 32, vgl. auch Fassung 1932, a.a.O., Ms.-S. 203):] Besonders sympathisch berührt uns diese Ethik auch noch darum, weil die Idee des Lohnes so stark zurücktritt (vom indischen Erlösungsegoismus [ist] nichts [vorhanden]). Der Bekenner Ahura-Mazdas ist mehr mit dem Schicksal der Welt beschäftigt als mit dem eigenen. Er sehnt sich nach der Verwirklichung des Reiches des Guten um der Idee des Guten willen. Der Egoismus, der sich in Forderungen für die zukünftige Existenz ausspricht, ist noch nicht ausgebildet. Dieser vornehm wirkende Zug hängt zum Teil mit dem Primitivismus der Religion zusammen. Die Idee, daß das Leben nach dem Tode nicht notwendig ein freudloses Vegetieren sei, sondern ein freudvolles Teilhaben an reineren Daseinsbedingungen sein könnte, trat fast noch schüchtern auf. Die ältesten Teile des Avesta scheinen überhaupt noch keine wirkliche «Totenauferstehung», sondern nur ein geisterhaftes Weiterleben zu kennen.

Unidealisiert tritt der Primitivismus der Ethik Zarathustras darin zutage, daß ihre Bestimmungen nur für das Verhalten des Gläubigen zum Gläubigen, nicht des Menschen zum Menschen aufgestellt sind. Dem Nichtgläubigen gegenüber besteht, nach dem hierüber beobachteten Schweigen, keine Verpflichtung. Andererseits wird ihre Bedrückung und Tötung aber nirgends geboten. Der Begriff der Menschheit und der Menschenrechte ist noch nicht erreicht. Aber die natürliche Abneigung des Avesta gegen Unrecht und Gewalttätigkeit verhindert, daß diese Unvollkommenheit in ihren Konsequenzen zutage tritt. Bestimmt wird nur, daß die Ärzte, «die durch Schneiden heilen», ihre Kunst, um zur Behandlung der Gläubigen zugelassen werden, zuerst an den Ungläubigen zu erproben haben [Vīdēvdāt] Fargard 7[, 36.37.]

Dualistische und monistische Ethik. Das Ethische und das Kosmische[18]

Daß die dualistische Weltanschauung, was die Ethik anbetrifft, der monistischen gegenüber vielfach im Vorteil ist, tritt bei Zarathustra klar zutage. In dem pessimistischen Monismus des indischen Denkens ist die Ethik nur geduldet; in dem optimistischen des chinesischen Denkens muß sie sich vorsichtig in dem Kreise der Überlegung bewegen, daß das sittliche Handeln nur eine Erscheinungsform des Naturgeschehens sei; in dem dualistischen Denken Zarathustras kann sie sich ungehemmt ausleben. Sie erfaßt sich hier als das Prinzip des auf eine Umgestaltung des Menschen, der Gesellschaft und der Welt gerichteten Handelns. Dementsprechend denkt sie den Gedanken des zweckmäßigen und erfolgreichen ethischen Wirkens in elementarer Stärke. Die Erwartung eines notwendigen und gewaltigen Fortschritts hämmert als erregtes Herz in ihr. Als Motiv des Handelns proklamiert sie den Enthusiasmus für die große Sache der Vervollkommnung der Welt.[19]

Wie steif nehmen sich neben dieser gewaltigen Musik die Schöpfungen Laotses und Kungtses aus, obwohl auch sie durch optimistische Weltanschauung eingegeben sind! Bei allen Vorzügen sind sie doch nur klug gearbeitete Variationen über das naive Thema des ethischen Charakters des natürlichen Weltgeschehens, die in der lahmen Kadenz der Rückkehr zu den idyllischen Zuständen einer besseren Vergangenheit des Reiches auslaufen. Bei Zarathustra hingegen kämpfen die enthusia-

18 [Im Ms. beginnt der Abschnitt mit folgenden, auch in einem Masch.-Expl. (sac 33) nicht gestrichenen, auf die Kapiteleinleitung zurückgreifenden Sätzen:] Welches ist der Charakter der Ethik Zarathustras? Sie wurzelt in einer dualistischen Weltanschauung. Damit steht sie im Gegensatz sowohl zu der indischen wie der chinesischen Ethik. Diese beiden gehen auf monistische Weltanschauung zurück, die chinesische auf optimistisch-monistische, die indische auf pessimistisch-monistische.

19 [Zuerst:] Welterneuerung [dann:] Weltvollendung.

stischen Themen des ethischen Fortschritts und die des jetzt noch herrschenden Bösen in einer gewaltigen Symphonie gegeneinander an und klingen miteinander in einem Jubelhymnus über den Sieg der Welt des Lichts aus.

Die dualistische Ethik Zarathustras, in ihrer Welt- und Lebensbejahung, vermag das ethische Tun des Menschen und der Menschheit als zweckmäßig und notwendig in die Totalität des Geschehens hineinzustellen. Der unheimlich große und doch für die Ethik unerläßliche Gedanke, daß die Weltkraft, um zu ihrem letzten Ziele zu gelangen, auf die ethische Erkenntnis und das ethische Wirken der Menschen angewiesen ist, hat seinen Lauf angetreten.

Die dualistische Ethik hat aber auch ihre eigentümlichen Schwächen. Eine Ethik, die den Menschen sich so ausschließlich als eine Kraft in einem Kampfe für einen in ferner Zukunft kommenden Weltsieg des Guten erfassen läßt, lenkt ihn von sich selbst ab. Wohl hält Zarathustra in tiefen Worten den Einzelnen zur ethischen Selbstvervollkommnung an. Aber weil er den Blick starr auf den Endausgang des Weltgeschehens richtet, ist sie ihm zu wenig an sich, zu sehr nur ein Mittel, einen Streiter für den großen Kampf um das Schicksal der Welt zu wappnen. Wie in der modernen utilitaristischen Ethik verliert sich bei ihm die Persönlichkeit an die Welt.

Und wie steht es um die Begründung dieser Ethik? Der Versuch, sie aus einer in dem naturhaften Sein liegenden Realität herzuleiten, ist mit der Annahme des Dualismus aufgegeben.[20] Das Prinzip des ethischen Geschehens erfaßt sich als aus sich selbst, außerhalb der natürlichen Welt entstehend und sich ihr aufdrängend. Als Forderung eines höheren Werdens tritt es gegen das natürliche Geschehen auf und will es sich unterwerfen.[21]

Weil das Grundprinzip der dualistischen Ethik durch den Gegensatz gegen den als ethisch unbefriedigend empfundenen Naturverlauf bestimmt ist, ist es so reich an elementarem Inhalte. Die Schwäche dieser Ethik aber ist die, daß sie an die Welt herangetragen wird. Sie hat kein Fundament; ihre Stabilität beruht wie die des segelnden Schiffes in der Bewegung. Die Ethik des Dualismus ist, im weitesten Sinne des Wortes, «Geschichts-Ethik», Ethik eines auf kommende, die Welt umgestaltende Ereignisse gehenden Glaubens. Sowie die Überzeugung von der kosmischen Bedeutung des ethischen Tuns der Menschen in Gefahr kommt, sich als Illusion herauszustellen, oder auch nur weniger enthusiastisch

20 [Hier folgt ein im Ms. und in einem Masch.-Expl. (sac 33) nicht gestrichener Satz:] Die chinesische Ethik begründet sich aus dem Prinzip des Naturgeschehens, die indische sucht sich aus dem Wesen des reinen Seins zu begreifen. Bei Zarathustra erfaßt sich das Prinzip des ethischen Geschehens aus sich selbst, ...

21 [Aut. Notiz in einem Masch.-Expl. (sac 2):] [Die] Ethik tritt autonom auf. Selbstherrlich.

auftritt, wird die dualistische Ethik erschüttert. Ohne wirklichen Halt an der Gegenwart zu haben, soll der Mensch als begeisterter Streiter in einem Kampfe stehen, von dem er annimmt, daß er sich erst lange nach seinem Tode siegreich entscheiden wird. Das ethische Tun an sich ist nicht genug gewertet.

In der monistischen wie in der dualistischen Ethik ist es also die Verbindung des Kosmischen mit dem Ethischen, die das Problem ausmacht. Die monistische Ethik, nach rückwärts orientiert, läßt beide von Anfang an in einem natürlichen Verhältnis zueinander stehen und sucht das Prinzip des Ethischen in dem wahren Prinzip des Seins zu finden. Mag die sich daraus ergebende Ethik, wie es im indischen und im chinesischen Denken der Fall ist, auch noch so unbefriedigend sein, so hat sie doch den großen Vorzug, «naturhaft» zu sein, weil sie jederzeit in immer gleichbleibender Logik aus der Auffassung des Wesens des Seins deduziert werden kann. Die dualistische Ethik, nach vorwärts orientiert, läßt das Kosmische und das Ethische erst in der Zukunft vereinigt werden und muß sich fortgesetzt in dahingehenden geschichtlichen Erwägungen und Erfahrungen wach erhalten.

Ein merkwürdiges Wechselspiel zwischen Begründung und Inhalt tritt in Erscheinung. Die monistische Ethik ist der Begründung nach elementar, dem Inhalt nach unelementar. Die dualistische ist dem Inhalt nach elementar und der Begründung nach unelementar. Die erstere bleibt immer solid, aber mehr oder weniger arm. Die letztere ist reich, läuft aber Gefahr, sich zu verspekulieren. Sie baut ihr Haus auf wandernde Dünen. Sich auf Geschichte gründend kann sie an Geschichte zugrunde gehen.

Der Untergang der Religion Zarathustras und ihrer Kulturethik

Zarathustras ethische Religion ist an der Geschichte zugrunde gegangen. Rätselhaft wie ihr Aufkommen und ihr Wesen ist ihr Schicksal. Sie ist vom Erdboden verschwunden, ohne auf die Ideenentwicklung der Menschheit Einfluß gewonnen zu haben. Wie eine Vision der Geschichte zieht sie an uns vorüber.

Wie weit hat sie, durch die Achämeniden seit Darius (521–485) zur Religion der Herrscher erhoben, das persische Volk zu der hohen Sittlichkeit, die sie in der Theorie vertritt, zu erziehen vermocht? Herodot und andere griechische Schriftsteller rühmen die Wahrheitsliebe und die Treue der Perser, berichten aber nichts von den übrigen charakteristischen Zügen der avestischen Ethik. Wie konnte es kommen, daß das griechische Denken von dieser großartigen Kulturethik absolut unberührt blieb, wo es doch mannigfache Gelegenheit hatte, mit ihr bekannt zu werden und sich mit ihr auseinanderzusetzen? Man gewinnt fast den

Eindruck, als ob die avestische Religion in jener Zeit nicht wirkliche Volksreligion gewesen sei.

Die Nachfolger Alexanders des Großen scheinen die Bekenner Ahura-Mazdas bedrückt zu haben. Während der Partherherrschaft (248 v. Chr. bis 226 n. Chr.) wurden sie zwar geduldet. Aber das geistige Leben litt Not. Zum Teil hing diese Krise, die die Religion Zarathustras damals durchmachte, damit zusammen, daß die Sprache des Avesta anfing, in Vergessenheit zu geraten.

In den ersten Jahrhunderten der christlichen Zeitrechnung leuchtet der Mithrakult wie ein verirrtes Gestirn der Religion Zarathustras in der griechisch-römischen Welt auf und läßt vorübergehend etwas von ihrem Geiste der Wahrheit und der Treue auf fremdem Boden wirksam werden.[22]

Die Sassaniden (226–636 [642?] n. Chr.) brachten den Glauben Zarathustras wieder zu Ehren.[23] Zuerst waren sie nur kleine Machthaber, den persischen Königen untertänig. Mit der Zeit machten sie sich selbständig und begründeten unter Ardaschir, der 211 auf 212 n. Chr. zum ersten Male als König auftrat, das neupersische Reich. Sie stützten sich auf Zarathustras Religion und ihr Priestertum. Die heiligen Schriften wurden gesammelt. Eine Neubelebung der tieferen ethischen und religiösen Gedanken erfolgte aber nicht. Im Namen Zarathustras fanden schwere Christenverfolgungen statt.

Als die Araber 642 n. Chr. dem durch seine Kämpfe mit Byzanz geschwächten neupersischen Reiche ein Ende machten, war das Schicksal der Religion besiegelt. Im Laufe der Jahrhunderte nahmen ihre Gläubigen den Islam an. Anno 1697 n. Chr. zogen einige tausend Anhänger Zarathustras aus der Gegend von Ispahan nach Indien, um ihren Glauben nicht abschwören zu müssen. An der Westküste, nördlich von Bombay, ließen sie sich nieder. Durch sie sind uns die heiligen Schriften und die Bräuche der avestischen Religion erhalten worden. Heute gibt es in

---

22 [R] [in den «Alten Skizzen», an der entsprechenden Stelle (Ms-S. 51):] Der Mithraskult leuchtet wie ein versprengtes Gestirn aus dieser Religion in dem orientalischen Religionsgemenge auf, für eine Zeit die Welt mit seinem Glanz blendend, die Religion der Treue[?] und[?] Wahrheit (Parsismus in Form von Polytheismus).

[Aus eben diesen «Alten Skizzen» seien hier noch 2 Zitate (Ms.-S. 44) mitgeteilt:]

«Möge in diesem Hause Gehorsam über Ungehorsam siegen, Wahrheit über Lüge, Friede über Unfriede, Freigebigkeit über Geiz, Demut über Hochmut, Gerechtigkeit über Ungerechtigkeit.» (Der bekannte Segensspruch.) [Chantepie de la Saussaye, *Lehrbuch*, Bd. II, ^{2}1897, S. 194.]

«Das Reich schenkt Ahura demjenigen, der die Armen unterstützt.» [A. a. O., ^{3}1905, S. 208. Neben diesem letzteren Zitat die Randnotiz:] Das erste Bekanntwerden mit [der] Zarathustrareligion ist ein Erlebnis.

23 [Anm. in der Fassung 1919:] Th. Nöldeke, *Aufsätze zur persischen Geschichte* ([Leipzig] 1887).

Indien noch etwa 100 000 Anhänger Zarathustras. In Persien sind sie so gut wie verschwunden.

Die erhabene Religion des auf den Fortschritt der Welt gerichteten sittlichen Wollens und Wirkens hat sich in der Welt nicht zu behaupten vermocht. Wer vermag dieses Rätsel der Geschichte zu begreifen, wer sich von dem Pessimismus, den es weckt, frei zu halten?[24]

---

24 [Ms.:] Straßburg 16. 12. 20. Nicolausstaden 5.

VI. Ethik und Kultur im jüdischen Denken

Die Propheten als Schöpfer in der Ethik Israels[1]

Die Ethik der jüdischen Religion ist dualistisch wie die Zarathustras. Wie diese setzt sie eine zum Triumph des Guten führende Evolution der Welt voraus. Überlegen ist diese Ethik der Zarathustras aber darin, daß sie die geforderte Evolution in der Geschichte zu begreifen und zu verwirklichen sucht. Bei diesem Unternehmen kommt sie selber dazu, eine geschichtliche Entwicklung zu erleben.

Die jüdische Ethik ist das Werk der Propheten. Das in den fünf Büchern Mosis enthaltene Gesetz geht nicht auf Moses zurück. Es ist nicht der Ausgangspunkt, sondern das Ergebnis der geistigen Entwicklung Israels. Diese Erkenntnis ist erstmalig von dem Straßburger Theologen Eduard Reuß (1804–1891) in Vorlesungen vom Jahre 1834[2] ausgesprochen worden.[3]

Was von der ältesten israelitischen Religion auf Moses zurückgeht, ist schwer festzustellen. Sein Hauptwerk wird wohl darin bestanden haben, daß er die Nomadenstämme, die sich aus Ägypten zur Eroberung

---

1 [R] [Ms.:] 22. 12. 20. Straßburg. Nicolausstaden 5. [Notizen aus der Fassung 1919 (Ms.-S. 62 f.):] [Die Propheten] wollten Gottesvorstellung schaffen und schaffen neue Ethik. Propheten[:] 1) Indifferenz gegen [das] Kultische! Aufklärer. 2) In geschichtliche Entwicklung hineinstellen. Entwicklung zur Universalität, Entwicklung zur ethischen Persönlichkeit. Gottesdienstlose Religion. *Propheten*: Ethische Geschichtsauffassung. Jesus: Geschichtlich begründete Ethik.

2 [R («Alte Skizzen»):] 1833.

3 Zur Orientierung: E. Reuß, *Geschichte der Heiligen Schriften des Alten Testaments* ([Braunschweig] 1881; [1919 nennt Schweitzer die] 2. Aufl. von 1890). – Ders., *La Bible. Traduction nouvelle avec introduction et commentaires* ([Paris] 1874–1881), 16 Bde.[; deutsch: Braunschweig 1892–1894]. – K. Budde, *Die Religion des Volkes Israel [bis zur Verbannung*, Gießen 1900, unter dem Titel:] *Die [alt]israelitische Religion*, ³1912. – J. Wellhausen, *Geschichte Israels*[, Bd. I, Berlin] 1878. – [Ders.:] *Israelitische und jüdische Geschichte* ([Berlin] ⁶1907; [von Wellhausen in der Fassung 1919 auch:] *Prolegomena zur Geschichte Israels* ([Berlin] 1883). – E. Schürer, *Geschichte des jüdischen Volkes im Zeitalter Jesu Christi*, [(3 Bde.): Leipzig] ³1898–1901. – W. Baldensperger, *Die messianischen Hoffnungen des Judentums*, [Straßburg] ³1903.

Die beste deutsche wissenschaftliche Übersetzung des Alten Testaments ist die von E. Kautzsch, [Tübingen] ²1896[/97]. – Eine gute französische Übersetzung bietet L. Segond ([Oxford 1880] 1887). – Englische [Übersetzung*: The Holy Scriptures according to the Masoretic text*, A new translation with the aid of previous versions and with constant consultation of Jewish autorities. Jewish Publication Society of America, Philadelphia 1917.]

Kanaans aufmachten, in dem Kult des auf Sinai wohnend gedachten Gottes Jahwe einte. Statt Jahwe las die Theologie, als sie das Hebräische noch nicht gut beherrschte, irrtümlicherweise Jehova.

Bei der Eroberung Kanaans und noch später wurden, wie uns das Buch Josua, das Buch der Richter und die Bücher Samuelis erzählen, im Namen Jahwes die furchtbarsten Grausamkeiten begangen. So erhielt König Saul von Samuel den Befehl, Agag, den König der Amalekiter, samt seinem ganzen Volk zu Ehren Jahwes mit dem Schwerte zu vernichten und auch der Herden nicht zu schonen. Als er ihn nur unvollständig erfüllte, verkündete ihm Samuel als Strafe, daß das Königtum von ihm genommen werden würde, und hieb vor seinen Augen den König Agag «vor Gott in Stücke» (I Sam. 15). Sogar in der ersten Königszeit war Jahwe also nur Kriegs- und Nationalgott Israels.

Wie aber ist er ethischer Gott geworden? Durch den Gegensatz gegen die Götter der Kanaaniter und Phönizier.

Als Israel nach langen Kämpfen Kanaan erobert hatte, brachte es den Göttern der Kanaaniter als den Besitzern des Landes und den Spendern der Ernte unbefangen Opfer dar, indem es den auf Sinai thronenden Jahwe als Kriegs- und Nationalgott beibehielt. Dies war nach dem Stande der primitiven religiösen Anschauungen selbstverständlich. Bald nach der etwa 933 v. Chr. erfolgten Trennung des Reiches Israel vom Reiche Juda setzte aber eine Bewegung ein, welche nur die Verehrung Jahwes als erlaubt gelten lassen wollte. In diesem Kampfe traten die ersten Propheten auf. Sie gingen aus den Genossenschaften der sogenannten «Raser» (Nebiim) hervor. In diesen spielten durch Musik und Tanz hervorgerufene ekstatische Zustände eine große Rolle.

Anfangs wurde in diesem Kampfe der ethische Charakter Jahwes nicht betont. Elias und Elisa, die Propheten des 9. Jahrhunderts v. Chr., sind, nach dem, was uns die Königsbücher von ihnen erzählen, nur Eiferer für die alleinige Verehrung des Kriegs- und Nationalgottes.

In dem Wettbewerb mit der Religion der Kanaaniter konnte der Nomadengott aber nicht dabei stehen bleiben, seine historischen Rechte auf das Volk geltend zu machen. Er mußte sich als der höhere erweisen. Seine Religion, im Lande selber keine Vergangenheit habend und nicht, wie die kanaanitischen und phönizischen Gottesdienste, mit unsittlichen Feiern belastet, war in keiner Weise gebunden und verbraucht. Der Weg zur Selbstidealisierung stand ihr offen. Sie beschritt ihn. Indem sie die den Landesgöttern geltende Religion für die bestehenden sozialen und sittlichen Schäden verantwortlich machte, stellte sie selber für die Einzelnen und das Volk religiöse Ideale mit sittlichem Charakter auf. Weil er anders sein mußte als die kanaanitischen Götter, wurde der Gott Israels zum ethisch interessierten Gott.

Wie bei Zarathustra entsteht also eine hochentwickelte Religion durch die Versittlichung einer Nomadenreligion. Während aber der Prozeß, der sich auf dem Boden Mediens und Baktriens abspielt, für uns im Dunkeln liegt, können wird ihn in Kanaan im einzelnen verfolgen.

Die Ethik der Propheten: Amos

Der erste Prophet, der ethische Religion verkündet, ist Amos. Von Hause aus Rinderhirt aus Thekoa in Juda, trat er zur Zeit Jerobeams II. (783–743 v. Chr.) am Königsheiligtum zu Bethel auf, bis ihn des Königs Priester Amazja von dort vertrieb. Über die Dauer seines Wirkens und seine ferneren Schicksale wissen wir nichts. Er ist der erste Prophet, von dessen Reden uns etwas erhalten ist, vielleicht auch der erste, der seine Verkündigung aufgezeichnet hat.

Amos vollzieht die Verbindung von Ethik und Weltgeschichte, die dann die Betrachtungsweise der jüdischen und christlichen Religion beherrscht. Wie kam er dazu?

In der Jahwereligion fand sich die Vorstellung von dem «Tage Jahwes». Gemeint war damit der Tag, an welchem der Kriegs- und Nationalgott seinem Volke gegen seine Feinde Recht schaffen und seine Herrschaft über die andern Völker endgültig begründen würde. Diese Erwartung nimmt bei Amos die Form eines Gerichtes an, das Jahwe nach den Gesetzen der Sittlichkeit nicht nur über die andern Völker, sondern auch über sein eigenes abhalten werde. Nach der Vernichtung der Bösen soll eine neue Menschheit unter Anführung des Teiles Israels, der im Gerichte Gnade fand, Gott in Gerechtigkeit dienen.

Ein ethischer Gott wirkt in der Geschichte und verfolgt seine Ziele in ihr. Kultus ist ihm gleichgültig. Sittlichkeit und Humanität verlangt er von dem Einzelnen wie von den Völkern. Dies ist die neue und gewaltige These des Rinderhüters von Thekoa.

Aus den Reden des Amos:

So spricht Jahwe! ... Weil die Aramäer von Damaskus Dreschschlitten mit eisernen Schneiden über Gilead haben fahren lassen, darum werde ich Feuer gegen das Reich Hasaels entsenden, das soll die Burgen Benhadads zerstören ...[4]

Weil die Philister von Gaza ganze Ortschaften hinweggeführt haben, um sie an die Edomiter auszuliefern, darum werde ich Feuer gegen die Mauer Gazas entsenden, das soll ihre Burgen zerstören

---

4 Die zitierten Sätze sind zum Teil gekürzt. – Die Dreschschlitten, mit denen man über das aufgeschüttete Getreide fuhr, um die Körner auszuquetschen, hatten unten eiserne Zacken. Gemeint ist hier wahrscheinlich, daß die Aramäer damit über die Gefangenen hinwegfuhren, wie es David nach der dunklen Stelle II Sam. 12,31 mit den gefangenen Ammonitern tat. [Zitate: meist nach Kautzsch, z. T. nach der Luther-Bibel.]

Weil die Phönizier von Tyrus gleich ganze Ortschaften gefangen an die Edomiter ausgeliefert haben und des Bruderbundes nicht eingedenk waren, darum werde ich Feuer gegen die Mauern von Tyrus entsenden, das soll ihre Burgen zerstören ...

Weil die Edomiter mit dem Schwerte ihr Brudervolk verfolgt und beharrlich ihr Mitgefühl erstickt haben ... darum werde ich Feuer gegen Theman entsenden, das soll die Burgen von Bozra verzehren ...

Weil die Ammoniter die Schwangeren in Gilead aufgeschlitzt haben ... darum werde ich Feuer gegen die Mauer von Rabba entsenden, das soll ihre Burgen verzehren ... (Am. 1[, 3.4.6.7.11–14].)

Weil die Moabiter die Gebeine des Königs von Edom zu Kalk verbrannt haben, darum werde ich Feuer gegen Moab entsenden, das soll die Burgen von Kerijoth verzehren ...

Weil ihr Israeliten für Geld den Rechtschaffenen verkauft und den Dürftigen um eines Paares Schuhe willen ... weil ihr das Recht der Notleidenen beugt ... will ich euch quetschen, wie der Dreschwagen die mit Garben belegte Tenne quetscht. (Am. 2[, 1.2.6.7.13].)

Hört dieses Wort, das Jahwe wider euch, ihr Israeliten geredet hat: ... Von allen Völkern der Erde habe ich nur euch erwählt, darum werde ich alle eure Verschuldungen an euch heimsuchen ... Wie ein Hirt aus dem Rachen eines Löwen ein Paar Schenkel oder ein Ohrläppchen rettet, so soll den Israeliten Rettung zu Teil werden. (Am. 3,1.2.12.)

Fragt nach dem Guten und nicht nach dem Bösen, damit ihr am Leben bleibt ... Hasset das Böse und liebet das Gute, erhaltet das Recht im Tore aufrecht. Vielleicht wird sich dann Jahwe, der Gott der Heerscharen, des Restes Josephs erbarmen. (Am. 5,14.15.)

Wehe denen, die sich den Tag Jahwes herbeiwünschen! Was soll euch der Tag Jahwes? Er ist ja Finsternis, nicht Licht! ...
Ja! Finsternis ist der Tag Jahwes und nicht Licht, Dunkel und glanzlos. Ich hasse, ich verachte eure Feste und kann nicht riechen eure Festversammlungen. Wenn ihr mir Brandopfer und eure Gaben darbringt, so nehme ich's nicht gnädig auf. Und wenn ihr mir Opfer von euren Mastkälbern herrichtet, so sehe ich nicht hin.

Hinweg von mir mit dem Geplärre deiner Lieder; das Rauschen deiner Harfen mag ich nicht hören! Möge vielmehr Recht sprudeln wie Wasser und Gerechtigkeit wie ein nimmer versiegender Bach! (Am. 5,18.20.21–24.)

Die Ethik der Propheten: Jesaja

Auf der von Amos betretenen Bahn wandeln, ohne sich auf ihn zu berufen, alle Propheten. Die bedeutendsten sind seine Zeitgenossen Hosea, im Nordreich, und Jesaja, der von 740–701 v. Chr. seine Rede in Jerusalem erschallen[5] ließ. Jesajas ethische Geschichtsbetrachtung läßt ihn in den Assyrern, dem neuen, aus dem Norden auftretenden Feind, das Werkzeug Gottes zur Heimsuchung seines Volkes erkennen. Er rechnet

5 [Im Ms. darüber geschrieben:] ergehen.

mit der Wegführung des Volkes, zugleich aber ist er gewiß, daß ein heiliger Rest Judas bestimmt ist, die Begründung des großen, sich über alle Völker erstreckenden Friedensreiches Gottes zu erleben. Ein von Gott mit besonderen Gaben ausgerüsteter Herrscher aus Davids Geschlecht, der Gesalbte (Messias), soll von Jerusalem aus darüber regieren. Zugleich wird Gott auch die Natur verwandeln. Die Felder und Bäume werden dauernd und ohne große menschliche Arbeit herrliche Frucht hervorbringen, und die Raubtiere werden Sanftmut annehmen.[6]

Aus den Reden Jesajas:

Was soll mir die Menge eurer Schlachtopfer? spricht Jahwe. Ich bin satt der Widderbrandopfer und des Fettes der Mastkälber, und an dem Blute von Farren, Lämmern und Böcken habe ich keinen Gefallen ... Und wenn ihr eure Hände ausbreitet, so verhülle ich meine Augen vor euch, und wenn ihr noch so viel betet, so höre ich euch nicht. Eure Hände sind voll Blutschuld! (Jes. 1,11.15.)

... Waschet euch, reiniget euch! Schafft mir eure bösen Taten aus den Augen! Hört auf, Böses zu tun! Lernet Gutes tun! Trachtet nach [dem] Recht! Weist die Gewalttätigen zurecht! Verschafft den Waisen ihr Recht! Führt die Sache der Witwen! ... Wenn ihr willig seid und gehorcht, sollt ihr die Güter des Landes verzehren. Aber wenn ihr euch weigert und widerspenstig seid, so sollt ihr vom Schwerte verzehrt werden ... (Jes. 1,16.17.19.20.)

Wehe denen, die Haus an Haus reihen und Feld an Feld rücken, bis kein Platz mehr bleibt und es dahingebracht ist, daß ihr allein im Lande wohnt ... Wehe denen, die Böses gut und Gutes böse nennen, die Finsternis zu Licht und Licht zu Finsternis machen, die bitter zu süß und süß zu bitter machen! ... (Jes. 5,8.20.)

Aus dem Stumpfe Isais wird ein Reis ausschlagen und aus seiner Wurzel ein Zweig hervorbrechen. Der Geist Jahwes wird sich auf ihm niederlassen: Der Geist der Weisheit und des Verstandes, der Geist des Rates und der Kraft, der Geist der Erkenntnis und der Furcht Jahwes. An der Furcht Jahwes wird er sein Wohlgefallen haben und wird nicht richten nach dem, was seine Augen sehen, und nicht urteilen nach dem, was seine Ohren hören, sondern über die Geringen mit Gerechtigkeit richten und über die Elenden des Landes in Geradheit urteilen. Die Gewalttätigen wird er mit dem Stocke seines Mundes schlagen und die Gottlosen mit dem Hauche seiner Lippen töten. Und die Gerechtigkeit wird der Gurt seiner Hüften und Treue der Gurt seiner Lenden sein. Und der Wolf wird neben dem Lamme wohnen, und der Pardel neben dem Böcklein lagern. Rind und Löwe und Mastvieh werden zusammen weiden, und ein kleiner Knabe wird sie leiten. Kuh und Bärin werden weiden [«sich befreunden»], und ihre Jungen [werden] nebeneinander lagern, und der Löwe wird sich wie die Rinder von Stroh nähren. (Jes. 11,1–7.)

---

6 [Zum Abschnitt im Ms. die Notiz:] (Die ethische Idee als Geschichtserklärung!)
[Notiz aus der Fassung 1919 (Ms.-S. 64, R):] Aber diese Geschichtsphilosophie hätte dem Volk nicht über die schweren Ereignisse hinausgeholfen, wenn es nicht gleichzeitig in einer ethisch orientierten kultischen Gesetzgebung Halt gefunden hätte. Daß die Propheten auf die Priesterschaft Einfluß gewonnen [haben], war für die Erfüllung ihrer Mission von entscheidender Bedeutung.

Die Ethik der Propheten: Ethische Geschichtskonstruktion

Die Darlegung der Ethik nimmt bei den Propheten einen kleinen Raum ein. Ihre Aufmerksamkeit gilt vor allem der ethischen Geschichtsbetrachtung. Sie müssen mit den Ereignissen Schritt halten und dem Volke klar machen, daß die schweren Schicksale, die sie mit ihm erleben, und die noch schwereren, die sie für die Zukunft erwarten, nicht daher rühren, daß Gott nicht mächtig genug ist, es gegen seine Feinde zu schützen. Sie bedeuten Heimsuchungen, die er ihm auferlegen muß, weil seine Sittlichkeit nicht der entspricht, die das Volk, in dem Gott seine Herrschaft über die Völker ausüben will, aufweisen muß. Darum sind die Reden der Propheten ein verwirrtes und verwirrendes Gewoge von Erörterungen über tatsächliche und prophezeite, aber nicht immer auch eingetretene, politische Ereignisse. Die von ethischen Gesichtspunkten aus konstruierte Geschichte sucht sich in die wirkliche einzupassen.

In einem hatten sie klar gesehen: Israel und Juda unterlagen den Feinden aus dem Norden. 722 v. Chr. wurde Samaria durch die Assyrer erobert und zerstört, 586 v. Chr. wurde dasselbe Schicksal Jerusalem von den Chaldäern bereitet. Während der anderthalbjährigen Belagerung von Jerusalem hatte der unter den Belagerten weilende Prophet Jeremia seinen Beruf darin gesehen, die Verteidiger zu entmutigen, indem er die Eroberung und Zerstörung der Stadt als nach Gottes Ratschluß notwendig verkündigte. Zuletzt entledigten die Hauptleute sich seiner, indem sie ihn in eine schlammige Zisterne warfen (Jer. 38). Als ihn der König Zedekia heimlich daraus befreite, fing er aufs neue an, ihm die Unglücksbotschaft zu verkünden ...

Der Einfluß der Ethik der Propheten auf das Gesetz

Dadurch, daß sie eine kultlose ethische Religion erstrebten, traten die Propheten in Gegensatz zum Priestertum. Dieses aber – und dies wird sein Ruhmestitel in der Geschichte bleiben! – beugte sich unter die Autorität der höheren Gedanken und unternahm eine Reform der Religion und des Kultus. Die Etappen dieser Arbeit werden in dem allmählichen Entstehen des «Gesetzes Mose» ersichtlich.

Das älteste Stück dieses Gesetzes (in Ex. 34,11–26 erhalten) führt nur Gebote über Gottesdienst und Feste an. Die nächstjüngere[7] Sammlung (Ex. 21–23), die gegen Ende des 9. Jahrhunderts v. Chr. im Nordreich entstand, ist schon, wie die wohl in dieselbe Zeit fallenden «Zehn

---

7 [Vorlagen:] nächstältere.

Gebote» (Ex. 20), stark ethisch gerichtet. Eine edle Humanität führt in ihnen das Wort.

Dasselbe ist der Fall in der Sammlung von Gesetzen, die die Priester von Jerusalem, in Anlehnung an die Vorbilder aus Nordisrael, unter der Regierung des frommen Königs Josia ausarbeiteten und 623 v. Chr. als Gesetz Mose im Tempel «entdeckten» und promulgierten (II Reg. 22). Dieser Kodex bildet den Grundstock des 5. Buches Mose. Seine hauptsächlichste Tendenz ist eine kultische. Während nämlich bis dahin Jahwe an einer Reihe von im Land zerstreuten, von den Kanaanitern übernommenen heiligen Stätten Opfer dargebracht werden durften, soll dies, nach der nun «entdeckten», von Moses vor dem Einmarsch in Kanaan erlassenen Anordnung nur an der einen, von Gott als ihm genehm bezeichneten Stätte, erlaubt sein. Gemeint ist Jerusalem. Mit dieser Abschaffung der Kultstätten im Lande sollte der Gottesdienst ganz unter die Autorität und Aufsicht der Priesterschaft Jerusalems gebracht und damit gegen jede Verunreinigung durch heidnische Gebräuche sichergestellt werden. Aber neben dieser kultischen Tendenz kommen hohe ethische Gedanken zur Geltung.

In einer wildbewegten Zeit, als schon alle Zeichen der Geschichte darauf hindeuten, daß Jerusalem über kurz oder lang verloren sei, arbeiteten die Priester der bedrohten Stadt an der Veredelung der Gottesverehrung und zugleich an der Versittlichung der Religion!

Ethische Gebote in alttestamentlichen Gesetzen aus dem 9. Jahrhundert v. Chr.

Ethische Gebote in den Gesetzen von Ex. 21–23:

Einen Fremdling sollst du nicht drücken noch gewalttätig behandeln; denn ihr seid Fremdlinge gewesen in Ägypten. Eine Witwe oder Waise sollt ihr nimmermehr bedrücken. [22,20.21 (21.22).]

Wenn du jemand aus meinem Volke, einem Armen, der bei dir wohnt, Geld leihst, so behandle ihn nicht wie ein Wucherer; ihr sollt ihm keine Zinsen auferlegen ... [22,24 (25).][8]

Wenn du einem das Obergewand als Pfand wegnimmst, so sollst du es ihm bis Sonnenuntergang zurückgeben. Denn sein Mantel ist ja seine einzige Körperdecke; womit könnte er sich sonst auf seinem Lager zudecken? Wenn er mich aber um Hilfe anruft, so will ich ihn erhöhren, denn ich bin barmherzig. [22,25.26 (26.27).]

Du sollst kein falsch Gerücht aussprengen. Biete dem, der eine ungerechte Sache hat, nicht die Hand, für ihn Zeugnis abzulegen und so das Recht zu verdrehen. Du sollst nicht dem großen Haufen folgen und Böses tun. Bei einer Rechtssache sollst du nicht, der Mehrheit dich anschließend, Aussagen machen[9] und so das Recht beu-

---

8 [R] [Fassung 1919 (Ms.-S. 65):] kommt immer aus dem Gesetzlichen in das Ethische.

9 [Notiz in der Fassung 1919 (Ms.-S. 65):] Das Bedürfnis, aus gesetzmäßigem auf persönlich[-]ethisch[es Handeln zu kommen].

gen. Du sollst nicht die Partei des Angesehenen ergreifen, wenn er eine Rechtssache hat ...[10]

Wenn du einen deinem Feinde gehörenden Ochsen oder Esel findest, der sich verirrt hat, so sollst du ihm denselben zurückbringen. Wenn du siehst, daß der Esel deines Feindes unter seiner Last zusammengebrochen ist, so sollst du ihn nicht im Stiche lassen, sondern sollst ihm helfen, den Esel befreien ... [23,4.5.]

Du sollst das Recht des Armen, der unter euch ist, nicht beugen, wenn er eine Streitsache hat. Halte dich fern von einer Sache, bei der Lüge im Spiele ist, und hilf nicht einen Unschuldigen oder den, der eine gerechte Sache hat, verurteilen, denn ich spreche keinen frei, der schuldig ist. Und Geschenke nimm nicht an; denn Geschenke machen Sehende blind und verkehren die gerechte Sache. [23,6–8.][11]

Ethische Gebote in alttestamentlichen Gesetzen aus dem Ende des 7. Jahrhunderts

Aus der jerusalemitischen Gesetzessammlung von 623 v. Chr., die im fünften Buch Mose vorliegt:

Wenn du deinem Nächsten irgend welches Darlehen gewährst, so darfst du nicht in sein Haus hineingehen, um ein Pfand von ihm zu erheben. Draußen sollst du stehen bleiben, und der, dem du leihst, soll das Pfand zu dir hinausbringen ... (Dtn. 24,10.11.)

Einen armen und bedürftigen Tagelöhner sollst du nicht bedrücken, mag er nun zu deinen Volksgenossen oder zu den Fremdlingen gehören, die sich in deinem Lande in deinen Ortschaften bei dir aufhalten. Je am gleichen Tage sollst du ihm seinen Lohn auszahlen, ehe noch die Sonne untergeht, denn er ist arm und verlangt sehnsüchtig danach; sonst ruft er Jahwe wider dich an, und du bist einer Verfehlung schuldig ... (Dtn. 24,14.15.)

Es sollen nicht Väter um der Kinder und Kinder um der Väter willen mit dem Tode bestraft werden; ein jeder soll nur wegen seines eigenen Verbrechens getötet werden dürfen ... (Dtn. 24,16.)

Du sollst nicht das Recht eines Fremdlings oder einer Waise beugen und nicht das Kleid einer Witwe als Pfand nehmen. Gedenke daran, daß du in Ägypten Sklave warst und daß dich Jahwe, dein Gott, von dort befreite. Darum gebiete ich dir so zu handeln ... (Dtn. 24,17.18.)

Wenn du auf deinem Felde deine Ernte hältst und eine Garbe auf dem Felde vergissest, so sollst du nicht umkehren, um sie zu holen; den Fremdlingen, Waisen und Witwen soll sie zufallen, auf daß dich Jahwe, dein Gott, bei allem Tun deiner Hände segne. Wenn du deine Ölbäume abklopfst, sollst du nicht hinterher noch die Zweige

---

10 [R, Fassung 1919 (Ms.-S. 65):] nüchtern, aber edel. Ethik, die Volksgut werden soll.

11 [Die «Alten Skizzen» (sac 6,1 c, Ms.-S. 17) nennen noch:] 2. Mose 21,2.3–11,26.27; 22,22.23 (23.24); 23,10–12. Das letzte[re] Gebot ist für den ethischen Charakter des Bundesbuches außerordentlich bezeichnend. Selbst als rein kultisch[es] Sabbatgebot wird [es] rein humanitär, mit [der] Rücksicht auf das Ruhebedürfnis der Arbeiter und der Arbeitstiere begründet. [Die Fassung 1919 nennt zu dieser Feststellung (Ms.-S. 68):] 5. Mose 5,12 ff.

absuchen; es soll, was noch daran ist, den Fremdlingen, Waisen und Witwen zufallen. Wenn du deinen Weinberg aberntest, sollst du nicht hinterher noch Nachlese abhalten; es soll, was zurückbleibt, den Fremdlingen, Waisen und Witwen zufallen ... (Dtn. 24,19–20.)

Du[12] sollst dem Ochsen, der da drischt, das Maul nicht verbinden ... (Dtn. 25,4.)[13]

Wenn dir zufällig auf dem Wege auf irgend einem Baume oder am Boden ein Vogelnest mit Jungen oder mit Eiern zu Gesicht kommt, während die Mutter auf den Jungen oder den Eiern sitzt, so sollst du nicht die Mutter samt den Jungen nehmen. Vielmehr sollst du die Mutter fliegen lassen und dir nur die Jungen nehmen, damit es dir wohl gehe und du lange lebest ... (Dtn. 22,6.7.)[14]

Das Großartige an diesen beiden Gesetzesammlungen ist, daß sie sich nicht im Rahmen des Gesetzlichen halten können, sondern in einer Reihe von Bestimmungen in das Gebiet des rein Ethischen hineingeraten. Wohl tritt das Ethische, wie im Avesta, der Zahl der Gebote nach, neben dem Kultischen zurück. Aber es kommt in einer so natürlichen Art und in einem so gewaltigen Ernste zu Worte, daß eine starke erzieherische Kraft von ihm ausgeht.

Ob die Priester von Jerusalem die Gesetze Hammurabis kannten, ist fraglich. Sicherlich aber standen sie unter dem Einfluß des Geistes des Amos und dem des Jesaja.

Der Stillstand der von Amos ausgegangenen ethischen Bewegung. Ihr Verhältnis zur Kultur[15]

Die unter König Josia entstandene Gesetzessammlung bezeichnet den Höhepunkt der ethischen Bewegung. Die späteren Propheten geben das Ideal der kultlosen, rein ethischen Religion auf. Stand früher der Priester unter dem geistigen Einfluß der Propheten, so kommt jetzt umgekehrt der Prophet unter den des Priesters.

Im babylonischen Exil weilende Priester arbeiteten die späteren Partien des «Gesetzes Mose» aus. Im Jahre 444 v. Chr. wurde das Volk auf dieses von Esra aus dem Exil mitgebrachte «Gesetzbuch Mose» verpflichtet (Nehemia 7–10). Später wurden diese Gesetze mit den früheren und mit der Patriarchengeschichte und der Geschichte der Erobe-

---

12 [Vorangestellter Satz in der Fassung 1919 (Ms.-S. 67):] Sogar um die Kreatur kümmern sich diese Gesetzgeber.

13 Der Ochse, der auf der Tenne das Getreide austritt, soll nicht, von Futter umgeben, die Qual unerfüllter Verlockung ausstehen, sondern über der Arbeit fressen dürfen, was er gerade erhaschen kann.

14 [1919 (Ms.-S. 67):] Vogelnester auszunehmen, ist freilich erlaubt, nur daß man dabei die Mutter nicht töten darf.

15 [Fortsetzung bis Kapitelschluß der Fassung 1919 s. Anh. A,2, S. 310–313.].

rung Kanaans zusammengearbeitet. So entstanden die fünf Bücher Mose.

Die von Amos ausgehende ethische Bewegung kommt also im 5. Jahrhundert v. Chr. definitiv zum Stillstand. Ihre Ergebnisse waren dadurch getrübt, daß sie eine Verbindung mit einer kultisch-priesterlichen Bewegung eingegangen war. Die ethischen Gedanken standen im Schatten gottesdienstlicher und äußerlicher Verordnungen. Zugleich aber war eben durch diese Verbindung ihre Zukunft sichergestellt. Durch die sich immer mehr befestigende und ausdehnende Macht der priesterlichen Gesetze kamen auch sie zur Geltung und konnten ihre Wirkung entfalten.

In welchem Verhältnis steht die im 7. Jahrhundert v. Chr. ihren Höhepunkt erreichende Ethik der Propheten und des Gesetzes zur Kultur? Sie ist ausgesprochene Kulturethik. Die Ethik des Amos will und erhofft etwas für die Entwicklung der Völker und der Menschheit. Sie legt ein ethisches Weltziel in die Weltgeschichte hinein. Auch der Geist des Gesetzes ist durchaus welt- und lebensbejahend und erstrebt eine höhere ethische Organisation der Gesellschaft.

So ist der Grundgedanke der Weltanschauung des Amos ganz modern-ethisch. Nur wird für die definitive Begründung der Herrschaft des Guten auf das Eingreifen Gottes gezählt. Durch sein übernatürliches Tun soll er gewissermaßen das, was die Menschen und Völker in ethischer Arbeit geleistet haben, zum guten Ende bringen. In dieser Art spielt das Übersinnliche in das Ethische hinein.

Hier aber setzt nun eine verhängnisvolle Entwicklung ein. In dem Denken des Judentums nach dem Exil tritt die Bedeutung des auf die Verbesserung der Welt gerichteten ethischen Wirkens der Menschen und der Völker immer mehr zurück, während die des übernatürlichen Geschehens immer mehr zunimmt. Ein den Propheten unbekannter Pessimismus verdunkelt die Weltanschauung. Es wird entweder überhaupt nichts mehr erhofft oder alles von dem übernatürlichen Eingreifen Gottes erwartet. In dem einen wie in dem andern Falle verliert die Ethik den Charakter der Kulturethik. Worauf beruht diese folgenschwere Wandlung?

Weltanschauung und Ethik in der Zeit nach dem Exil

Während des Exils wurde die Hoffnung durch die ethische Geschichtskonstruktion des Jesaja aufrecht erhalten. Das Gericht Gottes an seinem Volke hatte sich verwirklicht. Nun wartete man auf die Fortsetzung ... die Rückkehr des geläuterten Israels und die wunderbare Errichtung des großen Weltfriedensreiches in Jerusalem. Die im Exil schreibenden Propheten malten diese Zukunft in den wunderbarsten Farben aus. Um

573 v. Chr. sieht Ezechiel in Visionen das nach Gottes Plänen neu erstandene Jerusalem mit seinem Tempel. Ein anderer, uns dem Namen nach unbekannter Prophet, dessen Schriften uns in Jesaja 40–62[16] erhalten sind, prophezeit die Rückkehr Israels als ein Ereignis, an dem die Natur selber sich mit Wundern beteiligen wird.[17] Aber die Tatsachen widersprachen der Konstruktion. Zwar kehrte ein bedeutender Teil des Volkes in drei Karawanen 538–458 und 445 v. Chr. in die Heimat zurück. Aber Jerusalem blieb eine armselige Stadt, und das Weltfriedensreich brach nicht an. Die ethische Geschichtsbetrachtung der Propheten hatte Bankrott gemacht.

Das Zukunftsbild jedoch, das die Propheten entworfen [hatten], lebte in ihren Schriften weiter. Wie weit es ein bloß literarisches Dasein geführt hat und wie weit es wirklich Gegenstand der Hoffnung war, wissen wir nicht, da wir über das Geistesleben Israels zwischen der Rückkehr aus dem Exil und dem Auftreten Jesu nur sehr lückenhafte Nachrichten besitzen. Sicherlich gab es Kreise, in denen die Zukunftshoffnungen des Volkes keine Rolle mehr spielten.

In den sogenannten «Sprüchen Salomonis» aus dem 3. Jahrhundert v. Chr. und den Sprüchen des Jesus Sirach – aus dem 2. Jahrhundert v. Chr. – wird über Ethik ohne Beziehung auf Geschichte und Weltzweck gehandelt. Es sind Sammlungen von Sentenzen, die den ehrbaren, klugen Lebensgenuß anpreisen. In dem sogenannten «Prediger Salomo», etwa aus dem 3. Jahrhundert v. Chr., findet sich sogar eine skeptische Weltanschauung. Weil alles eitel ist, soll man das Leben, so gut es geht, in Gottesfurcht genießen. «Es gibt nichts besseres unter den Menschen, als daß einer esse und trinke und sich gütlich tue bei seiner Mühsal; aber auch das kommt ... aus Gottes Hand.» [Koh. 2,24]

Nach dem Exil kommt in denkenden Kreisen des Judentums also ein populäres Reflektieren über Ethik auf, das in keiner Weise nach der Weltanschauung der Propheten orientiert ist, sondern mehr epikuräisch-skeptisch gerichtete Anschauungen mit jüdischer Frömmigkeit zu vereinen sucht. Ethik ist noch in dieser Weltanschauung, wenn auch eine ziemlich flache. Aber Kulturethik findet sich nicht mehr darin.

Lohn und Strafe bei der Totenauferstehung[18] *in der spätjüdischen Ethik*

Die Frage jedoch, wofür man eigentlich fromm und sittlich sei, war nicht aus der Welt zu schaffen. Die Propheten hatten sie dahin beant-

---

16 [Deuterojesaja: Kap. 40–55, Tritojesaja: Kap. 56–66.]

17 Wie es kam, daß diese Reden nicht für sich überliefert, sondern den Schriften des Propheten Jesaja angehängt wurden, wissen wir nicht.

18 [«bei der Totenauferstehung» fehlt in einem Masch.-Expl.]

wortet, daß das dem Volke von Gott in der Geschichte bestimmte Wohlergehen von dem sittlichen Handeln seiner Glieder abhänge. Diese Anschauungsweise befriedigte, solange die glückliche Zukunft des Volkes als nahe bevorstehend angesehen wurde und die primitive Mentalität der Solidarität des Einzelnen mit dem Volke noch vorhanden war. Sobald diese Voraussetzungen wegfielen, trat das Problem auf, wie denn für den Einzelnen Sittlichkeit und Glück zusammenhängen.

Ohne Ausblick auf das glückliche Endschicksal des Volkes wird dieses Problem in dem wohl im 3. Jahrhundert v. Chr. entstandenen Buche Hiob behandelt. Das israelitische Denken ist nicht so naiv wie das chinesische, daß es gegen die tägliche Erfahrung an einem Zusammenstimmen von Tugend und äußerem Glück in diesem Leben festhält. Andererseits aber ist es noch so primitiv, daß es noch keinen Auferstehungsglauben kennt und also den Lohn nicht in einem zukünftigen Dasein erwartet. Unter diesen Voraussetzungen ist das Problem unlösbar. Im Buche Hiob wird es als die große Frage des Lebens nach allen Seiten beleuchtet. Der Verfasser ringt damit. Zuletzt aber wagt er nur den Entscheid, daß der Verstand des Menschen Gottes Walten nicht verstehen könne. Überdies gibt er seinem Werke noch den unpassenden Abschluß, daß Hiob das Verlorene zwiefach wiedererhält und glücklicher wird als zuvor.[19]

Ohne den Ausblick auf einen guten Endausgang der Schicksale des Volkes konnte die jüdische Ethik ihrer Vergangenheit und ihrem Wesen nach nicht auskommen. Da aber dieses Ereignis in der nachexilischen Zeit nicht mehr wie bei den Propheten auf bald, sondern auf das Ende der Zeiten erwartet wird, muß die Vorstellung der Totenauferstehung zu Hilfe genommen werden. Sie wird für die spätjüdische Religion und die spätjüdische Ethik eine Notwendigkeit. Freilich, das Bewußtsein, daß sie eine Neuerung darstelle, blieb noch lange lebendig. Noch zur Zeit Jesu und Pauli stritt man sich darüber. Die Pharisäer, die Partei der Frommen, bejahten den Glauben an die Totenauferstehung, die Sadduzäer, die Angehörigen der vornehmen, unter dem Einflusse der griechischen Bildung stehenden Priesterfamilien, verneinten ihn.[20]

Im großen und ganzen aber hatte er sich durchgesetzt. Hiermit war die Voraussetzung für die Theorie von Lohn und Strafe bei der Toten-

19 [Kap. 42,7–17.]

20 Die Pharisäer, d. h. die «Abgesonderten», traten für peinliche Erfüllung der Gebote des Gesetzes ein und verhielten sich dem griechischen Einfluß gegenüber ablehnend. Diese Partei war um die Mitte des 2. Jahrhunderts v. Chr. entstanden, nachdem sich das Volk der gewaltsamen Hellenisierungsversuche seines syrischen Oberherrn Antiochus IV. Epiphanes durch den Makkabäeraufstand (167–142) erwehrt hatte.

Die Sadduzäer waren die Anhänger des priesterlichen Adels von Jerusalem, der sich von Zadok, dem Oberpriester unter David und Salomo, ableitete.

auferstehung gegeben, die die spätere jüdische und nachher die christliche Ethik beherrscht.

Das Ethische und das Kosmische in der Apokalyptik

Auf diesem Wege war wieder eine ethische Geschichtsbetrachtung möglich geworden. Die Erwartung eines durch Gottes Hilfe als Abschluß des ethischen Geschichtsverlaufs eintretenden Friedensreiches konnte sie freilich nicht festhalten. Diese war nicht nur dadurch hinfällig geworden, daß in der Zeit nach dem Exil weder Israel noch die Ethik sich einreden konnten, eine Rolle in der Geschichte zu spielen. Der Grund lag noch tiefer. Die bisher mehr nur mit dem Abschluß der Geschichte der Völker beschäftigte Zukunftserwartung hatte unterdessen kosmischen Charakter angenommen. Der Begriff der Welt war ihr in einer vorher nicht geahnten Größe aufgegangen.

Schon bei Jesaja hatte der Gedanke, daß bei der Gründung des großen Friedensreiches auch eine Verklärung der Natur stattfinden müsse, mit herein gespielt. Bei den Propheten des Exils bildete er sich immer mehr aus,[21] wie ja auch Gott, der für die älteren Propheten nur der mächtige, die Geschichte beherrschende und die andern Götter überragende Gott Israels gewesen war, bei ihnen zum universellen Weltherrscher wird. Daß die jüdische Religion im Exil mit der ihr innerlich verwandten, aber entschieden kosmisch denkenden Religion Zarathustras bekannt geworden war, beschleunigt diesen Prozeß.

Überdies trieb die innere Logik der dualistischen Ethik auf dieses Resultat hin. Werden Welt und Gott einander als Bös und Gut entgegengesetzt, so muß, im jüdischen Denken wie in dem Zarathustras, der Gegensatz schließlich darin zu Ende kommen, daß Gott die Welt ganz unter seine Herrschaft bringt und sie nach seinem Geiste umgestaltet.

Bei dieser Wendung ins Kosmische verliert aber die sich zwischen den Völkern der Erde abspielende Geschichte die Bedeutung, die sie bei den Propheten hatte. Das Schicksal der Welt kann sich in ihr nicht vorbereiten. Es entscheidet sich in rein übernatürlichem Geschehen.

Darum sucht man nicht mehr Gottes sittliches Walten in der Geschichte festzustellen, sondern beschäftigt sich mit dem im Himmel vorgehenden übernatürlichen Geschehen. Den trostlosen Zustand der Welt erklärt man sich dadurch, daß von Gott abgefallene Engelmächte die Herrschaft über sie ausüben. Werden sie einst von Gott und den ihm getreuen Engelscharen überwunden, dann kommt die neue Welt. Dieses Ereignis wird vor sich gehen, wenn Gott die Zeit für gekommen hält.

---

21 [Ms., Notiz:] Beispiel, daß [die] Idee des Gottesreiches vom jüdischen und zarathustr[ischen] Denken ganz unabhängig voneinander gefunden [wurde].

An [die] Stelle der ethischen Geschichtsdeutung tritt also das Ausmalen des Dramas, das sich beim Übergang der natürlichen in die übernatürliche Welt im Himmel und auf Erden abspielen wird. Es erscheinen Apokalypsen (Offenbarungen), mit «Enthüllungen» über die Endzeit und mit Berechnungen des Zeitpunktes, in dem die übernatürliche Geschichte die natürliche ablösen wird. Diese neue phantastische Prophetie wird durch das zu Anfang des Makkabäeraufstandes im Jahre 165 v. Chr. entstandene Buch Daniel inauguriert. Auf diesem fußen dann die Apokalypse des Henoch, die aus der ersten Hälfte des 1. Jahrhunderts v. Chr. stammt, und die Apokalypse des Esra und die des Baruch, die von jüdischen Apokalyptikern aus dem Anfang der christlichen Zeitrechnung unter dem Eindruck der Zerstörung Jerusalems durch Titus (70 n. Chr.) geschrieben sind.[22] In jener Not lebten die alten Hoffnungen auf eine Verherrlichung Israels am Ende der Tage wieder auf.

Unethisch ist die apokalyptische Weltanschauung nicht. Ein tiefer Ernst lebt in ihr. Aber sie weist der Ethik keine natürliche weltgeschichtliche Rolle mehr zu. Das sittliche Verhalten der Menschen und der Völker ist ihr nicht mehr bedeutungsvoll im Hinblick auf die Entwicklung der Welt, sondern nur noch ein Mittel, eventuell auf Gott zu wirken, damit er die Herrlichkeit der neuen Welt bald anbrechen lasse. Wenn ganz Israel nur einen Sabbath richtig hielte, müßte der Messias kommen, lehrten die Rabbiner.[23]

Im übrigen war die Ethik nur das Mittel, durch das sich die Einzelnen das Recht auf das messianische Reich, an dem sie einst durch die Auferstehung Teil haben sollten, zu erwerben hatten. Was dazu gehörte, um ein «Gerechter» zu werden, fand man auf das Genaueste im Gesetze formuliert, und zwar ebenso sehr in den kultischen als in den ethischen Vorschriften desselben.

Wie verbreitet und wie stark die Hoffnung auf die neue Welt in den zwei letzten vorchristlichen Jahrhunderten war, wissen wir nicht. Von Bewegungen, die damit so Ernst machten, daß sie das Ende dieser Welt als unmittelbar bevorstehend erwarteten, erfahren wir nichts. Eine solche kam erst auf, als Johannes der Täufer mit seinem Rufe «Das Reich Gottes ist nahe herbeigekommen» unter das Volk trat. Seine Verkündigung wurde von Jesus fortgesetzt. [Vgl. Mark. 1,15]

Merkwürdig ist die Art, wie das ethische Problem sich bei diesen[24] einstellt. Es tritt in den Mittelpunkt ihrer Verkündigung. Kultus und

---

22 Diese Schriften sind nicht mehr in das Alte Testament aufgenommen worden. Deutsche Übersetzung derselben: E. F. Kautzsch, [*Die Apokryphen und*] *Pseudepigraphen des Alten Testamentes*, [Tübingen 1900].

23 E. Schürer, *Geschichte*, Bd. II, 41907, S. 620. [A. Schweitzer, *Geschichte der Leben-Jesu-Forschung*, Tübingen 21913, S. 285.]

24 [Vorlagen:] ihnen.

Opfer spielen in ihrer Frömmigkeit keine Rolle. Wie Amos verlangen sie vor allem Verehrung Gottes durch ethisches Handeln.

Mit der Ausmalung des erwarteten Dramas beschäftigen sie sich nicht. Sie verliert an Interesse, weil man diese Ereignisse ja alsbald zu erleben gedenkt. Dafür aber sind beide, Johannes wie Jesus, mit der Frage beschäftigt, welche besondere Sittlichkeit von dem Geschlecht, das die Erfüllungen der Verheißungen erleben darf, gefordert wird. Nicht genügt es ihnen, wie zu erwarten gewesen wäre, die Beobachtung des Gesetzes einzuschärfen, sondern beide verlangen sie darüber hinaus eine Änderung der Gesinnung. Unter der Erwartung des unmittelbar bevorstehenden Weltendes setzt ein neues ethisches Denken ein, wo die ethische Entwicklung definitiv abgeschlossen schien.

Was Johannes des Näheren unter der neuen ethischen Gesinnung verstand, ist uns nicht überliefert. Jesu Ethik der Sinnesänderung auf das Reich Gottes hin kennen wir.

VII. Ethik und Kultur im Denken Jesu

Die Ethik Jesu in ihrem Zusammenhang mit der Erwartung des Weltendes

Ihrer Problemstellung und ihrer Lösung nach ist die Ethik Jesu geschichtlich bedingt.[1] Will man sie verstehen und ihrer einzigartigen Größe gerecht werden, so muß man sie aus diesen ihren Voraussetzungen begreifen. Dies wurde bisher immer vermieden. Man hegte die Befürchtung, auf eine so ausgesprochen zeitgeschichtliche Bedingtheit der Ethik Jesu zu stoßen, daß der bisherigen Art, sich auf sie zu berufen, daraus Schwierigkeiten erwachsen könnten. Dies war richtig empfunden. Aber die Wahrheit darf keine Ängstlichkeit kennen.[2]

---

1 [R, Ms.:] 24. 12. 20. Straßburg.

2 Zur Orientierung über den geschichtlichen Jesus und sein Werk: A. Schweitzer, *Geschichte der Leben-Jesu-Forschung* ([Tübingen,] ^{1}1906, ^{2}1913). Englische Übersetzung: *The Quest of historical Jesus. [A critical study of its progress from Reimarus to Wrede* ([London] 1910)].

Die beiden berühmtesten «Leben-Jesu» sind die von D. F. Strauß ([Tübingen] 1835) und von E. Renan ([*La vie de Jésus*, Paris] 1863). Strauß erregte Ärgernis, indem er das meiste an den Berichten der Evangelien als Mythen ansah; Renan gab mehr einen Roman als eine kritische Darstellung des öffentlichen Auftretens Jesu.

Die historische Existenz Jesu bestritt erstmalig B. Bauer (*Kritik der evangelischen Geschichte der Synoptiker*, 3 Bde., [Leipzig] 1841–42; *Christus und die Cäsaren, der Ursprung des Christentums aus dem römischen Griechentum*, [Berlin] 1877 [1879]). – Eine neue Diskussion über diese Frage entbrannte am Anfang dieses Jahrhunderts, als A. Drews (*Die Christusmythe*, 2 Bde., [Jena] 1909 und 1911), J. M. Robertson (*Christianity and Mythology*, [London] 1900[, ^{2}1910]), W. B. Smith (*Der vorchristliche Jesus, [nebst weiteren Vorstudien zur Entstehungsgeschichte des Urchristentums ...,]* deutsch aus dem Englischen [übersetzt von H. Lehmpfuhl, Gießen] 1906) und andere die Darstellung der Evangelien von in der orientalischen und griechisch-römischen Welt verbreiteten Mythen eingegeben sein ließen. Tatsächlich ist die Geschichtlichkeit Jesu ebensowenig zu bezweifeln als die Buddhas, die ebenfalls schon angefochten worden ist.

Auf die Bedeutung der spätjüdischen Erwartung vom Weltende und der Welterneuerung für die Gedankenwelt Jesu haben aufmerksam gemacht: Hermann Samuel Reimarus (*Vom Zwecke Jesu und seiner Jünger*, [das 7. der *Fragmente eines Ungenannten*, hg. von G. E. Lessing, Braunschweig] 1778), W. Baldensperger (*Das Selbstbewußtsein Jesu im Lichte der messianischen Hoffnungen seiner Zeit*, [Straßburg] 1888) und J. Weiß (*Die Predigt Jesu vom Reiche Gottes*, [Göttingen] 1892). Wie weit Jesus durch diese Erwartung nicht nur in seiner Lehre, sondern auch in seinem Handeln bestimmt ist, ist erstmalig von mir in *Das Messianitäts- und Leidensgeheimnis Jesu*, ([Tübingen] 1901, englisch [*The Mystery of the Kingdom of God. The secret of Jesus' Messiaship and Passion*, London] 1914 [1925], [französisch *Le secret historique de la vie de Jésus*, Paris 1961]), und in der *Geschichte der Leben-Jesu-Forschung* entwickelt worden.

Jesus denkt kosmisch. Das Reich Gottes ist für ihn nicht, wie für die Propheten und das moderne Christentum, die ethisch vollendete Menschheit, sondern die neue Welt, in der die Menschen in einen überirdischen, engelgleichen Zustand eingehen und ohne Sünde, ja ohne die Möglichkeit, zu sündigen, in Gemeinschaft mit dem Messias leben. Es ist also eine überethische, übersinnliche Größe.

Die von Jesus aufgestellte Ethik ist also nicht die Ethik, die im Reiche Gottes gelten wird, auch nicht die, durch deren Befolgung sich die menschliche Gesellschaft nach und nach zur Höhe des Reiches Gottes entwickeln soll. Was er zu Galiläa predigt, ist Interimsethik, das heißt Ethik, die von dem Tage der Verkündigung der Nähe des Reiches Gottes bis zu seinem Eintreten gelten soll.[3] Sie bestimmt das Verhalten, in dem man sich von dieser Welt lossagt und sich zur kommenden bekennt. Das Ethische ist also die Modulation vom Irdischen zum Überirdischen.

Einen Einfluß auf das Kommende der neuen Welt hat das Ethische nur insoweit, als die sittliche Umkehr der Menschen auf Gott eine Art Gewalt ausübt, das sehnsüchtig erwartete Ereignis bald eintreten zu lassen. Dies ist der Sinn des rätselhaften Wortes: «Von den Tagen Johannis des Täufers bis hieher leidet das Himmelreich Gewalt und die Gewalttätigen reißen es an sich.» (Mt. 11,12) Durch die damals anhebende und durch Jesu Predigt noch verstärkte Bußbewegung wird es wie mit Stricken auf die Erde herniedergezogen. Jesus nimmt nicht an, daß die von ihm in Gang gebrachte ethische Bewegung irgendwelche natürliche Bedeutung für die Entwicklung von der Gegenwart in die bessere Zukunft habe. Sie ist für ihn nur der Druck auf den Hebel, durch den der Mechanismus der als aussichtslos aufgegebenen Geschichte ausgeschaltet und der der übernatürlichen eingeschaltet wird. Hierin denkt er also ganz in der Art des Spätjudentums.

Die Nachteile des Einflusses der Erwartung des Weltendes auf die Ethik Jesu

Die Ethik Jesu, wie die indische, verfolgt also keine Ziele in der Welt, sondern ist weltverneinend. Insoweit ist sie nicht Kulturethik. Sie stellt keine Ideale für die Besserung der gesellschaftlichen Zustände auf, auch hat sie kein Wort für die sittliche Bedeutung der Arbeit. Die Welt ist ihr wie ein auf Abbruch verkauftes Haus. Wer die Zeichen der Zeit versteht,

---

Die ältesten und zuverlässigsten Quellen über Jesus sind das Evangelium des Matthäus und das des Markus. Das Lukas- und das Johannesevangelium haben keine so klare Vorstellung der Verhältnisse und der Vorgänge mehr.

Über die Dauer der öffentlichen Wirksamkeit Jesu wissen wir nichts Genaues. Es ist wahrscheinlich, daß sie nur einige Monate betrug.

3 [Im Ms. darüber geschrieben:] Die Gotteskindschaft.

ist nur auf seine innere Vollendung bedacht, kümmert sich nicht um Speise und Kleidung, sondern lebt in heiterer Sorglosigkeit, wie die Vögel unter dem Himmel und die Lilien auf dem Felde dahin. Wer Erarbeitetes oder Ererbtes sein eigen nennt, soll nur darauf bedacht sein, es in Almosengeben los zu werden und sich damit einen Schatz im Himmel anzulegen.

Aber nicht nur, daß die Erwartung des nahen Weltendes keine Kulturethik aufkommen läßt: sie wirkt auch störend auf das Ethische als solches ein. Weil die Kunde von der Nähe des Himmelreiches zunächst nur für das auserwählte Volk bestimmt sein soll, gebietet Jesus seinen Jüngern, als er sie aussendet, daß sie nur die Juden, nicht auch die Heiden und Samariter lehren dürfen (Mt. 10,5).

Auch die in der jüdisch-apokalyptischen Weltenderwartung mitgeführte Idee, daß nicht alle Menschen, sondern nur die, denen es von Ewigkeit her also bestimmt ist, sittlich werden und in das Reich Gottes eingehen können, findet sich bei ihm. Wie hat er sich mit der Überlegung, daß durch diese Prädestination eigentlich die ganze Ethik außer Kraft gesetzt wird, abgefunden? Eine Äußerung darüber besitzen wir nicht.

Mit den spätjüdischen Anschauungen übernimmt Jesus auch eine krasse Lohn- und Straftheorie. In gequälten Abhandlungen haben die Theologen sie aus seinen Worten herauszudeuten oder sie in ihnen wenigstens abzuschwächen versucht. Vergebliches Bemühen! Überall setzt er voraus, daß der Mensch sittlich sei in Hoffnung auf die Seligkeit des Reiches Gottes und aus Angst vor der Pein des Verdammten. Nirgends findet sich ein Hinweis auf die höhere Sittlichkeit, die das Gute um des Guten willen tut. Selbst als die Jünger dafür, daß sie ihm nachgefolgt sind, besondere Ehren im Himmelreich beanspruchen, entrüstet er sich nicht, sondern verheißt ihnen, daß sie um ihn herum auf zwölf Stühlen sitzen und die zwölf Geschlechter Israels richten werden (Mt. 19,27–30).

Bedenklich ist auch, daß bei dieser Betrachtungsweise der sittliche Charakter der Demut gefährdet wird. Sie wird zur Selbsterniedrigung in dieser Welt, die mit einer entsprechenden Erhöhung in der zukünftigen rechnet.

Es kommt sogar vor, daß die ganz nach dem Himmelreich orientierte Sittlichkeit Jesu mit der natürlichen in Konflikt gerät. Als einer aus dem Gefolge sich von ihm auf einige Zeit verabschieden will, um seinen Vater zu begraben, bekommt er zu hören, daß selbst diese Pflicht durch die besonderen Forderungen der Zeit außer Kraft gesetzt sei. Er soll mit denen, die sich auf das Reich Gottes vorbereiten, zusammenbleiben und die Toten ihre Toten begraben lassen (Mt. 8,21.22).

In der Rede bei der Aussendung der Jünger nimmt er an, daß viele Menschen in der nächsten Zeit in die Lage kommen werden, sich mit ihren Angehörigen um des Reiches Gottes willen zu entzweien. Paradox formuliert er es in dem furchtbaren Worte: «Ihr sollt nicht wähnen, daß ich gekommen sei, Frieden zu senden auf Erden. Ich bin nicht gekommen, Frieden zu senden, sondern das Schwert.[4] Denn ich bin gekommen, den Menschen zu erregen wider seinen Vater und die Tochter wider ihre Mutter und die Schnur[5] wider ihre Schwieger[mutter]. Und des Menschen Feinde werden seine eigenen Hausgenossen sein.» (Mt 10,34.35)

Er selber handelt, wie er es fordert. Während er das Volk lehrt, kommen seine Mutter und seine Geschwister und verlangen,[6] ihn zu sprechen. In der Annahme, daß sie ihn von seinem Beruf als Verkündiger des Reiches Gottes abbringen wollen, weist er sie ab und fügt hinzu: «Wer ist meine Mutter und meine Brüder? ... Wer den Willen Gottes tut, der ist mein Bruder und meine Schwester und meine Mutter.» (Mk. 3,31–35)

Indem er so spricht und handelt, bewegt er sich in den von den Apokalyptikern aufgebrachten Vorstellungen von den Ereignissen der Endzeit. Nach ihrem Programm sollte am Ende der Tage, als letzter und gewaltigster Triumph des Bösen, eine gewaltige Drangsal über die ganze Menschheit kommen. Während derselben sollten die Erwählten Gegenstand aller nur denkbaren Verfolgungen auch von seiten ihrer nächsten Verwandten werden. Darum müssen sie wissen, daß jetzt, wo jene Zeit im Anbrechen ist, die irdischen Bande gelöst sind und die natürlichen Pflichten, wenn sie ein Hindernis des Bekenntnisses zum Reiche Gottes werden wollen, nicht mehr gelten dürfen. Da Jesus selbst, durch die ethische Bewegung, die er wachruft, die Ereignisse des Kommens des Reiches Gottes, unter ihnen auch diese Drangsal, herbeiführen hilft, sagt er in gewollter Paradoxie, daß er gekommen sei, «das Schwert zu senden».

Anstößig ist auch, daß er den Ortschaften Chorazin, Bethsaida und Kapernaum flucht (Mt. 11,20–24) und sogar den Jüngern die Vollmacht zugesteht, Segen und Fluch über die Dörfer auszusprechen, je nachdem sie in ihnen aufgenommen oder aus ihnen vertrieben werden (Mt. 10,11–15). Hier steht die Idee der Prädestination im Hintergrund. In der Art, wie sich diese Ortschaften zu den Verkündigern des Reiches Gottes verhalten, wird offenbar, ob sie vor Gott zum Heil oder zu Verdammnis erwählt sind. Fluch und Segen, die ausgesprochen werden, konstatieren nur die schon an sich gegebene Tatsache.

---

4 [R, Fassung 1919 (Ms.-S. 79):] Furchtlosigkeit, Mt. 10,28. Wer mich verleugnet ... Mt. 10,33.

5 [Schwiegertochter].

6 [Fassung 1919, Notiz über der Zeile (Ms.-S. 79):] Die irdischen Bande sind gelöst. Anerkennt die natürlichen Pflichten nicht.

Wagt man, die Ethik Jesu also zu sehen, wie sie ist, so weist sie reichlich befremdende und anstößige Züge auf. Diejenigen von allen Ethikern, die in alter und neuer Zeit auf gehässige Kritik ausgingen, hatten es nicht schwer, Material gegen sie zusammenzubringen. Nur haben sie dabei, mit der geschichtlichen Seite der Frage zu wenig vertraut, die Eigentümlichkeit des Problems übersehen. Das Beanstandbare geht nicht auf eine Störung im sittlichen Empfinden Jesu zurück, sondern ist daraus zu erklären, daß in der spätjüdisch-apokalyptischen Weltanschauung gegebene Vorstellungen ihre Schatten in seine Ethik hineinwerfen.[7]

Jesus, der Schöpfer der Ethik der ethischen Vervollkommnung der Persönlichkeit

Jesus übernimmt also die phantastische Weltanschauung, die er in der Frömmigkeit seiner Zeit vorfindet, in ganz naiver Weise und baut seine Ethik in sie hinein. In mancher Hinsicht ungünstig, war der Bauplatz in anderer wieder außerordentlich vorteilhaft. Die Erwartung des nahen Weltendes hat nicht nur entstellend, sondern auch eminent fördernd auf die ethische Vorstellungen eingewirkt.

In der Erwartung des Weltendes ist nämlich der Antrieb gegeben, über die Ethik des alttestamentlichen Gesetzes hinauszugehen und das absolute Ideal der Vollkommenheit aufzustellen. Weil Jesus das Bewußtsein hat, in den letzten Tagen dieser Welt zu leben, ist er davon befreit, in seiner Ethik auf die zweckmäßige ethische Organisierung der Gesellschaft und des Volkes einzugehen. Er kann die Ethik der ethischen Vervollkommnung der Einzelpersönlichkeit entwickeln, ohne darauf Rücksicht nehmen zu müssen, wie sie sich in die Sozialethik einpassen läßt. Nur mit dem einzelnen Menschen und dem Verhalten des Einzelnen hat er sich zu befassen. Eine auf absolute Forderungen ausgehende Individualethik wird ermöglicht. Der Weg zur größten Verinnerlichung tut sich auf.

So erklärt sich die eigentümliche Stellung Jesu zu den Propheten. Er steht unter ihrem Einfluß und setzt ihr Werk fort. Aber während sie

---

7 Von psychiatrischer Seite sind die «Defekte im ethischen Empfinden Jesu» neben seinem hohen Selbstbewußtsein als Beweis für seine Geistesgestörtheit angeführt worden, so bei Dr. de Loosten (Georg Lomer, *Jesus Christus vom Standpunkte des Psychiaters*, Bamberg 1905,) und Dr. [Ch.] Binet-Sanglé (*La folie de Jésus*, 3 Bde., [Paris] 1909, 1910, 1912). Eine Übersicht über alle bisherigen Pathographien über Jesus und eine vom Standpunkte des Historikers und des Mediziners unternommene Richtigstellung der Tatsachen habe ich in der Schrift *Darstellung und Kritik der von medizinischer Seite veröffentlichten Pathographien über Jesus* versucht [(med. Dissertation). Titel der gedruckten Ausgabe: *Die psychiatrische Beurteilung Jesu. Darstellung und Kritik*, Tübingen] 1913. Die geistige Gesundheit Jesu ist in keiner Weise anzuzweifeln.

es mit dem Volk und nicht den Einzelnen als Glieder des Volks zu tun haben, wendet er sich nie an das Volk, sondern nur an den Einzelnen.

Die Erwartung des Weltendes bringt es also mit sich, daß von dem weiten Felde der Ethik nur ein Stück angebaut wird. Aber die Ernte, die dieses abwirft, läßt den Ausfall dessen, was brach liegt, vergessen. Die sittliche Vervollkommnung des Einzelnen in seinem Verhältnis zu sich selbst und zu andern Einzelnen ist der innerste, stille Hof des ethischen Problems.[8] Die Gebäude, die ihn einschließen, können veralten und verfallen und in neuem Stile wieder aufgeführt werden. Der Hof selber wandelt sich nicht. Wie auch die Zeiten gehen und kommen: sein Brunnen rauscht in derselben Weise und seine Blumen blühn in derselben Farbe.[9] Hier weilt Jesus mit dem Menschen, hier redet er zu ihm von dem ungehemmten Menschentum ... zu dem Menschen, der Tausende von Jahren nach ihm lebt, wie zu seinen Zeitgenossen. Denn nichts ändert sich weniger in der Geschichte als der Mensch und die Probleme des Verhaltens von Mensch zu Mensch.

In ihrer einzigartigen zeitgeschichtlichen Bedingtheit ist die Zeitlosigkeit der Ethik Jesu begründet. Weil sie mit dem Weltende rechnet und von allen in der damaligen Welt bestehenden Fragen der Organisation der Gesellschaft absieht, veraltet sie nicht und behält in jeder Epoche ihre Bedeutung. Keine Zeit mehr voraussetzend, läßt sie sich in jede Zeit einsetzen.

Jesu Ethik der Weltverneinung in ihrem Verhältnis zur indischen

Das Problem der sittlichen Vervollkommnung des Einzelnen tritt in seiner ganzen Tiefe da auf, wo das Wirken auf die Welt für den Menschen bedeutungslos geworden ist. In den indischen Religionen wird die Welt außer Kraft gesetzt, indem der Einzelne von ihr absieht und sich aus ihr zurückzieht. Das dabei entstehende Vollkommenheitsideal trägt mönchischen Charakter. Es entsteht die Sittlichkeit der Tatenlosigkeit, in der nicht einmal das tätige Verhalten von Mensch zu Mensch sein Recht behält. Bei der Flucht aus der Welt zieht sich der Mensch auch vom Menschen zurück.

Das Ideal des Weisen, wie es im alten und neuen stoischen Denken aufgestellt wird, kommt im Prinzip auf dieselbe Weise zustande, nur

8 [R, Fassung 1919 (Ms.-S. 83):] ewig. Zeitlos. Seine Zeit außer Kraft gesetzt.

9 [Fassung 1919 (Ms.-S. 84):] Bild: Die Schatten auf der Ethik Jesu vergehen in dem Maße, als die Sonne den Weg weiterwandelt.

[Im Haupttext 1919 folgt hier der Satz:] Er [der Hof] ist Natur, das heißt etwas, das in fortwährender Erneuerung dasselbe bleibt.

daß die Weltverneinung hier keine vollständige ist. Ein Mensch läßt die Anregungen und Anforderungen, die von der Welt und den Menschen an ihn ergehen, in einer für seinen Seelenzustand und seine Seelenruhe zweckmäßigen Abgetöntheit auf sich wirken. Dabei findet zwar nicht eine Abtötung der Lebensenergie, wie in der indischen Ethik, statt, wohl aber eine willkürliche allgemeine Herabsetzung derselben, bei der auch, wie es nicht anders sein kann, das ethische Erleben und das Empfinden für das ethische Müssen mitbetroffen werden.

Bei Jesus hingegen, wo die Weltverneinung durch das Erwarten des Weltendes motiviert ist, ist der Vorgang ein ganz anderer. Der Mensch zieht sich nicht von der Welt zurück, sondern die Welt von dem Menschen. Ihre Außerkraftsetzung erfolgt nicht durch einen Denk- und Willensakt in ihm, bei dem er seinen Willen zum Leben ertötet, sondern sie ist eine objektive Tatsache. Es kommt also eine Weltverneinung zustande, bei der der lebendige Mensch in seiner ganzen Ursprünglichkeit erhalten bleibt!

Überdies ist nur die Welt, nicht auch der Nebenmensch aus seinem Interessenkreis verschwunden.

Die Welt ist zurückgeebbt. Auf dem Strande, den das zurücktretende Meer freiläßt, sieht sich der Mensch mit den andern Einzelnen zusammen und lebt mit ihnen in Erwartung der neuen Flut, die sie miteinander in die neue Welt tragen wird. Das auf die Welt gerichtete Tun und die von der Welt ausgehenden Hemmungen gelten nicht mehr für sie. Dafür sollen sie die Sittlichkeit des vollendetsten tätigen und leidenden Verhaltens von Mensch zu Mensch schrankenlos ausleben.

Darum ist die Ethik Jesu bei allen Motiven, die sie mit der indischen gemeinsam hat, in ihrem Wesen so ganz anders gerichtet als diese. Die Übereinstimmung geht nur so weit, als die Weltverneinung[10] allgemein reicht.[11] Sowie diese Grenze überschritten ist, befährt man mit Jesus eine lebendig bewegte, mit der[12] andern eine tote Tiefe. Die Ähnlichkeit zwischen ihm und Buddha, die für so groß gehalten wurde, daß man ihn so oft als von diesem beeinflußt ansah, schwindet bei näherem Zusehen vollständig. Der eine ist ein heiterer Mönch, der andere ein ungebrochener Mensch, für den die kleinsten Dinge in der Beziehung des Menschen zum Menschen ihre Bedeutung behalten haben.

Eine gewisse Verwandtschaft besteht zwischen Jesus und Laotse. Für Laotse ist die Welt insoweit außer Kraft gesetzt, als er das gewöhnliche ethische Wirken in der Welt und auf die Welt als falsche Geschäftigkeit ansieht und die geistige Wirkungsweise als die dem Wesen des Sittlichen allein entsprechende betont. Es findet also wie bei Jesus eine Verinnerlichung

---

10 [R, Fassung 1919 (Ms.-S. 86):] Enthusiastische Ethik – nichtenthusiasitsche Ethik.
11 [Fassung 1919 (Ms.-S. 86):] Gleicht eher Laotse. Aber mit Enthusiasmus.
12 [Vorlagen:] den.

des Menschen ohne Abtötung der Lebensenergie statt. Nur ist bei Jesus die Sittlichkeit bei aller Innerlichkeit eine viel elementarere als bei Laotse, weil das Tun von Mensch zu Mensch seinen vollen Wert behält, während es bei Laotse teilweise unter die falsche Geschäftigkeit fällt.[13]

Jesu Grundprinzip des Sittlichen[14]

Jesus hat ein Grundprinzip des Sittlichen aufgestellt. Es lautet: «Anders sein als die Welt.» Das Gesetz des sich in der Welt abspielenden Geschehens ist, daß ein Wesen dem andern in egoistischer Weise begegnet[15] und sich mit Gewalt gegen es durchzusetzen sucht. Ethik besteht für Jesus also darin, daß ein Mensch sich dem Menschen hingibt und sich in keiner Weise gegen ihn behauptet. Gott von ganzem Herzen und den Nächsten wie sich selbst lieben, ist das Gebot der Gebote.[16]

Alle ethischen Aussprüche Jesu fließen aus diesem Grundprinzip. Kein Rechnen, kein Rechten, kein Wehren soll gelten. Der Mensch soll sich an den Menschen verlieren, alles von ihm erdulden, ihm alles verzeihen. Will einer etwas mit Gewalt von ihm nehmen, so sei ihm dies eine Anregung, es freiwillig und in noch reicherem Maße abzugeben. Verliert er so in Tun und Leiden sein natürliches Leben Stück für Stück, so hat er dafür das wahre gefunden. Durch seine Absage an den Geist dieser Welt ist er bezeichnet und bereitet, an der kommenden Welt des Reiches Gottes teil zu haben.

Ethische Worte Jesu aus den beiden ältesten Evangelien:

Tätige Ethik

Selig sind die Sanftmütigen, denn sie werden das Land ererben.[17] (Mt. 5,5) – Selig sind die Barmherzigen, denn sie werden Barmherzigkeit erlangen. (Mt. 5,7) – Selig

---

13 [Ms., Schlußdatum:] Weihnachtsabend 1920. Straßburg. In tiefer Traurigkeit! ...

14 [Im Ms. noch zum Titel gehörend, aber schwer leserlich:] Ethik der Bergpredigt. [R (Ms):] 3.1.21.

15 [Ms., darüber geschrieben, aber vielleicht zum übernächsten Satz gehörend:] Hier besser: Eins mit Gott.

16 Jesus formulierte es auf eine Anfrage eines Schriftgelehrten nach dem größten Gebot (Mk. 12,28–30). In seinem Bescheide greift er auf zwei Sprüche aus dem alttestamentlichen Gesetze zurück. «Du sollst Gott, deinen Herrn, lieb haben von ganzem Herzen, von ganzer Seele und von ganzem Vermögen» ist aus 5. Mose 6,5. «Du sollst deinen Nächsten lieben wie dich selbst» steht 3. Mose 19,18, in einem Abschnitt, der die Rachgier verbietet. Tatsächlich ist die allgemeine Menschenliebe, die Jesus predigt, in den ethisch tiefsten Partien der Propheten und des Gesetzes schon angedeutet. Auch der große rabbinische Lehrer Hillel, ein älterer Zeitgenosse Jesu, wagte den Satz, daß Menschenliebe die Summe des Gesetzes sei. Trotzdem bringt Jesus etwas Neues, weil er keine vernunftgemäße Einschränkung der Menschenliebe anerkennt, sondern sie in einer Absolutheit gebietet, die nicht im Gesichtskreis der Vorgänger lag.

17 Die gewöhnliche Übersetzung «das Erdreich besitzen» ist irreführend. Jesus spielt auf

sind die reines Herzens sind, denn sie werden Gott schauen. (Mt. 5,8) – Selig sind die Friedfertigen, denn sie werden Gottes Kinder heißen. (Mt. 5,9)

Gib dem, der dich bittet und wende dich nicht ab von dem, der dir abborgen will. (Mt. 5,42)

Liebet eure Feinde, segnet, die euch fluchen, tut wohl denen, die euch hassen, bittet für die, so euch beleidigen und verfolgen, auf daß ihr Kinder seit eures Vaters im Himmel. (Mt. 5,44.45)

Niemand kann zweien Herren dienen. Entweder er wird den einen hassen und den andern lieben, oder er wird dem einen anhangen und den andern verachten. Ihr könnt nicht Gott dienen und dem Mammon. (Mt. 6,24)

Richtet nicht, auf daß ihr nicht gerichtet werdet. (Mt. 7,1) – Es werden nicht alle, die zu mir sagen Herr, Herr! in das Himmelreich kommen, sondern die den Willen tun meines Vaters im Himmel. (Mt. 7,21)

Es sei denn, daß ihr umkehret und werdet wie die Kindlein, so werdet ihr nicht in das Reich Gottes kommen. Wer nun sich selbst erniedrigt wie dies Kind,[18] der ist der Größte im Himmelreich. (Mt. 18,3.4) – So jemand will unter euch mächtig sein, der sei euer Diener, und wer da will der Vornehmste sein, der sei euer Knecht. (Mt. 20,26.27)

Wenn aber der Menschensohn kommen wird in seiner Herrlichkeit und alle heiligen Engel mit ihm, dann wird er sitzen auf dem Stuhl seiner Herrlichkeit und werden vor ihm alle Völker versammelt werden. Und er wird sie von einander scheiden, gleich als ein Hirte die Schafe von den Böcken scheidet, und wird die Schafe zu seiner Rechten stellen, und die Böcke zu seiner Linken. Da wird dann der König sagen zu denen zu seiner Rechten: «Kommt her, ihr Gesegneten meines Vaters, ererbet das Reich, das euch bereitet ist von Anbeginn der Welt! Denn ich bin hungrig gewesen, und ihr habt mich gespeiset. Ich bin durstig gewesen, und ihr habt mich getränket. Ich bin ein Gast gewesen, und ihr habt mich beherberget. Ich bin nackend gewesen, und ihr habt mich bekleidet. Ich bin krank gewesen, und ihr habt mich besucht. Ich bin gefangen gewesen, und ihr seid zu mir gekommen.» Dann werden ihm die Gerechten antworten und sagen: «Herr, wann haben wir dich hungrig gesehen und haben dich gespeiset? oder durstig und haben dich getränket? Wann haben wir dich [als] einen Gast gesehen und beherberget? oder nackend und haben dich bekleidet? Wann haben wir dich krank oder gefangen gesehen und sind zu dir gekommen?» Und der König wird antworten und sagen zu ihnen: «Was ihr getan habt einem unter diesen meinen geringsten Brüdern, das habt ihr mir getan.» (Mt. 25,31–40)

---

den Ausdruck «das gelobte Land ererben» an und meint damit das Eingehen in das Himmelreich. Auch in den andern Seligpreisungen ist mit «denn sie werden getröstet werden», «denn sie werden Barmherzigkeit erlangen», «denn sie werden Gott schauen» und «denn sie werden Gottes Kinder heißen» immer die Teilnahme an der kommenden Herrlichkeit gemeint.

[Die neutestamentlichen Zitate stimmen meist ziemlich mit dem Text der Luther-Bibel überein, z. T. mit der Übersetzung von Carl Weizsäcker, *Das Neue Testament*, Tübingen [9]1906.]

18 [Im Ms. darüber geschrieben:] Das Kind. Die große Unbefangenheit.

Leidende Ethik

Selig sind, die da Leid haben [tragen], denn sie sollen getröstet werden. (Mt. 5,4) – Selig sind, die um der Gerechtigkeit willen verfolgt werden, denn das Himmelreich ist ihr. (Mt. 5,10)

Ich sage euch, daß ihr nicht widerstreben sollt dem Übel, sondern so dir jemand einen Streich gibt auf deine rechte Backe, dem biete die andere auch dar. Und so jemand mit dir rechten will und deinen Rock nehmen, dem laß auch den Mantel. Und so jemand dich nötigt eine Meile, so gehe mit ihm zwei. (Mt. 5,39–41)

Wer nicht sein Kreuz auf sich nimmt und folget mir nach, der ist es mein nicht wert. – Wer sein Leben findet, der wird es verlieren. Und wer sein Leben verliert um meinetwillen, der wird es finden. (Mt. 10,38.39)

Was hülfe es dem Menschen, so er die ganze Welt gewönne, und nähme doch Schaden an seiner Seele? Oder was kann der Mensch geben, damit er seine Seele wieder löse? (Mt. 16,26)

Das Ethische in Jesu Todesentschluß

Diese Ethik, in der Tun und Leiden so merkwürdig ineinander übergehen, hat Jesus gelebt. Nach dem Programm der Ereignisse des Weltendes sollten die Erwählten in der großen vormessianischen Drangsal ihre Sünden sühnen und sich auf die kommende Herrlichkeit hin bewähren. Dies erfüllt ihn mit Angst um sie. Werden sie alle standhaft bleiben? Wo er sie im Vaterunser beten lehrt, Gott möge sie nicht «in Versuchung» führen, meint er diese Drangsal [Mt. 6,13].

Bei der Aussendung der Jünger (Mt. 10) erwartet er, daß sie alsbald losbrechen werde. Darum hält er ihnen eine in so merkwürdigen Leidensweissagungen verlaufende Rede. Als aber nichts eintrat und sie unversehrt zu ihm zurückkehrten, kam ihm die Gewißheit, daß Gott bestimmt habe, er, als der zukünftige Herrscher des messianischen Reiches, dürfe, wenn er wolle, für die Erwählten die Drangsal stellvertretend an sich vollziehen. So sucht er Leiden und Tod, damit sie verschont bleiben. Hat sich an ihm das Äquivalent der allgemeinen vormessianischen Drangsal ausgewirkt, so kann das Reich Gottes auf Erden herniederkommen. Dank seiner freiwilligen Hingabe gehen dann die Erwählten, ohne vorher in Leiden für ihre Sünden Sühne getan zu haben, zur Herrlichkeit ein. So erklären sich Jesu Entschluß, zu leiden und zu sterben, und das auf dem Wege nach Jerusalem zu den Jüngern gesprochenen Wort: «Des Menschen Sohn ist nicht gekommen, daß er sich dienen lasse, sondern daß er diene und gebe sein Leben als Lösegeld für viele.» (Mt. 20,28)

Die Absolutheit der Ethik Jesu. Ihr Wahrheitsgehalt

Die Erwartung des Weltendes und des Reiches Gottes hat also Jesus erlaubt, die Ethik zu Ende zu denken.[19] Dabei ergaben sich drei große, innerlich untereinander zusammenhängende Einsichten.

Erstens: Die Ethik der Vervollkommnung zur ethischen Persönlichkeit ist etwas für sich. Sie geht nicht von Erwägungen über die zweckmäßige Gestaltung der menschlichen Gesellschaft aus und auch nicht auf sie ein, sondern ist einzig durch ein inneres Müssen des Menschen bestimmt.

Zweitens: Grundprinzip des Sittlichen ist «Anders zu sein als die Welt», das heißt, statt der natürlichen Selbstbehauptung Selbsthingabe zu üben.

Drittens: Das Grundprinzip des Sittlichen trägt keinen Trieb zur Selbstbegrenzung in sich. Es gilt absolut. Wie die Gesellschaft bei diesem nur durch Liebe und nicht auch durch Gerechtigkeit und Zweckmäßigkeit bestimmten Verhalten der Einzelnen bestehen kann und wie die Einzelnen selber in der Lage sind, dabei zu existieren, wird nicht erwogen. Mit Bewußtsein und Absicht wird das Sittliche in das Gebiet des Nicht-Vernunftgemäßen erweitert und das Prinzip einer ethischen Selbsthingabe aufgestellt, die jederzeit aus innerer unaufhaltbarer Notwendigkeit in Selbstaufgabe endigen kann.

Für diese persönliche, innnerliche, absolute Ethik ist die Ethik nicht mehr der große See, der nach allen Richtungen sicher befahren werden kann, sondern eine Bucht, die irgendwo zum Meere öffnet und aus der Strömungen auf das unermeßliche Gewoge hinausführen. Diesen Ozean hat Jesus als Entdecker befahren. Die Erwartung des Weltendes gab ihm den Mut zur Fahrt und die Richtung derselben ein.

Muß nur der, der dem Weltende entgegensteuert, sich auf diesen Ozean wagen, oder wartet diese Uferlosigkeit nicht eines jeden, der auf das elementare und lebendige Ethische ausgeht?[20] Wie viel von der absoluten Ethik Jesu ist nur in der Weltenderwartung begründet und wie viel gehört zum Wesen des Ethischen als solchem, nur daß er es unter besonders günstigen Weltanschauungsverhältnissen und mit dem Scharfblick seines Genies damals zuerst erschaut hat?

Sicher ist so viel, daß diese Ethik, obwohl in krassen Lohn- und Strafvorstellungen gedacht, Forderungen aufstellt, die sich an sich dem ethischen Denken als Wahrheit aufdrängen und in allen Zeiten ihren

---

19 [Ms.:]... die Ethik der ethischen Persönlichkeit ins Absolute [R: ins Unbegrenzte] zu Ende zu denken.

20 [Beifügung im Ms.:] Aus Gehorsam gegen Gott wird bei Jesus die Gemeinschaft mit Gott. Vorwegnahme des Gesetzes des R[eiches] G[ottes].

Weg machen. Sie bedürfen der Lohn- und Strafvorstellungen nicht, sondern können sie als verabschiedete Begleiter in der Vergangenheit zurücklassen. In dem Grundprinzip des Sittlichen als dem «Anders-Sein als die Welt» ist eine Erkenntnis enthalten, die, aus der Erwartung des Weltendes geboren, ohne sie weiterbesteht, wenn sie auch in dieser Allgemeinheit nicht als befriedigende Fassung des Grundprinzips des Sittlichen gelten kann. Bleibend an Jesu Ethik sind die Richtung, die sie angibt, und die treibende Energie, die ihr innewohnt.

Kulturverneinung und Kulturbejahung in Jesu Ethik

Erst nachdem die Eigenart dieser bisher so wenig sachlich erkannten und beurteilten Ethik nach allen Richtungen hin verfolgt worden ist, läßt sich die Frage ihres Verhältnisses zur Kultur entscheiden. Mit der Feststellung, daß sie die Welt verneint und also keine Kulturwerte anerkennt, ist nicht alles gesagt. Das Rätselhafte der Weltanschauung Jesu ist, daß sie weder pessimistisch noch optimistisch ist, sondern beide Charaktere in einem eigentümlichen Spannungsverhältnis aufweist. Jesus verneint diese Welt ... aber um eine sie ablösende Idealwelt zu bejahen. Er verneint dies Leben nicht für[21] das qualitätslose Sein oder das Nichts, wie das indische Denken, sondern für ein in jeder Hinsicht gesteigertes und vollendetes Dasein. Seine Ethik ist nicht nur leidende Ethik, sondern auch lebendiges Handeln von Mensch zu Mensch!

Jesus glaubt an Kultur, insoweit als er den Gedanken der höchsten Vollendung des Menschen und der Menschheit denkt. Aber er meint, sie könne nur auf übernatürliche Weise verwirklicht werden. Seine Ethik ist tätige Ethik, insoweit sie mit ungeheurer Lebhaftigkeit auf die Probleme des Verhaltens von Mensch zu Mensch eingeht. Aber weil Weltverneinung vorausgesetzt ist, will sie sich weder mit der Wirklichkeit auseinandersetzen noch auf sie wirken. Dieses rätselhafte Ineinander von kulturverneinenden und kulturbejahenden Gedanken ist dadurch bedingt, daß Jesus die Vollendung der Welt in der apokalyptischen Verneinung der natürlichen Welt denkt. Was aber geschieht, wenn diese abnorme Voraussetzung hinfällig wird und die Wirklichkeit der natürlichen Welt wieder in ihre Rechte tritt? Hat sich die zur christlichen Ethik gewordene Ethik Jesu in der Geschichte als kulturbejahend oder kulturverneinend erwiesen? Welchen Charakter hat sie heute?[22]

---

21 [gemeint: zugunsten des ...]

22 [Aus dem Verzeichnis *Literatur für die ethische Arbeit*, 1919:] A. Rau, *Die Ethik Jesu. Ihr Ursprung und ihre Bedeutung vom Standpunkt des Menschentums*, [Gießen] 1889.

VIII. Ethik und Kultur im Denken des Christentums

Die Probleme der christlichen Ethik. Die Begründung des Grundprinzips der Ethik Jesu[1]

Eigentlich hätte die Ethik Jesu, weil sie die Fortexistenz der Welt verneinte, abdanken müssen, als die Welt dennoch fortbestand. Aber sie lebte weiter, weil sie innere Wahrheitsenergien in sich trug und das Christentum eine Weltreligion wurde.

Wider ihre Überzeugung dazu berufen, in der natürlichen Geschichte eine Rolle zu übernehmen, stand sie vor zwei gewaltigen Problemen. Mit dem Zusammenbruch der Erwartung des Weltendes und der Hoffnung auf ein in übernatürlicher Weise kommendes Reich Gottes verlor sie die Logik, in der sie entstanden war. Woraus sollte sie sich nun begründen? Weiter: Die Fortexistenz der Welt verneinend, hatte sie eine Auseinandersetzung mit der Wirklichkeit abgelehnt. Nun aber, da die Welt dennoch weiter bestand, mußte sie auf sie und ihre Verhältnisse eingehen. Wie konnte sie das, was ihrem Wesen zuwider war, leisten?

Die christliche Ethik verfuhr so, daß sie sich die beiden Probleme nur teilweise eingestand und sie nur teilweise löste. Mit Wissen und Absicht verharrte sie in den Unklarheiten. Sie behauptete sich in der Welt, die sie verneint hatte, ohne die Wandlungen, die sie zu diesem Zwecke durchmachen mußte und tatsächlich durchmachte, anzuerkennen. Darum ist das, was sie geleistet, ein so rätselhaftes Gemisch von Großartigem und Bedenklichem und ihre Geschichte eines der verworrensten Kapitel im Geistesleben der Menschheit.[2]

Wie verhielt sich das Christentum in der Frage der Begründung der Ethik?

Paulus braucht sich das Hinfälligwerden der Erwartung des Weltendes noch nicht einzugestehen. Er rechnet nur mit einer kleinen Verzögerung desselben.[3] Wie Jesus kann er also noch Ethik aus dem Vergehen dieser

1 [R, Ms.:] Straßburg 5. 1. 21.

2 Zur Orientierung: Theobald Ziegler, *Geschichte der christlichen Ethik* (*Von Jesus bis ins 18. Jahrhundert*, [Straßburg] 1886). Die christliche Ethik ist auf Grund einer weitgehenden Belesenheit dargestellt. Aber die Probleme ihrer Entwicklung treten nicht deutlich genug hervor.

[Aus dem Verzeichnis *Literatur für die ethische Arbeit*:] [W.] Gaß, *Geschichte der christlichen Ethik*[, 2 Bde., Berlin 1881/87].

3 Zur Orientierung über Paulus und seine Lehre: Albert Schweitzer, *Geschichte der pauli-*

Welt und dem Kommen einer übernatürlichen begründen. Diese Logik ist ihm so selbstverständlich, daß er sich niemals auf Jesus als ethische Autorität beruft. Niemals, auch wenn es noch so naheliegend wäre, führt er Aussprüche von ihm an. Nicht auf Überlieferung von Jesus, sondern direkt auf die Tatsachen der Weltzeit gründet er die aufzustellenden Forderungen. Dabei nimmt er an, daß die Dinge schon weiter vorgeschritten seien als zu Lebzeiten Jesu. Die übernatürliche Welt hat sich, nach ihm, bereits in die natürliche hineingeschoben.[4] Das Sittliche gilt als eine Erscheinung der Kräfte jener neuen übernatürlichen Welt, die in den Erwählten schon jetzt auftreten. Ethik ist für Paulus also ein kosmisches Ereignis.

In den Generationen nach Paulus beginnt das Christentum sich schweren Herzens in der Welt einzurichten. Die Erwartung des Weltendes und des übernatürlich kommenden Reiches Gottes wird zwar nicht ausdrücklich preisgegeben, aber sie wird zu einem in immer weitere Ferne rückenden Horizont. Ohne ihre innere Logik weiterlebend, sucht die christliche Ethik logischen Halt, wo sie ihn gerade findet. Bei den denkenden unter den Kirchenvätern stützt sie sich auf die Ethik der griechischen Philosophie und eignet sich ihre Begründung und Formulierung des Sittlichen so weit an, daß die Ideen Jesu dahinter ganz zurücktreten. So nimmt sie bei Clemens von Alexandrien (gestorben um 220 n. Chr.) stoische und bei Augustin (353–430 n. Chr.) platonische und neuplatonische Färbung an.[5] Thomas von Aquino (1225–1274), in

---

nischen Forschung von der Reformation bis auf die Gegenwart ([Tübingen] 1911). Englische Übersetzung: *Paul and his Interpreters* ([London] 1912).

Grundlegend für die Erkenntnis der Gedankenwelt des großen Apostels waren Studien des Tübinger Theologen Ferdinand Christian Baur. Sie sind in seinem Werk *Paulus, der Apostel Jesu Christi* ([Stuttgart] 1845) niedergelegt. Baur hat zum ersten Male gezeigt, daß die Ideen, die in den Briefen des Heidenapostels niedergelegt sind, ein System bilden, das sich der gewöhnlichen Lehre des Urchristentums gegenüber selbständig verhält. Er glaubte, diese Eigenart aus dem Einflusse griechischer Ideen erklären zu können. Als seine Nachfolger diese Annahme aber näher begründen wollten, zeigte sich, daß eigentlich griechische Vorstellungen bei Paulus schwer nachzuweisen sind und daß das Entscheidende auch bei ihm die Erwartung des Weltendes und der neuen Welt ist. Seine Originalität liegt in der Art, wie er die Weltanschauung auf Grund des Todes Jesu und der Annahme seiner Auferstehung zu einer Art Mystik verinnerlichte.

[Aus dem Verzeichnis *Literatur für die ethische Arbeit*, 1919:] [E.-A.-E.] Havet, *Le christianisme et ses origines*[, Paris 1868]. – [H. F.] Ernesti, *Die Ethik des Apostels Paulus in ihren Grundzügen dargestellt*, 3. Aufl. [Göttingen] 1880. – A. Juncker, *Die Ethik des Apostels Paulus*, [1. Hälfte, Halle] 1904. – H. Jacoby, *Neutestamentliche Ethik*, [Königsberg] 1899.

4 [Im Ms. lautet von hier an der Abschnitt wie folgt:] Ihre Kräfte fangen schon an, in den Erwählten zu wirken. Das Sittliche gilt als eine Erscheinung des «heiligen Geistes», dessen sie, in Vorwegnahme der überirdischen Existenzform, schon jetzt teilhaftig werden. [Die neue Fassung gehört zu den orig. Korr. der Masch.-Vorlage.]

5 Das ethische Werk des Clemens ist *Paedagogus* betitelt.

seiner berühmten Summa theologica arbeitet die Ethik in die des Aristoteles ein.[6]

In der Renaissance und nach der Renaissance wird Aristoteles abgetan. Die stoische Ethik eines Cicero (106–43 v. Chr.) und eines Seneca (4 v. Chr.–66 n. Chr.) gewinnt wieder Macht über die Gemüter. Alsbald geht sie unter christlichem Namen um. Später verbindet sich die christliche Ethik auf das engste mit der Ethik der neueren Philosophie. Im Zeitalter des Rationalismus identifiziert sie sich mit der von diesem aufgestellten Vernunftethik. Sie will nur die offenbarte Form derselben sein. Seinerseits hat der Rationalismus seine Ethik in engste Anlehnung an das von Jesus ausgesprochene Prinzip der Liebe aufgestellt. Es findet also eine gegenseitige Durchdringung von christlicher und philosophischer Ethik statt. Jede erkennt sich in der andern, und eine findet Halt an der anderen, bis diese für den ethischen Fortschritt der Menschheit so förderliche Illusion ein Ende nimmt.[7]

Nachher lehnt sich die christliche Ethik an Kant, an Fichte, selbst an Hegel an. Schleiermacher übersetzt die Grundvorstellung der Ethik Spinozas ins Christliche.[8] Heute erhofft die christliche Ethik, soweit sie sich denkend verhält, von den psychologischen Versuchen Vorteil zu ziehen, die das Sittliche als eine Entfaltung von in der menschlichen Natur angelegten und entwickelbaren Trieben begreifen wollen.[9] Im moder-

---

6 [*Summa totius theologiae*, unvollendet, 1266–1273. Deutsch-lat. Ausgabe: Albertus-Magnus-Akademie, Salzburg/Heidelberg 1933 ff. – Zu Thomas v. Aquino führt das genannte Verzeichnis folg. Werke an:] K. Werner, *Der heilige Thomas von Aquino*[, 3 Bde., Regensburg 1858–59]. – J. Frohschammer, *Die Philosophie des Thomas von Aquino kritisch* [*gewürdigt*, Leipzig 1889]. – A. Rietter, *Die Moral des hl. Thomas von Aquin*[, München 1858]. –

[Weitere Werkangaben des Verzeichnisses berücksichtigen auch P. Abaelard (1079–1142) u. a.:] Petrus Abaelard, *Ethica seu liber dictus: scito te ipsum*[, in *Thesaurus Anecdotorum novissimus* ... von Bernhard Pez, tom. 3, Augustae Vindelicorum et Graecii 1721–23, Engl. Übersetzung von J. Ramsay McCallum, Oxford 1935; D. E. Luscombe (mit lat. Text), Oxford 1871]. – P. Abälards Werke. Deutsch: [*Peter Abälards philosophische Schriften*, hg. von Bernhard Geyer, 3 Bde., Münster 1919–32 (*Beiträge zur Geschichte der Philosophie des Mittelalters*).] – S. M. Deutsch, *Peter Abälard, ein kritischer Theologe des XII. Jahrhunderts*[, Leipzig] 1883. – [Ch. F. M. de] Rémusat, Abélard[, Paris 1845]. –

[Ph. K.] Marheineke, [*Allgemeine*] *Geschichte der christlichen Moral in den der Reformation vorausgehenden Jahrhunderten*, [Sulzbach] 1806. – [Heinrich] Eicken, *Geschichte und System der mittelalterlichen Weltanschauung*[, Stuttgart 1887].

7 Typisch für die rationalistisch-christliche Ethik sind: Christian Wolff, *Philosophia moralis* [*sive Ethica methodo scientif. pertract.*] ([1] 5 Bde., [Halle] 1750–53 und G. S. Steinbart, *System der reinen Philosophie oder Glückseligkeitslehre des Christentums* ([Züllichau?] 1778 [^{4}1794]).

8 Friedrich [Daniel Ernst] Schleiermacher, *Entwurf eines Systems der Sittenlehre*, [Berlin] 1835(, Leipzig 1913) und *Die christliche Sitte nach den Grundsätzen der evangelischen Kirche* ([Berlin] 1843).

9 Bedeutende Werke der modernen protestantischen Ethik: I. A. Dorner, *System der christlichen Sittenlehre* ([Berlin] 1885) und W. Herrmann, *Ethik* ([Tübingen] 1901, 4. Aufl. 1909).

nen Katholizismus setzt sich wieder die Vereinigung von christlicher und aristotelischer Ethik durch.

Das Bestreben der christlichen Ethik, Anlehnung bei der philosophischen zu suchen, zeigt einerseits, daß sie das Bedürfnis einer denkenden Begründung des von Jesus aufgestellten Prinzips des Sittlichen einigermaßen empfindet. Andererseits aber tritt in der Art, wie sie sich mit entlehnten Begründungen behilft, zutage, über wie wenig elementares ethisches Denken sie selber verfügt. Im Hintergrund steht bei ihr immer die Überlegung, daß man, wenn es nicht anders gehe, sich damit begnügen könne, das Ethische aus dem Wesen Gottes abzuleiten.[10] Aber die Herleitung des Sittlichen aus dem Wesen Gottes, wenn man sie im Ernst unternimmt, führt – es kann nicht anders sein – auf die schwersten Probleme der Weltanschauung. Wie läßt sich Gott als Urgrund des Seins, das heißt als Urheber alles natürlichen Geschehens und zugleich als ethische Persönlichkeit, das heißt, nach dem Grundprinzip der Ethik Jesu, als Gegensatz gegen das natürliche Geschehen begreifen? So selbstverständlich es erscheint, das Sittliche als den Willen Gottes zu predigen, so schwer ist es, es aus dem im Denken begriffenen, nicht naiv aufgenommenen Wesen Gottes abzuleiten.

Will die christliche Ethik aber darauf verzichten, sich in denkender Weltanschauung zu begründen und sich damit abfinden, nichts anderes zu sein, als ein durch Jesus geweckter, naiver Weltanschauung und naivem Gottesglauben entspringender Enthusiasmus, so kann sie auch diese Position nicht halten. Die Ethik Jesu, auf die sie sich beruft, ist ja auf die Erwartung des Weltendes eingestellt. Ihr Enthusiasmus beruht also auf einer Logik, die wir, auch bei dem weitestgehenden Verzicht auf die Forderungen des rationalen Denkens, nicht mehr mitmachen können.

Als eine wahrhaftig zu sein wagende Geschichtswissenschaft die christliche Ethik des ausgehenden 19. und des beginnenden 20. Jahrhunderts wieder darauf aufmerksam machte, daß sie aus der Erwartung des Weltendes entstanden sei, entrüstete sie sich und wollte nicht zugeben, daß sie ursprünglich so «phantastisch» gewesen sein sollte. So sehr war sie im Laufe der Jahrhunderte sich selber fremd geworden.

Indem das Christentum es versäumte, die zeitgeschichtlich bedingte[11] naive Begründung der Ethik Jesu durch eine allgemein denknotwendige zu ersetzen und so die Interimsethik zur Dauerethik umzugestalten, blieb es hinter seiner weltgeschichtlichen Aufgabe zurück. Die bleibende tiefe Wahrheit des von Jesus ausgesprochenen Grundprinzips des Sittlichen verlangte als solche und an sich begriffen zu werden. Ihre

---

10 [Gestrichener Satzschluß im Ms.:] oder es als Sache eines sich auf Jesu Autorität gründenden Enthusiasmus auszugeben.

11 [Im Ms. darüber geschrieben:] Begriff der Tradition.

gewaltigen Anregungen zum ethischen Denken traten nicht in Wirksamkeit, weil die christliche Ethik sich nicht denkend mit sich selbst befaßte. Sie war wie der Mann im Gleichnisse Jesu, der nicht wagte, mit seinen Pfunden zu wuchern, sondern es, wie er es bekommen hatte, bewahrte und vorwies. Die Welt verdankt dem Christentum, daß es ihr die Gedanken der Ethik Jesu erhielt und manches davon in [die] Tat umzusetzen suchte. Dies ist unendlich viel. Es hätte ihr aber noch viel mehr geben können.[12]

Zweitausend Jahre lebte der fortgeschrittenste Teil der Menschheit von einer Ethik, die nur noch ihre Wahrheit, aber nicht mehr ihre Logik besaß. Wieviel von dem rätselhaft Unbefriedigenden der äußeren und der geistigen Geschichte dieser Zeit geht auf diese Tatsache zurück!

Die Begründung der Ethik hat eben nicht nur theoretische, sondern auch eminent praktische Bedeutung. Eine sich im Denken begründende Wahrheit lebt, entwickelt sich und hat Gewalt, eine bloß überlieferte und behauptete vegetiert.

Die Auseinandersetzung der Ethik Jesu mit der Wirklichkeit. Augustin und die alte Kirche[13]

Das andere Problem, das der Auseinandersetzung der Ethik Jesu mit der Wirklichkeit, wurde von den Tatsachen so deutlich gestellt, daß man ihm nicht ausweichen konnte. Schon Paulus bekommt es zu fühlen. Weil das Weltende, wenn auch nur ein wenig, ausbleibt, muß er, entgegen den Aussprüchen Jesu, die Arbeit wieder in ihre Rechte einsetzen. «Arbeitet mit euren Händen, wie wir euch geboten haben, auf daß ihr ehrbarlich wandelt», heißt es im ersten Briefe an die Thessalonicher (4,11.12), der etwa 25 Jahre nach dem Tode Jesu geschrieben ist.[14]

Die Befähigung, sich in ersprießlicher Weise mit der Wirklichkeit auseinanderzusetzen, war für die Ethik Jesu darin gegeben, daß sie auf dem Gebiete des Verhaltens von Mensch zu Mensch, trotz aller Weltverneinung, durchaus Ethik der Tat geblieben war. Von hier aus konnte sich in ganz natürlicher Weise eine auf den ethischen Ausbau[15] der Gesellschaft gerichtete Ethik entwickeln und mit Kulturzielen in Verbindung gebracht werden. Es galt nur, die Konsequenzen aus dem Unerfülltblei-

---

12 [Fassung des Satzes nach Ms.:] Sie hätte ihm aber noch viel mehr verdanken können.

13 [R, Ms.:] 6. 1. 21. Epiphanientag.

14 Das Wort aus dem 3. Kapitel des 2. Briefes an die Thessalonicher: «Wer nicht arbeiten will, soll auch nicht essen» [3,10] ist wohl nicht von Paulus, da zweifelhaft ist, ob dieser Brief aus seiner Feder stammt. Aber es zeigt, von wem es auch sei, wie sehr das Problem der Rückkehr von dem Nichtarbeiten zum Arbeiten die erste Christengeneration beschäftigte.

15 [Ms., in den Masch.-Vorlagen korr.:] auf die ethische Vervollkommnung.

ben der Hoffnungen der ersten Christen zu ziehen und die Weltanschauung dahin umzudenken, daß das Reich Gottes nicht als eine übernatürliche und auf übernatürliche Weise zu verwirklichende Größe, sondern als durch ethisches Bemühen vervollkommnete und dadurch in Gottes Willen eingehende Menschheit vorgestellt wurde. Dann erweiterte sich die bisher nur an sich gewertete Ethik des Tuns von Mensch zu Mensch von selbst zur Ethik der Versittlichung der Gesellschaft und der Menschheit und damit zur Kulturethik.

Aber diese Übersetzung des Übersinnlichen in das Sittliche fand nicht statt. Die christliche Ethik ging auf die Wirklichkeit nur so weit ein, als sie gerade mußte. Eine Weltbejahung im Sinne der Kultur lag ihr fern. Ihr Plan ging nicht auf zweckmäßige Vervollkommnung der Welt durch die Sittlichkeit. Die Theorie, daß die natürliche Welt verloren sei und alle Hoffnung sich auf die zukünftige übernatürliche zu richten habe, galt weiter, obwohl die natürliche Welt keine Miene machte, vom Schauplatz abzutreten. Dabei wurde das Reich Gottes mehr und mehr gar nicht mehr als auf die Erde niederkommend und diese Welt ablösend erwartet, sondern als das der Auferstandenen wartende Jenseits aufgefaßt.[16] Dies bedeutete eine Verstärkung der Weltverneinung. Sie ist jetzt etwas für sich, während sie bei Jesus nur der Übergang zu einer höheren Weltbejahung ist.

Daß das Christentum für die Welt nichts will und nichts hofft und sich in keiner Weise berufen fühlt, der Sauerteig zu sein, der sie zum Reiche Gottes verwandelt, spricht Augustin in grausiger Schärfe in seinem um 410 n. Chr. geschriebenen Werke «De civitate Dei» (Vom Reiche Gottes) aus.[17]

Weil die christliche Ethik kein Programm für die ethisch-zweckmäßige Umgestaltung der Verhältnisse der Welt hatte, konnte das Christentum das römische Reich nicht regenerieren und auch die Völker des Mittelalters nicht voranbringen. In der Erziehung der Einzelnen leistete es Gewaltiges. Als öffentliche ethische Macht aber konnte es der Zeit nicht immer geben, was sie brauchte. Oft wirkte es sogar als retardierende[18] Gewalt. In welch furchtbaren Verirrungen erging sich die christliche Ethik, weil sie, entgegen den Forderungen der Zeit, nicht weltbejahend und denkend werden wollte! Wie hat sie oft selbst den Geist wahrer Humanität verleugnet!

---

16 [Ms., Notiz hierzu:] Jenseits! Die Jenseitshoffnung an Stelle der Reich-Gottes-Hoffnung.

17 [Siehe Anhang S. 389.]

18 [Ms. (in den Masch.-Vorlagen jedoch gestrichen):] oder destruktive.

Die Auseinandersetzung der Ethik Jesu mit der Wirklichkeit. Reformation, Rationalismus und moderner Protestantismus

Erst durch die vom neuzeitlichen Denken ausgehenden Anregungen wird die in dem tätigen Charakter der Ethik Jesu gegebene Möglichkeit einer Kulturethik in Entwicklung versetzt. Die religiös-ethische Wertung des auf die Welt gerichteten Wirkens beginnt. Keine Arbeit soll mehr als eine bloß «weltliche» geringgeschätzt, sondern jeder eine ethische Bedeutung zuerkannt werden. Auch der Staat und alle die Gesellschaft betreffenden Größen werden in dieser Art umgewertet.

Der neue Geist kündet sich in Luthers Schrift «*Von der Freiheit eines Christenmenschen*» (1520) an und kommt dann bei Zwingli (1484–1531), Melanchthon (1497–1560) und Calvin (1509–1564) zu Worte. Freilich werden die Konsequenzen dieser beginnenden Weltbejahung den Reformatoren noch nicht klar. Erst das sich ganz unter den Einfluß des neuzeitlichen Denkens begebende Christentum des 18. Jahrhunderts wagt es, das Reich Gottes als eine in dieser Welt zu verwirklichende Größe zu denken und es als den Inbegriff aller für die Vollendung der Menschheit aufzustellenden ethischen Ideale zu definieren. Im Rationalismus erfaßt das Christentum es als seine Bestimmung, ethische Kulturkraft in der Welt zu sein. Ein gewaltiger ethisch-optimistischer Enthusiasmus geht von ihm aus. Es bricht mit der Weltverneinung und denkt seine Weltanschauung aus dem Übernatürlichen in das Sittliche um.

Verhängnisvoll aber war, daß dieses Christentum sich nicht darüber klar wurde, was bei dieser Wandlung mit ihm vorging. Es hatte nicht das Bewußtsein, aus eigener Machtvollkommenheit die geforderte Weltbejahung in die Ethik Jesu einzuführen, sondern es redete sich ein, daß Jesus selber so gedacht habe, lange mißverstanden worden sei und jetzt endlich als ganz mit der «Vernunft» übereinstimmend erkannt werde.[19]

Mit der Zuversicht, diesen kulturbegeisterten Jesus in den Evangelien zu finden, machte sich die Geschichtswissenschaft am Anfang des 19. Jahrhunderts an die Arbeit. Tatsächlich entwarf sie ein Jahrhundert lang das Bild eines Messias, der so ganz anders sein wollte, als der, den die jüdischen Phantasten erwarteten. Als Begründer eines in rein ethischer Entwicklung sich langsam verwirklichenden Reiches Gottes auf Erden stand er vor ihr. Was zu diesem Bilde nicht paßte, wurde als verständnislose jüdische Übermalung angesehen. Auch in den beiden ältesten Evangelien, dem des Matthäus und dem des Markus, wurden dementsprechend viele Aussprüche Jesu als «nichtauthentisch» erklärt.

---

19 [Im Ms. darüber geschrieben:] Christentum in seiner Vergangenheit gefangen.

Durch diese Umdeutung der Geschichte ist die christliche Ethik der Rechenschaft, die sie sich selber schuldet, bis heute aus dem Wege gegangen. Das für unsere Welt so bedeutungsvolle Problem des Verhältnisses der Grundidee des Christentums zur Kultur wird nicht in offener und sachlicher Weise zur Erörterung gestellt.

Auch die Frage, wie sich Jesu Individualethik zu der von der Kultur geforderten Sozialethik verhält, wird bei diesem Verfahren nicht in ihrer wirklichen Schwere erlebt. Man deutet seine Aussprüche unbefangen so zusammen, als enthielten sie wirklich Prinzipien einer zweckmäßigen ethischen Organisation der Gesellschaft. Dabei verlieren sie ihre Absolutheit und ihre zwingende Kraft und werden mehr oder weniger auf den Charakter einer zweckmäßigen Nützlichkeitsethik herabgestimmt. Daß Jesus irrationale und grenzenlose Forderungen an den Einzelnen stellt, tritt im modern denkenden Christentum allzu stark zurück.

So findet im Rationalismus des 18. Jahrhunderts und in dem ihn fortsetzenden, modern gerichteten Protestantismus des 19. Jahrhunderts die weitestgehende Beeinflussung der Kultur durch den christlichen Geist statt, zugleich aber leidet die Tiefe der Individualethik Jesu durch Ermäßigung des Absoluten in das Relative Schaden.

Diese Umdeutung des Irrationalen in das Vernünftig-Zweckmäßige ist nicht eine notwendige Folge der Anerkennung der Weltbejahung. Sie wird dadurch erfordert, daß man eine Individualethik zugleich als Sozialethik ausgeben will. Man verkennt, daß die eine absolute, die andere zweckmäßige und relative Forderungen aufzustellen hat. Beide Arten von Ethik sind nicht voneinander abzuleiten und nicht aufeinander zurückzuführen. Diese ungeheuer wichtige Einsicht wäre der christlichen Ethik aufgegangen, wenn sie versucht hätte, über sich selbst und die ihr in der Welt gestellten Probleme ins Klare zu kommen. Statt dessen gedachte sie, mit einem Gemisch von Ethik Jesu und Kulturethik auszukommen, das weder das Denken noch die Bedürfnisse der Zeit wirklich zu befriedigen vermochte.

Niemals darf das Christentum erwarten, die Ethik der zweckmäßigen ethischen Organisation der Gesellschaft, deren es bedarf, bei Jesus formuliert zu finden. Es muß sie zu seiner Individualethik – und, so weit es kann, im Geiste derselben – erdenken. Mit diesem und den anderen Problemen der Erhebung der Interimsethik Jesu zur Dauerethik sind die Werke über christliche Ethik – auch die wissenschaftlichen – viel zu wenig beschäftigt.

Von Amos über Jesus zur religiösen Kulturethik

Wie verhält sich also das Christentum zur Kultur? Seiner Entstehung nach steht es jenseits dieser Frage. Es verneint diese Welt zugunsten einer auf übernatürliche Weise kommenden vollkommeneren. Bleibt es in den tatsächlichen Weltumständen in erster Linie seiner geschichtlich gegebenen Art getreu – wie dies der Katholizismus tut – so kommt das Weltverneinende so stark zur Geltung, daß seine Ethik in Wahrheit nicht Kulturethik sein kann. Sucht es aber seinem innersten, in dem brennenden Wollen einer vollkommeneren Welt gegebenen Wesen zu folgen, so ist es fähig, wie es dies im Protestantismus tut, aus der Weltverneinung herauszutreten und seine Ethik nicht nur auf die Vervollkommnung der Einzelnen, sondern auch auf die der zweckmäßigen ethischen Organisation der Menschheit gehen zu lassen und einen denkenden Enthusiasmus auf dieses Ziel hin zu unterhalten. Was es hierin vermag, hat es im Zeitalter des Rationalismus gezeigt.

Dem Geiste nach, weil sein Wollen optimistisch ist, gehört Jesus wie Zarathustra der optimistischen Weltanschauung an. Nur dem Erkennen nach, weil er an dieser Welt verzweifelt, ist er Pessimist. Entscheidend ist die Bestimmtheit des Wollens. Sowie der Gedanke des Reiches Gottes sich in einer Weltanschauung zu denken wagt, die von der Erwartung des Weltendes zur Anerkennung der beharrenden Wirklichkeit zurückkehrt, lebt in ihm das nur durch Weltenderwartung niedergehaltene Wollen der ethischen Umgestaltung der Menschheit auf. Die tätige Ethik von Mensch zu Mensch und der Begriff des «Dienens» erhalten dann, neben der Bedeutung für die ethische Vervollkommnung des Einzelnen, noch die Richtung auf das zweckmäßige ethische Wirken in der Welt, die in ihrem Wesen liegt, ihnen aber durch die Erwartung des Weltendes vorenthalten wurde. Eine übernatürliche Beschränkung hört auf.

Bei dieser Entwicklung in dem modernen Geist kehren die Gedanken Jesu in die Bahn der einfachen ethisch-geschichtlichen Weltanschauung der Propheten zurück. Seine Ethik wird dann Ethik, die in der Entwicklung der menschlichen Gesellschaft etwas ausrichten will ... Kulturethik.

Warum hat das religiöse optimistisch-ethische Denken des Judentums die Richtung, die Amos gab und in der es der modernen Betrachtungsweise so nahe steht, nicht innegehalten, sondern den großen Umweg über die Erwartung des Weltendes genommen? Warum mußte das gewaltige religiös-ethische Genie Jesu in dem Augenblicke auftreten, wo die Weltenderwartung dominierte, und dadurch verhindert werden, seine Ethik als die tiefe Kulturethik zu denken, in der die Welt in den kommenden Jahrhunderten den sicheren Weg des geistigen und ethischen Fortschritts gefunden hätte?

Die Verbindung mit der Weltenderwartung war für das jüdische Denken unvermeidlich.[20] Auf die Dauer kann die Ethik nicht dabei verhar-

---

20 [In allen Vorlagen gestrichener ursprünglicher Schluß des Kapitels:] Die Weltend-

ren, nur auf die Geschichte Bezug zu nehmen. Unfehlbar wird sie darauf geführt, auf die Welt und das Schicksal der Welt einzugehen, Weltanschauung zu werden. Irgendwie und irgendwo muß sie mit Naturphilosophie in Beziehung treten.[21] Die jüdische Weltenderwartung ist phantastische Naturphilosophie.

Daß die von den jüdischen Propheten ausgehende lebensbejahende Ethik, statt sich mit denkender Naturphilosophie zu verbinden, sich phantastischer hingegeben hat, ist ein tragisches Ereignis ohnegleichen in der Geschichte des Geisteslebens der Menschheit. Ethische Weltanschauung und Kulturweltanschauung sind dadurch in unberechenbarer Weise hintangehalten worden.

Um unserer Zeit und der Zukunft Kulturethik werden zu können, muß diese religiöse Ethik Verbindung mit denkender Naturphilosophie suchen. Das an sich schon so schwere Problem ist noch dadurch so viel schwerer gemacht, daß sie sich dabei mit ihrer eigenen Vergangenheit auseinandersetzen und sie preisgeben muß.

Und dennoch war in diesem gewaltigen Umweg nicht alles Tragik. Innerlich bereichert kehrt die Ethik von der Irrfahrt durch die Weltenderwartung auf die natürliche Straße des Denkens[22] zurück. Von dem Umwege bringt sie die neue und gewaltige Einsicht in die Ethik der ethischen Vervollkommnung der Persönlichkeit mit, zu der Jesus gelangte, weil er auf die Forderungen, die die Gesellschaft und die Welt an

---

erwartung war für das jüdische Denken unvermeidlich. Die schweren Erlebnisse des Volkes haben seine ethische Geschichtsbetrachtung in diese Vorstellung hineingezwungen. Aber welche Tragik für die Entwicklung der optimistisch-ethischen Weltanschauung und für die des Geisteslebens der Menschheit überhaupt war damit gegeben!

Und dennoch ist in diesem gewaltigen Umweg nicht alles Tragik. Bereichert kehrt die Ethik von dem Irren durch die Weltenderwartung auf die natürliche Straße des optimistisch-ethischen Denkens zurück. Von dem Umwege bringt sie die neue Einsicht in die Ethik der ethischen Vervollkommnung der Persönlichkeit zurück, das Wissen von der absoluten, grenzenlosen Ethik, zu dem Jesus gelangte, weil er sich mit den Forderungen und Hemmungen der Welt nicht abzugeben brauchte. Hätte die optimistische Ethik von sich aus die Individualethik in dieser Art zu Ende denken können?

Die christliche Ethik steht also vor der Aufgabe, die tiefe Individualethik Jesu ungebrochen in eine moderne Kulturethik hineinzustellen. Leistet sie dies, dann ist die Tragik, daß der Weg der religiösen Ethik von Amos in unsere Zeit über die Weltenderwartung führte, zum guten Ende gekommen. Fähig, das was sie soll, zu unternehmen, wird sie aber erst, wenn sie es wagt, was sie Jahrhunderte lang versäumt hat: in unerschrockener Offenheit über sich selbst ins Klare zu kommen und sich im Denken zu begründen.

21 [R, von Schweitzer in ein Masch.-Expl. (sac 33) hineinnotiert, aber gestrichen:] In irgend einer Form muß die Ethik, die sich ausdenkt, mit Naturphilosophie zusammenkommen.

22 [Vorfassung («Skizze zur Umarbeitung der letzten Seiten des Kapitels über Ethik des Christentums», sac 7 Nr. 7, Ms.-S. 1):] des optimistisch-ethischen Denkens. [Den weiterführenden Kapitelschluß dieser Skizze s. Beilage A,5, S. 337.]

die Sittlichkeit stellen, nicht einzugehen brauchte. Wäre sonst die Individualethik in dieser Weise zu Ende gedacht worden?

Die christliche Ethik steht also vor einer doppelten Aufgabe. Sie muß die tiefe Individualethik Jesu ungebrochen mit einer auf die ethische Organisation der Gesellschaft gehenden Sozialethik zusammendenken und mit Naturphilosophie in eine Weltanschauung ausdenken. Fähig, das, was sie soll, zu unternehmen, wird sie aber erst, wenn sie wagt, was sie Jahrhunderte lang versäumt hat: in unerschrockener Offenheit über sich selbst ins Klare zu kommen und sich im Denken zu begründen.

Anhang:

Pantheismus und Mystik als unvereinbar mit dem Christentum als ethischer Religion[23]

Wenn das Christentum so widerstrebend darauf eingeht, sich im Denken zu begründen, so wird es dabei von dem richtigen Instinkt geleitet, daß dies für es ein Unternehmen von unabsehbaren Folgen bedeutet. Denkend werden heißt für es im letzten Grunde, sich aus dem Dualistischen ins Monistische umdenken. Im Dualistischen aber liegt seine ethische Kraft.

Darum hat die Geschichte des Denkend-Werdens des Christentums etwas Tragisches an sich. Gibt es die naive Trennung zwischen dem Urgrund der Welt und Gott als ethischer Persönlichkeit auf und legt beide, wie das Denken es verlangt, zusammen, so gelangt es zwar zu einem theoretisch in sich einheitlichen Gottesbegriff. Aber jenes höchste Wesen ist nicht mehr ethische Persönlichkeit, sondern nur noch schöpferische Macht. Das Ethische hat sich im Kosmischen aufgelöst.

Dieses furchtbare Ereignis kann mit Worten zugedeckt werden. Ungeschehen läßt es sich nicht machen. Die Geschichte der christlichen Theologie alter und neuer Zeit ist nichts anderes als der immer wieder erneuerte Versuch, Gott als ethische Persönlichkeit mit dem Urgrund des Seins zu identifizieren, ohne sich die Folgen dieser Tat einzugestehen.

Der Pantheismus ist das Gespenst, durch welches das christliche Denken sich fort und fort in die Inkonsequenzen zurücktreiben läßt. Sobald er sich irgendwo zu ihm gesellen will, weist es ihn mit Haß ab. Wohl fühlt es, wieviel tiefe und elementare Religiosität er enthält und welche Belebung es von ihm empfangen könnte. Instinktiv aber weiß es, daß es sich nicht mit ihm einlassen darf, weil dies das Ende des Glaubens an die

23 [R, Ms.:] Günsbach, Montag 13. 6. 21.

ethische Gottespersönlichkeit und der ethischen Energie der Religion bedeuten würde.

In den verschiedenartigsten Erscheinungen setzt sich das Ringen mit dem Pantheismus aus der alten Kirche in die mittelalterliche und aus dieser in die neuzeitliche fort. Ausgekämpft wird es in der Theologie [Friedrich] Ernst Daniel Schleiermachers (1768–1834). In seinen Erstlingswerken, den *Reden über die Religion* (1799) und den *Monologen* (1800), wagt er es, Gott einfach als das Unendliche aufzufassen und die Religion ganz aus der inneren Beziehung des Menschen zu diesem Urgrunde des Seins herzuleiten. Die Begeisterung, mit der seine Gedanken aufgenommen wurden, zeigte, welches Verlangen nach naturhafter Frömmigkeit in der Zeit war. Nachher aber wurde Schleiermacher vor seinen pantheistischen Gedanken bange. In *Der christliche Glaube* (zwei Bände, 1821–22) und *Die christliche Sitte* (posthum 1843) unternahm er es, sie so gründlich nach der überlieferten Lehre des Christentums zu deuten, daß nur noch die Schatten von ihnen übrig blieben. Der Versuch denkender Begründung des Christentums, der so elementar begonnen, endet in dialektischen Künsten.

Mit Schleiermacher tritt das Christentum definitiv aus dem Banne des Denkens heraus. Von ihm bis auf die Gegenwart beschäftigt es sich in der Hauptsache nur damit, sich historisch zu begreifen. Es zwingt sich in den Wahn hinein, als fände es in seiner Vergangenheit die Lösungen auf alle Fragen und die Ideen, um allen religiösen Bedürfnissen genügen zu können. Zu einem Teile erklärt sich dieses so unbegreifliche Verhalten durch den Reiz, den der gegen die Mitte des 19. Jahrhunderts auf allen Gebieten erwachende Geist des geschichtlichen Verständnisses gerade auf die Religion ausüben mußte. Entscheidend für dieses Sich-Einspinnen in Geschichte war aber die Angst vor naturhafter Religiosität.

Aus Selbsterhaltungstrieb bescheidet sich das Christentum, als es im Altertum in das griechisch-römische und gnostisch-orientalische Denken hineingestellt wird, nicht auf Weltanschauungsbedürfnisse einzugehen, sondern zu überlieferter Erlösungsreligion zu erstarren. Auf eine Auseinandersetzung mit Naturphilosophie und naturhafter Religion geht es nicht ein. Nur Feindschaft, nicht Verständnis will es für die elementare Religiosität des Stoizismus empfinden.

Demselben Selbsterhaltungstrieb folgend, bescheidet es sich in der Neuzeit, nur überlieferte ethische Religion mit ungeklärtem Gottesbegriff zu sein und damit, ohne daß es sich dieses aber eingesteht, an den aufs neue wach gewordenen Weltanschauungsbedürfnissen der abendländischen Menschheit vorüberzugehen. Dabei erlangt es die enthusiastische Ethik, die es in seinen Anfängen hatte, dennoch nicht wieder. Seine Unbefangenheit ist dahin, und mit ihr die Kraft. Sich immer aufs neue Zuversicht einzureden suchend, tastet es sich in der Geschichte und in der Gegenwart herum.

Indem es alle pantheistische und naturhafte Religiosität ablehnt, nimmt das Christentum eine freiwillige Armut auf sich. Es verzichtet auf das Elementare und Innerliche, das in dem einfachsten Fühlen gegeben ist und in dem tiefsten Denken wiederkehrt. Es bringt den Menschen in Entfremdung zur Welt und zu sich selber[24] und läßt ihn dann die Religion als Lehre – als kostbare Lehre, aber doch nur als Lehre – annehmen. Einigermaßen gemildert wird diese freiwillige Armut dadurch, daß unbewußt und uneingestanden manches an naturhafter Frömmigkeit mit einhergeht.

Aus wie sicheren Instinkten das Christentum aber bei der prinzipiellen Ablehnung handelte, zeigt sich jedesmal, wenn die geduldete naturhafte Religiosität eine gewisse Stärke erreicht. Immer tritt dann alsbald zutage, daß sie überethisch ist.

Seinem Wesen nach muß das Christentum eigentlich der Mystik überhaupt entsagen.[25] Es läßt den Gläubigen nicht in Gott sein und in ihm aufgehen, sondern in einem ethischen Unterordnungsverhältnis zu ihm stehen. Die Propheten und Jesus sind fernab von jeder Mystik. Gott ist für sie der Herr und Vater. Man dient ihm in Ergebenheit und Liebe. Wenn das vierte Evangelium Jesum als Mystiker reden läßt, so liegt dies daran, daß es schon von griechischer Mystik beeinflußt ist.

Das Aufgehen in Gott ist aber eine solche Bereicherung der Religion, daß das Christentum es unter gewissen Bedingungen gelten lassen wollte. Wohl lehnte es sich gegen jede naturhafte und pantheistische Mystik auf, wenn es ihr Vorhandensein feststellte. Reine Frömmigkeitsmystik, oder was es als solche ansah, war ihm aber erwünscht.

---

24 [Vorlagen:] In Entfremdung zur Welt und mit sich selber bringt es den Menschen.

25 Über das, was als Mystik zu bezeichnen ist, herrscht eine unglaubliche Unklarheit. Man ist schon dabei angelangt, jede verworrene Religiosität als Mystik auszugeben. So wurde vor dem Kriege Nikolaus II. in französischen Zeitschriften und Zeitungen als Mystiker gefeiert, weil er in seinem armen, schwachen Kopfe den Traum nährte, als Herr der griechisch-orthodoxen Kirche in Konstantinopel einzuziehen.

Wirkliche Mystik liegt nur da vor, wo das natürliche Verhältnis des Menschen zum Unendlichen zu einem höheren erhoben und Notwendigkeit als Freiheit erlebt wird. Sie hat es also nur mit dem geistigen Aufgehen des Einzelnen im Urgrund der Welt, dem er auch materiell angehört, zu tun. «Ich bin dein und will dein sein», spricht der Mystiker zum Universum.

Mystik ist also der tiefste Ausdruck pantheistischer Weltanschauung. Im Theismus kann es nur uneigentliche Mystik geben. In dem liebenden Aufgehen in dem Gott der Liebe wird nicht Notwendigkeit zur Freiheit erhoben, sondern nur das an sich aus Freiheit kommende und an sich schon geistige Verhältnis der Liebe zu Gott auf seinen innerlichsten Ausdruck gebracht. Die christliche Mystik, wie die des persischen Islam, lebt von Zweideutigkeiten. Sie strengt sich an, theistisch zu reden, um sich nicht eingestehen zu müssen, daß sie eigentlich pantheistisch denkt.

In Kürze orientiert über die mystischen Bewegungen innerhalb des Christentums E. Lehmann, *Mystik in Heidentum und Christentum* (deutsch aus dem Dänischen, [Leipzig] 1908).

Weil er ihm zu mystisch war, trennte sich der römische Katholizismus von dem griechischen. Den Argwohn gegen die aus dem 6. Jahrhundert n. Chr. stammenden und unter dem Namen des Dionysius Areopagita gehenden mystischen Schriften gab er nie auf. In den in ihnen enthaltenen Sätzen vom vollkommenen Einswerden mit dem Unerkennbaren erkannte er mit Recht christlich tuenden Neuplatonismus. Die großen Scholastiker Hugo von St. Viktor (1096–1141), Albertus Magnus (1193–1280) und Thomas von Aquino (1225–1274) unternahmen es, diese Mystik so zu zähmen, daß sie gefügig als erbauliches und belebendes Element in der Kirchenlehre einherging. Zu derselben Zeit suchte Ghasali die Mystik des persischen Mohammedanismus dem orthodoxen Islam dienstbar zu machen.

Der Protestantismus verwarf die phantasievolle phantheistische Mystik des Görlitzer Schuhmachers Jakob Böhme (1575–1624),[26] wie die auf kalte Formeln gebrachte des holländischen Juden Baruch Spinoza (1632–1677). In Schleiermacher zwang er die erneuerte Mystik, kirchlich zu werden, wie die Scholastiker die Anschauungen der Areopagitischen Schriften, durch Unterbringung in dem überlieferten Dogma, unschädlich gemacht hatten.

Aber selbst das, was das Christentum an Mystik noch duldet, erweist sich, auf seinen Gehalt geprüft, als überethische Religiosität. Wohl gelangen die meisten christlichen Mystiker überhaupt nicht zu einem naturhaften Gottesbegriff. Sie wollen ganz christlich bleiben und nur die Liebe zu Gott zum Aufgehen in Gott verinnerlichen. Aber immer ist das Ergebnis, mag es in Worte noch so sehr verdeckt sein, nicht Religion tätiger Liebe, sondern Frömmigkeit der Erkenntnis und Tatenlosigkeit. Meister Eckhart (gestorben 1328), der große deutsche Mystiker, ist diesem Schicksal ebensowenig entgangen als Johannes Scheffler (Angelus Silesius, 1624–1677), Blaise Pascal (1623–1662), Madame de la Motte-Guyon (1648–1717) und die andern alle. Aufgehen in Gott ist, wie man sich Gott auch vorstelle, ein Vorgang naturhafter Art und führt zu denselben Resultaten wie Mystik überhaupt. Mystik ist Quietismus, Ruhen in Gott. Hieraus gibt es kein Entrinnen.

So hat es keine wirkliche christliche, sondern nur eine christlich redende und sein wollende Mystik gegeben. Alle Mystik ist mehr oder weniger auf dem Weg zum indischen Denken und wandelt Pfade überethischer Weltanschauung.

Dies tritt auch an den religiösen Versuchen des modernen Monismus zutage. So lange er sich in den Gedanken der Hingabe an den Weltgrund bewegt, ist er tief und natürlich. Zu unmittelbarer, ethischer Re-

26 Das bekannteste Werk Böhmes ist seine 1612 entstandene Erstlingsschrift *Aurora* [Erstdruck 1634]. Gesamtausgabe seiner Werke von [K. W.] Schiebler, ([7 Bände, Leipzig] 1831–47), englisch von W. Law (London 1764–81).

ligiosität bringt er es aber trotz aller Anstrengungen nicht. Vergebens versucht er in immer neuen Deutungen der Hingabe an den Weltgrund, sich zu dieser Höhe hinaufzuschrauben.

In keinem Grade und in keiner Art kann das Christentum naturhafte Religiosität ertragen, wenn es sich seines fundamentalen, ethischen Charakters bewußt bleibt. Dies ist die eigentliche Schwierigkeit, die seinem Denkend-Werden entgegensteht.

Seitdem sie sich an Menschen wendet, deren Weltanschauung nicht mehr in Weltenderwartung besteht, hat die Weltanschauung des Christentums, weil ein unhaltbares Zwischending zwischen naiv und denkend, eigentlich kein Geschlecht mehr wirklich befriedigen können. Seine bleibende Macht und Bedeutung liegt, philosophisch betrachtet, in der unmittelbaren Überzeugungskraft seiner Ethik. Darum ist es am stärksten da, wo es sich nicht mehr als Weltanschauung, sondern nur einfach als religiöse Ethik gibt. Diese Wandlung zur kraftvollen Unvollständigkeit hat es hier schüchterner, dort entschiedener schon gewagt. Im Quäkertum treten der Geist und die Ethik Jesu enthusiastisch und sieghaft auf, weil es von Weltanschauung absieht und nur Liebe ist.

Wäre das moderne Christentum nicht so durch Versuche geschichtlicher Begründung fasziniert gewesen und damit über die Schwere des Problems seiner Weltanschauung hinweggetäuscht worden, so wäre es wohl in weitergehendem Maße zum Entschlusse gedrängt worden, die Möglichkeit ethischer Weltanschauung aufzugeben und sich als eine über allen Weltanschauungsfragen stehende ethische Lebensanschauung selbständig zu machen. Zu einer solchen Tat der Selbstbefreiung wäre es gekommen, wenn es im Denken verharrt hätte und unmittelbare Religion auf Grund des Geistes der Bergpredigt geblieben wäre, statt sich fort und fort aus Geschichte zu destillieren. Als stetig wirkende, statt als vielfach versagende Kraft hätte es dann in der Welt gestanden.

Es gibt keine ethische Weltanschauung, sondern nur Ethik und Anschauung von der Welt. Bei dieser Erkenntnis muß jedes Denken über ethische Weltanschauung landen oder stranden.[27]

---

27 [R, Ms.:] Günsbach, 13. 6. 21 abends. Der Abschnitt ist an einem Tag geschrieben.

IX. Rückblick

Unvereinbarkeit von Mystik und Ethik als Grundschwierigkeit der ethischen Weltanschauung[1]

Welche Einsichten und welche Orientierung empfängt das Suchen nach ethischer Weltanschauung aus dem Vergleiche der Weltanschauungen der Weltreligionen?

Die Weltreligionen haben es nicht vermocht, das scheinbar so selbstverständliche Ideal eines sich auf Ethik gründenden Kulturfortschritts im Denken der Menschheit zu ständiger Macht zu bringen. Darum stellte sich eine wenig sinnvolle Geschichte der Menschheit an Stelle der an sich möglichen sinnvollen ein.

Diese ungünstige Gestaltung der geistigen und materiellen Geschicke der Menschheit geht auf die Tatsache zurück, daß das Denken bisher nur zu unvollkommener und unvollkommen begründeter ethischer Weltanschauung gelangte. Darum standen die Einzelnen und die Gesellschaft unter dem Einfluß unzureichender, fehlerhafter und sich verbrauchender Ideale.

In der vergleichenden Würdigung der Weltanschauungen der Weltreligionen treten die eigentümlichen Schwierigkeiten, die ethischer Weltanschauung entgegenstehen, in ihrem gesetzmäßigen Zusammenhang zutage. In letzter Linie gehen sie alle darauf zurück, daß es nicht gelingen will, Universum und Ethik in natürlicher Weise zusammenzudenken.

Darum bewegen sich die Weltanschauungen der Weltreligionen in steten Konflikten. Soweit sie logisch sind, sind sie nicht ethisch, und soweit sie ethisch sind, sind sie nicht logisch. Soweit sie «Anschauung von der Welt» sind, sind sie nicht ethisch, und soweit sie ethisch sind, sind sie nicht «Anschauung von der Welt». Seitdem die Menschheit in den Weltreligionen nach denkender Weltanschauung strebt, hat sie in irgendeiner Form und in irgendeinem Maße das Ethische dem Kosmischen oder das Kosmische dem Ethischen opfern müssen.

Der chinesische und der indische Geist, monistisch und naturphilosophisch orientiert, gehen von der Welt aus, um zur Ethik zu gelangen. Aus der natürlichen Reflexion über das Wesen des Seins und das Verhalten des Menschen zu ihm soll sich das Ethische ergeben. Ethisch sein heißt für sie [den chinesischen und den indischen Menschen] also, in be-

---

1 Günsbach, 1921.

wußter und durchgeführter Beziehung auf das Wesen des Seins und in tiefem Einssein mit ihm, sein Leben leben. Mystik will Ethik sein.

Der chinesische Geist denkt in welt- und lebensbejahender Mystik. Er erfaßt das Wesen der Welt als Wirken. Als Ethik gilt ihm Wirken im Sinne des Weltgeistes.

Der indische Geist denkt in welt- und lebensverneinender Mystik. Er erfaßt das Wesen der Welt als reines Sein. Als Ethik gilt ihm das Streben, in jeder Hinsicht von der Sinnenwelt frei zu werden.

Was sich im chinesischen wie im indischen Denken ereignet, zeigt die Undurchführbarkeit dieser Gleichsetzung von Mystik und Ethik. Das Ethische liegt nicht in der Mystik, sondern wird in sie hineingelegt.

Laotse, Kungtse, Mong Dsi (Mengtse), Dschuang Dsi (Tschuangtse) und die andern können das Leben im Sinne des Weltsinnes (Tao) nur soweit ethisch deuten, als sie Sinnvolles und Ethisches in der Weltvernunft gegeben sein lassen. Bei denen, die wie Laotse und Dschuang Dsi in erster Linie Mystiker sind, nimmt das Leben im Sinne des Weltgeistes nur eine schwache ethische Färbung an. Gebote von Liebe und Pflicht, wie bei Kungtse und Mong Dsi, und von absoluter Menschenliebe, wie bei Mo Di (Mitse; Micius) treten erst bei denen auf, die vor allem Ethiker und fast nicht mehr Mystiker sind und darum das Ethische in naiver Weise in dem Wesen der Welt und des Menschen begründet sein lassen. Liä Dsi (Lietse) und Yang Dschu (Yangtse) aber, die wagen, nur auf Wahrheit auszugehen, gestehen sich ein, daß auch die Welt- und Lebensbejahung im Sinne des Weltgeistes nichts anderes ist als höchste Welt- und Lebensbejahung. Für Liä Dsi kommt in ihr Erlangung geheimnisvoller Macht zustande, für Yang Dschu bedeutet sie schrankenloses Ausleben des Lebens als Wille zur Lust.

Aber das chinesische Denken ergab sich nicht in die Erkenntnis, daß Welt- und Lebensbejahung nur Welt- und Lebensbejahung, aber nicht Ethik sei. Weil es die Nötigung zu ethischer Weltanschauung in sich trug, konnte es nicht anders als fortzufahren, die Mystik vom Leben im Sinne des Weltgeistes, die ihm Weltanschauung war, so gut es ging ethisch zu deuten.

Das indische Denken will die Mystik der Welt- und Lebensverneinung zur Ethik erheben. Aber in dem mit sich selber konsequenten Denken der Brahmanen bricht durch, daß die Welt- und Lebensverneinung, wenn sie sich in ethisch uninteressierter Wahrhaftigkeit auf sich selbst besinnt, sich als Selbstzweck erfaßt. Das Aufgehen im reinen Sein ist ein erkenntnismäßiges, über allem Ethischen liegendes Erleben. Mystische Welt- und Lebensverneinung ist höchste Welt- und Lebensverneinung, nichts anderes. Das Eingehen in das reine Sein ist Erlösung von der Sinnenwelt, nicht Ethik.

Bei dieser Erkenntnis des wahren Wesens der Welt- und Lebensverneinung kann das indische Denken ebensowenig stehen bleiben als das chinesische bei der des Wesens von Welt- und Lebensbejahung. Das Bedürfnis nach ethischer Weltanschauung treibt es fort und fort dazu an, die Mystik der Welt- und Lebensverneinung, die ihm Weltanschauung ist, ethisch zu deuten. In diesem naiven Unternehmen betätigen sich die Denker des Hinduismus und haben damit Erfolg, insoweit als die empfundene Notwendigkeit ethischer Weltanschauung ihnen und denen, die Weltanschauung von ihnen empfangen, über Denkschwierigkeiten hinaushilft.

Geht das monistisch-naturphilosophische Denken von der Welt aus, um zur Ethik zu gelangen, so nimmt das dualistische das Ethische als etwas an sich Gegebenes an, das auf die Welt anzuwenden ist. Für Zarathustra, die jüdischen Propheten, Jesus und die christlichen Denker besteht das Sittliche darin, daß sich der Mensch der Welt entgegensetzt. Welt und Ethik denken sie in der Art zusammen, daß sie die Welt als etwas im Sinne der Ethik Umzugestaltendes ansehen und annehmen, daß dieses Weltziel in Verwirklichung begriffen ist. Die Bestimmung des Menschen ist also nicht, wie bei den Monisten, irgendwie in der Welt aufzugehen, sondern sie anders zu machen.

In der dualistischen Weltanschauung wird die Welt durch die Ethik vergewaltigt. Befriedigend ist diese Art, beide zusammenzudenken, in keiner Weise. Objektiv drückt sich dies darin aus, daß das dualistische Denken nicht imstande ist, ein rein ethisches Weltziel zu formulieren, sondern in letzter Linie immer ein überethisches, die Verwandlung der Welt aus dem natürlichen in einen übernatürlichen Zustand, annimmt. Dadurch wird der Sinn der ethischen Betätigung des Menschen in Frage gestellt.

Ebenso wird Gott in dem Maße aus einer ethischen Persönlichkeit eine überethische unpersönliche Größe, als er mit dem Weltgrunde identifiziert wird. Auch in der dualistischen Weltanschauung, die sich vornimmt, das Kosmische durch das Ethische zu vergewaltigen, wird also das Ethische durch das Kosmische absorbiert. Das Kosmische ist das natürlich Stärkere.

Die Weltanschauungen der Weltreligionen sind also ethisch nur, insoweit sie naiv sind. Ob monistisch oder dualistisch: Welt und Ethik können sie immer nur unordentlich und unbefriedigend im Denken zusammenbringen.

In dieser Tatsache liegt die Geschichte der Menschheit beschlossen. Nichts verwirklicht sich in der Geschichte, als was in Ideen und Gesinnungen gegeben ist. Alle Ideen und Gesinnungen kommen aus der Weltanschauung. Weil die Weltreligionen nur eine unvollständig ethische Weltanschauung hervorbrachten, lebte die Menschheit in dementsprechend unzureichenden Ideen und Gesinnungen. Sie hatte nicht die Kraft, die von ihr hervorgebrachten und ihr Ergehen und ihre Entwicklung bestimmenden Ereignisse in erforderlicher Weise nach zweckmäßig-ethischen Idealen zu gestalten. Wie in ihrer Weltanschauung das Ethische dem Kosmischen unterlag, so auch in ihrem Sein und Wirken. Ideale, die aus der sinnlosen Wirklichkeit der Dinge geboren waren, bekamen Macht im Denken der Menschheit. So wurde ihre Geschichte in grausiger Weise durch Leidenschaften und blinde Umstände mitbestimmt und bildet darum ein Chaos von Fortschritt, Rückschritt und Stillstand.

Wohl geben sich die vielen Einzelnen keine Rechenschaft davon, daß sie unter dem Schicksal der Unmöglichkeit befriedigender ethischer Weltanschauung stehen. Nichtsdestoweniger wirkt sich diese theoretische Tatsache täglich und stündlich an ihnen aus. An ihr liegt es, daß sie so viele Fragen ungelöst zurückstellen müssen, daß sie die höheren Regungen in sich nicht so, wie sie möchten, unterhalten und ausbilden können, sondern vieles davon absterben lassen. So kommen sie dazu, daß sie als Einzelne und als Gesellschaft der Sinnlosigkeit und dem Bösen einen Tribut zahlen, den ihnen ihr innerstes Empfinden nicht zugedacht hatte.

Stärken und Schwächen der monistischen und der dualistischen Weltanschauung

Welches sind die Stärken und die Schwächen der monistischen und der dualistischen Weltanschauung?

Die monistische ist in natürlicher Weise fundamentiert. Sie gibt dem Menschen die Idee ein, sich als Wesen der Welt in die Welt hineinzufinden. Nicht soll er einfach als Existenz unter Existenzen einhergehen, sondern sich in sein Ich versenken, in sich den Urwillen des universellen Seins zu erfassen suchen und in bewußter und gewollter Gemeinschaft mit ihm das höhere Leben zu erleben streben.

Diese religiöse Naturphilosophie bringt den Menschen in eine innerliche Zwiesprache mit der Natur und mit sich selbst, die, einmal in Gang, von sich aus weiter geht. In natürlicher Weise wird sie durch alles Erleben und Überlegen unterhalten und vertieft.

In der monistischen Weltanschauung besitzt der Mensch etwas Eigenes und Unverlierbares. Mögen die erreichten Überzeugungen auch unbefriedigend sein, so ist doch das, was sie Wertvolles enthalten, in elementarer Stetigkeit und Lebendigkeit vorhanden. Es findet eine natürliche Erziehung statt. Der Mensch wird auf den Weg zur Resignation gebracht. Die Weisheit des Stillewerdens arbeitet an ihm. Er revidiert seine Ansprüche an das Leben und behält nur den letzten und tiefsten: der Welt äußerlich unterworfen, innerlich frei von ihr zu werden. Damit wird er auf natürliche Weise Persönlichkeit.

In der Resignation ist er auf die Ethik bereitet. Was er an ethischen Gedanken besitzt, erlebt er als eine Manifestation des Freigewordenseins von der Welt. Es ist als etwas Selbstverständliches in seiner Persönlichkeit enthalten.

So steigt der Mensch in der religiösen Naturphilosophie auf dem normalen Wege zur Versittlichung empor. In der natürlichen Auseinandersetzung mit sich und der Welt elementare Persönlichkeit werdend, erlebt er eine Veredelung, deren ethischer Gehalt sich zwar in bestimmten Grenzen hält, die ihn aber nie im Stiche läßt.

Wie anders die dualistische Weltanschauung! Sie läßt den Menschen unmittelbar von dem Ethischen ausgehen und alles auf dieses stellen. Als etwas, das nicht in der Welt und nicht von der Welt ist, sondern als das höhere Muß in ihm auftritt, soll er es erleben und sich ihm unterwerfen. Er selber soll sich als ein von dem ethischen Weltzweck in Dienst Genommener gelten und sein Glück darin finden, treu in der Arbeit zu stehen.

Die Wahrheit, daß das Sittliche nichts mit dem Prinzip des natürlichen Weltgeschehens zu tun habe, ist erschaut. Enthusiastisches Wirken kommt durch sie in die Welt und schafft Großes. Menschen und Völker werden zu Fortschritten der Gesinnungen fortgerissen, die im Wirkungsbereiche der monistischen Weltanschauungen ihresgleichen nicht haben. Wertvolle Errungenschaften in der Rücksichtnahme auf die Menschenexistenz als solche und in der Organisierung der Gesellschaft werden gemacht. Stolz und zielbewußt nimmt der sittliche Geist das Werk der Umgestaltung der Menschheit in Angriff.

Welcher Preis aber wird für die Wahrheit, daß Ethik ein dem Weltgeschehen entgegengesetztes Prinzip sei, bezahlt! Weltanschauung nur aus Ethik erbauend, erfaßt sich der Mensch nur noch als im Gegensatz zur Welt [stehend]. Er macht keinen Versuch, seine natürliche Zugehörigkeit zu ihr in vertiefter Weise zu erleben. Er ist nicht in ihr, sondern steht auf ihr, wie ein Arbeiter in der Fremde auf einem zu bebauenden Feld.

Sich nur noch als Angestellter der Ethik fühlend, beschäftigt sich der Mensch nicht mehr in natürlicher Weise mit sich selbst und mit der Welt. Er bezieht seine Gedanken aus einem erhabenen fertigen System; er schafft sie nicht mehr von innen heraus. Alle Probleme des Lebens sollen durch ethischen Enthusiasmus gelöst werden. Die natürliche innere Freiheit von der Welt wird nicht gesucht. Die Gedanken der Resignation werden nicht gedacht. Alle Persönlichkeit soll in der Hingabe an das Ethische zustande kommen.

So beruht die ganze Weltanschauung auf enthusiastischem Glauben. Sie hängt an einem Faden. Reißt er, so geht sie in Trümmer. Nichts bleibt dann dem Menschen. Er hatte ja alles auf ethisches Glauben gestellt. In armseliger Unpersönlichkeit irrt er in der Welt umher, den Meinungen, Leidenschaften und Verirrungen ausgeliefert.

So wandelt die Menschheit, die in dualistischer Weltanschauung lebt, in hoher Höhe, so lange sie durch große Geister oder starke geistige Bewegungen im Enthusiasmus erhalten wird. In Zeiten des Nachlassens desselben verfällt sie mehr oder weniger der Weltanschauungslosigkeit. Weil die Einzelnen nicht auch eine naturhaft-geistige Veredelung erworben haben, besitzen sie nichts unverlierbar Eigenes. Darum ist die Geschichte der abendländischen Völker aus Großartigem und Trostlosem zusammengesetzt.

Heute, wo wir in einer Periode des Zusammenbruchs des ethischen Enthusiasmus mit seinen grauenhaften Folgen stehen, schulmeistern uns Vertreter des chinesischen und des indischen Denkens in mitleidiger Überlegenheit. Wir können uns nicht gegen sie auflehnen. Was nützt es, für uns anzuführen, daß wir dennoch in geistiger und ethischer Hinsicht mehr geleistet haben, als sie von sich und ihrer Weltanschauung aus überhaupt hätten erdenken können? Was nützt es, daß wir ihnen nachweisen können, daß das, was sie uns als haltbare ethische Weltanschauung anbieten, nur edle Naivität ist, die bei ihnen mit mehr Überzeugung als wirklicher Tiefe des Denkens gepflegt wird?[2] Wir müssen ihre Rede über uns ergehen lassen, weil sie im Grunde das Wesen der Sache trifft. Daß die Masse bei uns weltanschauungslos ist und sich von an wirklichem Menschentum womöglich noch ärmeren, nur durch dämonische Gaben bedeutenden Führern leiten läßt, empfinden jene Männer des Ostens als das Furchtbare, was es ist. Der Mangel an naturhafter Persönlichkeit, auf den sie bei uns stoßen, ist ihnen etwas Unfaßbares. Sie haben noch die elementaren Maßstäbe zur Einschätzung des Menschen, die bei uns beiseite gelegt worden sind, weil das Christentum sie nicht anwenden wollte und der moderne Wissens- und Könnensdünkel nichts damit anzufangen wußte. Darum ist ihr Urteil unanfechtbar. Wir sind die Kandidaten, die im Examen Außerordentliches wissen, in den einfachsten Fragen aber versagen.

Wer in die Lage kam, den Abendländer jenseits der Meere im Verkehr mit solchen, die noch naturhafte Persönlichkeit besitzen, zu beobachten, der weiß, in welcher Fadenscheinigkeit er dasteht, wo nur das, was der Mensch ist, nicht das, was er weiß und kann, Geltung hat. Es kommt dann vor, daß er nicht nur hinter dem natürlich veredelten, sondern sogar hinter dem primitiven Menschen zurücksteht. So weit gehen

---

2 Ku Hung Ming, *Der Geist des chinesischen Volkes und der Ausweg aus dem Krieg* [Jena 1916]. – Von demselben: *Chinas Verteidigung gegen europäische Ideen* (deutsch von R. Wilhelm, [Jena 1911,] 1921. Über östliche und westliche Weltanschauung siehe auch Graf Hermann [Alex.] Keyserling, *Reisetagebuch eines Philosophen*, 2 Bde. ([München 1919,] Darmstadt ^{4}1920 [^{5}1921]), *Philosophie als Kunst* ([Darmstadt] 1920) und ders.: *Über die innere Beziehung zwischen den Kulturproblemen des Orients und des Okzidents. Eine Botschaft an die Völker des Ostens* [Jena 1913]. – P. Lowell, *Die Seele des fernen Ostens* ([Jena 1911] 1920).

die Folgen der Tatsache, daß die dualistisch-ethische Weltanschauung, in der die christlichen Völker leben, wo sie wirklicher Besitz ist, höchsten Reichtum bedeutet, und wo sie verloren geht, durch ebenso große Armut abgelöst wird.

Der Enthusiasmus, in dem sie festgehalten werden muß, wird noch in besonderer Weise dadurch gefährdet, daß ihre Ethik auf Leben und Sterben mit dem Glauben an ein ethisches Weltziel verbunden ist. Die Vollziehbarkeit der ethischen Weltanschauung hängt im Dualismus davon ab, daß es gelingt, die ethische Entwicklung der Menschheit als Endziel darzutun. Dieser Gedanke aber, so natürlich er dem ethischen Empfinden ist, ist schwer auszudenken. Die Erde ist so viel mehr als Mensch und Menschheit und die Welt so viel mehr als die Erde. Über das Weltziel wissen wir nichts. Gibt es überhaupt eines? Ist es für uns erkennbar? Die ethische Vollendung der Menschheit ist also ein Menschheitsziel, das wir uns als Weltziel vorstellen wollen.

Zu den theoretischen Bedenken treten unter Umständen praktische hinzu. In Zeiten des Niedergangs kann Menschen die Zuversicht wankend werden, daß die Menschheit einmal wirklich das ethische Ideal erreichen werde. Von diesem ihnen durch die Tatsachen aufgedrängten Zweifel wird aber dann ihre ethische Weltanschauung in Mitleidenschaft gezogen. Wenn heute so viele von Ethik und Christentum abgetrieben werden, so ist es, weil sie sich der pessimistischen Auffassung der Dinge nicht mehr erwehren können. Solche geistigen Verheerungen könnten die Tatsachen aber nicht anrichten, wenn die dualistische Weltanschauung das Ethische nicht in der Art in Abhängigkeit vom Glauben an die Wirklichkeit eines ethischen Weltzieles und [an] die Verwirklichung der ethischen Vollendung der Menschheit gebracht hätte. Wohl lebt das Ethische naturgemäß in Erwartungen, aber es darf nicht von ihnen leben. Es muß sich bewußt sein, in letzter Linie rein aus innerer Notwendigkeit zu gelten.

Das Ethische in dieser Art auf sich selbst zu stellen, ist die dualistische Weltanschauung aber nicht fähig. Die monistische kann es, weil sich das Ethische für sie aus dem Einswerden des Menschen mit dem Weltgeiste ergibt.

Ihre Schwäche, kein naturhaftes Denken in sich zu enthalten, hat die dualistische Weltanschauung instinktiv gefühlt. Darum macht sie die mannigfachsten Versuche, sich im Monismus zu ergänzen, ohne sich selber aufzugeben. Im Laufe seiner Entwicklung erlebt das Christentum die Gedanken der andern Weltanschauungen in sich. Seine Geschichte besteht darin, daß Religiosität Jesu und Mystik fort und fort miteinander ringen, ohne sich durchdringen zu können. Darum ist es so reich und so lebendig, aber auch innerlich so zerrissen.[3] Niemals aber hat sich

3 [R, Ms.:] Freitag 17. 6. 21.

naturhafte Religiosität im Christentum anders als auf Kosten seiner ethischen Gedanken ausgebildet.

Daß es zwei voneinander ganz verschiedene Arten von Religiosität gibt, hat Friedrich Heiler, auf Grund einer 1919 erschienenen Untersuchungen über Art und Inhalt des Gebets in den verschiedenen Religionen, ausgesprochen. Er nennt die eine die mystische, die andere die ethisch gerichtete, die prophetische.[4]

Lebensverneinung und Lebensbejahung in ihrer Beziehung zur Ethik

Das Suchen der Menschheit, wenn es sich über sich selbst klar wird, geht also auf Weltanschauung, in der Mystik und Ethik sich durchdringen und der Mensch unter dem Zwange des Prinzips des Andersseins als die Welt stehend, zugleich seine Zugehörigkeit zum Universum vertieft erlebt.

In wie gearteter Weltanschauung aber? In optimistischer oder in pessimistischer?

Die welt- und lebensverneinende Weltanschauung hat den Nimbus, die tiefere zu sein und sich in natürlicherer Weise mit Ethik zu verbinden als die welt- und lebensbejahende. In Wirklichkeit aber trifft weder das eine noch das andere zu. Wer in das Ringen, das sich in der indischen Weltanschauung abspielt, Einblick gewinnt, wird gegen den Zauber der pessimistischen Weltanschauung gefeit.

Was uns Abendländer an der pessimistischen Weltanschauung, als wir sie durch den Oupnek'hat und durch Schopenhauer am Anfang des 19. Jahrhunderts kennenlernten, so berührte, war nicht so sehr die Welt- und Lebensverneinung als solche, sondern das Bekanntwerden mit einem Denken, das zur Sammlung aufforderte und uns in elementarer Weise als ethisch erschien. Die Gewalt naturhafter Weltanschauung tat es uns an.

Aber die Welt- und Lebensverneinung an sich ist von einer grauenhaften Unnatürlichkeit. Sie mutet dem Menschen zu, seine natürliche

4 [Friedrich Heiler, *Das Gebet. Eine religionsgeschichtliche und religionspsychologische Untersuchung*, München 1919. – Die Notiz über Heilers Werk über das Gebet ersetzt im Ms.-S. 19 folgenden durchgestrichenen Text (der z. T. dem 2. Abschnitt der Anm. 25 in Kap. VIII entspricht):] Die spezifisch christliche Mystik der Hingabe an die Liebe ist keine wirkliche Mystik, sondern nur eine Form oder besondere Erscheinungsart des Enthusiasmus. Wirkliche Mystik liegt nur vor, wo ein natürliches Verhältnis zu einem höheren erhoben und Notwendigkeit als Freiheit erlebt wird. «Ich bin dein und will dein sein», sagt der Mystiker zum Universum. Liebe aber ist ein an sich von vornherein auf Freiheit beruhendes Verhalten. Den Urwillen der Welt zu lieben, ist eine unvollziehbare Vorstellung. Darum können Mystik und Christentum nicht zusammenkommen.

Zugehörigkeit zur Welt in der Art in die höhere umzudenken, daß er das, was in seinem Willen zum Leben natürlich enthalten ist, außer Kraft setzt. Sich selber soll er auf ein qualitätsloses, reines Sein zurückführen, um so mit dem ebenso reduzierten Ursein Eins [zu] werden. Das Nichtleben wird zum höheren Leben erhoben.

Ein Denken, das so gewaltsam seine Stellung außerhalb der gegebenen Wirklichkeit nimmt, kann keine auf das wirkliche Leben und die wirkliche Welt eingehende Weltanschauung hervorbringen.

Von sich aus hätte sich das Suchen nach Weltanschauung nie und nirgends in Welt- und Lebensverneinung verirrt. Diese Auffassung des Seins ist gewissermaßen durch Zufall entstanden. Die brahmanischen Priester, auf der Suche nach dem Wissen, das Macht verleiht, verfielen auf sie. Durch die Kunst des abstrakten Denkens, die sich dabei ausbildete, wurde die Überzeugung, daß die wahre Welt und das wahre Leben qualitätslos seien, zum allgemeingültigen Wissen erhoben. Weil sie dem natürlichen Empfinden widersprach, galt sie als tief.

Daß sie von Haus aus ethisch sei, ist eine Illusion. Das brahmanische Denken ist Egoismus. Anfangs ist es auf Macht, dann auf Erlösung gerichtet. Die Weltanschauung der Welt- und Lebensverneinung sollte das Geheimwissen der Priester und das Leben nach derselben ihr Vorrecht bleiben. An Ethik wird in dem brahmanischen Denken nur so viel mitgeführt, als Lebensverneinung in ihr ist. Als Ganzes aber hat sie in der Weltanschauung der Welt- und Lebensverneinung keinen Platz. Selbst die Ethik der wahren Selbstvollendung ringt in ihr vergebens um ihre Rechte.

Zu einer einigermaßen lebensfähigen Weltanschauung konnte der indische Geist also nur gelangen, wenn er die Welt- und Lebensverneinung, von der er einmal nicht loskommen konnte, im Prinzip beibehielt, ihr aber unvermerkt so viel Welt- und Lebensbejahung zusetzte, daß sie ethisch werden und auf die Wirklichkeit einigermaßen eingehen konnte. Das ererbte Haus so in wohnlichen Stand gesetzt zu haben, ist die Tat des Hinduismus.

Das Suchen nach Weltanschauung, das begreift, was im indischen Denken vor sich geht, macht sich also von der Illusion frei, als ob die pessimistische Welt- und Lebensauffassung in irgendetwas tiefer, wahrer und ethischer sei als die welt- und lebensbejahende. Was Großes an ihr ist, liegt im Monismus als solchem und eignet dem[5] welt- und lebensbejahenden, wie dem welt- und lebensverneinenden.

Der chinesische Monismus ist für das Denken der Welt bedeutungs-

---

5 [Vorlagen:] der [entsprechend dem Satzschluß korrigiert. Sollten sich die Partizipien nicht auf «Monismus», sondern auf «Welt- und Lebensauffassung» beziehen, dann wäre zu korrigieren: ... der welt- und lebensbejahenden, wie der welt- und lebensverneinenden.]

voller als der indische. Erst seit etwa zwei Jahrzehnten fängt er an, uns zu beschäftigen. Unser Bekanntwerden mit ihm vollzog sich viel geräuschloser als seinerzeit das mit dem indischen. Aber er enthält den Versuch zu natürlicher und wahrhafter Weltanschauung, der die Zukunft gehört.

Die Beziehung der pessimistischen Weltanschauung zur Ethik besteht darin, daß in beiden Lebensverneinung ist. Aber die Lebensverneinung der pessimistischen Weltanschauung und die der Ethik lassen sich nicht miteinander zusammmenbringen, weil die eine mit Weltverneinung, die andere mit Weltbejahung verbunden ist. Weltverneinung bedeutet den Tod der Ethik. Diese ist ja Wirken auf die Welt. Sie hat die Welt zum Gegenstand und Weltbejahung zur Voraussetzung. Sowie die Wirklichkeit der Welt, wie sie unmittelbar gegeben ist, durch eine Willensrichtung oder eine Erkenntnistheorie aufgehoben oder auch nur irgendwie in Frage gestellt wird, ist die Ethik gegenstandslos. Aus diesem Verhängnis gibt es keinen Ausweg, mag man es in Worten auch aus der Welt schaffen wollen. Das Geschick des indischen Denkens ist durch es bestimmt.

Der Pessimismus ist mit der Ethik also in äußerlicher Weise verwandt, der Optimismus in innerlicher. Weltbejahung muß in einer Weltanschauung sein, wenn sie wirklich auf Ethik angelegt sein soll.

Genau besehen ist die dualistische Weltanschauung ja auch nichts anderes als eine besondere, gewissermaßen auf Bestellung einer extremen Ethik gearbeitete Form der weltbejahenden. Sie urteilt pessimistisch über die wirkliche Welt, weil sie eine ersehnte «neue Welt» an die Stelle der vorhandenen treten lassen will. Materialistisch-idealistische, nicht spiritualistisch geartete Zukunftshoffnungen verbinden sich bei Zarathustra, den jüdischen Propheten und Jesus mit der Ethik. Nicht auf ein reines Sein, sondern auf eine Verklärung der lebendigen Wirklichkeit ist ihr Sinnen gerichtet, weil sie nicht Metaphysiker, sondern Ethiker sind.

Weltverneinung ist also kein Ton der Ethik. Diese ist ein geheimnisvoller Dreiklang von Weltbejahung, Lebensbejahung und Lebensverneinung. In der richtigen Lage erklingt er nur, wenn die Weltbejahung den Grundton zu den beiden anderen bildet. Lebensverneinung zum Grundton zu machen, will heißen, eine unbrauchbare Umkehrung anwenden.

Lebensverneinung ist in der Ethik nichts für sich. Sie klingt mit, weil nur durch sie die einfache Lebensbejahung zur höheren wird. Die natürliche Lebensbejahung geht einfach neben der Weltbejahung einher. Um eine Beziehung auf sie zu erhalten, muß sie durch Lebensverneinung hindurch und ethische Welt- und Lebensbejahung werden. Aus Lebensverneinung in Lebensbejahung kommt das Vermögen der Hingabe, durch das wir fähig werden, unser Leben in den Dienst dessen zu stellen, was in die Welt verwirklicht werden soll. Die Lebensverneinung ist also die Kraft, in der die tiefste Weltbejahung stattfindet.

Weil das bisherige Denken den Akkord der Ethik nur verworren hörte und die Töne desselben und ihre Lage zueinander nicht richtig feststellte, hat die Erkenntnis der inneren Zusammengehörigkeit von Weltbejahung und Ethik nicht durchdringen können.

Kommt die ethische Weltanschauung also zur Klarheit über sich selbst, so erfaßt sie sich in natürlicher Weise als optimistisch-ethische Weltanschauung. Sie will und erhofft etwas für die Welt. Weil die Ethik ein innerliches Verhältnis zur Weltbejahung hat, ist sie für alle Fortschrittsideale interessiert. Sie steht ihnen frei, aber nicht gleichgültig gegenüber. Soweit sie es kann, will sie mit den Errungenschaften auf allen Gebieten zur wahren Vervollkommnung der Menschheit zusammenarbeiten.

Kungtse und seine Schüler mußten sich von Laotse und seinen Nachfolgern vorwerfen lassen, daß Moral- und Fortschrittsfanatismus bei ihnen Hand in Hand gingen. Dasselbe bekamen die Rationalisten des 18. Jahrhunderts von ihren Gegnern zu hören. Berechtigt war der Tadel insoweit, als die einen wie die andern vielfach flache ethische Ideale mit flachen Fortschrittsidealen eingespannt hatten. An sich aber gehören Ethik und Fortschrittlichkeit natürlich zusammen. Weltbejahung und Ethik berühren sich in dem Drang zum Wirken und haben daher die Tendenz, aufeinander einzugehen.

Sich selber überlassen, verfallen die aus der Weltbejahung fließenden Errungenschaften des Wissens und Könnens und Organisierens der Veräußerlichung und können dann betörend und destruktiv auf eine Zeit wirken, wie wir dies heute in schwerster Weise erleben. Die Ethik muß die Gesinnungen schaffen, in denen dieses Erworbene verarbeitet und angewandt wird. Erst dann wirkt es segensvoll. Nur durch Ethik wird universeller Fortschritt ermöglicht. Ohne sie führt die welt- und lebensbejahende Weltanschauung ins Verderben.

Mit dem Vorurteil, als ob eine gegen den Fortschritt im allgemeinen indifferente oder gar ablehnende Ethik damit eine besondere Tiefe bekundete, ist ein für allemal aufzuräumen. Nur als unnatürlich erweist sie sich durch ein solches Verhalten. Wahre Ethik hat ihre Tiefe in sich selbst. Sie braucht nicht in Vermeidung der natürlichen Berührung mit der Welt vornehm zu tun.

Die Hinneigung zur pessimistischen Weltanschauung und zu den Vorstellungen, die sich mit ihr verbinden, ist also nicht ein Korrektiv zu unserer veräußerlichten Auffassung von Kultur, sondern nur ein Stück Romantik, von dem wir loskommen müssen, um in eine ethische Kulturweltanschauung einzugehen.[6]

---

6 [R, Ms.:] Günsbach – Sonntag 19. 6. 21.

Ethische Weltanschauung durch tiefere Ergründung des Ethischen[7]

Auf welchem Wege aber sollen wir Naturphilosophie und Ethik, die sich bisher nicht vereinigen ließen, in Weltbejahung zusammenzudenken suchen?

Aus dem, was in den Weltanschauungen der Weltreligionen vor sich geht, erhellt eines mit Sicherheit: daß beide sich nicht aufeinander zurückführen lassen. Es ist aussichtslos, aus Naturphilosophie Ethik gewinnen zu wollen. Ebenso ist es vergebliche Mühe, die Ethik in Naturphilosophie hineinreden zu lassen, als ob sie sie ethisch machen könnte.

Um mehr in die Tiefe gelangen zu können, muß sich unser Denken zuerst von dieser totalen Verschiedenartigkeit der beiden Elemente der Weltanschauung durchdringen [lassen].

In der Naturphilosophie erfahre ich über mein Ich aus der Welt, in der Ethik aus mir selber. Das Denken über die Welt läßt mich wissen, daß ich, in allen meinen äußeren Schicksalen ihr rettungslos unterworfen, dennoch innerlich frei von ihr sein kann. An sich haben die mir zustoßenden Geschehnisse keinen objektiv feststellbaren Sinn. Sie ereignen sich aus Notwendigkeit. Für mich aber bekommen sie einen Sinn, wenn ich in ihnen die innere Freiheit von der Welt erlebe und damit naturhafte Persönlichkeit werde. Das ist's, was mein Wille zum Leben, wenn er sich in der Welt herumtastet, über sich erfährt.

In der Ethik gelangt er zu unmittelbarer Klarheit über sich selbst. Er erlebt die geheimnisvolle Nötigung, als wirkende Kraft anders zu sein als die Natur, wie er sie außer sich sieht und in sich erfährt. Soweit er sich ihr [dieser Nötigung] unterwirft, wird er ethische Persönlichkeit.

Falsch aber ist zu meinen, daß wir mit dem unmittelbaren ethischen Wissen die Welt von innen heraus erschauen und verstehen. Wir dürfen uns nicht einbilden, uns damit wie durch eine geheime Pforte in die Festung eingeschlichen zu haben und uns ihrer bemächtigen zu können. Das Wesen des Weltgeistes und sein Wirken wird uns dadurch nicht deutlich. Obwohl wir ein Stück Welt sind, erleben wir uns selber anders als die Welt außer uns. In unserem Willen zum Leben tritt etwas auf, das uns am universellen Willen zum Leben, wie er sich tausendfach um uns herum manifestiert, nicht offenbar wird. Darum lassen sich die naturphilosophische Anschauung von der Welt und die ethische Lebensanschauung nicht einfach zur ethischen Weltanschauung vereinigen.

Bisher hat man sie aneinandergeleimt oder ineinander gepreßt. Dabei litten die Ethik oder die Welt oder beide miteinander Schaden. Die ent-

---

7 [R, Ms.:] Günsbach 19. 6. 21. Morgens.

stehende ethische Weltanschauung war brüchig. Nur ihr Pathos war wahr.

Ein Weg bleibt zu begehen. Bisher hat man naturphilosophische Anschauung von der Welt und ethische Lebensanschauung eine der andern annehmbar zu machen gesucht und dabei keine wirklich zu Ende gedacht. Nun soll eine jede, ohne sich nach der andern umzuschauen, ihren eigenen Weg bis zu Ende gehen[:] ob sie dann nicht, von verschiedenen Seiten kommend, sich auf derselben Höhe begegnen und sich im Denken in einer irgendwie befriedigenden Weise zusammenbringen lassen.[8]

Wie viel fehlt insbesondere, daß die ethische Lebensanschauung wirklich zu Ende gedacht worden ist! Worin das in uns nach Herrschaft verlangende Anderssein als die Welt seinem innersten Wesen nach eigentlich besteht, hat uns viel zu wenig beschäftigt.

Ist Ethik nur ein von dem Einzelnen der Gesellschaft gegenüber angenommenes Verhalten, so kann es keine ethische «Weltanschauung» geben. Etwas so Enges läßt sich nicht auf denkende Art mit dem universellen Begriff Welt zusammenbringen. Ethik muß also ein Prinzip des Verhaltens des Menschen zum lebendigen Sein überhaupt sein. Das Verhalten von Mensch zu Mensch, von Mensch zu Gesellschaft und von Gesellschaft zu Mensch ist nicht die Ethik, sondern nur eine Anwendung derselben. In kosmischer Weite hat sich das Anderssein als die Welt in mir zu erfassen.

Auch über seinen Inhalt muß es sich klarer werden als bisher. Immer und immer ereignet es sich, daß die Ethik über sich selbst unsicher wird und in verderbliches Irren hineinkommt. Je größer ihr Enthusiasmus, desto größer diese Gefahr. Es ist etwas Wahres daran, wenn die Nachfolger Laotses gegen die Schüler Kungtses und Mong Dsis (Mengtses) den Vorwurf erheben, sie machten die Welt unnatürlich. Mong Dsi seinerseits urteilt so über Mo Di (Mitse), der enthusiastischer ist als er. Und wie oft hat im Judentum und Christentum ethisches Irren höchstes ethisches Wollen verdunkelt!

Das Verhalten des Andersseins als die Welt darf auch in seiner größten Stärke nicht zu einem Toben gegen die Welt werden, sondern muß etwas natürlich Notwendiges und Zweckmäßiges in der Welt verwirklichen wollen. Zu wenig über sich selbst orientiert und allzusehr nur seinem dunklen Drange folgend, zog es bisher seine Bahn. In den vielen Unklarheiten, die es unsicher und schwach machen, darf es nicht verharren.

Die Geschichte lehrt, daß aller dauernde Fortschritt in der Weltanschauung und in der Welt irgendwie dadurch zustande kam, daß ein er-

8 [R, Ms.:] sich ausleben, sich über sich selbst ganz klar werden.

weitertes und vertieftes Erfassen des Ethischen stattfand. Was in der Vergangenheit war, gilt für die Zukunft.

Ausblick auf die Weltanschauung der Ehrfurcht vor dem Leben

Zu viel wird über Ethik immer nur in Gleichnissen geredet. Die Hingebung, die sie fordert, wird Liebe genannt. Das ethische Verhalten wird also in Analogie zu natürlichen Vorgängen gestellt, in denen die Natur in geheimnisvoller Weise die gewöhnliche Selbstheit der Wesen aufhebt und eines mit dem andern sich vorübergehend eins fühlen läßt. Das Bild ist richtig. Aber es ist nur ein Bild. Das Mitleidsvolle an dem ethischen Verhalten kommt in ihm nicht zur Geltung.

Die sachliche Bezeichnung für das Wesen des Ethischen bewegt sich irgendwie um den Ausdruck «Ehrfurcht vor dem Leben» herum.

In der Natur ist keine Ehrfurcht vor dem Leben. Sie ist allen ihren Geschöpfen nur Schicksal, schöpferisches oder zerstörendes Schicksal. Dem Sein wie die Welt folgend, sieht ein Leben anderes Leben nicht als das Kostbare und Lebenwollende an, das zu erhalten ist, sondern verhält sich zum ihm wie Schicksal, es anstandslos schädigend und vernichtend, wo es die Gelegenheit so mit sich bringt. Im Menschen aber ist ein mit der Höhe der Entwicklung sich immer stärker geltend machendes Bewußtsein davon vorhanden, daß alles Lebendige um ihn herum kostbar ist und vom Willen zum Leben, von Sehnen nach der geheimnisvollen Förderung des Lebens, Lust genannt, und von der Angst vor der geheimnisvollen Beeinträchtigung des Lebens, Schmerz genannt, bewegt wird. Diesem Wissen um das andere Leben folgend, steht er den andern Existenzen nicht fremd gegenüber, sondern bringt dem Willen zum Leben, der in ihnen ist, Verstehen und Ehrfurcht entgegen. Daraus kommt alles Lieben und Helfen, das Ethik genannt wird. Mein Verhalten zu der Welt, indem ich anders bin als die Welt, ist also durch Ehrfurcht vor dem Leben, die in mir ist, bestimmt.

Daß die sachliche Ergründung das Ethische in kühleren Ausdrücken beschreibt als die bildliche Schilderung, will nicht heißen, daß sie seine Größe weniger erfassen und weniger Enthusiasmus für es wecken kann. Je mehr wir das Ethische begreifen, desto tiefer und nachhaltiger werden wir von ihm ergriffen. Zu Enthusiasmus, der aus dem Denken kommt und gleichmäßig und stark wie Passatwind weht, müssen wir gelangen.

Die befriedigendere Weltanschauung, auf die das Suchen der Menschheit geht, wird also irgendwie Weltanschauung der Ehrfurcht vor dem Leben sein. Unternehmen wir es, sie zu denken, so wird ein Fortschritt verwirklicht. Wir gelangen zu einer sicheren Orientierung im Ethischen und vermögen Welt und Ethik besser miteinander in Beziehung zu bringen.

Hat aber das freie Schaffen höherer ethischer Anschauung eine Zukunft? Ist die Welt nicht ein für allemale auf die Grundformen der Weltanschauung festgelegt, wie sie für den chinesischen Osten, den indischen Osten und das dualistische Judentum und Christentum gelten?

Erwägungen dieser Art können das Denken nicht beirren. Seine Aufgabe ist, die Wahrheit zu denken und die Gedanken höherer Lebensauffassung in uns zur Klarheit zu bringen. Die in den Weltreligionen überlieferten Weltanschauungen sind wie Ströme, die das Land bewässern. Der Lauf, den sie einmal angenommen haben, ist nicht zu ändern. Wohl aber ist das Denken von Einfluß darauf, ob sie Wasser führen oder nicht. Lebendiges Wasser fließt den Weltreligionen soweit zu, als ethisches Denken in der Menschheit vorhanden ist. Ist diese Flut gering, so liegen die Läufe der großen Flüsse trocken. Steigt sie, so füllen sie sich und machen das Land fruchtbar.

Aller Fortschritt in denkender ethischer Weltanschauung kommt den Weltreligionen zugute. Sie werden durch ihn belebt und geläutert. Durch sie wird er unter die Menschen gebracht.

Zur Zeit lavieren die Weltreligionen in Untiefen herum. Sie müssen auf das Wehen des Geistes ethischen Denkens warten, um, jede auf ihrem Wege, aufs hohe Meer zu gelangen.[9]

9 [R, Ms.:] Günsbach, 19. 6. 21 abends. Der ganze letzte Abschnitt ist in einem Tage geschrieben.

Mensch und Kreatur in den Weltreligionen

Einleitung

Von Ulrich Neuenschwander,
bearb. von Johann Zürcher

Das (mit Bleistift geschriebene) Manuskript *Mensch und Kreatur [in den Weltreligionen]* ist 1933 in Lambarene entstanden, jeweils abends und nachts (wie aus mehreren Randnotizen ersichtlich ist), nach ermüdendem Tagewerk also, aber offenbar doch in kurzer, konzentrierter Arbeit. Da Schweitzer in Lambarene keine größere Bibliothek zur Verfügung hatte, muß man annehmen, daß er sich auf aus Europa mitgebrachte Notizen und Auszüge stützte; eine Anzahl Zitate entnahm er dem Manuskript *Kultur und Ethik in den Weltreligionen.* Das Manuskriptbündel der ersten Fassung der Kapitel V-VII, mit «definitiver Text, aber ersetzt» bezeichnet, trägt das Schlußdatum des 22. 8. 1933, während Textskizze wie definitiver Text von Kapitel III den Vermerk «Lambarene, Sept. 1933» tragen. Auch die restlichen Texte sind noch 1933 entstanden (Schluß der 2. Fassung von Kapitel VII: Okt. 1933). Außer zu Kapitel IV hat Schweitzer zu allen Kapiteln Zweitfassungen verfaßt, die dem Haupttext dieser Ausgabe zugrundeliegt. Diejenige zu Kapitel I fehlt, deshalb muß dort die 1. Fassung als Haupttext dienen.

Das Kapitel über Mensch und Kreatur im chinesischen Denken hat A. Schweitzer 1937 in neuer Fassung in den 2. Teil von *Das chinesische Denken* aufgenommen. In der endgültigen Fassung dieses Werkes, *Geschichte des indischen und chinesischen Denkens*, 1939/40, fehlt es zwar als geschlossenes Ganzes, aber die meisten Thesen und Zitate sind an passenden Stellen eingearbeitet. Mehrfach findet sich in dem Manuskript von *Mensch und Kreatur* der Vermerk «Stellen notiert 1939». 1940 und 1944 übernahm Schweitzer Partien der Schrift in Texte zur Kulturphilosophie III (3. Teil, Doss. 10 Nr. 2, und 4. Teil, Doss. 12 Nr. 2; im Druck, 2. Halbband, München 2000: S. 138–153, 275–284).

Die handschriftliche Vorlage unserer Ausgabe ist bis auf den Schlußabschnitt durchgearbeitet. Dieser schien Schweitzer nicht zu befriedigen, denn er schließt mit den Worten: «Noch ein größerer Abschluß.» Ein solcher fehlt jedoch. Wir verweisen am Schluß (S. 220, Anm. 27) auf weitere Texte Schweitzers zum Thema, die das Fehlende vielleicht ersetzen. – Auch zu Beginn dieses letzten Kapitels plant Schweitzer nach einer Notiz noch eine «bessere Überleitung», die ebenfalls nicht vorliegt.

Nicht vorhanden ist auch eine von Schweitzer angemerkte «größere Einleitung» sowie auch eine «größere Ausleitung» zu Kap. III. Möglicherweise ebenfalls umfangreicher war die Einleitung zum Ganzen, die fehlende Zweitfassung von Kapitel I.

In der Reihenfolge der Kapitel findet sich das Seltsame, daß der definitive Abschnitt über Indien nicht, wie es sachgemäß wäre, nach demjenigen über China folgt, sondern am Schluß steht. Diese Paginierung kann nicht die von Schweitzer geplante Reihenfolge darstellen. Es ist vielmehr anzunehmen, daß er zunächst einfach das indische Kapitel in die definitive Form gebracht hat, ohne Rücksicht auf die spätere Einordnung des Textes. Beweis hierfür ist die Randnotiz am Schluß der ersten Fassung von Kap. VII: «Achtung: Das Kapitel über universalistische Ethik und Europa am Ende: nach [dem] chinesischen und indischen und Zarathustrischen» ... Wir haben dieser Anweisung Rechnung getragen.

Mensch und Kreatur ist Teil der ersten bzw. dritten Reihe der Entwürfe zu *Kulturphilosophie III,1* (Übersicht zum Inhalts- und Quellenverzeichnis des betreffenden Bandes). Nur die Paginierung der 6 Seiten mit dem Titel «Allgemeines», welchen Text wir dem Ganzen als Kap. I voranstellen, weil er offensichtlich als Einleitung dazu gehört, läßt sich nirgends einordnen, und die erste Fassung von Kap. III trägt die selbständige Paginierung 1–15. Wie im ersten Vorwort des vorliegenden Bandes bereits erwähnt (S. 11) ordneten wir die Schrift dem Werk über die Weltreligionen bei, weil *Mensch und Kreatur* sich in der Kapitelfolge ganz der Weltreligionenschrift anschließt. Zudem ist diese letztere ja ebenfalls Teil der *Kulturphilosophie.*

Das Problem des Verhältnisses von Mensch und Kreatur hat Albert Schweitzer zweifellos zeit seines Lebens aufs tiefste beschäftigt. Die Erweiterung der Ethik über das Menschliche hinaus auf alles Lebendige war ihm ein zentrales Anliegen, das er in der Geschichte der Menschheit allzu oft vernachlässigt sah. Wir finden die in «Mensch und Kreatur» durchgeführte Thematik zwar überall in den Äußerungen Schweitzers wieder. In unserem Manuskript aber hat sie eine Gesamtdarstellung gefunden. So darf diese Schrift beanspruchen, einen Grundgedanken Schweitzers in einer so geschlossenen und zusammenhängenden Weise zur Sprache zu bringen, wie es in den bisherigen Veröffentlichungen nicht geschehen ist.

[I.] Allgemeines[1]

Zu der Schwierigkeit,[2] daß in dem Weltgeschehen nichts Ethisches zu entdecken ist, kommt noch eine andere, die in der Ethik selber zutage tritt. In dem Maße, als die Vorstellung des Weltganzen wirksam zu werden beginnt, erweitert sich auch der Horizont der Ethik. Statt es nur mit Pflichten des Menschen gegen den Menschen und die Gesellschaft zu tun zu haben, gelangt sie dazu, mit seinem rechten Verhalten zu allem Lebendigen beschäftigt zu sein. Indem sie aber in dieser Weise universell wird und die Verantwortlichkeit des Menschen gegen alle in seinen Bereich tretenden Wesen behauptet, hört sie auf, als ein geordnetes und in sich geschlossenes System von Tugenden und Pflichten begreifbar zu sein.

Von sich aus ist das Bewußtsein des Menschen, mit anderen Wesen solidarisch verbunden zu sein, in Erweiterung begriffen. Solange er in primitiven Verhältnissen lebt und in primitivem Denken verharrt, sieht er nur seine nächsten Blutsverwandten und engeren Stammesverwandten als seinesgleichen an. Alle anderen Menschenwesen gelten ihm nichts. Er schädigt und vernichtet sie, wie es ihm und seinen Interessen geboten scheint oder wie es ihm gerade in den Sinn kommt. Tritt er aus den primitiven Verhältnissen und der primitiven Denkweise heraus, so fängt er an, den Kreis der Gemeinschaft weiter zu ziehen, und neben der mehr oder weniger individuellen Verwandtschaft erkennt er die Wesens-Verwandtschaft an.[3] Kommt es im Fortschritte der Zeiten dahin, daß die Stämme sich zu Völkern zusammenschließen, so gelten ihm die Angehörigen eines großen Volksganzen als seinesgleichen.

Aber dies ist nur ein Durchgangspunkt, kein Endpunkt. Bewegt sich der Mensch einmal in der Vorstellung dieser allgemeinen, in Wesensverwandtschaft begründeten Verbundenheit mit anderem Leben, so kann

---

1 [R] Definitiver Text. [Aber] ersetzt. [Siehe Vorwort.] Lambarene 33.

2 [R] Daß in dem Weltgeschehen nichts Ethisches zu entdecken ist, ist nicht die einzige Schwierigkeit, mit der es die ethische Lebensanschauung zu tun hat, wenn sie es unternimmt, sich zu Weltanschauung auszudenken. Es stellt sich noch die andere ein, daß die Ethik, sobald sie mit der Vorstellung des Weltganzen zusammengebracht wird, sich aus etwas Begrenztem zu etwas Unbegrenztem entwickelt. Sie gelangt dazu, statt nur [mit] den Pflichten des Menschen zum Menschen beschäftigt zu sein, über sein rechtes Verhalten zu allem lebendigen Sein nachdenklich zu werden.

3 [R] Diese Vorstellung der Verbundenheit mit gleichartigen Wesen erweitert sich in dem Maße, als [gestrichen: der Horizont] die Lebensverhältnisse und die Geistigkeit des Menschen sich entwickeln. Solange er noch in Verbänden des Stammes lebt, erstreckt sich sein ethisches Verhalten auf Stammesgenossen. Kommt es ...

er nicht haltmachen, wo er will, sondern muß den damit betretenen Weg der Verallgemeinerung bis zu Ende gehen. Wagt er, sich wirklich denkend zu verhalten, so kann er nicht anders, als den Menschen als solchen als seinesgleichen anzusehen und sich verpflichtet zu fühlen, sich ihm gegenüber in ethischer[4] Weise zu verhalten. Aus der Vorstellung der Wesenverwandtschaft entsteht die Idee der Menschheit.

Aber auch die Menschheit ist nicht ein Ende, sondern nur ein Kreis, der in einem noch größeren liegt.

Legen wir alle Gedankenlosigkeit ab, so können wir nicht bei der Meinung verbleiben, daß zwischen uns und den Geschöpfen keine Beziehungen bestehen und daß für unser Verhalten zu ihnen Gut und Böse nicht gelten. Daß wir mit ihnen empfinden und an ihrem Wohl und Wehe teilnehmen, kommt uns dann nicht mehr als ein zu unterdrükkender Gefühlsüberschwang, sondern [als] etwas in unserem Wesen natürlich Gegebenes vor. Es geht uns auf, daß wir diesem Empfinden freien Lauf lassen müssen; noch mehr, daß wir suchen müssen, über es ins Klare zu kommen und es in seiner ganzen Tragweite zu erfassen. Unternehmen wir dies, so geht uns auf, daß sich unsere Verbundenheit mit der Kreatur nicht auf Geschöpfe, die mit uns leben und unser Dasein teilen, beschränken läßt. Wie sich innerhalb der Menschheit keine Grenze der Wesensgemeinschaft zwischen Mensch und Mensch feststellen läßt, also auch nicht innerhalb der Kreatur zwischen Geschöpf und Geschöpf. Das ernsthafte Besinnen auf unser Verhalten zur Kreatur führt notwendig zu dem Ergebnis, daß wir uns unserer Verbundenheit mit allem lebendigen Sein bewußt werden. Naturgemäß ist unser Mitempfinden um so unmittelbarer und lebhafter, je näher die Wesen uns ihrer Art und ihrem Erleben nach stehen. Aber auch zu dem Leben, das von dem unsrigen weit abliegt, vermögen wir uns, wenn wir einmal der Gedankenlosigkeit entronnen sind, nicht unfühlend zu verhalten. Mögen wir von seinen Regungen auch noch so wenig verstehen, so wissen wir doch, daß in ihm Wille zum Leben und Sehnsucht nach Glück ist wie in uns, und daß ihm Leiden und Vernichtung beschieden sind wie uns. Mit allem, was lebt, sind wir durch Wesens-Verwandtschaft und Schicksalsgemeinschaft verbunden. Wahre Ethik verlangt, daß wir nicht nur uns nahestehendes Leben, sondern alles Leben, das in unseren Bereich tritt zu erhalten und zu fördern suchen. Alles Leben ist Geheimnis; alles Leben ist Wert.

Erst wenn die Lebensanschauung sich zu dieser Erkenntnis erhoben und in ihr Bezogenheit auf die Welt erreicht hat, kann sie es unternehmen, sich mit der Anschauung von der Welt auseinanderzusetzen und sich in ihr begreifen zu wollen. Erst wenn er seine Verbundenheit mit

4 [Darüber geschrieben:] helfender.

allem Lebendigen anerkennt und betätigt, besitzt der Mensch wahres Menschentum.

Wie das Wasser in unaufhaltsamem Laufe dem Gefälle folgend zum Meere gelangt, also wird der Mensch in einfachstem sachlichem Überlegen über alle Grenzen, die er innerhalb der Menschheit und innerhalb der Kreatur ziehen möchte, hinausgeführt und zur Anerkennung seiner Verbundenheit mit allem lebendigen Sein genötigt.[5] Statt daß nun aber, wie zu erwarten wäre, diese fundamentale Wahrheit, auf die wir alle hingetrieben werden, sich in dem Denken der Menschheit durchsetzt und ihre Rolle in ihm spielt, wird sie in ihm unterdrückt oder um ihre Bedeutung gebracht. Auch wenn sie hie und da einige Anerkennung erfährt, so wirkt sie sich doch nie in ihrer wirklichen Bedeutung in der Weltanschauung aus.

Unterdrückt wird sie in dem europäischen Denken, dem antiken sowohl als auch in dem mittelalterlichen und dem neuzeitlichen.

Die antike europäische Philosophie bekommt das Problem Mensch und Kreatur überhaupt noch nicht in Sicht, wie sie in der Ethik, vom Spätstoizismus abgesehen, auch nicht bis zum Gebote der allgemeinen Menschenliebe hindurchdringt. Sie läßt den Menschen nur mit sich, der menschlichen Gesellschaft (zu der überdies nur die Freien, nicht auch die Arbeitenden gerechnet werden!) und der Welt[6] beschäftigt sein.

Die mittelalterliche europäische Philosophie übernimmt vom Judentum und vom Christentum das Gebot der Liebe. Durch dieses sollte sie eigentlich zum Problem des Verhaltens des Menschen zur Kreatur hingeführt werden. Ist die Idee der Liebe einigermaßen lebendig, so muß sie ja naturgemäß bei der Frage anlangen, ob sie dabei stehen bleiben könne, nur für die Beziehungen des Menschen zu den Menschen zu gelten, oder ob sie es nicht auch mit den Geschöpfen zu tun habe.

Das mittelalterliche Denken jedoch stellt keine derartigen Erwägungen an. Zwar findet es in der jüdisch-christlichen Ethik, die es zur der seinigen macht, schon einige die Gütigkeit gegen die Geschöpfe betreffende Forderungen vor. Aber es setzt das dort Begonnene nicht fort. Es bringt ihm kein Verständnis entgegen, ja, es gibt sich überhaupt keine Rechenschaft von ihm. Bereits Errungenes – so wertvoll, wie wenig es auch ist! – läßt es wieder verloren gehen. In der so tragischen Geschichte des Denkens der Menschheit ist dies eines der traurigsten Geschehnisse. Eine fahle Dämmerung, statt zum Tage zu werden, erlöscht wieder im Dunkel.

---

5 [R] Das Ende der Philosophie. Ja, was wollen sie dann an die Stelle setzen?
6 [Dazu notiert:] dem Weltgeschehen.

[II.] Mensch und Kreatur im chinesischen Denken[1]

Das chinesische Denken erkennt die Wesensverwandtschaft von Mensch und Geschöpf als etwas Selbstverständliches an. Es nimmt an, daß in allen Wesen die beiden Grundkräfte des Seins, das Yang und das Yin, wirksam sind. Das Yang ist das Lichte, Männliche und Starke, das Yin das Dunkle, Weibliche und Schwache. Diese beiden Grundkräfte sind einander gleichwertig.[2] Das Lichte mit dem Vollkommenen und Ethischen und das Dunkle mit dem Unvollkommenen und Unethischen gleichzusetzen, wie es Zarathustra tut, liegt dem chinesischen Denken fern. Es kennt keinen Dualismus. Das Yang und das Yin sind zwei rein auf Zusammenwirkung eingestellte natürliche Kräfte, von denen jede die Möglichkeit des Ethischen in sich trägt. Verwirklicht wird diese Möglichkeit da, wo sie beide in vollendeter Weise miteinander vorhanden sind: In den lebendigen Wesen. Unter diesen ist der Mensch, weil das Yang und das Yin sich in ihm am besten miteinander verbinden, das geistigste und das ethischste.[3]

Den Unterschied von sterblichen und unsterblichen Wesen kennt das chinesische Denken nicht. Ihm zufolge sind sie alle sterblich und unsterblich zugleich. Sterblich sind sie als einmalige individuelle Erscheinung von Leben, unsterblich, weil das in ihnen vorhandene Leben nicht der Vernichtung anheimfällt, sondern in neuen Wesen neue Gestalt annimmt. Das unvergängliche Leben ist in steter Wandlung begriffen. «Geburt und Tod, Leben und Sterben bilden ein Ganzes», heißt es bei Dschuang Dsi [VI,3].[4] Von demselben: «Was wir ein Ende nehmen sehen, ist nur das Brennholz. Das Feuer brennt weiter» [III,4].

Der zur wahrhaften Innerlichkeit und Demut gelangte Mensch erhebt nicht den Anspruch, daß das Leben, das in ihm Gestalt gewonnen

---

1 [R] Mystik der Ehrfurcht vor dem Leben. Text. Definitiv. Lambarene 1932 [korr.:] 1933.

2 [R] Fünf Grundtugenden: Güte, Rechtlichkeit, Ehrerbietung, Einsicht, Aufrichtigkeit.

3 [Über der Zeile:] wohl das höchste, aber nicht ganz andersartige Wesen.

4 [Für die Zitatennachweise s. *Kultur und Ethik in den Weltreligionen*, Kap. III, Anm. 28, 37, 40 (und Haupttext zu 43 (40)), 45. Manche Zitate sind aus dieser Schrift und aus einem kurzen Vorläufer-Text im China-Kapitel von 1932 übernommen (beide Arbeiten waren ja unveröffentlicht). Wir belassen diese Duplikate, um die Textzusammenhänge nicht zu zerstören. – Zur Schreibweise der chinesischen Namen: Wir haben sie derjenigen von *Kultur und Ethik in den Weltreligionen* angepaßt (s. ebenda Kap. III, Anm. 25); in *Mensch und Kreatur* hat Schweitzer eine andere verwendet, z. B. «Tschuang Tse» statt «Dschuang Dsi», «Lieh Tse» statt «Liä Dsi».]

hatte, nach seinem Tode wiederum in Menschendasein in Erscheinung trete. Er findet sich darein, ein ganz anderes Geschöpf zu werden.

Als Meister Lai im Sterben lag, erzählte Dschuang Dsi, sprach er zu Meister Li, der ihn besuchte: «Wenn ich, nachdem ich einmal Menschengestalt erhalten habe, nun sprechen wollte: ‹Wieder ein Mensch, wieder ein Mensch will ich werden!›, so würde mich der Schöpfer als untauglichen Menschen betrachten. Nun ist die Natur der große Schmelzofen, der Schöpfer ist der große Gießer: Wohin er mich schickt, soll es mir recht sein. Es ist vollbracht. Ich schlafe ein, und ruhig werde ich wieder aufwachen.» [VI,3.]

«Alle Geschlechter von Fleisch und Blut»,[5] sagt Liä Dsi, «sind in der Denkart des Herzens nicht gar weit verschieden» [II,18, Schluß]. Dies schließt er daraus, daß die anderen Geschöpfe, wie der Mensch, ihr Leben zu erhalten trachten, sich paaren, ihre Jungen lieben, sich gegenseitig Beistand leisten, wenn sie in Herden beisammenwohnen, und für Musik empfänglich sind. Es sei gar nicht auszumachen, ob es nicht vorkomme, daß ein Tier das Herz eines Menschen und ein Mensch das Herz eines Tieres habe. In uralten Zeiten hätten die Tiere mit den Menschen zusammen gewohnt, und die Weisen von damals hätten ihre Sprache und Gedanken verstanden.

«Wie wenig ist es doch, das den Menschen von den Tieren unterscheidet. Die Masse geht darüber hinweg; der Edle hält es fest», heißt es bei Mong Dsi [IV B,19].

Yang Dschu erhebt dagegen Einspruch, daß die Menschen behaupten, der Himmel habe die Tiere zu ihrem Gebrauche erschaffen. «Alle Wesen auf der Welt», läßt er einen Knaben sagen, «sind unsere Mitgeschöpfe. Unter diesen Geschöpfen gibt es nicht edlere und geringere. Sie überwältigen einander nur durch Größe, Klugheit und Kraft und essen dann der Reihe nach einander auf. Es ist aber nicht so, daß sie für einander erzeugt wären. [Was der Mensch an eßbaren Dingen unter die Hand bekommt, das ißt er auf. Aber das ist nicht ursprünglich vom Himmel für den Menschen erzeugt.][6] Schnaken und Mücken beißen uns in die Haut, Wölfe und Tiger fressen unser Fleisch; aber darum hat doch nicht ursprünglich der Himmel den Menschen und sein Fleisch für Schnaken und Mücken, für Wölfe und Tiger wachsen lassen.» [Yang Dschu, bei Liä Dsi VIII,28.]

Von der hochmütigen Engherzigkeit der europäischen Denker den Geschöpfen gegenüber sind die chinesischen also vollständig frei. In großartiger Vorurteilslosigkeit erkennen sie die zwischen dem Men-

5 [Über der Zeile:] Die Unsterblichkeit ist nicht ein Privileg des Menschen, sondern kommt allen Wesen zu.

6 [Satz ergänzt nach dem Zitat in *Das chinesische Denken*, Fassung 1937, 2. Teil. Dok-S. 309.]

schen und der Kreatur bestehende Verbundenheit an.[7] Aber in der Frage, inwieweit sie zu betätigen sei, urteilen sie verschieden, je nachdem sie Anhänger des Laotse oder des Kungtse sind.

Laotse, Liä Dsi, Dschuang Dsi und Yang Dschu verneinen tätige Ethik überhaupt. Der Mensch, behaupten sie, dürfe nicht in das von der Natur gewirkte Geschehen eingreifen. Seine Gütigkeit habe sich darin zu erschöpfen, daß er für andere Wesen freundliche Gesinnung hege und es nach Möglichkeit vermeide, ihnen in irgend einer Weise Böses anzutun. Aber ihnen ein anderes, besseres Schicksal bereiten zu wollen als das ihnen nach dem natürlichen Verlauf der Dinge bestimmte, sei eine Vermessenheit. Das Ergebnis des Waltens der Kräfte des Himmels und der Erde müsse notwendig gut sein, wenn es auch nicht mit der Vorstellung vom Guten, die sich Menschen zurechtmachen, übereinstimme. Menschen oder Geschöpfen hingebende Liebe zu erweisen, sehen Laotse und die Seinen also als eine Verirrung an. Aber das Verhalten des Nicht-Schädigens fordern sie.

Daß[8] Betätigung der Liebe zu den Geschöpfen ein Eingriff in das Naturgeschehen ist und sich deshalb notwendig in nachteiliger Weise auswirkt, legt Yang Dschu an dem Beispiele des Mannes dar, der am Neujahrstage gefangenen wilden Tauben die Freiheit schenkt, um damit gütige Gesinnung zu bezeugen. Weil er dazu gefangene Tauben braucht und diese gut bezahlt, stellen die Leute diesen Tieren nach und töten bei dem Einfangen eine große Anzahl. Wie viel besser wäre es für die Tauben, wenn sich niemand um sie kümmerte, weder sie zu fangen noch sie frei zu lassen. [VIII,27.]

Kungtse und seine Schule hingegen verlangen tätige Menschenliebe. In der von ihm ausgehenden Schule kommt dann die Lehre des gütigen Verhaltens gegen die Geschöpfe zur Ausbildung.

Kungtse selber hat noch so viel damit zu tun, dem Gebote der tätigen Liebe in seiner Anwendung auf den Menschen Anerkennung zu verschaffen, daß er nicht auch noch für seine Ausdehnung auf die Geschöpfe eintritt.[9] Wenigstens sind uns keine dahin lautenden Aussprüche von ihm überliefert. Aber die Anfänge einer Rücksichtnahme auf die Ge-

---

7 [R] beschauliche Weltanschauung.

Diese Anschauung von einer Wesensverwandtschaft der Wesen [haben] alle chinesischen Denker gemein [dieses letzte Wort undeutlich]. Aber in dem Verhalten zu den Tieren gehen zwei Richtungen nebeneinander her. Die Anhänger der beschaulichen [. . .].

8 [In der 1. Fassung (undatierter und unpaginierter Ms.-Anhang) lautet dieser Abschnitt:]

Daß die Betätigung der Liebe zu den Geschöpfen ein nicht zu rechtfertigender Eingriff in das Naturgeschehen ist, behauptet auch Yang Dschu, so sehr sich seine Lehre von der der Taoisten entfernt.

9 [R] Rücksicht auf die Tier[?]gesetze.

schöpfe finden sich schon bei ihm. In dem «Lun Yü» wird berichtet, daß er Fische nie mit dem Netze, sondern nur mit der Angel fing (um ihrer nicht mehr zu töten als er gerade brauchte), und daß er nur auffliegende, aber nie auf dem Nest sitzende (das heißt brütende) Vögel schoß. [VII,26.]

Bereits stark entwickelt ist das Mitempfinden mit den Geschöpfen bei seinem großen Nachfolger Mong Dsi. Dieser lobt den König Süan von Tsi dafür, daß er Mitleid mit einem zum Schlachtopfer bei einer Glockenweihe bestimmten Ochsen hat und Befehl gibt, ihn laufen zu lassen. Eine solche Gesinnung, sagt er, genüge, um König der Welt zu werden. Im Verlaufe des sich an diesen Vorfall anschließenden Gespräche äußert er: «Es geht dem Gebildeten mit den Tieren nun einmal so: Wenn er sie lebend gesehen hat, kann er nicht zusehen, wie sie getötet werden, und wenn er sie hat schreien hören, bringt er es nicht über sich, ihr Fleisch zu essen. Das ist ja auch der Grund, warum der Gebildete sich von der Küche fernhält.» [I A,7.]

Weitgehende Forderungen des Mitleids mit den Geschöpfen stellt das *Kan-Ying-Pien*, das Buch *Von den Handlungen und der Vergeltung*, auf. Es handelt sich um eine populäre Schrift, die uns in der Fassung, die sie etwa im 15. Jahrhundert n. Chr. besaß, erhalten ist. In Wirklichkeit ist sie viel älter. Sie besteht aus 212 meistens sehr kurzen Sätzen über gut und böse.[10] Sehr verbreitet ist eine Ausgabe, in der jeder Spruch von einer kurzen Erklärung begleitet ist und durch zwei oder drei Erzählungen erläutert wird. Die Sprüche sind Laotse in den Mund gelegt, gehen aber nicht auf ihn zurück. Sie verkünden eine einfache, aber in ihrer Innerlichkeit ergreifende Ethik.

Eine Reihe dieser Sprüche handelt von dem Mitleid mit den Geschöpfen und seiner Betätigung. Hier führt eine Ethik das Wort, die verlangt, daß der Mensch sich seiner Verantwortung allen Wesen gegenüber, die sich in seinem Bereiche befinden, voll bewußt sei und nicht nur den Tieren, sondern auch den Pflanzen, so weit er nur immer könne, Schonung und Hilfe angedeihen lasse.

Daß das Vergnügen an der Jagd eine sittliche Verirrung sei, wird in mehreren Erzählungen dargetan. Eine derselben lautet:

Wou-Tang aus Liu-Ling pflegte seinen Sohn mit auf die Jagd zu nehmen. Eines Tages trafen sie einen Hirsch, der mit seinem Jungen spielte. Als er Tang erblickte, ergriff er die Flucht. Tang aber nahm einen Pfeil und tötete das Junge. Der erschreckte Hirsch floh unter schmerzlichem Geschrei. Als Tang sich in das hohe Gras versteckt

---

10 [Über das *Kang Ying Pien* im Ms.- Anhang:]
Es handelt sich um eine populäre Schrift, die etwa zur Zeit der Sung-Dynastie (960–1227 n. Chr.) [entstanden] und heute noch sehr verbreitet ist und großes Ansehen genießt. Es enthält eine Sammlung von 212 meistens sehr kurzen Sätzen über Gut und Böse, die wohl viel älter sind als das Buch selber.

hatte, kam der Hirsch und leckte die Wunde des Jungen. Wiederum spannte Tang seinen Bogen und tötete den Hirsch.

Etwas später erblickte er einen anderen Hirsch und sandte ihm einen Pfeil nach. Aber der Pfeil kam aus seiner Bahn und durchbohrte den Sohn. Da warf Tang seinen Bogen hin und umarmte seinen Sohn unter Tränen. In diesem Augenblick hörte er eine Stimme aus den Lüften, die zu ihm sprach: «Tang, der Hirsch liebte sein Junges eben so sehr wie du deinen Sohn».[11]

Das *Kan-Ying-Pien* macht keinen Unterschied zwischen nützlichen und unnützen Geschöpfen. Es verlangt, daß der Mensch, soviel er nur könne, um alle, für die er zum guten oder bösen Schicksal werden könne, besorgt sei. Diese Forderung entwickelt es bis in die letzten Folgerungen.[12] Recht tut, ihm zufolge, der Mann, der die Ausbesserung einer alten Mauer unterläßt, um die in ihren Ritzen nistenden Insekten nicht zu schädigen.

Das *Kan-Ying-Pien* steht in der Weltliteratur einzig da. Es nimmt es mit den Pflichten des Menschen gegen die Kreatur so ernst und zieht ihren Kreis so weit, wie dies weder vordem noch seither jemals geschehen ist.

Als etwas Selbstverständliches vertritt dieses Werk die Anschauung, daß den Geschöpfen wohlzutun Lohn und ihnen Leid zuzufügen Strafe mit sich bringe.[13] In der Regel schließen die angeführten Erzählungen mit der Erwähnung des Glückes oder des Erfolges,[14] dessen der Betreffende für die Betätigung seiner mitleidigen Gesinnung gegen die Kreatur teilhaftig wurde. Diese Theorie von Lohn und Strafe ist aber nicht dahin zu deuten, daß der Mensch sich barmherzig erweist, um Wohlergehen zu erlangen und von Unglück verschont zu bleiben. Er tut es aus reinem Mitempfinden. Da aber nach Kungtses Auffassung der ethisch handelnde Mensch sich mit dem im Weltgeschehen tätigen Kräften in Harmonie befindet, während der nicht-ethische im Widerstreit zu ihnen steht, ergibt sich als begleitender Umstand, daß dem einen glückliche, dem andern nicht-glückliche Ereignisse bestimmt sind.

Diese durch das *Kan-Ying-Pien* vertretene Ethik der Liebe zu allen lebendigen Wesen hat man aus einer Einwirkung des Buddhismus auf das chinesische Denken erklären wollen. Mit Unrecht. Wohl findet der Buddhismus in den ersten Jahrhunderten n. Chr. starke Verbreitung in

---

11 [Weitere Texte s. Anh. A, 4 d, S. 334 und Anh. B, 2, S. 375 f. Über das *Kan-Ying-Pien* vgl. S. 65 («Ethik und Kultur im chinesischen Denken»); dort bereits auch obiges Zitat (S. 67). Ferner: *Kultur und Ethik*, München 1923, Nachdruck 1960 u. 1981, Kap. XX, S. 318 f., wo Schweitzer ebenfalls einige Sätze zitiert, und *Die Weltanschauung der indischen Denker*, München, Bern 1935, S. 62 f. (Kap. V).]

12 [R] Extreme Forderung.

13 [R] Die Belohnung. Aber der Gedanke nicht um der Belohnung willen, sondern einfach Feststellung. Harmonie, Zusammenhang zwischen dem Tun des Menschen und dem natürlichen Geschehen -.

14 [R] kürzer!

China, und zwar gerade in der Gestalt des in den ersten Jahrhunderten n. Chr. sich ausbildenden Mahāyāna-Buddhismus, der die Barmherzigkeit gegen alle Wesen viel lebendiger predigt als Buddha selber es getan. Aber nirgends macht sich im *Kan-Ying-Pien* die Eigenart des buddhistischen, sich ganz und gar aus einer pessimistischen Weltanschauung begründenden Idee des Mitleids geltend.[15] Es fehlt in ihm auch jegliche Spur der buddhistischen Vorstellung vom Ursprung des Leidens und vom Zustandekommen[16] der Erlösung. Von einer ganz unbefangenen welt- und lebensbejahenden Weltanschauung aus und mit Berufung auf das unmittelbare Mitempfinden mit den Geschöpfen verlangt es Liebe zu ihnen. Es vertritt ein universelles Mitleid, zu dem das chinesische Denken von sich aus in der folgerichtigen Ausbildung der Anschauungen des Kungtse und Mong Dsi gelangen mußte.

Die Wege, die von Kungtse und Mong Dsi zum Kan-Ying Pien führen, liegen im dunkeln. Ob von Dokumenten dieser Entwicklung noch etwas vorhanden ist und wieviel es ist, bleibt noch zu erforschen. Sicher aber ist, daß in diesem unscheinbaren und populären Werke die von Kungtse und Mong Dsi verkündigte Ethik der Liebe ihre naturgemäße Vollendung erreicht. Mehr noch: Zum ersten Male ereignet es sich in dem Denken der Menschheit, daß die Ethik universell wird und daß sie frei von jeglicher Hemmung dem Menschen die volle Betätigung reiner Verbundenheit mit der Kreatur zumutet.[17] Zum ersten Male kommt der Geist vollendeter Humanität zu Worte.[18]

Auf die Probleme aber, mit denen es die universelle Ethik zu tun hat, geht das chinesische Denken nicht ein. Es setzt sich nicht mit der verwirrenden Tatsache auseinander, daß der Mensch (weil er es nicht vermeiden kann, anderes Leben zu schädigen und zu vernichten, und weil er der Naturnotwendigkeit unterworfen ist, seine Existenz auf Kosten oder zum Nachteil anderer zu erhalten) sich in der Lage befindet, gegen die Ethik der universellen Liebe handeln zu müssen. Es sucht keinen Entscheid in diesem Widerstreit von Notwendigkeit und Ethik.[19]

---

15 [R] Nun besteht das Eigentliche des buddhistischen Mitleids darin, daß es sich aus einer pessimistischen Vorstellung des Seins begründet und mit der sich daraus ergebenden Idee der Erlösung in Beziehung steht. Alles Leiden ist nach dieser auch von Schopenhauer geteilten Weltanschauung damit gegeben, daß das Sein aufhörte, reines einheitliches Sein zu sein und nun in vielfach individuelles ...

16 [Vorlage:] des Ursprungs ... und des Zustandekommens ...

17 [R] Zur Pflicht gemacht.

18 [Beigefügte Notiz:] Universalität von einfachem ethischem Empfinden aus. Ihm steht in der Weltanschauung nichts im Wege. – [R] Aber [mit den] Problemen der universellen Liebe ist [das chinesische Denken] nicht beschäftigt. Durchaus[?] naiv. Ethik verlangt von uns, was nicht wirklich durchführbar ist – Die Notwendigkeit – und [ist] nicht problemlos. Ihre Stärke [ist] ihre Schwäche.

19 [R] Wie das Recht der Selbstbehauptung und die Forderung der helfenden Hingabe an die anderen Geschöpfe untereinander in Einklang bringen?

Das chinesische Denken langt also bei der universellen Ethik an. Aber es überschaut und ergründet sie nicht.[20]

---

20 [R] Lambarene. An dem Samstag-Abend des 2. September 1933 bei wundervollem Mondenschein.

[III.] Mensch und Kreatur im indischen Denken[1]

Wie das chinesische, so erkennt auch das indische Denken die zwischen den Menschen und den Geschöpfen bestehende Wesensverwandtschaft an. Sie ergibt sich für es aus der in den Brāhmaṇa's und Upanishad's[2] etwa zwischen 800 und 500 v. Chr. aufkommenden Lehre, daß allen Wesen etwas Seelisches, der Ātman, innewohnt und daß sie miteinander an der Weltseele, dem Brahman, teilhaben.

«Das Brahman dient allen Wesen zur Wohnung und wohnt in allen Wesen» (Brahmabindu-Upanishad).[3]

Wer in allen sich und sich in allen Wesen sieht, der geht, nicht aus einem anderen Grunde, in das höchste Brahman ein» (Kaivalya-Upanishad).[4]

«Die Seele der Geschöpfe ist eine Einheit, nur von Geschöpf zu Geschöpf verteilt: Eine Einheit und Vielheit zugleich, wie der Mond sich in vielerlei Gewässern spiegelt» (Brahmabindu-Upanishad).[5]

Weichen die Sāṃkhyalehre, die Jainalehre und der Buddhismus in der Erklärung des Verhältnisses des in den einzelnen Wesen vorhandenen Seelischen zur Totalität des in der Welt seienden Seelischen vom Brahmanismus ab, so steht ihnen doch nicht minder fest als ihm, daß der Mensch und die Geschöpfe einander wesensverwandt sind.

In dem indischen Denken gelangt die Lehre von dem stetigen Wiedergeboren-Werden, die von Dschuang Dsi und andern chinesischen Denkern nur ganz allgemein verkündet wird, zu voller Ausbildung. Schon die ältesten Upanishad's vertreten die Anschauung, daß Menschen in Tierexistenzen und Tiere in Menschenexistenzen wiederkehren können. Verworfen wird sie nur von materialistischen Denkern, die nicht anerkennen, daß alle Wesen ein nicht sichtbares und von dem Zerfall des Körpers nicht betroffenes Seiendes besitzen.

Die in dem indischen Denken so stark vorhandene Überzeugung von der zwischen dem Menschen und den Geschöpfen bestehenden Wesensverwandtschaft wird in ihrer Auswirkung aber durch die in der Weltanschauung vorhandene Welt- und Lebensverneinung gehemmt.

---

1 [R] Mystik der Ehrfurcht vor dem Leben. Definitiv. Lambarene Sept. 1933. – Stellen notiert 1939. [Notiz über dem Textbeginn:] Hier dann größere Einleitung. Allgemeines Resultat. [Diese Einleitung liegt jedoch nicht vor.]

2 [Hier und im Folgenden schreibt Schweitzer durchgehend:] Upanisads.

3 [A. Hillebrandt, *Aus Brahmanas und Upaniṣhaden*, Jena 1921, S. 166. Vgl. P. Deussen, *Sechzig Upanishad's des Veda*, Leipzig ³1921, S. 649,22.]

4 [Hillebrandt, a.a.O., S. 161. Vgl. Deussen, a.a.O., S. 740,10.]

5 [Hillebrandt, a.a.O., S. 165. Vgl. Deussen, a.a.O., S. 648,12.]

Für die Welt- und Lebensverneinung ist das in der Sinnenwelt verlaufende Dasein etwas, das zum Aufhören gebracht werden muß. Es hat also eigentlich keinen Sinn, daß der Mensch das Leben der Geschöpfe zu erhalten und zu fördern suche. Ob es ihnen den äußeren Lebensumständen nach etwas mehr oder weniger gut ergeht, hat keine Bedeutung. Ihr Dasein ist von Grund aus verfehlt, weil sie individuelles, in der Sinnenwelt gefangenes und in ihr stetig zur Wiedergeburt gelangendes Sein sind. Das einzig für sie in Betracht kommende Glücklich-Werden[6] kann nur darin bestehen, daß sie von dem Wiedergeboren-Werden frei werden und in dem reinen Sein aufgehen.

Die Welt- und Lebensverneinung fordert Verzicht auf alles Wirken, das in der irdischen Welt etwas ausrichten will, auf das ethische nicht minder als auf das egoistische. Als das allein sinnvolle Verhalten sieht sie das der Nicht-Tätigkeit an.

Insoweit als es mit sich selber in Übereinstimmung bleibt, kann das indische Denken also nur den Grundsatz vertreten, daß der Mensch vermeiden müsse,[7] Geschöpfe zu schädigen. Darüber hinaus Taten gütiger Gesinnung gegen sie zu gebieten, ist es nicht imstande.

Von ganz anderen Voraussetzungen aus beschränken sich auf das Nicht-Schädigen auch die chinesischen Denker, die der Tao-Lehre anhangen. Ihre Ehrfurcht vor den gütigen Kräften, die in dem Naturgeschehen walten, ist so groß, daß sie durch menschliches Tun selbst da nicht einzugreifen wagen, wo das Mitleid es zu gebieten scheint. Sie überlassen die Geschöpfe ihrem Schicksal,[8] weil sie dieses für das Beste, das ihnen widerfahren kann, ansehen.[9] Dem indischen Denker erscheint dies das Gebotene, weil ihnen mit irdischem Tun überhaupt nicht geholfen werden kann. Tiefster Optimismus und tiefster Pessimismus begegnen sich also in der Beschränkung der Ethik auf das Nicht-Tun.[10]

In seinen Anfängen zeigt das indische Denken wenig Neigung, aus der behaupteten Zusammengehörigkeit von Mensch und Kreatur überhaupt ethische Folgerungen zu ziehen. In den Upanishad's weht eine kühle Luft:[11] Der Einzelne ist nur mit sich selbst beschäftigt. Das Wissen davon, daß das wahrhaft Seiende in allen Wesen die Weltseele ist, hat für ihn vor allem die Bedeutung, daß es ihm den Weg der Erlösung offenbart. Nun weiß er, daß er dem stetigen Wiedergeboren-Werden (Saṃsāra) dadurch entgehen kann, daß er die Gedanken auf das ewige und unsichtbare Sein gerichtet hält und alle Beziehungen zur irdischen Welt

6 [Über der Zeile:] Wohlergehen.
7 [Über der Zeile:] Nicht-Tun.
8 [R] Geschehen lassen.
9 [R] kürzer.
10 [Beigefügte Notiz:] Kein Eingriff in [das] Naturgeschehen.
11 [Über der Zeile:] Hier allgemein: Daß das Nicht-Verletzen gar nicht ethisch.

aufgibt. Die Hauptbedeutung der Lehre von der Allbeseelung liegt für ihn also darin, daß sie die Seelenwanderung und ihr Aufhören erklärt.

Von Mitempfinden mit den Geschöpfen ist in den Upanishad's nicht die Rede. Das berühmte «Tat tvam asi» (Das bist du) aus der Belehrung, die der Brahmane Āruṇi seinem Sohne Śvetaketu in der Chāndogya-Upanishad [VI][12] zuteil werden läßt, ist nicht so gemeint, daß der wissende Mensch sich durch Verstehen und Teilnehmen mit andern Wesen eins fühlt und ihr Schicksal als das seinige erlebt, sondern nur so, daß er das in ihm wohnende unsichtbare Brahman auch [als] das eigentliche Selbst aller Dinge ansieht. Śvetaketu soll begreifen, daß sein eigentliches Selbst mit der Lebenskraft, die die Frucht des Nyagrodhabaumes zum Baume selbst werden läßt, und mit dem Salz, das unsichtbar in dem Meerwasser vorhanden ist, identisch ist.

In den Upanishad's handelt es sich nicht darum, daß der Mensch als solcher sich mit den Geschöpfen als solchen verbunden fühle. Nur diese Beziehung besteht zwischen ihm und ihnen, daß das Seelische in ihm sich mit dem Seelischen in ihnen identisch weiß.

Das Gebot des Nicht-Verletzens (Ahiṃsā) fängt in den Upanishad's erst an, aufzukommen. Nur selten wird seiner Erwähnung getan. In der bekanntesten dieser wenigen Stellen (sie findet sich in [der] Chāndogya-Upanishad [VIII,15[13]]) heißt es, daß zur Brahmanwelt gelangt, wer nach der Ordnung seine Schülerzeit verbrachte, als Hausvater im Studium des Veda verharrte, fromme Söhne und Schüler aufzog, all seine Organe im Ātman zur Ruhe kommen ließ und zeitlebens kein lebendiges Wesen geschädigt hat.

Eigentlich – dies muß man sich immer gegenwärtig halten – entsteht das Gebot des Nicht-Verletzens gar nicht in ethischem Überlegen, sondern ergibt sich einfach als Anwendung des Grundsatzes des Nicht-Tuns auf das Verhalten des Menschen zu den anderen Wesen. Erst nachträglich nimmt es ethischen Charakter an.

Daß es in den Upanishad's erst im Begriffe ist, zur Geltung zu gelangen, wird daraus ersichtlich, daß diese sich gegen die hergebrachte Opferung von Tieren nicht deswegen aussprechen, weil sie solche Tötung mißbilligen. Sie stellen nur in Abrede, daß den Opfern eine Bedeutung für die Erlösung zukomme.

Zur Ausbildung gelangt das Gebot der Schonung der lebenden Wesen (Ahiṃsā) in der Jaina-Lehre und in dem mit ihr gleichzeitig – um die Wende des 6. zum 5. Jahrhundert v. Chr. – aufkommenden Buddhismus.

Die Jaina-Lehre geht auf Mahāvīra, den wohl um 484 v. Chr.[14] ver-

---

12 [Deussen, a.a.O., S. 166–170.]

13 [Deussen, a.a.O., S. 202.]

14 [In *Die Weltanschauung der indischen Denker*, Bern ^{2}1965, S. 61, nennt Schweitzer die richtigere Jahreszahl 477 n. Chr.]

storbenen Zeitgenossen Buddhas zurück. Sie nimmt eine Art Mittelstellung zwischen der brahmanischen und der buddhistischen ein. Mit beiden hat sie die Vorstellung des Kreislaufs der Wiedergeburten (Saṃsār) gemein. Brahmanisch ist sie in der Hochschätzung der Askese, buddhistisch in dem Verzicht auf den Glauben an Götter, in der Verwerfung der blutigen Opfer und in dem Wertlegen auf das Ethische, insbesondere auf das Mitleid. In der Anschauung vom Sein weicht sie vom Brahmanismus darin ab, daß sie nicht ein all-eines, reines Sein und ein Aufgehen alles Einzel-Seins in ihm annimmt, sondern die individuelle Seele als solche zur Freiheit von der irdischen Welt gelangen läßt. Dieses reine, leidlose Dasein wird mit dem Ausdruck Nirvāṇa bezeichnet, der dann auch im Buddhismus im Gebrauch ist.

Im Jainismus steht das Gebot des Nicht-Verletzens (Ahiṃsā) über allen anderen und verlangt ausnahmslos und bis ins Kleinste gehende Befolgung. Auch die schädlichen Tiere sollen nicht vernichtet werden dürfen. Beim Gehen habe der Mensch darauf zu achten, daß er kein Insekt und keinen Wurm zertrete. Selbst die ganz unmögliche Rücksicht auf kleinste beseelte Bestandteile der vier Elemente Erde, Wasser, Feuer und Wind wird zur Pflicht gemacht.[15]

In dem Āyāraṃgasutta, einer heiligen, ihrem Inhalte nach wohl bis in das 4. Jahrhundert v. Chr. hinaufreichenden Schrift des Jainismus, wird das Ahiṃsā-Gebot in diesen Worten verkündigt:

> Alle Heiligen und Ehrwürdigen in der Vergangenheit, in der Gegenwart und in der Zukunft, sie alle sagen so, reden so, künden so und erklären so: Keinerlei Lebewesen, keinerlei Geschöpfe, keinerlei beseelte Dinge, keinerlei Wesen darf man töten, noch mißhandeln, noch beschimpfen, noch quälen, noch verfolgen.[16] Dies ist das reine, ewige, beständige Religionsverbot, das von den Weisen, die die Welt verstehen, verkündet worden ist.[17]

Die Bekehrung zum Grundsatz des Nicht-Verletzens ist ein beliebtes Erzählungsmotiv in der Jaina-Literatur.

> Während er sich unterwegs befindet, um seine Braut zur Hochzeit einzuholen, kommt der Prinz Ariṣṭanemi an mit Tieren gefüllten Käfigen vorbei und erfährt auf seine Frage, daß sie bestimmt sind, zu seiner Hochzeit geschlachtet zu werden. Voller Grauen gibt er die Reise auf und entschließt sich, als Einsiedler im Walde zu leben. Als die Braut davon erfährt, verzichtet auch sie auf das Weltleben, das so viel Leid über die Geschöpfe bringt.[18]
>
> Durch eine Stimme aus der Höhe – die Erzählung findet sich in einem jainistisch

---

15 [Beigefügte Notiz:] Also hier werden die Schwierigkeiten auch nicht gesehen. Gegenstück zum Kan-Ying-Pien.

16 [R.] In dem Gedanken der Schonung von Leben geht der der Erhaltung von Leben [mit] einher. Die Ausbildung der Lehre vom Mitleid vor dem Aufkommen der Lehre von dem Leid. Kündigt sich schon in [den] Upanishad's an. Zuerst verfehltes Dasein.

17 [M.] Winternitz, [*Geschichte der indischen Literatur*, Bd.] II, S. 295, 296.

18 [M. Winternitz II, S. 314.]

beeinflußten Einschub in dem berühmten *Mahābhārata*-Epos – wird dem brahmanischen Einsiedler Jājali kundgetan, daß es in Benares einen Heiligen namens Tulādhāra gebe, der ihn noch übertreffe. Er begibt sich zu ihm und erfährt von ihm, daß ihm zur wahren Vollkommenheit die Übung der Ahiṃsā fehle. In der langen Belehrung, die er ihm darüber erteilt, verwirft der Heilige zu Benares auch die Viehzucht, weil sie nicht ohne Quälen und Töten von Tieren möglich ist. Selbst der Ackerbau sei zu unterlassen, weil der Pflug die Erde verwunde und viele kleinste Wesen töte. Die wahre Religion und die wahre Sittlichkeit bestünden darin, daß der Mensch ein Freund aller Wesen und auf jede Weise auf die Schonung alles Lebens bedacht sei.[19]

In einer durch Jahrhunderte hindurch geführten Auseinandersetzung mit der Lehre der Brahmanen wirft der Jainismus dieser vor, daß sie nicht genug Wert auf die Ahiṃsā lege. Einen Einblick in diese Polemik gewährt das berühmte Gedicht *Yogaśāstra*, in dem der dem 12. Jahrhundert n. Chr. angehörende Hemacandra die Jaina-Lehre darstellt. Hemacandra tadelt das den Brahmanen als heilige Schrift geltende Gesetzbuch Manus (das wohl ins 2. Jahrhundert v. Chr. hinaufreicht), daß es in so vielen Bestimmungen gegen das Nicht-Verletzen lebendiger Wesen verstoße: Dieses Lehrgedicht verfaßte Hemacandra auf Wunsch des Königs Kumārapāla, der nach seiner Bekehrung zur Jainalehre (vorher war er Śivaverehrer) der Jagd entsagte und in seinem ganzen Lande das Töten von Tieren, den Genuß von Fleisch und die Tierkämpfe verbot.[20]

Wundervoll sind die Verse, in denen Hemacandra die Ahiṃsā preist:
«In der Wüste Saṃsāra ist Ahiṃsā wie ein Strom von Nektar.
Für des Leidens Waldbrand ist Ahiṃsā ein Zug von Regenwolken.
Bestes Heilkraut für die Wesen, die gequält sind von der Krankheit,
Die da heißt des Daseins stete Wiederkehr, ist Ahiṃsā.»[21]

Über den Jainismus geht der Buddhismus darin hinaus, daß er den Grundsatz des Nicht-Verletzens mit der Theorie, daß alles irdische Sein nur Leiden ist und also allen Wesen Mitleid entgegengebracht werden müsse, in Zusammenhang bringt.[22]

Schon in den Upanishad's taucht neben der eigentlichen brahmanischen Anschauung, daß das in der irdischen Welt verlaufende Dasein verfehlt ist, die auf, daß es aus lauter Leid bestehe. Buddha (525–480 v. Chr.) verkündet also nicht eine durchaus neue Lehre, sondern baut nur eine bereits vorhandene in Vollständigkeit aus.

Daß die irdische Existenz von Grund aus und notwendiger[weise] leidvoll ist, ist, nach Buddha, das einzig mögliche und das einzig nötige

19 [M. Winternitz I, S. 358–360.]
20 [M. Winternitz II, S. 328.]
21 M. Winternitz II, S. 348 [349].
22 [R] Sobald Mitleid da ist, [ist] auch die Tat gefordert.
...
Aus der Ahiṃsā – das Mitleid – viel weitergehend. Erlösertätigkeit.
...
Buddha der große Prediger des Mitleids. Mitleid = Mit-Leiden.
Sobald einmal die Vorstellung des Mitleids erreicht ist (die die klassische Brahmalehre noch nicht kennt), [sind] die Ahiṃsāschranken zu eng.
Das Mitleid: Widerspruch [zur] Tatenlosigkeit, die von der welt- und lebensverneinden Weltanschauung gefordert wird. Sprengt die Enge der ...

Wissen vom Sein.[23] Er gibt die brahmanische Lehre von der Herkunft der Einzelseele aus der Weltseele und ihrer Rückkehr in sie auf, weil sie etwas zu erklären sucht, was unerkennbares Geheimnis bleibt.

Da der Mensch das Wissen besitzt, daß das Dasein aller Wesen in Leiden besteht, so kann er nicht anders, als sein Verhalten zu ihnen durch Mitleid bestimmt sein zu lassen. In den niedrigen Daseinsformen herrscht Mitleidlosigkeit. Die Gütigkeit kommt aus dem Erkennen.

Eine eigentümliche Zwiespältigkeit erhält die Lehre Buddhas dadurch, daß er das Gebot des Mitleids mit dem des Nicht-Verletzens gleichsetzt,[24] obwohl es viel umfassender ist als dieses. Es verlangt ja nicht nur Schonen, sondern auch helfende Tat. Während der Jainismus bei dem Gebote des Nicht-Verletzens verbleibt, nur daß er (und dies in ganz sachlicher Weise) an gütiger Rücksichtnahme, soviel er nur immer kann, in es hineinlegt, schreitet Buddha zu einer allgemeinen Ethik des Mitleids fort.[25]

In dieser Ethik des Mitleids versucht er, ohne sich davon Rechenschaft zu geben, eine Forderung des natürlichen welt- und lebensbejahenden Empfindens mit der unnatürlichen Weltanschauung der Welt- und Lebensverneinung zu vereinigen. Schon daß er dem körperlichen Leiden und dem Freiwerden von ihm eine Bedeutung beilegt, ist ja ein mit seiner Welt- und Lebensverneinung eigentlich unvereinbares Zugeständnis an Welt- und Lebensbejahung.

So reden Buddha und seine Nachfolger zuweilen in so warmen Worten von dem sich in Gütigkeit und Liebe zu allen Wesen auswirkenden Mitleid, daß tätiges Mitleid damit mitgemeint scheint. Alsbald aber stellt sich auf irgendeine Weise heraus, daß es nicht in Betracht kommt.

Wie herrlich klingt doch in der alten, wohl vorchristlichen Legende des Jātakabuches die Antwort des frommen Einsiedlers, dem der Gott Indra Wünsche freistellt!

> «Wenn du mir eine Gnad' erweisen willst, Gott Indra, der Geschöpfe Herr,
> So mög' um meinetwillen nie und nirgendwo ein Wesen Schaden leiden.
> An Seele oder Leib: Das, Indra, ist der Gnaden beste, das ist mein Wunsch.»[26]

Der allerhöchste Wunsch, den Wesen möglichst viel Gutes antun zu dürfen, liegt außerhalb seines Gesichtsfeldes.

23 [R] Praktisches Wissen. Alles theoretisch darüber Hinausgehende unmöglich oder unnötig.

24 [R] Die Anwendung des Grundsatzes des Nicht-Tuns (Tatenlosigkeit) auf das Verhalten zu den anderen Wesen ...

25 [Beigefügte Notiz:] Prinzipielles: daß im Mitleid Helfen sein sollte.

26 M. Winternitz II, S. 121.

Buddha ist mit sich selber nicht in Übereinstimmung. Erkennt er einmal dem Freisein von körperlichem Leid Bedeutung zu, so muß er nicht nur das Nicht-Antun von Leid, sondern auch das tätige Befreien von Leid zur Pflicht machen. Aber er steht noch so ganz unter dem Einfluß der überlieferten und in der Weltanschauung der Welt- und Lebensverneinung einzig begründeten Ethik der Tatenlosigkeit,[27] daß er seine Ethik des Mitleids, den in ihr waltenden Instinkten entgegen, auf das im weitesten Sinne verstandene Nicht-Verletzen beschränkt sein läßt. Buddha verbleibt bei der Weltanschauung der Welt- und Lebensverneinung, wenn er auch die brahmanische Lehre, in der sie entstanden ist, aufgibt. Er verbleibt bei der in ihr begründeten Vorstellung, daß wirkliche Erlösung nur in wahrem Wissen von dem Sein zustande kommt. Ein einziges aus dem Mitleid kommendes Tun kann er also gelten lassen: Das Verkündigen des Wissens von der Erlösung.

Daß dieses Überschreiten des Grundsatzes des Nicht-Tuns für Buddha keine Selbstverständlichkeit ist, kommt in der wohl der ältesten Überlieferung angehörenden Erzählung zum Ausdruck, daß er nach dem Empfang der Erleuchtung unschlüssig war, ob er auf Grund der ihm zuteil gewordenen Erkenntnis von der Erlösung zum Nirvāṇa eingehen oder das heilsame Wissen den Menschen mitteilen wollte. Das Letztere wählte er auf Zureden des Gottes Brahman.[28]

Besteht das einzige mögliche Helfen in der Verkündigung des Wissens von der Erlösung, so kann der Mensch eigentlich nur für den Menschen, nicht aber auch für die solche Botschaft nicht verstehenden Geschöpfe etwas tun!

Über die Lehre der Brahmanen kommt Buddha in Wirklichkeit nur an zwei Punkten hinaus. Aus dem von keinem Gefühl begleiteten Anschauen aller Wesen in dem eigenen Selbst und des eigenen Selbst in allen Wesen wird bei ihm Miterleben des Leides aller Wesen, und das bisher einfach gebotene Nicht-Verletzen wird aus dem Mitleid begründet.

Mag das Mitleid bei Buddha in seiner Auswirkung noch so gehemmt sein: Es ist da! Eine Idee des Ethischen, der der Grundsatz des Nicht-Tuns des Bösen nicht genügt, tritt auf. Von der Ethik aus beginnt im indischen Denken Welt- und Lebensbejahung sich mit Welt- und Lebensverneinung, wenn auch erst noch nicht offen, auseinanderzusetzen.

Befremdlich ist, daß Buddha in seinen Reden nur eine ganz allgemeine Lehre des Mitleids mit den Geschöpfen vorträgt. Nie geht er auf die Fragen, zu denen sie Anlaß gibt, ein;[29] nie führt er Beispiele an.

---

27 [R] Die Autorität, die so stark und so gewichtig. Aber die Grundsätze. Aber es ist so gewohnt.

28 [Mahāparinibhānasutta. Vgl. R. Pischel, *Leben und Lehre des Buddha*, Leipzig 1906, S. 24. – Hermann Oldenberg, *Buddha*, Berlin 1897, [13]1938, S. 133–142.]

29 [R] Der Betätigung von Mitleid stehen das Grundsätzliche der Nicht-Tätigkeit und die Vorstellung von der Erlösung im Wege.

Auch wird nicht berichtet, daß er sich mit Tieren abgegeben habe. Erst in der Legende tritt er als Tierfreund auf.

Eine der ältesten Buddhalegenden handelt davon, daß der Meister sich einem hungrigen Tigerweibchen hingegeben habe, um es davor zu bewahren, seine eigenen Jungen zu verzehren.[30]

Diese Legende ist charakteristisch für die von Menschen und Geschöpfen handelnden buddhistischen Erzählungen. Einfache, aus dem Leben gegriffene, wie sie sich im *Kan-Ying-Pien* finden, fehlen in ihrer vollständig. Stets handelt es sich um absonderliche, sich im Bereiche des Märchenhaften abspielende Begebenheiten.[31] Tiere vollbringen Taten großartigsten Edelmuts gegenüber von ihresgleichen oder von Menschen, wobei sich zum Schluß herausstellt, daß sie Inkarnationen von «Bodhisattva's» (das heißt von Heiligen, die die Anwartschaft auf die Buddhaschaft besitzen) sind.[32] Oder Menschen (gewöhnlich auch «Bodhisattva's») vollbringen unglaubliche Taten zur Erlösung von Tieren.

In dem Drama *Nāgānanda* des berühmten Dichters Harsadeva (7. Jahrhundert n. Chr.) erklärt sich ein als Prinz Jīmūtavāhana auftretender Bodhisattva bereit, die Stelle eines Nāgaprinzen einzunehmen, der dem Vogel-Dämon Garuḍa (dem täglich ein Nāga zum Fraß geliefert werden muß) dargebracht werden soll. Als dieser ihn auf einem fernen Felsen zu zerfleischen beginnt, merkt er an der heiteren Gelassenheit seiner in den letzten Zügen liegenden Beute, daß er es mit einem Bodhisattva zu tun hat. Voller Reue will er den Tod im Feuer suchen. Jīmūtavāhana aber belehrt ihn, daß er zur Sühne allem Töten für immer zu entsagen habe.[33]

In ganz besonderer Weise findet sich das buddhistische Gebot des Mitleids mit den Geschöpfen in dem sogenannten Mahāyāna-Buddhismus, der in den ersten Jahrhunderten n. Chr. aufkommt, ausgebildet.

Zu den wichtigsten Schriften des Mahāyāna-Buddhismus zählen der *Saddharma puṇ darīka* («Der Lotus der guten Religion», wohl aus dem 2. Jahrhundert n. Chr.) und der *Bodhicaryāvatāra* («Der Eintritt in den zur Erleuchtung führenden Lebenswandel») des im 7. Jahrhundert n. Chr. lebenden Dichters Śāntideva. Da dieser Buddhismus sich in China verbreitete, sind seine Schriften auch in chinesischer Übersetzung, vielfach nur in dieser, erhalten.

Mahāyāna bedeutet das große Fahrzeug. Dieser spätere Buddhismus behauptet nämlich, daß seine Lehre das große Fahrzeug zur Errettung der Wesen sei, während die des geschichtlichen Buddhismus als das kleine (Hīnayāna) anzusehen sei. Der Mahāyāna[34]-Buddhismus geht über den alten darin hinaus, daß er von denen, die die Fähigkeit zum Eingang in

30 [M. Winternitz II, S. 213 f.] [R] Milde und Güte gegen alle Wesen.
31 [R] Steht nicht auf dem Boden des Wirklichen [. . .].
32 [R] Dieses übertriebene Unwirkliche.
33 [M. Winternitz III, S. 230.]
34 [Vorlage:] Hinayana.

das Nirvāṇa erreicht haben, verlangt, auf es zu verzichten und weiter Wiedergeburten zu erleben, um als Bodhisattva's sich um die Erlösung aller Wesen zu bemühen. Wohl habe Buddha das Nirvāṇa als das einzig zu erstrebende Ziel verkündet, aber nur weil die Menschen damals noch nicht imstande gewesen seien, die höhere und schwere Bestimmung zu begreifen. Jeder Mensch trage die Möglichkeit in sich, ein Bodhisattva zu werden und müsse es als höchste Bestimmung ansehen, fort und fort in der Welt als Erlöser aufzutreten.[35]

Die Erfüllung des Sinnes seines Daseins sieht der Mahāyāna-Gläubige also darin, die Vollkommenheit des «großen Mitleids» zu erreichen. Er betet für alle Wesen, daß sie keinen Mangel leiden,[36] von Schmerz und Krankheit verschont bleiben, nicht verlassen und unterdrückt sind, ein glückliches Leben in sündloser Gesinnung verbringen und aus den niederen Daseinsformen in die höheren, die zur Erlösung führen, eingehen. Lange Fürbittengebete dieser Art sind uns in den Mahāyāna-Schriften erhalten. Weil die Frauen unter die niederen Wesen gerechnet werden, wird für sie erfleht, daß sie als Männer wiedergeboren werden.[37] Auch der Ängste und Qual der Höllenbewohner wird in diesen Gebeten gedacht. Das große Mitleid geht nicht nur auf die die Erde bevölkernden Geschöpfe, sondern auf alle Wesen in allen Welteräumen.[38]

Das höchste Glück, das ihm bestimmt sein kann, sieht der Mahāyāna-Gläubige darin, daß er andern Wesen dadurch dienen darf, daß er für sie leidet. «Solange die Wesen leiden, gibt es keine Möglichkeit der Freude für die, die voll Mitleids sind», heißt es in dem Bodhicaryāvatāra des Śantideva. In diesem findet sich auch der Satz: «Alles Leiden in der Welt, das es gibt, möge in mir zur Entwicklung gelangen.»[39]

Daß Menschen Geschöpfe töten, um ihr Fleisch zu essen, geht nach der Mahāyāna-Lehre darauf zurück, daß in ihnen noch Eindrücke eines früheren Raubtierdaseins nachwirken. Sie werden als Angehörige der niederen Kasten, als Wahnsinnige, als Katzen oder als Dämonen wiedergeboren. Auf den Fleischgenuß sollte der Mensch schon deswegen verzichten, weil er ja in die Lage kommen könnte, das Fleisch eines seiner im Tierleibe wiedergeborenen Verwandten zu essen.[40]

35 [R] Mitleidslehre gefangen in der Wiedergeburtslehre.

36 [R] Wohlsein befördern.

37 M. Winternitz, *[Der] Mahāyāna-Buddhismus*, Tübingen 1930], S. 47 [und S. 61 (Nr. 30)].

38 [R] Was nützt die Betonung des Mitleids – die Welt- und Lebensverneinung. Nur [daß] das Unnatürliche stärker herauskommt, in der Verbindung der Lehre des Mitleids mit der Erlösungsvorstellung. Widerstreit des natürlichen Mitleids mit einer unnahbaren[unnatürlichen?] Vorstellung des Leidens und der Erlösung vom Leiden. Selbsterlösung durch Wissensbetätigung.

39 [M. Winternitz, *Der Mahāyāna-Buddhismus*, S. 57 (Nr. 123), S. 62 (Nr. 56).]

40 [Ebd. S. 51, 50.]

In der Sorge um die anderen Wesen geht die Mahāyāna-Lehre so weit, daß sie verbietet, die kräftigste der Zauberformeln gegen Schlangenbiß in Gegenwart einer Schlange auszusprechen, da diese daran sterben könnte.[41]

Das Mitleid mit den Geschöpfen, das der Mahāyāna-Buddhismus so eindringlich predigt, ist aber kein anderes als das des älteren Buddhismus. Wie dieses steht es unter der Herrschaft der Vorstellung der Erlösung als des Freiwerdens von der Wiedergeburt; wie dieses ist es in seiner Auswirkung durch den Grundsatz des Nicht-Tuns behindert, den es nur durch die Empfehlung der Selbstaufopferung für die Geschöpfe durchbricht. Wie viel mehr als solches enthusiastisches Predigen des Mitleids würde es bedeuten, wenn der Mahāyāna-Buddhismus in irgend etwas von dem unnatürlichen Mitleid Buddhas loskäme und ein dem natürlichen Mitempfinden entspringendes sachliches Helfen geböte! Dies aber will er nicht und vermag er nicht. Den Ruhm, Buddhas Lehre vom Mitleid konsequenter und enthusiastischer als der Meister selber zu vertreten, darf er für sich in Anspruch nehmen. Dadurch macht er aber auch ihre Unnatürlichkeit erst recht offenbar.

Die Beispiele der Liebe zu den Geschöpfen sind im Mahāyāna-Buddhismus womöglich noch läppischer als im früheren. Eines der erträglichsten ist noch das vom König Śibi, der sich mit einem Messer die Haut aufritzt, um den Stechfliegen sein Blut als Nahrung zu spenden.[42] Nirgends auch nur die Spur einer Auseinandersetzung mit den Problemen des Mitleids, wie sie sich in der Wirklichkeit stellen. Daß es Fälle gibt, in denen starres Festhalten an dem Grundsatze des Nicht-Verletzens gegen das Mitleid verstößt, weil unterbleibt, was Heilung bringen oder dem unerträglichen Dasein ein Ende machen könnte, wird nicht erwogen. Unerörtert bleibt auch, daß strengstes Festhalten an dem Grundsatze des Nicht-Verletzens zu rein wörtlicher, seinen Sinn mißachtender Befolgung desselben führen kann.[43] Wie groß ist die Gefahr, daß das Töten, das auf Umwegen in der Art bewerkstelligt wird, daß der Verlust des Lebens sich von selber ergibt, nicht als Töten gilt! So meinen, wie wir aus Berichten von Reisenden wissen, die heutigen Bekenner des Mahāyāna-Buddhismus im Tibet, und nicht erst von heute an, dem Nicht-Verletzen Genüge zu tun, indem sie das Schaf durch Zuhalten von Mund und Nase einen qualvollen Erstickungstod erleiden lassen.

Das Bedenklichste aber ist, daß es dem Mahāyāna-Buddhismus mit dem maßlosen Mitleid nicht ganz ernst ist. Er hält es letzen Endes für

41 [Ebd. S. 80.]

42 [Avadānaśataka Nr. 34 (Winternitz II, S. 219).]

43 [R] Daß höchstes Mitleid in die Lage kommen kann, sich gegen das starre Festhalten am Grundsatz des Nichtverletzens aufzulehnen.

gegenstandslos. Als die höchste Wahrheit gilt ihm nämlich (was bei Buddha selber noch nicht der Fall war) die Anschauung, daß der irdischen Welt keine Wirklichkeit zukomme. Sie sei nur in unserem Bewußtsein sich abspielender Schein.[44]

Der Buddhismus endet also in der Māyā-Lehre (Māyā bedeutet Illusion), die schon in späten Upanishad's auftaucht und dann von den großen brahmanischen Scholastikern Gauḍapāda (um 750 n. Chr.) und Śasikara (9. Jahrhundert n. Chr.) als die in der brahmanischen Lehre verborgen liegende geheimnisvolle Wahrheit angesehen wird.

Als ob er mit allen Wesen in einer leidvollen Sinnenwelt lebte (wo dies sich doch nur in seinem Bewußtsein abspielt), soll der Mensch sich mitleidig gegen sie verhalten. Für den Mahāyāna-Buddhismus gibt es also, wie er ausdrücklich bekennt, zwei Wahrheiten[:][45] Eine uneigentliche, in der das Ethische seinen Platz hat, und eine wirkliche, die das Nicht-Sein der Dinge und die sich daraus ergebende Nichtigkeit alles Tun-Wollens zum Gegenstand hat.

Daß er die niedere [Wahrheit] neben der höchsten gelten läßt,[46] rechtfertigt er durch die Erwägung, daß die «Täuschung über die Pflichten» nichts auf sich habe, ja im Gegenteil «wohltätig» sei. Nur die über das Ich, das heißt [über] das Wesen des Seins, sei schädlich.[47]

Daß der Mahāyāna-Buddhismus dem von ihm mit solcher Begeisterung gepredigten mitleidigen Verhalten gegen die Geschöpfe zuletzt dennoch keine wirkliche Bedeutung beilegt, ist nur ein Ausdruck dafür, daß in der Weltanschauung der Welt- und Lebensverneinung das Mitleid eigentlich nicht ausrichten kann, weil ihr zufolge die einzig wirksame Befreiung aus dem Leiden in dem Besitz und der Anwendung des wahren Wissens vom Sein besteht.[48]

In dem späten Mittelalter und der Neuzeit gibt es das indische Denken auf, die Weltanschauung der Welt- und Lebensverneinung in der Ausschließlichkeit zu vertreten, wie es dies in der klassischen Zeit tat.[49] Es unternimmt es, Ideen einer welt- und lebensbejahenden Ethik, die sich von jeher neben ihr erhalten hatten, mit ihr zu verbinden.

Das werktreibende Volk konnte sich nicht an die Ethik der Tatenlosigkeit halten. Es mußte aus dem natürlichen Empfinden kommende und auf die Forderungen des Alltags eingehende Vorstellungen von Pflicht und Güte gelten lassen. Welche Höhe diese Ethik erreichte, ist

44 [Beigefügte Notiz:] Die Weltanschauung im Gegensatz zum Mitleid. Mitleid eigentlich gegenstandslos.

45 [R] Buddhistisch, Winternitz II, S. 121 [266].

46 [R] Lotus, [Winternitz] II, [S.] 230 [266].

47 [R] Gleichheit zwischen dem Nächsten und dem Ich, Winternitz II, S. 265.

48 [R] Das Wissen über das wahre Sein [–] leere Idee des Mitleids, [kann] nichts ausrichten[;] durch Wissen sich selber aus dem Leid befreien [. . .].

49 [R] Lambarene 7. Okt. 33. Samstag Abend.

aus so manchen Worten des Kural, einer Sammlung von Sprüchen des Webers Tiruvaḷḷuvar, wohl aus dem 2. Jahrhundert n. Chr., zu ersehen.[50]

Etwas an Welt- und Lebensbejahung war auch in der hinduistischen Frömmigkeit vorhanden. Diese begnügte sich nicht, wie der Brahmanismus, einfach festzustellen, daß die Einzelseele mit der Weltseele eins sei, sondern forderte Eins-Werden mit Gott durch auf ihn gerichtete und sich in Tat auswirkende Liebe (Bhakti). Christliche Einflüsse trugen zur Ausbildung dieser religiösen Ethik der Liebe bei.

So kommt im Laufe der Jahrhunderte ein neu-indisches Denken auf, das an der welt- und lebensverneinenden Weltanschauung zwar grundsätzlich festhält, sich aber nicht mit der sich folgerichtig aus ihr ergebenden Ethik der Tatenlosigkeit begnügt, sondern eine viel wärmere und lebendigere [Ethik] in ihr zu Wort kommen läßt. Zu den Schöpfern und Vertretern dieser neuindischen Weltanschauung gehören: Rāmānanda (Ende des 14. und Beginn des 15. Jahrhunderts n. Chr.), der Weber Kabīr aus Benares (Jünger Rāmānada's), Nānak (1569–1538, Jünger Kabīrs), der Dichter Tulsī-Das (1532–1624), Rāmmohun Roy [Rām Mohan Rai] (1774–1833), Keshub Chunder Sen [Keshab Candra Sen] (1838–1884), Dayānand Sarasvatī (1824–1883), Rāmakrishṇa (1834–1886), Devendranāth Tagore (1817–1905) und sein Sohn Rabīndranāth Tagore (1861 [–1941]).

Eigentlich hätten diese Denker von der welt- und lebensbejahenden Ethik der Förderung des Lebens aus (so weit sie sie erreichten), sich mit dem Problem Mensch und Kreatur beschäftigen und auf die Fragen,[51] mit denen es die über das Nicht-Verletzen hinausgehende Gütigkeit gegen die Geschöpfe zu tun bekommt, eingehen sollen. Sie unterlassen es aber. Es genügt ihnen, den ursprünglich nicht ethisch gemeinten brahmanischen Satz, daß der Mensch alle Geschöpfe in seinem eigenen Selbst und sein Selbst in allen Geschöpfen zu erkennen habe, ethisch aufzufassen. Aber das Gebiet dieser grenzenlosen Ethik zu erforschen und die in ihm zu begehenden Wege abzustecken,[52] stellen sich nicht als Aufgabe. Sie ziehen nicht in Betracht, daß die Ethik der Gütigkeit gegen alle Wesen, wenn sie tatsächlich über den Grundsatz des Nicht-Verletzens hinausgehen will, damit etwas ganz anderes und viel Schwierigeres wird als vorher und in ein Chaos von Problemen gerät. Ist schon die wirkliche Durchführung des Grundsatzes des Nicht-Verletzens sachlich unmöglich, wie viel mehr noch die des Erhaltens und Förderns alles Lebens. Wo darin innehalten? Wie weit darin gehen? Wie sich mit der beschränkten Möglichkeit abfinden?

---

50 [Siehe oben S. 81 und 85 f.]

51 [R] ... so merkwürdigen Fragen.

52 [R] sich in der Wirrnis des zu gehenden Weges zurechtzufinden.

Den so schweren Fragen der vollendeten Betätigung der Verbundenheit des Menschen mit den Geschöpfen entgehen die Vertreter des neu-indischen Denkens dadurch, daß ihre Ethik des tätigen Helfens es in der Hauptsache nur mit den Menschen zu tun hat. In der Gütigkeit gegen die Geschöpfe halten sie sich an den hergebrachten Grundsatz des Nicht-Verletzens. Nicht einmal auf die Probleme der Theorie und der Durchführung der Gütigkeit des Nicht-Verletzens gehen sie ein.

Diese Haltung erklärt sich daraus, daß das neu-indische Denken überhaupt nicht darauf aus ist, die Probleme der Weltanschauung bis in ihre letzten Tiefen zu verfolgen. Mit kritischem Ergründen gibt es sich nicht ab. Es ist ganz von der Aufgabe in Anspruch genommen, in die pantheistische brahmanische Lehre von dem Eins-Sein aller Einzelseelen mit der Weltseele die theistisch-hinduistische des Eins-Werdens mit Gott durch die Liebe hineinzulegen und so der Weltanschauung der Welt- und Lebensverneinung, von der es nicht loskommen kann, den Geist lebendiger Ethik einzuhauchen.

Von der so gewonnen ethischen Weltanschauung aus geben sich die neu-indischen Denker sozialem Wirken hin.[53] Weil sie nicht mehr in der alten kalten Welt- und Lebensverneinung leben, sind sie nicht mehr imstande, bei der ihr entsprechenden, seit Jahrhunderten geübten Gleichgültigkeit und Teilnahmslosigkeit dem Unrecht und dem Elend gegenüber zu verbleiben. Sie treten für das Verbot der Witwenverbrennung, für die Gleichberechtigung der Angehörigen der niederen Kasten mit denen der höheren und überhaupt für die Schaffung besserer rechtlicher und sozialer Zustände ein und machen es dem Einzelnen zur Pflicht, zum Wohlergehen des Mitmenschen und der menschlichen Gesellschaft beizutragen. Die neue Aufgabe, eine Gesinnung des Wirkens aus Menschenliebe ins Dasein zu rufen, nimmt sie so sehr in Anspruch und läßt ihre Aufmerksamkeit so nachhaltig auf den Menschen, die menschliche Gesellschaft und die Menschheit gerichtet sein, daß sie nicht darauf bedacht sind, auch das Verhalten zu den Geschöpfen mit der Forderung der tätigen Liebe in Einklang zu bringen. Was diese angeht, halten sie sich also an die hergebrachte Gütigkeit des Nicht-Verletzens.

Statt die ganze bis dahin geltende Ethik umzugestalten, bauen sie ihr einen Flügel in neuem Stil an.

Interessant ist, daß in dem Glaubensbekenntnis, das Schüler Keshab Candra Sens im Jahre 1878 aufstellen, der Satz vorkommt: «Gott ist der Vater aller Menschen.»[54] Dem indischen Universalismus entsprechend müßte er lauten: «Gott ist der Vater aller Geschöpfe.»

---

53 [Darunter eingefügte Notiz:] Von den sozialen Fragen in Anspruch genommen, die sie zum ersten Male zu Gesicht bekommen.

54 [Der Satz ist zit. in *Encyclopaedia of Religion and Ethics*, ed. James Hastings, Edinburgh 1909/1930, vol. II, S. 820 und 822, als § 7.]

Die Idee von der Verbundenheit des Menschen mit der Kreatur wird in dem indischen Denken nicht bis zu Ende durchgeführt. Zu der letzten Auseinandersetzung zwischen ihr und der Ethik kommt es nicht. Unbeantwortet bleibt die Frage der vollendeten Betätigung der Verbundenheit mit der Kreatur wie auch die der Bedeutung, die dieser Betätigung für das geistige Eins-Werden mit dem unendlichen Sein zukommt.

Und doch, was bedeutet schon dies allein, daß für das indische Denken die Idee der Verbundenheit des Menschen mit der Kreatur von jeher und stets zur Weltanschauung gehört![55] Eine fundamentale Erkenntnis, zu der sich das sonstige Denken der Menschheit langsam und mühsam vorarbeitet, steht ihm von vornherein fest.

Welche Errungenschaft liegt auch in dem Grundsatze der Gütigkeit des Nicht-Verletzens (Ahiṃsā) vor![56]

---

55 [R] Weiter als jedes andere Denken ist das indische also in der Erkenntnis vorangekommen, daß ... klarsichtig.

56 [Notiz:] Größere Ausleitung, zusammenfassend! [Diese Ausleitung fehlt ebenso wie die zu Beginn des Kapitels erwähnte größere Einleitung.] – [R] Lambarene, in der Nacht vom Samstag auf den Sonntag (7./8. Okt. 1933).

[IV.] Mensch und Kreatur in der Lehre Zarathustras[1]

Die zwischen 1000–600 v. Chr. im nordwestlichen [heute: östlichen] Iran entstandene Lehre des Zarathustra deutet das Weltgeschehen als Kampf zwischen dem Reiche des Guten und des Lichts und dem des Bösen und der Finsternis. Das eine steht unter der Herrschaft Ahura Mazdas (Ormazd; der Name bedeutet der weise Herr), des guten Gottes, das andere unter der Angro Mainyus (auch Ahriman genannt), dem «Geist der Drangsal». Zarathustra offenbart den Menschen, daß sie berufen sind, Mitstreiter in Ahura Mazdas Kampf gegen das Böse zu sein und tut ihnen die Gebote kund, die [sie] als solche zu befolgen haben.

Von einem Mitempfinden mit allen Geschöpfen kann also in seiner Lehre nicht die Rede sein. Nur gegen die zum Reiche des Lichts gerechneten darf der Mensch gütig sein; die andern muß er zu vernichten trachten. Als dem Reiche des Bösen angehörend gelten insbesondere die Raubtiere, die Schlangen, die Ratten, die Eidechsen, die Schildkröten, die Ameisen und die Mücken. Im Avesta, der heiligen Schrift der Zarathustra-Religion, wird als Buße für gewisse Vergehen das Töten einer großen Anzahl solcher Tiere auferlegt.

Den Geschöpfen des guten Gottes, insbesondere denen gegenüber, die Genossen des Menschen sind, ist jegliches Helfen und Wohltun geboten. Hier handelt es sich um wertvolles Leben, dessen Erhaltung und Förderung höchste Pflicht ist. So zum Beispiel hat der Mensch nicht nur für seinen Hund, sondern für jeglichen, der seiner gerade bedarf, zu sorgen. Ist eine Hündin niedergekommen, so muß der Besitzer des betreffenden Stalles, Pferches oder Ackers sie und die Jungen erhalten. Erwählte sie sich hierfür ein herrenloses Stück Land, so liegt diese Pflicht dem nächsten Anwohner ob. Sechs Monate lang hat er sie und ihre Jungen zu erhalten. Leiden sie Schaden, weil ihnen nicht genug Futter vorgesetzt wird, trifft ihn Strafe.[2] Siebenhundert Schläge mit dem Pferdestachel soll erhalten, wer eine trächtige oder säugende Hündin mißhandelt.

Das so hohe Ansehn, in dem der Hund in der Zarathustra-Religion steht, erklärt sich daraus, daß sie ursprünglich nomadische Verhältnisse, in denen er der helfende Freund des Menschen und der Beschützer seiner Herden ist, voraussetzt.

---

1 [R] Mystik der Ehrfurcht vor dem Leben. Text. Definitiv. 1933. Stellen notiert 1939.

2 Vendidad [= Vidēvdāt, Fargard 15 [19–45,51]. [Siehe oben S. 112.]

Daß Gott Opfer an Pferden und Rindern dargebracht werden, beanstandet das Avesta nicht. Hierin steht es noch auf dem Standpunkt der Hymen des Veda.

Was in der Weltanschauung Zarathustras den Menschen dazu bestimmt, den Geschöpfen hilfreich beizustehen, ist also nicht so sehr Gütigkeit gegen sie, obwohl auch diese zur Ethik des Avesta gehört, als die Idee, daß auch ihr Dasein einen Wert in dem unendlichen Sein besitzt. Ein neues, in dem chinesischen und indischen Denken nicht vernehmliches Motiv erklingt. Noch nicht rein: Der dualistischen Weltanschauung entsprechend wird nur das Dasein bestimmter Geschöpfe als wertvoll angesehen. Aber[3] doch ist dies ein Anfang der Erkenntnis des großen Geheimnisses, daß alle Erscheinungen von Leben einen unergründlichen Wert bedeutet, zu dem sich der Mensch in Ehrfurcht zu verhalten hat.

---

3 [R] ... Aber ausgesprochen ist zum ersten Mal, daß neben der Gütigkeit das Geheimnisvolle mitschwingt – die Erhaltung des Lebens um seinetwillen, Erhaltung und Förderung von Leben – Etwas an sich [. . .].

[V.] Mensch und Kreatur im jüdischen [und urchristlichen] Denken[1]

Schon in den ältesten Schichten des unter dem Namen des Moses gehenden Gesetzes wird Gütigkeit gegen die Haustiere geboten.

Bekanntlich hat sich aus den kritischen Untersuchungen über das Alte Testament, wie sie Eduard Reuß (1804–91), Julius Wellhausen (1844–1918) und andere unternahmen, ergeben, daß das Moses zugeschriebene Gesetz nicht von ihm stammt, sondern aus einzelnen, in dem Zeitraum von 750 bis 440 v. Chr. entstandenen und um 400 zu einem Ganzen zusammengearbeiteten Sammlungen von Gesetzen besteht.

Schon in der kleinen, wohl gegen Ende des 8. Jahrhunderts in Israel, dem Nordreich, entstandenen Sammlung, die in dem 21., 22. und 23. Kapitel des 2. Buches Mose (Exodus) erhalten ist und gewöhnlich als «Bundesbuch» bezeichnet wird, finden sich Gebote, die sich auf die Haustiere beziehen. Trifft jemand einen Ochsen oder Esel an, der sich verirrt hat, so soll er, sogar wenn er seinem Feinde gehört, dafür Sorge tragen, daß er wieder zu seinem Herrn zurückkommt (2. Mose 23,4). Sieht er, daß der Esel seines Feindes unter seiner Last zusammengebrochen ist, so soll er ihm helfen, ihn aufzurichten (2. Mose 23,5). Er darf also dem Tier sein Mitleid nicht versagen, auch wenn er seinem Feinde gehört, sondern soll beiden zusammen Liebe erweisen.

Diese Gebote finden sich neben solchen von der Barmherzigkeit gegen die Witwen, die Waisen, die Armen und die Fremdlinge und neben Gesetzen, die die Rechte der Sklaven wahren. Miteinander weisen sie den Einfluß der ethischen Predigt der Propheten Amos und Hosea auf, die um die Mitte des 8. Jahrhunderts im Nordreich wirkten.

In der großen Gesetzessammlung, die in der 2. Hälfte des 7. Jahrhunderts v. Chr. in Judäa, dem Südreich, entstand und 623 v. Chr. unter König Josia als «Gesetz Mosis» verlesen wurde – sie bildet den Hauptbestandteil des 5. Buches Mose (Deuteronomium) und ist unter der Einwirkung der ethischen Predigt des in der 2. Hälfte des 8. Jahrhunderts v. Chr. wirkenden Propheten Jesaja entstanden – macht sich das Ethische noch stärker geltend als im «Bundesbuch». In der Gütigkeit gegen die Haustiere wird hier so weit gegangen, daß verboten ist, dem Ochsen, der auf der Dreschtenne die Körner austritt, durch Zubinden des Mundes am Naschen zu verhindern (5. Mose 25,4). Er soll nicht im

1 [R] Mystik der Ehrfurcht vor dem Leben. Text. Definitiv.

Stroh herumlaufen müssen, ohne zum Lohn für seine Mühe etwas davon erhaschen zu können.

Das sich im Alten Testament bekundende Mitempfinden mit der Kreatur steht noch in den Anfängen. Es bleibt in der Hauptsache auf die Haustiere beschränkt. Wie rudimentär die den andern Geschöpfen entgegengebrachte Gütigkeit ist, wird aus der Bestimmung ersichtlich, daß man den beim Brüten betroffenen Vogel am Leben lassen müsse, ihm aber die Brut wegnehmen dürfe (5. Mose 22,6.7). Aber was bedeutet es schon, daß durch das Gesetz eine so weitgehende Gütigkeit gegen die Haustiere[2] zur Pflicht gemacht ist und damit dem Einzelnen etwas Gewohntes und Selbstverständliches wird!

Das schon im Alten Testament vorhandene, aber sich in ihm nicht voll durchsetzende Gebot der Liebe wird von Jesus zu dem absolute Gültigkeit beanspruchenden Grundsatz menschlicher Gesinnung und menschlichen Handelns erhoben. Wo er so höchste Liebe verkündet, wäre zu erwarten, daß er sie auch in höherem Maße, als es im Alten Testament geschieht, für die Geschöpfe verlangte. Aber er fügt dem, was im Gesetz von der Gütigkeit ihnen gegenüber gesagt ist, nichts hinzu.

Und doch bleibt er auch hier nicht bei dem, was dort festgelegt ist, stehen. Liebendes Verhalten zu den Geschöpfen als solchen ist ihm, wie sich aus der und jener Äußerung ergibt, etwas Selbstverständliches. Wenn in dem Gleichnis vom verlorenen Schaf (Luk. 15,1–7) der Hirte in der Wüste herumzieht, um sein Tier wiederzufinden, so tut er dies nicht, weil es ein Stück Besitz darstellt, sondern weil er es liebt und vor dem Schicksal, das seiner in der Wüste wartet, bewahren will. Das Gleichnis ist ja von der Barmherzigkeit Gottes gegen jeden einzelnen Menschen gemeint.

Überhaupt ist Jesus überzeugt, daß Gott wie zu den Menschen so auch zu den Geschöpfen, ja sogar zu den Pflanzen, voller Liebe ist. Der Vater im Himmel ist es, verkündigt er in der Bergpredigt, der die sorglosen Vögel ernährt und die Lilien auf dem Felde herrlicher bekleidet, als es Salomo war (Mt. 6,26–29). Liebe zu Gott hat sich also, der natürlichen Logik der Gedanken Jesu zufolge, nicht nur in Liebe zu den Menschen, sondern auch in der zu den Geschöpfen zu erweisen.

Daß er sich nicht veranlaßt fühlt, solches ausdrücklich zur Pflicht zu machen,[3] ist daraus zu erklären, daß er in der Erwartung des alsbaldigen Endes der Welt lebt. Wie Johannes der Täufer verkündet er, daß das übernatürliche Reich Gottes das Reich der natürlichen Welt baldigst ab-

---

2 [Über diesen Satz notiert:] (Der Gerechte erbarmt sich seines Viehes! [Prov. 12,10, s. S. 358, 386.) Vgl. Schweitzers Predigt über diesen in *Was sollen wir tun? 12 Predigten über ethische Probleme*, Heidelberg 21986, S. 39–56.]

3 [R] Daß er nicht verkündet und fordert, vorausgesetzt, daß seine Aussprüche uns in Vollständigkeit überliefert sind, ist wohl daraus zu erklären, …

lösen werde und daß die Menschen einzig damit beschäftigt sein sollen, sich durch Buße und Heiligung auf das große Ereignis bereit zu halten. Für diese so kurze Zeit die Menschen in der Anwendung des Gebotes der Liebe zu den Geschöpfen zu unterweisen, erübrigt sich. Es wird ja angenommen, daß sie kaum mehr Gelegenheit haben werden, Gütigkeit gegen sie zu betätigen. Eigentlich bedürfen sie der Hilfe von seiten der Menschen auch nicht mehr, da das Anbrechen des Reiches Gottes für sie, wie für die Menschen, das Ende der irdischen Existenz und damit jeglichen Leidens bedeutet.

Weil er das Ende der Welt erwartet, führt Jesus die Ethik der Liebe also nicht im einzelnen aus, sondern tut nur ganz allgemein kund, daß zur Erlangung des Reiches Gottes vollendete Gesinnung der Liebe notwendig[4] sei.

Wie Jesus wird auch Paulus durch die Erwartung des Weltendes davon abgehalten, auf liebendes Verhalten gegen die Kreatur zu dringen, obwohl er voller Teilnahme für sie ist. Wie sehr ihn ihr Schicksal beschäftigt,[5] spricht er im 8. Kap. des Briefes an die Römer aus. Er ist gewiß, daß auch sie berufen ist, an der Erlösung teilzunehmen und aus der vergänglichen Daseinsweise der irdischen Welt in die unvergängliche des Reiches Gottes einzugehen. In seinem eigenen Sehnen nach dem Freiwerden vom Leide vernimmt er das ihre.[6]

> Das ängstliche Harren der Kreatur wartet auf die Offenbarung der Kinder Gottes. Sintemal die Kreatur unterworfen ist der Vergänglichkeit ohne ihren Willen, sondern um des willen, der sie unterworfen hat, auf Hoffnung hin, daß auch sie, die Kreatur, von dem Dienste der Vergänglichkeit frei werden soll zu der herrlichen Freiheit der Kinder Gottes. Denn wir wissen, daß alle Kreatur sehnt sich mit uns und ängstiget sich noch immerdar. (Röm. 8,19–22)

Die Ansicht, daß auch die Geschöpfe am Reiche Gottes teilhaben werden, ist Paulus nicht eigentümlich. Er teilt sie mit allen denen, die im Spätjudentum an das Kommen des Reiches Gottes glauben. Sie wie er erwarten nicht, daß der Mensch allein der Unsterblichkeit teilhaftig werde, sondern sind überzeugt, daß die gesamte Schöpfung aus der Vergänglichkeit zur Unvergänglichkeit gelangen wird.[7] Die Erlösung des Menschen ist für sie nicht etwas für sich, sondern ergibt sich aus der Verwandlung der irdischen Welt in die überirdische.

Erwartet wird, daß auch die Pflanzen die irdische Unvollkommenheit ablegen werden. Die Herrlichkeit des Weinstocks im Reiche Gottes schildert die etwa am 80 n. Chr. entstandene spätjüdische Apokalypse

---

4 [R] unerläßlich.
5 [R] Schicksalsgenossen.
6 [R] Daß sie sich mit [den] Menschen in Sehnsucht nach dem Ende des [. . .] Elends verzehrt. Er weiß um die Angst und das Sehnen.
7 [R] Die Erlösung, an der er teil hat.

des Baruch. Er wird tausend Ranken haben; eine Ranke wird tausend Trauben tragen; eine Traube wird tausend Beeren haben; eine Beere wird ein Maß[8] Wein geben (Apokalypse des Baruch 29,5).[9] Der «Baum des Lebens» vor den Toren des neuen Jerusalems, von dem in der wohl um 70 n. Chr. entstandenen Apokalypse Johannis die Rede ist, trägt seine Frucht jeden Monat (Apokalypse Johannis 22,2).

In der spätjüdisch-urchristlichen Weltend-Erwartung ist also beides miteinander gegeben: daß Paulus in so ergreifenden Worten von der zwischen den Menschen und den Geschöpfen bestehenden Verbundenheit redet[10] und daß er aus ihr keine Folgerungen für sein Verhalten zu ihnen zieht. Wie im indischen Denken steht auch in dem seinen eine aus der Verneinung der natürlichen Welt kommende Vorstellung der Erlösung der Betätigung von Mitleid im Wege.

Durch die Erwartung des baldigen Endes der natürlichen Welt wird das Urchristentum auch davon abgehalten, auf Grund des Gebotes der Liebe die Abschaffung der Sklaverei zu verlangen. Darum bittet Paulus, wie wir aus dem Briefe an Philemon wissen, den entlaufenen und von ihm zum Christentum bekehrten Sklaven Onesimus nicht von seinem Herren frei, obwohl er mit diesem, einem Christen namens Philemon aus Kolossae, gut bekannt ist, sondern sendet ihn zu ihm zurück.

Nichts mit Pauli Gesinnung gegen die Geschöpfe hat seine unglückliche Auslegung des [oben erwähnten] alttestamentlichen Gebotes, daß man dem dreschenden Ochsen das Maul nicht zubinden solle [5. Mose 25,4], zu tun. Er will aus der Schrift beweisen, daß, wer den Gemeinden das Evangelium verkündet, auch das Recht habe, von ihnen seinen Lebensunterhalt zu empfangen. Nach jüdischer Anschauung, in der er auch noch als Christ lebt, gilt etwas als wirklich erwiesen ja erst, wenn es sich aus einem Worte des Gesetzes ergibt. Darum behauptet er im 9. Kap. des I. Korintherbriefes, daß jenes Wort nicht eigentlich, sondern bildlich gemeint sei und nicht von Ochsen, sondern von den Aposteln und dem Unterhalt, den die Gemeinden ihnen schulden, handle [I. Kor. 9,9.10]. In seinen Briefen finden sich noch andere Beispiele dieser von ihm wie von den Rabbinern seiner Zeit geübten Auslegungsart.[11]

---

8 [Vgl. Paul Riessler, *Altjüdisches Schrifttum außerhalb der Bibel*, Augsburg 1928, S. 73 (Syrische Baruchapokalypse): 40 Liter.]

9 [R] derselben Erlösung teilhaftig.

10 [R] In der Weltanschauung, in der Jesus, Paulus und das Urchristentum leben, fühlt sich der Mensch mit den Geschöpfen aufs tiefste verbunden.

11 [R] [Es] fällt weg die Weltenderwartung – aber auch die Zusammengehörigkeit des Menschen und der Kreatur.

[VI.] Mensch und Kreatur im antiken europäischen Denken[1]

Das griechisch-römische Denken geht nur insoweit auf das Problem Mensch und Kreatur ein, als es feststellt, was der Mensch mit den Geschöpfen gemeinsam hat und in was er über ihnen steht. Daß er sich mit ihnen verbunden fühlen und sein Verhalten zu ihnen als Problem empfinden könne, wird nicht in Betracht gezogen.

So großartig das antike europäische Denken auch ist, so hat es doch einen merkwürdig engen Horizont, einen viel engeren als das chinesische und das indische.[2] Jahrhunderte hindurch bleibt ihm die Idee der Menschheit fremd. Die ionischen Philosophen des 6. und 5. Jahrhunderts v. Chr., Plato (427–347) und Aristoteles (384–322) setzen sich zwar vor, die Welt und die Stellung des Menschen in ihr zu ergründen. Wo sie sich dann aber mit der Gesinnung und dem Verhalten des Menschen beschäftigen, endet dies immer damit, daß sie das Ideal des Bürgers der Stadt-Republik zeichnen. Nur als Zugehöriger dieses kleinen Gemeinwesens, nicht auch als Glied des ganzen Volkes oder gar der Menschheit kommt der Einzelne für sie in Betracht. Und selbst dies nur, wenn er ein Freier ist. Ist er ein Unfreier, so ist er ein Menschending, das nicht zählt.[3]

Erst der Stoizismus und der Epikureismus, die beiden gegen Ende des 4. Jahrhunderts v. Chr. aufkommen, fangen an, sich mit dem Menschen als solchem abzugeben.[4] Und dann dauert es noch lange, bis die Idee der Menschheit zur Ausbildung kommt und Bedeutung gewinnt. Dies ist erst im Spätstoizismus bei Seneca (gest. 65 n. Chr.), Epiktet (gest. 138 n. Chr.) und dem Kaiser Marc Aurel, der von 161–180 n. Chr. regierte, der Fall.

Bei der so mühsam und so spät erreichten Idee der Menschheit macht das antike europäische Denken halt. Die Geschöpfe sind ihm nicht Gegenstand menschlicher Gesinnung. Das gleichgültige Verhalten gegen sie ist ihm etwas so Selbstverständliches, daß es in dieser Sache die von

---

1 [R] Mystik der Ehrfurcht vor dem Leben. Definitiv. 1933. Stellen notiert 1939. bleibt barbarisch.

2 [R] [und] das zarathustrische und das jüdische. Dies zeigt sich darin, daß es Mühe hat, die Idee der Menschheit zu erreichen.

3 [R] Daß der Mensch als solcher in einem Verhältnis zum Menschen als solchem steht, wird nicht in Erwägung gezogen. Die Idee der Menschheit liegt noch in unsichtbarer Ferne.

4 [R] ... sich mit dem Menschen und seiner Beziehung zum Nebenmenschen und zur Menschheit als solcher zu beschäftigen.

ihm sonst stets gestellte Frage der Vernunftmäßigkeit unterläßt. Mit einem letzten Rest von Barbarentum und Gedankenlosigkeit wird es nicht fertig.[5]

Wohl verkünden auch Thales (624–545), die Eleaten, Anaxagoras (etwa 500–428), Empedokles (483/82–424/23),[6] Plato, Aristoteles und die Stoiker die Lehre von der All-Beseeltheit. Aber[7] sie verstehen sie vor allem dahin, daß das All als Ganzes von der Weltseele erfüllt ist. Die Vorstellung, daß jedes Wesen an der Weltseele teil hat, wird von ihnen nicht so folgerichtig ausgedacht wie von den indischen Denkern. Sie tragen die mit ihr unvereinbare Unterscheidung von vergänglichem und unvergänglichem Sein in sie ein. Statt daran festzuhalten, daß in allem Seelischen ewiges Sein vorhanden ist, behaupten sie, daß die Geschöpf-Seelen sterblich und nur die Menschen-Seelen, in etwas, das sie zur Geschöpf-Seele hinzu besitzen, unsterblich seien.

Nach dieser insbesondere von Plato und Aristoteles entwickelten Anschauung wird also, was im chinesischen und indischen Denken nicht der Fall ist, ein absoluter Unterschied zwischen menschlichem und geschöpflichem Sein angenommen. Der Mensch sieht in den Geschöpfen nur belebte Dinge. Als einzige zwischen ihm und ihnen bestehende Beziehungen nimmt er die an, daß sie, wie alles in der Welt, um seinetwillen da sind. Also urteilen, gegen das einfachste Beobachten und Überlegen, Plato, Aristoteles und die Stoiker. Epikur [342/41–271/70] und andere halten sich von dieser Meinung, wie überhaupt von dem Glauben an eine in der Welt waltende göttliche Vorsehung, frei, wie sie auch die, daß der Mensch unsterblich, die Geschöpfe aber sterblich seien, aufgeben und alles Lebendige für vergänglich halten. Aber der Bedeutung dieser ihrer Feststellung, daß die Geschöpfe, wie der Mensch, um ihrer selbst willen da sind und Eigenwert besitzen, gehen sie nicht weiter nach. Obwohl sie die von andern zwischen den lebendigen Wesen aufgerichteten Schranken niederlegen, fühlen sie sich doch nicht mit den Geschöpfen verbunden und stehen ihnen unfühlend und teilnahmslos gegenüber.

Aber Pythagoras ([etwa] 580–500), der die Seelenwanderung annimmt und den Fleischgenuß und das Töten von Tieren verwirft! Kommt in ihm nicht antikes europäisches Denken, das in tiefer Weise mit dem Problem Mensch und Kreatur beschäftigt ist, zu Worte?

Keineswegs.

Was Pythagoras vorträgt, ist nicht das Ergebnis einer kühn zu Ende gedachten griechischen Vorstellung der Allbeseeltheit, sondern indi-

5 [R] Der Sinn für das Geheimnisvolle des Seins geht ihm ab. Das «Staunen», aus dem nach Aristoteles alles Denken seinen Anfang nimmt, [Metaphysik I 2, 982 b, 11 f.] hält bei ihm nicht an.

6 [Ms.:] etwa 490–430.

7 [R] Aber es fehlt ihr der große Zug, den sie im indischen Denken hat ...

sches Lehrgut. Daß er Kenntnis von indischem Denken haben konnte, ist nicht zu bezweifeln. Beziehungen zwischen der indischen und der griechischen Welt bestanden schon, bevor griechische Heere unter Alexander dem Großen nach Indien kamen. Überdies wird aus der ganzen Art, in der Pythagoras die Lehre von der Seelenwanderung und vom Nicht-Töten vorträgt, offenbar, daß sie nicht in seinem Denken entstanden ist. Sie steht als etwas Fremdes neben seiner wissenschaftlichen Weltanschauung, der zufolge die Zahl das Wesen aller Dinge ist, und hat auch keinen Zusammenhang mit dem griechischen Lebensideal, zu dem auch er sich, schon durch sein Interesse für die öffentlichen Angelegenheiten, bekennt. Durch die indischen Ideen, von denen er Kunde erhält, wird er bewogen, ein Reinheits- und Heiligkeits-Ideal aufzustellen und eine Ordensgemeinschaft (auch dies nach indischem Muster!) von solchen, die ihm entsprechend leben wollen, zu begründen. Er übernimmt Ergebnisse des indischen Denkens, ohne sich dieses selber zu eigen zu machen.

Vollends zeigt die Art, in der Empedokles (etwa 490–430[483/82–424/23] v. Chr.), Plato und andere die von Pythagoras übernommene Lehre von der Seelenwanderung und vom Nicht-Töten vertreten, daß sie sich von dem Denken, mit dem sie eigentlich zusammengehört,[8] keine Rechenschaft geben. So kommt Empedokles dazu, die Wiederkehr der unzähligen Generationen als etwas den Menschen von den Göttern als Strafe Auferlegtes anzusehen,[9] wo sie sich doch nach der ursprünglichen Lehre von selbst und mit Notwendigkeit daraus ergibt,[10] daß das in den Einzelwesen vorhandene Sein in einer Folge von Existenzen den Willen zum Für-Sich-Sein abtöten muß, um die Fähigkeit zu erlangen, wieder im All-einen Sein aufzugehen.

Wie fern die Vorstellung einer zwischen dem Menschen und Geschöpfen bestehenden Verbundenheit dem griechisch-römischen Denken liegt, wird aus dem antiken Spotte über die Wiedergeburtslehre zur Genüge klar.

Nur von der welt- und lebensverneinenden indischen Lehre der All-Beseeltheit aus ist die von der Wiedergeburt zu verstehen. Von ihr losgelöst ist sie eine welke Blume.

---

8 [R] daß sie neben ihrer Weltanschauung etwas, das nicht zu ihr gehört, behaupten.

9 [F. Überweg, *Grundriß der Geschichte der Philosophie I*, [12]1926, S. 96.]

10 [R] ... wo sie sich mit Notwendigkeit aus der Tatsache ergibt, daß das All-eine Sein in individuellem Sein in Erscheinung getreten ist.

[VII.] Mensch und Kreatur im Denken des europäischen Mittelalters[1] [bis zur Neuzeit]

Im Laufe der Jahrhunderte[2] wird das Christentum durch die Tatsache des Ausbleibens des Weltendes dazu gezwungen, mit dem Weiterbestehen der irdischen Verhältnisse zu rechnen. Damit kommt die in der Erwartung des baldigen Weltendes gegebene Beschränkung der Betätigung der Liebe in Wegfall. Die Überlegung, daß sich ein auf Bessergestaltung der irdischen Zustände gerichtetes Wirken erübrige, weil sie im Vergehen begriffen seien, verliert ihre Berechtigung. Nun darf die Liebe dem Elend und dem Leid nicht mehr mit der Gewißheit ihres baldigen Aufhörens zusehen, sondern muß sich vorsetzen, ihnen nach Möglichkeit Einhalt zu tun.

Solches Wirken in Liebe nimmt sich das mittelalterliche Christentum aber nicht vor. Seine Ethik ist mehr durch die Vorstellung der Ehrbarkeit der zehn Gebote und durch das Ideal des Vollkommener-Werdens in Welt- und Lebensverneinung als durch Jesu Gebot der Liebe bestimmt. Es lehnt sich nicht gegen die Folter, die qualvollen Hinrichtungen, die unmenschliche Behandlung der Ketzer, die Hexenverbrennungen und überhaupt gegen keine der damals geübten Grausamkeiten auf. Weit davon entfernt, mit der Liebe den Menschen gegenüber Ernst zu machen, kommt es natürlich nicht auf die Frage, ob sie nicht auf die Geschöpfe auszudehnen sei.

Diese Frage zu stellen, liegt dem mittelalterlichen Christentum schon darum so fern, weil bei Jesus nur von der Liebe zu den Menschen die Rede ist. Seine Worte sind ihm Autorität. Die Geschöpfe in sein Gebot mit einbegreifen zu wollen, käme ihm als eine unzulässige Verbesserung der christlichen Wahrheit vor.

Daß Jesus und Paulus aus ihrer Weltenderwartung heraus es unterließen, die in dem Geiste ihrer Predigt der Liebe enthaltene Gültigkeit gegen die Geschöpfe ausdrücklich zu fordern, wirkt sich in dem Denken des europäischen Mittelalters (und auch in dem der späteren Jahrhunderte) in verhängnisvoller Weise aus. Die Ansicht, daß die Ethik es nur mit den Menschen und nicht auch mit den Geschöpfen zu tun habe, gilt als durch das Christentum sanktioniert. Sie als Gedankenlosigkeit zu er-

---

1 [R] Mystik der Ehrfurcht vor dem Leben. Definitiv. Lambarene, 23. Okt. 1933.

2 [Notiz über der Zeile:] Hier bessere Überleitung: 1) Zurücktreten der Eschatologie, 2) Verbindung mit der Antike. [-] Eine Synthese.
[Eine solche Überleitung fehlt.]

kennen und zu bekämpfen, ist auf Jahrhunderte hinaus unmöglich gemacht.

Dem Aufkommen der Gütigkeit gegen die Geschöpfe steht auch die Unsterblichkeitslehre des christlichen Mittelalters entgegen. Diese ist nicht mehr die urchristliche. Mit der Erwartung der baldigen Verwandlung der irdischen in die überirdische Welt gibt das spätere Christentum naturgemäß auch die mit ihr verbundene Anschauung auf, daß die Geschöpfe ebenfalls zur Unsterblichkeit eingehen. Es vertritt die Lehre, daß allein der Mensch eine unsterbliche Seele besitze. Diese Wandlung vollzieht sich unter dem Einfluß des griechischen Denkens. Das Christentum macht sich zu eigen, was Plato, Aristoteles und die Stoiker von der Sterblichkeit der Geschöpfseelen und der Unsterblichkeit der Menschenseelen lehrten. Durch ihre Autorität bewogen, nimmt es, entgegen der urchristlichen Ansicht, einen absoluten Unterschied zwischen dem Menschen und den Geschöpfen an. Diese gelten ihm, wie den Griechen aus dem Heidentum, nur als belebte Dinge, die um des Menschen willen da sind und keinen Anspruch auf seine Teilnahme haben. Mitleid mit ihnen kommt ihm als ein Versuch vor, den von Gott gesetzten Schranken die gebührende Anerkennung zu versagen.

Wohl tritt im Mittelalter ein Mensch auf, der in tiefer Einfalt seine Verbundenheit mit der Kreatur erlebt: Franziskus von Assisi (1182 bis 1226). Aber er übt keinen Einfluß in dieser Hinsicht auf die Zeitgenossen aus. Daß er dies nicht tut, hat seinen Grund nicht nur in ihrer Verständnislosigkeit, sondern auch darin, daß er ihnen das Problem Mensch und Kreatur nicht wirklich zu bedenken gibt. Auch für sich selbst rollt er es nicht auf. Kraft seiner großen Unbefangenheit erhebt er sich über die Vorurteile seiner Zeit. Etwas von der Wahrheit, für die den andern der Sinn fehlt, wird ihm offenbar. Aber nur etwas. Er ist mit den Geschöpfen mehr in frommem Gefühl als in ethischer Hingebung verbunden. Sie sind ihm vertraute Genossen der Freude an dem von Gott geschenkten Dasein in Licht und Sonne.

Die das Verhältnis des Menschen zu den Geschöpfen betreffenden Fragen überschaut er nicht in ihrer ganzen Ausdehnung. Wie schwer sie sind, wird ihm nicht bewußt. Seine Lebensfreude wird nicht durch Mitleiden mit den Geschöpfen getrübt. Die Verantwortung gegen sie lastet nicht auf ihm. Auch ruft er nicht zur Barmherzigkeit und Gütigkeit gegen sie auf. Nicht einmal seinem Orden macht er Liebe zu ihnen zur Pflicht.

So kommt es, daß das Mittelalter trotz Franziskus von Assisi in seinem engherzigen Verhalten gegen die Geschöpfe verharrt.

Während[3] im Mittelalter die Liebe als eine zur Erlangung der christlichen Vollkommenheit erforderliche Tugend geübt wird, erlangt sie in

---

3 [R] Lambaréné 24. Okt.

der Neuzeit die Bedeutung eines Prinzips des auf Bessergestaltung der menschlichen Zustände gerichteten Wirkens.[4] Aus der Verbindung, die die Ethik der Liebe mit der nunmehr aufkommenden Welt- und Lebensbejahung eingeht, empfängt sie neues Leben. Nun beginnt sie sich den Aufgaben zu widmen, die das Christentum alsbald nach dem Hinfälligwerden[5] der Erwartung des Weltendes hätte in Angriff nehmen sollen.

Belebung erfährt die Ethik der Liebe auch dadurch, daß sie unter den Einfluß des Denkens gerät. Während sie bisher über dem Denken zu stehen glaubte, hat sie jetzt die Überzeugung, vernunftgemäß zu sein. Im Laufe von Generationen räumt diese im Denken geklärte und gekräftigte Ethik der Liebe mit der Mitleidslosigkeit und Grausamkeit auf, die das mittelalterliche Christentum geduldet hatte. In unablässigem, im Namen der Vernunft geführten Kampfe erreicht sie es, nach und nach, daß die Folter und die qualvollen Hinrichtungen außer Gebrauch kommen, daß die Ketzerverfolgungen und Hexenverbrennungen aufhören, die Sklaverei und Leibeigenschaft verschwinden. Humanitätsgesinnung kommt zur Macht.

Aber von dem Problem Mensch und Kreatur nimmt die neuzeitliche Ethik noch nicht Kenntnis.[6]

Daß die Renaissance an ihm vorübergeht, ist erstaunlich. Für Giordano Bruno[7] (1548–1600) ist Anfang und Ende alles Wissens über die Welt, daß alles Sein beseelt ist und alle Wesen miteinander am Göttlichen und Ewigen teilhaben.[8] Viel entschiedener und folgerichtiger, als dies je vor ihm geschehen ist, trägt er diese Lehre vor.

Und dennoch:[9] Die Idee der Verbundenheit mit den Geschöpfen findet sich nicht bei ihm. Hat er auch eine viel lebendigere Vorstellung von dem Sein als die Mystiker des Mittelalters und der beginnenden Neuzeit, so geht er doch, wie sie, nur auf das gedankliche Einswerden mit der vorgestellten Ganzheit des Seins aus. Das unmittelbare und sachliche Einswerden mit dem unendlichen Sein durch hingebendes Verhalten gegen die Wesen, in denen es in Erscheinung tritt, zieht er nicht in Betracht, obwohl seine Lehre von der Allbeseeltheit ihn darauf führen sollte. Die Liebe zum Unendlichen, von der er redet, ist beschaulicher Art.[10]

---

4 [R] wird sie in der Neuzeit zu einem Prinzip des Wirkens zur Verbesserung der menschlichen Verhältnisse.

5 [R] nach dem Aufgeben.

6 [R] Aber zur vollen Klarheit über sich selbst gelangt die Ethik der Liebe auch in dem neuzeitlichen Denken nicht. Das Problem Mensch und Kreatur nimmt sie nicht in Angriff.

7 [R] und andere.

8 [R] und daß auch das unscheinbarste von ihnen in den Augen Gottes einen Wert hat.

9 [R] Obwohl ihm gewiß ist, daß die Geschöpfe ihm wesensverwandt sind, ...

10 [R] keine [...] Tätigkeitswerte in sich. Daß die Lehre von der All-Beseeltheit eine universelle Ethik verlangt, ist der Renaissance noch verborgen.

Giordano lebt also in der Vorstellung der Allbeseeltheit, ohne die Ethik ihr entsprechend zu erweitern.

Auch Michel de Montaigne (1533–1592) und Pierre Charron (1541–1603) erkennen die zwischen dem Menschen und den Geschöpfen bestehende Wesensverwandtschaft an, ohne die sich aus ihr für die Ethik ergebenden Folgerungen zu ziehen.

Die mittelalterliche Ansicht[11] über Mensch und Kreatur erneuert René Descartes (1596–1650). Sein System zwingt ihn dazu.

Descartes wendet sich von der in der Renaissance aufkommenden sachlichen Betrachtung der Natur ab. An die Stelle der lebendigen Wirklichkeit setzt er Begriffe von körperlichem und geistigem Sein (substantia externa; substantia cogitans). Diese erlauben ihm nicht, das Leben als eine geheimnisvolle Einheit von Körperlichem und Geistigem aufzufassen. Er muß also behaupten, daß alles körperliche Geschehen von selbst, ohne Einwirkung von Geistigem, abläuft. Was wir für geistig halten, sei in Wirklichkeit nur Begleiterscheinung von körperlichem Geschehen.

Mit Ausnahme des Menschen, behauptet Descartes, haben alle Geschöpfe nur körperliches Dasein. Die Empfindungen und geistigen Regungen, die wir an ihnen wahrzunehmen glauben, sind bloßer Schein. In Wirklichkeit sind die Geschöpfe nichts weiter als von Gott verfertigte Automaten. Nur der Mensch verhält sich, vermöge seiner Seele, in Wirklichkeit denkend und empfindend.[12]

Mitleid mit den Tieren ist nach Descartes also gegenstandslos, weil sie als seelenlose Wesen nur scheinbar, aber nicht in Wirklichkeit Schmerz fühlen. Man darf mit ihnen also nach Belieben verfahren.

Durch diese von der Autorität seines Namens getragenen törichten Behauptungen und überhaupt durch seine Verständnislosigkeit für das Geheimnis des Seins und die Probleme der Ethik trägt Descartes viel Schuld daran, daß im 17. Jahrhundert nicht auch das Problem Mensch und Kreatur zur Verhandlung kommt.

Weil er nicht unter dem unheilvollen Einfluß Descartes' steht, sondern die Naturphilosophie der Renaissance erneuert, verkündet Graf Shaftesbury (1671–1713), wie Giordano Bruno, die Lehre von der Allbeseeltheit. Aber auch seine Ethik ist nur mit dem Menschen und der menschlichen Gesellschaft beschäftigt.

Wirkliches Interesse – zum ersten Male im neuzeitlich europäischen Denken! – bringen den Geschöpfen die Engländer Samuel Clarke (1675–1729) und William Wollaston (1659–1724) entgegen. Allen lebendigen Wesen Mitempfinden zu bezeigen, gehört ihnen zufolge zum ver-

---

11 [Notiz über der Zeile:] Und nun kommt der Rückfall ins Mittelalter durch Descartes.

12 [Discours de la methode, 5^{e} partie, 3, letzte Abschntte.]

nunftgemäßen ethischen Verhalten.[13] Der Bedeutung, die der Verbundenheit mit der Kreatur für die Weltanschauung zukommt, gehen sie aber nicht weiter nach.

Obwohl David Hume (1711–1776) das Ethische aus dem natürlichen Mitempfinden begründet, bleibt er in dem Kreise der Menschenliebe eingeschlossen. Er hält nämlich die Voraussetzungen für das Sympathisieren nur dann für gegeben, wenn es sich um in jeder Hinsicht gleichartige Wesen handelt.[14]

Auch für Kant hat es die Ethik eigentlich nur mit den Pflichten des Menschen gegen den Menschen zu tun. Die «menschliche» Behandlung der Tiere sieht er nur als eine Übung der Empfindlichkeit an, die unserem teilnehmenden Verhalten gegen Menschen förderlich ist. Weil er sie als geboten empfindet und sie doch in seiner nur auf den Menschen und die menschliche Gesellschaft eingestellten Ethik nicht wirklich unterbringen kann, hängt [er] sie ihr in dieser Weise an.[15]

Weiter als Kant geht der englische Ethiker Jeremy Bentham (1748–1832). Zwar bewertet auch er die Gütigkeit gegen die Geschöpfe vornehmlich als eine Übung ihrer Betätigung gegen Menschen. Aber es finden sich bei ihm auch Stellen, wo er sie um ihrer selbst willen fordert. Zur Vorstellung einer wirklichen Verbundenheit des Menschen mit der Kreatur erhebt er sich ebensowenig wie Kant.

Fichte (1762–1814), Hegel (1770–1831), Schelling (1775–1854), Schleiermacher (1768–1834) und die in ihrer Bahn wandelnden Denker jener Jahrhundertwende geben dem Problem Mensch und Kreatur keinen Raum in ihren Systemen.

Goethe aber, der sich nicht wie sie über die Natur erhebt, sondern sich in sie versenkt, hat ein Empfinden für es. In seiner schlichten, tiefen Art äußert er sich über es in dem Gedicht «Die Spinne» (*Westöstlicher Divan*, Buch der Sprüche):

> Als ich einmal eine Spinne erschlagen,
> Dacht' ich, ob ich das wohl gesollt?
> Hat Gott ihr doch wie mir gewollt
> Einen Anteil an diesen Tagen!

Goethe ist von dem Geheimnis berührt, daß jedes Wesen, so unscheinbar es auch ist, einen Wert bedeutet. Aus einer Regung von Ehrfurcht

---

13 [In *Kultur und Ethik*, Kap. VII, nennt A. Schweitzer von W. Wollaston:] *The Religion of Nature delineated*, 1722 und 1724 [ohne Ortsangabe; spätere Auflagen: London. 1934 führt Schweitzer das Werk auch in den Hibbert-Skizzen an, s. Anhang S. 435; von S. Clarke:] *A Discourse concerning the Unchangeable Obligations of Natural Religion, and the Truth and Certainty of the Christian Revelation* ..., 1706.

14 [Vgl. hierüber die 1. Fassung, Anh. B,3 c, S. 395, und die Skizzen Anh. B,1 a, S. 358 (Notiz zu Jesus Sirach 13,15).]

15 [Vgl. S. 271, Bemerkung zu Kant.]

vor dem Leben beanstandet er das gedankenlose Schädigen und Vernichten von Leben.

Als erster europäischer Denker – er legt Wert darauf, daß ihm dieser Ruhm zuerkannt werde! – nimmt Arthur Schopenhauer (1788–1860) die Idee der Verbundenheit des Menschen mit der Kreatur wirklich in die Weltanschauung auf. Er bringt sie aber nicht mit der neuzeitlichen Welt- und Lebensbejahung in Zusammenhang, sondern begründet sie aus indischer Welt- und Lebensverneinung.[16] Wie Buddha hält er für die einzig sichere und einzig notwendige Erkenntnis die, daß alles individuelle Sein notwendigerweise und von Grund aus leidvoll ist. Der Mensch, dem sie aufgegangen sei, werde durch sie in ein Mitleid mit allen lebendigen Wesen hineingezwungen.

Ohne es sich einzugestehen predigt Schopenhauer aber ein wärmeres und lebendigeres Mitleid als das, das sich aus dem indischen Denken über das Sein ergibt. Wie bei Buddha, nur in viel stärkerem Maße als bei diesem, kommt bei ihm neben dem Mit-Leiden[17] mit allen Wesen, wie es sich aus der pessimistischen Vorstellung von dem Sein ergibt, auch dem unmittelbaren Empfinden entsprungenes und den Trieb zum Helfen in sich tragendes natürliches Mitleidig-Sein zu Worte. Wo er so aus dem Herzen zum Herzen redet, steht ihm ein erschütterndes Pathos zu Gebote.

Aber gegen die Tatsache, daß das Mitleid in der welt- und lebensverneinenden Weltanschauung keine wirkliche Bedeutung hat, vermag Schopenhauer ebensowenig etwas wie die indischen Denker. Bei ihm, wie bei ihnen, ist jede Bemühung, einem Wesen sein irdisches Los in irgend etwas zu erleichtern, ja eigentlich unangebracht, da die ihm einzig taugende Befreiung von Leid[18] die ist, die es sich durch das Ertöten des Willens zum Leben selber bereitet.

Von der gefährdeten Stellung des Mitleids in der welt- und lebensverneinenden Weltanschauung geben sich diejenigen, die sich um die Mitte des 19. Jahrhunderts zu Schopenhauer bekennen, keine Rechenschaft. Sie begrüßen es als einen großen Fortschritt, daß endlich ein Denker sich zum Mitleid bekennt und gütiges Verhalten zu allen Wesen als etwas Selbstverständliches fordert. Weil ihr Empfinden solcher natürlichen Ethik zustimmt, finden sie sich in die mit ihr verbundene unnatürliche Weltanschauung der Welt- und Lebensverneinung.

Schopenhauer macht das europäische Denken also auf das Problem Mensch und Kreatur und seine Bedeutung für die Weltanschauung aufmerksam. Aber es nachhaltig und tief zu beeinflussen vermag er nicht,

---

16 [Fortsetzung der 1. Fassung s. Anh. B,3 c, S. 396 f.]

17 [R] neben dem logischen, überzeugenden Mit-Leiden ...

18 [R] die einzige ihm taugende[?] Erlösung die ist, die es sich durch Wissen über das Sein und Absterben vom Willen zum Leben ...

weil es auf die welt- und lebensverneinende Weltanschauung, in der er seine Ethik vorträgt, nicht wirklich eingehen kann. So bleibt das europäische Denken auch nach Schopenhauer dabei stehen, die Forderung der Gütigkeit gegen die Geschöpfe neben einer nur mit dem Verhalten des Menschen zu dem Menschen und der menschlichen Gesellschaft beschäftigten Ethik aufzustellen.

Daß der Mensch sich um das Wohlergehen der Geschöpfe kümmert, erklärt Charles Darwin (1809–1882) als ein Nebenergebnis des sozialen Triebes des Menschen.[19] An sich hätte es dieser zwar nur mit dem Mitmenschen zu tun. Die starke Ausbildung, die er im Verlaufe so vieler Generationen erfahre, bringe es aber mit sich, daß die Menschen auch die Geschöpfe als zu ihnen gehörig ansähen und sich wohlwollend zu ihnen verhielten.

Wilhelm Wundt (1832–1920) hingegen legt Wert auf die Feststellung, daß die Ethik es nur mit dem Menschen zu tun habe. «Das einzige Objekt des Mitgefühls ist der Mensch» heißt es in seiner *Ethik.*[20] Tieren gegenüber können in uns nur Regungen entstehen, die dem Mitgefühl einigermaßen verwandt sind. Daß man ihnen Raum gebe, beanstandet er nicht. Aber große Wichtigkeit legt er ihnen nicht bei.

Eigentlich sollte das neuzeitlich europäische Denken durch die merkwürdige Tatsache, daß es etwas, das dem natürlichen Empfinden als durchaus ethisch vorkommt, in seiner Ethik nicht unterzubringen vermag, dazu geführt werden, diese als zu eng zu beanstanden. Schon durch Schopenhauer hätte es zur Überlegung angeregt werden sollen, ob ein sich auf alle Wesen erstreckendes Prinzip des Ethischen überhaupt der Weltanschauung der Welt- und Lebensverneinung entspräche. Aber einen Umbau der bisherigen als befriedigend angesehenden Ethik vorzunehmen, nur um die Gütigkeit gegen die Geschöpfe in ihr unterzubringen statt sie ihr anzubauen, wird als ein zu weit gehendes Unternehmen angesehen.[21]

Ein einziger Versuch wird in dieser Richtung unternommen. In seiner *Grundlegung der Ethik als positiver Wissenschaft* (Berlin 1897) stellt der Berliner Arzt Wilhelm Stern als das fundamentale Gebot der Ethik dieses auf, daß der Mensch es nicht nur unterlasse, lebendige Wesen, außer wenn er durch die Notwendigkeit dazu gezwungen wird, zu schädigen und zu töten, sondern sich auch bemühe, ihnen nach Vermögen beizustehen und ihr Dasein zu fördern.

Diese Gesinnung erklärt er daraus, daß die lebendigen Wesen der verschiedensten Arten durch unzählige Generationen hindurch miteinan-

19 [Vgl. Ch. Darwin, *Die Abstammung des Menschen und die geschlechtliche Zuchtwahl*, übers. v. J. V. Carus, Stuttgart ^{5}1890, S. 135.]

20 [W. Wundt, *Ethik*, Stuttgart 1886, S. 439.]

21 [Vgl. die 1. Fassung dieses Abschnitts, Anh. B,3 c, S. 398.]

der um ihre Existenz gegen die Naturgewalten kämpfen mußten und in gemeinsamer Not ihr egoistisches Verhalten gegeneinander aufgaben. Durch dieses Milliarden von Generationen hindurch sich wiederholende Erlebnis wird ihre Psyche[22] bestimmt, was bei dem Menschen, als dem entwickeltesten unter ihnen, am stärksten der Fall ist.

Während Darwin aus der ständig gemeinsam erlebten Bedrohung des Daseins den gleichartige Wesen zusammenhaltenden Herdentrieb herleitet, entwickelt sich bei Stern aus ihr eine Solidarität mit allen Wesen.[23]

Daß Stern die universalistische Ethik durch eine in mehr denn einer Hinsicht anfechtbare entwicklungsgeschichtliche Theorie zu erklären sucht, statt sie in unmittelbarem Nachdenken des Menschen über sich selbst und die Welt entstehen zu lassen, ist ein Fehler. Auch bleibt er dabei stehen, ihr Grundprinzip zu verkünden, statt sie im einzelnen auszuführen und auf die sich dabei ergebenden Probleme einzugehen. So erklärt sich, daß das Gegenstück der Ethik Schopenhauers nicht die ihm gebührende Achtung findet.

Überhaupt ist das ausgehende 19. Jahrhundert nicht mehr in der Lage, dem Bemühen um eine auf alle Wesen bezogene Ethik Verständnis entgegenzubringen, da es sich von der Humanitätsgesinnung abwendet. Herbert Spencer (1820–1903), Eduard von Hartmann (1842–1906), Friedrich Nietzsche (1844–1900) und andere wollen es nicht mehr gelten lassen, daß die Ethik sich aus dem Mitempfinden herleite und sich die Beförderung der Glückseligkeit zum Ziele setze. Der Mensch dürfe sich in seinem Verhalten nicht durch Gefühle bestimmen lassen, sondern müsse seine höchste Aufgabe darin sehen, mitzuhelfen, daß das, was die Natur mit dem Menschen vorhat, sich verwirkliche. Nun lehre ihn die unvoreingenommene Betrachtung der Dinge, daß die Natur nicht das Glück der einzelnen Individuen wolle. Ihr Leiden und ihr Vernichtetwerden mache ihr nichts aus. Nur darauf komme es ihr an, daß in diesem Entstehen und Vergehen zahlloser Individuen und in ihrem Glück und Leid eine Höherentwicklung des in ihnen verkörperten Seins stattfinde. Dem entsprechend müsse der Mensch sich als beste Gesinnung und als bestes Tun vorsetzen, nicht das Glück und das Wohlergehen dieser und jener Menschen, sondern die Höherentwicklung des Menschen als solchen zu fördern.[24]

Worin[25] diese Höherentwicklung eigentlich bestehen soll, wissen Spencer, von Hartmann, Nietzsche und die andern zwar nicht recht zu

---

22 [R] sei ihre Psyche bei den [. . .] Lebewesen und [. . .] bei den Menschen deutlich bestimmt. Alle Ethik ist Bejahung des Lebens, die durch die Vorstellung gemeinsam erfahrener Bedrohung des Daseins bestimmt ist.

23 [R] . . . mit allem Lebendigen.

24 [R] Das Denken tut sich etwas darauf zugute . . .

25 [R] [zum hier beginnenden Abschnitt:] Kürzer.

sagen. Die einen sehen das Ideal darin, daß der Einzelne in einer vollendet organisierten Kollektivität die beste Entwicklungsmöglichkeit findet, die andern darin, daß die die höchste Vitalität besitzenden Einzelpersönlichkeiten sich gegen die Masse durchsetzen. Dementsprechend legen die einen dem Menschen das Verhalten auf, das ihrer sozialwissenschaftlichen Theorie von der höchst erreichbaren Organisation der menschlichen Gesellschaft entspricht, die andern dasjenige, das das Aufkommen des höheren Menschentypus möglich machen soll.

Ein Denken, das schon das Mitempfinden mit den Menschen nicht als wertvolles Motiv der Gesinnung gelten läßt, muß natürlich das mit den Geschöpfen vollends für unangebracht erklären.

Wohl erhält sich neben diesem von der Humanitätsgesinnung abfallenden Denken auch noch solches, das sie hochhält. Aber auch dieses verliert die Fähigkeit, auf das Problem Mensch und Kreatur einzugehen. Mehr und mehr beschränkt es sich nämlich darauf, sich mit den Werten, die die Kultur ausmachen, zu befassen und den Menschen auf sie zu verpflichten. Diese vom Ende des 19. Jahrhunderts an sich ausbildende «Wertphilosophie» gibt die Ethik des Mitempfindens und der Liebe preis. An ihre Stelle setzt sie die Hingabe an das, was für die Erhaltung und Vollendung der menschlichen Kultur als notwendig erkannt wird. Sie läßt den Menschen also nur mit seinem Verhältnis zur menschlichen Gesellschaft, nicht auch mit dem zur Welt beschäftigt sein. Darum mutet sie ihm auch kein Besinnen über die zwischen ihm und den Geschöpfen bestehenden Beziehungen zu.

So[26] verliert das neuzeitliche europäische Denken zuletzt noch das Wenige, was es an Interesse und Verständnis für das Problem Mensch und Kreatur besaß. Die Forderung des ethischen Verhaltens des Menschen gegen die Kreatur zu vertreten, überläßt es den Angehörigen der Tierschutzvereine. Und diese predigen nur Mitleid mit den Tieren, ohne auf die Schwere des Problems der Verwirklichung des Mitleids einzugehen ... Mitleid mit aller Kreatur. Die Universalität des Kan-Ying-Pien ist nicht erreicht.[27]

---

26 [R] Lambarene, 30. Okt. 33. Montag Nacht.

27 [Schluß-Satz:] Noch ein größerer Abschluß.
[Ein solcher Abschluß fehlt. Vgl. auch die Schlußzeilen der 1. Fassung, Anh. B,3 c, S. 399. Einen zusammenfassenden Text bietet Schweitzer in seinem Aufsatz *Philosophie und Tierschutzbewegung*, in: *Die Lehre von der Ehrfurcht vor dem Leben. Grundtexte aus fünf Jahrzehnten*, hg. v. H. W. Bähr, München 1966, S. 92–98. Zum Thema «Mensch und Kreatur» siehe auch A. Schweitzer, *Kultur und Ethik*, München 1923, S. 225–228 und 249–251, Nachdruck 1981 der Sonderausgabe v. 1969: S. 316–320 und 340–342.]

Hibbert-Vorlesungen: Die Religion im heutigen Geistesleben

Einleitung

Von Ulrich Neuenschwander, bearbeitet von Johann Zürcher und Ulrich Körtner

Die vier Vorlesungen über *Die Religion im heutigen Geistesleben* (Titel in den Skizzen: *Die Religion in dem Geistesleben und in der Kultur unserer Zeit*) sind von Albert Schweitzer am 16., 18., 23. und 25. Oktober 1934 in der Arlosh Hall des Manchester College zu Oxford gehalten und je einen Tag später in «The Great Hall of University College» zu London wiederholt worden. Der englische Programmtitel lautet: «The religious factor in modern civilisation».

Sie tragen den Namen «Hibbert-Vorlesungen». Die heute noch bestehende Hibbert-Stiftung wurde 1847 durch Robert Hibbert (gest. 1849) gegründet, um die Ausbreitung von «Christianity in its most simple and intelligible form» und «the unfettered exercise of private judgement in matter of religion» zu fördern.[1] Es liegt darin ein aufklärerischer und volksbildender Zug. Dahinter steht das Weltverständnis eines bewußt liberalen Christentums. Hibbert-Vorlesungen wurden von Zeit zu Zeit veranstaltet, wenn das Stiftungskomitee bedeutende Dozenten fand, die dem Stiftungsziel entsprachen. Die ersten Hibbert-Vorlesungen hielt Friedrich Max Müller 1878. Hibbertdozenten waren auch Persönlichkeiten wie William James und Sir Sarvepalli Radhakrishnan. Neben der Veranstaltung von Vorlesungen befaßte sich die Stiftung auch mit finanzieller Beihilfe zur Publikation von Büchern und mit der Förderung von Studenten durch Stipendien. Von 1902 bis 1968 erschien als Jahrbuch zudem das Hibbert Journal.

Im April 1933 trafen Robert Mortimer Montgomery (als Vertreter der Hibbert-Stiftung) und Albert Schweitzer die Vereinbarung über die Vorlesungen,[2] die unter anderem folgende Punkte enthält:

1. The Lecturer agrees to prepare and deliver 4 lectures on «*Die Religion im heutigen Geistesleben*» as part of the series of Hibbert Lectures organised by the Trustees.

---

1 [Mitteilung von Rev. H. L. Short M. A., Manchester College Oxford.]
2 Siehe Quellenverzeichnis (C), S. 442.

2. The Lectures shall be delivered during the year 1934 at each of [the] 2 centres to be arranged by the Trustees. The dates of delivery shall be arranged by the Trustees so as to suit the reasonable convenience of the Lecturer.

3. The Trustees shall bear all costs attending the delivery of the Lectures other than the Lecturer's personal expenses.

4. The Lecturer agrees to furnish to the Trustees a copy of the Lectures in German within 3 months of their delivery. The copyright of the Lectures shall belong to the Trustees.

Der Vertrag enthält also die Verpflichtung zur Ablieferung eines druckfertigen Manuskripts der Vorlesung innerhalb dreier Monate. Am 11. 2. 1935, auf der Durchfahrt durch die kanarischen Inseln, schreibt Schweitzer in einem Brief an Miss Margaret Deneke, Oxford: «Ich arbeite an der Redaktion der Hibbert-Vorlesungen für den Druck, mit einer Wut, denn ich mag nicht gedruckte Vorlesungen. Und solche Arbeit, wenn das Schiff schaukelt»[3] ... Mit dieser Arbeit können nur die auf dem Schiff «Amérique» geschriebenen «Skizzen zur definitiven Fassung der Hibbert-Vorlesungen» vom Februar 1935 gemeint sein.[4] Schon im Januar 1935 hatte Schweitzer an «Skizzen und Auszügen für das definitive Manuskript der Hibbert-Lectures» gearbeitet (hauptsächlich Auszüge aus H. Vaihingers *Philosophie des Als Ob*).[5] Er wollte offenbar nicht bloß seine bisherigen Skizzen und das Vorlesungs-Manuskript als Grundlage für diesen definitiven Text benützen, sondern zuerst die Auseinandersetzung mit philosophischen Werken fortsetzen und vertiefen. Am 16. Juni, in Lambarene, begann er dann mit der Niederschrift der definitiven Fassung: «Ausarbeitung für den Druck».[6] Aber bereits Ende von S. 5 schrieb Schweitzer resigniert: «Hier habe ich es aufgegeben, diese definitive Redaktion in Afrika zu machen, wo ich mir die Sammlung dazu zu schwer erkaufen muß.»

Dossier 7, Nr. 3, enthält zwar noch zwei Notizen vom Juli und September desselben Jahres, die offenbar immer noch für die definitive Fassung der Hibbert-Vorlesungen bestimmt waren,[7] wonach Schweitzer damals, bis in den Herbst (September), doch noch damit rechnete, diesen Text wenn nicht in Afrika, so doch in Europa fertigzustellen, was dann aber unterblieb. Die erwähnten Skizzen vom Januar und Februar fügte er im Oktober einem Manuskript-Bündel mit «Exzerpten aus Büchern» für die II. Serie der Gifford-Vorlesungen bei,[8] an welchen Exzerpten er vom Juli bis Oktober 1935 gearbeitet hatte, und gab ihnen

3 Nach einer Briefkopie aus dem Besitze von E. R. Jacobi, Zürich.
4 Anh. C,2 b, Dok.-S. 517–537.
5 Anh. C,2 a, Dok.-S. 497–516.
6 S. Anh. C,3, S. 409.
7 S. Anh. C,4, S. 411.
8 Doss. 7, Nr. 4.

eine neue Paginierung, die diejenige dieser Gifford-Vorarbeiten fortsetzt.

So blieb der Plan der Herstellung eines druckfertigen Textes der Hibbert-Vorlesungen unausgeführt. Erst in der Nachlaßausgabe wird die Verpflichtung Schweitzers zur Ablieferung des Hibbert-Vorlesungs-Textes wenigstens insoweit eingelöst, als der Text vollständig ist; aber völlig ausgearbeitet und druckfertig ist er eben nicht.

Das nun veröffentlichte Vorlesungs-Manuskript ist unter starkem Zeitdruck entstanden und daher teilweise fragmentarisch. Dennoch wirken die Vorlesungen als Ganzes. Der geschlossene Gedankengang ist für Schweitzer charakteristisch und gibt einige seiner wichtigsten Thesen in lebendiger Form wieder. So wird der Leser für die gelegentlich unvollkommene und nicht druckfertige Form reichlich entschädigt.

Die Manuskripte dokumentieren die übliche Arbeitsweise Schweitzers. Er hat nicht zuerst das Ganze entworfen und dann ausgearbeitet, sondern Vorlesung um Vorlesung, so daß die Reinschrift der ersten vorlag, bevor die letzte auch nur skizziert war. Begonnen hat Schweitzer mit der Arbeit schon Anfang September 1934 in Günsbach. Doch bereits auf Seite 3 der Skizzen finden wir den Hinweis: «Bahn nach Lausanne 11.9.34.» (Schweitzer fuhr zu seiner Frau und seiner Tochter Rhena, die damals in Lausanne wohnten.) Auch auf S. 57 der Skizzen steht wiederum die Notiz: «In der Bahn» ... Überhaupt enthalten manche Manuskripte Schweitzers während Eisenbahnfahrten geschriebene Seiten. Er nützte jeden freien und zur Arbeit möglichen Augenblick aus, um konzentriert zu arbeiten, und während der Reise war er relativ ungestört. Die Schrift verrät deutlich die Abfassung im fahrenden und rüttelnden Zug. Im übrigen lassen die Datierungsangaben der Skizzen vermuten,[9] daß Schweitzer nicht alle Tage kontinuierlich und ungestört arbeiten konnte. Die Bedingungen, unter denen Schweitzer das Manuskript der Hibbert-Vorlesungen schrieb, wurden durch den Umstand erschwert, daß er zur selben Zeit, im Sommer 1934, auch die im November desselben Jahres in Edinburgh stattfindende I. Serie der Gifford-Vorlesungen vorbereiten und das Buch *Die Weltanschauung der indischen Denker* druckfertig machen mußte. Von Lausanne begab sich Schweitzer nach Straßburg, damit er sich um die schwerkranke Frau Marie Woytt-Secretan, seine Mitarbeiterin in Lambarene von 1929–1932, kümmern konnte. Am Krankenbett wachend, beendigte er das genannte Werk über Indien, dessen Vorwort mit dem 11. Oktober 1934 datiert ist. Unmittelbar darauf fuhr er nach Oxford, ohne die Hibbert-Vorlesungen ganz ausgearbeitet zu haben.

Die Reinschriften für die beiden ersten Vorlesungen waren schon fertig, ja die Vorlesungen schon gehalten, als am 20. Oktober die Entwürfe

9 In unserem Quellenverzeichnis zu Anh. C,1, S. 449 f., zusammengestellt.

für die dritte Vorlesung niedergeschrieben wurden. Für die vierte jedoch reichte die Zeit nicht mehr ganz. Am 24. Oktober wurde erst der «Plan der 4ten Vorlesung» verfaßt. In aller Eile versuchte Schweitzer noch den endgültigen Text zu redigieren, aber gegen Schluß blieb ihm nur noch übrig, den Gang der Vorlesung in Stichworten festzuhalten.

Das erschwert die Veröffentlichung, insbesondere der 4. Vorlesung. Um den Text lesbar zu machen, haben wir, wo es tunlich schien, die zu einem vollständigen Satz fehlenden Worte in [ ] beigefügt. Infinitive sind stillschweigend in die entsprechende Verbform umgesetzt worden. Gelegentlich sind einzelne Wörter umgestellt, um den grammatikalischen Gesetzen eines Satzes Genüge zu tun. Im übrigen beließen wir den Text in seinem Rohzustand.

Zahlreich sind, vor allem in den weniger ausgearbeiteten Texten, die Randnotizen. Albert Schweitzer pflegte in manchen Manuskripten auf der rechten Blattseite in Stichworten den Aufriß eines Gedankenganges, oft auch schon die genaue Ausformulierung, vorwegzunehmen. Neben den Randentwürfen und Randbemerkungen finden sich, und zwar um so häufiger, je skizzenhafter der Text ist, Einschübe und Bemerkungen oberhalb und unterhalb der Zeilen. Die Randbemerkungen haben wir weggelassen, soweit sie nur Stichworte enthalten, die im Text wiederkehren, aber abgedruckt, wenn sie eigenständige Wendungen bieten. (Wo ein Randentwurf oder eine Randnotiz nicht neben der zugehörigen Haupttextstelle steht, haben wir die betreffende Nummer zur letzteren gesetzt.) Texteinschübe konnten manchmal in den Haupttext aufgenommen werden; wo das nicht möglich war, weil sie sich nicht in den originalen Satzbau einfügen ließen, erscheinen sie in den Anmerkungen.

Die (selbständig durchpaginierten) Skizzen[10] enthalten mancherlei Notizen, die im definitiven Text nicht oder nur stichwortartig Verwendung fanden (meistens handelt es sich um Zitate aus exzerpierten Büchern, weshalb wir die Skizzen nicht mit abdrucken). Die Randnotiz am Schluß der III. Vorlesung «das andere [siehe] die alten Blätter» verweist auf die Skizzen. Dort finden sich auf S. 47 ff. des Manuskripts die Schlußgedanken der III. Vorlesung:[11] Die Skizzen der III. Vorlesung selbst beginnen erst auf S. 60, auf S. 67 findet sich dann der Rückverweis auf S. 47. Von den Skizzen zur IV. Vorlesung ist lediglich die oben erwähnte Planskizze vorhanden.[12] Sie schließt mit einem Gleichnis, das im Haupttext nur mit einem Stichwort angedeutet ist. Wir fügen den entsprechenden (zwar auch nicht ganz vollständigen) Skizzentext im Haupttext als Anmerkung bei (S. 276).

10 Anh. C,1 (Dok.-S. 452 ff., Quellenverzeichnis, S. 449).
11 S. Anh. C,1, S. 400–408.
12 Anh. C,1 (Ms.-S. 70–72, Dok.-S. 495 f.).

Albert Schweitzer hielt die Hibbert-Vorlesungen in deutscher Sprache. Satz für Satz wurde ins Englische übersetzt. Als vortreffliche Übersetzerin stand ihm Mrs. Lilian Russell zur Seite, eine Frau, die seit 1926 mehrmals in Lambarene geweilt hatte und die selbst schriftstellerisch tätig war.[13] In seinem Werk *Albert Schweitzer als Mensch und als Denker* gibt George Seaver einen Bericht über die Vorlesungen in Oxford und London wieder, der das Zusammenspiel von Vortragendem und Übersetzerin beschreibt:

«Die kurzen, klaren Sätze, lebhaften Gesten und epigrammatischen Wortspiele waren besonders charakteristisch für den Redner ... Die Vorträge wurden Satz für Satz ins Englische übertragen. Dr. Schweitzer und die Dame, die übersetzt, sind vollkommen aufeinander eingestellt. Keine Sekunde vergeht zwischen Vortrag und Übersetzung ... Dolmetscher übertragen oft nur mechanisch die Ausdrucksweise und versagen bei der Wiedergabe der Gefühlswerte. Diese Frau paßt ihre Stimme der Stimmung des Vortragenden an und entlehnt von ihm einen seelischen Gehalt in der Stimme. Während Sprecher und Dolmetscher geistig so gut aufeinander eingestellt sind, unterscheiden sie sich sehr in Haltung und Auftreten. Die statuenartig ruhige Haltung der Übersetzerin bildet eine Folie zu Dr. Schweitzers dauernder Lebhaftigkeit. Es ist erstaunlich, wie sie einen Einklang bilden. In solcher Leistung feiert die Konzentration einen Triumph ... Der Hörer vergißt bald, daß er einen Vortrag in zwei Sprachen hört.»[14]

Die Vorbereitung erfolgte so, daß Mrs. Russell in die breiten Zwischenräume zwischen den Zeilen des Vortragsmanuskripts die englische Version eintrug (auf vielen, jedoch nicht auf allen Manuskriptseiten). Das war freilich nur eine Gedankenstütze für einzelne Stellen und Abschnitte, und zudem hielt sich Schweitzer keineswegs eng an die Vorlage. Dazu kam, daß die Zeit kaum ausreichte, um den endgültigen Text zu entwerfen. Mrs. Russell äußerte sich darüber so:

---

13 Von ihren Arbeiten seien genannt (vgl. auch Nancy Snell Griffith/Laura Person, *A. Schweitzer. An international Bibliography*, Boston 1981): a) Übersetzungen von Werken A. Schweitzers: *Indian Thought and its Development*, by C. E. B. Russell, London 1936; *From My African Notebook*, by C. E. B. Russell, London 1938; *The Philosophy of Civilization II, Civilization and Ethics*, rev. by Mrs. C. E. B. Russell, London 1946; *Goethe ...* The first address transl. by C. T. Campion, the second address and essay by Lilian M. Russell, London 1949. b) Andere Schriften: *General Rigby, Zanzibar and the Slave Trade*, London 1935; *My Monkey Friends*, Bristol 1938, London 1948, deutsch: *Meine Freunde die Affen*, mit einem Nachwort von Marie Woytt-Secretan. (Viele dieser Tiergeschichten spielen in Lambarene); *The Path to Reconstruction. A brief introduction to Albert Schweitzers Philosophy of Civilization*, London 1914; *John Adam Cramb, Patriot, Historian, Mystic*, London 1950.

14 G. Seaver, *Albert Schweitzer, The Man And His Mind*, London 1947, deutsch von Albert Lindemann, *A. Schweitzer als Mensch und als Denker*, 10., nach der neuesten engl. Ausgabe ergänzte Aufl., Göttingen 1959, S. 151.

«Schweitzer gibt nie Zeit genug, den Vortrag richtig zu studieren. Jetzt ist Sonntag Abend und noch nichts vom Vortrag für Dienstag. Und morgen Nachmittag gibts' ‹Reception› in einem College. Der letzte Vortrag war 36 Seiten lang und *so* schwer zu lesen, er tat mir weh an den Augen. Ich konnte nicht einmal Zeit finden, eine Übersetzung zu schreiben, noch das Ganze mehr als einmal durchlesen – nur die schweren Stellen. Und dann ändert er so viel, wenn er den Vortrag gibt.»[15]

Die Gabe Schweitzers, unmittelbar zu formulieren, führte dazu, daß gerade jene Partien am lebendigsten wirkten, die in der hier abgedruckten Fassung nur eine vorläufige und fragmentarische Formulierung erreicht haben. So schrieb Mrs. Russell: «Die letzten Hibbert-Vorträge waren in Oxford wie in London die schönsten.»[16]

Zu den Vorlesungen existieren auch kurze Auszüge von fremder Hand für die Presse. In *The Christian Century* erschien am 21. und 28. November 1934 der Artikel «Religion and Modern Civilisation, by Albert Schweitzer. Summary of Hibbert Lectures delivered at Oxford University and University of London in October 1934.»[17] Diesem Text liegt kein originaler Auszug zugrunde. Während wir die deutschen Originaltexte der Presseauszüge der Gifford Lectures (Edinburgh 1934/35) besitzen, liegen solche der Hibbert Lectures nicht vor. Einer Redaktionsnotiz in *The Christian Century* zufolge sind die «main thesis of Dr. Schweitzer» zustande gekommen «with the stenographic assistance of G. Durden-Smith». Die Notiz im Nachdruck durch die «Albert Schweitzer Education Foundation», Chicago 1959, wonach es sich um einen «summary from Schweitzer's own pen» handle (es müßte also ein deutscher oder französischer Text vorhanden gewesen sein), beruht daher wohl auf einem Irrtum. Die Nichtauffindbarkeit der betreffenden Originale wäre durch ihre Nichtexistenz erklärt.

---

15 Aus einem Brief an Frau Marie Woytt-Secretan vom 20. 10. 1934 (Kopie aus ihrem Besitz).
16 Desgleichen, vom 3. 11. 1934 (Kopie aus ihrem Besitz).
17 Siehe Anh. C,5, S. 412–421.

I. Vorlesung[1]

Ich muß mich bei Ihnen entschuldigen, daß ich nicht in Ihrer Sprache rede, da ich sie nicht genügend beherrsche.[2] Ich ließ denjenigen, die mir die Ehre antaten, mich zum Halten dieser Vorlesungen aufzufordern, die Wahl, ob ich sie in französisch oder deutsch halten sollte, den beiden Sprachen, in denen ich aufgewachsen bin. Sie entschieden sich für deutsch. Mrs. Russell, die Sie hier neben mir stehen sehen, hat die Freundlichkeit, wie sie schon oft getan hat, meine Sätze auf englisch wiederzugeben. Und ich hoffe, daß Sie bald vergessen werden, daß Sie einen übersetzten Vortrag hören.

Die Idee, durch den Mund eines anderen in einer anderen Sprache zu reden, habe ich von einem Ihrer Landsleute: von General Booth, dem Gründer der Heilsarmee. Als junger Student hörte ich ihn durch den Mund eines ausgezeichneten Übersetzers in Straßburg. Ich war ganz überrascht über die Lösung des Problems des Redens in fremder Sprache. Jenes Erlebnis ist es, das mir den Mut gibt, so mit Übersetzer vor Sie zu treten.

Weiter habe ich Sie nun noch um Verzeihung zu bitten, wenn ich jemandem von Ihnen Ärgernis (Anstoß) gebe durch meine Ansichten. Ich habe über Religion vor Ihnen zu reden. Lassen Sie mich darüber als einer reden, der mit Ihnen unerschrocken die Wahrheit sucht. Lassen Sie mich nicht darum besorgt sein, Ideen auszusprechen, die die Überzeugungen von solchen, die hier sind, verletzen oder die dem oder jenem zu gewagt vorkommen. Lassen Sie uns miteinander einfach in großem gegenseitigem Vertrauen Klarheit über die Wahrheit suchen.

So verzeihen Sie mir gleich von vornherein, daß ich von Religion im Allgemeinen rede und mein Thema nicht formuliert habe: Das Christentum im modernen Geistesleben, sondern: Die Religion im modernen Geistesleben. Warum ich dies tue, wird Ihnen im Verlaufe der Vorträge klar werden. Erlauben Sie, daß ich mich also nicht darüber rechtfertige.

Und nun zum Thema: Die Religion im heutigen Geistesleben und in unserer Zivilisation. Ich halte mich nicht damit auf, mich darüber zu verbreiten, wie aktuell, wie wichtig und wie schwer es ist. Dies wissen Sie von selbst. Es ist ein Thema, das jeden von uns beschäftigt.

---

1 [Dazu notiert:] Definitiver Text.

2 [Ms.:] beherrschte [d. h. wohl: ... nicht genügend beherrschen würde, um es wagen zu können, die Vorlesungen auf Englisch zu halten].

Fangen wir gleich mit der ersten Fragen an:[3] Ist die Religion eine geistige Macht in unserem Geistesleben? Ich antworte ohne Zögern, und Sie antworten mit mir: Nein. Gewiß: Es ist noch Religion in den christlichen Kirchen wie im Volk. Es gibt viele nach Frömmigkeit strebende Menschen in unserer Zeit.[4] Die Religion leistet noch etwas. Sie hat Werke der Wohltätigkeit aufzuweisen, auf die sie stolz sein darf. Es sind auch viele religiöse Bedürfnisse unter den Menschen, die der Kirche nicht mehr oder kaum mehr angehören. Dies alles bin ich froh, Ihnen und mir zugeben zu dürfen. Aber an der Feststellung, daß die Religion keine geistige Macht mehr in unserem geistigen Leben ist, wird dadurch nichts geändert.

Eine Tatsache genügt, um diese Feststellung zu erweisen. Die Religion hat nichts gegen die geistigen Kräfte vermocht, durch die der Krieg [1914–18] heraufgeführt wurde.[5] Sie hat die ethischen Ideale, deren Hüterin sie ist, nicht gegen die Inhumanitätsideale und Sinnlosigkeitsideale, die im Geiste der Zeit waren, zu verteidigen vermocht.

Als der Krieg da war, hat sie nicht ihre Würde gewahrt, sondern kapituliert. Sie hat sich mobilisieren lassen.[6] Sie ließ sich dazu gebrauchen – es war ja so verständlich bei der Notlage, in der sich jedes Volk angesichts der bestehenden Tatsache des Krieges befand [-] mitzuhelfen, dem Volke den Mut zu geben, den Kampf durchzuhalten und ihm die Überzeugung zu geben, daß es nicht nur für seine Existenz kämpfte, sondern für die Sache der Gerechtigkeit und für die Rettung der geistigen Güter der Menschheit. Dies alles ist begreiflich aus der Notlage, in die die Religion durch die Notlage des Volkes kam. Aber darum ist nicht minder wahr, daß in dem Kriege die Religion ihre Hoheit und Reinheit verlor und mit dem Geiste der Welt zusammenging.[7] In dem Kriege hat es in allen Ländern einen Besiegten gegeben: Die Religion.

Das, was in der Jetztzeit vor sich geht, macht die Niederlage der Religion völlig offenbar. Gewiß, sie erhebt in dem Chaos, in dem unsere Kultur dem Untergange zugeht, hie und da ihre Stimme. Aber sie vermag nur zu protestieren, nicht zu befehlen.[8] Der Geist der Zeit hört nicht auf sie. Er folgt seinen eigenen Eingebungen.

Welches ist nun aber der eigentliche Grund, daß die Religion und das Ethische, das in der Religion enthalten ist, über den Geist unserer Zeit keine Macht mehr hat? Welches ist der Geist, der ihr in dem Geiste unserer Zeit entgegentritt und sie beiseite schiebt? Ich nenne ihn bei seinem Namen: *Der Geist der Realitäten* (Wirklichkeitsgeist).[9]

---

3 [R] Erste Feststellung.
4 [R] Auch die Indier in die Untersuchung einbeziehen.
5 [R] Religion und Krieg.
6 [R] Kapituliert – Krieg[;] mobilisiert.
7 [R] Religion des Volkes [- dem] Geist [der Welt] dienstbar.
8 [R] Jetzt nur Proteste, nicht Befehle.

Der Wirklichkeitsgeist ist das Gegenteil des Geistes der Ideale. Der Geist der Ideale besteht darin, daß die menschliche Gesellschaft sich in dem Nachdenken über das Wahre und Gute Ideale schafft und diesen entsprechend die Wirklichkeit zu gestalten unternimmt. Der Wirklichkeitsgeist hingegen glaubt nicht an die Wahrheit und die Macht der dem Denken entnommenen Ideale, sondern er will sie der Wirklichkeit selber entnehmen. Es dünkt ihn eine Naivität und eine Vergewaltigung der Wirklichkeit, im Denken entstandene Ideale auf sie[10] anwenden zu wollen, sondern er meint, daß man auf die Kräfte, die in der Wirklichkeit enthalten sind, eingehen und die Vernünftigkeit, die diesen innewohne, walten lassen müsse. In dem Wirklichkeitsgeiste hört der Mensch auf, sich schöpferisch zu betätigen und Herr der Ereignisse zu sein. Er liefert sich den Ereignissen aus. Der eigentliche Grund der furchtbaren Tragödie, die sich in unserer Zeit abspielt, ist, daß wir die Macht über die Ereignisse verloren haben.[11] Wir fahren auf einem Schiff, das nicht mehr vorwärts getrieben wird (keine Fahrt mehr macht) und deswegen nicht mehr manövrieren kann und ein Spiel der Wellen ist.

Die fundamentale geschichtliche Tatsache ist also die, daß der Geist der Ideale durch den Geist der Wirklichkeit verdrängt wird. Gehütet und vertreten werden die ethischen Ideale durch die Religion.[12] Die Voraussetzung der Herrschaft des Geistes der Ideale ist, daß das Denken und die Religion eins sind. Löst sich diese Verbindung, so werden die Ideale kraftlos.[13]

Die Religion in unserer Zeit macht mir den Eindruck eines großen afrikanischen Flusses in der trockenen Jahreszeit. Zwischen mächtigen Sandbänken sucht sich ein Wasser seinen Weg. Der Fluß besteht noch. Aber er füllt sein Bett nicht aus. Man kann nicht verstehen, daß er es einmal ausgefüllt hat, und nicht glauben, daß er es einmal wieder ausfüllen wird.

Gab es aber überhaupt eine Zeit,[14] in der die ethische Religion eine Macht im Geistesleben war? Ja. Im 18. Jahrhundert. Damals bestand eine Einheit zwischen Denken und Religion. Das Denken war religiös und die Religion denkend. Es war die Zeit des Rationalismus.

Das Motto des Rationalismus[15] ist die Schrift von John Locke, die

---

9 [R] Der Grund. Der Geist der Wirklichkeit.
Religion: das Individuelle. Erlösung. Und das Gesells[chaftliche]: Ethik.

10 [Bis hierher reicht die originale Ausarbeitung für den Druck, s. Anh. C,3, S. 409 f.]

11 [R] In England: Der Wirklichkeitssinn vorhanden, aber keine Theorie darüber.

12 [Eingefügt:] des höchsten Denkens, des Denkens, in dem der Mensch mit seinem Verhältnis zum Unendlichen beschäftigt ist.

13 [Angefügt:] Daß die Religion eine Macht im Geistesleben sein muß, durch das Denken.

14 [R] . . . in der die Einheit war?

15 [R] Jetzt zuerst, daß der Rationalismus Geist ist. Vernunftgemäßheit und die großen

1695 erschien: *Die Vernunftgemäßheit des Christentums.* Ebenso der Titel einer Schrift Tindals: *Das Christentum so alt wie die Schöpfung* (1730). Die Menschen des 18. Jahrhunderts sind der festen Überzeugung, daß die fundamentalen Lehren des Christentums – die Religion an sich – für das Denken evident sind. Das Denken, so meinen sie, kommt von sich aus zur Wahrheit, die im Christentum als offenbarte Wahrheit [vorhanden ist]. Diese Vereinigung von Religion des Glaubens und Religion des Denkens findet sich am vollständigsten bei Lord Shaftesbury,[16] der am Anfang des 18. Jahrhunderts starb.[17]

Der religiöse Rationalismus ist ein Geschenk des englischen Geistes an die Welt gewesen. Ein segensvolles Geschenk. Wenn ich sage, daß in dem Geiste des 18. Jahrhunderts die ethische Religion und das Denken sich miteinander in Übereinstimmung befinden, meine ich natürlich nur die Hauptströmung in dem geistigen Leben jener Zeit. In einem Fluß gibt es eine Hauptströmung und neben ihr Strudel, die sich im Kreise drehen, und rückläufige Gegenströmungen. So ist es auch im 18. Jahrhundert. Auch hier macht sich schon ein Denken bemerkbar, das die ethische Religion nicht für eine Denkwahrheit,[18] sondern für eine Illusion hält, eine mehr oder weniger notwendige Illusion. Bei Voltaire (1694–1778) können wir diesen Wandel in der Denkweise verfolgen. Bis zum Erdbeben von Lissabon (1. Nov. 1755) ist er religiöser Rationalist. Nachher aber, unter dem Einfluß dieses erschütternden Ereignisses, wird er daran irre, daß die Welt, wie es die ethische Vernunftreligion annimmt, von einem gütigen und ethischen Schöpfer erschaffen sei und erhalten werde. Für andere Denker steht bereits fest, daß das Denken keine über die materielle Erfahrung hinausgehende Erkenntnisse haben könne. Der große Vertreter dieses Skeptizismus ist David Hume (1711–1776). Materialismus und Skeptizismus sind aber nur Strudel und Gegenströmungen in dem Denken des 18. Jahrhunderts, dem englischen wie dem festländischen. Die Hauptrichtung ist dadurch gekennzeichnet, daß die Menschen die ethische Religion als vernunftgemäß ansehen. Dementsprechend sind sie überzeugt, daß die ethischen Ideale, die in dieser ethischen Religion sind, absolut vernunftgemäß sind und auf die Wirklichkeit angewendet werden müssen.[19]

Leistungen dieses Bundes. Etwas, was Macht über die Geister hatte, muß etwas Großes sein.

16 [Darüber:] Die Ethik der Liebe [ist] der Wille Gottes für die Menschen.

17 [Angefügt:] Die ethischen Wahrheiten der Religion.

18 [R] [einige Zeilen weiter unten, neben «andere Denker», aber vielleicht doch hierher gehörend:] Nicht einfach logische Wahrheiten.

19 [R] Weltreform in Gang, die nicht zu Ende gekommen ist. Die Kabinette mit Söldnertruppen ... Kriege, aber die Völker daran nicht beteiligt. [Vgl. Haupttext, drittnächster Abschnitt.]

Auf diese Weise nun wird das 18. Jahrhundert der großen Reformen fähig, die es vollbringt.[20] Es steht nicht unter der Herrschaft der Wirklichkeit, sondern es herrscht über die Wirklichkeit. Es nimmt den Kampf mit dem Aberglauben auf. Die Hexenverbrennungen hören auf. Es führt das Prinzip der Humanität in die Gesetzgebung und die Rechtsprechung ein. Die Folter wird abgeschafft.

Eigentlich hätte die Kirche den Kampf gegen alle die furchtbaren Grausamkeiten und Ungerechtigkeiten von jeher führen sollen. Sie widersprachen ja dem Gebot der Liebe und des Mitleids und dem Geiste Jesu. Aber die Kirche besaß nicht die Einsicht[21] und nicht die Macht über den Geist der Zeit, dies zu unternehmen. Erst der im Denken zu neuem Leben auferstehenden und zu neuer Kraft gelangenden Religion ist dies möglich. Die Menschenrechte (droits de l'homme) werden proklamiert.[22]

Der ethisch-religiöse Geist des 18. Jahrhunderts stellt den Grundsatz auf, daß der Einzelne der Gesellschaft mit seinen letzten Kräften zu dienen habe. Die Idee der Menschheit als der über allen Völkern stehenden Größe beginnt sich auszubilden. Das Ideal, daß alle Menschen Brüder seien, wird Gemeingut.[23] Jenen Menschen ist es etwas Selbstverständliches, daß die Zeit kommen muß, in der der Krieg aufhört und das Gesetz der Gerechtigkeit und der Liebe über die ganze Welt herrscht.[24] Der Gedanke, den Erasmus von Rotterdam (1467–1536) zum ersten Male klar zu denken wagte, wird jetzt Allgemeinbesitz. – Wohl gibt es damals noch Kriege. Aber sie werden von Kabinetten und Söldnerheeren geführt. Es sind Erbschaftsstreitigkeiten der regierenden Familien. Die Völker sind daran unbeteiligt. Reden von Machthabern, wie sie heute gehalten werden, die den Krieg als etwas Notwendiges erklären und ihn verherrlichen, weil er zur Entwicklung der größten Eigenschaften im Menschen beitrage, wären damals nicht möglich gewesen. Der Geist der Zeit hätte sie nicht ertragen.[25]

So nimmt sich der religiöse Geist also dieses vor, mit der Idee des Reiches Gottes, die er in der Religion Jesu findet, Ernst zu machen und das

---

20 [R] *Reformen* [-] ob die ethische Religion das Christentum ist. [-] Gerechtigkeit.

21 [Eingefügt:] völlig Ernst mit dem Gebote der Liebe[, mit dem] ethischen Geiste der Religion ganz Ernst zu machen.

22 [Aug. 1789] [R] Der erste Staat, der die Tortur abschafft, ist Preußen, durch Kabinettsordre Friedrichs des Großen [3. Juni] 1740.

[-] Die letzte Hexe wird 1782 zu Glarus in der Schweiz verbrannt. [-] Gesellschaft [-] Menschheit.

23 [R] Sentimentalität (dies nur [ein] anderer Ausdruck für ethischen Idealismus). Die ethischen Ideale genießen Ansehen [. . .].

24 [R] Pazifismus.

25 [Angefügt:] Kants Schrift Zum ewigen Frieden. [Ein philosophischer Entwurf, Königsberg 1795.]

Reich Gottes auf Erden zu begründen. Der ethische Fortschrittsglaube jener Zeit ist so stark, daß er sich dieses Ziel zu setzen wagt.

Eine letzte Leistung dieser großen ethischen Reformbewegung ist die Abschaffung der Sklaverei im 19. Jahrhundert. Diese letzte Tat vollbrachte[26] der ethisch-religiöse Geist, als schon die Verbindung zwischen dem Denken und der ethischen Religion sich zu lösen begann.[27] Die geistigen Bewegungen haben nämlich eine Art von Beharrungsvermögen.[28] Sie wirken sich noch aus, wenn ihre Voraussetzungen schon aufgehört haben, im Denken gegeben zu sein. So bewegt sich ein Eisenbahnzug noch eine Zeitlang mit der Bewegungskraft, die er erreicht hat. So sehen wir noch die Helligkeit von Sternen, die schon zu existieren aufgehört haben.[29]

Die Geistesgeschichte ist so schwer darzustellen, weil in dem Neuen immer noch Altes nachwirkt.[30] So wirken die Ideen des ethisch-religiösen Denkens des 18. Jahrhunderts noch bis weit in das 19. Jahrhundert hinein nach. Was dieses Jahrhundert noch an Wertvollem geschaffen hat, geht auf solche nachwirkende Ideen zurück. Wie viele Menschen habe ich selber am Ende des 19. Jahrhunderts noch angetroffen, die noch so stark in den Ideen,[31] die das 18. Jahrhundert geschaffen hatte, wurzelten, daß sie sich über die Wandlung, die in der Zeit vorgegangen war, nicht klar wurden.[32]

Das Laub hängt noch am Baum, auch wenn es schon welk wird. In den Herbststürmen wird es erst losgerissen. Der Weltkrieg war der Herbststurm für die Ideen des 18. Jahrhunderts, die im 19. noch vorhanden waren. Sie waren schon vorher kraftlos. Aber sie waren wenigstens noch in Worten da.

Damit wir uns über das, was heute ist, klar werden – ach, welch' traurige Klarheit – habe ich Ihnen das, was war, in Erinnerung zu rufen versucht. In dem düsteren Herbst, in dem wir leben, versetzen wir uns in den Frühling zurück, in dem ein von ethischen Ideen erfülltes Denken sich schaffend in der Welt betätigte und Macht über die Wirklich-

---

26 [Ms.:] verbrachte.

27 [Über der Zeile und am Rand:] Hier Genf: muß die Hände von der Sklaverei weglassen. Keine öffentliche Meinung steht mehr dahinter. Sich diplomatisch rechtfertigen.

28 [Über der Zeile:] Hier dies ablösen. Erläutern der Frage[:] Warum hört er [der ethische Geist] auf.

29 [Unter der Zeile:] ([Der] Völkerbund hat ablassen müssen.) [Antony Edens Vorschlag im Mai 1934, Liberia die Mitgliedschaft im Völkerbund abzuerkennen wegen Mißachtung der Anti-Sklaverei-Konvention, fand keine Unterstützung.]

30 [R] Geistesgeschichte. Altes ragt in das Neue hinein.

31 [Über der Zeile:] So [sind] viele[?] Gesetze in Deutschland noch eine Nachwirkung dieses Geistes.

32 [Beigefügt:] (In Ansehen stehen, oder wirklich in Kraft sind.) Auch im Geistesleben hat England den Vorteil, eine Insel zu sein.

keit besaß. Daß es so etwas einmal gab, können wir uns gar nicht vorstellen.[33] Und es gab es vor drei oder vier Generationen.

Das Reformwerk beginnt gestört zu werden durch die französische Revolution und die großen Kriege, die sie im Gefolge hat. Napoleon I. ist die erste Verkörperung des Wirklichkeitsgeistes in einem idealistischen Zeitalter. In den napoleonischen Kriegen bildet sich die erste Wirklichkeitsidee aus, die des Nationalismus. Sie entsteht in den Kriegen, die nicht mehr von Kabinetten geführt werden, sondern die nun insofern modern sind, als Völker in ihnen um ihre Existenz ringen. Festgelegt findet sich der Realitäts-Geist in dem Worte, das Hegel (1770–1831) am 25. Juni 1820 in der Vorrede zu seiner Rechtsphilosophie schreibt: «Was vernünftig ist, das ist wirklich, und was wirklich ist, das ist vernünftig.»[34] In jener Juninacht, da er dies schrieb, beginnt unsere Zeit, unsere furchtbare Zeit. Der Sinn dieses Wortes ist nämlich, daß das Denken nicht mehr durch ethische Ideale, die es schafft, die Wirklichkeit im Sinne des Fortschrittes umzugestalten habe, sondern daß das Denken sich nur betrachtend zu den Ereignissen zu verhalten habe, nicht schöpferisch sein wollen dürfe. In den Ereignissen selbst, meint Hegel, ist eine immanente Kraft des Fortschritts vorhanden. Alles Geschehen und alles Tun hat von sich aus eine Richtung auf den Fortschritt hin.[35] Sub specie aeternitatis betrachtet dienen auch die Leidenschaften der führenden Persönlichkeiten und der Völker dem Fortschritt.[36] Was uns sinnlos erscheint, ist dennoch eine Etappe auf den Frieden hin. Gegen Kants Schrift *Zum ewigen Frieden* erklärt er den Krieg (unter dem Eindruck der gegen Napoleon geführten Freiheitskriege) als etwas, das im Leben der Völker für ihre Entwicklung notwendig ist.[37]

Auf Hegel und seinen Glauben an einen immanenten Fortschritt, auf einen Fortschritt, der sich von selbst verwirklicht, geht der Sozialismus eines Karl Marx (1818–1883) zurück. Auch Marx verhält sich betrachtend zu der Wirklichkeit.[38] Er stellt keine Grundsätze des Handelns zur Bessergestaltung der Lage der Arbeiter auf. Er erwartet eine von selber kommende Umwälzung.[39] Die sozialistische Gesellschaftsordnung soll die kapitalistische ablösen, von selbst, wie diese die frühere ablöste.

---

33 [R] Im Herbst, wenn das Laub welk wird, kann man sich nicht mehr vorstellen, wie der Frühling war. [Steht im Ms. neben der Notiz Anm. 25.]

34 [*Grundlinien der Philosophie des Rechts*, Jubiläumsausgabe Bd. 7, Stuttgart ^{4}1964, S. 33.]

35 [Darüber notiert:] Aber wie an diesem Fortschritt mitarbeiten?

36 [R, schon bei Anm. 34, aber hierher gehörend:] Die List der Vernunft, «daß sie die Leidenschaften der Menschen für sich wirken läßt». [*Vorlesungen über die Philosophie der Geschichte*, a.a.O., Bd. 11, Stuttgart 41961, S. 63.]

37 [R] Hegel gegen Kant. [*Grundlinien der Philosophie des Rechts*, Bd. 7, ^{4}1964, S. 425 f., 443; *Aufsätze aus dem Kritischen Journal und andere Schriften*, Bd. 1, Stuttgart ^{4}1965, S. 487; *Phänomenologie des Geistes*, Bd. 2, ^{4}1964, S. 347.]

38 [R] Weltgeschichte durch ökonomische Ideen gemacht.

39 [R] Die natürlichen Kräfte machen lassen.

Daß der marxistische Sozialismus keine Ideale für die Bessergestaltung[40] des Lebens der Arbeiter aufstellt und sich also kein Wirken vornimmt, sondern immer nur auf die Weltrevolution wartet, ist das Unheimliche und Unmoralische an ihm. Er ruft keine Ideale zu Hilfe, wo sie doch am notwendigsten wären. Darum hat er in der Geschichte nicht als eine wohltätige, sondern nur als eine zersetzende Kraft gewirkt.

Auf Hegel geht nicht nur Karl Marx und der politische Sozialismus zurück, sondern auch Oswald Spengler, dessen Ideen Sie aus seinem Werk *Der Untergang des Abendlandes*[41] kennen. Spengler ist nichts anderes als Hegel, ohne dessen Optimismus. Wie Hegel verhält er sich rein betrachtend zu der Wirklichkeit.[42] Wie Hegel hält er es für eine Sentimentalität, die Wirklichkeit durch ethische Ideale umbilden zu wollen. Er vertritt also denselben Wirklichkeitsgeist wie Hegel. Aber er glaubt nicht mehr an einen Fortschritt. Wenn Hegel die verschiedenen Kulturen beschreibt, die sich im Laufe der Zeit folgen und einander ablösen, so meint er, daß eine höhere Kultur jedesmal an die Stelle der nieder[er]en tritt. Bei Spengler folgen die Kulturen einfach aufeinander. Jede ist ein Organismus, der entsteht und vergeht wie ein Baum, der wächst und abstirbt. Er glaubt nicht an eine Kultur, die definitiv ist und einen stetigen Fortschritt in sich enthält. Darum weiß er den Menschen nicht mehr zu sagen, als daß sie die Ereignisse über sich ergehen lassen und das Tragische, das[43] sich in unserer Zeit ereignet, als unabwendbar erdulden [müssen].[44]

Und vieles, was sich in unserer Zeit ereignet, ist nur so zu erklären, daß die Menschen jeden Widerstand[45] den Ereignissen gegenüber aufgegeben haben. Sie fügen sich in sie. Sie lassen sie über sich ergehen. Sie sehen die Geschichte an als Schicksal, nicht als etwas, das die Menschheit handelnd gestaltet.

Bei Hegel beginnt dies, daß der Idealismus des 18. Jahrhunderts, der so Großes geleistet hat, als Sentimentalität, mit der in der Welt nichts anzufangen ist, angesehen wird.

Und die letzte Ursache dieser verhängnisvollen Wandlung vom Idealismus zum Realismus ist die, daß die ethische Religion und das Denken nicht mehr eine Einheit bilden und also die ethischen Ideale der Religion das Denken nicht mehr beherrschen. Bei Hegel, der ein Wendepunkt in der Geschichte ist, hat die Religion nur noch eine nebensächliche Bedeutung. Der Geist der Zeit beginnt bei ihm irreligiös

40 [Über der Zeile:] Neben Marx der tätige Sozialismus.

41 [Bd. I: Wien 1918, München ³1919, völlig umgestaltete Ausg. München 1923; Bd. II: München 1922.]

42 [R] Die Schwierigkeit, Ideale der Wirklichkeit [zu] entnehmen.

43 [Ms.:] was [Darüber notiert:] Die Weltgeschichte ist tragisch.

44 [R] Daß keine Ideale der Wirklichkeit zu entnehmen sind. Also rein betrachtend.

45 [Ms.:] jede Widerstandskraft.

und damit unethisch zu werden, wenn er auch die Religion in sein System noch einzufügen weiß. Von da an hat der Geist der Zeit keine absoluten, sondern nur noch relative Maßstäbe ... und zuletzt keine mehr. Das Schiff hat keinen Kurs mehr.

In der Geschichte der Menschheit wirkt sich das Geistige aus. Die Ereignisse ergeben sich aus dem Geiste der Zeit ... Alles Wirkliche geht auf ein Geistiges zurück. Dies ist das furchtbare Gesetz, das es zu erkennen gilt.

Das Geschehen unserer Zeit ist dadurch bestimmt, daß das Denken unserer Zeit nicht mehr religiös bestimmt ist.[46]

---

46 [Darunter beigefügt:] Unter der höheren Notwendigkeit und dem Enthusiasmus stehen [«stehen» undeutlich].

II. Vorlesung[1]

Ich rekapituliere. In der vorigen Vorlesung legte ich Ihnen das Wesen des Geistes unserer Zeit dar, indem ich den des 18. Jahrhunderts zum Vergleich heranzog, als sein Gegenstück.

Der des 18. Jahrhunderts ist in der Art von ethischen Idealen erfüllt, daß er durch sie Herr der Wirklichkeit ist. Er gestaltet die Wirklichkeit nach ihnen um. Der Geist unserer Zeit sieht diese ethischen Ideale als Sentimentalitäten und Irrealitäten an, mit denen man keine Weltgeschichte machen könne. Er nimmt an, daß in der Wirklichkeit selber Ideale und Prinzipien des Fortschritts vorhanden seien, die sich verwirklichen. Das Ergebnis ist, daß wir, weil ohne ethische Ideale, keine Macht über die Wirklichkeit besitzen und ihr ausgeliefert sind, wie ein seine Bewegung verloren habendes Schiff dem Wind und den Wellen.

Dieser Geist der Wirklichkeit kommt zum ersten Male klar in der Philosophie Hegels zu Wort.

Der Grund aber, warum wir nicht mehr den über die Wirklichkeit triumphierenden Geist der Ideale besitzen, ist, daß bei uns das Denken und die Religion nicht mehr so eine Einheit bilden wie im 18. Jahrhundert.[2] Das Denken ist nicht mehr religiös, und die Religion ist nicht mehr denkend. Darum enthält das Denken nicht mehr die ethischen Ideale der Religion, und die Religion ist keine Macht mehr.

Nun aber die beiden Fragen. Einmal: Wie kommt es, daß das Denken und die Religion im 18. Jahrhundert eins werden?[3] Und sodann: Warum hört die für den Geist der Menschheit so segensreiche Verbindung dann auf?

Wie werden sie eins? Sie können nicht anders eins werden als [dadurch,] daß das Denken die fundamentalen Sätze der ethischen Religion als etwas ansieht, das sich ihm selber als Erkenntnis ergibt, und daß die als geoffenbart überlieferte Religion sich entschließt, die mit der Ethik zusammenhängenden Glaubensüberzeugungen als die wesentlichen, allen höheren Religionen gemeinsamen anzusehen und auf die anderen weniger Gewicht zu legen. Diese ethische Fundamentalreligion haben dann das Denken und das überlieferte Christentum miteinander gemeinsam. In dieser begegnen sie sich.

Wie kommt das Denken zu der ethischen Vernunftreligion? Im Mit-

1 [Dazu notiert:] Definitiver Text.
2 [R] Ideal und Religion. Einheit von Denken und Religion.
3 [R] Wie kommt die Einheit vom Denken aus. Stoa. Reformation.

telalter, in der Scholastik, ist es die Magd der Religion. In der Renaissance erhebt es sich über sie. Im 18. Jahrhundert wird es selber religiös. Wie ist dies zu erklären? Aus zwei Einflüssen: dem Stoizismus und den Evangelien. Schon einmal[,] in der Antike[,] wird das Denken religiös: im Stoizismus, besonders im Spätstoizismus eines Seneca (4 v. Chr. – 65 n. Chr.), eines Epiktet (geb. 50 n. Chr.), eines Marc Aurel (121–180).[4] Dieser Spätstoizismus stellt fest, daß der Glaube an Gott und die Unsterblichkeit der Seele vernunftgemäß sei, wie auch, und das ist das Wichtige, die Ethik der Liebe.

Dieser Spätstoizismus ist von großem Einfluß auf das Denken nach der Renaissance. Den Grundgedanken, daß eine natürliche ethische Religion allen Religionen zu Grunde liege, vertritt zuerst der Franzose Jean Bodin (1530–1596) schon im 16. Jahrhundert in einer nur in Abschriften heimlich verbreiteten Schrift.[5] Wichtig ist dann noch, daß durch die Reformation wieder die Lektüre der Bibel aufkommt. In der Predigt Jesu findet sich eine ethische, undogmatische Religion. So von der ethischen Vernunftreligion des Spätstoizismus und von der ethischen Religion Jesu beeinflußt, wird das Denken religiös und hat Gewißheit, daß es von sich aus zu den Grundwahrheiten der ethischen Religion gelangt. Diese ethische Denk-Religion setzt es dann der des Spätstoizismus und Jesu gleich (identifiziert sie mit ihr).[6]

Die Bekenner des überlieferten Christentums ihrerseits werden durch die konfessionellen Streitigkeiten und das Elend, das diese für die Länder und die Christen bedeuten,[7] dazu geführt, nach dem Gemeinsamen aller Religionen zu suchen und dieses in den Vordergrund zu stellen. Und indem sie die Religion der Dogmen entkleiden und auf die einfache Lehre Jesu zurückgehen, gelangen sie zu einer ethischen Religion, die [mit] der von dem Denken aufgestellten identisch ist.

Die Initiative in dieser Vereinigung liegt auf seiten des Denkens. Erst nach und nach hört auf den Kanzeln der Kampf gegen die Vernunft auf und wird die Übereinstimmung zwischen Vernunft und Evangelium anerkannt.

Die ethische Vernunftreligion,[8] in der die Menschen des 18. Jahrhunderts den Enthusiasmus zum ethischen Wirken in der Welt finden, besteht

---

4 [R] Stoizismus [will] eine Religion schaffen, aber Polytheismus läßt [sich] nicht zu Religion umbilden. [Notiz:] Die religiöse Wertung des Stoizismus.

5 [Verzeichnis «Literatur für die ethische Arbeit», 1919:] *Colloquium heptaplomeres de rerum sublimium arcanis abditis*. [Siehe F. Überweg, *Grundriß der Geschichte der Philosophie* III, Berlin [12]1924, S. 158; A. Schweitzer bezieht sich auf den betreffenden Abschnitt dieser Seite.]

6 [Beigefügt:] Eine Religion kommt neben der Religion der Dogmen auf.

7 [R] Die Religion besinnt sich auf die fundamentalen Wahrheiten. Durch die dogmatischen Kämpfe.

8 [R] Die Ideen der ethischen Religion.

also in dem Glauben an Gott, den ethischen und gütigen Schöpfer und Erhalter der Welt, [an] die Vernunftgemäßheit der Ethik der Liebe, die Gewißheit der Unsterblichkeit und – nicht zu vergessen – [an] das Reich Gottes.[9] Die ethische Denk-Religion ist Reich-Gottes-Religion.[10] – Die lebendigste Darstellung dieser natürlichen Religion findet sich bei J. J. Rousseau und bei Shaftesbury. In seinem *Emile* legt Rousseau sie als Glaubensbekenntnis dem savoyardischen Vikar[11] in den Mund.[12]

Aber die Vereinigung von Denken und Religion ist nur möglich, weil das Denken noch unkritisch ist. Unkritisch ist es in zwiefacher Hinsicht. Es hält sich fähig, Erkenntnis von den übersinnlichen Dingen – von Gott und der Unsterblichkeit der Seele – zu haben. Ferner wirft es nicht die Frage auf, ob die Welt wirklich als das Werk eines gütigen und ethischen Schöpfers angesehen werden könne.[13]

Sobald diese beiden Fragen einmal gestellt werden, ist die Anerkennung der Religion durch das Denken gefährdet.

Und beide Fragen sind unvermeidlich. Die Frage, ob der Glaube an den ethischen und gütigen Gott wirklich vernunftgemäß sei, wird durch das große Erdbeben von Lissabon am 1. November 1755 aufgeworfen, auf Grund dessen Voltaire an seinem Gottesglauben irre wird.

Aber auch die andere Frage, ob das Denken wirklich etwas über das hinaus, was in der sinnlichen Erfahrung gegeben ist, erkennen könne, gewinnt immer mehr an Bedeutung. Hume gibt sie seiner Zeit zu bedenken.[14]

Hier nun ist wieder der Wandel im Denken Voltaires typisch. Er gesteht sich ein, daß dem sich auf sich selbst besinnenden Denken weder die Vorstellung [von] Gott[15] noch die der Unsterblichkeit feststehe. Es habe [gebe] nur noch eine sichere Erkenntnis: die der Ethik. «Ich führe», schreibt er 1737 in einem Brief an Friedrich den Großen, «so viel als möglich meine Metaphysik auf Moral zurück.»[16]

---

9 [Darüber:] Denn sie [die ethische Vernunftreligion] ist auf die Welt gerichtet. Will etwas in der Welt schaffen.

10 [Darüber:] Denn dies ist ihnen gemeinsam: Sie wollen auf die Welt wirken.

11 [R] Rousseau. Der vicaire Savoyard [in: *Emile, ou de l'education*, 1754, gedruckt Amsterdam 1762, Kap. 4].

12 [Beigefügte Bemerkung:] Diese gewaltigen Seiten kann [ich] nie lesen, ohne davon ergriffen zu sein. Ewige Wahrheit darin. Großartigste Dokumente der Religion. [R] Hier dieses Programm Rousseaus zitieren.

[Die Absicht zu zitieren, wurde nicht ausgeführt. Vgl. *Emil oder über die Erziehung*, hg. von M. Rang, übers. von E. Sckommodau, Stuttgart 1963, S. 545 ff.]

13 [Beigefügt:] Enthusiasmus. Führt es [das Denken] über alle Bedenken hinaus.

14 [Notiz:] Metaphysik: übersinnliche Erkenntnis. [R] Die Religion hat aufgehört, eine öffentliche Macht zu sein. Wie ist das gekommen?

15 [Ms.:] Gottes.

16 [*Voltaire's Correspondence*, Bd. VI., Genève 1954, S. 226 (Brief v. 15. 10. 1737).] [R] [Das] andere Denken: rational, aber gefühlsmäßig. Daß [es] Geheimnisse gebe.

Es findet schon im 18. Jahrhundert ein Rückzug des Denkens statt.[17] Zuerst behauptet es, die ethische Religion sei etwas völlig durch den Verstand Erkennbares. Dann, bei Rousseau und Shaftesbury und andern, ist die religiöse Gewißheit schon eher auf das Gefühl gegründet. Zuletzt, bei Voltaire, gibt es nur mehr eine ethische Gewißheit von den religiösen Wahrheiten. Und diese letzte Verteidigungsposition[18] bezieht nun Kant und baut sie aus. Die Philosophie Kants versteht man nur, wenn man sich klar wird, daß er die ethische Religion des Rationalismus zu retten sucht.[19]

Kant gibt zu, daß unsere empirische Erkenntnis auf die Sinnenwelt beschränkt bleibt. Ebenso fest steht ihm aber, daß es ein Übersinnliches in und hinter dem Sinnlichen gibt: nur können wir es mit unserem sinnlichen Erkenntnisvermögen nicht erkennen. Ein Wissen aber besitzen wir von dem Übersinnlichen dennoch: durch die Ethik.[20] Die Ethik, die uns gebietet, anders als die Welt zu sein, und die uns nicht erlaubt, uns durch unseren Vorteil und Nachteil bestimmen zu lassen: die Ethik, sagt er, ist eine Offenbarung der übersinnlichen Welt, der Welt des Geistigen in uns.[21] Durch die Ethik gewinnen wir nun einigen Einblick in die übersinnliche Welt. Die Ethik nötigt uns, für uns die Gewißheit zu haben, daß wir nicht etwas Vergängliches sind, sondern daß wir der unvergänglichen Welt des Geistes angehören. Also sind wir, schließt er, auf Grund der Ethik des Daseins Gottes und der Unsterblichkeit gewiß. Sie sind ethische Gewißheiten. Gott und Unsterblichkeit [sind] Forderungen (Postulate) der Ethik.

Wie er die Annahme des Daseins Gottes und der Unsterblichkeit des näheren als durch die Tatsache der Ethik gefordert begründet, sei hier nicht entwickelt. Nur so viel sei gesagt: Seine Begründung ist nicht zwingend.[22]

Kant führt also in der *Kritik der reinen Vernunft* nur aus – also im Jahre 1781! – was Voltaire im Brief an Friedrich den Großen im Jahre 1737 ausspricht: er führt die Metaphysik so viel wie möglich auf die Ethik zurück.[23]

---

17 [R] die beiden Rückzugsstellungen[:] Ethische Gewißheit, gefühlsmäßige Gewißheit. – [R] *Die ethische Begründung der Religion*: 1) rationale, verstandesmäßig wie Stoa, 2) gefühlsmäßige, 3) ethische. Tritt in der Gewißheit der Religion einen Rückzug an.

18 [Über d. Zeile:] Die beiden Gedankenstrategen.

19 [Beigefügt:] Das Denken – der Kampf um die Religion findet statt. Ahnt von Volk nichts. [D. h. wohl: Kants Argumentation ist nicht volkstümlich.]

20 [R] Kant: Die supranaturale Bedeutung der Ethik. Keine empirische Tatsache. Ein supranaturales Prinzip des Handelns.

21 [R] Auf Grund unserer Ethik stellen wir metaphysische Behauptungen auf. Das Wie ist ganz gleichgültig.

22 [Beigefügt:] Erhebt die Möglichkeit zur Wirklichkeit.

23 [R] Hier Schleiermacher. Religion Gefühl, daß sie dem Denken nicht Rechenschaft zu geben hat...

Eine andere Verteidigung der Religion versucht Friedrich Ernst Daniel Schleiermacher (1768–1834). Ich zeigte Ihnen, daß die Rückzugslinie des Denkens diese ist, daß es die Religion nicht mehr wirklich als etwas verstandesmäßig, sondern mehr als etwas gefühlsmäßig Feststehendes ansieht; und die andere Rückzugsposition ist die, daß Religion durch die Ethik zur Gewißheit wird. Die eine Position bezieht Kant, die andere Schleiermacher. Schleiermachers Standpunkt ist am klarsten in seinem Jugendwerk, den *Reden über [die] Religion an die Gebildeten unter ihren Verächtern,* [Berlin] 1799, entwickelt.[24] Auch bei Schleiermacher hat die Religion noch alles Dogmatische abgestreift. Aber es ist nicht mehr die ethische Religion des Rationalismus, die er verteidigt, wie Kant, sondern eine andere, eine mystische. Religion ist für Schleiermacher Sache des Gefühls. Sie ist das gefühls[ge]mäße Erlebnis des Eins-Seins mit dem Weltgrunde, den wir Gott nennen. Eins sein mit dem Unendlichen mitten in der Endlichkeit. Diese Religion hat sich vor dem Denken nicht zu rechtfertigen. Sie behauptet nichts, das über die Erfahrung hinausgeht. Nach Schleiermacher gehört der Glaube an eine persönliche Fortdauer nach dem Tode nicht notwendig zur Religion.[25]

Aber das Charakteristische dieser Religion ist, daß sie keine lebendige Ethik enthält. Sie ist mehr kontemplativ, eine Art von Mystik.[26] Schleiermacher rettet also die Religion. Aber die Religion, die er rettet, ist so, daß sie keine ethische Macht in dem Geistesleben der Zeit sein kann. Sie gibt keine ethischen Befehle. Sie weckt keinen Enthusiasmus. Sie durchdringt das Denken nicht, sie verträgt sich mit ihm.

Dies sind die beiden großen Versuche, die Religion noch mit dem Denken zu versöhnen.

Aber weder Kant noch Schleiermacher können aufhalten, was kommen muß, daß nämlich die Bande zwischen Religion und Denken sich lösen.[27] Die Religion hört auf, denkend, und das Denken [hört auf,] religiös zu sein. Die endgültige Trennung erfolgte in der Mitte des 19. Jahrhunderts, und zwar dadurch, daß das Denken nun ganz sich über die Grenzen der Erkenntnis klar wird. Das Denken will nur die empirische Erkenntnis zu verarbeiten haben.[28] Die Grenze zwischen Glauben und Wissen, die im 18. Jahrhundert nicht festgelegt war, wird nun festgelegt. Die Naturwissenschaften kommen auf,[29] die nur mit der Erkennung der Vorgänge in der Natur beschäftigt sind. Das Wissen hat es nicht mehr mit religiösen Fragen zu tun. Der wissenschaftliche Wirk-

---

24 [R] ... Reden ... 1799. Unsterblichkeit. Mystik genügt sich selbst.

25 [Beigefügt:] Sie [die Religion] ist kein Glaube, sondern ein Verhalten.

26 [R] Schleiermacher. Religion keine Ethik.

27 [R] Religion wird nun wieder Sache der Kirche. [Statt] Sache des Denkens und der Zivilisation.

28 [R] Das Denken will ganz wahrhaftig sein. Etwas ganz Natürliches.

29 [R] Das Denken kommt in den Bann des Wissens.

lichkeitssinn (der Wahrhaftigkeitssinn). Das Denken wird kritisch.[30] Die Behauptungen der Religion haben das Denken nicht zu beschäftigen. Man kann fast sagen, daß sich in der Mitte des 19. Jahrhunderts die Religion und das Denken leichten Herzens voneinander trennen. Das Denken ist froh, auf die Religion keine Rücksicht mehr nehmen zu brauchen. Die Religion ihrerseits ist glücklich, der Aufsicht des Denkens zu entrinnen. Sie braucht [sich] jetzt in dem, was sie als Erkenntnis des Übersinnlichen besitzt, nicht mehr vor dem kritischen Denken zu verantworten. Sie ist wieder ihr eigener Herr.

Was dieses Auseinandergehen von Denken und Religion für das geistige Leben und die Zivilisation bedeutet, macht sich damals niemand klar.

Es ereignet sich also dies: Der Strom, in dem das Denken und die Religion bisher vereinigt waren, teilt sich in zwei Arme. Werden sich diese Stromarme einmal wieder vereinigen, oder ist die Trennung eine endgültige?[31] Folgen wir nun dem Strome der Religion, um zu sehen, wie er verläuft.[32]

In diesem Strome gehen zwei Strömungen nebeneinander her: Die eine ist evangelisch, die andere kirchlich.[33] Die evangelische Religion ist etwas Allgemeines. Sie stützt sich auf die ethische Lehre Jesu. Auf die einfache ethisch-religiöse Lehre Jesu will sie unsere Religion gründen. Die kirchliche Religion hält sich an die Form, die die Religion in geschichtlicher Ausbildung erhalten hat, an die Glaubensbekenntnisse, die im Laufe der Jahrhunderte entstanden sind. Gemeinsam ist der Religion der Evangelien und der kirchlichen (konfessionellen) Religion, daß sie sich beide aus der Geschichte begründen. Diese Berufung auf die Autorität der Geschichte wird notwendig, weil sich die Religion nun nicht mehr auf das Denken berufen kann.[34] Es ergeht der Religion, von der Mitte des [19.] Jahrhunderts ab, wie dem Recht. Auch die Rechtswissenschaft kommt dazu, das Recht nicht mehr auf das Denken, sondern geschichtlich zu begründen. Wie ergeht es nun der evangelischen, undogmatischen Religion? Ihre Stellung ist ausgezeichnet, zunächst. Sie übernimmt gewissermaßen das Erbe[, den] Besitzstand der rationalisti-

---

30 [R] Vergangene Geisteskämpfe, die sich bis in die Gegenwart erstrecken.

31 [R] [Das] dogmenfreie Denken. Das dogmatische Denken. Die beiden Religionen gehen nebeneinander her. Beide auf geschichtliche Begründung. Dies der Inhalt der beiden Stunden.

32 [Eingefügte Zwischennotiz:] Hier den Plan der beiden Vorlesungen angeben. In dieser Stunde: Wie verhält sich die Religion nach der Trennung zum Denken, und welche Anstrengung macht das Denken, zu einer Religion zu kommen.

33 [R] Hier zuerst, daß sie sich nun historisch begründen muß. Die eine geht bis auf die letzten Quellen zurück: Die Religion der Evangelien [A. Ritschl]. Die andere hält sich an das geschichtliche Gewordene: Die Religion der Konfessionen. Freier gerichtet – gebunden. [E. W. Hengstenberg, Chr. Vilmer.]

34 [R] Die Leidensgeschichte der Religion.

schen Religion.[35] Sie ist die Religion der Gebildeten.[36] Sie vermeidet den Konflikt mit dem Denken. Sie beschränkt sich auf die fundamentalen Wahrheiten. Sie hat Interesse für die Zivilisation.[37] Sie will sich in der Welt betätigen, denn sie ist von dem Gedanken des Reiches Gottes beherrscht.[38] Sie ist durch und durch ethisch.[39] Sie will sich sozial betätigen.[40]

Das Dokument dieser sich auf die Lehre Jesu gründenden Religion ist Adolf Harnacks *Wesen des Christentums*,[41] das [am] Ende des 19. Jahrhunderts erscheint und einen so großen Erfolg hatte. Es entwickelt die ethischen Grundgedanken Jesu und zeigt, daß sie auch in unserer Zeit ihre Bedeutung haben und daß wir uns die Religion Jesu ganz zu eigen machen können. Mit dem Herzen geschrieben. Religion ist Herzenssache.

Aber auf das große Problem, wie uns unser kritisch gewordenes Denken erlaubt, uns die Anschauungen über das Übersinnliche, die in Jesu Religion enthalten sind, zu eigen zu machen, geht dieses Werk nicht ein.[42] Ebensowenig auf die Frage der Theodizee, wie der Glaube an den gütigen Vater im Himmel vereinbar sei mit der objektiven Weltbetrachtung. Darin zeigt sich die große Schwäche dieser Religion.[43] Sie geht nicht auf die elementaren Probleme der Religion sein. *Sie setzt sich nicht mit dem Denken auseinander, sondern verlangt nur eins: von dem Denken geduldet zu werden.* Dies ist das Kennzeichen der evangelischen Religion jener Zeit in allen Ländern.[44]

Am Ende des 19. Jahrhunderts, als Harnacks *Wesen des Christentums* erschien, war der Stern dieser evangelischen (neutestamentlichen) Religion trotz des Erfolges, den das Buch hatte, im Erbleichen begriffen. Sie verlor nämlich von ihrer Sicherheit. Die geschichtliche Begründung gestaltete sich schwieriger[45] als man gedacht hatte.

---

35 [R] [Ihr ist?] aufgegeben die Auseinandersetzung mit Geschichte.

36 [Darüber notiert:] Ist die rationalistische ethische Religion, aber nicht mehr im Denken begründet.

37 [Eingefügt:] liberale Religion.

38 [R] Sie begründet [die] theologische Wissenschaft. Zeigt die Entstehung des Dogmas. Und sucht das Ursprüngliche in der evangel. Überlieferung zu zeigen.

39 [R] Das Ethische der undogmatischen Religion.

40 [Beigefügt:] Sie besitzen [die Religion] nicht im Denken, sondern neben dem Denken; verlangen gar keine Klarheit mehr darüber. Religion ist ihnen eine Tatsache des Geisteslebens.

41 [Leipzig 1900] [R] Erwächst aus Vorlesungen, die er 1899, genau ein Jahrhundert nach Schleiermachers *Reden* ... hält.

42 [R] Aber eben etwas geschichtlich Gegebenes. Sich aneignen. Läßt sich nicht auf das Theoretische ein. Geduldet. Im Unklaren.

43 [Eingefügt:] Hat Angst vor Problemen. War eine Wohltat für die Zeit. [Hierzu R:] Also zuerst diese ganze dogmenfreie Religion entwickeln. Dann erst auf Harnack, und seine Schrift der von Schleiermacher entgegenstellen.

44 [Unter der Zeile:] Hat Angst vor Philosophie.

45 [R] ... viel schwieriger. Das Dogmatische. Religion an sich. Kann von uns so, wie sie ist, als unsere Religion, übernommen werden.

Voraussetzung der geschichtlichen Begründung dieser evangelischen Religion ist nämlich, daß das von Jesus verkündete Evangelium so gut wie zeitlos sei. Es muß etwas allgemein und rein Religiöses sein, das sich jede Zeit ohne weiteres zu eigen machen kann. Ganz undogmatische Religion der Liebe.[46]

Und tatsächlich schien dies – glücklicherweise – bei Jesus zuzutreffen. In der Bergpredigt und in den Gleichnissen Jesu scheint ein von jeder zeitlichen Bedingtheit freier religiöser Geist sich zu äußern. In Wirklichkeit ist es nicht so.[47] Je eingehender sich die geschichtliche Wissenschaft mit den Evangelien beschäftigte, desto mehr mußte sie sich davon Rechenschaft geben, daß auch das Evangelium Jesu der Liebe zeitlich bedingt ist. Jesus teilt nämlich die jüdisch-messianische Anschauungen des Judentums seiner Zeit. Er setzt sie in seiner Predigt voraus. Er entwickelt sie nicht. Und weil er sie einfach als gegeben vorausgesetzt und nicht viel davon redet, konnte man übersehen, daß sie vorhanden sind. Aber da steht hie und da ein Wort, aus dem plötzlich hervorgeht, daß Jesus diese Anschauungen kennt und sie anerkennt.

Die messianischen Erwartungen des Spätjudentums sind uns aus verschiedenen Schriften bekannt,[48] hauptsächlich aus der Apokalypse Henoch (zwischen 170–160 v. Chr.),[49] dem Psalter Salomos (der in der Zeit entstanden ist, da Pompejus in Jerusalem einzog, 63 v. Chr.), den Apokalypsen Esra und der Apokalypse Baruch, die etwa um die Zeit der Zerstörung Jerusalems durch Titus, also nach Jesu Tode, geschrieben sind.

Die spätjüdische Erwartung des Messias und des messianischen Reiches, wie wir sie aus diesen Schriften kennen, hat nun dies Eigentümliche, daß sie zugleich Erwartung des Weltendes ist. Das Reich Gottes ist nicht etwas, das auf Erden von den gläubigen Menschen gegründet wird und sich dann nach und nach ausdehnt,[50] sondern es ist etwas Übernatürliches, das Gott am Ende der Tage schickt. Es ist die überna-

---

46 [Beigefügt:] Auf die innere Erfahrung [gegründet], die dem Denken keine Rechenschaft schuldet. – [R] Warum [man sie] für undogmatisch hält. Nicht übernehmen, sondern im Denken neu entstehen [lassen?].

47 [R] Dieses Furchtbare: Der Weltanschauung aus dem Wege gehen. Nur auf das Praktische [ausgerichtet]. Eine Angst vor Wahrheit. Tritt zutage bei religiösen Bewegungen, die sehr sympathisch sind. Theoretisch Fragen[?] Dies vorher.

Schluß: 1) Die Religion [ist] des Denkens Herr geworden. Aber [sie hat] sich ihr Grab geschaufelt. 2) [Es] muß eine kraftvolle Religion sein, die sich mit dem Denken wieder auseinanderzusetzen wagt.

48 [R] Die Quellen der jüdischen Apokalyptik. [Vgl. oben *Kultur und Weltreligionen*, Kap. VI, Anm. 22 (S. 132).]

49 [Gemeint ist das äthiopische Henochbuch.]

50 [R] Das Denken muß des Wissens Herr werden. – [R] Die dogmenlose Religion sucht möglichst wenig Supranaturalistisches zu haben. [Aber Jesus denkt] supranaturalistisch und erwartet das Weltende.

türliche, vollendete, leidlose Welt, die die unvollkommene, leidvolle ablösen wird. Der Messias ist keine menschliche Persönlichkeit, sondern ein übernatürliches Wesen. Er ist der «Menschensohn», das heißt ein Wesen in Menschengestalt, das am Ende der Tage auf den Wolken des Himmels erscheint. Und die, die am Reiche Gottes teilhaben, sind keine natürlichen Menschen,[51] sondern Menschen im Auferstehungszustand, sei es, daß sie beim Anbrechen des Reiches bereits gestorben waren und nun auferstehen, sei es, daß sie noch lebten und dann die Verwandlung in die Unvergänglichkeit erlebten.

Und nun mußte die Geschichtswissenschaft aus den und jenen Stellen,[52] über die man früher hinweglas oder die man bildlich gemeint ansah, schließen, daß Jesus diese Anschauungen teilt, daß er nicht, wie man gemeint, dem jüdischen nationalen Messias[53] sich selber als geistigen Messias entgegensetzt und das Volk von seinen sinnlichen Messiaserwartungen zu den geistigen zu bekehren sucht: sondern daß er diese Anschauungen einfach anerkennt. Jesus erwartet das Weltende, und zwar erwartet er es in der nächsten Zeit.

Ich führe Ihnen einige der Worte an, aus denen hervorgeht, daß er das Weltende erwartet und die uns sinnlich vorkommenden Erwartungen des Spätjudentums teilt. Mk. 9,1 sagt er, daß unter den Anwesenden solche sind, die den Tod nicht schmecken werden, bis sie sehen das Reich Gottes in Kraft kommen. Mt. 10,23 verheißt er den Jüngern, daß der Menschensohn erscheinen würde, ehe sie mit der Verkündigung der Nähe des Reiches Gottes in Israel zu Ende wären. Als Inhalt der Predigt gibt er ihnen für die Aussendung, daß sie verkünden sollen, das Reich Gottes sei nahe herbeigekommen (Mt. 10,7). Keine andere Verkündigung. Und vor seinen Richtern zu Jerusalem stellt er auf die Frage, ob er sich für den Messias halte, in Aussicht, daß sie ihn als den Menschensohn auf den Wolken des Himmels kommen sehen werden (Mt. 26,64).[54]

Die Vorstellung Jesu ist also nicht die, daß er jetzt schon der Messias sei. Er ist derjenige, der in irdischer Existenz weiß, daß er bestimmt ist, als Messias geoffenbart zu werden, wenn das Reich Gottes anbrechen wird.[55] Und er gründet nicht das Reich Gottes und verlangt nicht von den Menschen, daß sie daran mitarbeiten, sondern er erwartet es als etwas, das am Ende der Welt kommen wird. Und die Ethik der Liebe ist nicht die Ethik, die im Reiche Gottes gilt, sondern die, durch die man sich den Zutritt zu ihm verdient.[56]

---

51 [R] (Nicht die Dogmatik der Propheten.)

52 [R] Die Stellen anführen. [Vgl. den nächsten Abschnitt.]

53 [Darüber notiert:] nationale Messiaserwartung hat es nie gegeben.

54 [R] Das Supranaturale in der Religion Jesu. Gar nicht mit unserem Denken vereinbar.

55 [R] Die Religion Jesu. Gar nicht von Messianität reden.

56 [Beigefügt:] Auch keine Metaphysik glaubte man bei Jesus zu finden.

Die Dinge liegen also so, daß wir die Predigt Jesu gar nicht einfach so übernehmen können,[57] wie sie sich in den Evangelien findet. Wir müssen sie umdeuten.[58] Wir erwarten ja das Weltende nicht mehr und auch nicht ein übernatürliches Reich. Darum bekommen die Worte Jesu eine andere Bedeutung für uns, als sie ursprünglich haben. Sie bekommen für uns die Bedeutung, daß wir an dem Kommen des Reiches der Liebe, das für uns das Reich Gottes ist, auf Erden arbeiten müssen.

Das ganze Problem, das mit der Tatsache gegeben ist, daß Jesus das Weltende und ein übernatürliches Reich Gottes erwartet, habe ich zu Beginn des Jahrhunderts in meiner *Geschichte der Leben-Jesu-Forschung* dargelegt.[59] Man nennt es das eschatologische Problem, das heißt das Problem von den Dingen der Endzeit der Welt.

Es bedeutet einen schweren Schlag für die Evangelien-Religion, daß sie in ihrer historischen Begründung solchen unerwarteten und schweren Schwierigkeiten begegnet. Ich erinnere mich noch, daß ich eines Morgens,[60] es mögen 30 Jahre her sein, mit meinem verehrten Lehrer, dem Professor der neutestamentlichen Theologie, [Heinrich Julius] Holtzmann, in Straßburg über die Frage redete und er ganz traurig sagte: Wie können wir uns denn damit abfinden, wie kann sich unsere Religion damit abfinden, daß die Predigt Jesu auf einer ganz anderen Weltanschauung beruht als die, die für unsere Religion in Betracht kommt?[61]

Der Anstoß war so groß, daß manche Theologen noch immer versuchen, die Tatsache nicht anzuerkennen, oder die Annahme vertreten, daß jene Worte, in denen Jesus sich zu der Erwartung des baldigen Weltendes bekennt, nicht von ihm gesprochen sind, sondern ihm von jüdischen Christen, die noch in jüdischen Erwartungen lebten, beigelegt worden seien.[62]

Aber die Ehrfurcht vor der Wahrheit[63] – und auch die historische Wahrheit hat Anspruch auf Ehrfurcht – gebietet, daß wir die Dinge nehmen, wie sie sind, und die Schwierigkeiten, so schmerzlich sie für uns sind, anerkennen.[64]

Und einen tieferen Sinn hat es, daß wir die Lehre Jesu nicht einfach

---

57 [R] In dem Sinne, in dem er sie meinte.

58 [R] Also umdeuten. Der Bau [bleibt] derselbe, nur in anderen Gedanken. Material ausgeführt. Unterscheidung von Wesen und Form. Sie [die Worte Jesu] aus dem Supranaturalistischen in das Nicht-Supranaturalistische deuten.

59 [Tübingen [1]1906, [2]1913.]

60 [Ms.:] Ich erinnere mich noch eines Morgens, ... daß ich mit ...

61 [Beigefügt:] Hier: nicht alle Laien haben sich mit dem Problem abzugeben. Sondern aus dem Geiste Jesu [muß man?] die Worte auslegen.

62 [R] Der Versuch: jene Worte sind nicht historisch.

63 [R] Religion verlangt tiefsten Wahrhaftigkeitssinn.

64 [R] *Warum keine Offensive des Christentums?* Dies erklärt.

übernehmen können.[65] *Die Wahrheit kann nicht einfach übernommen werden, sondern sie muß in*[66] *Denken neu geboren werden und neu zum Leben gelangen.* Jesus hat seine ewige Religion der Liebe in eine Weltanschauung hineingestellt, die nicht mehr die unsere sein kann. In seinem Geiste handeln wir, wenn wir sie aus jener in die unsere hineinstellen und zur Wahrheit werden lassen. Auf den Geist Jesu haben wir unsere Religion zu gründen. Aber daß wir sie nicht einfach historisch auf die Predigt Jesu gründen können, hat die Religion der Evangelien gehemmt und unsicher gemacht.

Und weiter beginnt sie an Einfluß dadurch einzubüßen, daß der Geist der Zeit gar nicht mehr den Sinn für das Einfache hat. Und das Einfache macht ihre[67] Größe aus. Auch nicht [Sinn] für das Freisinnige, sondern für das Gebundene. Darum mehr Hinneigung für die konfessionell gebundene Form der Religion. Die selbstbewußte Religion, die ihre Freiheit von dem Denken zum Prinzip erhebt. Sie will das Dogma. Eigenwilligkeit der Zeit. Einen tiefen Eindruck machte mir meine letzte Begegnung mit Harnack, der sein ganzes Leben eben auf die Begründung der dogmenfreien Religion[68] verwandt hatte, im Jahre 1929, wenige Monate vor seinem Tode. «Ich bin in meiner Zeit ein Fremder geworden, und meine Zeit ist mir fremd geworden», sagt er mir.[69]

Die andere Religiosität[70] begründet sich also historisch aus den geschichtlich gewordenen Bekenntnissen. Die Hochschätzung des geschichtlich Gegebenen [ist] eine Reaktion gegen die ausschließliche Geltung des im Denken Begründeten. Eine Reaktion auf allen Gebieten, auf dem der Literatur so gut wie auf dem der Kunst. Wir bezeichnen sie als Romantik. Dies[71] [liegt] also in der Richtung des Wirklichkeitsgeistes ([ist] eine Äußerung des Wirklichkeitsgeistes).

Dem Wirklichkeitsgeist entspricht auch, daß diese Religiosität einen Rückhalt an einer Organisation, der Kirche, hat.[72] Sie empfängt Macht

---

65 [R] Im Denken sich begründen – in der Geschichte sich begründen. Beides [ist] schwer. Unsicherheit. Und noch eins: Harnack: ich bin meiner Zeit ein Fremder geworden. Zu einfach, zu unproblematisch. [Vgl. die Zitatvariante im nächsten Haupttextabschnitt: «*in* meiner Zeit» . . .]

66 [im?]

67 [d. h. der Religion Jesu.]

68 [Gestrichen:] des dogmenfreien Evangeliums.

69 [Hier folgen einige skizzenhafte Sätze:] (Ein gewisser Trotz gegen das Denken. Das Tiefe liegt jenseits des Denkens, in Spannung mit ihm. Religion [ist] nicht angenommene Lehre, sondern ein Erlebnis. Das Irrationale [gehört] zum Wesen der Religion. Genau wie eine Entwicklung der Menschheit, die nicht auf dem Wege der bisherigen Kultur.) Hinter diesem Trotz verbirgt sich eine gewisse Ratlosigkeit.

70 [R] Die dogmatische Religion.

71 [Über der Zeile:] Dies ein geistiger Gegensatz im 19. Jahrhundert.

72 [R] Rückhalt an [der] Kirche. Sichtbar repräsentiert. Sich einer Autorität unterwerfen.

aus der Gemeinschaft. Dies [ist] zugleich aber eine Veräußerlichung.[73] [Diese Religiosität] sucht noch eine andere[74] Autorität als die, die die Wahrheit selbst in sich trägt. Aber auch darin entspricht [sie] dem Geiste der Zeit. Ist das Denken nicht mehr, wie im 18. Jahrhundert, die Autorität der Autoritäten, dann werden eben äußere Autoritäten nötig. So entwickelt sich das Autoritätsbedürfnis,[75] dessen höchste Steigerung wir heute erleben, wo es ganze Völker ergreift, daß sie sich irgend etwas, das mit Autoritätsanspruch auftritt, unterwerfen. Dies alles geht darauf zurück, daß eben nicht mehr das Denken herrscht. Da werden die Autoritäten zweiter Ordnung notwendig, im geistigen Leben wie im öffentlichen.

Das Kennzeichnende der dogmatischen Religion ist also,[76] daß sie gar keine Versöhnung mit dem Denken sucht,[77] sondern ihre völlige Unabhängigkeit von ihm behauptet. Damit ist natürlich gegeben, daß sie im Geistesleben der Zeit keine Macht werden kann.[78] Denn was in der Zeit noch von wirklichem geistigem Leben vorhanden ist, geht doch auf Denken zurück.[79] Sie [die dogmatische Religion] geht auf die Zeit zurück, wo die Religion und das Denken noch nicht in Beziehung miteinander standen. Darum auch [hat das] Christentum die Welt nicht reformiert. Es war etwas neben der Welt.[80]

Aber noch aus einem anderen Grunde kann das dogmatische Christentum keine Macht im Geistesleben und der Kultur werden. Es kann ihr keine Ideale gebieten, denn es ist nicht auf die Welt gerichtet, sondern von ihr abgewandt. Es ist nämlich durch den Gedanken der Erlösung, nicht durch die ethische Idee des Reiches Gottes beherrscht.[81] Die christliche Kirche, wie sie sich historisch ausgebildet hat, ist eine Gemeinschaft der nach ihrer Erlösung Strebenden, nicht eine Gemein-

73 [Über der Zeile:] Im Wirklichkeitsgeiste behauptete sich [die] Kirche gegen die Gnosis. Die Gnosis würdigen. Aber sie konnte nicht befriedigen, weil Welt- und Lebensverneinung.

74 [Darüber eingefügt:] sichtbar gegebene.

75 [R] Das Autoritätsbedürfnis. Keine Prüfung der Autorität mehr. Ein Bedürfnis des Sich-Unterwerfens.

76 [Über der Zeile:] Sie versucht, als mit dem Denken in Übereinstimmung anerkannt zu werden.

77 [R] [Hat] keine Beziehung zum Denken. Es kann sie suchen. Aber es wird ihr schwer.

78 [R] Dieses [ist] das Merkwürdige der Geschichte des Christentums: [hat] die Welt nicht reformiert, sondern war in der Welt.

79 [Über der Zeile:] Der Geist einer vergangenen Zeit in der dogmatischen Religion.

80 [R] Wie weit Hegel und Karl Barth auseinander. Aber in gewisser Weise hat Karl Barth [mit Hegel die Denkmethode gemein (vgl. S. 252)] (er wird es mir nicht übelnehmen). – [R] *Erlösungs-Religion – Reich-Gottes-Religion.*

81 [R] Frömmigkeitsbewegungen. Mit undogmatischem Christentum. Zuletzt bei Verzicht aufs Denken [kam man] auf die nationale Religion. – [R] (Erst im 18. Jhdt. wurde wirklich eine christliche Kultur geschaffen.)

schaft von solchen, die das Reich Gottes in der Welt zu verwirklichen sich vornehmen.[82] Indem ich diesen Satz ausspreche, muß ich ihn gleich begrenzen und hinzufügen: Sie erhebt den Anspruch auf beides. Aber sie kann nicht wirklich beides sein.

Ich versuche, Ihnen dies in Kürze zu erklären. In der Predigt Jesu und in dem ursprünglichen Christentum[83] sind der Erlösungs-Gedanke und der Reich-Gottes-Gedanke miteinander vereinigt.[84] Die Erlösung, die Jesus verkündet, besteht darin, daß das Reich Gottes anbricht und der Mensch in das Reich Gottes eingeht.[85] Aber die Idee des Reiches Gottes ist mit der Erwartung des Weltendes verbunden.[86] Die Hoffnung des Weltendes muß aber mit der Zeit, wo das Weltende nicht eintritt, aufgegeben werden, und damit verliert auch der Gedanke des Reiches Gottes seine Bedeutung in der christlichen Religion.[87] Dies erhellt daraus, daß in den Glaubensbekenntnissen der alten Kirche, die doch das Hauptsächlichste des Glaubens zusammenfassen wollen, das Wort «Reich Gottes» nicht vorkommt, ebensowenig als darin das Christentum als die ethische Religion der Liebe charakterisiert wird.[88] Eigentlich hätte die christliche Lehre, als das Weltende und das Reich Gottes ausblieb[en],[89] zur Folgerung kommen sollen, das Reich Gottes sei etwas, das auf Erden zu verwirklichen sei.[90] Aber dies wagt erst die Neuzeit, diese große Änderung.[91] Noch bei Augustin (354–430), in seiner berühmten Schrift vom Reiche Gottes (*De civitate Dei*), ist das Reich Gottes eine überweltliche Größe, keine sich auf Erden verwirklichende.[92] Also ist in dem antiken und mittelalterlichen Christentum der Gedanke der Erlösung etwas für sich geworden.[93] Und die Religion beschäftigt sich nur mit dem Individuum und seiner Erlösung, nicht mit

---

82 [R] Später um Verzeihung bitten, daß ich in dieser kurzen Skizzierung manches ungenau sage.

83 [Über der Zeile:] Es hängt damit zusammen, daß [das] Christentum in Weltenderwartung entstanden ist.

84 [R] Historische Begründung des Unterschieds von Erlösungsreligion und Reich-Gottes-Religion.

85 [R] ist im Leben mit Gott versöhnt.

86 [R] Jesu Predigt nicht so: Die Erlösung ist gebracht (so müßte es nach dem dogmatischen Christentum heißen), sondern das Reich Gottes ist nahe herbeigekommen. Es enthält die Erlösung.

87 [Über der Zeile:] Der Gedanke der Erlösung jetzt selbständig, anders orientiert.

88 [R] Diese Glaubensbekenntnisse also ganz unvollständig.

89 [Über der Zeile:] (Weit hinausgerückte Erwartung ist etwas ganz anderes als eine unmittelbare.) – [R] Reich Gottes Gegenstand der Erwartung.

90 [Eingefügt:] Aber bis dahin ist ein weiter Weg! Erfordert eine Tat des Denkens.

91 [R] Langsam und mit großen Schritten[!].

92 [R] Schließen mit dem Bild vom Sauerteig [s. S. 253].

93 [R] Reich Gottes nur noch im Vaterunser, diesem authentischen Glaubensbekenntnis in Gebetsform. In diesem auch das Ethische. Die Erlangung der Sündenvergebung von der Vergebung, die er [der Betende] gibt, abhängig gemacht.

der Zukunft der Menschheit. Die Erlösung besteht darin, daß der Mensch Sündenvergebung und ewiges Leben erlangt. Die Religion ist von der Welt abgewandt. Sie hat kein Interesse[94] für die Zukunft der Welt. Weil nun das christliche Dogma, das alte wie das reformatorische, eigentlich nur mit der Erlösung des Menschen, aber nicht auch mit dem Reich Gottes beschäftigt ist, fehlt auch der Gedanke des Reiches Gottes in der Religion, die sich auf sie[95] beruft. [Das Reich Gottes] ist in Worten da, aber nicht in Wirklichkeit.[96] *Sie ist Erlösungs-Religion, nicht Reich-Gottes-Religion.* Es macht sich also eine gewisse Verengerung geltend. *Sie enthält keine in der Welt zu verwirklichenden Allgemein-Ideale.*[97]

Natürlich versucht die dogmatische Religion in der Neuzeit auch, mehr ethische Reich-Gottes-Religion zu sein. Aber sie kann nicht dem Dogma einen andern Mittelpunkt geben.[98] Sie behält etwas Weltabgewandtes.

Interessant ist, daß auch in der indischen Religion sich eine von dem Problem der Erlösung beherrschte Religion ausbildet.[99] Die indische Religion ist Mystik: Religion des Erlebnisses des Eins-Seins mit Gott. Zugleich enthält sie, schon in den Upanishad's, die Idee der Wiedergeburt.[100] Und nun tritt bei Buddha und in andern Lehren die Wiedergeburtslehre ganz in den Vordergrund und beherrscht die Religion. Die Religion wird von der Frage. «Wie erlangt der Mensch Erlösung von der Wiedergeburt» beherrscht, und die Mystik des Einswerdens mit Gott [spielt] bei Buddha keine Rolle. Aber später erlangt dann die Mystik des Eins-Werdens mit Gott wieder ihre Bedeutung. Also Religion der Mystik des Einswerdens mit Gott und Religion der Erlösung von der Wiedergeburt. Miteinander in den Upanishad's vereint.

Das Dogma kann seinen Charakter nicht ändern.[101] Es stammt *aus der Zeit, die die Offenbarung dem natürlichen Denken entgegensetzte* (oder über es erhob) und wo das Reich Gottes noch nicht die Bedeutung hatte, die es in der ethischen Religion hat. Das dogmatische Christentum ist nicht ethische Religion (so viel Ethisches es auch enthält) und will [es] nicht sein. Und darum kann es nicht mit dem Denken Verbindung eingehen oder eine Macht werden. *Es steht neben dem Denken.* Dies [ist] das Unheimliche.

---

94 [Darüber eingefügt:] so tief sie ist, ...

95 [auf die Erlösung.]

96 [Dieser Satz ist nachträglich eingefügt.]

97 [Beigefügt:] (Hier Berührungspunkt mit Buddha.) Der Erlösungsgedanke muß dem Reich-Gottes-Gedanken untergeordnet sein.

98 [Darüber notiert:] (Ein Kreis kann nicht zwei Mittelpunkte haben.)

99 [R] Indische Religion. Mystik – Erlösungsreligion.

100 [R] Beide Religionen gehen schon in den Upanishad's nebeneinander einher.

101 [R] Jetzt Rückkehr zu [dem] ursprünglichen Christentum. Sehr schwer. Reformation. Nicht zu Ende gekommen. *Die Reichs-Gottes-Idee als Aufgabe.* Eine geistige Tat.

[Skizzierter Einschub:][102]

Vorher entwickeln: Die Umgestaltung des Christentums. Die Entwicklung des Christentums [ist] nur zu verstehen, wenn man die Entwicklung des Reich-Gottes-Gedankens in ihm begreift. Erst nach langem Versuchen und Tasten[103] wagt [das Christentum] diesen Gedanken, den Gedanken des Reiches Gottes, umzubilden und zu sagen, das Reich Gottes ist die durch das Gebot der Liebe und das Arbeiten in Liebe umgewandelte Menschheit. Die Bitte «Dein Reich komme»[104] [muß man] in einem neuen Sinne beten:[105] «Lege denen Segen auf die Arbeit, die wir für dein Reich tun.»[106] Aber das ist eine notwendige Evolution. Sobald man die Erwartung des Weltendes und die damit gegebene Vorstellung des Reiches Gottes aufgibt, gibt es *keine andere Möglichkeit, die Idee des Reiches Gottes wieder in den Mittelpunkt des Christentums zu stellen.*[107] Es ist eine Modernisierung ([das] Andere [war] auch nicht ursprünglich),[108] aber *zugleich eine Rückkehr zum Ursprünglichen.* Die Religion Jesu und die ganze ethische Energie muß in unsere Zeit hineingestellt werden. Ungeschichtlich[109] ... Es gibt keine Berufung auf Geschichte (jede Berufung auf Geschichte ist etwas Relatives), sondern das Leben erhebt sich über die Geschichte. Nie [ist] eine Zukunft ganz in einer Vergangenheit enthalten. Die Vergangenheit ist das Samenkorn, aus dem das, was in dem Samenkorn angelegt ist, herauswächst. Ein harmonisches Verhältnis: Abhängigkeit und Freiheit zugleich. Dies [ist] das Lebendige! (Das Geheimnis, daß die Samenzellen entstehen.)

Die Reformation [war] ein Anfang der Rückkehr zum Evangelischen Christentum. Sie blieb etwas Unvollendetes. Immer neue Bewegungen [gingen] aus ihr hervor. Luther und Calvin [waren] nur ein Anfang. Das

---

102 [Über dem Abschnitt überschriftartig eingefügte Zeile:] Einwirkung des Christentums Jesu auf [die] dogmatische Religion.

103 [R] Christentum gehemmt.

104 [R] Vaterunser.

105 [Über der Zeile:] (Daß man so weit zurückgreifen muß, um zu verstehen, was in unserer Zeit vorgeht.) – [R] Zeigen[:] die sukzessive Entstehung des Dogmas. Ursprüngliches Christentum und das spätere auseinanderhalten. Harnack in seiner großen Dogmengeschichte [*Lehrbuch der Dogmengeschichte*, 3 Bde., Freiburg i. B. 1885–1890, Tübingen [5]1931 f.]. Der Beginn des Dogmas über Jesus bei Paulus. Die Religion Jesu und die Religion von Jesus. Am Anfang undogmatische reine Religion der Liebe. Harnack modernisiert das Christentum.

106 [Darüber (Fortsetzung):] (Laß dein Reich in dieser Welt entstehen, nicht mache dieser Welt ein Ende, und laß dein Reich anbrechen.)

107 [Über der Zeile:] (Aber dazu gehört Ignorierung des Historischen wie im 18. Jhdt.)

108 [Diese Bemerkung in () über d. Zeile beigefügt.]

109 [R] Die Idee des Reiches Gottes verschwindet aus dem Christentum (Augustin) und kehrt dann in es zurück (18. Jhdt.). Die Sonnenfinsternis der Idee des Reiches Gottes im Christentum.

Ende: Die Rückkehr vom Dogma zur Religion Jesu.[110] [Wird] die Religion des Reiches Gottes von uns in unserer Weltanschauung angeeignet,[111] aus der Weltanschauung der Weltenderwartung in die der Weltbejahung hineingestellt, so [ist sie] zu neuem Leben in ihr geworden. (Dies also der große Einschub.)

Aber in dem dogmatischen Christentum[112] [sind] nicht nur Tendenzen, das Ethische und Weltzugewandte am Christentum stärker zu betonen und die Weltabgewandtheit aufzugeben.[113] Sondern [es gibt] auch die entgegengesetzte [Tendenz], sie [die Weltabgewandtheit] zu betonen. Es gibt eine Richtung, die das Christentum von allem Denken und von der Welt loszureißen bestrebt ist, und diese Richtung entspricht dem Geiste der Zeit, denn sie findet großen Anklang. Ich rede von der Religion Karl Barths, Emil Brunners und anderer.[114] Hier wird zunächst die Grenze zwischen Religion und Denken viel schärfer festgelegt als im Mittelalter. Das Denken, sagt Karl Barth, hat die Voraussetzungen der Religion gar nicht zu prüfen.[115] Die Religion ist von vornherein dies und das, was feststeht. [Ihre Aussagen sind] an[zu]erkennen. Dies [gehört] zum Wesen der Religion.[116] Zweitens[: Die Religion hat es] nur mit der Erlösung des Einzelnen [zu tun]. Bei Barth [steht die] Religion in einer Auseinandersetzung des Menschen mit Gott. Der Mensch [kann] das Göttliche nicht verstehen,[117] sondern [er] muß sich erst selber ganz aufgeben und sich ihm unterwerfen. Dialektik: Auseinandersetzung, Gespräch (τέχνη διαλεκτική = Kunst der Unterredung). Diese Kunst [ist bestrebt,] alles auf absolute Antithesen hinauszuführen. *Argumentieren mit Entgegensetzung von absoluten Antithesen.*[118] *Antithese ist Gott – Mensch.* Gott [ist] das Gute – der Mensch das radikal Böse. – Ich [war] immer erstaunt, daß Barth seine Theologie mit dem heidnischen Worte «Dialektik» in Zusammenhang bringen konnte. Denn weder der Name Dialektik noch die Sache findet sich in der Bergpredigt. Aber

---

110 [R] Die modern verstandene Religion Jesu, in der Jesus nicht so im Mittelpunkt steht, sondern als Verkündiger des Reiches Gottes.

111 [Darunter notiert:] Dies nicht in [der] dogmatischen Religion.

112 [Darüber:] Religion. – [R] Also die dogmatische Religion [hat] eine große Schwierigkeit, mit Denken in Beziehung zu treten; [sie muß] gegen ihre Natur handeln.

113 [R] Aber [es gibt eine] dogmatische Religion, die dies gar nicht versucht.

114 [R] Karl Barth, Emil Brunner. Weltabgewandtheit der Religion zum Prinzip [erhoben].

115 [R] Das Unharmonische ... [Vgl. S. 252 (Ms.-S. 56).]

116 [Hier eingefügt:] Karl Barths Römerbriefkommentar [München ^{2}1922]. Er legt seine Gedanken dem Apostel Paulus bei. Statt sie selber zu entwickeln. – [R] Gegen Mystik [Vgl. S. den nächsten Abschnitt (Ms.-S. 55).].

117 [Darüber die Notiz:] (Ein ganz äußerlicher Begriff von Offenbarung.)

118 [R] Die Antithesen sind nicht in den Dingen, sondern werden zu ihnen hinzugedacht. In der Wirklichkeit sind die Dinge nebeneinander. *Alles Denken in Antithesen [führt] zu einer Vergewaltigung der Wirklichkeit.* Dies schon in den Dialogen, die Plato von Sokrates berichtet.

dialektisch mit Antithesen arbeitend ... ist die Philosophie Hegels. Barth hat mit Hegel die Methode des Denkens gemein.[119]

Alle Mystik ist Barth und Brunner, den modernen Kirchenvätern, ein Greuel. Schleiermacher [ist] ihnen verhaßt. Religion [hat für sie] nichts mit Mystik zu tun.[120]

[Nach ihnen ist die Religion] auch ganz weltabgewandt.[121] Religion [hat] nichts mit Kultur zu tun. Dies alles ist irdisch. (Kultur-Protestantismus [ist] eine verächtliche Bezeichnung der ethischen Reich-Gottes-Religion.) [Der] Kirche [kommt] keine soziale Tätigkeit [zu]. [Sie] verkündet nur die offenbarte Wahrheit. [Der] Pfarrer [soll] nur dies eine [tun]. Alle Werke: Pharisäismus. Sogar die Frage konnte aufkommen, ob Missionstätigkeit und Liebestätigkeit der Kirche zufalle. Aber Barth mußte es nun erfahren, wohin es führt, wenn man die Welt sich selber überläßt, daß dies nicht durchführbar ist.[122] Er hat die Freiheit der Religion dem Staate gegenüber verteidigen müssen und [hat] es mit bewundernswerter Tapferkeit getan.[123]

Daß auch in dieser weltabgewandten und das Denken verneinenden Religion lebendige Frömmigkeit ist, muß jeder, der sie kennt, zugeben.[124] Barth [ist] eine bedeutende religiöse Persönlichkeit. Dies tritt in seinen Predigten zutage ... Aber eine Macht in dem Geistesleben unserer Zeit[125] kann diese Religion nicht werden. Sie will es auch nicht. [Sie ist] auch schon zu wenig ethisch.[126] Der Gedanke des Reiches Gottes spielt in ihr keine Rolle.[127] Modern ist diese Religion, weil sie den Zug zum Unharmonischen[128] und Gewalttätigen in sich hat, [der] zum Wesen des Modernen gehört.[129] [Es] gehört [zu diesem Wesen] das Wohlgefallen an den Dissonanzen ... an den Dissonanzen der Töne, der Linien

---

119 [R] Dialektik. Hegel. – [R] Und jetzt für den Rest dieser Stunde bewegen wir uns im Garten der Theologie. Nur auf den Hauptwegen gehen.

120 [Beigefügt:] (Daß das Menschliche in natürlicher Weise an dem Göttlichen teil hat.)

121 [R] Die Weltabgewandtheit der Religion.

122 [R] Die Welt hat ihn gezwungen, sich mit ihr abzugeben.

123 [Beigefügt:] ([Er] erhebt die Schwächen der dogmatischen Religion zur Theorie.) Das Charakteristische der Religion Barths ist, daß man nicht mit ihm diskutieren kann. – [R] Die Bergpredigt.

124 [R] Etwas von Theologie zu wissen, gehört auch zur Religion. – [R] Daß lebendige Religion in dieser dogmatischen Religion ist.

125 [Über der Zeile:] Was muß die Religion, die im Geist der Zeit ist, sein? 1) im Denken, 2) ethische Ideale in diese Welt [bringen].

126 [R] Das Modernisierte. Luther (Bach), Barth (Strawinski).

127 [Beigefügt:] (Sie neben die Bergpredigt stellen – Offenbarung, die in dieser ist ... die erträgt [die Theologie Barths] nicht.)

128 [R] Die Abneigung gegen das Einfache und Harmonische.

129 [Darunter (eingeschobene Zeile):] die Abneigung gegen das Einfache. [Das] Einfache [wird] mit Nicht-Tief identifiziert und das Komplizierte mit Tief – [R] Die Religion steht neben dem Denken der Zeit.

und Gedanken. Modernisiertes Altes. (Die Tendenz zum Unnatürlichen – zum Natürlichen.)[130] Dies ist das Tragische.

Schluß:[131] Sauerteig, den ein Weib nahm und mengte ihn unter das Mehl, bis daß es ganz durchsäuert war. [Mt 13,33.] [Der] Sauerteig wirkt nicht, weil nicht an den Teig getan ... Aber sie [die Religion] hat nicht die Kraft dazu. Die dogmatisch[e Religion?] nahm [?] es ihnen [?] [. . .] Letzter Satz: Wie [das] Denken den recht langen[132] Weg zur Religion sucht, nächste Stunde.

In der nächsten Stunde also: Was hat das Denken getan, um zur Religion zu gelangen? Die Religion [hat] den Weg zum Denken nicht gefunden.[133]

---

130 [Beigefügt:] So Nietzsche im modernen Denken.

131 [Dieser Abschnitt ist Randnotiz, nur das Zitat Mt. 13,33 ist über eine Haupttextzeile geschrieben.]

132 [«recht» (oder «nicht»?) langen» ist im Manuskript sehr undeutlich.]

133 [Der Schrift nach (nicht der Placierung nach) könnte dieser Satz auch als dem obigen «letzten Satz» beigefügt gelten.]

III. Vorlesung[1]

Ich rekapituliere. In der Mitte des 19. Jahrhunderts löst sich die Verbindung zwischen Religion und Denken, wie sie im 18. Jahrhundert bestanden hatte. Kant und Schleiermacher versuchten sie noch aufrecht zu erhalten. Aber durch die Naturwissenschaften kommt eine neue Denkart auf. Die Trennung von Glauben und Wissen wird vollzogen. Aber können die Religion und das Denken voneinander lassen? Ist diese Trennung durchzuführen?[2]

Löst sich die Religion vom Denken, so muß sie sich auf Geschichte gründen. Dies [ist] die Schwäche. Die Religion setzt sich nicht mehr mit dem Denken auseinander. Auch wenn sie in guter Beziehung zu ihm stehen will.

In der Religion sind nun zwei Bewegungen: [1.] Die undogmatische, die sich auf die dogmenlose ethische Religion Jesu gründet. Diese [ist] dem Denken zugewandt. Aber die Schwäche: daß sie sich nicht einfach geschichtlich begründen kann. Jesu Religion [ist] durch die Weltenderwartung bestimmt. Das Reich Gottes ist ein Gegenstand der Erwartung. Wir denken sie [Jesu Religion] aus der Ethik um, indem wir sie uns aneignen. [Daraus ergibt sich] eine andere Auffassung des Reiches Gottes. Wir müssen sie uns im Geiste aneignen und mit unserem Denken in Übereinstimmung bringen.[3]

Aber [2.] die dogmatische Religion ist die stärkere Tendenz. Diese Religion bewegt sich vom Denken fort. [Sie] hat auch nicht die Eigenschaften einer Religion, die im Denken zur Macht kommen kann.[4] Sie ist, den Glaubensbekenntnissen entsprechend, auf die sie sich stützt, zu sehr Erlösungsreligion. Die Beziehung zur Welt ist nicht in ihr, weil ihr die Idee des Reiches Gottes fehlt. Ich zeigte Ihnen, wie die ganze Geschichte des Christentums nur verständlich wird, wenn man sie unter dem Gesichtspunkt der Stellung, die die Idee des Reiches Gottes in ihr einnimmt[, betrachtet]. Die Religion Jesu ist ethische Reich-Gottes-Religion. Weil die Idee des Reiches Gottes an die Erwartung des Weltendes gebunden ist, hört sie auf, eine Bedeutung zu haben, mit dem

1 [Bezeichnet als:] Text.

2 [R] Am Schluß: Die Schwierigkeit für die überlieferte Religion, sich auf das Denken einzulassen!

3 [Darunter die Notiz:] Erstens [ist die] geschichtliche Begründung nichts an sich, sondern immer innerliche Erkenntnis.

4 [R] Die Frage, ob mit lebendiger Religion der Liebe in Beziehung! Nur diese kann eine Macht werden im Denken.

Zurücktreten der Weltenderwartung. Es ereignet sich [so etwas] wie eine Sonnenfinsternis der Idee des Reiches Gottes. Daraus erklärt sich die Weltabgewandtheit der dogmatischen Religion. Sie kann sie zu mildern suchen, aber sie besteht dennoch. Und in der heutigen dogmatischen Religion tritt die Tendenz, sich vom Denken zu entfernen, sehr stark hervor. An der Religion von Barth und dem Erfolg, den sie hat, erweist sich dies.

Man kann also sagen: Nach der Trennung überwiegt bei der überlieferten christlichen Religion immer mehr das Bestreben, sich vom Denken frei zu machen.[5] Wie steht es nun mit dem Denken? Hat dieses eine Tendenz auf die Religion zu oder von ihr weg? Hier ereignet sich das andere. Die Tendenz, zu einer Religion zu gelangen, wird immer stärker. Also die Bemühungen des Denkens, von sich aus zu etwas zu gelangen, das Religion ist (das den Wert und die Bedeutung einer Religion hat), habe ich nun darzulegen.

Aber zuerst wollen wir einen Augenblick innehalten und uns orientieren. Versuchen wir, uns einmal ganz allgemein eine solche Denk-Religion vorzustellen. Wie sieht sie ungefähr aus? Welche Bedingungen muß sie erfüllen? Welche Fragen hat sie zu beantworten? Wie antwortet sie auf die letzten Fragen, die die Welt und mein Leben betreffen? Diese Ur-Fragen sind nach Kant: Was kann ich wissen? Was soll ich tun? Was darf ich hoffen? Aber diese Fragen sind zu äußerlich. Sie sind nach der[6] historische[n] Religion des Christentums kopiert. Lieber wollen wir Kant diesmal beiseite lassen und direkt auf die Frage der allgemeinen Religion eingehen. Das Problem der Religion liegt tiefer als es Kant gesehen.

Welches ist das eigentliche geistige Bedürfnis, auf das die Religion eine Lösung zu geben hat?

Religion hat es mit meinem Verhältnis zum Sein zu tun, mit dem Geheimnis des Lebens. Ich lebe in der Welt. Ich bin eins mit ihr, wie der Wassertropfen mit dem Flusse. Ich gehöre der Welt in natürlicher Weise an. Ich könnte nun einfach sein wie der Wassertropfen, der in dem Strome dahinfließt, [könnte] mein Leben in dem Leben der Welt dahinfließen lassen, tun, was mir Genuß bringt, lassen, was mir Leid bringt, bis es ein Ende nimmt. Also einfach für mich sein. Aber dies kann ich

5 [R] Die Religion der Liebe dem Geiste nach.

6 [Ms.:] auf die. [Die ins Ms. eingetragene englische Übersetzung des Satzes lautet:] «copied *from* the historic religion of Christianity [also: «aus dem Christentum übernommen»]. – [R] ... Emanzipieren wir uns von Kant. Religion [ist, gibt] nicht Antwort auf diese Fragen. Das Wesentliche der Religion. Abstrakt. Kotemplativ. Ethisch. Reich Gottes. Also das Ziel gesehen. Religion soll nicht [die] Welt dolten[? deuten?]. Dies [...] Eins-Werden durch ein Erkennen? *Die Frömmigkeit.* [Kants Fragen: *Kritik der reinen Vernunft*, «Transzendentale Methodenlehre», 2. Hauptstück, 2. Abschnitt, und Einleitung zu den *Vorlesungen über Logik.*]

nicht, so ein Ding sein. Vegetieren. Sondern ich will mein Leben erleben. Ich will in diesem Flusse schwimmen.[7] Ich bin etwas Lebendiges. Nicht nur ein Stück Welt. Ich bin Geist. Ich will den Sinn meines Lebens verstehen in der Welt. Ich muß es. Aus zwei Gründen: 1) Wie habe ich die Kraft, alles Leiden, das mir das Leben bringt, zu ertragen, ohne daran geistig zugrunde zu gehen? 2) Wie finde ich die Freudigkeit zum Wirken? Ich bin ja kein Ding. Das Leben ist Tun. Wie verstehe ich mein Tun? Ich stelle Ihnen Definitionen der Religion, die sich ergänzen, nebeneinander. Religion ist, meinem Leben einen Sinn geben in dem Dasein der Welt.[8] Religion ist Ringen mit dem Problem des Seins, meines Seins und des Seins der Welt, Religion ist, daß ich mich der Welt, der ich in natürlicher Weise angehöre, auch in geistiger Weise hingebe, geistiges Einswerden mit dem unendlichen Sein. Religion ist, daß mein Geist eins werde mit dem Weltgeiste und ich darin die Kraft zum Erdulden und die Freudigkeit zum Wirken finde.[9]

Alles Denken, in dem sich der Mensch in dieser Weise mit sich selbst und der Welt beschäftigt, ist *fromm*. Alles wahre Denken ist fromm. Sobald er aufhört, mit solchem Denken beschäftigt zu sein, sobald er den Willen und die Kraft dazu nicht mehr aufbringt, ist er unfromm. Skeptizismus ist unfromm. Mit dem Skeptizismus entweicht das Leben aus dem Menschen.[10] Er treibt wie ein Leichnam im Strome des Daseins dahin.[11]

Bemerken Sie: Geht man so auf das eigentliche Wesen der Religion aus, so bemerkt man, daß sie Mystik ist, *aus dem Denken kommende Mystik.*

Wie aber nun gelangt der Mensch zu diesem geistigen Einsseins mit dem Weltgeiste? Er meint: dadurch, daß ich die richtige Erkenntnis von der Welt habe. Ist aber eine solche Erkenntnis möglich? Erst das kritische Denken gesteht sich ein, daß dies nicht der Fall ist. Und wie sträubt es sich dagegen. Aber das noch nicht-kritische Denken schafft sich eine Welt-Erklärung, durch die der Menschengeist den Weltgeist versteht und mit ihm eins wird. Und diese ethische Welt-Erklärung vermag er [der Mensch] als Welt-Erkenntnis anzusehen, und darin [kann er] sei-

---

7 [R] Ein selbständig gewordenes Leben. Und doch nicht ganz selbständig.

8 [Engl. Übersetzung:] ... in the general existence of the Universe.

9 [Beigefügt:] Hegel: Der Weltgeist kommt in meinem Geiste zum Bewußtsein seiner selbst. Innerliches Verhältnis zur Welt. [*Vorlesungen über die Geschichte der Philosophie III*, Jubiläumsausgabe Bd. 19, Stuttgart [4]1965, S. 685; *Philosophie der Religion II*, 3. Teil, «Die absolute Religion», Jubiläumsausgabe Bd. 16, Stuttgart 1965, S. 191 f.]

10 [D. h.: der Skeptizismus vertreibt das Leben aus dem Menschen.]

11 [Beigefügt:] (Skeptizismus nicht identisch mit Verzicht auf Erkennen. Hier über Skeptizismus.) [Vgl. A. Schweitzer, *Aus meinem Leben und Denken*, Epilog (Kap. XXI), *Die Weltanschauung der Ehrfurcht vor dem Leben. Kulturphilosophie III*, 1. Halbband, München 1999, S. 351–364 (Kapitel über den Skeptizismus).]

nem Leben einen Sinn geben und Kraft zum Leben haben. Aber in dem Maße [wie] das Denken kritisch wird, muß es diese ethische Welterklärung als nicht der Wirklichkeit entsprechend ansehen. Sie hört auf, für es ein Wissen zu sein. Es[12] wird als ein mit der Wirklichkeit nicht übereinstimmendes Glauben erkannt.[13]

Und nun steht das Denken vor der großen Frage,[14] ob der Menschengeist mit dem Weltgeiste eins werden kann, ohne daß er eine Welterkenntnis besitzt, die ihm dies ermöglicht.

Soll das Denken versuchen, etwas von dem Glauben festzuhalten? Der doch aber kraftlos ist. Denn nur solange, als er für wirkliche Erkenntnis[15] gehalten wird, besitzt er Kraft. Wenn erkannt ist, daß er nur Glaube ist, etwas, das mit der Wirklichkeit nicht übereinstimmt, so besitzt er keine Kraft mehr.

Ist das Denken also einmal kritisch geworden, und jedes wahrhafte Denken muß kritisch werden, so steht es vor der Frage, ob für uns nicht alles zusammenbricht, wenn wir uns eingestehen, daß die Welt und unser Leben uns ein Geheimnis bleiben. Um diese Frage handelt es sich. Die furchtbare Erschütterung des Denkens[16] ist die, daß es auf die ethische Welterklärung verzichten muß. Und in der ethischen Welterklärung stand ihm die ethische Lebensauffassung fest. Darum kommt an Stelle des Geistes der Ideale der Geist der Realitäten auf.

Nun noch eins zu dieser weitläufigen Orientierung. Angenommen das kritische Denken kommt zu einer Religion, sei es dadurch, daß es ihm gelingt, etwas vom Glauben festzuhalten, sei es dadurch, daß es wirklich zu einer Religion vordringt, die es hinnehmen kann, daß die Welt und unser Leben uns ein Geheimnis bleibt.[17] Wie aber muß diese Religion sein, daß sie eine Macht in dem Geiste der Zeit wird und für die Zivilisation eine Bedeutung bekommt? Sie muß ethisch sein, und sie muß die Idee des gemeinsamen Wirkens enthalten.[18] Also nicht eine Religion, in der der Mensch sich isoliert, sondern eine Religion, die irgendwie die ethische Idee des Reiches Gottes enthält, eines in der Welt zu verwirklichenden Zieles. Ein gemeinsames Betätigen des geistigen

---

12 [d.h. dieses angebliche Wissen, die ethische Welterklärung.]

13 [Beigefügt:] Sobald der Glaube als Glaube erkannt wird.

14 [R] Wie setzt sich unsere Welt mit dem religiösen Problem auseinander? [Bleibt] dies [nicht] in so manchen Predigten verborgen? Die elementaren Fragen, denen der Prediger aus dem Wege gehen muß.

15 [Darüber notiert:] Er ist Erkenntnis für die Ethik.

16 [R] Verächter der Vernunft. Barth und Brunner. Zu unvernünftigem Denken.

17 [R] Bild[:] Diener, der nicht alles versteht. Nur das eine: was sein Dienst ist. Darin [ist er] in Harmonie mit seinem Herrn. – [R] Der Idealismus neu aufersteht.

18 [R] Religion Erlebnis. Aus der Psychologie der religiösen Erlebnisse die Religion darstellen. – [R] Alle möglichen Früchte zusammen in ein Faß tun und daraus einen Schnaps machen wollen. Nur aus besten Früchten, und einen aus einer [Sorte].

Eins-Seins mit dem Welt-Geiste. Anders hat sie keine wirkliche Bedeutung für die Welt.[19]

Nun haben wir uns orientiert. Die Aufgabe, die sich dem Denken stellt, ist erkannt. Nun können wir beurteilen, was an Religiösem in dem Denken seit der Mitte des 19. Jahrhunderts vorhanden ist. Die religiösen Ergebnisse [sind diese:][20]

[1.] In der Mitte des 19. Jahrhunderts kommt der Materialismus, oder wie man heute sagt, der Naturalismus zur Herrschaft, durch die Naturwissenschaften, besonders auf dem Festland, nicht so sehr in England. Er ist charakterisiert durch folgende Ansichten: Wir kennen, sagt der Materialismus, nicht etwas Geistiges, das außerhalb der Materie ist. Nur Geistiges, das mit der Materie verbunden ist. Also die Negation alles Supranaturalistischen, aller Metaphysik, alles Glaubens. Aber Materialismus ist nicht Skeptizismus. Er glaubt, von der Erkenntnis, die er besitzt, leben zu können.[21] Wohl verwirft er die Metaphysik und den Supranaturalismus. Aber nicht die Ethik.[22] Er ist – und darin unterscheidet er sich von dem antiken Materialismus und dem des 18. Jahrhunderts – idealistisch.[23] *Materialistische Weltanschauung mit ethischem Idealismus.* Die Ethik steht ihm als Tatsache fest. Ethik wird ihm zur Religion. Arbeiten an der Besser-Gestaltung der Wirklichkeit: Dies ist die Religion des Materialismus. Die Ethik bedarf keiner Metaphysik. [Den] Materialismus des 19. Jahrhunderts versteht [man] nur, wenn man ihn als eine große Wahrhaftigkeits-Bewegung versteht. [Er] will nur von Erkenntnis leben, die wirklich ist, nicht von Illusionen.[24] Dem Wohle der menschlichen Gesellschaft dienen: Dies [wird ihm] zur Religion.[25]

Die führenden Festlands-Materialisten [sind]: [Jakob] Moleschott (1822–1893), Karl Vogt (1817–1895), Ludwig Büchner (1824–1899), Ludwig Feuerbach (1804–1872), David Friedrich Strauß ([1808–1874], *Der alte und der neue Glaube*, [Leipzig] 1872) und Ernst Haeckel (1834[-1919], *Die Welträtsel*, [Bonn] 1899[^{5}1900]). Die große *Geschichte des Materialismus* (1875) [stammt] von Fr[iedrich] Albert Lange (1828–1875).[26]

Aber hat nun die Ethik des Materialismus wirklich die Bedeutung und den Wert einer Religion? Erklärt sie dem Individuum den Sinn sei-

---

19 [R] Denken [soll] nicht skeptisch werden, sondern denkmutig [oder (undeutlich):] demütig. [Vgl. IV. Vorlesung S. 268, Abschnitt 3.] Geistiges und tätiges Einsseins mit dem Weltgeiste.

20 [R] *4 Bewegungen.*

21 [R] Materialismus glaubt, mit Ethik auszukommen.

22 [R] Nicht alles Geistige verwirft [er,] sondern behält das Ethische. Ist realistisch. Nicht skeptisch.

23 [Über der Zeile:] Die skeptisch-unethische Richtung dominiert in ihm nicht.

24 [Beigefügt:] (Gegensatz zum Denken, das sich nicht auf Wirklichkeit einlassen und sich [nicht] mit ihr auseinandersetzen will.)

25 [R] Das Plebejische des gewöhnlichen Materialismus; aber ein gutes Herz.

26 [F. Lange: s. Anhang S. 433.] [R] Materialismus die Religion der Naturwissenschaft.

nes Lebens und seiner Beziehung zur Welt? Nein. Ist sie als eine in der Tiefe seines Wesens wurzelnde Notwendigkeit erkannt?

Was diese Ethik eigentlich ist, wird erst klar, wo Charles Darwin (1809–1882) und die großen Positivisten Auguste Comte (1798–1857), John Stuart Mill (1806–1873) und Herbert Spencer (1820–1903) sie zu begreifen und physiologisch, biologisch und soziologisch zu begründen suchen.[27] Der tiefste (?) unter ihnen [ist] Herbert Spencer. Es stellt sich dann heraus, daß diese Ethik des Dienstes an der Gesellschaft physiologisch und biologisch zu begründen ist: Die in einer Aufeinanderfolge von Generationen aufs höchste ausgebildete und zum geistigen Besitz gewordene Herdentier-Tugend. [Dies ist] die biologische Erklärung[28] der Ethik.

Wir besitzen Ethik als Abkömmlinge von Herden, die sich im Kampfe ums Dasein am besten erhielten, weil die sozialen Triebe bei ihnen am allgemeinsten und stärksten ausgebildet wurden. – Der Einzelne tut, instinktiv und aus innerer Überzeugung, was für die Gesellschaft das Beste ist. [Es ist] eine Eigenschaft, ein Trieb, der sich bei ihm ausbildet. Durch diese Erklärung ist der Zauber der Nützlichkeitsethik dahin. Sie kann es nicht ertragen, ergründet zu werden.[29]

Die Einseitigkeit dieser Ethik. [Sie beschäftigt sich] nur mit dem Verhalten des Einzelnen zur Gesellschaft. Nicht das Verhalten des Einzelnen zum Einzelnen, diese schwere Ethik des Geduldhabens miteinander, des Verzeihens, nicht, was die Ethik für den Menschen als solchen bedeutet.[30] *[Es ist] keine Ethik des Vollkommenerwerdens.* Eine beschränkte Ethik. Nicht einmal das ethische Phänomen des Mitleids gegen die Geschöpfe erklärt [sie], oder kann [es] nur gezwungen erklären. Diese Ethik läßt den Menschen gar nicht mit sich selbst und mit der Welt, sondern nur mit der Gesellschaft[31] beschäftigt sein.

[Sie hat] nichts Zwingendes.[32] Man kann ihr [den] Gehorsam versagen. Man kann an ihr irre werden. Erfüllt sich der Sinn des Lebens eines Menschen darin, daß er ein gutes Herdentier ist[?] – Dieses Irrewerden kommt dann bei Nietzsche zutage. Er ist ungerecht in seinem Hohne gegen die Herdentiermoral. Er kann nichts Besseres an ihre[33] Stelle setzen. Er selbst bleibt in der Herdentiermoral stecken, weil er den Menschen nur mit sich und der Gesellschaft und nicht wirklich mit

27 [R] Natürliche Erklärung der Ethik.

28 [Darüber notiert:] Sozialer Instinkt. – [R] (Die biologische Begründung der Ethik [ist] eine große Tat.)

29 [Beigefügt:] Eine Eigenschaft. (Hier die frühere Nützlichkeitsethik. Warum diese dem Materialismus nicht genügen kann!)

30 [Zu ergänzen: kommt in Betracht (oder ähnlich).]

31 [Darüber notiert:] seiner Herden-Gesellschaft.

32 [R] Sie hängt in der Luft.

33 [Ms.:] die.

sich selbst und mit der Welt beschäftigt sein läßt. Auch bei ihm [hat] es der Mensch nur mit der Gesellschaft zu tun, nur daß er, statt ihr zu dienen, sich über sie erheben will. Er erlebt sich selber, in seiner Auflehnung gegen die Gesellschaft, nicht wirklich an sich. Also auch Nietzsche [ist] nur mit dem Einzelnen und der Gesellschaft beschäftigt. Aber seine Kritik [ist] richtig: daß Ethik keine angeborene und biologisch entwickelte Gesinnung des Gehorsams gegen die Gesellschaft sein kann.[34]

Und noch von einer anderen Seite droht dieser Ethik Gefahr. Nämlich: bedarf denn die Gesellschaft der Ethik des Einzelnen? Ist sie darauf angewiesen, daß er freiwillig zu ihrem Wohle beiträgt[?] Nein. Sie kann es ja erzwingen.[35] Was braucht die Gesellschaft, daß sich der Einzelne durch die Ethik ihr zur Verfügung stellt [?] Sie hat ja die Macht, ihn zu zwingen.[36] Einer, der mit dieser Eventualität rechnet, ist Herbert Spencer (*Prinzipien der Soziologie*, IV. Band, S. 650 ff.). Er spricht den Gedanken aus, daß der Staat sich den Einzelnen ganz untertan machen und daß dieser sozialistische Staat in Despotismus enden wird. Was heute in der Welt geschieht, zeigt die Wahrheit dieser Prophezeiung.

Interessant ist also, daß das Problem der Religion zugleich das der Ethik ist. Nur eine vertiefte Ethik hat etwas Religiöses an sich, und nur eine ethische Religion hat wirkliche Tiefe. Das hat schon Kant erkannt.[37]

[2.] Daß der Mensch nicht nur von dem Wissen lebt, sondern daß er einer religiös gearteten Überzeugung bedarf, die ihm Kraft zum Leben gibt, sieht das Denken ein. Und so ist die Durchschnittsphilosophie auf dem Festland wie in England bestrebt, zu etwas, das eine religiöse Auffassung des Lebens und der Welt ist, zu gelangen. Diese Versuche setzen den von Kant fort, in vorsichtigerer Weise, [nämlich] den Nachweis [zu erbringen], daß wir doch irgend eine Erkenntnis des Übersinnlichen haben – daß die Annahme eines göttlichen Wesens zur Erklärung der Ethik notwendig sei.[38] Unter den Engländern nenne ich Ihnen James Martineau [1805–1900], unter den Philosophen des Festlandes [Johann Friedrich] Herbart (1776–1841), [Gustav Theodor] Fechner (1801–1887), [Rudolf Hermann] Lotze (1817–1881). Immer [ist] ein Spiritualismus [angestrebt]. Das Wort und der Begriff «Gott» tauchen auf. Erneuerung des Kantischen Denkens. Zurück zu Kant [:] Anfang der sechziger Jahre

34 [R] [Die Ethik ist] nur als Enthusiasmus, nicht in kaltem Denken begreifbar.

35 [Beigefügt:] Herden-Macht. Das höchste Herdentier hat auch die höchste Macht über die Einzelnen!

36 [R] vorsichtige philosophische Religion. Keine ethische Kraft. Nichts Überzeugendes. [Diese Randnotiz ist vermutlich eine Vornotiz zum nachfolgenden Haupttextabschnitt 2.]

37 [*Die Religion innerhalb der Grenzen der bloßen Vernunft*, 4. Stück, 2. Teil, § 2.]

38 [R] Nach Materialismus – Neukantianismus. (Die Versuche, Religion zu schaffen.)

[des 19. Jahrhunderts].[39] Und, wie mein Lehrer [Wilhelm] Windelband in Straßburg sagte: über Kant hinaus. Ein Versuch des Wissens von der geistigen Welt und [ein Versuch, zu begründen,] daß wir dieser geistig-ethischen Welt angehören und in ihr die Kraft zum Leben finden. *Höherer Pessimismus.* Interessant, daß im Jahre 1878 [Friedrich] Max Müller (1823–1900) über die Religion [Vorträge herausgab].[40] Religion als eine Erkenntnis des Unendlichen, welche auf den sittlichen Charakter des Menschen einen Einfluß hat.

Kants Ideen [werden] mit solchen von Leibniz [und] von Hegel verbunden.[41] Auch die neuere Psychologie wird verwendet. Aber eine Festigkeit haben diese vorsichtig formulierten blassen Religionen des Denkens nicht besessen. [Sie hatten] keinen Einfluß auf die Zeit. Es hat sie einmal einer «Philosophie-Professoren-Religionen» [genannt]. Aber [sie sind] doch bedeutsam dadurch, daß sie dem Bedürfnis nach dem Religiösen, das in dem kritischen Denken ist,[42] Ausdruck geben. Insofern haben sie etwas Ergreifendes.[43] Bis in unsere Zeit [reichen] diese Versuche der Versöhnung von Naturwissenschaft und Religion, durch eine spiritualistische Philosophie. Und diese philosophischen Religionen sind mehr spiritualistisch als ethisch.

[3a] Und nun zweigt sich neben dieser Bewegung, die in Kants Bahnen wandelnd eine Religion sucht, eine andere ab, die ihre Ziele viel niedriger einstellt. Ich meine die sogenannte *Philosophie der Werte* und den mit ihr zusammenhängenden *Pragmatismus.* Diese Philosophie macht sich den Gedanken zu eigen, ganz allgemein gesagt, daß Überzeugungen, die um ihrer selbst willen wertvoll sind, als Wahrheit gelten können, *auch wenn sie theoretisch nicht beweisbar sind.*[44] Es handelt sich also um eine moderne Lehre von der doppelten Wahrheit. Gleichberechtigt werden nebeneinander gestellt die theoretische (mit den Tatsachen übereinstimmende) Wahrheit und die zum Leben notwendige Überzeugung.

Der Ursprung dieser Lehre von der doppelten Wahrheit findet sich bei Kant. Er ist es ja, der anfängt, zwischen der theoretischen und der

---

39 [In *Kant und die Epigonen* von Otto Liebmann, Stuttgart 1865, Berlin 1912, schließt jedes Kapitel jeweils mit der Bemerkung: «Also muß auf Kant zurückgegangen werden».]

40 [In den Skizzen (Ms.-S. 65) nennt Schweitzer die] «Hibbert-Lectures von 1878». [Vgl. S. 434.]

41 [Über der Zeile:] In England viel Hegel. Weltgeist [kommt] in dem Menschengeist zum Bewußtsein seiner selbst [Vgl. Anm. 9]. [Dazu R:] Wahres Bewußtsein [in] dem Menschengeist vom Weltgeiste.

42 [R] Eine Vorstellung von Gott.

43 [Über d. Zeile:] (Die Berufung nicht nur auf äußere, sondern auch auf innerliche Wahrnehmungen! Auch die innerlichen Wahrnehmungen gehören der Erfahrung an.)

44 [R] Nicht mehr aus einem Denken über die Welt.

praktischen Gewißheit zu unterscheiden und die moralische der theoretischen gleichzuordnen, als eine Fortsetzung derselben anzusehen. Der Dualismus findet sich in dem Titel seiner beiden Hauptschriften:[45] «*Kritik der reinen* (theoretischen) *Vernunft*» und «*Kritik der praktischen Vernunft*». Und in letzter Linie geht diese Unterscheidung auf David Hume (1711–1776) zurück. Er ist es, der, um den Folgen des wissenschaftlichen Skeptizismus zu entgehen, behauptet, daß der Mensch zum rechten Leben moralischer und gefühlsmäßiger Überzeugungen bedarf, die er theoretisch nicht begründen kann, aber doch als eine ihm notwendige Wahrheit ansehen muß. (Unterscheidung von Seins-Urteil und Werturteil). Also gegen Ende des 19. Jahrhunderts geht eine gewisse Richtung der Philosophie eigentlich über Kant auf Hume zurück.[46]

Begründer der Wertphilosophie[47] ist Wilhelm Windelband (1848–1915), dessen Unterricht ich in Straßburg genoß und den ich sehr verehre. Sein Grundsatz: «Kant verstehen heißt über ihn hinausgehen»[48] ..., und bei diesem Hinausgehen geht [er] eigentlich auf Hume zurück. Also größerer Skeptizismus als bei Kant.[49] Windelband gibt das Suchen Kants nach einer Religion auf.[50] Er verzweifelt daran, daß etwas wie eine Religion eine moralische Gewißheit werden könne. Moralische Gewißheit können mir nur die ewig gültigen Werte des Schönen, des Wahren, des Guten und des Heiligen werden, an sich. Er führt sie nicht auf eine innerliche Erkenntnis der Welt zurück, auf ein höchstes Wesen, sondern denkt sie als etwas an sich Gegebenes. Windelbands Religion besteht darin, daß wir auf Grund dieser Werte an einer wertvollen Kultur arbeiten. Und diese Werte sind nicht etwas Subjektives, sondern ihre Wahrheit bekundet sich darin, daß sie in der Geschichte gegeben sind und sich in ihr entwickeln und Gemeingut aller denkenden Menschen werden, also eine gewisse Objektivität besitzen. Also an Stelle der Religion die Überzeugung von der Wahrheit von Ideen-Werten und von diesen leben. – Ethisches Gefühl dem Verstand gleichgeordnet.

Heute hat besonders in Deutschland[51] diese Wertphilosophie eine

---

45 [Über d. Zeile:] Aber Pragmatismus [besagt], daß er das Kriterium des Ethischen nicht mehr gelten läßt.

46 [D. Hume, *An Enquiry concerning the Principles of Morals* (London 1751).] Beigefügt: glaubt nicht mehr an die Wahrheit, sondern sieht [?] [sie] als Illusion an. [R] Jazzmusik in der Philosophie.

47 [R] Die freche Wertphilosophie.

48 [W. Windelband, *Präludien*, Freiburg i.Br. und Tübingen 1884, S. VI.] [Über d. Zeile:] In seiner Wertphilosophie von seinem Lehrer Hermann Lotze bestimmt. [Letztes Wort undeutlich.]

49 [Zwischen beide Abschnitte hineinnotiert:] Ersatz der Religion.

50 [R] Für Schluß: Religion und Ethik: [Durch] ihr Schicksal miteinander verbunden. Nur die Ethik, die die Bedeutung und den Wert einer Religion hat, kann Macht werden in dem Geiste der Zeit.

51 [Darüber die Notiz:] Hier nennen: [Franz] Brentano [und] den Prager Oskar Kraus.

große Bedeutung. Und die Ethik [wird] als eine Lehre von den Werten aufgefaßt. So die *Ethik* von Nicolai Hartmann (Berlin 1926).[52] Aber die große Schwierigkeit [ist] die, diese Werte in ein System zu bringen und anzugeben, auf welchen Grundwert alle Werte zurückgehen. Und dieser letzte Wert muß eine Beziehung zur Welt haben! Also eine Behauptung über die Kultur schließt eine über die Welt in sich ein. Denn diese letzte Frage: Was hat denn die Kultur für die Welt zu bedeuten? – diese letzte Frage [läßt] alle diese Wertsysteme ins Wanken kommen.[53]

Aber das Wesen dieser Wertphilosophie versteht [man] nur, wenn man sie als Ersatz ethischer Religion versteht.

[3b] Neben dieser Wertphilosophie, in der das Ethische eine Rolle spielt, geht nun eine einher, die nicht diesen ethischen Ernst hat und viel skeptischer ist.[54] Diese behauptet – indem sie das Kriterium des Ethischen und der Allgemeingültigkeit ablehnt – daß jede Überzeugung, die irgendwie nützlich ist, für den Einzelnen wie für die Allgemeinheit, irgendwie auch Wahrheit enthält. Als wertvoll [wird] nicht mehr das Ethische angesehen, sondern das Biologische: das, was Lebenswillen enthält und entwickelt, das Biologisch-Nützliche.

Pragmatismus heißt also die Philosophie dessen, was im Hinblick auf das Handeln als wahr angesehen wird. Die für das Handeln geltende Wahrheit. Die Wahrheit nach ihren praktischen Konsequenzen beurteilt.[55]

Pragmatismus findet sich schon bei Nietzsche. Bei ihm findet sich der Satz, daß auch ein falsches Urteil Wahrheitsgehalt habe, wenn es lebensfördernd und lebenserhaltend sei ([August] Messer, *[Die] Philosophie der Gegenwart*, S. 78).[56] Gebrauchsfertig bekamen wir dann den Pragmatismus[57] von Amerika von Herrn William James (1842–1910) geliefert. William James gesteht einfach allem, was es auch sei, wenn es nur irgendwie für nützlich gehalten werden kann, Wahrheitswert zu.[58] Christlicher Glaube, Atheismus:[59] Alles beurteilt er nur nach dem Nützlichkeitswert, den es für den Bekenner gerade hat. Also absoluter Subjektivismus, alles relativ.

[Brentano: *Vom Ursprung sittlicher Erkenntnis*, Leipzig 1890, ²1921; Kraus: Hauptwerk: *Zur Theorie des Wertes*, Halle/Saale 1901.]

52 [R] Naturwissenschaft der geistigen Dinge.

53 [Über der Zeile:] Was nicht in einem Denken über die Welt begründet ist, [hat?] keine Vernunft.

54 [R] Philosophen-Religion.

55 [R] Nicht mehr entschieden das Ethische.

56 [5. Auflage 1924: S. 76 (Aus *Jenseits von Gut und Böse*). – Notiz:] Solange es einen Skeptizismus gegeben, solange Pragmatismus.

57 [R] Dies das Moderne, daß nicht mehr ethisch. – Schlechter Religionsersatz.

58 [Darunter notiert:] Das [ist] gar keine Wahrheit, sondern nur Überzeugung, die mehr oder weniger lebensfördernd ist.

59 [Eingefügt:] Mystik.

Daß diese Philosophie Verbreitung finden und ernst genommen werden konnte, zeigt mit erschreckender Deutlichkeit die Verzweiflung und die trostlose Lage des Denkens unserer Zeit.[60]

Ist die Wertphilosophie Religions-Ersatz, so ist der Pragmatismus schlechtester Religionsersatz. Alle Lehre einer doppelten Wahrheit ist eine Gefährdung des Sinnes für die Wahrheit. Wahrhaftigkeit, absolute Wahrhaftigkeit, ist das geistige Gut, das den Menschen unter allen Umständen gewahrt werden muß. Die Einheit aller Wahrheit. Kriterium ist, daß sie Tatsachen entspricht, nicht daß sie eine Bedeutung hat. Alle geistigere Wahrheit muß sich zuletzt aus dem Denken über die Welt ergeben und muß eine Beziehung zur Welt haben.

Aber vollends verheerend wird die Lehre von der doppelten Wahrheit,[61] wenn sie noch gar auf das Kriterium des Ethischen verzichtet. Dann wird mit dem Sinn für Wahrhaftigkeit [auch] die Ehrfurcht vor dem Ethischen zerstört. – Der Pragmatismus ist die reinste Äußerung des modernen Wirklichkeitssinnes ... Hier [kommt er] am lautesten zu Worte. Der Pragmatismus verzichtet auf die ethischen Ideale und will Ideale [aus] der Wirklichkeit entnehmen.[62]

Auch in dem indischen Denken findet sich eine Lehre von einer doppelten Wahrheit, einer höheren und einer niederen. [Dies ist] auch eine Schwäche des indischen Denkens.

Anführen, daß auch Hans Vaihinger (1852[-1933]) in seiner *Philosophie des Als Ob*, Berlin 1911 [10. Aufl. 1927], Pragmatismus vertritt. Er [dieser Pragmatismus] will ein «System der theoretischen, praktischen und religiösen Fiktionen der Menschheit» sein [Untertitel des genannten Buches]. Also «wertvolle Fiktionen der Menschheit, ohne deren Annahme das menschliche Denken, Fühlen und Handeln verdorren müßte.»[63] Dem Menschen wird also zugemutet, von Fiktionen zu leben. Aber welche Kraft besitzt eine als Fiktion erschaute Fiktion? Auf ein höheres Niveau versuchten den Pragmatismus seine englischen Vertreter ([F. C. S.] Schiller und Henry Sturt in Oxford) zu heben. [Aber] der schlechteste Materialismus ist besser als der beste Pragmatismus (Maxime von AS[64]). Denn der Materialismus bejaht die Wahrhaftigkeit und die Ethik! –

60 [Beigefügt:] Daß die christliche Theologie etwas von dem Pragmatismus für die Religion erhoffte. Innerliche Erkenntnis. Berechtigung der Religion anerkannt – aber [die] Religion entweicht. Er [der Pragmatismus] würde die Religion vor dem Denken rechtfertigen! Dies hoffte [die christliche Theologie].

61 [Unter der Zeile:] Nicht doppelte Wahrheit, sondern daß die Erkenntnis nicht den Anforderungen des Denkens entspricht.

62 [R] Solange [die] Wertidee ethisch, dann keine Illusion! Aber sobald nicht mehr ethisch, dann Illusion. Nur [wenn] ethisch wertvoll.

63 [A.a.O., S. XVI (^{2}1913, Vorbemerkungen).]

64 [=Albert Schweitzer.]

[4.] Noch auf einem andern Weg[65] – und dies ist eine vierte Richtung – sucht das Denken zu etwas zu gelangen, das wie Religion ist:[66] Durch das [sich] Beschäftigen mit dem Rätsel der Welt und des Lebens. Durch das Erleben der Welt! – Darin begegnet sich das Philosophieren von Henri Bergson (1859[–1941]), [Graf Hermann Alex.] Keyserling (1880[–1946]), [Oswald] Spengler [1880–1936], [Miguel] de Unamuno (1864[–1936], Glaube an persönliche Unsterblichkeit), Edmund Husserl (1859[–1938]) und Martin Heidegger (1889[–1977]), und wie die Vertreter dieser dunkeln Philosophie sonst noch heißen.[67] Darin stimmen ihre Ansichten überein.[68]

Sie gestehen sich die Unlösbarkeit des Rätsels ein.[69] Dem verstandesmäßigen Erkennen gestehen sie nur eine geringe[70] Bedeutung zu. Es gibt für uns nur eine Beschreibung von dem Ablauf des Geschehens. Insofern sind sie also Anti-Intellektualisten. Das empirische Erkennen haftet an der Oberfläche. Diesem stellen sie das intuitive, mit dem wir das Wesen der Dinge erfassen, entgegen.[71] Der Mensch ist nicht mehr das abstrakte erkennende Ich wie in der Philosophie Kants und in dem Neukantianismus. Das Leben, das in uns ist, versucht, das Leben in der Welt zu begreifen. Eine Art intuitiver Erkenntnis. Der Begründer dieses Philosophierens ist Bergson. Es ist religiös, weil es sich wieder mit dem Problem Mensch und Welt beschäftigt. Es ist Philosophie, die gleichsam von vorne beginnt, einfach mit der Tatsache des «Ich bin». Philosophie, die nicht einfach Ergebnisse mitteilt, sondern die den Weg des Denkens sucht, die jeden hineinzwingt, sich mit dem Problem seines Lebens zu beschäftigen, das geistige Einswerden mit dem Sein zu suchen.[72]

Seinen Ausgangspunkt nimmt dieses Philosophieren von Henri Bergson.[73]

Aber das Charakteristische [ist], daß der Mensch nur mit dem Problem seines Daseins, nicht auch mit dem seines Wirkens in der Welt beschäftigt ist. [Er ist] ganz absorbiert davon.[74] Diese philosophische Religion hat ganz den Typus der Erlösungsreligion und nicht den der Reich-Gottes-Religion. [Sie hat] etwas Passives an sich. Unamuno ist

---

65 [Über dem Zeilenbeginn:] Kleines Denken. Großes Denken.

66 [R] Was ist an Religion in dem philosophischen Denken unserer Zeit.

67 [R] Das Sein wird zum Rätsel. Dunkle Philosophien alles[?] Intellektualismus[?].

68 [Mit Bleistift beigefügt:] Verschiedenartige Denker.

69 [R] Die unausgesprochene Religion.

70 [Darüber:] untergeordnete.

71 [Hierzu über der Zeile:] «Wesens-Schau» nennt Husserl seine Philosophie. [A. Messer, *Die Philosophie der Gegenwart* (⁵1924), S. 88.]

72 [Beigefügt:] Aber nicht Ethik.

73 [Beigefügt:] Mystik und Religion.

74 [R] Das Denken wird uneuropäisch. Tritt ganz aus dem Geiste der Zeit heraus.

mit dem Problem der persönlichen Unsterblichkeit beschäftigt. Auch bei Heidegger steht im Mittelpunkt das Problem der Vergänglichkeit des Lebens,[75] die Angst vor dem Nichts.[76]

Völlig fehlt in diesem Denken die Ethik.[77] Es ist nur mit dem Problem, wie der Mensch sich als ein freies Wesen erlebt, nicht mit seinem Wirken [beschäftigt]. Nicht mit Ethik. Nicht mit einem Ziel,[78] das in der Welt zu verwirklichen ist. Dieses ganze Denken [ist] beherrscht von der Idee des Tragischen,[79] wie der spätere Stoizismus. [Es geht hier um] das Sich-Ergeben[80] in [das] Weltgeschehen, wie im Stoizismus, [um das] Frei-Werden von der Welt in Resignation, nicht [um] Handeln im Sinne des Weltgeistes. Etwas Passives, ganz Individuelles. Wie Mystik. Also: Was das Denken an Religion besitzt, kann keine Ideale für das Tun, weder für den Einzelnen noch für die Gesamtheit, enthalten. Der Einzelne [ist] zurückgezogen auf sich selbst. Ein Denken [waltet hier], das die Welt sich selbst überläßt, genau wie das Denken Karl Barths. Heidegger ist in [der] Philosophie, was Karl Barth in [der] Theologie. Der ganz mit sich selbst beschäftigte Mensch.

Es ist, als wäre das moderne Denken an sich selbst irre geworden. Bisher, von der Neuzeit an, jagte es den Menschen in die Tätigkeit hinein. Es ließ ihn nicht zur Besinnung über sich selbst kommen. Nun aber bekommt [es] etwas Weltabgewandtes.[81] Es legt ihm die Frage vor, was geistig aus ihm wird. [Es fordert ihn] nicht mehr [zum] Handeln im Weltgeschehen [auf], sondern [zur] Unterwerfung unter das Weltgeschehen. [Es] gibt ihm gar nicht mehr Ideale des Wirkens.[82]

Das Denken gibt das Steuer des Schiffes aus der Hand – mitten im furchtbarsten Sturm. Es hört auf, die Menschheit zu regieren, wo dies am notwendigsten ist, [hört auf,] dem Menschen durch ethische Ideale den Weg des Handelns zu weisen, wo er dies braucht, um nicht an der Macht, die er erlangt hat, zugrunde zu gehen.[83]

Es hat sich in den letzten Generationen etwas Unfaßbares ereignet: Durch seine Kenntnisse ist der Mensch Herr der Naturkräfte geworden. Davon hat er unbestreitbare Vorteile. Aber diese Herrschaft wirkt sich nicht allein segensreich aus, sondern auch verderblich. Unser Wissen hat

---

75 [R] als eines freien Wesens, nicht als ein[es?] Ding[es?].

76 [Beigefügt:] Immer [ist] die Ethik nur Rauch, keine Flamme.

77 [R] [Die] dogmatische Religion [hat] Bergson für sich in Anspruch genommen. Ihr [ist er?] das Ende des Rationalismus [Letztes Wort undeutlich].

78 [Über d. Zeile:] Aus der Naturphilosophie [ist] keine Ethik [abzuleiten].

79 [Eingefügt:] Das schon bei Bergson, dann bei Spengler.

80 [Darüber notiert:] Das Leben [ist] tragisches Schicksal.

81 [R] grüblerisch.

82 [Beigefügt:] Etwas wie das indische Denken [. . .].

83 [Beigefügt:] (Denken wollte Wegweiser der Menschheit sein. Wie der Einzelnen und der Gesamtheit. Heute nur Wegweiser der Einzelnen.)

die Maschinen geschaffen, die den Menschen die Arbeit wegnehmen. Und eine zerstörende Macht ist den Menschen in die Hand gegeben. In unseren Städten werden[84] Übungen angestellt, in denen[85] auf ein Sirenensignal alle Lichter[86] ausgehen und alle Leute[87] sich in den nächsten Keller stürzen, wie die Mäuse auf den Feldern in ihre Löcher, wenn der Habicht kommt. Warum? Weil in der Luft ein Übermensch einherfliegt mit unermeßlicher Kraft des Vernichtens und Zerstörens ... Was bedeutet dies? In so furchtbaren Zeiten leben wir,[88] daß das, was die Apokalypse als furchtbarste Zeit[89] [schildert], die einst über die Menschheit kommen würde, sich wie ein blasses Gemälde neben der Wirklichkeit ausnimmt, wie wir sie sehen.[90] Nur durch ethische Ideale[91] kann verhindert werden, daß der Mensch die furchtbare Gewalt, die er durch die Erkenntnis der Naturkräfte erhielt, nicht zur Vernichtung der Menschheit verwendet. Immer[92] waren ethische Ideale notwendig, um den Menschen[93] in dem wertvollen und rechten Tun zu erhalten. Heute, wo der Mensch tausendmal mächtiger ist als vorher und wo alle Probleme der Existenz des Menschen und der Gesellschaft ins Riesenhafte gewachsen sind, sind sie tausendmal notwendiger, wenn die Menschheit nicht geistig und physisch zugrunde gehen soll.[94]

Und diese ethischen Ideale, deren die Zeit so notwendig bedarf, gibt ihm [dem Menschen] das Denken nicht,[95] ja es kommt dazu, es nicht einmal mehr als seine Aufgabe zu erkennen. Ist es möglich, daß das Denken sich aufrafft, und vermag, was es nicht vermochte? Ja.[96]

---

84 [Ms.:] sind.
85 [Ms., statt «in denen»:] daß.
86 [Über der Zeile:] Der Übermensch zugleich das armseligste Wesen.
87 [Über der Zeile:] Tierköpfe.
88 [Ms.:] In den Zeiten, so furchtbar leben wir, ...
89 [Über der Zeile:] am Ende der Welt.
90 [R] Ohne die Herrschaft von ethischen Idealen gehen [wir] zugrunde.
91 [R] Welch'eine Religion ist uns nötig? der Zeit [Soll vielleicht heißen: ... ist der Zeit, d. h. uns, nötig?].
92 [Zuerst, dann gestrichen:] Früher.
93 [Eingefügt:] und die Gesellschaft.
94 [R] Daß in uns ein Denken vorbereitet ist. – [R] In unseren Gedanken ist etwas vorhanden wie eine Knospe, die sich entfalten und aufspringen wird am Ende des Winters.
95 [Darunter:] (Die Religion gibt es ihm nicht.) [R] das Andere [siehe] die alten Blätter. [Auf Ms.-S. 67 der Skizzen schreibt A. Schweitzer:] Und am Schluß [von Vorlesung III]: das auf S. 47 der Skizzen Geschilderte. Daß diese Religion nicht stark genug ist, sich dagegen aufzulehnen.

[Der Text dieser Ms.-S. 47 ist oben zum Teil übernommen, aber die Notiz betrifft wohl auch die anschließenden Abschnitte. Wir fügen sie im Anhang C,1 bei (S. 400–408, Ms.-S. 47–59).]

96 [Einfügung über der nächstoberen Zeile:] Wir müssen es glauben. [Gehört wahrscheinlich, nachträglich, zu diesem «Ja».]

IV. Vorlesung[1]

1)[2] Grundsätze. Erstes Prinzip[:] Was Religion ist[, ergibt sich] aus dem Denken über die Welt. Alles [ist] ein geistiges und ethisches Verhältnis zum Sein.[3] Klar machen an [der] Ethik des Materialismus. An Wertideen. Mein Sein in Harmonie mit dem unendlichen Sein. Immer mit [dem] Problem des Seins beschäftigt.[4]

2) Absolute Wahrhaftigkeit. Kein sacrificium intellectus.[5] Nichts zur Wahrheit hinzuerfinden. Glaube an die Wahrheit. Wahrhaftigkeit [ist] das Fundament von Allem. Die Frage der Metaphysik. Glaube kommt aus der Frömmigkeit, nicht die Frömmigkeit aus dem Glauben. Das Wesentliche der Religion [ist] nicht von Metaphysik[6] abhängig. Religion ohne Metaphysik. Ein Satz, der sich aufdrängt. Aber [sie ist] immer mit metaphysischen Fragen beschäftigt. Metaphysische Vorstellungen. Metaphysik ist: das Unvorstellbare sich vorstellen, das Unaussprechliche aussprechen, das Undenkbare denken.[7] Aber Religion [ist] nicht mit der Erkenntnis dieses Unergründlichen [identisch],[8] sondern mit [dem] Verhältnis zu ihm. Daß ich mich ihm hingebe.

3) Auf ein Welterkennen, das mir die Welt erklärt, [habe ich zu] verzichten. Nicht nur auf sichere Metaphysik. Sondern auch [darauf,] das Unbegreifliche des Geschehens [erklären zu wollen]. Grausamkeit und Sinnlosigkeit des Geschehens. Zerstörend und schöpferisch. Die Welt ist herrlich und grausig zugleich.[9] [Wir sehen] viel Zweckmäßiges, aber keinen Endzweck. Sich in das Nichtwissen ergeben. Stille werden. Demütig werden. Das Große an aller tiefen Religion [ist], daß sie das Letzte unerklärlich sein läßt. Ergebung immer aufs neue.[10]

Um mit seinem Denken mit der Wirklichkeit in Übereinstimmung

---

1 [R] Rekapitulierung.

2 [R] Oxford, bei Miss Deneke, Norhan Garden, 24. 10. 34.

3 [Darüber beigefügt:] aus dem sich die Ideen, von denen es [das Denken?] lebt, ergeben.

4 [Darunter beigefügt:] Für die, die durch Denken wieder religiös werden! Nur durch Denken wird unsere Zeit wieder religiös. – [R] Religion.

5 [D. h.: nicht das Denken opfern, um glauben zu können.] [Über und unter der Zeile:] Wage in dem Denken bis zu Ende zu gehen. Dort werden sich Glaube und Denken begegnen.

6 [Darüber:] Wissen vom Übersinnlichen.

7 [Über der Zeile:] Innerliche Erkenntnis. Die geistige Welt, die hinter der materiellen uns [. . .].

8 [Darüber:] Nicht ein Wissen vom Unergründlichen.

9 [Darüber:] Endzweck der Welt.

10 [Beigefügt:] Dies der eigentliche Grund der Unsicherheit.

zu bleiben, muß der Mensch seinen Blick[11] auf den Himmel und die Erde und auf die vergitterten Fenster einer Irrenanstalt gerichtet halten. Auf den Himmel, daß er gegenwärtig habe, wie klein die Erde in der Unendlichkeit der Welten ist; auf die Erde, daß er sich Rechenschaft davon gebe, wie wenig der Mensch in ihr bedeutet;[12] auf die vergitterten Fenster einer Irrenanstalt, daß er des Furchtbarsten eingedenk bleibe: daß das Geistige zerstörbar ist.

Die erste geistige Tat ist die Ergebung in das Unbegreifliche, in die Notwendigkeit. Resignation.[13] Das Stoizistische, das in jedem tiefen Denken [vorhanden ist]. In jeder Religion. Ergebung in [den] Willen Gottes. Das Tor der Resignation.[14]

4) Was [ist] erkennbar an [dem] Geheimnis? Und hier nun [erscheint] das Neue, das sich im Denken vorbereitet. Der Wandel in der Naturwissenschaft. Daß früher die mechanistische Naturwissenschaft [herrschte, nach der] alles gesetzmäßig abläuft. Alles [ist] wägbar, meßbar, berechenbar. Descartes. Faßt alles in Begriffe. Aber noch bei Kant keine zielbewußten Kräfte, keine schöpferischen. Das Zeichen eines wissenschaftlich denkenden Menschen[15] – weil von Physik aus, vom Experiment aus[gegangen, gedacht wird]. Aber nun [wird] die Wissenschaft tiefer. [Sie erkennt, daß] Kräfte planvoll gestaltend in der Natur sind. Organisches Leben.[16] Chemie. Die Zelle![17] Das Mikroskop. Die Chemie. Die Evolution [wird] nun[18] erklärt durch schöpferische Kräfte, [als] nach vorgestellten Zwecken handelnd. Alles [wird], je mehr man es erforscht, um so geheimnisvoller. Ein Geheimnis, vor dem wir stehen. Ein Geheimnis, von dem wir erfüllt sind. Unsere Welterklärung [haben wir] verloren. Das Unechte. Dafür [haben wir] etwas anderes gefunden: die *Erkenntnis, daß alles, was ist, Leben ist.* [Wir kommen] in ein ganz anderes Verhältnis zur Welt [zu] stehen. Nehmen Sie Kant, nehmen Sie Hegel – dies Verhältnis war bei ihnen noch nicht da.[19] Die Welt ist das andere, das erklärt wird. Der Unterschied, wenn Descartes' Frage [gestellt wird, welches] die unmittelbare Tatsache des Bewußtseins [sei]. Das, was ich immer gegenwärtig habe, wenn ich mich auf mich besinne. Cogito, ergo sum! Alfred Fouillée (1838–1912). Cogito, ergo sumus.

---

11 [R] Die drei Blicke.

12 [Darüber eingefügt:] die Erde [ist] erst eine Weltsekunde.

13 [R] Die Ergebung in den uns unerklärlichen Weltwillen.

14 [Pfeilverweis vom Schluß des vorletzten Abschnitts (S. 268) hierher. Hier auch eine Übersetzungsnotiz Mrs. Russells:] is the gate through which one must pass (an [in?] das höhere Denken).

15 [Eingefügt:] keine Zweckideen; reiner Ablauf von Kräftewirkungen. Darwin. Die Entwicklung in [der] Natur rein mechanisch erklären.

16 [Darüber die Notiz:] Kräfte, die nach Ideen schaffen.

17 [R] Organismus aus lebendigen [Zellen].

18 [Ms.:] nur [?].

19 [Über d. Zeile:] Innerliches Verhältnis.

Meine Formulierung: Ich bin Leben, das leben will, inmitten von Leben, das leben will.[20] – Verbundenheit mit Leben.

[Das ist] nichts Neues. Wer die Natur betrachtet, [wird] von dem Geheimnis des Lebens gefangen genommen. Aber Schauen, nicht darüber hinausschauen. [Viele sind] nicht davon bewegt. Die Dichter [haben] davon geredet, die Mystiker davon gewußt. In den Upanishad's [findet sich] der Gedanke, daß der Mensch in allen Wesen sich zu sehen habe, in allen Wesen sich wiederzufinden. Tat tvam asi.[21] Aber [dies wird] nicht durchgeführt, bleibt ein Fragment. [Die] Mystiker haben diese Wahrheit eingesehen. Franziskus von Assisi. Da [ist die Einsicht], aber zaghaft. [Es ist] keine Erkenntnis, mit der das Wissen und Denken beschäftigt ist. Es [das Denken] wehrt sich dagegen. Descartes: Die Geschöpfe [sind] etwas ganz anderes als [der] Mensch. Nicht fühlend. Nur Maschinen. Auch die ganze Philosophie [ist] nicht damit beschäftigt. [Die Menschen] entdekken [die] Naturgesetze. Aber jetzt [kommt die] Wissenschaft. Wissenschaft führt uns in dieses Geheimnis des Lebens und der Verbundenheit mit Leben hinein. Aus der Gedankenlosigkeit erwachen, von dem großen Geheimnis erfüllt sein: Dies [ist] etwas Neues. Eine Tatsache, die sich auswirken wird. (Niemand [kann] das Leben erklären. Oh, so viel, was man erklärt glaubte, [kann man] nicht mehr für erklärt halten.)[22]

Das Leben ist ein Wert! Verhalten der Ehrfurcht. Scheu, es zu zerstören.[23] Ein Verhältnis zur Welt. Ein geistiges. Etwas fundamental Religiöses und *Ethisches.*[24] Durch das Erfülltsein von dem Geheimnis, daß alles, was ist, Leben ist, [kommt der Mensch] in ein geistiges Verhältnis zur Welt. Nachdenken über [die] Welt führt zu Ethik.[25]

Nikolaus Cusanus, Mystiker des 15. Jahrhunderts. Docta ignorantia. Verzicht auf Wissen – das wahre Wissen. Wissende Unwissenheit. – Etwas Neues [ist da] in das Denken hineingekommen.[26] [Das] wird sich auswirken. Die Knospe wird aufbrechen.[27]

5) Jetzt [die] *Ethik.* Die neue Ethik bereitet sich vor[28] (vorher [hat]

---

20 [Darüber beigefügt:] Um mich herum ist Leben, das sich nach ... – [R] Durch das Leben, das in mir ist, verstehe ich das Leben, das in [soll heißen: außer] mir – [Zum Abschnitt: deutlicher ausgeführt in *Kultur und Ethik*, Kap. XXI, Sonderausgabe München 1960, S. 330. Über A. Fouillée vgl. dort Kap. XVI, S. 274–279.]

21 [Siehe oben S. 74, 191.]

22 [R] Ethik: wie eine Stadt, deren Bahnhof zu klein ist. Und die Leute [können] sich absolut nicht entschließen, einen größeren zu bauen, weil [der] Umbau zu schwer.

23 [Darüber notiert:] Leben der höchste Wert.

24 [R] Die beiden Tunnels.

25 [R] Durch Denken zur Ethik.

26 [Über d. Zeile:] Etwas Ethisches in unserer Welterkenntnis. Das ist das Neue.
[Unter d. Zeile:] Sie [die Ethik?] hört auf, für uns etwas Fremdes zu sein.

27 [R] Wir hören auf, für uns zu leben – Wir betrachten nicht die Welt. Wir erleben sie.

28 [Über d. Zeile:] Wie in der Erkenntnis, so bereitet sich auch in der Ethik etwas Neues vor.

sich die neue Welterkenntnis vorbereitet).[29] Auf das Unbefriedigende der Ethik [habe ich] Sie aufmerksam gemacht. Alles [ist] relativ. [Die] Ethik, zu der das Denken gelangt, [ist] ganz unbefriedigend. Das Empfinden [kennt] eine viel lebendigere Ethik. Das Unbefriedigende [ist], [daß] nur [die] menschliche Gesellschaft [in Betracht gezogen wird]. Nicht Mitleid gegen die Geschöpfe. Die fühlende Ethik [ist] viel lebendiger und weiter.[30] Und dann die Ethik, die intime Ethik, die unscheinbare Ethik des Alltags, die wir mit den Menschen, die um uns sind, zu bewähren haben. Die Bedeutung der Ethik für unsere Selbstvervollkommnung. Warum wollen [wir], statt uns einfach dem Lebensgenuß zu ergeben, ethisch vollkommen werden? –

Im Vordergrund steht, daß unsere Ethik zu eng ist. *Die Entwicklung der Ethik.* [Der] primitive Mensch [kennt] ethisches Verhalten nur gegen seine nächsten Angehörigen. Nur gegen [sein] Volk. Dies können [wir] so schön im griechischen Denken verfolgen.[31] Dann im Spätstoizismus der Mensch als solcher. *Wesensverwandtschaft.* Bei Seneca, Marc Aurel. Die intuitive Ethik, dies [wurde? haben wir?[32]] schon früher erkannt. Die Bruderschaft[33] aller Menschen bei den israelitischen Propheten. – Aber die Schwierigkeit, damit Ernst zu machen. Weil [die] Ethik nur als Sorge für das Wohl einer bestimmten organisierten Gesellschaft begriffen [wird]. Die intuitive Ethik geht der denkenden voraus. Aber die denkende vermag nicht zu folgen.

Und dann zieht die intuitive Ethik den Kreis auch noch weiter.[34] Die Geschöpfe [werden] in den Bereich der Ethik einbezogen.[35] Und wie sich die Ethik der Philosophen sträubt, darauf einzugehen. Kant, in welch' verlegener Weise er das Mitleid gegen die Tiere erklärt.[36] Die

---

29 [R] Umbauen. Aber wohin führt es? Wo jetzt die größte Verachtung des Lebens – die höchste Ehrfurcht. (Für ein Stück Landes, für Werte, die keine sind.) Und das Neue [ist] schon da. Bereitet sich im Denken vor, Gedankenlosigkeit [ist] zu Ende. Denken ist, der Gedankenlosigkeit ein Ende machen (wenn [ich] einmal gefragt werde, was Denken ist). Neben [dem] Denken immer die Gedankenlosigkeit. Ethik aus dem Nachdenken über mich und die Welt. Erkenntnis der Welt ist das Miterleben. Das große Wissen.

30 [Über und unter d. Zeile:] Alles ist [Ms.: sind] ihm [dem bisherigen Denken?] etwas Fremdes. Seine ethische Gedankenlosigkeit ist noch vollständig.

31 [R] Diese Erweiterung können wir verfolgen im griech[ischen] Denken. [Der Gedanke der Gleichrangigkeit aller Menschen zögernd bei einigen Sophisten, deutlich in der Stoa.]

32 [Vgl. III. Vorlesung, S. 265.]

33 [Darüber notiert:] Engherzigkeit dieser [der primitiven] Ethik entlarvt. [Ihre Überwindung im Universalismus der Propheten, z. B. Jes. 2,2–4; 49,6.]

34 [R] Ethik darin, wie ich die Welt anschaue.

35 [Ms.:] gezogen.

36 [Siehe *Die Metaphysik der Sitten*, 2. Teil, «Ethische Elementarlehre», 1. Teil, § 17, *Kants Werke*, hg. v. E. Cassirer, Bd. VII, Berlin 1916, S. 256.]

ganzen Ethiken der Philosophie. Genau wie in der Naturwissenschaft. Tatsachen werden nicht beachtet, weil sie nicht in die Erklärungen, die die Naturwissenschaft von den Dingen gibt, passen. Ebenso im Geistigen. Die Unterscheidung zwischen wertvollem und wertlosem Leben! Geschöpfe mit Seelen, Geschöpfe ohne Seelen.[37]

Das indische Denken [ist] universeller als das europäische. Die Wesensverwandtschaft des Menschen mit allen Wesen. Aber die ethische Bedeutung [ist] nicht ganz erfaßt. Nur das Negative: das Nicht-Töten und das Nicht-Schädigen. In der Universalität der Ethik [ist das indische Denken] weiter voran.[38] Aber die Ethik tätiger Liebe fängt erst in den letzten Generationen an, es zu beschäftigen.[39]

Also die Ethik [wurde] aufgehalten durch Gedankenlosigkeit. Die Entwicklung der Ethik. Und diese muß zu Ende kommen.[40]

Und die Entwicklung der Ethik [ist] zugleich eine Vertiefung. Denn die alte Erklärung kann ja nicht aufrecht erhalten [werden]. [Die] universelle Ethik verlangt [eine] tiefere Erklärung![41] Die einzige Erklärung[:] Ethik ist Ehrfurcht vor dem Leben. Gut ist, Leben erhalten und Leben fördern. Böse ist, Leben schädigen, Leben vernichten.[42] Das Leben ist etwas Heiliges.[43]

[Aber wir] können [dieses absolute Prinzip der Ethik][44] nicht vollständig durchführen. Wir stehen alle unter der Notwendigkeit[, Leben vernichten zu müssen]. [Das] Weltgeschehen ist schöpferisch und zerstörend. Dieses grausige Geheimnis.[45] Auch [wir] stehen unter diesem Gesetz.[46] [Wir müssen] Leben erhalten mit [durch] Vernichtung von Leben. Aber das haben wir erreicht[, daß wir] nicht mehr gedankenlos Leben vernichten. [Wir] nehmen immer eine schwere Verantwortung

37 [R] Die Erweiterung der Ethik ist auch zugleich eine Vertiefung derselben. Das Denken begreift, was in meinem Leben enthalten ist.

38 [Über d. Zeile:] Aber ein wirkliches Miterleben mit den andern Wesen [kennt es nicht].

39 [Beigefügt:] Ethik: unser geistiges Verhältnis zur Welt.

40 [R] Zum Schluß: wieder [das] Bild vom Flußbett. Ich stehe am Ufer des Flusses – *Das wahre Denken gelangt zur Religion der Liebe.* Nur durch Gedankenlosigkeit davon aufgehalten. Und das Tiefste und Wesentliche aller Religion ist die Religion der Liebe. Die Geheimnisse, die in unserem Willen zum Leben verborgen sind.

41 [R] Den Glauben behalten, indem wir selber die Religion der Liebe in unserem Leben betätigen, daß [sie] einmal herrschen wird.

42 [Eingefügt:] Nicht mehr wertloses Leben.

43 [Zwischen die Abschnitte hineingeschrieben:] Damit ein absolutes Princip of Ethics [Prinzip der Ethik].

44 [Der Satz schließt an Anm. 43 an.]

45 [R] Konnte ebensowenig als die Entwicklung aufgehalten werden. Ethik hat es mit allen Menschen zu tun, ebenso [. . .] daß sie es mit allen Geschöpfen zu tun hat.

46 [Darüber beigefügt:] Gehen auf [dem] Pfad. [Beispiel aus A. Schweitzer, *Was sollen wir tun? 12 Predigten über ethische Probleme*, Heidelberg ^{2}1986, S. 35 f., 48.]

[auf uns].[47] Und wo wir frei sind[, versuchen wir,] desto mehr Leben [zu] erhalten. Erlöser der Geschöpfe.[48]

Hier [werden] die Ethik der Selbstvervollkommnung und die Ethik des Wirkens eine Einheit.[49] Aus dem einen Prinzip der Ehrfurcht vor dem Leben erklärt.[50] Warum [ich] mich nicht einfach dem Lebensgenuß ergebe ... Mein Leben ist mir selber ein heiliges Geheimnis. Höchste Erhaltung meines Lebens. Ethik ist höchste Erhaltung des eigenen Lebens in Vollkommener-Werden; höchste Erhaltung von anderem Leben in mitempfindender und helfender Hingabe an es.[51] Ethik ist das Absolute auf subjektivste Weise verwirklicht.

Und die Ehrfurcht vor dem Leben bestimmt die Ethik von Mensch zu Mensch. Diese große und schwere Ethik des Alltags. Des Erduldens und des Verzeihens, des Ertragens und Mißverstandenwerdens. Diese Ethik, in der wir versagen, in der wir einfach Kinder der Welt werden.[52] Darin können wir nur bestehen, wenn wir erfüllt sind davon, welch' Geheimnis das Menschenleben ist – das des anderen, das meine. Über den Dingen stehen.[53]

Das Denken gelangt also von sich aus, wenn es die Gedankenlosigkeit wegräumt, zur Ethik der Liebe. Diese ist intuitiv in unserem Willen zum Leben. Und diese allgemeine und tiefe Ethik hat religiösen Charakter.[54] *Jede tiefe Religion ist Religion der Liebe. Und jede tiefe Ethik der Liebe ist Religion. Unserer Zeit ist bestimmt, von der Ethik aus zur Religion zu gelangen!* Daran [ist] nichts zu ändern.

Religion ist geistiges Einswerden mit dem unendlichen Sein. Einswerden meines Geistes mit dem Weltgeiste.[55] Wirken im Sinne des Weltgeistes. [Ich] verstehe [zwar den] Weltgeist nicht. Aber das Wirken, das er mir befiehlt [, verstehe ich (oder: muß ich ausüben)]. Das Wirken, in dem ich eins werde mit ihm.[56] [Die] Ethik der Liebe [ist] auf die Welt gerichtet, auf die Unendlichkeit. Indem ich mein Eins-Sein mit allem, was lebt, erlebe und betätige, gehe ich Verbindung mit der Welt und mit dem Weltgeiste ein, auf tätige Art. Wo wir in Liebe handeln,[57] [werden

---

47 [Eingefügt:] Goethes Geschichte [U. Neuenschwander vermutet, daß Schweitzer an die von ihm öfter zitierten Verse Goethes von der Spinne denkt (*West-östlicher Divan*, Hikmet Nameh, Buch der Sprüche, 31). Vgl. oben S. 216, *Mensch und Kreatur*).]

48 [«Erlöser der Geschöpfe» ist nachträglich beigefügte Notiz. – Darüber:] von dem Bestreben, Leben zu erhalten, beherrscht.

49 [R] Vollkomenerwerden und Ethik der Tat.

50 [«erklärt» steht im Ms. nach «Prinzip». Über der Zeile:] Wie hängt beides zusammen.

51 [Unter d. Zeile:] Beides greift ineinander.

52 [Unter d. Zeile:] Die tiefste und schwerste Liebe ist die Geduld.

53 [Über d. Zeile:] Antipathie zum Schweigen bringen. Anders sein als [. . .].

54 [Darüber geschrieben:] Diese [hat] nicht nur die Bedeutung einer Religion.

55 [Darüber notiert:] Durch die ethische Tat hindurch. [Letztes Wort sehr undeutlich.]

56 [Dazu notiert (auf der anschließenden Ms.-S. 99 oben):] indem ich das Leben erhalte, das von ihm ausgeht.

wir] von Seligkeit erfüllt. Erhoben über die Welt. Eins mit dem Weltgeiste, mit Gott. Das, wozu das Denken kommt,[58] [hat] Jesus ausgesprochen. Eins-Werden mit Gott durch die Liebe. Dies bestätigt das nüchternste Denken, das sich mit der Wirklichkeit beschäftigt.[59] Die Einheit von Religion und Denken ist [verwirklicht] in der Religion der Liebe. Ethische Mystik. Wenn die Ethik sich in ihrer Entwicklung vollendet.

Zusammenfassung

Ich fasse zusammen. In der heutigen Welt herrscht die Gedankenlosigkeit.[60] Der Geist der Realitäten. Keine ethischen Ideale.[61] [Das] zeigt sich darin: [daß die] Ethik keine Rolle im öffentlichen Leben [spielt]. Diese Sinnlosigkeit [wirkt sich aus] in der Geringschätzung des Lebens. Die Gefahr besteht, daß Millionen von Menschenleben zerstört werden, [daß man sie] aufs Spiel setzen [will] für Werte, die keine Bedeutung haben,[62] für Fragen, die mit einiger Vernunft sich regeln ließen.[63] Keines [der Völker?] weiß, ob nicht das andere morgen über es herfällt. Die Gesinnung der Nicht-Ehrfurcht vor dem Leben herrscht. Und in dieser müssen wir geistig und materiell zugrunde gehen. Die Gesinnung der Ehrfurcht vor dem Leben kann uns retten.

Aber das Denken bereitet sich vor, das ethische. Die Ehrfurcht vor dem Leben. Es [dieses sich vorbereitende Denken] ist da in der Naturwissenschaft. Diese erfüllt uns mit dem Geheimnis, daß alles, was ist, Leben ist. Das Geheimnis des Lebens. [Der Sinn für die Ehrfurcht vor dem Geheimnis] bereitet sich vor in der Ethik.[64] [Eine] Entwicklung der Ethik [findet statt], daß sie sich immer erweitert und vertieft. [Es] kann wohl [ein] Aufhalten[65] geben. Aber die Entwicklung wird zu Ende kommen. Unter der Gedankenlosigkeit von heute ruht das Denken von morgen verborgen. Wir alle tragen es schon als ein Ahnen in uns.

Nichts Gekünsteltes. Keine Doktrin, die irgendein Denker[66] uns beibringt, kein System, sondern ein einfaches Denken, das in den Men-

57 [Darüber notiert:] Gottesoffenbarung.
58 [Unter der Zeile:] Aus der tiefsten Intuition.
59 [Zuerst, dann gestrichen:] beschäftigen muß.
60 [Unter der Zeile:] Denken desorientiert.
61 [Unter der Zeile:] Etwas, was zu ethischen Idealen zurückführt [muß kommen, bereitet sich vor].
62 [Groß über der Zeile notiert:] Ehrfurcht vor [dem] Leben ist das Ideal der Ideale.
63 [Der ganze Satz mußte der Deutlichkeit wegen umgestellt werden. – Über der angegebenen Stelle:] Leid [auch] über die Kreatur.
64 [Über der Zeile:] An Stelle der Erkenntnis der Welt das Erleben der Welt.
65 [Ms.:] Aufenthalt.
66 [Darüber:] Das neue Denken nicht von [einem] Denker erfunden.

schen entstehen wird, weil es selbstverständlich ist.[67] *Das, was in unserem Willen zum Leben gegeben ist, dies wird durch das Denken erkannt.*[68] Die tiefe Beziehung, in der wir durch unseren Willen zum Leben zur Welt stehen.

Darf ich Ihnen eine Geschichte erzählen[:] Als ich die Pfähle setzte. Die Tiere in den Löchern, wo sich das Wasser gesammelt hatte. In diesen fanden sich kleine Kröten, Eidechsen, Frösche, die hineingesprungen waren und nun (die Löcher über einen Meter tief) nicht mehr herauskamen. Die Wilden, die mir halfen, hätten die Pfähle unbehindert in diese Tiere hineingesteckt. Die Belehrung. Wie der Wilde dann nachher die Lehre verkündete beim Abhauen des Gebüschs.[69] Das Denken in uns. Die Frömmigkeit – wie viel Glaubensvorstellungen der Vergangenheit beibehalten [werden, ist weniger wichtig] – [nur] das eine: Eins sein mit Gott in der Liebe.

Die andere Geschichte vom Motor.[70] Durch tiefste Ethik und weiteste

---

67 [Darüber:] in ihrem Willen zum Leben enthalten ist.

68 [Über der Zeile:] Volksdenken.
[Unter der Zeile:] [Wird] in [dem] Volksdenken zur Entfaltung kommen.

69 [Die Geschichte wird von A. Schweitzer in den *Briefen aus Lambarene 1924–1927* so erzählt: «Daß aber auch in den Wildesten der Wilden das Mitgefühl gegen die arme Kreatur geweckt werden kann, darf ich beim Setzen der Pfähle erleben. Ehe der Pfahl ins Loch kommt, sehe ich nach, ob nicht Ameisen, Unken oder andere Tiere hineingeraten sind und hole sie mit der Hand heraus, daß sie nicht vom Pfahle zermalmt werden oder nachher beim Einstampfen von Stein und Erde zugrunde gehen. Denen, die mit mir am Werke sind, erkläre ich dieses Tun. Einige lächeln verlegen; andere lassen den oft so gehörten Spruch gleichgültig über sich ergehen. Eines Tages wird ein ganz Wilder, der mit mir Pfähle setzte, zu Frau Russell abkommandiert und haut mit andern Gebüsch um. Als dabei eine Kröte sichtbar wird, will sein Nachbar sie mit dem Buschmesser erschlagen. Er aber fällt ihm in den Arm und entwickelt vor ihm und der aufhorchenden Mannschaft die Theorie, daß auch die Tiere vom lieben Gott erschaffen seien, und daß dieser den Menschen, die sie gedankenlos quälen und töten, ein großes Palaver machen werde. Dieser Wilde war der letzte, von dem ich angenommen hätte, daß mein Tun und Reden beim Setzen der Pfähle ihm Eindruck machen werde». (A. Schweitzer, *Mitteilungen aus Lambarene*, Bern 1928, Heft 3, S. 40, *Selbstzeugnisse*, München 1959, S. 381 f.)]

70 [Diese Geschichte ist am Schluß der Skizzen fragmentarisch ausgeführt S. 71 f.):] Das Bild [von] der Luftschiffahrt. Nur eine Sache des Motors. Verzeihung für das banale Bild. Braucht Gaz [Gas], um sich in der Luft zu halten. – Nur Sache des Motors. Alle Versuche des Denkens müssen von [der] Ethik ausgehen. Wie das [Luftschiff] sich in der Luft hält, wie das gesteuert wird – nebensächliche Frage. Nur wie es Bewegung erhält, genügend sicher, genügend stark – dies [ist] das Wichtige. Ethik ist das Geistige des Lebens. Ich kann mein Leben nicht anders verstehen als Dienst am Leben. – [Der Sinn dieses Bildes von der Luftschiffahrt und dem Motor ist wohl der folgende: Die Ethik als die treibende Kraft des Lebens ist wichtiger als die natürlichen Gegebenheiten, die das Leben so lebensfähig erhalten, wie das Gas das Luftschiff flugfähig macht. Die IV. Vorlesung schließt in der Skizze, nach der Ausführung des Gleichnisses vom Motor, mit folgenden Sätzen:] Die große Welterkenntnis. Alles, was ist, ist Leben. Leben ist ein geheimnisvoller Wert. (Die Welt. Das Insekt – Das Denken erwacht. Er-

Ethik. Aus dem Dunkel.[71] Die Dämmerung eines neuen Denkens. Das alte wird nicht Herr der Gedankenlosigkeit.

Wir wollen unser Leben durch ethische Ideale beherrscht sein lassen. Ehrfurcht vor dem Leben, [das ist] das Ideal der Ideale. Ethisch[:] das wirklich Vernünftige.[72]

---

staunen über die Welt – Docta ignorantia.) Erkenntnis nicht um ihrer selbst willen, sondern was sie...

Nikolaus Cusanus, 1401–1464.

71 [R] Unfertige Religion.

72 [R] [Geplanter und im Vortrag wahrscheinlich auch ausgeführter Schlußabschnitt:] Schluß: das Bild vom Strombett. Am Morgen. Ich weiß nie, wann[?] die Regen [...] hie und da. Wo wird der Hauptstrom kommen. Eines Morgens. Diesen Glauben. Diesen fest halten und fest weiter geben, indem wir sie [die Ehrfurcht?] im Leben betätigen.

[Der Sinn dieses Gleichnisses scheint der folgende zu sein (vgl. I. Vorlesung, S. 229, Ms.-S. 6): Der das Land befruchtende Strom ist die Gesinnung der Ehrfurcht vor dem Leben. Gegenwärtig ist das Flußbett ausgetrocknet, aber wir sollen die Hoffnung und den Glauben aufrecht erhalten, daß eines Morgens die Regen fallen werden und der Strom wieder machtvoll dahinfließt.]

Anhänge

Die hier vorgelegten Anhangstexte stellen eine Auswahl dar. Im Quellenverzeichnis (S. 443 ff.) sind sie jedoch vollzählig angeführt.

Dokumentation von Skizzen, Varianten, Vorfassungen und Nachträgen, die uns von Interesse zu sein schienen, und Ergänzung von Zitaten und bibliographischen Angaben waren Kriterien der Textauswahl. Durch Beigabe aller in der Kopie im Archiv Günsbach enthaltenen Arbeitsmaterialien und Vorfassungen wäre der Band mit allzuvielen Wiederholungen belastet worden. Aus den Skizzen zu den Hibbert-Vorlesungen – es handelt sich größtenteils um Buchangaben, Exzerpte und Zitate aus A. Messer, Die Philosophie der Gegenwart, Leipzig 1916, ^{5}1924 – geben wir lediglich die Ms.-Seiten 47–59 (Dok.-S. 481–489) wieder, weil A. Schweitzer im Haupttext S. 267 (Ms.-S. 87, s. o. S. 267, Anm. 95), wie auch schon in den Skizzen selber (am Schluß der III. Vorlesung, Ms.-S. 67) darauf hinweist. Es ist möglich, daß er nicht nur die S. 47, sondern auch die anschließenden Skizzenabschnitte am Schluß des Vortrags der III. und IV. Vorlesung direkt übernommen hat.

Die Reihenfolge der Texte entspricht derjenigen der drei Haupttextteile des Bandes. Literaturangaben in nicht aufgenommenen Stücken sind in die gedruckte Ausgabe eingearbeitet. Nicht ergänzte Literaturangaben der Anhangstexte befinden sich vervollständigt im Haupttext. Ein vollständiges Literaturverzeichnis der von Schweitzer benützten (nicht nur der zitierten) Literatur findet sich auf S. 423 [vor dem Quellenverzeichnis].

A. Anhang zu «Kultur und Ethik in den Weltreligionen»

1. [Aus:] Alte Skizzen zu den Weltreligionen.

a) [Skizze über Indien][1]

Was haben die indischen Religionen in der Erkenntnis des Sittlichen geleistet?

Daß das religiöse Denken der Inder den Menschen nicht isoliert, sondern die Wesensgleichheit aller Geschöpfe anerkennt, bedeutet eine Tat, die für die Ethik von weittragender Bedeutung ist. Die Mauern, die die anderen Religionen und das abendländische Denken einengen, sind niedergelegt, und das Auge wagt, zu sehen, so weit der Blick reichen kann. Darum ist das erste Bekanntwerden mit den indischen Religionen ein überwältigendes Erlebnis. Auf die erste Begeisterung folgt alsbald die erste Enttäuschung. Die Ethik nimmt das weite Land, das ihr die Erkenntnis erschloß, nur unvollständig in Besitz.[2] Aus Einsicht in die Wesensgleichheit aller Wesen sollte naturgemäß sich ein tiefes Miterleben der Schicksale aller kreatürlichen Existenzen ergeben. So selbstverständlich erschien dies, daß wir Abendländer die indische Ethik, als wir sie kennenlernten, unbefangen in diesem Sinne idealisierten und sie als Ethik des Mitleidens und des Mitleids ausgaben. Sie ist es. Der naive Hochmut des Menschen und seine naive Gefühllosigkeit für die Kreatur, die nicht Mensch ist, die die anderen Religionen und das abendländische Denken entstellen, sind hier überwunden, im Prinzip. Die Welt, in der man lebt, ist größer. Etwas Elementares [ist gewonnen]. Und doch [ist] die indische Ethik nicht in dem Maße wirklich Ethik des Mitleids, wie sie es im Prinzip ist. Das Erleben ist bei dem Inder im Vergleich zum Erkennen verkümmert. Die Wesensgleichheit des Menschen mit den anderen Geschöpfen ist für ihn vor allem eine Tatsache der Erkenntnis. Aber er kommt der Kreatur dann nicht um so viel näher als einer, der diese Erkenntnis nicht hat. Sich davor zu hüten, ja keine Kreatur zu vernichten, ist dem Brahmanen ein heiliges Gebot, dem er bis ins Kleinste nachzukommen sucht. Aber er handelt dabei mehr aus Glauben und Scheu als aus wirklichem Mitleid. Die Nötigung, mit dem anderen

---

1 [Sac 6, Nr. 1c.] Sept. 1919.
2 [R] Der Begriff Leben. Es fehlt der Begriff des Lebens.

Lebewesen zu empfinden und ihm zu helfen, wo er kann, ist nicht besonders stark ausgeprägt.[3] Was das Weh der Welt ist, kommt ihm, bei allem Grübeln über das Wesen des Seins, nicht wirklich um Bewußtsein.[4] Nur bei Buddha wird das universelle Mitleid in seine wahren Rechte eingesetzt. Wahrscheinlich war es gerade das tiefe menschliche Empfinden in ihm, das bei dem brahmanischen Wissen unbefriedigt blieb und ihm den eigenen Weg eingab.[5] Von welcher Seite man seine Lehre auch betrachte, immer erscheint sie als vermenschlichte indische Frömmigkeit.

Daß es sich bei der Anerkennung der Wesensgleichheit der Kreaturen um etwas handelt, das mehr aus dem entlegenen[6] als aus dem unmittelbaren Überlegen kommt, tritt auch darin zutage, daß die indische Ethik an den entwürdigenden Unterschieden, die das Herkommen in ihrem Lande zwischen den Menschen aufgerichtet hatte, keinen Anstoß nahm. Sie erkennt das Kastenwesen an und sanktioniert die Verachtung, die den niedersten, dem Range nach tiefer als Tiere eingeschätzten Menschenwesen entgegengebracht wird. Ihr äußeres und seelisches Elend sieht sie nicht. In der Lehre der Jainasekte und Buddhas findet sich eine gewisse Anstrengung zur Weitherzigkeit. Aber sie kommt noch ferne von der Entrüstung darüber, daß Menschen nicht als Menschen gelten sollen, zum Stillstande.

In der indischen Frömmigkeit kommt also mehr Ethik des theoretischen als des wirklichen Mitleids zu Worte.

Welche Ziele setzt sie sich in der Welt vor? Nur die Vollendung des Einzelnen, sonst keine. Für die Gesamtheit[7] will [sie] nichts und erhofft nichts. Sie setzt sich keine allgemeinen Ziele in der Welt vor.[8] Sie leitet den Einzelnen nicht an, etwas für die Gesamtheit zu wollen und zu hoffen oder mit Begeisterung an einem allgemeinen Fortschritte mitzuarbeiten. Was aus dem Volke und aus der Gesellschaft wird, ist ihr gleichgültig. Nur mit dem Einzelnen ist sie beschäftigt und läßt diesen nur mit sich selbst beschäftigt sein.

Weil die indische Ethik nur Individualethik und nicht Sozialethik ist, erweist sie sich als unfähig, eine fortschrittliche Kultur hervorzubringen. Wo ihre Ideen auftauchen, fallen die Werte, die sonst für die Entwicklung der Völker und der Menschheit Geltung haben, in sich zusammen.[9] Darum mußte Schopenhauer die Ideale, die das 18. Jahrhundert und die große deutsche Philosophie aufgestellt hatten, belächeln

3 [R] Leben eine Definition.
4 [R] Unnatur des indischen Denkens.
5 [R] Gewaltig in der Anlage.
6 [R] Ethik: [nur] Mitleid mit sich selbst.
7 [Darüber:] Allgemeinheit.
8 [R] Unaktive Ethik: keine Gewaltsamkeiten.
9 [R] Auf einem ungeheuren Platz ein kleiner Bau.

und verneinen[10] und im Gegensatz zu Hegel in der Geschichte nicht eine Entwicklung zum Fortschritt, sondern nur eine verworrene Wiederkehr von Ereignissen erblicken.

Laotse und Konfuzius [haben dem gegenüber] den idealen Staat [?][11] (jeder auf seine Weise), Zarathustra [läßt] die Erde durch tüchtige Menschen, [ein] heiliges Geschlecht, das die Erde der Unfruchtbarkeit entreißt und den Sieg des Guten schafft[, bewohnt sein].[12] Zarathustra sang das Lob der Arbeit, die die Erde und das Volk umgestaltet. Für die indische Ethik ist eine arbeitende und erwerbende Gesellschaft nur ein Zeichen, daß so und so viele Menschenwesen noch von der wahren Erkenntnis entfernt sind, anders würden sie sich nicht im Getriebe der Welt halten lassen. Zugleich aber ist die erwerbende Gesellschaft ein notwendiges Übel. Sie bietet denen, die sich von allem zurückziehen, um ihrer Vervollkommnung zu leben,[13] den notwendigen Lebensunterhalt. Kein Verständnis für die realen Werte des Lebens [ist vorhanden].

Aber so wenig die Ethik der indischen Frömmigkeit die Ethik des wahren Mitleids [ist], so wenig [ist] sie die Ethik der wahren Selbstvervollkommnung. In welchem Sinne ist sie dies?[14] In den Schriften der indischen Religion finden sich viele Sprüche und Erzählungen, die hohen ethischen Wert besitzen.[15] Unter den Worten und Gleichnissen, die auf Buddha zurückgehen sollen, [sind] viele von packender Wahrheit. Beispiele.

Das Dhammapada. – Das Hindu-Spruchbuch. – Selbsterläuterung. [Man] vergißt, daß [es sich um] keine tätige Ethik [handelt]. Feinfühlig, aus tiefem Überlegen,[16] über alles Naive hinausgekommen. [Jedoch] keine tätige Ethik. Aber die Beschäftigung [des Menschen] mit seinen Gedanken. Selbstprüfung. Eine andere Welt. Quietistische Ideale.[17] Für die, die von der modernen Ethik [her]kommen, die dem Menschen nur Aufgaben in der Welt zeigt, aber ihn sich selbst entfremdet[, hat die indi-

---

10 [R] Feinheit.

11 [Oder:] Start[? Aber das ist bei Schweitzer kein gebräuchliches Wort].

12 [R] [Neben gestrichenem Abschnitt, der mit dem Satz beginnt:] Diese folgenschwere Unvollständigkeit der [indischen] Ethik ist in den Voraussetzungen des indischen Denkes gegeben. Kann nach ihren Voraussetzungen nicht anders. Gesellschaft nur aus der Unvollkommenheit der Menschen [bestehen lassen]. – [Sie ist nach diesem Verständnis] nur dazu da, die Vollkommenen zu erhalten.

13 [R] Ungeheure Enttäuschung: Gewaltige Fassaden mit kleinen Idealen dahinter.

14 [Vermutlich sollte der Satz lauten: «Sie ist es nur in einem bestimmten Sinne. In welchem?»]

15 [R] erziehende Ideale. Wunderbare[s?] System ethischer Gedanken. Kaum jemals so [an] Worte gebunden.

16 [Ms.:] ... überlegenem Überlegen.

17 [Zitat in den «Alten Skizzen» ..., hiervor Ms.-S. 4,] Dhammapada 372: «Keine Versenkung gibt es, wo nicht Weisheit ist; keine Weisheit, wo nicht Versenkung. In wem Versenkung wohnt und Weisheit, wahrlich, der ist dem Nirvāṇa nahe.»

sche Ethik etwas Faszinierendes]. Aber so wahr, so gut bebaut dieser enge Fleck der Ethik auch ist, der letzte Eindruck, wenn man sie nach allen Richtungen durchgangen [hat, ist] unbefriedigend. Oase. So groß, daß man sie [die Wüste] vergißt, aber überall [stößt man] auf Wüste. [Vgl. S. 284.] Überall stößt [man] auf Mauern.[18] Das Nicht-Tun bei der Jaina.[19] Aber der negativistische Grundzug dieser Sittlichkeit tritt darin zutage, daß die Askese über alles ethische Tun gestellt wird, [daß nur sie] die höchste Sittlichkeit repräsentiert. (Hier Zitate.) Wenn Buddha sich dagegen auflehnt, so begeht er damit eine Inkonsequenz. Die Instinkte, die ihn dabei leiteten, waren richtig; aber indem er im übrigen die tatenlose Ethik beibehielt, nicht mit dem System der indischen Sittlichkeit brach, war die Auflehnung gegen die Askese aussichtslos. Aber er hat recht empfunden, daß die Ethik, der die Askese als das notwendig Höhere übergeordnet wird, entwertet ist. Zuletzt tritt die Unnatur der indischen Ethik darin zutage, daß die aufgestellten Normen des sittlichen Verhaltens nicht auf den Menschen als solchen berechnet sind, sondern das mönchische Leben voraussetzen und dieses als das Wahre preisen.[20]

Weiter aber wird der Wert des ethischen Verhaltens dadurch in Frage gestellt, daß ihr nicht nur die Askese, sondern noch die Meditation übergeordnet ist. Das sittliche Verhalten soll nur die Vorbereitung sein auf den Zustand, in dem der Mensch durch eine Tat des Bewußtseins sich von der Welt erlöst, sei es, daß die Seele, nach der brahmanischen Lehre, mit dem Weltgeiste eins wird, sei es, daß sie, nach der Sāṃkhya- und Jainalehre und nach Buddha, schon jetzt des Nirvāṇas teilhaftig wird. Der Akt, in dem er auf dem Weg der Erkenntnis für die Welt tot wird, ist der entscheidende. Im Vergleich zu ihm ist alles sittliche Tun relativ. Der Weg der Werke führt nicht bis zum Ende. Nicht durch die sittliche Vervollkommnung erhält der Mensch Heimatrecht im Reiche des Geistes, sondern er tritt damit nur in [die] Vorhalle ein. Ausdrücklich wird auch gesagt, daß für den, der jener Erlösung teilhaftig geworden ist, das Tun indifferent geworden sei. Die Worte, in denen dies ausgedrückt wird, sind schillernd. Manchmal lauten sie, als ob der Erlöste alle Sünde überwunden habe und von sich aus nicht Böses mehr tun könne. Zuweilen aber bedeuten sie, daß er bereits jenseits von Gut und Böse steht und durch den sittlichen oder nichtsittlichen Charakter seiner Tat nicht mehr berührt wird. Hier Notiz über Seelenwanderung in ethischer Bedeutung.

Im Grunde ist in dem indischen Denken für die Sittlichkeit kein Platz. Ist die körperliche Welt nur etwas, was aus der Weltseele vorüber-

---

18 [Mit Bleistift geschrieben folgt hier ein Satzfragment:] Unbefriedigend nicht nur, daß keine Tätigkeit[?] nur[?] Sauerteig[?].

19 [R] 1) Ethik des Ausnahmemenschen, 2) Askese (Unnatur).

20 [R] Die Uhr zum Stillstand bringen.

gehend emaniert,[21] oder ein Schein für meine Vorstellung oder noch eine Kette von Erscheinungen, die neben den Erscheinungen der geistigen Welt[,] aber ohne inneren Zusammenhang mit ihr[,] ablaufen, so ist jede Betätigung in einer solchen Welt sinnlos.[22] Das Bestreben kann dann nur darauf gerichtet sein, durch die Einsicht in das Wesen der Dinge, indem man sie zum großen Erlebnis werden läßt, ihnen[23] auf den Grund zu sehen, die Täuschung zu überwinden und damit von der Welt erlöst zu sein. Ist der Erkenntnisakt das Entscheidende, so ist das einzige Verhalten die Tatenlosigkeit.[24] Wo die indische Idee am konsequentesten auftritt, in der Vedāntalehre und in der Sāṃkhyaphilosophie, wird mit diesem Gedanken auch so Ernst gemacht, daß für eine Ethik kein Raum mehr ist. Kalter Intellektualismus. Entweder wird die innere Freiheit von der Welt durch die Sittlichkeit – wie auf einem langen Wege – oder durch eine Erkenntnistat, in einem einzigen Akt, erreicht. Wo das letztere anerkannt ist, wird das erstere hinfällig, ist innerlich aufgehoben, im Grunde wertlos gemacht. Daß man ihm noch eine vorbereitende Bedeutung zugesteht und annehmen will, daß sie auf den Zustand vorbereitet, in dem man jener erlösenden Einsicht teilhaftig werden kann, ändert an dieser Tatsache nichts. Die Sittlichkeit ist damit untergebracht, aber nicht zur Geltung gebracht. (Oder die Seelenwanderung hier unterbringen).[25]

Das indische Denken hat also kein geschlossenes System hervorgebracht, aus dem sich eine Grundanschauung des Sittlichen ergibt, sondern soweit es mit sich selber konsequent ist, verneint es das Sittliche und ist rein intellektualistisch. Wenn eine Reihe von Lehren, im Grunde so eng miteinander verwandt, im einzelnen aber auseinanderstrebend [sind], so erklärt sich diese Erscheinung daraus, daß im indischen Denken ein Kampf gegen seine eigenen Konsequenzen stattfindet.[26] Nicht nur erkenntnismäßige Lehrgegensätze. Das Sittliche ringt um sein Recht. Auf alle Arten will es sich dem System, in das es nicht hineingehört, einfügen, eine zweite Stelle erringen, die ihm bald weiter, bald enger eingeräumt wird. Die stärkste Auflehnung des natürlichen sittlichen Empfindens findet im Buddhismus statt, der sogar, in der Bekämpfung der Askese, sich gegen die konsequente Ausprägung des negativen Charakters der Sittlichkeit ausspricht. Aber hier eben zeigt sich, im Unterliegen des Buddhismus in Indien,[27] daß [es] eine Anstrengung, von ei-

21 [R] *Die Sittlichkeit [ist] nicht die Freiheit von der Welt.*
22 [R] Sittlich, weil ihm die Welt indifferent.
23 [Ms. statt «ihnen»:] den Dingen.
24 [R] leerer Begriff des Seins.
25 [R] Sittlichkeit und Seelenwanderung. Wert der Seelenwanderung.
26 [R] Dies der Schlüssel. Mit dem rein philosophisch [Philosophischen?] (Pantheismus oder Atheismus) noch[?] das Sittliche ... und dies [ist] das Allgemeinere.
27 [R] Aussichtslos.

nem großen Geiste ausgehend, war, die auf die Dauer gegen die innere Konsequenz der geltenden Gedanken nichts vermochte.[28]

Daß die Ethik im indischen Denken, welche Ebene man ihr auch anweise – die Ebene einer Gefangenen – im Grunde nur geduldet ist, ist mit dem leeren inhaltslosen Begriff des Seins gegeben, von dem sie ausgeht. Sie glaubt, das Sein erklären zu können, aber um welchen Preis? Daß es ein inhaltsloser Begriff wird, sich nicht mehr mit dem rätselhaften und reichen Leben deckt. Eine tote Abstraktion. Von dieser [führt] kein Weg zum wirklichen Leben und [zu] den Problemen und Kräften, die es enthält. Es gibt dann nur Lebensverneinung, Verneinung des Lebens, bis es sich mit dem Leeren des Begriffs des Seins deckt, auf diesen zurückgeführt wird. Man kann aus dem Begriff nichts herausholen, was nicht drin liegt. Also Totsein bei lebendigem Leibe ist [das] Ideal. Lebensverneinende Ethik [ist] ein Weg dazu. Aber wo Intellektualismus anerkannt ist und Aufhebung des empirischen Daseins zugunsten des inhaltslosen sich durch [einen] Denkakt vollziehen kann, [ist] der radikale kürzere Weg der einzig logische, der andere daneben [wird nur] streckenweise begangen. Und Lebensverneinungs-Ethik hebt sich auf, weil der viel radikalere Weg der absoluten Tatenlosigkeit, der Verneinung in einem einzigen Akt[,[29] begangen wird]. Das Gespenst des Todes blickt überall hindurch. [Die] Ethik [ist] im indischen Denken [eine] Oase, so groß, daß man vergißt, daß [sie] nur eine Oase ist. Aber wenn man in ihr weitergeht, [stößt man] auf Wüste, in welcher Richtung man auch schreite.

Der Geist [der] indischen Religiosität[30] [hat] etwas Großes und Gewaltiges unternommen, weil er, von allen naiven Voraussetzungen sich frei machend, es wagt, dem großen Rätsel des Seins ins Auge zu blicken, sich in ihm zu verlieren. In dieser Hinsicht [ist er] universeller, voraussetzungsloser, elementarer und tiefer als das Denken in den anderen Religionen. Aber das Resultat ist niederschmetternd. In der Ergründung des Seins [hat er] kein Fundament für die Ethik gefunden, sondern Ethik nur als Anbau. Liegt dies nur daran, daß er,[31] statt den lebendigen Begriff des Seins aufzunehmen, von einem abstrakten ausging, oder ist es so, daß aus der Ergründung des Seins niemals die Idee des Sittlichen gewonnen werden kann?[32] Anders gesagt: Stellt die Entfaltung des indischen Denkens ein tragisches Stück für sich dar, oder ist es der tragische Prolog zu dem Schicksal, welches dem Denken der Menschheit beschieden ist, wenn es, der inneren Notwendigkeit Folge

28 [R] Ethische Lebensverneinung viel radikalere: ...

29 [Dieses Komma ist möglicherweise hinter das Wort «Verneinung» zu versetzen.]

30 [Zuerst, dann gestrichen:] Das indische Denken.

31 [Ms.:] es [bezieht sich auf «das indische Denken»].

32 [R] Kann [es] hoffen, das Rätselhafte und Selbstbejahende in dem Wesen des Seins [...], eine Ethik aus dem Sein zu begründen?

leistend, das Unbefriedigende der bisherigen Herleitungen der Idee des Sittlichen sich einzugestehen wagend, zum universalistischen Denken gedrängt, dem tieferen Überlegen folgend, es[33] aus dem Wesen des Seins zu ergründen sucht? Eine furchtbare Wahrheit: Gut und Böse sind vor dem Absoluten Illusion! Es gibt nicht Gut und Böse ... es gibt nicht Tat ... [Es] gibt nur Geschehen, das die Seele erleidet, solange sie nicht weiß, wie sie dazu steht, und das ihr bedeutungslos wird, sobald sie über ihr wahres Verhältnis dazu aufgeklärt ist. Alles ist Schein oder [hat,] soweit es als Wirklichkeit anerkannt ist (in den atheistischen Systemen), keine Beziehung zum Leben.[34] [Der] Materialismus des indischen Denkens [anerkennt?] keine Realitäten für [das] Handeln. Nichts Lebensbejahendes.

b) Zur Skizze über [die] Ethik Jesu[35]

Das ungeheure,[36] nur aus der eigenartig religiösen Vorstellungswelt zu erklärende Selbstbewußtsein. [Das] Outrierte[37] der Ethik: [Nach einem] Schlag [auch] noch die andere Backe [hinhalten]. Wer dich zwingt, eine Meile [weit zu gehen,] mit dem gehe zwei. Wer um einen Rock rechtet, diesem [laß] auch [den] Mantel (Mt. 5,39–41). Das Unvollkommene an [dem] Gesetz. [Den] Nächsten lieben, [den] Feind hassen.[38] Nicht schwören: ganze Rede, ja, so zuverlässig wie ein Schwur [Mt. 5,33–37]. Nicht töten: Haß [ist] schon innerlich, was Mord ist [Mt. 5,21.22]. Gegen Lösung der Ehe [Mt. 5,27.28]. Wiedervergeltung: alles erdulden. Her[a]bsetzen [?] des Fastens und [des] Gebets, wem [es nur Anlaß zur Heuchelei ist,] dem [nützt es] nichts [Mt. 6,5–18]. – Jesus [hat] nur einmal zusammenhängend über Ethik gesprochen. In [der] Bergpredigt, wo [er] das Wort Sinnesänderung in besondere Anweisungen zerlegt und zugleich feststellt, inwieweit das dabei Geforderte über die Satzungen des Gesetzes hinausgeht. Enge Pforte. Für [die] Religion: das Ethische [ist] entscheidend, an den Früchten wird [ihr Wert] erkannt [Mt. 7,16.20, vgl. 7,17]. Dazu einige Entscheide.

[Jesus zeigt] Interesse an den Einzelnen: [Das] verlorene Schaf [Mt. 18,12–14]. Fortwährendes Vergeben gegen [den] Bruder, Mt. 18,15–22. [Das] Kind, Mk. 10,13–16. Zurückverwandeln [des Menschen] in seine Unbefangenheit. [Jesus] verdammt den jüdischen Hochmut. Gelegentlich [nennt er] als das Gebot der Gebote [die] Liebe zu Gott[, die] die

---

33 [es: das Sittliche.]
34 [Undeutlich korrigiert:] Seele[? Seelenleben?].
35 [Sac 6, Nr. 1c.] Sept. 1919.
36 [Darüber:] gigantische.
37 [übertriebene.]
38 [Mt. 5,43.]

Liebe gegen [die] Menschen in sich begreift (Mk. 12,28–31). [Das] Gesetz der Gesetze. Rede gegen [den] Pharisäismus. Das Tiefe, [das] unmittelbare Verstehen des[39] Menschlichen.

Ob pessimistisch oder optimistisch. Pessimistisch in [der] Weltverneinung, Verneinung dieser Welt. [Aber] optimistisch in [der] Lebensbejahung. Darin [liegt] das Widerspruchsvolle. Kultur in Anlage [?]. Lebensbejahende Vervollkommnung des Einzelnen. Kulturverneinend, weil [die] Existenz und Fortbildung der Welt verneint [wird]. Mit [dem] Augenblick, wo die Fortdauer der Welt [offenbar ist,] bejaht [sie?] sich, notwendig.[40] Aber [diese Bejahung hat] nur Elemente der innerlichen sittlichen Kultur des Einzelnen in sich, und die Kultur der Gesellschaft [wird] daraus nicht abgeleitet. [Das] Christentum verbindet sich [mit] ethischen Ideen, wie die Zeit sie hervorbringt. Die große ethische Kulturmacht. Rationalismus. Alle Ethik [ist] im Christentum wie im Keime begründet. [Eine] Gesellschaftsordnung [ist] daraus ableitbar. Zugleich wirken sich [die] kulturverneinende[n] Elemente aus, und die Unvollkommenheiten, die ...

Ethik des Weisen (Laotse); Ethik des Mönches (Indien); Ethik des Willens zur Kultur (Zarathustra). Jesus [ist] Fortsetzer der Propheten: aber jene [sind] mit [dem] Volk beschäftigt, er nur mit dem Einzelnen.

Der Einzelne gibt sich selbst auf. Das Überspannte. [Das] Irrationale in dem, was er von den Menschen erduldet, und in dem, was er ihnen Gutes antut. Der gewöhnliche Horizont ist weggetan. Ethik [ist] irrational. Ethik ist nicht eine ausführbare, abgrenzbare Pflichtenlehre. Wo [Jesus] durch Gelegenheit dazu gebracht wird, [den] Grundgedanken derselben zu formulieren: Liebe als zwingendes ethisches Prinzip. Das Heraustreten aus der eigenen Existenz und das [Sich-]Einsetzen für die anderen. Wo die Grenzen der Selbstaufgabe [erreicht sind]. Sich verlieren an [die] Welt und die Menschen, ohne zu rechnen, in jeder Hinsicht. Ihm zu geben, was er von einem nimmt. [Das] Extravagante dieser Ethik. Kein Rechten, kein Wehren, kein Rechnen. Je mehr [der Mensch so] sich verliert, desto reicher wird er [im Hinblick] auf [die] zukünftige Welt. Sein jetziges Leben verliert [er] und wird dafür das wahre finden [Mt. 10,39]. Ethik: das Prinzip, welches dem Prinzip des Geschehens in dieser Welt entgegengesetzt ist, wenn man [sie, die Ethik] auf [ihren] philosophischen Ausdruck bringen will. [Dort] Leben, das sich behauptet gegen das andere Leben und es sich dienstbar macht, und hier Leben, das sich nicht behauptet und dient. [Der] Menschensohn [ist] gekommen zu dienen und sein Leben zu geben, zur Erlösung für viele [Mt. 20,28], dabei [liegt] der Gedanke [zugrunde]: weil er freiwillig Leiden auf sich nimmt; die Vielen: die zum Reich Gottes berufen sind, sollten

39 [Ms.:] für das.
40 [Ms.:] wo die Fortdauer der Welt sich bejaht, notwendig.

in [der] großen Drangsal, der «Versuchung», erprobt werden, und [sie werden] davon befreit, weil er sich anbietet, für sie zu dulden. Gott nimmt dies Opfer an.

Die Selbstaufgabe [ist] nur aufstellbar, weil [Jesus] mit [der] Kürze der Zeit rechnet, in der sie zu üben ist, und weil [sie?] harmonisch mit den neuen [erwarteten] Verhältnissen [zusammenhängt?]. Lossagen von der Welt und ihren Gesetzen. Aber gerade [das] Wesen der Ethik [kann sich unter diesen Umständen ungehindert auswirken]. Für [jede] andere Ethik [genügt es, gleichsam in] eine[r] großen Bucht hin[zu]fahren. Er aber [fährt auf den] Ozean [hinaus]. Kein Ende des Wagens.[41] Alles Vernunftgemäße [ist] getilgt. Aber [er ermöglicht einen] Blick in das wahre Wesen der Ethik. [Er] verirrt sich durch [einen] verborgenen Arm der Bucht auf [das] Meer, wovon die andern nichts ahnen.[42] Falsch [ist] das, was die andern Ethiker,[43] Laotse und [die] indische[n] oder zarathustrische[n] an Elementen der Menschenliebe aufstellen. Aber[44] [sie haben] die Konsequenzen nicht gesehen, die Paradoxie[, die deutlich wird], wenn [man] das Prinzip ausdenkt. [Sie] wollten [die] ganze Ethik geben, alles andere, das für die Ethik in Betracht kommt, [haben sie] mit berücksichtigt. Er [Jesus] aber ist damit fertig, *in naiver Weise spricht [er] eine Wahrheit aus. Die Widervernünftigkeit [ist] in der Ethik logisch, sobald man Menschenliebe als Element der Ethik anerkennt.* Wo hört sie auf? [Ihr werden] Grenzen gesetzt ... aber [die Wahrheit ist,] daß sie keine Grenzen anerkennt. [Daran ist] nichts Krankhaftes. [Sich] seine Natürlichkeit erhalten.

Μετάνοια (Sinnesänderung). Etwas [ist] in [die] ethische Diskussion hereingeworfen [worden,] womit [die] Ethik nicht fertig wird. [Das] Gewaltige und Gewaltsame. Explosive Natur. [Jesus] wollte nur eine Ethik für [die] Israeliten, die sein Opfer [?] erreichte [?] für etliche [. . .] Diese [wurde] zur Ethik der Welt.[45]

Plan:

1) Worin die Leistung besteht.[46]
2) Schilderung der ethischen Unterweisung. Kein Lehrer. Einer, der

---

41 [Ms.:] Wogens[?].

42 [R] Sahen die Bucht [nur als] einen See an.

43 [Oder, undeutlich:] Ethiken.

44 [Dieses «aber» deutet darauf hin, daß der vorangehende Satz möglicherweise wie folgt zu ergänzen ist:] Falsch ist das, was die andern Ethiker [oder Ethiken] [aufstellen]. Laotse und [die] indischen oder zarathustrischen [haben] an Elementen der Menschenliebe [manches Wertvolle beigebracht]. Aber ...

45 [R] [Undeutlich, auf welche Textstelle bezogen:] Auf Anleihen angewiesen.

46 [R] Erfolge des Christentums: [dank] der ethischen inneren Hoheit und geschichtlichen Zufällen und innerer Geschlossenheit der Lehre[.] Hätte ihm ergehen können wie Zarathustra.

eine Nachricht verkündet. Mit Buddha keine Ähnlichkeit. Innere Leidenschaftlichkeit. [Die meisten Belehrungen hat er] zufällig von sich gegeben. Mit der Verkündigung der Sinnesänderung [war] alles gesagt. Bergpredigt. Der Rest [waren] zufällige, kurze Gespräche.

3) Die aus dem [erwarteten] Weltende [sich ergebende] Freiheit mit ihren Konsequenzen[:]
 a) Freiheit von [der] Überlieferung. Gedanken ausdenken, die aus[zu]denken [er] sonst nicht [unternommen hätte].
 b) Keine vollständige Ethik.
 c) Ethik der Vervollkommnung des Einzelnen, ohne Abdämpfung der Gesinnungen [?]. [Nichts?] Mönchische[s?]. In allem bleibt [er] Mensch. Ungeheure Lebendigkeit. [Die] ganze Empfindsamkeit gewahrt. Auch nicht [das] Ideal des Weisen. Verinnerlichung und Selbstvervollkommnung [bedeuten sonst so] etwas wie Herabsetzung des unmittelbaren Empfindens und der Lebensenergie. Bei ihm [bleibt] die ganze Unmittelbarkeit. [Das] kleinste Ding und [der kleinste] Umstand des Lebens behält seine Wichtigkeit.
 d) Ethik der Menschen- und Gottesliebe. Was die andern [Ethiken] an Elementen der Menschenliebe [aufweisen]. Aber [bei Jesus?] setzen [die] Begleitstimmen aus. [Das] Motiv allein erklingt, [hat] ganz anderen Charakter – Konsequenzen. Die Unvollständigkeit [dieser Ethik ist] ihre Vollkommenheit.
 e) Optimistisch oder pessimistisch. [Ob] Kulturethik oder nicht. [Das?] Prinzipielle a) unvollständig, b) pessimistisch. [Als] ein Stück ohne Fortsetzung gedacht, [hat] aber durch [die] Ereignisse eine Fortsetzung gefunden. Innerlich: Kulturbejahung: Herzenskultur des Einzelnen. Eine auf Aktivität beruhende Vollkommenheit des Einzelnen. *Handeln!* Tätige Ethik! Aber Ergänzung! Ethik Jesu – Christliche Ethik. Wie sich andere ethische, zweckmäßige Gedanken mit [der] Ethik Jesu verbinden. Das Widersprechende geeint. Verwickelte Geschichte. *Warum*[47] *[das] Christentum gesiegt [hat], trotzdem es innerlich verurteilt [war] durch Tatsachen.*
 f) Paulus.[48] Dann Entlehnung im Griechentum. Mittelalter. Neuzeit. Rein optimistische Ethik. Nur Grundidee[,] alles dazu [?]
 g) Das Kulturverneinende bricht immer wieder durch. Katholische Kirche (praktisch). Historische Forschung, theoretisch. Denker empfinden es. Nietzsche.

---

47 [Im Ms. eher wie «wann» zu lesen, was aber keine rechten Sinn des Satzes ergibt.]

48 [R] Paulus schafft Ethik Jesu aus ihren Voraussetzungen. *Neue dazu.* [Vielleicht ist diese Notiz wie folgt zu ergänzen: P. schafft zur Ethik Jesu aus ihren Voraussetzungen das Neue dazu.]

Nachtrag
Jesu Ethik [ist] nicht absolute Ethik ... aber Ethik der absoluten Sittlichkeit.

c) [Nachtrag zum Abschnitt über Ägypten][49]

Dieselben Gedanken [wie im Papyrus Prisse] auf der Stele C. 55, Louvre Paris. Preis der Taten eines Fürsten. Dies alles [hat er] getan. Rühmt sich ungefähr [dessen,] was in der Unterweisung Petah-Hōteps [enthalten] ist. So auf allen Stelen der mittleren Dynastien. Auf einer [steht]: «Er war der Vater der Weisen, der Gatte der Witwe, das Auge des Blinden, der Fuß des Lahmen» (S. 147)[50] Also [ein] Humanitätsideal in den mittleren Dynastien (12te), [ein] Fortschritt. [Aber der] Klerus [läßt das] Volk in Unwissenheit und Abhängigkeit.[51] Die Unsterblichkeitsvorstellungen [sind] kompliziert. [Die] Seele [tritt eine] Wanderung in [die] Unterwelt [an] (S. 236).[52] Gericht des Osiris mit 42 Beisitzern. [Die] Seele bringt eine Apologie vor. [Wird darauf] gerecht gesprochen. Während des Tages sich metamorphosierend in [ein] heiliges Tier.

Das Bekenntnis ist ihr im Totenbuch vorgeschrieben. Zitieren, was [die Seele im Leben] getan, dann was [sie] nicht getan hat (S. 243 [u. 244 f, 246 f, 248 f]).[53] Aber eben das sittliche Bewußtsein fehlt. Der vollständige Tod. Nie [ein] Nachdenken über [das] Wesen des Sittlichen.[54]

---

49 [Sac 6, Nr. 1c] Sept. 1919.
50 [Vgl. die Angaben Anh. A,2, S. 305, Anm. 55.]
51 [R] Entef-Stele.
52 [Seitenangabe nach Amélineau, *Essai*.]
53 [Seitenangabe nach Amélineau, *Essai*.]
54 [Siehe S. 302, Anm. 37.]

2. [Aus:] Das ethische Suchen der Menschheit[1]

Die Grundidee des Sittlichen *[Einleitung]*

Ich suche Menschen, die mit mir über die Frage des Sittlichen nachdenken[2] wollen. Zu ihnen rede ich als zu unbekannten Vertrauten.

Daß ich damit eine Vermessenheit begehe, weiß ich wohl. Läßt sich über Ethik noch etwas Neues beibringen? Ist nicht alles, was sich darüber erdenken läßt, von Laotse, von Konfuzius, von Buddha, von Zarathustra, von Sokrates, von Plato, von Aristoteles, von den Epikuräern, von den Stoikern, von Jesus, von Paulus, von den Denkern der Renaissance, der Aufklärung und des Rationalismus, von Hobbes, von Locke, von Shaftesbury, von Hume, von Spinoza, von Kant, von Fichte, von Hegel, von Schopenhauer, von Nietzsche und den andern ausgesprochen worden? Gibt es eine Möglichkeit, über diese in der Vergangenheit geäußerten, sich widersprechenden Überzeugungen zu neuen, die eine größere und dauerndere Macht besitzen, zu gelangen?

Wir müssen es hoffen, wenn wir nicht an dem Schicksal der Menschheit verzweifeln wollen. Vor einem halben Jahrhundert konnte man noch glauben, daß die Ethik, die sich als Ertrag des Denkens der alten und der neuen Kultur ergeben hatte, bei aller Unvollkommenheit und Unvollendetheit doch imstande wäre, die Menschheit und die Einzelnen einigermaßen auf dem Wege des sittlichen Fortschritts zu erhalten. Diese Illusion ist uns genommen. Die Völker wie die Einzelnen sind ⟨im Begriffe,⟩ der Inhumanität, den Leidenschaften, dem Leichtsinn, der Unehrenhaftigkeit, der Phrase und der Lüge ⟨zu⟩ verfallen. Was sie an ethischen Idealen aus dem Zeitalter der Aufklärung und der großen Philosophie besaßen, ist, mehr als es ihnen zu Bewußtsein kommt, verbraucht und entweiht. Die furchtbaren Ereignisse, durch die wir hindurch müssen, sind nur ein Ausdruck dessen, was sich im geistigen Leben der Menschheit vorbereitet und vollzieht. Mit der Gesinnung, wie sie unter uns herrscht, werden wir die Probleme, vor denen wir stehen, niemals lösen können. Der geistige Zusammenbruch, in dem die Völker und die Gesellschaft den Einzelnen mit sich ins Verderben ziehn, wird

---

1 [Sac 7, Nr. 2a.]
[1. Fassung, 1919, Erster Untertitel S. 296 (Ms.-S. 5):] *Die Regeneration der Kultur.* [Weitere Titel (Ms.-S. 61, Sac 7, Nr. 2 b):] *Der Weg der Menschheit zur sittlichen Erkenntnis. Die sittliche Entwicklung der Menschheit.*

2 [R] Begonnen am 30. VII. 1919. Chirurgische Klinik Stoltz. Straßburg. Als Patient in dieser Klinik. Abt. 207, Zimmer 2.

immer offenbarer werden. Im Grunde genommen hat der Durchschnitt der heutigen Menschen auch gar nicht mehr die Kraft, gegen das, was mit der Menschheit und mit ihnen selbst vorgeht, zu reagieren, weil sie schleichendem Skeptizismus und Pessimismus verfallen sind und nicht mehr wirklich an einen geistigen Fortschritt glauben. Die Vielen sind im Begriff, sich einzurichten, zu leben ohne die Hoffnung, daß die Menschheit und der Mensch besser werden. Sie meinen damit nur eine Illusion mehr zu verlieren.

Diejenigen aber, die sich nicht betäuben lassen wollen, spüren in dieser Hoffnungslosigkeit den Hauch des Todes. Der Glaube, daß die Menschheit, und wir mit ihr, zum sittlichen Fortschritt bestimmt ist, ist die Energie, von der wir leben. In den Zuständen, die uns umgeben, und in der Gesinnung, die um uns herum wirksam ist, finden wir keinen Anhalt zum Hoffen. Was wir mit unserer Zeit und den Menschen unserer Zeit erleben, gibt nur dem Pessimismus Raum. Und ließen der Charakter der sich abspielenden Ereignisse, die Plattheit derer, die als führende Geister fungieren, und die niedrige Einstellung des Erkennens und Wollens der Massen noch für etwas Hoffnung Raum, so müßte, was sich davon noch böte, deswegen aufgegeben werden, weil keine Anzeichen der notwendigen Einsicht vorhanden sind. In dem Irrtum, der uns abwärts geführt hat, gehn wir weiter. Er besteht darin, daß wir den Problemen gegenüber, die die Zeit uns stellt, mit äußeren Maßnahmen auszukommen meinen,[3] wo das Wesentliche an ihnen nur durch Gesinnung lösbar wird. Wir vertrauen auf Wechsel im System und Vervollkommnung der Organisation, wo in Wahrheit nur ein neuer Geist, der zu allem, was unternommen wird, hinzukommt, Hilfe bringen kann. An diesem naiven Materialismus gehen wir zugrunde.

Wir, die wir uns auf unseren Wirklichkeitssinn so viel einbilden, haben kein Verständnis für die Wirklichkeit und die sie gestaltenden Kräfte. Die Wahrheit, daß der Geist der Menschen der Grund des Geschehens innerhalb der Menschheit ist, ist uns abhanden gekommen. Unschöpferisch sind wir dem Schicksal der Ereignisse unterworfen. Sie begraben uns unter sich wie die Sturmeswellen das Schiff, das Segel und Steuer verloren hat.

Es muß eine geistige Erneuerung kommen. Aber hüten wir uns vor jeder äußerlichen Vorstellung dieser Regeneration. Wie sehr wir im Banne der Mentalität unserer Zeit stehen und ungeistig denken, äußert sich darin, daß wir meinen, unsere Völker könnten [sich] unter dem Einfluß von unter sie geworfenen Ideen als Ganzes regenerieren. Damit legen wir ihnen zuviel Individualität bei und verwechseln, wie wir es seit Jahrzehnten tun, das Wesen der Wahrheit mit dem der Propaganda. Das Ganze kann nur aus der Regeneration des einzelnen Menschen re-

3 [R] Das Sittliche geht nur noch als Phrase um.

generieren, und die Erkenntnisse und Willensantriebe, die die neue Gesinnung ausmachen, lassen sich nicht einer Masse als Meinungen aufdrängen. Gibt es noch eine Hoffnung auf geistige Erneuerung der Völker und der Menschheit, so kann sie nur so in Erfüllung gehen, daß bei Einzelnen eine Selbstbesinnung auf das Wesen des Sittlichen stattfindet, die sich andern Einzelnen mitteilt, bis aus unscheinbaren Anfängen eine neue Gesinnung entsteht, die etwas über unsere Zeit und ihre Probleme vermag. Die neue öffentliche Meinung muß unöffentlich entstehen, durch denkende Menschen, die sich untereinander verstehen. Nur wenn sie auf diese Weise aufgekommen ist, kann sie den Kampf gegen die öffentliche Meinung der Phrase und der Propaganda wagen und in der Gesinnung der einzelnen Menschen führen. Verfügt sie über genug ethische Energien, so wird sie siegen und die Menschheit aus dem äußeren und geistigen Elend erretten.

Das Unzeitgemäße ist also das Zeitgemäße.[4] Sind auch die Probleme des öffentlichen Lebens derart, daß ihnen unsere ganze Aufmerksamkeit und unsere ganze Anstrengung gehören zu sollen scheint, so müssen wir uns doch, damit wir dann etwas leisten können, in die Einsamkeit mit uns selbst begeben, um als Menschen, die sich selber wieder gefunden haben, an die Aufgaben, die unserer harren, heranzutreten. Darum hat, wer etwas zur ethischen Selbstbesinnung der Einzelnen zu sagen zu haben glaubt, das Recht, jetzt zu reden, obwohl die Stunde öffentliche Fragen ausgeschrieben hat. Mag es noch so bescheiden sein, was er zu geben hat, so wirkt er doch an der Zukunft als einer, der die Zeichen und die Nöte der Zeit verstanden hat. Das Neue, nach dem wir ausschauen, muß von innen heraus erbaut werden.

So unternehme ich es, zu Zeitgenossen jetzt von Ethik zu reden. Die Probleme der Sittlichkeit beschäftigen mich seit der Zeit, da das Nachdenken in mir erwachte. Nach und nach nahm ich, so viel ich konnte, Kenntnis von dem, was in dem Denken der alten und neuen Zeit dazu geäußert worden ist, und setzte mich nach dem, was ich mit mir selbst und mit der Menschheit dieser Zeit erlebte, damit auseinander. Mein Suchen ging nach einem Grundprinzip der Sittlichkeit, das weiter, elementarer und zwingender wäre als die bisher aufgestellten [Prinzipien] und zugleich die Widersprüche aufhöbe, in denen diese zu einander stehen. In der Einsamkeit des Urwaldes Äquatorialafrikas die Werke der Ethiker zu Genossen beim Ausruhen von der täglichen ärztlichen Arbeit unter den Eingeborenen habend, von der Majestät der allgewaltigen Natur ergriffen, an unserer Kultur seit Jahren irre geworden

4 [R] Paradox: [In einer] Zeit der öffentlichen Probleme, der öffentlichen Aufregungen, [da] unsere ganze Aufmerksamkeit von den öffentlichen Dingen in Anspruch genommen ist, den Menschen in die Einsamkeit mit sich selbst zu führen. Aber das Unzeitgemäße ist das Zeitgemäße.

und jetzt ihren Zusammenbruch aus der Ferne erschüttert miterlebend, fand ich nach und nach die Worte zu den Erkenntnissen, die sich bisher dunkel in mir geregt hatten. Es war, als ob eine Gebirgskette, die für mich nur in einzelnen Nebel überragenden Zacken vorhanden gewesen war, sich mir in ihrem ganzen Verlaufe entschleierte.

In der Erkenntnis, die ich so erlebt [habe], glaube ich wissender und besser geworden zu sein. Ich habe in mir einen festen Standpunkt zu den Fragen meines eigenen Daseins und zu denen, die das Schicksal unserer Gesellschaft, der Völker und der Menschheit ausmachen, gewonnen.

So treibe ich nicht ethische Gelehrsamkeit, auch wo ich mich mit den Ideen der ethischen Denker auseinandersetze, sondern will Menschen auf den Weg, auf dem ich selber vorwärts gekommen bin, führen, ob sie auf ihm leben und eine Aussicht gewinnen möchten, die sich ihnen vorher so nicht bot. Menschen besser zu machen, sind diese Zeilen geschrieben. Die Begeisterung für diese Aufgabe führt die Feder, und der Glaube, daß wir durch sittliche Selbstbesinnung – durch sie allein – uns aus dem Zustande der persönlichen und gesellschaftlichen Unkultur, in die wir versunken sind, herausarbeiten können, ist die treibende Energie des Unternehmens.[5]

Wenn ich die von der philosophischen Ethik geprägten Fachausdrücke vermeide[6] und eine einfachere, allgemeinverständliche Sprache zu sprechen suche, so tue ich dies nicht nur, weil ich mich an den denkenden Menschen als solchen wende, sondern auch, weil ich, nach etwas Elementarem suchend, in elementaren Worten denken muß.[7] Die philosophische Terminologie erlaubt, ganze Komplexe von Gedanken in einem Worte anzuführen und ohne sprachliche Umständlichkeiten mit komplizierten Größen zu operieren. Zugleich aber kann sie dazu verleiten, Gedankenoperationen zu vollziehen, die, auf ihren wahren Gehalt geprüft, auf geistreiche Gedankenlosigkeiten hinauslaufen, weil der Wert der in einem Worte mit in Rechnung gesetzten Ideengruppen im Verhältnis zu anderen nicht richtig bestimmt war.[8] Daher muß, wer Ergebnisse philosophischen Denkens revidiert, unter Umständen die Schwierigkeit der einfachen unphilosophischen Sprache wagen, auf das Rechnen in Formeln verzichten und sich auf das primitive Verfahren beschränken, bei dem nur Realitäten, die in jedem Augenblick ihrem Umfang und ihrem Verhältnis zu andern nach überschaut werden können, [in Rechnung gestellt werden.][9]

---

5 [R] Vorarbeiten, Analyse, ethische Anatomie.

6 [R] Hoffen in [auf] Ethik, weil Sehnen, Pathos und Leidenschaft in den Gedanken ist. [Das?] Elementare. Begriffsbestimmung.

7 [R] Bild: Grundwasser, kann ethisch[es] Überlegen besser machen [?]. Bleibt nicht Spiel. – Der wissenschaftlichen Spiele zu entkleiden.

8 [R] Titel: Die Regeneration der Kultur. 1) Das ethische Problem 2) Kulturideal.

9 [Satzergänzung nach G. Woytt. Vorschlag von Helene Schweitzer, im Ms.:] in Frage (oder

Das erste Aufkommen sittlicher Anschauungen liegt für uns im dunkeln.[10] Die darüber aufgestellten Theorien sind zum großen Teil Phantasien, weil sie nicht den wirklichen, sondern einen erdachten primitiven Menschen voraussetzen. Dies ist der Fall bei Thomas Hobbes (1588–1679),[11] dessen Meinung zu ihrer Zeit großes Aufsehen erregte. Er nimmt an, daß die Menschen der Urzeit in stetem Kampfe einer mit dem andern lebten und durch die Unhaltbarkeit der sich daraus ergebenden Zustände dazu gebracht wurden, gewisse Grundsätze, die diese Feindschaft aller gegen alle beschränkten und eine für alle vorteilhaftere Art des Zusammenlebens ermöglichten, unter sich als verpflichtend anzuerkennen. Die Anschauungen über Recht und Unrecht, Gut und Bö-

---

«zur Anwendung»?) kommen. – [R] Wie hat man im Laufe des alten und neuen Denkens die Sittlichkeit ergründet und was ist als ihr Grundprinzip aufgestellt worden?.

10 [Über der Zeile:] Das Ethische als Notwendigkeit.

[R] Ist Ethik Wissenschaft? Etwas Mystisches! Über die Entstehung der Sittlichkeit wissen wir nichts. Was darüber vorgebracht wird, ist Phantasie. Hobbes. Nach dem, was bei den primitiven Völkern [zu] beobachten, erwachsen [die] Begriffe von Gut und Böse aus dem Zusammenleben in Familien und im Stamm, denn hauptsächlich nach zwei Seiten orientiert: Ehrerbietung gegen Vorfahren und Häupter der Familie oder des Stammes und Wahrung der Interessen derer, die ihm von Natur die Nächsten sind. Daneben noch rätselhafte Achtung des Fremden, der unter Umständen als mit dem Nächsten identisch gilt, z. B. wenn er als Gast die Hütte [?] aufsucht oder in die Stammesverbindung aufgenommen ist.

Also [die] Sittlichkeit durch natürliche Autoritäten diktiert, [hat die] Interessen des Einzelnen und des Kreises, in dem er lebt, zum Inhalt. Enthält zugleich aber Elemente der Achtung [?] des Menschen als solchen, die rätselhafter Herkunft sind. Bei aller Forschung wird uns die Vorgeschichte der Ethik immer dunkel bleiben, weil der primitive Mensch, ob er der Vorzeit oder den zeitgenössischen Naturvölkern angehört, für uns ein Rätsel bleibt, ja [er] wird um so rätselhafter, je genauer wir ihn analysieren, je genauer wir ihn kennenlernen. [Die] Vorgeschichte der Ethik [ist für das] Denken über Ethik nur von untergeordneter Bedeutung, wie [die] primitive Religion für [das] Wesen der Religion.

Sittlichkeit der primitiven Menschen noch zu wenig durchforscht und schwer zu durchforschen. – Viel interessanter [ist die] sittliche Anlage des primitiven Menschen, wenn er [sich] mit fortgeschrittener Sittlichkeit auseinandersetzt[, mit ihr] bekannt wird. Was ihm selbstverständlich. Natürliche Güte wohnt in ihm. Die Jahrhunderte lange Entwicklung überschreitet er mühelos, etwas bei ihm zum Durchbruch [. . .] Sittliche Persönlichkeit[:] lügen, stehlen, kein Verantwortungsgefühl für übernommene Verpflichtungen, aber [er] bewährt Güte, Fähigkeit des Verzeihens, Aufopferung. Paul Rée, *Die Entstehung des Gewissens* [Berlin 1885].

[Der] Mensch im Urzustand. Gute Anlage des Menschen im Urzustande: Rousseau und Zeitalter der Aufklärung. Seefahrer, die [durch] primitive Völker, als sie eben mit den Weißen bekannt wurden, als Gastfreunde behandelt [wurden].

Aus Selbstanalyse. Ein viel größeres Verständnis des Guten in aller Unvollkommenheit; verbildet, abgestumpft. In uns allen [ist] eine primitive sittliche Anlage zugrunde gegangen. Begeisterungsfähigkeit. Hobbes. Sittlichkeit und Recht [. . .].

11 Die beiden Hauptwerke von Hobbes sind: *Elementa philosophica de cive* ([Amsterdam] 1647); französische Übersetzung durch Sorbière, 1649; deutsch durch [J. J. v.] Kirchmann ([Leipzig] 1873). *Leviathan* ([London] 1651; deutsche Übersetzung Halle 1794–95).

se wären also vernunftgemäßen Erwägungen über das, was der Allgemeinheit nützlich und schädlich sei, entsprungen. Nach dem aber, was sich an den primitiven Völkern der Jetztzeit beobachten läßt, sind das Zusammenleben in Familie und Stamm und religiöse Anschauungen entscheidend für die Entstehung sittlicher Begriffe. Als gut gilt in erster Linie die Ehrerbietung gegen die Häupter der Sippe und des Stammes und die Wahrung der Interessen der Angehörigen dieser natürlichen Vereinigungen. Ein sittliches Verhalten gegen den Menschen als solchen gibt es nicht.[12] Gegen den, der nicht Stammesgenosse ist, kann man im allgemeinen verfahren wie man will. Religiös bedingt sind vor allem die Pflichten des Ahnendienstes und der Gastfreundschaft. Für den erschlagenen Vorfahren oder Verwandten Blutrache zu nehmen, an wem es auch sei, ist oberstes Gesetz. Daß der Fremde, wenn er erst das Haus oder den Bezirk des Hauses betreten hat, heilig ist und wie ein Verwandter behandelt werden muß, geht darauf zurück, daß er dann unter dem Schutz der Hausgötter steht, wie er auch durch gewisse religiöse Zeremonien, vor allem durch das Schließen der Blutsbruderschaft, dauernd aus einem Fremden zu einem Angehörigen werden kann.

Bei allen Fortschritten, welche der Forschung noch beschieden sein können, wird die Ethik des primitiven Menschen uns immer mehr oder weniger dunkel bleiben, weil er selber uns rätselhaft ist. Wer unter Naturvölkern lebte und mit ihnen verkehrte, weiß, wie schwer es uns wird, uns in die Mentalität zu versetzen, in der vernunftgemäße und magische Vorstellungen ineinander übergehen und in der das Sinnloseste und Inhumanste sittlich wird, wenn es von religiösen Vorstellungen gefordert ist. Wie weit diese Verbindung des Sittlichen mit dem Widersittlichen gehen kann, zeigt sich darin, daß bei manchen primitiven Völkerschaften derjenige, der für die Verstorbenen die Blutrache zu vollziehen hat, den ersten Menschen, der ihm in den Weg kommt, erschlagen muß, wenn er des Mörders seiner Verwandten nicht habhaft werden kann oder die Täter nicht kennt.[13]

Für das Denken über Ethik ist die Vorgeschichte der Ethik, so interessant sie an sich ist, von untergeordneter Bedeutung. Wie der Fetischdienst und der Geisterglaube für die Vorstellung, die wir uns von Religion machen, keine große Wichtigkeit haben, also auch die ältesten Begriffe von Gut und Böse für die unsrigen. Wohl ist das Höhere aus dem Niedrigeren hervorgegangen. Aber die späteren Wendungen in der

12 [In den Text hineingeschrieben:] Ob aus der Entstehung der Ethik für ihr Wesen etwas zu erschließen? Teilergebnisse! Sittlichkeit aus Notwendigkeit im Zusammenleben der Menschen. Aber bei Primitiven zugleich noch etwas Höheres. Sittlichkeit [hat] 2 [3] Quellen: 1) Notwendigkeit aus [dem] Zusammenleben, 2) Sympathieidee mit Familien, 3) Religiös, Solidaritätsvorstellungen.

13 [Die beiden letzten Satzteile der Deutlichkeit wegen umgestellt.]

Evolution sind so entscheidend, daß der Anfang praktisch belanglos wird. Auf die definitive Richtung des Stromes, nicht auf die des Baches, der seinen Namen zuerst trägt, kommt es an. Unsere Religiosität datiert von dem Augenblicke an, wo die Vorstellung des Universums in ihr zur Geltung kommt, und unsere Sittlichkeit von dem Augenblicke an, wo das Verhalten zum Menschen als solchem Gegenstand derselben wird.[14] Was davor liegt, beschäftigt unser Wissen, aber nicht unser Denken.[15]

Von einiger Wichtigkeit für die Diskussion über das Sittliche ist aber das Verhalten des primitiven Menschen, wenn er mit der vollkommeneren Sittlichkeit bekannt wird. Leuchten ihm die Prinzipien der allgemeinen Menschenliebe, des Verzeihens und des Mitleids unmittelbar ein, oder kostet es Zeit und überzeugendes Überreden,[16] bis sein Geist die Entwicklung durchlaufen hat, zu der die Ethik, unter dem Einfluß der größten Denker, mehr denn zwei Jahrtausende gebraucht hat?[17] In der Regel ist es so – wie ich selber auch in Unterhaltungen mit ziemlich tiefstehenden und von jeder Kultur unberührten Eingeborenen Äquatorialafrikas beobachten konnte – daß er von den höheren sittlichen Prinzipien in keiner Weise überrascht ist, sondern in ihnen Gedanken begrüßt, die er, seinem eigenen Überlegen nach, als wahr einsieht. Sehr oft kann der Weiße, der sich Mühe gibt,[18] mit Eingeborenen über diese Dinge zu reden, von ihnen hören, daß sie den Eindruck haben, etwas mitgeteilt zu bekommen, von dem sie ahnten, daß es in ihnen schlummere, ohne die Energie und die Einsicht zu besitzen, es zu behaupten und gegen die überlieferten Sitten zur Geltung[19] zu bringen. «Du sagst nichts Neues», äußerte ein altes Negerweib zu Brazza. «Was ich von dir erfahre, wußte ich schon in meinem Innern.[20] Aber wie konnten die

---

14 [R] [Gestrichen:] Biegung des Stromes, so daß die ursprüngliche Richtung nicht mehr in Betracht kommt.

15 [Beigefügt:] Die Nötigung, dem als ethisch erkannten Prinzip zu folgen, stärken: die Ethik. Und deswegen das Prinzip klarer aufstellen. Reihe von ethischen Ansichten. Bild vom nach Sternbildern Fahren ... Nebel etc. Den Norden im Prinzipe seiner Kraft besitzen und jetzt im Kreiselkompaß sogar [die] Möglichkeit, allen Nebenmagnetismus abzuwehren. Denselben Fortschritt im Geistigen.

16 [Über der Zeile:] 1) Auf Grund von Beobachtungen schaffend! nach Prinzipien aus Beobachtung der Dinge. 2) Schöpferisch sich verhaltend, nach Prinzipien, die in uns sind. Aus Gesetzen in sich.

17 [R] [Das] Selbstverständliche in unbegreiflicher Weise aufgehalten, durch Gesellschaft und Überlieferung, ins Bewußtsein zu treten. Geschichte der Sittlichkeit die Darstellung einer langsamen Emanzipation.

18 [R] Im Naturmenschen den natürlichen Menschen finden. [Ethische Erkenntnis ist] hintangehalten [vgl. S. 297 (Ms.-S. 9)]. Ethischer Rationalist.

19 [Darüber:] Klarheit.

20 [Darüber:] Herzen. [Zum Zitat: Keine Quellenangabe. – Brazza (Graf Pierre Savorgnan de), 1859–1905: Erforscher und Organisator von Franz.-Äquatorialafrika, Gründer von Brazzaville.]

Weißen die gute Weisheit so lange besitzen, ohne daran zu denken, sie uns zu bringen?»

Daß der Eingeborene, auch wenn er sich dem Einfluß der fortgeschritteneren Sittlichkeit hingibt, was das Umgehen mit der Wahrheit, die Achtung vor fremdem Eigentum und das Verantwortlichkeitsgefühl angeht, in der Regel dauernde und sehr große Defekte aufweist, darf gegen den Stand seiner natürlichen sittlichen Einsicht nicht in einseitiger Weise geltend gemacht werden. Der Bruch mit der gewohnten unreellen Handlungsweise ist für ihn viel schwerer als die Betätigung humanitärer Ideale. Während er seinen Herrn durch stupides Lügen beelendet, bewährt er sich vielleicht als ernsthafter Charakter in der Art, wie er, aus Ehrfurcht vor der Wahrheit, die ihm neu aufgegangen, einem Beleidiger, den er sonst hinterlistig verfolgt hätte, vergibt oder unter schweren Gewissenskämpfen auf die ihm zufallende Blutrache verzichtet. Mit den Eingeborenen längere Zeit umgehend kommt man dazu, bei ihnen gewissermaßen zwischen bürgerlicher Tugend und Herzenstugend zu unterscheiden. In der ersten sind sie dauernd rückständig und dem Durchschnitt der sogenannten Kulturmenschen unterlegen; in der zweiten beschämen sie uns oft.[21]

Der ethische Rationalismus, der in dem Naturmenschen schlummert und in der Berührung mit unserer fortgeschritteneren Sittlichkeit zu Worte und zur Geltung kommt, ist bisher viel zu wenig beachtet worden. Wir, die wir uns auf das Einführen des Experiments in der Wissenschaft so viel zugute tun, haben kein Bewußtsein davon, daß uns in der kolonialen Welt durch die Natur der Dinge fort und fort ein Experiment geboten wird, das für die Reflexion über die sittliche Anlage des Menschen von grundlegender Bedeutung ist, von seiner Wichtigkeit für die Verbreitung einer höheren Sittlichkeit in der Welt nicht zu reden.

Wenn im 18. Jahrhundert der Naturmensch zum natürlichen, guten Menschen idealisiert wurde, so ist daran mehr wahr, als es nach der geltenden, rein beschreibenden Anthropologie scheinen will. Die idyllische Vorstellung vom Naturkinde stimmt zwar nicht. Aber die sittliche Bedeutung der Ursprünglichkeit und Unmittelbarkeit, die in seiner Seele wohnen, ist richtig erfaßt. Es ist eine natürliche Anlage zum Guten und besonders zur Güte vorhanden, die auf irgendeine die gewöhnlichen Hemmungen ausschaltende Anregung hin in Kraft treten kann. Die Rationalisten des 18. Jahrhunderts besaßen eine größere Affinität zu dem seinem Wesen nach rationalistisch beanlagten [veranlagten] Naturmenschen, als wir einseitig historisch und wissenschaftlich orientierten Menschen. Darum haben sie ihn intuitiv richtiger verstanden als wir,

---

21 [Beigefügt:] Ethik aus verschiedenen Erwägungen! Darum das merkwürdige Schauspiel[:] das überraschendste Unethische mit dem überraschendsten Ethischen. – [R] Mangel an Verantwortlichkeitsgefühl, allgemeines.

die wir viel mehr Beobachtungsmaterial über ihn besitzen als sie [besessen haben]. Man lese die alten Reisebeschreibungen. Sie geben sich eingehender und menschlicher mit den Eingeborenen ab als die modernen. Damals suchte der Mensch den anders gearteten Menschen zu verstehen und erfuhr so etwas von seinem Wesen. Heute beschreibt ihn der Gelehrte wissenschaftlich nach Rasse, Sprache, Überlieferungen und Sitten bis in die kleinsten Einzelheiten, gelangt aber oft nicht bis zu dem, was nur der Mensch in dem Menschen anschauen kann.

Die Selbstverständlichkeit,[22] mit der der primitive Mensch die Grundsätze der fortgeschritteneren Sittlichkeit bejaht, gibt der Geschichte der Ethik etwas Rätselhaftes. Wie konnte es geschehen, daß die in dem Menschen als solchem irgendwie angelegte Erkenntnis der in dem Worte Humanität zusammenfaßbaren Ideen so lange hintangehalten wurde? Der hemmende Einfluß der zurückgebliebenen Religion, der Volkstraditionen, der nationalen Vorstellungen, des Kampfes ums Dasein, den die Einzelnen und die Völker zu führen hatten, erklärt manches, aber bei weitem nicht alles. Setzt man die Energie, die in der ursprünglichen sittlichen Anlage des Menschen gegeben ist und mit dem ersten Denken entbunden werden kann, in Rechnung, so will unbegreiflich erscheinen, daß sie durch jene Gegenkräfte so lange niedergehalten werden konnte.[23] Daß die wissenschaftliche Weltanschauung so langsame Fortschritte machte, ist einigermaßen erklärlich, weil sie in ihrem Vorwärtskommen davon abhängig war, daß bestimmte mehr oder weniger vom Zufall der Existenz genialer Beobachter abhängige Entdeckungen auf dem Gebiete der Naturwissenschaften dem Denken erst neue Bahnen frei machen mußten. In der Ethik hingegen hatte es das Denken nur mit unseren Gedanken zu tun. Es handelt sich um eine vorwiegend innerer Kausalität unterworfene Selbstentwicklung. Warum vollzog sie sich in so unbegreiflich träger und ungünstiger Weise? Darauf wird die Geschichtsschreibung nie eine befriedigende Antwort wissen. Wie die Naturwissenschaften kann sie das Spiel der Kräfte wohl beschreiben, aber nicht erklären. Das Wesen der Dinge und der Geschehnisse zu enthüllen, ist ihr nicht gegeben.

Noch ein anderes Experiment läßt uns auf etwas wie eine ursprüngli-

---

22 [R] [Gestrichen:] Viel zu wenig beachtet, und auch was wir über die sittliche Anlage des Naturmenschen aus uns selbst wissen. In unserer Jugend, trotz allen Einflüssen der Erziehung, war etwas von der primitiven Natur des Eingeborenen [vorhanden]; Glück[? Glaube?] der Unmittelbarkeit; Selbstverständlichkeit.

Bild von Hemmungen. Frühling, der nicht kommen kann, [das] Wetter hält [ihn] auf. So vieles, was zur Entfaltung angelegt [war], fällt ab, wie ein Baum, dessen junge Früchte zu Boden fallen, bis zum Reifen hängt fast nichts [mehr] daran, weil die Wurzeln im Trockenen gehen.

23 [R] Ethik und Kultur gehören zusammen, lehrt uns unsere Erfahrung! Wie aber sie zusammenbringen.

che Anlage im Naturmenschen schließen. Es vollzieht sich an uns selber. In unserer Jugend haben wir alle einmal primitive Mentalität gehabt. Wenn die leibliche Entwicklung[24] sich vollendet, treten wir in weiter nicht erklärbarem, außerordentlich kompliziertem chemisch-physiologischem Prozesse aus dem Zustande der geistigen Unselbständigkeit in den der Selbständigkeit ein. Unser eigenes Denken beginnt. Mag es auch durch in der Gattung erworbene und vererbliche geistige Anlagen sowie durch Angewohntes und Anerzogenes mitbestimmt sein, so steht dies alles doch hinter der Ursprünglichkeit des jetzt einsetzenden naturhaften Gedankenlebens zurück.[25] In dem Augenblicke, wo wir beginnen, wir selbst zu sein, sind wir unserem inneren Wesen nach Naturmenschen fast in demselben Maße als der in denselben Jahren stehende Eingeborene des Urwaldes. Diese Tatsache ist auch in dem Sinne wahr, daß der junge primitive Mensch in dieser Periode den Punkt erreicht, wo er dem höher entwickelten Menschen am nächsten kommt. Mit 14 und 15[26] Jahren verspricht der Negerknabe, was Auffassungsfähigkeit, Gemüt und Denken betrifft, viel mehr als er nachher hält. Wer ihn in dieser Periode beobachtet, findet ihn oft fast entwickelter und, im eigentlichen Sinne des Wortes, «besonnener» als den gleichaltrigen[27] Weißen. Aber diese Blüte dauert nur kurz und setzt nur wenig Früchte zum Reifen an. Nachher findet eine Art geistigen Rückgangs statt. Der erwachsene Naturmensch läßt die Höhe, die der jugendliche vorübergehend einnahm, gewöhnlich nicht mehr erkennen. Warum die Wege des Naturmenschen und des Kulturmenschen hier auseinandergehen, nachdem sie sich beim Abschluß der körperlichen Entwicklung und dem Eintreten der geistigen Verselbständigung vorübergehend in dem gleichen Zustande der Anlage befanden, läßt sich nicht vollständig erklären. Nur zu einem Teil ist die Tatsache, daß die Blüte bei dem der höheren[28] Rasse angehörigen Individuum relativ mehr Früchte zum Reifen ansetzt als beim andern, auf Rechnung der Umgebung, der Erziehung und der Vererbung von in der Gattung erworbenen geistigen Anlagen zu setzen. Eine wesentliche Rolle spielen in dem Prozesse weiter nicht erklärbare physiologische Faktoren.

Wie verhalten wir uns aber in der Periode, in der wir Kulturmenschen innerlich durch den Zustand der Naturmenschen hindurchgehen, zu den Grundsätzen der von unserer Kultur erreichten Sittlichkeit? Wir bejahen sie, nicht so sehr aus Erziehung, wie gewöhnlich angenommen

---

24 [R] Etwas Naturhaftes [hat] der ethische Rationalist.

25 [R] Daß ich in [der] Ethik immer mit Humanität operiere, wo diese doch nicht die ganze Ethik ausmacht! Ja, aber die Wachstumszone derselben.

26 [Darüber Korr. von Helene Schweitzer:] 12 und 13 [dann eingeschoben:] früher als der Weiße entwickelt(e).

27 [Von Helene Schweitzer beigefügt:] entsprechenden.

28 [Zuerst (dann gestrichen):] entwickelte[ren].

wird, als unter dem Einfluß desselben ethischen Rationalismus, der sie auch dem Naturmenschen, wenn er damit bekannt wird, selbstverständlich erscheinen läßt. Dies ist das Erlebnis, dessen Größe uns erst aufgeht, wenn es hinter uns liegt.[29] Durch die unmittelbare und enthusiastische innerliche Zustimmung zu den Ideen, die den Begriff des Guten ausmachen, befinden wir uns in jener Periode in dem höchsten Zustande der Sittlichkeit, den wir im Leben erreichen. Auch bei uns werden in der Blüte viele Früchte angesetzt, die abfallen, ohne zu reifen. Im Grunde besteht unsere sittliche Entwicklung darin, daß wir uns im Leben so viel wie möglich von dem sittlichen Enthusiasmus und den sittlichen Überzeugungen, die wir damals besaßen, retten und wirksam werden lassen.[30] Wir modernen Menschen laufen insbesondere Gefahr, daß wir uns durch die Einflüsse, die aus unserem öffentlichen geistigen Leben und aus der Mentalität der Zeit auf uns einwirken, von der ursprünglich besessenen Humanität zur Inhumanität zurückentwickeln. Nicht abstumpfen lassen, nicht alt werden, heißt das große Gebot der Sittlichkeit, dem wir folgen müssen, um möglichst so gut zu werden, wie wir es beim Heranwachsen für uns erträumten.[31] Die Versuchungen, denen wir im Leben ausgesetzt sind, könnten uns nichts anhaben, wenn nicht jedes Unterliegen uns etwas von dem Rechte auf unsere Jugendideale und damit von der ursprünglichen Kraft zum Guten nähme.[32]

---

29 [R] Den höchsten Zustand der menschlichen Güte. Idealismus. Entwicklung zur Inhumanität ([der] moderne Mensch).

30 [Vgl. auch A. Schweitzer, *Aus meiner Kindheit und Jugendzeit*, München 1924, S. 68–73 (letzte Seiten).]

31 [R] Die ersten Fortschritte [der] Sittlichkeit in enger Verbindung mit der Religion. Weltreligion. Gute Religion. Fortschritte in der Ethik nicht festgehalten und nicht ausgebreitet.

32 [R] Die ersten Fortschritte verdankt die Sittlichkeit der Religion. Steht zu ihr in einem tragischen Verhältnis bis auf den heutigen Tag, von ihr zugleich gefördert und gehemmt.

Religiöse Genien [Genies?] zugleich sittlich, oder besser: sittliche Genien als religiöse auftraten.

Mohammed ein Epigone, [war] weder religiöser noch sittlicher Genius, sondern [hat] Anregungen in sich verarbeitet (Anregungen, die die Zeit an ihn heranbrachte, verarbeitet, nichts aus sich selbst geschaffen).

Die Humanität entwickeln.

Schluß: 1) Lohn 2) Möglichkeit der Inhumanität durch Prinzipien, die ...

Religiös bis Engländer [? Gemeint sein könnte die englische Aufklärungsphilosophie]. Autonomie der Ethik.

Aber nur von [dem] Verhältnis der Ethik zu historischen Religionen. Jede Ethik religiös? Diese Fragen aufwerfen.

Entwicklung der Ethik durch die Religion[33]

Jahrtausende[34] hindurch war das Schicksal der Ethik mit dem der Religion verbunden. Die sittlichen Anschauungen entwickelten sich so weit, als die in der Frömmigkeit gegebenen Antriebe reichten und es erlaubten. Den Prozeß, in dem dies geschah, können wir nicht mehr verfolgen, weil es keine Dokumente darüber gibt. Unsere Kenntnis fängt erst da an, wo Völker auf Grund technischer, geistiger, sozialer und religiöser Errungenschaften sich über den Zustand von Naturvölkern erhoben haben und eine mehr oder weniger hervorragende Rolle in der Entwicklungsgeschichte der Menschheit oder eines Teiles derselben übernehmen. Aber diese sogenannten historischen Völker verhalten sich im Verlaufe ihrer weiteren Entwicklung wiederum verschieden voneinander. Bei den einen bleiben Religion und Sittlichkeit dauernd miteinander stehen. Bei andern löst sich die Ethik von der weiter nicht fortbildungsfähigen Religion mehr oder weniger los und schreitet auf eigener Bahn vorwärts. Wieder bei andern entwickeln sich beide miteinander weiter.

Nicht entwicklungsfähig erweisen sich Religion und Ethik bei den *japanischen, slavischen, germanischen* und *keltischen* Völkern. Kaum haben sie sich aus dem Primitivismus einigermaßen herausgearbeitet, so machen sie in religiöser und kultureller Hinsicht Halt. Ihre geistige Begabung bleibt latent, bis sie durch fremde Anregungen entbunden und dann zu teilweise überraschenden Leistungen fähig wird.

Anders liegt das Problem bei den *phönizischen, syrischen, assyrischen* und *babylonischen* Völkern. Sie haben eine relativ hohe Kultur erreicht. Auch ethische Gedanken sind darin [in dieser Kultur] wirksam gewesen, wie vielfach Achtung gebietende Veredelung der Rechtsanschauungen und der gesellschaftlichen Zustände erkennen läßt. Aber der Versittlichungsprozeß geht nicht so weit, daß das geistige Leben von lebendigen sittlichen Problemen beunruhigt und zur Ergründung des Wesens des Sittlichen sowie zur Aufstellung treibender sittlicher Ideale gedrängt wird. Es fehlen die zündenden Funken. Die Weltanschauung kommt nicht in Bewegung, weil sie in einer auf Naturmythen beruhenden Religion eingeschlossen bleibt.

Was die *ägyptischen Religionen* in der ethischen Entwicklung der Menschheit bedeuten, ist nicht leicht zu bestimmen. Ihr Ertrag kann hoch und nieder angesetzt werden. An sich lagen die Verhältnisse hier

---

33 [Sac 7, Nr. 2a. Der Überschrift ist die Kapitelzahl III vorangestellt (s. Einleitung S. 15).]

34 [R] Ethik: Bau, der nie unter Dach gebracht und daher immer wieder im Zerfall, wenn auch ein Stück weiter vorangeschritten.

günstiger als in Assyrien und Babylon. In dem ägyptischen Polytheismus machen sich Tendenzen zum Monotheismus und zur Vergeistigung bemerkbar.[35] Eine Versittlichung der Frömmigkeit ist möglich gemacht. Wie weit ist sie gediehen?

Die an sich so reiche ägyptische Literatur ist arm an Dokumenten über die Ethik.[36] Bis jetzt kennen wir deren nur drei, die einigermaßen bedeutend sind: Den *Papyrus Prisse* der Pariser Nationalbibliothek, den *Papyrus Nr. 4* des Museums von *Boulaq*, der sich jetzt im Museum von Gizeh befindet, und den ethischen Abschnitt über das Totengericht in dem *Totenbuch*. Das Totenbuch war eine Schrift, die man der Mumie beilegte. Sie enthielt alle Angaben für die Wanderung des Toten bis zum Orte des Hades, an dem Osiris mit seinen 42 Beisitzern das Gericht abhielt, und auch das Bekenntnis, das er dort abzulegen hatte.

Der Papyrus Prisse ist etwa um die Zeit der 17. Dynastie,[37] also etwas vor 1600 geschrieben, geht aber inhaltlich wohl auf Vorlagen aus der 12. Dynastie zurück.[38] Er selbst gibt sich als aus der 3. oder 4. Dynastie stammend aus, was auf die Zeit von 2600 v. Chr. führen würde. Jedenfalls ist er [die] älteste ethische Schrift, die wir besitzen. Er besteht aus zwei Sammlungen von moralischen Sentenzen, von denen die erste, eine Unterweisung eines vornehmen Mannes an seine Kinder darstellend, ganz verstümmelt ist. Erhalten davon sind einige letzte Sätze über die Art, wie der gerechte Schiedsrichter den Kläger und die Zeugen anhören soll, über das anständige Verhalten beim Gastmahle, wobei vor dem unfeinen gierigen Zulangen gewarnt wird, und über Kindererziehung. Die zweite Sentenzensammlung ist vollständig. Sie bringt die Maximen in regelloser Folge. Behandelt wird, wie im vorhergehenden Fragment, das Verhalten als Schiedsrichter und als Tischgast, weiter aber noch das Benehmen gegen den Vorgesetzten, den Untergebenen, den Schmeichler und den Streitsüchtigen. Erwähnt sind die Pflicht dessen,

---

35 [R] Tiefe Kenntnis des menschlichen Herzens. Eine milde edle Lebensweisheit.

36 Zur Orientierung: A. Wiedemann, *Ägyptische Geschichte*, [Gotha] 1884 [Handbücher der alten Geschichte, 1. Serie, 1. Abt.] – Petrie, W. M. F., *A History of Egypt*, [Bd. 1:] *From the Ist to the XVIth Dynasties*, [London] 1894. – H. Schneider, *Kultur und Denken der alten Ägypter*[, Leipzig] 1907. – J. H. Breasted, *Development of Religion and Thought in Ancient Egypt*[, London] 1912.

Über die ethischen Fragen: E. Amélineau, *La morale Egyptienne* ... (1892) und *Essai sur l'Evolution historique et philosophie* ... (1895) [s. Literaturverzeichnis].

37 [R] Zahlen der Dynastien: 3–6 = 2800–2500, 11 = 2200–2100, 12 = 2100–1900, 13 = 1800, Hyksos: 1700, 18–21 = 1600–1150, 22 = 950–750, 26–31 = 663–331 (26 = 663–525).

38 [Die Angaben dieses Abschnitts lauten in dem Entwurf v. 21. 10. 1920 (sac 7,3, S. 21/33):] Die jetzige Niederschrift, etwa der Zeit der 17. Dynastie (um 1700 v. Chr.) angehörend, geht auf Vorlagen, die bis in die 12. Dynastie (also etwa bis 2000 v. Chr.) hinaufreichen, zurück. Die Vorschriften geben sich als aus der Zeit der 3. bis 5. Dynastie stammend an, was etwa auf 3000 v. Chr. führen würde, aber wohl kaum zutrifft.

der mit einer mündlichen Botschaft betraut oder irgendwo als Türhüter angestellt ist.[39] Gewarnt wird vor Zungensünden, Hochmut, böser Laune, Unfreundlichkeit und Unhöflichkeit. Die Gattin soll mit liebender Nachsicht und die Kinder mit freundlicher Strenge behandelt werden. Das verführerische fremde Weib ist als das schlimmste Unglück, das einem Manne drohen kann, zu fliehen.

[Aus] E. Amélineau, *Essai sur l'Evolution historique des idées morales [dans l'Egypte ancienne]*, [Paris] 1895, S. 89–115. [Papyrus Prisse; in [ ] die Seitenzahlen dieses Werkes:]

Sei nicht hochfahrend ... [99, s. S. 28.][40] – Bist du groß, nachdem du klein warst, und reich, nachdem du arm warst, stehst du der Stadt vor: mach dir keinen Vorteil daraus, zum ersten Rang gekommen zu sein, verhärte dein Herz nicht auf Grund deiner Erhebung, denn du bist der Verwalter der Güte Gottes geworden. [99] – Versetze die Menschen nicht in Angst: also ist es der Wille Gottes.[41] [101.]

Die Maximensammlung des Papyrus von Boulaq ist viel jünger als die des Papyrus Prisse. Sie gehört etwa in die Zeit der 18. oder 19. Dynastie.[42] Der Anhang fehlt. Die erhaltenen 65 Sentenzen ohne Ordnung behandeln im großen und ganzen dieselben Fragen wie der Papyrus Prisse, und in demselben Sinne. Aber es wird eine größere Vollständigkeit erstrebt als in diesem. Unter den Pflichten wird auch anbefohlen: das rechte Verhalten gegen Gott, der Kult der Toten, die Mildtätigkeit und die Ehrfurcht vor dem Alter. Auch vom Diebstahl und dem Verrücken der Grenzen und von der Trunksucht ist die Rede. Man soll einem andern nicht seinen Sklaven nehmen, den Verwalter des Hauses nicht erniedrigen, dem Untergebenen aber auch nicht zu viel Freiheit lassen und die böse Gesellschaft meiden.

[Papyrus Boulaq:]

Bleibe nicht sitzen, wenn ein anderer steht, der älter ist als du, sogar wenn du einen höheren Rang hast als er. [(27), 108.][43] Wähle gute Worte, der üble Rest bleibe in deinem Busen verschlossen. [(37), 135.][44] – Iß nicht dein Brot, ... [(41), 157/8, s. S. 30.][45]

---

39 [R] Gewissenhaftigkeit.

40 [R] Gott kommt darin fast nicht vor. Tragweite.

41 [Gestrichene Fassung:] ..., denn Gott würde dir widerstreben [100]. [Beide Fassungen bei Amélineau. Bemerkung hierzu in den «Alten Skizzen zu den Weltreligionen» (in den von uns dort weggelassenen Teilen der Zitate):] Also Berufung auf Gott. [Die weiteren oben noch folgenden Zitate sind gleichlautend im Haupttext enthalten.]

42 [Eingefügt:] In diese Zeit [fällt] die Vorlage. Die erhaltene Niederschrift wohl erst in der 26. Dynastie, also in der Zeit vor Darius I. (6. Jh.).

43 [Die Zitate entsprechen der Fassung von Amélineau, *Morale*, bzw. den von ihm zitierten weiteren Fassungen. Die ersten Zahlen betreffen die Nummern der Maximen, die zweiten die Seitenzahlen.

- [R] Persönliche Note in der Ethik. Tragweite – Rätselhafte[.] Welch[er?] Wert. Welchen ...

44 [Nach E. de Rougé, *Etude*.]

45 [Nach E. de Rougé, *Etude*.]

– Gehe nicht in die Versammlung, ... [(49), 174, s. S. 30.][46] – Gehe nicht hart mit einer Frau in ihrem Hause um, ... [(56), 188, s. S. 30] – Einem aufgebrachten Vorgesetzten widersprich nicht,[47] denn er könnte dich zurückweisen. Sprich sanft zu dem, dessen Wort heftig ist: dies ist das Mittel, sein Herz zu beruhigen. [(58), 195.] – Das Heiligtum Gottes haßt lärmende Feste. Wenn du ihn mit einem liebenden Herzen, dessen Worte geheimnisvoll (?)[48] sind, anrufst, ist er dir zu Diensten, hört auf deine Worte und nimmt deine Gaben entgegen. [(11), 37.] – Dein Auge sei offen, aus Angst, du möchtest zum Bettler werden. [(21), 83.] – Dein Herz verlange nicht nach dem Gute des andern. [(24), 97.][49]

Was ist diese Ethik wert? Sie enthält alles: Anstandsregeln, Klugheits- und Nützlichkeitsgebote und zugleich auch Forderungen einer eindringenden und feinsinnigen Sittlichkeit, die manches von dem, was die jüdische und die christliche Ethik bringen, vorweg nimmt. Also, ist man versucht zu sagen, waren die Ägypter zwei- bis dreitausend Jahre vor Christus so weit voran, daß ein helles Licht ethischer Erkenntnis von ihnen in die Welt ausstrahlte. Dies will aber nicht recht stimmen. Wenn etwas sicher scheint, ist es dies, daß von den Ägyptern kein nennenswerter ethischer Einfluß auf die andern Völker ausgeübt wurde. Dies war schon durch die Art, wie sie sich vor allen geistigen Berührungen mit der Fremde abschlossen, unmöglich gemacht. Die Griechen haben nichts von ihnen empfangen und so gut wie nichts von ihnen gewußt. Herodot, in dem, was er über sie schreibt, ist der beste Zeuge dafür. Er legt ihnen die Lehre [von] der Seelenwanderung bei [II,116], von der sich keine Spur bei ihnen findet.[50] Plato hat nur dunkle Kunde von ihrem Denken. Das uralte Wissen, das ihre Priester zu besitzen vorgaben und auf das sie die Fremden durch Andeutungen neugierig machten, zog ihn an. Die ägyptische Vorstellung vom Totengericht, die er im Dialog *Phaidon* benutzt [vgl. 107e], kam seinem ethischen Empfinden und seiner Phantasie entgegen.

Es kann sich also nur um die Bedeutung handeln, die jene Ethik für das ägyptische Volk hatte. War sie in Wirklichkeit das, als was sie auf dem Papier erscheint? Hier herrscht die Unsicherheit. Wir haben keine Kunde davon, daß das ägyptische Volk von sittlichen Problemen bewegt wurde. Bedenklich ist schon, daß uns[51] nichts von einer ethisch beeinflußten Gesetzgebung erhalten ist. Noch bedenklicher ist die Art, wie im Toten-

46 [Nach E. de Rougé, *Etude*.]

47 [In den «Alten Skizzen zu den Weltreligionen» (in den von uns weggelassenen Teilen der Zitate) steht hier noch folgende Satzfortsetzung:] «halte dich nicht abseits von ihm», «denn er könnte dich zurückweisen.» [Der zweite Halbsatz des Zitats steht in der von Amélineau zitierten Übersetzung von E. de Rougé.]

48 [Amélineau: mystérieuses; Breasted S. 355: hidden = verborgen.]

49 [Nach E. de Rougé.] – [R] Auf dem Papier.

50 [R] [Fragezeichen] – Bei den Griechen das Suchen nach [einem] Grundprinzip der Ethik [oder (undeutlich): des Ethischen.] Glaube [?,] nicht Sentenzen!

51 [Ms.:] daß uns von ihm ...

buche von Sittlichkeit geredet wird. Alles, was zu ihr gehört, ist fein aufgezählt.[52] Aber davon, daß das sittliche Leben etwas Schweres sei, ist nichts zu spüren. Der Abgeschiedene beichtet nicht wie ein Mensch, der gestrebt und gefehlt [hat], sondern er sagt eine auswendig gelernte ruhmredige Verteidigung her [Amélineau, *Essai* . . ., S. 243–245]:

Ich habe keinem Menschen hinterlistig Übel zugefügt. Ich habe meine Verwandten und Gefährten nicht unglücklich gemacht. Ich habe keine Niederträchtigkeit in der Behausung der Wahrheit begangen. Ich tat mich nicht mit Übeltätern zusammen. Ich beging kein Übel. Ich habe nicht als Aufseher über die Pflicht arbeiten lassen . . . Durch mich ist niemand arm, niemand leidend, niemand unglücklich geworden.[53] Ich beging nicht, was die Götter verabscheuen. Ich habe den Sklaven nicht durch seinen Herrn mißhandeln lassen. Ich habe keinen Hunger verursacht. Ich habe keine Tränen verschuldet. Ich habe nicht getötet. Ich habe nicht hinterlistig töten lassen. Ich habe keinen Menschen belogen.[54] Ich habe die Vorräte des Tempels nicht geplündert. Ich habe die Gott geweihten Gaben nicht vermindert. Ich habe weder die Brote noch die Bänder der Mumie weggenommen. Ich beging keine Unzucht . . . Ich habe nicht auf das Gewicht der Waage gedrückt. Ich habe nicht die Milch vom Munde der Säuglinge entfernt. Ich habe mir die Tiere auf der Weide nicht angeeignet . . . Ich habe die Götter nicht um die Fleischgaben betrogen. Ich habe nicht die Gott gehörenden Tiere geschlagen . . . Ich bin rein, ich bin rein, ich bin rein.

Zu dem, was er Gutes getan, übergehend, sagt der Tote zu den Richtern [S. 246]:

Der und der Abgeschiedene kommt zu euch . . . Er lebt von der Wahrheit, nährt sich von der Wahrheit. Das Herz ist befriedigt von dem, was er getan hat. Was er getan hat, verkündigen die Menschen, und die Götter freuen sich darüber. Er hat sich Gott geneigt gemacht in dem, was Gott liebt. Er hat Brot gegeben dem, der hungerte, Wasser dem, der dürstete, Kleider dem, der nackend war, ein Boot dem, der keines hatte. Er hat den Göttern Opfer dargebracht und Totengaben den Manen. Rettet ihn, beschützt ihn, indem ihr ihn nicht vor dem Herrscher der Mumien anklagt, denn sein Mund ist rein, seine Hände sind rein.

Die ethische Naivität, die sich in diesem Auftreten des Abgeschiedenen vor den Totenrichtern kundgibt, ist geradezu unheimlich. Wie ganz anders und tiefer stellen sich die jüdischen Propheten das Gericht vor, obwohl sie es in der Schilderung des Sittlichen weniger weit gebracht haben!

Auch auf Stelen aus der Zeit der mittleren Dynastien rühmt sich der betreffende Tote seiner Untadeligkeit in den stereotypen Wendungen des Totenbuches. Typisch ist in dieser Hinsicht die lange Inschrift einer Stele des Louvre.[55] Die ägyptische Ethik ist ein vortrefflicher Same, der auf ein ungepflügtes Feld gestreut wird.

---

52 [R] schönes Wogenspiel[,] gewaltiger Ernst.
53 [R] Naivität. Unheimlich.
54 [R] Wenn auch – keine Spur hinterlassen.
55 Stèle d'Entef, cataloguée C 55. Musée du Louvre. Die Inschrift ist bei E. Amélineau,

Daß sie nicht tief ins Volk einging, liegt daran, daß die Religion das Schicksal des Menschen nach dem Tode nicht so sehr durch seine Taten als durch die Vollziehung zauberkräftiger Riten bestimmt sein ließ.[56] Damit hierin nichts versäumt werde, erhält die Mumie das Totenbuch beigelegt. Das Bekenntnis vor den Totenrichtern ist fast nur ein Ritus neben andern. Durch alle Jahrhunderte hindurch behielten die magischen Vorstellungen das Feld und verbauten der Religion den Weg zur wirklichen Versittlichung. Das ägyptische Denken war nicht schöpferisch. Darum konnte es wohl im einzelnen feine ethische Anschauungen ausbilden, aber das ethische Problem selbst blieb ihm in seiner Tiefe unbekannter, als nach dem allgemeinen Kulturstande des Volkes zu erwarten gewesen wäre.

Wie tief oder wie wenig tief die in den beiden Papyri bezeugte sittliche Unterweisung im Volke ging, läßt sich nach der heutigen Kenntnis der Dinge nicht sagen. Es kann sein, daß ihre erzieherische Wirkung auf die Vornehmen – denn an diese wenden sie sich – bedeutend war. Wie es im Staate und in der Gesellschaft in ethischer Hinsicht bestellt war, wissen wir nicht. Aber daß wir, trotz der vielen erhaltenen Dokumente, nichts darüber erfahren und auch nichts von einer wirklichen im Laufe dieser Jahrhunderte stattfindenden ethischen Entwicklung bemerken, erlaubt, die Fragezeichen mehr ins Verneinende zu deuten. Daß die ägyptische Ethik keine Geschichte hat, bringt sie um ihren Ruf. Mit einer vollständigen Sicherheit[57] darf freilich ein solches Urteil nicht abgegeben werden. Das Rätsel ist so merkwürdig, daß keine Erklärung ganz befriedigen will.

In der *griechischen Religion* war eine konsequente Gestaltung ethischer Gedanken durch innere und äußere Umstände unmöglich gemacht. Sie entsprang ziemlich primitiven Urmythen, die schon an sich nicht geeignet waren, eine Verbindung mit sittlichen Gedanken einzugehen. Erschwerend trat aber noch das andere, Äußerliche, hinzu, daß diese Mythen in der Zeit, als noch die naive vorsittliche Denkweise herrschte, eine

---

Essai, S. 142[143] – 147 wiedergegeben. Es handelt sich um einen hohen Beamten, den Gouverneur der Stadt Thinis, unter Tutmosis III. (1504–1450 v. Chr.). Als Probe: «Er prüfte das Wort des Wahrhaftigen, er ließ das Unrecht auf den zurückfallen, der dem Unglücklichen Schaden antat. Er war der Vater der Schwachen, die Stütze der Mutterlosen. Gefürchtet im Hause des Übeltäters, beschirmte er den Armen. Er war der Retter dessen, den ein Stärkere um sein Gut gebracht hatte. Er war der Gatte der Witwe, die Heimstatt der Waise ... Die Bekümmerten wurden fröhlich, wenn er sie kannte ... S. 145/146. Er sagt: Dies sind meine großen Eigenschaften, die ich hier bezeuge, ohne daß einer widerspricht; meine großen Taten waren so in Wirklichkeit, ohne daß etwas erdichtet ist. Ich habe keine Redekunststücke angewandt, um mich ohne Berechtigung zu loben» ... [S. 146].

56 [R] Priester nichts für Ethik. Bild vom kleinen Wasserfaden durch den Sand. Aber nicht bewässert, ausgedacht schön, aber nimmt [?] [die Bewässerung?] nicht ernst.

57 [Ms.:] Zuversicht.

Umgestaltung erfuhren, die ihre dichterische Vollendung, damit aber auch das Ende der Möglichkeit, sie weiter umzugestalten, bedeutete. Der künstlerische Geist war vor dem sittlichen erwacht. Er schuf sich Göttergestalten, die auf eindringender Beobachtung des Menschen beruhten, bevölkerte den Himmel mit mehr oder weniger amoralischen Charakteren und machte ihn zum Schauplatz der sich zwischen ihnen ergebenden Intrigen, Komödien und Dramen. Mit diesen Vorstellungen wurde der Gedanke, daß die Götter Hüter und Wahrer von Treue und Recht seien, so gut und schlecht es gehen wollte, in Verbindung erhalten.

Da die Frömmigkeit in diesem Glauben keine Anregung zur Vertiefung finden konnte,[58] mußte sie im Verhältnis zur geistigen Begabung des Volkes merkwürdig unentwickelt bleiben. Der Kultus war öffentliche Angelegenheit und bestand aus Opfern und Spielen. Was an genuin griechischen Mysterien vorhanden war, stellte auch keine vertiefte Religion dar, sondern stand mit unveredelten Anschauungen in Verbindung. Selbst in den berühmten eleusinischen Weihen wird in ganz äußerlicher Weise die Anwartschaft auf möglichst gute Existenzbedingungen im Hades vergeben. So konnte Diogenes von Sinope höhnen, daß es einem Agesilaos oder einem Epaminondas schlechter ergehen solle als irgend einem nichtsnutzigen, aber geweihten Menschen.[59]

Die einzige tiefere religiöse Bewegung innerhalb des älteren Griechentums, der Orphismus, der von Orpheus ausgehen soll, trägt fremdländischen Charakter. Wie sie entstanden [ist] und mit welchem Recht sie Orpheus, den sagenhaften Sänger, als den Offenbarer der geheimnisvollen Weisheit ausgibt, wissen wir nicht.[60] Sie fängt im 6. Jahrhundert

---

58 [R] ethisches Pathos fällt dahin.

59 Dies berichtet Diogenes Laertios, im 6. Buch, wo er die Anekdoten aus dem Leben seines Namensvetters erzählt. – [R] [Der] griechische Geist [ist] unreligiös, unethisch.

60 Die verworrenen Nachrichten über die Bewegung sichtet [E.] Gerhard in seiner Abhandlung [über] *Orpheus und die Orphiker,* Abhandlungen der Königl. Akademie der Wissenschaften, Berlin 1861. Plato hält den Orpheus für eine historische Persönlichkeit, Aristoteles leugnet seine Existenz. Hat es wirklich einen mystischen Sänger Orpheus gegeben, so gehört er Thrazien [Thrakien] an.

[Notiz hierzu in den «Alten Skizzen» . . . (Sac 6,1 b, Ms.-S. 52):]

Aristoteles soll nach Cicero (*[De] N[atura] D[eorum]* I/38 [§ 7 (108)]) die Existenz des Orpheus bezweifelt haben. Plato hielt ihn für historisch. Soll aus Trauer ge[. . .]et haben. Alle Quellen her.

Seelenwanderung: Pindar, (Ol II, 75). Plato (*Phaedrus* [Kap. 29]). Priesterliches Singen Apolls.

Orphismus nach Plato: Zeus Anfang und Mittelpunkt der Dinge. Pantheistisch. Monotheistische Tendenz.

Seele als Fesselung an [den] Körper. Plato [kommt] im *Phaidon* [? im *Symposion* (7)] und *Kratylos* (107) auf Orpheus.

Pythagoras [war] nach Jamblichos Nacheiferer des Orpheus. Enthaltung von Fleischgenuß. [Jamblichus, *De vita Pythagorica* XXVIII 146,151; XVI 68; XXV 107; XXX 186.]

v. Chr. zu wirken an. Auf dunkeln Mythen von der Entstehung der Welt erhebt sich eine Lehre, die sich mit den Problemen der Unvollkommenheit des Universums und der wesenhaften Sündhaftigkeit des Menschen beschäftigt. Wie kann die Seele aus dem Kerker des Körpers befreit werden? Diese Frage wird von dem Orphismus in einer Form gestellt, die den Einfluß des indischen Denkens erkennen läßt. Neuere Funde in Indien machen das Bestehen weit zurückreichender Handelsbeziehungen zwischen Griechen und Indern wahrscheinlich. Früher, da man solche nicht annahm, glaubte man, die orphische Seelenwanderungslehre aus ägyptischen Einflüssen erklären zu müssen, obwohl die Art der Vorstellungen nichts Ägyptisches aufwies. Die Lehre der Orphiker läßt den Tod nicht als das Ende der Gefangenschaft des Geistigen in der Materie gelten, sondern behauptet, daß sie sich in immer neuen Gestalten wiederhole, wenn der Mensch nicht eine Reinheit erlangt, die eine innere Freiheit von der Materie bedeutet. Kraft dieser [Freiheit] kann das definitive Sterben, das den Eingang zu reinem geistigem Sein eröffnet, statt haben. Heilige Weihen, Askese und Enthaltung von Fleischesnahrung bezeichnen den Weg zu dieser Erlösung. Pythagoras, um die Mitte des 6. Jahrhunderts v. Chr. lebend, Pindar (552–448), Aischylos (525–456), auch Plato (428–347), sind vom Orphismus in stärkerem oder geringerem Maße beeinflußt.[61] Er hat auch auf die eleusinischen Mysterien gewirkt und sie vertieft. Vielleicht geht die ganze schwermütige, ungriechische Stimmung in Dichtung und Drama auf ihn zurück.

Wohl war das griechische sittliche Denken durch diese artfremde Religiosität in mehr denn einer Hinsicht geweckt und gefördert worden. Aber an der Bestimmung, daß es sein eigentliches Leben erst in der Loslösung von der Religion finden könne, war nichts zu ändern. Seine erste Tat mußte eine sittliche Kritik der Göttergestalten der Volksreligion sein. Plato hat sie auf das schärfste geübt.[62] Euripides (480–406) und sein Gegner Aristophanes (444–388) stellten die Himmlischen jeder auf seine Weise bloß, nachdem Pindar und Aischylos, aber fast ohne innere Überzeugung, versucht hatten, sie zu idealisieren. Wenn Aristophanes in den «*Wolken*» und Meletos, Anytos und Lykon vor den Richtern den Sokrates der Gottlosigkeit ziehen, so hatten sie Unrecht und Recht zugleich.[63] Zu Unrecht warfen sie es ihm vor, weil er, soviel wir wissen,

Zur Zeit des Peisistratos sammelte der mit ihm befreundete Dichter Onomakritos orphische Literatur, aber gefälscht. [Siehe Herodot VII,6: Unterschiebung einer Wahrsagung.]

61 Möglich wäre freilich auch, daß Pythagoras den Orphismus beeinflußt hat.

62 Er tut es in der *Politik*, wo er unwürdige Erzählungen über die Götter aus dem Unterricht der Jugend verbannt wissen will. [*Politeia* II,17-III,12.]

63 «Sokrates frevelt, weil er die Götter, die der Staat anerkennt, nicht anerkennt, sondern neue göttliche Dinge aufbringt», heißt es in der Wiedergabe dieses Anklagepunktes durch Xenophon im 1. Kapitel seiner *Memorabilien* [Buch I, Kap. I, 1].

nie etwas gegen die Götter des Volkes gesagt hatte. Im Recht aber waren sie, weil sein Denken so von der Volksreligion absah, daß es im Hinblick auf sie gottlos war. In dem, was gegen Sokrates vorgebracht wurde, war der Zustand [gestrichen: das Schicksal] des ganzen Volkes ausgesprochen. Von dem Augenblicke an, wo das sittliche Denken in ihm erwachte,[64] konnte es nicht anders als seine Götter preisgeben und gottlos werden. Dieses tragische Schicksal war notwendig für die Entwicklung der Menschheit. Was es bedeutet, daß das griechische Denken dazu geführt wurde, die Sittlichkeit auf sich selbst zu stellen und aus sich selbst zu begründen, läßt sich weder ausdenken noch ausdrücken. Hätten die Hellenen es irgendwie vermocht, höhere sittliche Gedanken in ihre Religion hineinzulegen, so wären sie nie dazu gekommen, die Frage nach dem Begriff und dem Wesen des Sittlichen[65] rein in das Denken [verlegen][66] zu müssen. Wann wäre dies aber dann jemals geschehen? Welches von den später kommenden Völkern wäre zu dieser kritischen Tat in dem Maße wie es fähig gewesen?

Glücklicher jedoch war das Los der Völker, die diese Seelenkämpfe nicht durchzumachen brauchten, sondern einen großen Fortschritt des Sittlichen im Rahmen der Religion oder in der Veredelung derselben erleben durften. Es sind die Chinesen, die Inder, die Medo-Perser und die Israeliten.

Bei der Aufstellung der Namen und Zahlen, die die sittlich-religiöse Evolution dieser Völker ausdrücken, und einem Zusammenhalten derselben mit den Namen und Zahlen der ältesten griechischen Philosophie kommt man in Versuchung, eine allgemeine geistige, ethische Bewegung der Menschheit anzunehmen, die sich nach Anbruch des ersten vorchristlichen Jahrtausends ankündigt und um die Mitte desselben unter geistig voneinander unabhängigen Völkern Asiens und des östlichen Mittelmeers zur vollen Ausbildung gelangt. Etwa im 9. Jahrhundert v. Chr. beginnt sich in Indien ein vielgestaltiges religiöses Leben zu regen, das dann im Buddhismus und im Hinduismus einen definitiven Ausdruck suchte. Um die Mitte des 8. Jahrhunderts v. Chr. tragen Amos und Hosea im Nordreich und Jesaia in Juda tiefe ethische Gedanken in die bisher wenig ethisch interessierte jüdische[67] Gedankenwelt hinein und leiten einen folgenschweren Umbildungsprozeß der jüdischen Religion ein. Zarathustra (660–583), der medische, und Buddha (560–480), der indische Prophet, Lao-tse (geb. um 604)[68] und Konfuzius, mit

---

64 [Notiz über der Zeile:] Die Ethik bei den Primitiven und in den sittlich veredelbaren Religionen.

65 [R] [Fragezeichen. Daneben:] Sittlich unveredelbare Religionen.

66 [1. und 2. Vorfassung:] ... die Frage nach dem Begriff und Wesen des Sittlichen der Vernunft [vorlegen zu müssen].

67 [«jüdische» ist über das Wort «prophetische» geschrieben, letzteres jedoch nicht ausgestrichen.]

seinem wahren Namen Kong-tse (551–478), die chinesische Ethiker, treten miteinander in einem Jahrhundert auf und haben Thales von Milet, Anaximander, Pythagoras und die anderen Väter der griechischen Philosophie zu Zeitgenossen. Von diesen Bewegungen setzen sich dann zwei, die griechische und die in das Christentum ausmündende jüdische, in einer Reihe schöpferischer Persönlichkeiten bis zum Ende des Jahrtausends fort. Im Kampf um die Herrschaft über die Menschheit der römisch-griechischen Welt sucht eine von der anderen wirkungskräftige Ideen zu übernehmen, bis zuletzt beide ihr ursprüngliches Wesen und damit auch ihre sittliche Kraft verloren haben.[69]

[Schluß des Kapitels] Die Ethik des Judentums[70]

Die[71] unter Josia entstandene Gesetzessammlung bezeichnet den Höhepunkt der mit Amos anhebenden ethischen Bewegung. Bei den späteren Propheten und Priestern überwuchert das Kultische das Ethische. Ihre Verordnungen bezwecken nicht mehr allein die Reinhaltung des Gottesdienstes, sondern geben bis ins einzelne gehende Anleitungen zu seiner Ausgestaltung. Stand früher der Priester unter dem geistigen Einfluß des Propheten, so kommt jetzt umgekehrt der Prophet unter den des Priesters. Ezechiel, der unter den Juden im babylonischen Exil wirkte, zeichnet Offenbarungen auf, in denen sich alle Einzelheiten für den Bau des neuen Tempels und des neuen Jerusalem angegeben finden. Um 500 v. Chr. schaffen die Priester ausführliche Vorschriften für den Kultus, die dann von Esra als «Gesetzbuch Mosis» nach Jerusalem gebracht und dort anno 444 v. Chr. feierlich anerkannt werden. Später wurden sie mit den früheren Gesetzessammlungen zu den «Fünf Bü-

68 [Vgl. S. 42, Anm. 13.]

69 [Beigefügte Notiz:] Dies die geistigen religiös-ethischen Bewegungen, die bestimmend für [das] Geistesleben der Welt wurden.

70 [Sac 7, Nr. 2b.] Nov. 1919.

71 [R] Die späteren Propheten und Gesetzgeber haben nicht mehr so starke ethische Interessen wie die aus den drei letzten Generationen der Königszeit. Dafür sind sie zu sehr mit dem Problem der Zukunftshoffnung und mit der Ausgestaltung des Kultus beschäftigt. Ezechiel. Schildert das neue Jerusalem. Den exilisch[en] Propheten, denen die Kapitel 40–[62] des Jesajabuches angehören. Haggai, Sacharja, Malea[chi] ganz mit Neuordnung der Zurückgekehrten [beschäftigt]. Die vielen kultischen Verordnungen, die die Priester im Exil ausgearbeitet hatten und als das Werk Mose nach Jerusalem zurückbrachten. Die früh[er]en Sammlungen wurden damit zusammengearbeitet. Dabei [wurde] aber das Ethische durch das Kultische erdrückt. – Gebundene Ethik. Veräußerlicht. Und doch [ist] die ethische Erziehung eine gewaltige Tat. Pharisäer. Die Humanitätsgedanken blieben lebendig. Nichts Glänzendes, [. . .], aber in seiner Art gediegen. Daß die Pharisäer nach [dem] Kampf um den reinen Kult bei Antiochos Epiphanes – aber unschöpferisch. Gefahr der Veräußerlichung. – Wertvolle Gedanken.

chern Mosis» zusammengearbeitet. In dem sich auf diese Weise ergebenden Ganzen kommt das tief Ethische der älteren Gesetze gar nicht mehr zur Geltung. Es nimmt sich darin wie Glimmer, der in Granit eingesprengt ist, aus.

Von da an lebte dann Israel von dem Erworbenen. War der Besitz auch nicht so bedeutend, wie er hätte sein können, wenn die Einflüsse der großen ethischen Propheten sich in ihrer ganzen Energie ausgelebt hätten, so war er doch hinreichend, um das Judentum ethisch zu erhalten. In seiner Religion waren gediegene und sichere Werte gegeben, die ihm das Sittliche unverlierbar machten. Wohl handelt es sich dabei nur um äußerliche Beobachtung von Vorschriften. Aber in diesen selbst war von den Propheten her so viel Innerliches, daß sie zur persönlichen Sittlichkeit erzogen.

Selbst die Pharisäer[72] sind nicht die geistlosen Veräußerlicher der Moral, als welche sie, nach den vernichtenden Aussprüchen Jesu, gelten. Die Bewegung, der sie angehören, hat ihren Ursprung in den Kämpfen, die das Judentum zu führen hatte, um sich und seine Religion gegen die syrischen Oberherren, die es mit Gewalt hellenisieren wollten, zu erhalten. Antiochos IV. ging ja sogar so weit, daß er die Feier des Sabbats und den Besitz des Gesetzbuches bei Todesstrafe verbot und 168 v. Chr. einen Altar des olympischen Zeus im Tempel zu Jerusalem aufstellte. Der siegreiche Aufstand der Makkabäer vereitelte zwar sein Unternehmen. Aber die Gefahr einer langsamen Hellenisierung[73] bestand weiter, besonders da die Kreise der vornehmen Priesterschaft Hinneigung zum Griechentum zeigten. Nur durch eine strenge Beobachtung auch des Äußerlichen im Gesetz konnte die Absonderung von dem Griechisch-Heidnischen durchgeführt werden, ohne die das Judentum damals verloren gegangen wäre.[74] Daß die Pharisäer – der Name bedeutet die Abgesonderten – mehr waren als nur engherzige Eiferer für zeremonielle Bestimmungen, erhellt daraus, daß sie, in der Generation vor Jesus, den weitherzigen, die ethische Seite am Gesetz so stark betonenden Hillel zu den ihrigen zählten.

Bei den Juden, die in der Fremde wohnten und, ohne dem väterlichen Glauben untreu zu werden, doch den Einfluß des griechischen Denkens erfuhren, verliert die Ethik von ihrer gesetzlichen Starrheit, aber auch von ihrer Kraft.[75] Der sogenannte «Prediger Salomonis», der in solchen Kreisen wohl gegen Ende des 3. Jahrhunderts v. Chr. entstanden ist, vertritt eine skeptische, vielfach an die epikuräische anklingende An-

72 [R] Selbst der Pharisäer [will das] Volkstum retten. Abgeschlossenheit. Disziplin.

73 [Über der Zeile:] Hier Eschatologie. Ethik und Eschatologie gehen auseinander. [Unter der Zeile:] Elementare ethische Kultur.

74 [Ms.:] verloren ging.

75 [R] ... von ihrer Tiefe.

schauung. Sie läuft darauf hinaus, daß, weil alles eitel ist, man das Leben so gut es gehe in Gottesfurcht genießen solle.[76] «Es gibt nichts besseres unter den Menschen», sagt er, «als daß einer esse und trinke und sich gütlich tue bei seiner Mühsal; aber auch das kommt[77] aus Gottes Hand. Denn wer kann essen und wer genießen ohne ihn? Denn dem, der ihm gefällt, gibt er Weisheit und Erkenntnis und Freude; dem Sünder aber gibt er das Geschäft, zu sammeln und aufzuhäufen, um es dem zu geben, der Gott gefällt.» [Koh. 2,24–26]

Mit Lohn und Strafe im Jenseits geht die jüdische Ethik ursprünglich nicht um, weil sie nicht mit einem Leben nach dem Tode rechnet. Die vergeltende göttliche Gerechtigkeit muß sich also für sie, wie für die chinesische Frömmigkeit, in dem Glück und dem Unglück dieses Daseins auswirken.[78] Wo das Denken wach wird und sich einzugestehen wagt, daß diese Erwartung in der gewöhnlichen Erfahrung[79] nicht erfüllt, ja ins Gegenteil verkehrt wird, taucht das Problem auf, mit dem sich das wohl im 2. Jahrhundert v. Chr. entstandene Buch Hiob befaßt, ohne eine befriedigende Lösung dafür zu finden.

Jahrhunderte[80] lang aber waren die Israeliten vor diesem Problem mehr oder weniger in Sicherheit gewesen, weil sie wie der primitive Mensch in einer Weise überindividualistisch dachten, die uns Modernen nicht mehr begreiflich ist. Sittliches Verhalten der Einzelnen wird von den großen Propheten gefordert, damit es dem Volke gut gehen könne. In dem Glücke des Volkes glücklich werden, ist das Hauptmotiv der Sittlichkeit.

Als[81] nach dem Exil die herrliche Zeit für das Volk, trotzdem es sich dem Gesetz unterwarf, nicht einbrach, kam man allmählich dazu, sie erst für eine ferne, nach Generationen eintretende Zukunft zu erwarten. Das Reich Davids, das wieder aufgerichtet werden sollte, war nicht mehr, wie für die großen Propheten, ein sich für die Generation, zu der sie redeten, verwirklichen sollendes Weltreich des Friedens und der Gerechtigkeit, sondern eine am Ende der Tage nach dem Hingang so und so vieler Menschengenerationen auf übernatürliche Weise sich ereignen-

76 [Über der Zeile:] So auch in [der] indischen und chinesischen Ethik. Auch die andere Spruchliteratur.

77 [R] wie ich gesehen habe, ...

78 [R] in Glück und einem langen Leben.

79 [R] daß in der Erfahrung diese Forderung...

80 [R] Selten [, daß man (?)] eine so gewaltige Modulation [oder: einen so gewaltigen Modulator] der Gedanken in Einzelheiten verlangen kann. Aber noch Pls [Paulus wurde] verfolgt, weil [er die] Auferstehung der Toten [verkündete]. Logik der Zukunftshoffnungen drängte auf [Annahme der] Auferstehung. Damit setzte sich das Prinzip der jüdischen Ethik in das der christlichen um.

81 [R] Keine religiöse Ethik kann das Denken befriedigen, weil sie [die religiösen Ethiken] nicht auf [das] Grundprinzip des Sittlichen ausgehen oder es zu sehr mit unbeweisbaren Annahmen der Weltanschauung verbinden.

de Erscheinung. Es wurde jetzt also mit dem zwischenhinein eintretenden Tode ganzer Generationen von Frommen gerechnet. Die Logik, auf der sich die Sittlichkeit erbaute, verlangte aber, daß sie an der Herrlichkeit, die sie durch ihre Treue gegen das Gesetz hatten vorbereiten helfen, teil hätten. Sie konnte nur aufrecht erhalten werden, wenn irgendwie angenommen wurde, daß sie in jener Zeit wieder existierten. Die Vorstellung der Totenauferstehung wurde notwendig. Aber so sehr sie logisch auch gefordert war, hatte sie doch Mühe, sich gegen die Tradition Anerkennung zu erringen. Noch zur Zeit Jesu und Pauli wurde ihretwegen gestritten. Die Pharisäer bejahten sie, weil sie es mit der Erwartung des messianischen Reiches ernst nahmen; die Sadduzäer, die Partei der Priester, verneinten sie, weil sie die Zukunftserwartungen des Volkes nicht teilten.

Mit der Annahme der Totenauferstehung und einer dabei statthabenden Vergeltung für die sittliche oder nichtsittliche Lebensführung setzt sich das Prinzip der jüdischen Ethik in das der christlichen um. Jesus hat – so paradox es klingt – die Logik der pharisäischen Sittlichkeit übernommen und ausgebildet.[82]

Die Ethik Jesu[83]

Die Lehre Jesu bedeutet sicherlich die gewaltigste Tat in dem Werden der Ethik der Menschheit. Aber sie wird nicht dadurch richtig gewürdigt, daß man sich in Lobeserhebungen über die Erhabenheit des Gebotes der Liebe verbreitet und es als die Lösung aller ethischen Probleme auszugeben sucht.[84] Nur die Ehrerbietung, die sich aus dem ergründenden und prüfenden Denken ergibt, ist dem, was so groß ist, angemessen. Was es dabei an wahren Werten gewinnt, ist mehr, als was es an beigelegten verliert.[85]

Vor allem müssen wir wagen, die Ethik Jesu in ihrer geschichtlichen Bedingtheit und Gestalt anzuschauen, da nur so ihr wirkliches Wesen erkannt wird. Dieser Forderung sind die theologische und die ethische Forschung bisher nur in ganz unbefriedigender Weise nachgekommen.

---

82 [R] Dienstag, 11. 11. 1919. – Lehre [von] der zukünftigen Vergeltung. Größe: keine Probleme [. . .] Schwäche: stellt [die] Sittlichkeit in Frage.

Islam[:] Ableger der jüdischen Ethik [vgl. S. 107, Anm. 1] – [Fortsetzender Satzanfang gestrichen:] Von hier rückt die Lehre der ... [Beigefügte Notiz:] Hier: noch die Apokalypsen. Ausmalung der zukünftigen Welt. Daß [die] jüdische Ethik eine Entwicklung hat! [Vgl. S. 126 f.]

83 [Sac 7 Nr. 2b.] – [Durchgestrichener früherer Titel:] Skizze des Abschnitts über die Ethik Jesu. – [R] 12.XI.19.

84 [R] Sehnen nach Weltvollendung und Ethik: aber Graben dazwischen.

85 [Angaben identisch mit Anm. 2 von S. 134, 1.–3. Abschnitt.]

Es war, als hegten sie die Befürchtung, auf eine zeitgeschichtliche Bedingtheit der Ethik Jesu zu stoßen, die der bisherigen Art, sich auf sie zu berufen, Schwierigkeiten bereiten könnte. Ihr Empfinden war richtig. Aber die Wahrheit darf keine Ängstlichkeit kennen.

Tatsächlich ist die Ethik Jesu in einer ganz einzigartigen Weise zeitgeschichtlich bedingt, weil sie auf das Engste mit der Erwartung des nahen Weltendes und des dann erscheinenden Reiches Gottes verbunden ist.[86] Jesus verkündet den Menschen, wie sie sich in den Wochen und Tagen – eine längere Wartezeit setzt er nicht in Rechnung – bis zum Eintreten jenes Ereignisses verhalten müssen, um zu denen zu gehören, die als Teilhaber an der Herrlichkeit des messianischen Reiches erfunden werden. In diesem auf die Zukunft gehenden Sinne preist er in der Bergpredigt diejenigen selig, die sanftmütig, barmherzig, reines Herzens, friedfertig sind und nach der Gerechtigkeit hungern. Daß sie dafür «das Land» (d. h. das gelobte Land, im übertragenen Sinne das Gottesreich) besitzen,[87] Barmherzigkeit erlangen, Gott schauen, Gottes Kinder heißen und an Gerechtigkeit satt werden sollen, geht alles in dem Moment in Erfüllung, in dem sie aus armen irdischen Menschen zu Kindern des Reiches Gottes werden.[88]

Gewöhnlich[89] bezeichnet man Jesu Ethik als die Ethik des Reiches Gottes. Dies ist unrichtig. Niemals hat der Galiläer seine Forderungen an die Menschen in dem Sinne aufgestellt, daß sie im Reiche Gottes maßgebend sein würden. Er hat auch nicht eine Ethik verkündet, in der sich die menschliche Gesellschaft nach und nach zur Höhe des Reiches Gottes entwickeln sollte. Nach den beiden ältesten Quellen, dem Evangelium des Markus und dem des Matthäus, wurzelt er ganz in den Anschauungen des Spätjudentums und denkt sich das Reich Gottes als etwas rein Übernatürliches.[90] Es entsteht für ihn nicht durch die fortschreitende Versittlichung der Welt, sondern durch ihre Verwandlung aus dem Natürlichen in das Übernatürliche, die Gott in einem von ihm gewählten Augenblicke eintreten lassen wird. Ohne bearbeitet zu

---

86 [R] Leiden auf dieselbe Stufe wie das Tun gestellt. – Prädestination. – Nationale Beschränktheit. – Arbeit. – Stellung zum Gesetz. – Schwärmer. – Ein Geisteskranker. – Phantast.

87 [R] Man ist am Ende des Zuges durch die Wüste der natürlichen Welt angekommen.

88 [Angaben identisch mit Anm. 2 von S. 134, 4. Abschnitt, nur ist (zwischen der Erwähnung der Werke von Reimarus und Baldensperger) nochmals *Das Leben Jesu* von D. F. Strauß (1835 und 1836) angeführt.] – [R] Lohngedanke[:] gequälte Abhandlungen.

89 [R] Zerrissene Gebirgslandschaft. Sein wie Engel[,] übernatürliche Vollkommenheit[:] 1) nicht Ethik des Gottesreiches, durch die es erbaut [?] wird und die in ihm herrscht. Interimsethik. Man kann es nicht genug betonen, daß das Reich Gottes ... Nicht einfacher[?] Ethiker[?]. 2) Keine zu verwirklichenden Ziele. – *Verwandlung.*

90 [R] Der moderne Mensch, der keine Idee mehr hat, sondern nur Ideen in sich hineingelesen hat, widersprechende Ideen vereinigen.

werden, wird dann die Erde unausgesetzt die herrlichsten Früchte hervorbringen. Von den gewöhnlichen Lebensbedingungen, wie sie für die Ethik in Betracht kommen, bleibt nichts übrig. Die Frage des Sittlichen und des Nichtsittlichen stellt sich nicht mehr. Mit der Erde wird der am Reiche Gottes teilhabende Mensch in einen Zustand übernatürlicher Vollkommenheit erhoben. Er wird sein wie die Engel des Himmels. Für Jesus gibt es also keine Ethik des Reiches Gottes. Was er predigt, ist eine Interimsethik, die für die Zeit von der Verkündigung der Nähe des Reiches Gottes bis zu seinem Eintreten gilt. Diejenigen, welche berufen sind, an demselben teilzuhaben, müssen sich von dem Augenblicke an, wo die Kunde von seiner Nähe sie erreicht, durch eine Sittlichkeit, die höher ist als die der Schriftgelehrten, auf das Kommende vorbereiten. Jesus hat das Gesetz nicht bekämpft und nicht aufgelöst. Seine Sittlichkeit der Innerlichkeit[91] ist von ihm als ein gewaltiger, die letzte Generation der Auserwählten verpflichtender Anhang zu demselben gedacht.

Das ethische Verhalten der Menschen ist also Vorbereitung auf das Reich Gottes. Ein Einfluß auf die Verwirklichung desselben kommt ihm[92] nur insoweit zu,[93] als die stattfindende Umkehr des Menschen eine Art Zwang auf Gott ausübt, es in Erscheinung treten zu lassen. In diesem Sinne ist das merkwürdige Wort zu verstehen, daß es [das Himmelreich] seit den Tagen Johannes des Täufers vergewaltigt und von Gewalttätigen an sich gerissen werde (Mt. 11,12).[94] Die wirkende Kraft ist die große Bewegung der Sinnesänderung, die seit der Predigt des Johannes eingesetzt hat und unter Jesus weitergeht. Daß Gott in solcher Weise genötigt werden könne, ist eine spätjüdische Idee. Wenn ganz Israel nur einmal einen Sabbat richtig hielte, müßte das messianische Reich kommen, lehrten die Rabbiner.

Die Ethik Jesu, wie die der indischen Religionen, verfolgt in der Welt also keine Ziele. Sie stellt keine Ideale für die Besserung der gesellschaft-

---

91 [R] Ethik Gericht (innerlich).

92 [D. h. dem ethischen Verhalten.]

93 [R] *Ethik Selbstzweck.* Lohn in sich. Genügt sich selbst.

Größe der Ethik Jesu auf ganz anderem Gebiet. In dieser Welt keine Ziele. Keine Ideale für die Gesellschaft, keine Ideale für [die] Einzelnen. Ebensowenig wie [in der] indischen [Ethik.] [. . .] für soziale Verhältnisse [man] vergebens sucht. Wert der Arbeit und Wert der Betätigung. Nicht in [die] Welt hineinstellen. Aus der Welt herauslösen. Weltflucht.

Pessimistisch: gibt diese ganze Welt auf [. . .] Aber [es ist] ein anderer Pessimismus. Optimistisch. Schwer zu sagen, ob optimistisch oder pessimistisch. – [Ist] jeder Modernisierung unmöglich. *Lohnidee.*

Zeigt noch durch andere Besonderheiten, daß sie in einer eigenartigen Zeit. Geht nicht an alle Menschen.

Zuerst nationale Begrenztheit. Dann Prädestination.

[Jesus ist] nicht einfacher Ethiker, sondern der, der sich für den Messias hält.

Sinnlosigkeit. Konsequenzen derselben für die menschliche Gesellschaft.

94 [Über der Zeile:] Zuerst rein darstellend. Dann die Prinzipien besprechen.

lichen Zustände auf, sondern gibt das Gegenwärtige, wie es ist, als böse und nicht vervollkommnungsfähig preis. Die Welt wird wie ein auf Abbruch verkauftes Haus gewertet.

Darum[95] findet sich bei Jesus kein Wort über die sittliche Bedeutung der Arbeit. Mag diese in der gewöhnlichen Weltzeit ihren Wert haben, so ist sie doch jetzt, beim Bevorstehen des Weltendes, nichts mehr als eine gefährliche Ablenkung von dem Einen, das not tut. Die sittlichen Menschen sind jetzt die, die nur daran denken, von der Welt ganz frei zu kommen und sich innerlich zu vervollkommnen. Heitere Sorglosigkeit wird ihnen zur Pflicht gemacht. Um Speise und Kleidung dürfen sie sich, nach der Bergpredigt, nicht kümmern. Nur nach dem Reiche Gottes und seiner Gerechtigkeit sollen sie Verlangen tragen. Nicht einzusehen, daß die Menschen jetzt leben müssen wie die Vögel unter dem Himmel und die Lilien auf dem Felde, heißt heidnisch denken.[96]

Wer Erarbeitetes oder Ererbtes sein eigen nennt, soll darauf bedacht sein, es in Almosengeben los zu werden und sich damit Schätze im Himmel zu erwerben. Dem reichen Jüngling, der ihn nach dem Wege der Seligkeit frägt, gebietet Jesus, alles zu verkaufen und ihm nachzufolgen.[97] Die Frömmigkeit, wie sie jetzt gefordert wird, verträgt sich nicht

---

95 [R] Alles Sittliche kann unsittlich werden, wenn [es] mit [dem] Interesse des Reiches Gottes kollidiert. Alle Bande lösen sich. «Laß die Toten die Toten begraben» [Mt. 8,22].

Auch auf sich bezieht: Wer Vater oder Mutter mehr liebt denn mich, ist meiner nicht wert [Mt. 10,37].

Das ethische Verhalten Jesu selbst [ist] beanstandbar.

Aber wie ein Ideal: die ungeheure Natürlichkeit (Fastenfrage Mk. 2,18–22, Sabbatfrage Mk. 2,23–28; 3,1–6, Heiterkeit der Erhebung über das Leben, wie Buddha. Nicht durch Ethik, sondern etwas ganz anders [. . .]) – Gegen weltliche Sorge, Mt. 6,25–34. Gegen Richten (Mt. 7,1 ff). Mt. 7,12[:] [Alles], was ihr wollt . . .

Ein Verhalten zur Familie (Mk. 3,31–35). Gericht: Gleichnis [vom] Unkraut (Mt. 13,36–43). Fischnetz, Mt. 13,47–50. Besitzlosigkeit, Mt. 10[,9 ff.] Beauftragt Jünger mit Fluch (Mt. 10[,14.15?]). Selber Fluch ausgesprochen (Mt. 11[,20–24]).

96 [Beigefügt:] Buddha im Superlativ. Vorfreude auf etwas Großes, Glückseliges.

97 [R] Die Ethik, von der wir leben, ist durch den Glauben an das Weltende bestimmt. Das ist die ungeheure Paradoxie. – [R] Das Befremdende und Beanstandbare, Ärgernis Gebende an Jesu Ethik. In Lehre und Verhalten! Verhalten zu Kanaanitern [Mk.] 7,24–30. – Viele sind berufen, aber wenige auserwählt [Mt. 22,14]. Etwas, das die Ethik außer Kraft setzt.

Die Art der Vergeltung. Leiden = Herrlichkeit. Sich zum Leiden drängen wie Askese in Indien. Freiheit von der Welt.

Vom Ärgernis der Hand (Mt. 18,6–9). – Dann wieder [das] Gleichnis [vom] verlorenen Schaf (Mt. 18,10[12]-14). – Die Erlaubnis, zu binden und zu lösen (Mt. 18,18). (Vater begraben, Mt. 8,21 f.) – Der reiche Jüngling, Mk. 10,17–31. – Anstößige Gleichnisse: Arbeiter im Weinberg (Mt. 20,1–16). Spekulieren auf Lohn (Zebedäiden, Mk. 10[,28–31]).

[Das] große Gebot (Mk. 12,28–34). [. . .]

mit irgendwelchem Erwerb oder Besitz. Man kann nicht Gott dienen und dem Mammon [Mt. 19,16 ff; 6,24].

Der Glaube an das Weltende entwertet aber nicht nur Kultur, Arbeit und Besitz, sondern tritt auch noch sonst störend auf. Weil die Kunde von der Nähe dieses Ereignisses nur für das auserwählte Volk bestimmt sein soll, wendet sich Jesus in seiner Ethik nicht an den Menschen als solchen, sondern bestimmt sie nur den Kindern Israel. In der Rede, in der er seine Jünger zur Verkündigung aussendet, gebietet er ihnen ausdrücklich, daß sie die Heiden und Samariter nicht lehren sollen [Mt. 10,5.6]. Er selber, als er vor der letzten Reise in der Gegend von Tyrus und Sidon weilt, verweigert einem kanaanitischen Weibe, die Heilung ihrer kranken Tochter zu versuchen, weil er nur zu den verlorenen Schafen Israels gesandt sei. Erst als ihm die Größe ihres Glaubens aufgeht, läßt er sich bewegen, eine Ausnahme zu machen [Mt. 15,21–28, Mk. 7,24–30].

Innerhalb der Kinder Israel aber ist die Berufung zum neuen Wandel durch die Annahme der göttlichen Vorherbestimmung zum Heile oder zur Verdammnis eingeschränkt.[98] Der zum voraus Verworfenen wegen redet Jesus in Gleichnissen. Nur denen, die Ohren haben, zu hören, das heißt, die das Geheimnis der Nähe und des Wesens des Reiches Gottes auch aus der verhüllten Andeutung vernehmen, gilt sein Wort. Die andern sollen ihn, wie er nach dem Gleichnis vom Säemann den Jüngern erläutert, nicht verstehen, damit sie nicht etwa den neuen Wandel beginnen und dadurch einen Anspruch auf die Seligkeit bekommen, der doch nicht erfüllbar ist (Mk. 4,11.12). Von den Vielen, an welche der Ruf nach Sinnesänderung ergeht, sind also nur wenige für das Reich Gottes auserwählt. In dem Gleichnis von der königlichen Hochzeit ist geschildert, wie der König die Gäste, die an seinem Mahle teilnehmen, besucht und einen, der aus Versehen hereingelassen worden ist und «kein hochzeitlich Gewand anhat», greifen und gefesselt an den Ort qualvoller Finsternis bringen läßt (Mt. 22,1–14).

Furchtbar entstellend wirkt die krasse Lohn- und Strafidee, mit der Jesus operiert.[99] In gequälten Abhandlungen haben die Theologen sie aus seinen Worten herauszudeuten oder doch wenigstens abzuschwächen versucht. Vergebliches Beginnen! Überall wird in den Evangelien vorausgesetzt, daß der Mensch sittlich ist aus Hoffnung auf die Seligkeit im Reiche Gottes und aus Angst vor der Höllenpein. Nirgends findet sich ein Hinweis auf die höhere Sittlichkeit, die das Gute um des Guten willen tut.[100] Am Tage des Gerichts, heißt es am Schlusse des Gleichnis-

---

98 [R] Also [die] Wirkung der Ethik und ihre Bedeutung in Frage gestellt.

99 [Über und unter der Zeile:] Weil [er] kosmisch-supranaturalistisch denkt. [Das] Ethische zuletzt in ein Überethisches. Aber nicht Erkennen, nicht Akt, sondern ...

100 [R] Also hier, im Gegensatz zu der Zarathustrareligion, arbeiten die Menschen nicht

ses vom Unkraut unter dem Weizen, wird der Menschensohn seine Engel aussenden, und diese werden die Guten in das Reich einholen und die Bösen in den Feuerpfuhl werfen. Die Gerechten aber werden leuchten wie die Sonne in ihres Vaters Reich (Mt. 13,41–43).

Daß sie, weil sie um Jesu willen alles verlassen haben, einen besonderen Lohn zu beanspruchen wagen, ist den Jüngern ganz selbstverständlich. Als sie ihn, da er nach Jerusalem zum Leiden geht, mit Fragen quälen, worin er bestehen werde und darüber streiten, welcher unter ihnen die höchste Stelle zu erwarten habe, verweist er ihnen solche Gesinnung nicht. Er verspricht ihnen, daß sie in der Herrlichkeit des Menschensohnes auf zwölf Stühlen sitzen und die zwölf Geschlechter Israels richten werden (Mt. 19,27–30).[101] Die Ehrenplätze zu seiner Rechten und Linken aber vergibt er nicht, weil solches nur Gott zustehe (Mk. 10,40). Ganz allgemein stellt er den Grundsatz auf, daß ein Mensch für alles, was er um des Evangeliums willen verliert oder erduldet, in der kommenden Welt hundertfachen Lohn empfangen werde.

Bei dieser Betrachtungsweise wird der sittliche Charakter der Demut gefährdet. Sie wird zu Selbsterniedrigung in dieser Welt, die auf entsprechende Erhöhung in der zukünftigen rechnet. Überhaupt wird ein Kontrastverhältnis zwischen jetzt und dann statuiert, dessen sittliche Bedingtheit nicht immer genügend aufrecht erhalten wird. Die Armut als solche und die Niedrigkeit als solche geben Anwartschaft auf kommende Herrlichkeit. Wer dagegen hier reich und mächtig ist, ist damit von vornherein als einer bezeichnet, der am Reiche voraussichtlich nicht teilhaben wird.

Aber nicht nur, daß die dogmatischen Ideen das Sittliche verdunkeln, einengen und gefährden: sie führen in manchen Fällen zu einer Verheerung der Begriffe. Wo das Bekenntnis zum Reiche Gottes und die Interessen desselben in Frage kommen, kann das an sich Sittliche nichtsittlich und das an sich Nichtsittliche sittlich werden.[102] Als ein Jünger sich von ihm auf einige Zeit verabschieden will, um seinen Vater zu begraben, ... [etc., s. S. 136, 3 Abschnitte, bis S. 137 Zitat Mk. 3,31–35].

Noch weiter getrieben wird die Verwirrung in dem Begriffe des Sittlichen dadurch, daß Jesus sich und seinen Jüngern andern Menschen gegenüber Befugnisse zuspricht, die weit über Menschenmaß hinausgehen. Die Solidarität mit ihm wird beim kommenden Gericht gerade so hoch gewertet als das sittliche Verhalten. «Wer mich bekennet vor den

---

an der Weltvollendung ... Aber ... an sich. Angedichtet. – Modernisierbar zu Ethik unserer Kultur. – [Neue R:] neutralisiert.

101 [Notiz zu «solche Gesinnung» der Jünger:] Wie stachelige Kelchblätter die Blume umstellen. [R] Daß ich ein Buch über die geistige Gesundheit Jesu geschrieben habe. [Siehe Anm. 107 und S. 138, Anm. 7.]

102 [R] Wer Vater und Mutter verläßt um des Reiches Gottes [willen]: Bande des Reiches Gottes stehen höher (Begründung mit Mutter). Eisfeld mit Spalten.

Menschen», heißt es in der Aussendungsrede, «den will ich bekennen vor meinem himmlischen Vater. Wer mich aber verleugnet, den will ich auch verleugnen vor meinem himmlischen Vater.» «... Wer aber Vater oder Mutter mehr liebt denn mich, der ist meiner nicht wert...»[103] (Mt. 10,32.33 und 37). Sein Wort «Richtet nicht, auf daß ihr nicht gerichtet werdet» [Mt. 7,1] gilt nicht für ihn und seine Jünger. Er selber spricht einen Fluch über Chorazin, Bethsaida und Kapernaum aus, der am Weltgericht in Erfüllung gehen soll (Mt. 11,20–24). Den Jüngern gesteht er in der Aussendungsrede ähnliche Vollmacht zu. Das Haus, das sie aufnimmt und ihren Segen empfängt, wird beim Weltgericht errettet werden, die Stadt aber, deren Staub sie von ihren Füßen schütteln, wird schlimmer daran sein als Sodom und Gomorrha (Mt. 10,11–15)[104] Ein andermal sagt er ihnen: «Was ihr auf Erden binden werdet, soll auch im Himmel gebunden sein, und was ihr auf Erden lösen werdet, soll auch im Himmel los ein» (Mt. 18,18). Er datiert also die Befugnis, die sie, als verklärte Menschen, mit ihm beim Weltgericht ausüben sollen, schon in die Zeit vor, wo sie noch in irdischer Gestalt auf Erden wandeln.

Die Ethik Jesu, wenn man sie so zu sehen wagt, wie sie ist, ... [etc., s. S. 138 (letzter Abschnitt des Unterkapitels)] ... daß die Erwartung des Weltendes, des messianischen Gerichtes und des übernatürlich gedachten Reiches Gottes ihre Schatten in die Ethik wirft.

Es kommt noch hinzu, daß Jesus sich nicht nur als ethischer Verkünder, sondern zugleich noch als die Persönlichkeit erfaßte, die bei der großen kommenden Verwandlung als der Weltrichter und der Messias offenbar werden sollte. Dieses Selbstbewußtsein[105] ist nach unseren Begriffen phantastisch, wie die ganze spätjüdische Vorstellungswelt, in der er lebt. Aber es baut sich aus lauter Ideen auf, die damals allgemein anerkannt waren, und läßt sich aus ihnen verstehen.[106] Jesum als mehr oder weniger geistesgestört hinzustellen, wie man es von psychiatrischer Seite schon mehrmals versucht hat, geht nicht an. Eine vorurteilsfreie fachmännische Prüfung der Angaben der beiden ältesten Evangelien wird immer auf geistige Gesundheit erkennen müssen. Nur der unwirkliche Jesus, der aus der Vermischung der historischen Persönlichkeit mit dem im vierten Evangelium vom griechischen Geiste nach seinen Bedürfnis-

---

103 [Darüber:] Diese Ethik [ist] nicht in allem natürlich.

104 [R] Ganz allgemein. Die Fiktion, daß Richter Israels schon als Menschen den Menschen veredeln müssen. [letztes Wort undeutlich.]

105 [R] Wie bei Laotse kein Bedürfnis zum Sich-Mitteilen. – Störend eingewirkt.

106 [Unter der Zeile:] Kirchenväter als Ethiker unbefriedigend. – [R] daß die Lohnidee im Hintergrund steht. Dies alles kann abfallen. Vergeistigt. – Unterwirft sich der Tatsache und ihren Konsequenzen. Ist man erst in sie eingetreten, vergißt [man] alles. Wundervolle Stadt, durch [auch?] kaiserliche Vorstädte.

sen frei geschaffenen Bilde entsteht, trägt Züge an sich, die als krankhaft zu deuten wären.[107]

Welches[108] ist der Inhalt der Ethik Jesu?[109] Was er an Anweisungen gibt, ist nur Ausführung der Aufforderung zur Sinnesänderung (μετάνοια) im Hinblick auf das Kommen des Gottesreiches. Zusam-

---

107 Eine Psychose bei Jesus nahmen an: Dr. de Loosten ..., Dr. Binet-Sanglé ... Zusammenfassend über alle bisherigen psychiatrischen Arbeiten über Jesus und seine geistige Gesundheit verteidigend: A. Schweitzer. [Vollständige Angaben s. S. 138, Anm. 7.]

108 [R] Reise nach Zürich. 16. – 19. 11. 19.

109 [Eingefügte Notiz:] Ethik hat aufgehört, sich mit Geschichte auseinanderzusetzen. – [R] Worin besteht nun aber die Eigenart und die Größe der Ethik Jesu? Inwiefern bezeichnet sie einen Fortschritt? Darin, daß sie die (absoluten) Forderungen der persönlichen und innerlichen Sittlichkeit aufstellt.

Die Erwartung des Weltendes hat (dem ethischen Genius, der das Werk der großen Propheten fortsetzt) nicht nur entstellend auf die Ethik eingewirkt; sie hat auch zu ihrer Größe mitgewirkt. Die gegenwärtige Welt mit ihren Zwecken und Zielen ist für Jesus aufgehoben. Darum [ist er] befreit [davon,] [...] sich um den Aufbau des Staates und der Gesellschaft [zu kümmern]. Mit allem aufgeräumt. Bleibt nur der Mensch, und zwar der Mensch herausgehoben aus den Verhältnissen. Jesus braucht sich nicht mit den Zuständen der Gesellschaft auseinander[zu]setzen, [ist] von allem frei, auch von Rücksichten auf das Gesetz, [hat es] nur mit dem Menschen als solchem und seiner höchsten innerlichen Vervollkommnung zu tun.

Nur ein Stück des großen ethischen Feldes angebaut, aber dieses in vollendeter Weise. Es bringt Früchte hervor, die dafür entschädigen, daß der Rest brach liegt. (Der isolierte Mensch: für jeden muß dies Tatsache werden, in [der] Ethik.) – Außen unscheinbare Bauten, innen [ein] Hof mit blühendem Garten. Führt den Mensch[en] in die Einsamkeit mit sich selbst (nicht nur während die Weltkatastrophe sich vorbereitet).

Nicht die mönchische Einsamkeit und nicht mönchische Vollkommenheit oder der Weise! Sondern vom Menschen [ist die Rede,] der unter Menschen lebt und nur davon absieht, was ihn und sie sonst gefangen nimmt, und nur, was er an sich und für die andern ist[, kommt in Betracht]. [Eingefügte Notiz:] Individuelle Ethik, die in Griechenland einsetzt.

Nur Mensch und Menschen bleiben übrig auf [der] Welt. (Einzelne Menschen [sollen] zu einander [sein], was sie sich als Menschen sein sollen und sich als Menschen geben können.) Wie ist die Melodie, in der es ertönt. Etwas zeitliche Bedingtheit der Ethik[?] zugleich Zeitlosigkeit, weil die zeitliche Bedingtheit die jetzige Welt aufhebt. Paßt in alle Zeiten hinein, weil [sie] keine Zeit mehr voraussetzt, nur mit dem Menschen an sich beschäftigt. Bild: [Man] tritt durch äußere Bauten ein. Stil vergangener Zeiten. Aber drinnen kein Bau[?,] Ewigkeitsstil, ist Natur. ... [Fortsetzung z. T. ausradiert.]

... sobald in andere [Welt]anschauung versetzt wird. In der modernsten ihrem Wesen nach ebenso wahr wie in der vergangensten.

Zugleich ungeheure Energie. Nichts Relatives, alles absolute [Ethik]. Da ohne Rücksicht auf Verhältnisse, das, was stärker sein soll als Verhältnisse, das Innerlichste der Gesinnung.

Bild von [der] Feder, die in [ein] neues Uhrwerk eingesetzt wird. Weil zeitlos, immer versucht zu modernisieren. Die Männer der theologischen Wissenschaft. Irreführend, weil innerlich zeitlos. Vergleich mit Laotse. Aber nicht diese innerliche Müdigkeit.

Was [das] für die moderne Weltanschauung bedeutet. Inwieweit modernisierbar[?] Optimismus und Pessimismus. Aber vorher entwickeln, worin diese Ethik besteht und dann erst die ganzen Erörterungen.

menhängend hat er sich darüber nur einmal, in der noch zu Anfang seines öffentlichen Auftretens auf einem Hügel gehaltenen «Bergpredigt» (Mt. 5–7) ausgesprochen. Sie besteht aus den Seligpreisungen, der Entwicklung der Forderungen, die über das im Gesetz Verlangte hinausgehen, und Warnungen vor weltlicher Sorge und unbefugtem Richten des Nebenmenschen. Am Schluß betont er, daß die tätige Sittlichkeit das Wichtigste an der Frömmigkeit sei. Später hat Jesus noch einige kurze Entscheide auf gestellte Fragen oder in Anknüpfung an bestimmte Vorkommnisse gegeben. Was uns an ethischen Worten – es sind einige Dutzend Sätze – überliefert ist, stellt wohl in der Hauptsache dar, was er an solchen überhaupt ausgesprochen hat. Er lehrte nicht anhaltend, sondern nur gelegentlich, und von seinem ersten Auftreten bis zu seinem Tode verfloß höchstens ein Jahr. Einen Teil dieser Zeit brachte er zudem noch in der Einsamkeit, auf heidnischem Boden, in der Gegend von Tyrus und Sidon, zu.

Jesus verdammt den jüdischen Hochmut, warnt vor Zorn, Rachsucht, Bruderhaß, verwirft Ehescheidung, es sei denn auf Grund von Ehebruch, verlangt, daß das einfache Ja als so bindend angesehen werde wie der Schwur, fordert Herzensreinheit, Kindersinn, Sanftmut, Friedfertigkeit, Feindesliebe, fortgesetztes Verzeihen, Mildtätigkeit gegen den Bedürftigen, Teilnahme für die Kranken und Gefangenen. Als ihm die Streitfrage nach dem größten Gebote des Gesetzes vorgelegt wurde, entnahm er dem Alten Testament einen Spruch über die Liebe zu Gott (Dtn. 6,4 und 5) und einen über die Liebe zum Nebenmenschen (Lev. 19,18) und sagte, in diesen beiden hingen das ganze Gesetz und die Propheten (Mt. 22,35–40). Die Jünger aber lehrt er auf dem Todeswege nach Jerusalem, daß ein Mensch um so höheren inneren Wert erlange, je mehr er diene, und eröffnet ihnen, daß er selber seine Bestimmung in der Welt darin sehe, zu dienen und sein Leben als Lösegeld für Viele zu geben (Mk. 10,42–45). Unter den «Vielen» sind die zum Reiche Gottes Berufenen gemeint. Ein Lösegeld kann er für sie in der Hinsicht leisten, als sie, nach der spätjüdischen Vorstellung, von den Ereignissen der Endzeit vor dem Kommen des Reiches in einem furchtbaren letzten Aufruhr der Welt und aller bösen Mächte – den sogenannten Geburtswehen des Messias – noch von Gott erprobt werden sollen. Jesus ist bange um sie. Er lehrt sie im Vaterunser beten, daß Gott sie nicht in diese Versuchung führe, und erbietet sich, Leid, Schmerz, Schmach und Tod freiwillig auf sich zu nehmen, damit sie dafür frei ausgehen. Dies ist der Gedanke, in dem er sich als den «Erlöser» betrachtet und in dem er sich nach Jerusalem aufmacht, dort den Tod zu suchen.

Worin besteht nun die Größe und die Eigenart dieser Ethik? Was enthält sie an bleibenden Ideen? Die Erwartung des nahen Weltendes[110] hat

110 [Über der Zeile:] Hier nicht: Kulturethik!

nicht nur entstellend, sondern auch eminent fördernd auf die ethischen Vorstellungen Jesu eingewirkt. Sie hat es seinem Genius erlaubt, die Idee des Sittlichen nach einer bestimmten Seite hin in einzigartiger konsequenter Weise auszudenken.[111] In der Erwartung des Weltendes findet er die Freiheit von dem überlieferten Gesetz und zugleich den Antrieb, über es hinausgehende Forderungen aufzustellen. Wertvolle Freiheit bedeutet es ferner, daß er sich in seiner Ethik um die Entwicklung der Gesellschaft und des Volkes nicht zu kümmern braucht. Nur mit dem einzelnen Menschen und dem Verhalten der Einzelnen zu den Einzelnen hat er sich zu befassen. Eine auf absolute Forderungen ausgehende Individualethik wird ermöglicht. Der Weg zur Verinnerlichung ist gewiesen.

So erklärt sich auch die eigentümliche Stellung Jesu zu den Propheten. Er steht unter ihrem Einfluß und setzt ihre Gedanken fort. Aber während sie es mit dem Volk und mit den Einzelnen als Glieder des Volkes zu tun haben, wendet er sich nie an das Volk, sondern nur an den Einzelnen als Einzelner. Der Kreis ist enger als der der Vorgänger.

Von dem weiten Felde der Ethik wird also nur ein Stück angebaut, aber diese so vorteilhaft, daß die Ernte, die es abwirft, den Ausfall der brachliegenden [Felder] vergessen läßt. Die sittliche Vervollkommnung des Einzelnen ... [etc., s. S. 139, bis Schluß des Absatzes.]

Das Rätsel, daß Jesu Ethik nach der einen Seite hin einen ganz zeitgeschichtlich bedingten, nach der anderen wiederum einen zeitlosen Charakter an sich trägt, erklärt sich also auf eine merkwürdige Weise. Ihre Zeitlosigkeit beruht gerade in ihrer einzigartigen zeitgeschichtlichen Bedingtheit. Weil sie mit dem Weltende rechnet und von allen in der damaligen Welt bestehenden Fragen absieht, veraltet sie nicht und behält in jeder Epoche ihre Bedeutung. Keine Zeit mehr voraussetzend, läßt sie sich in jede Zeit einsetzen.[112]

Bei der Kürze der vorausgesetzten Dauer der Welt brauchte Jesus nicht zu erwägen, ob seine Ethik auf die Länge und unter gewöhnlichen Lebensverhältnissen durchführbar sei.[113] So kam er dazu, das absolute Vollkommenheitsideal aufzustellen. Von entscheidender Bedeutung ist, daß dies unter den für die Ethik günstigsten Voraussetzungen geschah.

---

111 [R] Nicht bei Jesus der abgestumpfte Mensch. (Er selber bis zum letzten Augenblick unbetäubt.)

112 [Beigefügt:] Alles Tun bei Jesus geht auf Erlangung der Vollkommenheit. – Setzt sich aber mit keiner Zeit auseinander. – [R] innerlich und doch lebendig.

113 [Eingefügt:] Alle dualistische Ethik optimistisch. Alle dualistische Weltanschauung optimistisch. Erlangung der tätigen und leidenden Vollkommenheit in der höchsten Betätigung. Das tote Gewicht abgehängt. Das ein Anfang! Sucht [das] Leiden nicht, sondern [will] tragen, was das Schicksal bringt! Sein Leiden notwendig für einen Zweck.

Das Problem der sittlichen Vervollkommnung des Einzelnen tritt in der Geschichte da auf, wo die Welt für den Menschen abgetan ist.[114] Erst, wo diese Bedingung für das Denken gegeben ist, tritt es in den innersten Hof der sittlichen Fragen ein. In den indischen Religionen wird die Welt außer Kraft gesetzt, indem der Einzelne von ihr absieht und sich aus ihr zurückzieht. Das entstehende Vollkommenheitsideal trägt mönchischen Charakter. Die Sittlichkeit, zu der es gelangt, ist die der absoluten Tatenlosigkeit. Nicht einmal das Tun von Mensch zu Mensch[115] behält in Wirklichkeit sein Recht, weil bei der Flucht aus der Welt der Mensch sich auch von den Menschen zurückzieht. Auch das Ideal des Weisen,[116] wie es bei Laotse oder sonst irgendwo im ethischen Denken aufgestellt wird, kommt im Prinzip auf dieselbe Weise zustande, nur daß die Weltverneinung keine vollständige ist. Der Weise läßt die Anregungen und Anforderungen, die von der Welt und den Menschen an ihn ergehen, in einer von ihm als für seinen Seelenzustand zweckmäßig angenommenen Abgetöntheit auf sich wirken.[117] Es findet eine allgemeine Herabsetzung[118] der Lebensenergie statt, von der auch das ethische Empfinden und Müssen betroffen wird.

Bei Jesus zieht sich der Mensch nicht von der Welt, sondern die Welt von dem Menschen zurück. Bei dieser ohne sein Zutun erfolgten Außerkraftsetzung ist sein Wesen unbeteiligt geblieben. Der lebendige Mensch in seiner ganzen Ursprünglichkeit ist erhalten geblieben. Überdies ist nur die Welt, nicht auch der Nebenmensch aus seinem Interessenkreis verschwunden.[119] Auf dem Strand, den die [darüber: diese] Ebbe frei läßt, sieht er sich mit anderen Einzelnen zusammen. Sein Vollkommenheitsideal ist also nicht die Sittlichkeit der Tatenlosigkeit, sondern die Sittlichkeit des vollkommensten leidenden und tätigen Verhaltens zu den andern Einzelnen, wie es durch den Wegfall des auf die Welt gerichteten Tuns möglich wird.

Darum ist die Ethik Jesu [etc. s. S. 140, ganzer Absatz (8 Zeilen).]

---

114 [R] bewegte Tiefe. – Seine Bedeutung behält dieses absolute Ideal auch wo die Welt wieder in ihre Rechte eingetreten ist. Die Weltenderwartung ist [das] Gerüst der absoluten individuellen Ethik.

115 [Über der Zeile:] Auseinandersetzung mit Geschichte [hat] aufgehört. Ethik erzwingt das Wunder von Gott. (Die Gewalttätigen.).

116 [R] Ideal des Weisen. – Läßt den Menschen unter den Menschen preisgegeben. – Tatenlosigkeit [hat] ihre Grenzen.

Sittlichkeit lehnt[?] sich nicht auf, sondern wird in neues Leben versetzt. Vertieft sich.

117 [R] Kulturphilosophie. Titel[:] *Das ethische Suchen der Menschheit.* Politische Kulturprobleme. Soziale Kulturprobleme.

118 [Zuerst:] Lähmung [dann in ( ) gesetzt].

119 [R] Kommt ganz anders zustande –

Auf Strand Menschen, bis neue Flut sie miteinander in [eine] neue Welt tragen wird. – Voll anregender Widersprüche, ungeheuer kompliziert zu definieren. Strand, der bei dieser Ebbe zutage tritt.

Jesu Ethik der Vervollkommnung des Einzelnen ist wie eine Provinz, die einen ungeahnten Aufschwung nimmt, weil das Reich, dem sie zugehörte, sich von ihr losgelöst hat. Darum treten auch seine ethischen Erkenntnisse nicht als etwas durch langes Nachdenken Gewonnenes auf,[120] sondern geben sich als etwas der Vernunft Selbstverständliches.[121] Dieses Rationale ist aber zugleich ein Irrationales. Der Grundgedanke der Selbstvervollkommnungsethik Jesu ist der, daß das sittliche Verhalten dem Gesetz, das im Weltgeschehen zutage tritt, entgegengesetzt ist. Hier behauptet sich das eine Leben gegen das andere und sucht es sich zu unterwerfen und dienstbar zu machen. Dort aber wird verlangt, daß das Leben sich an das Leben hingebe und sich ihm aufopfere. Der Mensch soll sich an die Menschen verlieren. Je mehr er sich, dem Gebote der Liebe und des Dienens folgend, selbst aufgibt, desto reicher wird seine Existenz, nach dem paradoxen Worte,[122] daß, wer sein Leben verliert, es behalte, und wer es behalte, es verliere [Mt. 10,39; 16,25; Mk. 8,35 u. a.]. Kein Rechnen, kein Rechten, kein Wehren soll gelten. Wird etwas mit Gewalt genommen, so werde dies als eine Anregung zur Selbstaufgabe angesehen. «Will dir jemand», sagt er, «den Rock nehmen, so gib ihm auch den Mantel; nötigt er dich eine Meile, so gehe zwei mit ihm.»[123] [Mt. 5,40.41]

Das Irrationale dieser Ethik liegt nicht nur in ihrer zeitgeschichtlichen Bedingtheit, sondern im Prinzipe der Selbsthingabe selbst. Die Erwartung des Weltendes ist allerdings daran beteiligt. Jesus kann zur Selbsthingabe bis zur Selbstaufopferung auffordern, weil ein solcher Verlust dieses Lebens den sicheren Gewinn des Lebens in der kommenden Welt bedeutet. Er ist auch der Erwägung enthoben, ob eine geordnete Gesellschaft samt den Zwecken, die sie verfolgt, bei diesem allgemein befolgten Prinzip der leidenden und tätigen Selbstaufgabe bestehen könne. Aber was unter diesen Voraussetzungen ihm als ethische Wahrheit aufging, wird mit ihrem Wegfall nicht hinfällig, sondern erweist sich als in dem Wesen des Sittlichen begründet.[124] Der Grundsatz, daß der Mensch aus seiner Existenz heraus in leidender und tätiger Sittlichkeit die Vollkommenheit zu suchen habe, trägt keinen Trieb zur Selbstbegrenzung in sich. Er erweitert das Sittliche bis in das Gebiet des

---

120 [R] Motive des Tuns.

121 [Unter der Zeile:] Auch die Definition des Ethischen: anders als die Welt. – [R] Wo hört es auf. – Abtötung – Hingabe. Buddha. Indisch – Jesus – Nietzsche. Tätige Menschlichkeitsethik. [R] das Sittliche undefinierbar, grenzenlos!

122 [Eingefügt:] Geht damit in das Prinzip der Vollkommenheit der neuen Welt ein. Anders sein als die Welt – so sicher[?] sein, daß nicht [?] von der Welt ist.

123 [Darüber:] Hier aber [die] Auseinandersetzung mit Wirklichkeit ganz außer Kraft gesetzt. Wirklichkeit überwinden.

124 [R] Wie bei Buddha hervorbricht, daß [es sich um] mönchische Ethik [handelt], [so] bei Jesus, [daß es sich um] Weltethik [handelt]. Idee, die mit Explosivstoff gefüllt ist. Sobald man sie entlädt ...

Nichtvernünftigen und Widervernünftigen hinein, weil die in Leiden und in Tun geforderte Hingabe an die anderen Existenzen, wo sie nur [nun?] einmal Element des ethischen Wollens ist, sich jederzeit aus innerer, unaufhaltbarer Notwendigkeit zur Selbstaufgabe entwickeln kann. Was als ein großer See erscheint, auf dem die Boote nach allen Richtungen sicher fahren können, ist in Wirklichkeit eine Bucht, die sich irgendwo zum Meere öffnet.[125] Diejenigen, die sich bis dorthin wagen, können durch die Strömung auf das unermeßliche Gewoge hinausgeführt werden. Diesen Ozean hat Jesus als Entdecker befahren. Die Erwartung des Weltendes hat ihn dabei geleitet.[126]

Die Gebote der persönlichen Sittlichkeit gehen ins Maßlose. Sie haben nur die Vervollkommnung des Einzelnen zum Ziele, ohne Rücksicht auf Ziele, die in der Gesellschaft zu verwirklichen sind. Wer sittlich werden will, muß gegen alle zweckmäßig erwägende Billigkeit und Vernünftigkeit barmherzig, helfend, verzeihend, erduldend und demütig sein und wachsen am inwendigen Menschen. Dieses Irrationale ist das gewaltig Neue und Bleibende, das in den Aussprüchen Jesu zu Worte kommt. Die spätjüdische sinnliche Erwartung des Weltendes und des Reiches Gottes hat also in Jesus eine Ethik tiefster Innerlichkeit hervorgebracht. Sie war das Gerüst, auf dem an diesem Bau gearbeitet wurde. Als die Zeit es abtrug, wurde er davon nicht berührt, sondern fing erst an, seine Linien zur Geltung zu bringen. Daß Jesus seine Ethik in krassen Straf- und Lohnvorstellungen gedacht hat, soll ruhig anerkannt werden. Entscheidend ist, daß seine Forderungen an sich dem ethischen Denken als Wahrheit aufdrängen und in allen Zeiten ihren Weg machen. Sie bedürfen der Straf- und Lohnvorstellungen nicht, sondern können sie als verabschiedete Begleiter in der Vergangenheit zurücklassen.

Das Bleibende an Jesu Ethik ist ihre innerliche Energie. Darum ist sie geeignet, als starke Feder in das Triebwerk des ethischen Denkens und Lebens der Menschheit eingesetzt zu werden. Und ist ein Triebwerk verbraucht und durch ein neues zu ersetzen, so ist dieselbe Feder aus einem ins andere zu übernehmen. Sie ist die stärkste, die es gibt.

Ist Jesu Ethik pessimistisch oder optimistisch? Beides zugleich. Darum ist sie, obwohl an sich so einfach, so vieldeutig und verwickelt, daß man sich in ihr verliert.

---

125 [R] Begrenzung eine [keine?] logische, sondern willkürlich. Das Prinzip lebt sich aus.

126 [R] Kann die Ethik Jesu eine Kultur erhalten oder nicht? Ist sie optimistisch oder pessimistisch? Kulturunterhaltend oder nicht? Sie ist beides. Darum ist sie, obwohl an sich einfach, so kompliziert darzustellen und so vieldeutig.

Pessimistisch insofern, als sie die Wirksamkeit in der Welt aufgibt. Aber dies nur akzidentell, weil die Welt [für Jesus] im Begriffe ist, aufzuhören zu bestehen.

[Das] Maßlose –.

Pessimistisch ist sie insofern, als sie keine ethischen Ideale für die ethische Organisation der Gesellschaft und der Menschheit aufstellt, sondern die Welt als böse aufgibt. Aber diese Weltverneinung ist nicht dieselbe wie die des indischen Denkens. Sie entspringt nicht einer verzweifelnden Untersuchung über das Sein. Der optimistische Glaube an einen ethischen Endzweck des Seins ist in der Vorstellung vom Reiche Gottes vorhanden. Nur daß die Ethik sich nicht die Mühe zu geben hat, es in dieser Welt zu verwirklichen, da dies den himmlischen Kräften überlassen ist.

Auch im Ideal der sittlichen Vervollkommnung des Einzelnen gehen bei Jesus Pessimismus und Optimismus durcheinander. Pessimistisch wie das indische ist es, weil es nicht ein zweckmäßiges sittliches Wirken in der Welt in sich begreift. Optimistisch dagegen ist es insoweit, als es eine lebendige tätige Ethik von Mensch zu Mensch voraussetzt. Diese ist wie eine unzerstörbare Keimzelle, aus der sich unter irgend einem Anstoße ein auch auf die ethische Organisation der Gesellschaft gerichteter Gedankengang entwickeln kann. Der Betätigungsdrang in der Ethik ist so stark, daß er sich auch in der asketisch-mönchischen Bewegung, die später im Christentum aufkam, durchsetzt. Das christliche Mönchtum, im Unterschied zum indischen, arbeitet. In manchem entwickelt es sogar auf Kultur gerichtete Bestrebungen.

Im letzten Grunde rührt also das eigentümliche Hin und Her zwischen Pessimismus und Optimismus in der Ethik Jesu davon her, daß er wohl ein Ende dieser Welt erwartet, aber ein solches, in dem sie sich in eine bessere Welt erneuern wird, und daß er die ethische Selbstvervollkommnung, die ihm als einziges ethisches Ziel gilt, nicht nur in einer leidenden, sondern auch in einer tätigen Ethik zustande kommen läßt. Zugleich pessimistisch und optimistisch, verneint sie die Kultur und kommt ihr wieder entgegen. Dieser innere Widerspruch ist in der Art, wie sie[127] in der Geschichte wirksam wurde, zutage getreten.

Aber wie konnte eine Ethik, die die Fortexistenz der Welt verneinte, ihrem eigenen Wesen so untreu werden und in der Geschichte eine Rolle übernehmen? Sie kam wider Willen dazu. Als die natürliche Welt nicht unterging und sich nicht um ihre Rechte bringen ließ, wurde die durch die Tatsache als nichtig erklärte Verkündigung vom Weltende und von der Verwandlung der Welt in das Reich Gottes[128] zu einer Weltreligion umgestaltet. Dieses paradoxe Ereignis erklärt sich aus dem Zusammentreffen verschiedenster Umstände. Die Größe der Persönlichkeit Jesu, der tiefe sittliche Ernst seiner Gedanken, die Gewalt der Hoffnungen, die in seiner Weltanschauung lebten, die Ausdehnungskraft, die der enthusiastische Unsterblichkeitsglaube auf die griechische Religiosität aus-

127 [d. h. die Ethik Jesu.]
128 [Über der Zeile:] Wie in der Bhagavadgīta.

übte, die Vorbereitungsarbeit,[129] die die jüdische Religion im römisch-griechischen Weltreich geleistet hatte, zuletzt auch geschichtliche Zufälle waren daran in gleicher Weise beteiligt.

[Die christliche Ethik][130]

Wie aber verhält sich die christliche Ethik zur Ethik Jesu?[131] Jesu Ethik gründet sich auf die Erwartung des Weltendes und ist unvollständig. Sowie mit der Weiterexistenz der Welt gerechnet wird, muß eine entsprechende Neuorientierung der Anschauungen vom Sittlichen versucht werden.[132] Zugleich ist erfordert, daß sich die Ethik vervollständige, indem sie auch den in Gesellschaft, Volk und Welt zu verwirklichenden Zielen Rechnung trägt.

Für Paulus stellt sich diese Aufgabe noch nicht.[133] Er lebt noch ganz in der Erwartung des Weltendes und des kommenden Reiches. Seine ethischen Anschauungen decken sich in der Hauptsache mit denen Jesu. Aber niemals beruft er sich auf Worte desselben. Aus seinen Briefen erfahren wir nichts von der Bergpredigt und nichts von den Gleichnissen. Nicht auf Überlieferung von Jesus, sondern, wie Jesus, auf die Tatsachen der Weltzeit gründet er die aufzustellenden Forderungen. Was er so erschließt, gibt er als Offenbarung des Geistes des verklärten Christus aus.

---

129 [R] Bild: Jesu Ethik will sich jauchzend in tosenden Wasserfall werfen. Jemand zieht sie zurück. Du mußt leben.

130 [Sac 7, Nr. 2b.]

131 [R] Die Geschichte des geistigen Lebens der Menschheit das gewaltigste Drama, das nur erdenkbar ist.

132 [R] Die Ethik Jesu unvollständig, unsystematisch. Vervollständigung. Anbau angebaut. Material: aus der philosophischen Ethik. So kompliziert als die Geschichte eines durch Jahrhunderte fortgesetzt umgebauten Bau[. . .]-werks, Material Entstellung?

Umdeutung. Inkonsequenz. Mönchtum. Abälard (XII. Jh.), Thomas von Aquino, XIII. Jh. Aristoteles. Ethische Probleme tauchten nie klar auf. Humanismus. Luther. Positive Werte. Verhältnis zum Natürlichen. S[itten?]-gesetz. Das Ganze kompliziert.

Gnostiker. Die Frage, was denn das Gute sei. Ebenso die Nominalisten. Sakramente. Clemens [von] Alex[andria] [der] erste Ethiker des Christentums (Plato und Stoiker). Von Askese loskommen.

Abälard: Ethik wird selbständig.

133 [Angaben fast identisch mit S. 146, Anm. 3. Der dortige Schlußsatz der Bemerkungen über Paulus lautet hier, in der vorliegenden früheren Fassung:] Seine Originalität liegt in der Art, wie er in dieser Weltanschauung den Tod Jesu und seine angenommene Auferstehung ausdeutet, um seine freie Stellung zum mosaischen Gesetz zu begründen.

[Anschließende Bleistiftnotiz:] Achtung: Für Paulus ist Jesus gar nicht der Ethiker, sondern nur der Kyrios. Ethik ergibt sich aus [der] Weltlage: Kosmische Begründung der Ethik.

Daß er nicht auf die Gebote des historischen Jesus zurückgreift, hat einen besonderen Grund. Die Weltzeit ist nicht mehr dieselbe wie die, die jener voraussetzt. Sie hat sich insoweit verändert, als mit dem Tode und der Auferstehung Jesu und dem Wirken des «heiligen Geistes», das man besonders aus dem ekstatischen Phänomen der Glossolalie [«Zungenreden»] erschloß, die übernatürliche Welt sich schon zu verwirklichen begonnen hat. Mit dem gestorbenen und verklärten Christus durch den Glauben verbunden,[134] sind die, die ihn bekennen, in mystischer Weise schon durch Tod und Auferstehung hindurchgegangen. Mit ihm sind sie der Sünde gestorben und wandeln nun schon in dem überirdischen Dasein. Sie sind «eine neue Kreatur», wenn auch ihre bisherige irdische Erscheinung wie ein die stattgefundene Verwandlung verhüllender Vorhang bis auf weiteres äußerlich noch fortbesteht. In ihrer Sittlichkeit soll zutage treten, daß sie nicht mehr im Fleische, sondern im Geiste wandeln. Die auf das äußerste gespannte Erwartung des Weltendes und des Gottesreiches bringt also eine realistische Mystik hervor. Haben die, an die Paulus schreibt, die Gewalt der sich darauf gründenden Ethik verstanden? Ihre Voraussetzungen sind in der Folgezeit hinfällig geworden wie die der Ethik Jesu. Aber die innerliche Wahrheit der aus ihnen geborenen sittlichen Idee ist, wie auch bei ihm, zeitlos.[135] Daß das sittliche Werden ein Sterben des natürlichen Menschen und ein Auferstehen zum Leben im Geiste bedeute, ist aus der Tiefe menschlichen Erlebens gesprochen. Pauli Briefe, obwohl sie fast nur nebenbei auf Ethik zu sprechen kommen, bleiben eines der tiefsten Dokumente in der Geschichte des ethischen Suchens der Menschheit.[136]

Interessant ist, daß der Apostel, weil das Kommen des Weltendes etwas verzieht, Jesu verneinende Stellung zur Arbeit nicht mehr aufrecht erhalten kann, sondern verlangen muß, daß jeder, wie er selber durch seiner Hände Fleiß sich den Lebensunterhalt erwerbe (I Thess. 4,11.12). Auch den Besitz verwirft er nicht mehr, sondern verlangt nur, daß man sein Herz nicht daran hänge. Überhaupt will er, daß das gewöhnliche Leben seinen Gang unbeschadet der Erwartung des Weltendes weitergehe,[137] da sonst unordentliches Wesen Platz greife. Die Wirklichkeit fängt also schon wieder an, ihre Rechte geltend zu machen.

Ist nach Paulus, als der Glaube an das nahe Weltende immer mehr aufgegeben werden mußte, die Umorientierung der Ethik Jesu planmäßig in Angriff genommen worden? Nein. Die christliche Ethik hat sich den Vorgang nicht eingestanden und wirtschaftet von Jahrhundert zu Jahrhundert in Unklarheiten weiter. Das Bewußtsein der eigentlichen

---

134 [Über der Zeile:] Jesuitenmoral.

135 [Eingefügte Notiz:] Prinzip festhalten: Ethik = anders als das Weltgeschehen.

136 [Beigefügt:] Jetzt Auseinandersetzung mit [der] Welt.

137 [R] Hier [das] Problem der Arbeit durch [die] Verzögerung [zuerst: das Ausbleiben] des Weltendes.

Voraussetzungen der Ethik Jesu kommt ihr im Laufe der Zeiten ganz abhanden.[138] Als die kritische Geschichtswissenschaft endlich um die Wende des 19. zum 20. Jahrhunderts dieselben wieder aufdeckte, glaubte man ihr nicht und entrüstete sich darüber, daß Jesus so phantastisch gewesen sein sollte, sich in dieser Weise von dem Gedanken des Weltendes beherrschen zu lassen.

So lebten in der christlichen Ethik der sittliche Ernst und seine ethischen Ansprüche, nicht aber die Logik seiner Sittlichkeit weiter.[139] Man baute sie den Zeitbedürfnissen nach um und vervollständigte sie zugleich, indem man so gut es ging eine mit dem vorläufigen Weiterbestehen der Welt rechnende Sozialethik anbaute. Das Material für den Umbau und den Ausbau holte man in der zeitgenössischen philosophischen Ethik. Schon vom 2. Jahrhundert an werden Anschauungen griechischer Ethiker mit denen Jesu verbunden. Clemens von Alexandria, der um 220 v. Chr. starb, entwirft in seinem *Paedagogus* eine Moral, an der Epikur und die Stoiker fast stärker beteiligt sind als Jesus. Im Mittelalter schafft Thomas von Aquino (1225–1274) in seiner *Summa theologiae* die Ethik der katholischen Lehre, indem er die Ethik des Aristoteles in die Ethik Jesu und das Dogma der Kirche einarbeitet.[140] Als in der Renaissance Aristoteles abgetan wird und die stoische Ethik eines Cicero und eines Seneca wieder Macht über die Gemüter gewinnt, ist es diese, die unter christlichem Namen ausgegeben wird. Von der Zeit der Aufklärung bis zur Mitte des 19. Jahrhunderts findet geradezu eine Neubelebung der christlichen Ethik durch eine ethische Philosophie statt. Der Rationalismus schiebt seine optimistische Vernunftethik in unbefangener Weise Jesu unter. Auch Kant meint die ethischen Gedanken des Galiläers, nur systematisiert und in anderer Form, auszusprechen. Hegel, Fichte und Schelling fühlen sich in ihrer spekulativen Begründung der Ethik als christliche Ethiker. Heute gibt es keine große ethische Philosophie mehr. Aber noch

---

138 [R] Tätige Ethik, aber kein Weltziel. Keine Organisation der Gesellschaft, darauf zu bauen. Dies das Paradoxe. – Die Hauptsache: Nichts an Jesu Ethik abschwächen. – Entlehnungen.

139 [R] Die Ethik Jesu lebte in der Kraft des Glaubens ohne ihre ursprüngliche Logik weiter. [Man war] sogar entrüstet, als [die] ursprüngliche Logik aufgedeckt wurde. – Gab immer Notfundament. Wie eine Kathedrale, um die die ganze Zeit [ein] Gerüst ist. – Aber [das] Gebäude [hat] keinen Stil. Ehrwürdig. Nichts Neues. – Autoritative Moral: Suchen unterdrückt!

140 [R] Ethik Jesu bedarf der Ergänzung durch philosophische Ethik, weil kein Fundament, nur Behauptungen, [. . .] – Philosophische Ethik für [. . .] christlich ausgegeben. Auch bei Jesus wie bei Sokrates: Sittlich werden, um glücklich zu werden. Aber Verbindung durch Lohngedanken auf übernatürliche Welt. In dieser Welt Ethik und Glück nicht verbunden. Inhalt der Ethik nicht glückschaffend und auf Glück hin zweckmäßig, *sondern Inhalt nur sittlich.* Dies das Große, sowie das Eschatologische abfällt. Bei Wegfall der historischen Begründung bleibt nur [die] theologische. *Als Herleitung der Ethik aus [dem] Gottesbegriff.* Aber der natürliche Gottesbegriff [ist] nicht so ethisch.

immer glauben die Ethiker, die übernommene Begriffe des Guten ausführen, eine sittliche Weltordnung im Sinne Jesu aufzustellen.[141]

Die Geschichte der christlichen Ethik ist also so kompliziert[142] wie die eines in jedem Jahrhundert teilweise erneuerten Bauwerkes, dessen ursprünglicher Stil vielfach bis zur Unkenntlichkeit verändert ist. Aber von Entstellung darf man trotzdem nicht so ohne weiteres reden. Jedes Christengeschlecht konnte die Ethik Jesu nur als vervollständigte und der Weltanschauung der Zeit entsprechende christliche Ethik besitzen.[143]

Freilich, die Energie der Ideen Jesu ist durch die Verbindung mit der philosophischen Ethik oft beeinträchtigt worden.[144] Man nimmt ihnen ihren explosiven Charakter, um eine Individualethik zu gewinnen, die sich harmonisch in die Sozialethik überführen läßt. So bezeichnet der ethische Rationalismus des 18. und beginnenden 19. Jahrhunderts vielleicht die weitestgehende Beeinflussung der Welt durch eine von christlichem Geiste durchwehte Ethik und zugleich weitestgehende Entspannung der von Jesus an den Einzelnen gestellten Forderungen. Das Maßlose und Irrationale derselben kommt nicht mehr zu Geltung. Aber nie wirkte [die] Ethik Jesu stärker, allgemeiner in der Welt als in rationalistischer Ethik.

Die optimistischen Energien, die in dem tätigen Charakter der Individualethik Jesu gegeben waren, führten dazu, daß die bei ihm gleichzeitig vorhandene pessimistische Weltverneinung fast übersehen werden konnte.[145] Im Protestantismus fand diese Umdeutung in ganz unbefan-

---

141 [Beigefügte Notiz:] Große Frage, wie Ethik sich mit Wirklichkeit auseinandersetzt. Ob stark genug ist. Eine Verneinung der Wirklichkeit, sonst keine Auseinandersetzung. Aber doch in Verneinung auf Wirklichkeit eingehen.

142 [R] Modernisiert. Dazu verlockt. Philosophisch über [oder (undeutlich): unter?] Autorität Jesu. Sich mit philosophischer Ethik verbinden, von ihr leben. In anderer[?] Ethik vervollständigen. *Nicht entstellt, sondern notwendig.* Modernisiert. Schon Paulus hat die Ethik nach den Anforderungen seiner Zeit modernisiert.

143 [Beigefügt:] Notwendigkeit der Auseinandersetzung mit Wirklichkeit. – [R] Die Frage, ob der Grundgedanke, die Vehemenz der Ethik Jesu zur Geltung kommt in der Modernisierung. 1) Philosophis[ch] notwendig. 2) Frage, inwieweit eine Begründung der Idee des Ethischen? Nein, sondern wie weit [die] Gewalt der Ethik Jesu [erhalten bleibt?] Je optimistischer, je rationaler, desto mehr Charakter verdeckt. Eingesetzt. Fester. Sprenggeschoß [?] 3) Christliche Ethik [hat das] ethische Ergründen niedergehalten. Als wäre [die] Ethik begründet. Neu[e?] und [?] ausgesprochen tiefe ethische Gedanken. Autoritative. 4) Zugleich aber pessimistische Kräfte sich kulturzerstörend [auswirken.] Stellt die Kultur immer wieder in Frage. Ausführen – mit Vergangenheitsvorstellungen. Askese. Mönchtum. 6[5]) Innere Größe und tritt doch mit Ansprüchen auf.

144 [Über der Zeile:] Sowie [die] Ethik Jesu in Auseinandersetzung mit [der] Wirklichkeit gebracht [wird], hat man ihr Ethik genommen, sie «verbogen».

145 [R] Dann in den widersprechendsten Urteilen über christl[iche] Ethik. Wahrheit. Höchste Anerkennung so berechtigt wie grausige Verdammung. Sie war der Welt zum Segen und zum Fluch. Tritt [mit] Anspruch auf, also die absolute Ethik zu sein.

Das Sittliche durch Prädestination, Sakramente außer Kraft gesetzt. Ein Gemisch von optimistisch und pessimistisch.

gener Weise statt.[146] Das Reich Gottes wurde seines überweltlichen Charakters entkleidet und als etwas durch die kontinuierliche ethische Arbeit der menschlichen Gesellschaft in dieser Welt Verwirklichbares aufgefaßt. Man legte Jesus also den modernen Entwicklungsgedanken bei, den er in jedem Worte seiner Verkündigung verneint. Dieses Beginnen ist geschichtlich nicht berechtigt, aber logisch gefordert. Dauert die Welt, gegen Erwarten Jesu, auf unabsehbare Zeit weiter, so muß das Reich Gottes irgendwie mit einer in fortschreitender Versittlichung erstrebten Vollkommenheit[147] der menschlichen Gesellschaft identifiziert werden. Wo die christliche Ethik also wagt, mit sich selbst wahrhaftig zu sein, kommt sie in schwere Konflikte mit der Überlieferung.[148]

Soweit hingegen die Überlieferung in Kraft bleibt, sind neben den die Sittlichkeit der Innerlichkeit ausmachenden Gedanken auch noch andere wirksam, die nicht nur die Kultur, sondern auch die Reinheit der Ethik in Frage stellen. Das Gemisch von ethischem Pessimismus und ethischem Optimismus,[149] ohne daß gleichzeitig der enthusiastische Glaube an Weltende und Weltverwandlung vorhanden ist, wirkt zersetzend. Im Grunde wird dann weder mit der einen noch mit der anderen Anschauung ernst gemacht, sondern mit beiden gespielt und jedesmal die gerade bequemste hervorgeholt. Auch die Unwahrhaftigkeit, die darin liegt, daß Vorstellungen von Welt und Weltschicksal mitgeführt werden, die durch die Ereignisse außer Geltung gesetzt und mit dem vernunftgemäßen Denken nicht vereinbar sind, wird der ungeklärten christlichen Ethik zum Verhängnis.[150] Nicht anders verhält es sich mit der andern Unwahrhaftigkeit, die sich daraus ergibt, daß die Höhe der Forderungen Jesu nur in Worten, aber [nicht] in der Wirklichkeit aufrecht zu erhalten ist.[151]

---

146 [Eingefügte Notiz:] Hier Luther.

147 [Notiz über der Zeile:] Und Gegensatz gegen [die] Welt zu allgemein formuliert! Getroffen damit [das] zweckmäßige Handeln, Erwerb etc., die natürlichen Lebensfunktionen. Hier Zarathustra schon weiter: Erhaltung des wertvollen Lebens!

148 [Über der Zeile:] Gibt das Kosmische auf.

149 [R] [. . .] [Die] Bedeutung des Sittlichen [ist] in der kirchlichen Lehre durch die den Sakramenten zugelegte Wirkung in Frage gestellt worden. Wie in der indischen Religion ein anderer Weg zur Vervollkommnung und Erlösung. So schon bei Paulus. Ebenso hat der Glaube an die ewige Vorherbestimmung zum Guten oder zum Bösen [die] sittliche Verantwortlichkeit in Frage gestellt. – Dogma und Ethik. Konflikte.

Schreibt der Ethik kein Weltziel vor. [Der] Ernst der Ethik [ist] untergraben, in Frage gestellt.

150 [In obige Zeilen hineingeschrieben:] Von [der] Eschatologie sollte nur [die] Größe [?] des ethischen Enthusiasmus bleiben, aber nicht die Schatten. Beim Katholizismus: Ethik der Eschatologie ohne Eschatologie! Dies [ist] das Gefährliche! Sagt Reich Gottes verwirklicht durch ethisches Handeln, vollendet durch Wunder.

151 [Beigefügte Notiz:] Auch wie [in der] indische[n] Ethik zwei Ideale: des Menschen, der in der Welt wirkt, des Menschen der von [der] Welt frei [ist].

Die Schatten, die von den spätjüdischen Vorstellungen auf Jesu Ethik fallen, treten in der christlichen [Ethik] noch stärker hervor, weil sich nur die Ideen,[152] nicht aber die Voraussetzungen, die sie noch einigermaßen erklären, erhalten haben. Welchen Schaden bedeutet es schon allein, daß die Annahme einer ewigen Vorherbestimmung zum Verderben oder zur Seligkeit, zum Bösen oder zum Guten, durch die Macht der Überlieferung und die Forderungen des Dogmas immer aufs neue siegreich blieb und die Geltung des Sittlichen und der sittlichen Verantwortung tatsächlich aufhob. Welche furchtbaren Verirrungen leiten sich davon her, daß mit Berufung auf Jesus Lohn und Strafe im Jenseits eine so große Rolle in der Ethik spielten, den natürlichen sittlichen Pflichten religiöse übergeordnet wurden, [daß] asketische Ideale in Geltung blieben und Menschen sich andern Menschen gegenüber Vollmachten in ethischen Dingen anmaßten! Welche Nachteile ergaben sich daraus, daß die überlieferten Ansichten Jesu eine wirkliche Klärung der ethischen Probleme der Arbeit und des Besitzes so erschwerten und daß die von ihm gezeichnete sittliche Persönlichkeit auf Würde[153] verzichten zu können glaubte![154]

Dazu[155] kommt noch die Gefährdung des Sittlichen durch das Dogmatische. Wie ist die schon bei Paulus angenommene reale Wirkung der Sakramente mit sittlichen Vorstellungen vereinbar? Wo zwei Wege zur Vervollkommnung führen, hat der, der im Gebiete des Sittlichen verläuft, als der schwerere Mühe, sich gegen den andern zu behaupten.

Diese die Sittlichkeit gefährdenden Anschauungen sind schuld an den furchtbaren Verirrungen, die in der Geschichte der christlichen Ethik zu beklagen sind.[156] In der Rüstkammer ihrer Ideen fand sie Argumente, die die Engherzigkeit, die Grausamkeit und die Unnatur in jeder Form rechtfertigen konnten. Sie hat von ihnen so ausgiebig Gebrauch gemacht, daß das natürliche ethische Empfinden von Generationen und Jahrhunderten abgestumpft oder verwirrt worden ist.[157]

Eine große allgemeine Schwäche der christlichen Ethik liegt zuletzt darin, daß sie das Nachdenken über das Wesen des Sittlichen nicht weckt, sondern niederhält.[158] Ohne sich klar über sich selbst zu sein, hat sie doch ein Empfinden davon, daß sie über keinen auf Denken gegrün-

---

152 [Zuerst (dann gestrichen):] Behauptungen.

153 [Gestrichen:] nach unserer Anschauung auf die Würde …

154 [R] Verwüstungen in der christl[ichen] Sittlichkeit. Störungen.

155 [Über diesem Abschnitt steht groß und deutlich die Bleistiftnotiz:] *Dies alles nicht.*

156 [R] Zuletzt [muß man] der christlichen Ethik noch einen großen Vorwurf machen: [hat] das Nachdenken über das Ethische niedergehalten. [Das] ethische Suchen. [Hat] keine Anregungen gegeben, sondern mehr empfangen.

157 [R] Ableger der jüdischen Ethik[.] Islam. [Siehe S. 107, Anm. 1.]

158 [R] [Die] chinesische Ethik lebt auch von [der] Erhaltung der naiven Voraussetzungen.

deten allgemeingültigen Begriff des Guten verfügt. Darum ist sie darauf aus, einzig durch die Autorität Jesu und der Kirche zu überzeugen. Mit der denkenden Ethik will sie sich nicht auseinandersetzen. Was sie [diese] ihr an Resultaten bietet, absorbiert sie. Wo sie sich aber selbständig neben ihr behaupten will, diskreditiert und bekämpft sie sie. Bei diesem bis auf den heutigen Tag geübten Verfahren ist den unter dem Einfluß des Christentums stehenden Völkern [viel] an ethischen Energien verloren gegangen.[159]

Und doch[160] ist das Große, was die christliche Ethik geleistet hat und noch leistet, unendlich viel, in einem Worte gesagt: sie hat der Welt den gewaltigen Ernst, der in Jesu Forderung der leidenden und tätigen ethischen Vervollkommnung des Einzelnen liegt, erhalten und ihn in vielen Menschen zum Bestimmenden des Lebens werden lassen.[161] Was sie so auf dem Gebiete des Persönlichen und des Unscheinbaren gewirkt hat, bedeutet eine erzieherische Tat, wie sie wohl keine Religion und keine philosophische Ethik aufzuweisen hat. So wird durch das, was die christliche Ethik vermochte und nicht vermochte, erwiesen, daß Jesu Ethik nicht die universelle Ethik, sondern die Ethik der absoluten persönlichen Sittlichkeit ist.[162]

[3. Nicht aufgenommene Manuskripte (s. Quellenverzeichnis S. 445)]

3 a Skizze def. Fassung der mittleren Capitel des Bandes I der Culturphilosophie
3 b VIII. Das ethische Denken beim Jugendlichen und beim primitiven Menschen

---

159 [Beigefügt:] [Das] Christentum hat Ethik erhalten, aber kein ethisches Denken.

160 [Satzbeginn im Ms.:] Das Große, was ... [«Und doch» ist seltsamerweise nach «unendlich viel» eingefügt.]

161 [R] Als das große Rätsel vor der philosophischen Ethik. Das ist Ethik und scheint [sich?] doch nicht zu begründen.

Was sie so im Einzelnen [einzelnen?] und Unscheinbaren gewirkt, [ist] viel größer als die Resultate in der Welt. Gesellschaftlich [freilich hat sie] versagt, in den öffentlichen Aufgaben [hat sie] versagt. Montag, 23. 11. 19.

162 [Beigefügte Schlußnotiz:] Daß sich keine Sozialethik aus der Individualethik ableiten läßt, ist keine Eigentümlichkeit der Ethik Jesu allein, sondern jeder tieferen Individualethik. Ethik Jesu wie Musik Bachs: in unmoderner Form tiefste Musik.

4. [Aus den] Skizzen zum chinesischen und indischen Kapitel [1919/20]

4a–4c, 5: vgl. Quellenverzeichnis S. 445f.

4c, 6) Ausspruch des «Guan Yin Hi, des Grenzoffiziers, dem Laotse den Taoteking hinterließ»:[1]

Wer nicht verharrt in seinem Ich, dem stellt sich das Wesen der Dinge an sich dar ... In seinem Verhalten mit der Außenwelt ist er wie das Echo ... Mit allen Wesen lebt er in Eintracht, das Trachten nach Gewinn hat er verloren; er sucht nie, andere zu überholen, sondern bleibt stets hinter andern zurück. [Dschuang Dsi (R. Wilhelm), Einleitung, S. XXf., neue Ausgaben: 22.]

4 d) Aus dem alten chinesischen «Livre des récompenses et des peines»[2] («Buch vom Lohn und von den Strafen»)

1) Sprüche
Ehret die Greise und schützet [liebet (chérissez)] die Kinder [Julien, S. 70]. – Tut nichts Übles an, nicht einmal den Insekten, den Pflanzen und den Bäumen [S. 73. (Im Haupttext eine etwas veränderte Übersetzung)]. – Laster: Andere in Gefahr bringen [der Gefahr aussetzen (exposer au danger)] und sich selbst in Sicherheit bringen [S. 243]. – Seinen Vorteil auf Kosten anderer verfolgen [S. 245]. – Die andern verleumden, während man sich für einen geraden und offenen[3] Menschen ausgibt [S. 394]. – Die Geister lästern und sich für einen tugendhaften Menschen ausgeben [S. 396]. – Seine Almosen und Wohltaten bereuen [S. 407]. – Mehr wollen als der Himmel einem bestimmt hat [S. 412]. – Betrügerischen Gewinn machen [S. 430].

---

1 [Sac 7, Nr. 4, Ms.-S. 15, 10. 5. 1921. Aus: *Dschuang Dsi*, Einleitung v. R. Wilhelm, S. XXf., neue Ausgaben: S. 22.]
[R] Alle ethischen Standpunkte außer ... dem spekulativen wie in Kant und Fichte in China?

2 [Aus den «Alten Skizzen zu den Weltreligionen» (Dok.-S. 258), im Haupttext fehlend oder anders formuliert.]

3 [Zuerst:] «ehrlichen»[, dann gestrichen und korr. Dies bestätigt den Befund, daß Schweitzer selber aus dem französischen Text übersetzt hat].

2) Moralische Erzählungen[4]

Zur Zeit der Herrschaft der Song lebte ein Mann namens Fou-pi. Als er noch jung war, beschimpfte ihn ein Mann auf's Gröbste; er aber tat, als ob er nichts gemerkt hätte.

«Du bist derjenige, der beschimpft wird», sagte zu ihm einer, der neben ihm stand.

«Ich glaube», antwortete Fou-pi, «daß diese Beleidigung gegen einen andern gerichtet ist.»

«Du irrst», erwiderte der Nachbar, «jener hat ganz deutlich deinen Namen ausgesprochen, als er das Schimpfwort aussprach.»

«Gibt es nicht», antwortete Fou-pi, «auf der Welt eine große Anzahl Leute, welche denselben Familien- und Vornamen haben wie ich?»

Als derjenige, der ihn beschimpft hatte, diese Antwort hörte, errötete er über sein Betragen und entschuldigte sich. [Julien, S. 101.]

Als Lin-meng-tsching Staatsminister war, zeigte einst ein einfacher Gelehrter mit dem Finger auf ihn und machte sich über ihn lustig. Tschings Kollegen wollten den Namen des Mannes erfahren, er aber widersetzte sich dem und sagte: «Wenn ich seinen Namen zu wissen bekäme, könnte es geschehen, daß ich denselben nicht wieder vergäße; es ist besser, daß er mir unbekannt bleibe.» [Julien, S. 101.]

Siun-Kiu-pe besuchte einst einen seiner Freunde, welcher an einem Orte wohnte und welcher krank war. Es geschah nun, daß eine Schar Aufständischer[5] die Stadt, in der dieser wohnte, belagerten. Alle Einwohner des Hauses ergriffen die Flucht, nur der Kranke konnte nicht fliehen.

Kiu-pe blieb bei ihm und konnte sich nicht entschließen, ebenso wie die anderen wegzugehen. Als nun die Aufständischen in die Stadt drangen, sahen sie Kiu-pe und sagten zu ihm: «Seitdem die Hauptmacht unseres Heeres erschienen ist, ist die ganze Gegend wie ausgestorben; wie wagst du es, allein hier zu bleiben?»

«Ich habe in diesem Hause einen kranken Freund», antwortete Kiu-pe, «und ich wollte ihn nicht verlassen. Ich wünsche mein Leben für das seinige zu geben.» Die Aufständischen waren so gerührt von dieser heroischen Aufopferung, daß sie ihre Truppen zurücknahmen und wegzogen. [Julien, S. 76.]

Unter der Herrschaft der Ming [der Ming-Dynastie] war Hiu-tsin kaiserlicher Rat. Er trotzte dem Unwetter und dem Schnee und scheute auch nicht anstrengende Märsche zur Nachtzeit, um die Rebellen auch in ihren entlegensten Schlupfwinkeln zu entdecken. Es gelang ihm,

---

4 Von Dr. A. Schweitzer. [Aus dem «Evangelisch-Protestantischen Kirchenboten für Elsaß-Lothringen», Straßburg, 21. Febr. 1920, S. 39. (Dok.-S. 381 f.)]

5 [Vorlage:] Aufständiger, [im folgenden:] Aufständigen.

achthundert Männer ausfindig zu machen, die bis jetzt allen Nachsuchungen entronnen waren. Ein Beamter, der den Titel Tsiang-Kiao führte, glaubte nun, daß der kaiserliche Rat an die Spitze des Fürstentums gestellt werden würde. Doch Hiu-tsin sagte zu ihm: «Das Ziel, das man vor Augen haben muß, wenn man Truppen in Bewegung setzt, ist, den Völkern Ruhe und Frieden wieder zu verschaffen. Wie könnte ich so unmenschlich sein und meine Verdienste auf die Anzahl von Köpfen, die ich abhauen lasse, gründen? Wenn ich diese Unglücklichen, deren Lage verzweifelt ist und die um das Leben flehen, töten lasse, werde ich mich gegen den Himmel auflehnen. Wer sich aber gegen den Himmel auflehnt, der geht seiner Nachkommenschaft verlustig.» Auf diese Weise entrannen achthundert Männer dem drohenden Tode. [Julien, S. 195 f.]

5. [Ohne Titel][1]

Der[2] Ertrag des gewaltigen Ringens um ethische Weltanschauung, das in dem chinesischen, dem indischen, dem zarathustrischen, dem jüdischen und dem christlichen Geiste stattfindet, ist unbefriedigend. Wohl liegt ein bedeutender Erwerb sittlicher Ideen vor. Aber für den Fortschritt der Welt hat er nicht ausgereicht. Weder die optimistisch-monistische Weltanschauung des chinesischen Geistes, noch die pessimistisch-monistische des indischen, noch die dualistische des zarathustrischen, jüdischen und christlichen hat die Ideale von Ethik und Kultur in erforderlicher Kräftigkeit und Stetigkeit hervorzubringen und zu unterhalten vermocht. Darum ist die Geschichte der Völker, die von diesen Weltanschauungen lebten, nicht eine Entwicklung von Fortschritt zu Fortschritt, sondern ein Chaos von Fortschritt, Rückschritt und Stillstand. Nur wenn man die Weltgeschichte auf die Geschichte der Weltanschauungen zurückführt, wird sie verständlich.

Aus der Zusammenschau des chinesischen, des indischen, des zarathustrischen, des jüdischen und des christlichen Denkens ergibt sich ein Einblick in die Gesetzmäßigkeit, die in den Fragen der Weltanschauung obwaltet und die Resultate bestimmt. Das Problem der Probleme ist, Ethik mit Naturphilosophie zusammenzudenken.[3]

Das Ethische ist ein Gedankenerlebnis des Menschen, das sich in dem Prinzip des Weltgeschehens nicht begründen läßt. Eine Vorstellung vom Handeln, das von mir ausgehen soll, entsteht in mir, ohne daß ich sie mit dem, was ich in der Welt erkenne und ergründe, in Einklang bringen kann.

Darum bewegt sich die ethische Weltanschauung in stetigen Konflikten. Soweit sie ethisch ist, ist sie unlogisch, und soweit sie logisch ist, ist sie unethisch. Das chinesische und das indische Denken wollen logisch sein. Darum bauen sie für die Weltanschauung auf lebensbejahender oder lebensverneinender Naturphilosophie auf.[4] Aber in dem Maß [als]

---

1 [Sac 7, Nr. 7.] [Text im Anschluß an eine] «Skizze zur Umarbeitung der letzten Seiten des Kapitels über Ethik des Christentums». [Vgl. s. «Neue Fassung» des Kap. IX., Anhang S. 348 ff.]

2 [R] Günsbach 28. 5. 21 (Nach Rückkehr von Heidelberg).

3 [R] Weltbejahung. Fortschrittsideale. Aber die, auf die alles ankommt, kann die höhere Organisation der Gesellschaft und Menschheit nicht verwirklichen, weil[?] es das Ethische als Betriebskraft[?] erfordert.

4 [Bei diesem Satz sind verschiedene Versionen nur angedeutet, woraus dann resultiert:] Darum gehen sie für die Weltanschauung lebensbejahende und lebensverneinende Naturphilosophie aufbauen.

sie an diesem Plane festhalten, sind sie unvermögend, sich nach Maßgabe des Ethischen zu gestalten. Zarathustra, die jüdischen Propheten, Jesus und das Christentum[5] gehen von dem Erlebnis des Gedankens des Ethischen aus. Die daraus entstehende Weltanschauung ist aber nicht imstande, auf das Denken über die Wirklichkeit einzugehen und sich so ein objektives Fundament zu geben.

Soweit die ethische Weltanschauung Weltanschauung ist, ist sie nicht ethisch, und soweit sie ethisch ist, ist sie nicht Weltanschauung.

Die Entscheidung in diesem Widerstreit zwischen Ethisch und Kosmisch fällt zuletzt immer nach der Seite des Kosmischen aus.[6] In den monistischen Weltanschauungen liegt dies offen zutage. Der das Geschehen in der Welt und das Tun der Menschen bestimmende Inbegriff des Seins – in der religiösen Sprache Gott genannt – ist für sie in dem Maße, als sie konsequent zu denken wagen, eine überethische unpersönliche Größe. Aus ethischen Gründen wehren sich die dualistischen Weltanschauungen gegen den Pantheismus. Sie erheben das entscheidende Weltprinzip zur ethischen Persönlichkeit.[7] Um das Ethische zu retten, bringen sie das Opfer, die Außerweltlichkeit des Weltprinzips [mit][8] allen damit gegebenen unlösbaren Fragen anzunehmen.[9] Die hier abgeschobene Schwierigkeit des Zusammendenkens des Kosmischen und des Ethischen tritt aber an einer anderen Stelle wieder auf. Die dualistische Weltanschauung müßte ein Weltziel annehmen. Sie sollte es ethisch denken. Aber sie vermag es nicht. Bei Zarathustra, bei den jüdischen Propheten, bei Jesus und im Christentum wird nicht ein ethischer, sondern ein übernatürlicher Endzustand der Welt erwartet. Der ethische Fortschritt der Menschheit ist nur eine Etappe in der Erreichung jenes umfassenden überethischen Zieles. Die Verwirklichung desselben erfolgt durch Einwirken übernatürlicher Gewalten.[10] Ob das Ethische und das Kosmische miteinander in der Vorstellung des Urgrunds des

---

5 [R] Kompromißweltanschauung. Kraftlosigkeit. Weltanschauung – Lebensanschauung.

6 [R] unlebendige Weltanschauung.

7 [2 gestrichene Vorfassungen:]
[a)] Sie setzen Gott als persönliche, ethische Größe.
[b)] Sie setzen Gott als ethische Persönlichkeit.

8 [Ms., statt «mit»:] und.

9 [Zuerst:] beschweren sie sich mit der unlösbaren Frage der Außerweltlichkeit des Weltprinzips. [Die folgenden Sätze gestrichen:] Und es nützt ihnen nichts. Haben sie sich in der Vorstellung des Weltgrundes um diesen Preis von dem Überethischen ferngehalten, so verfallen sie ihm in der des Weltzieles. Hier müssen sie Welt und Ethik zusammendenken. [Die letzten Sätze auch in veränderter Fassung:] In der Vorstellung des Weltgrundes haben sie sich – um welchen Preis! – von dem Überethischen ferngehalten. Nun müssen [korr.: stehen] sie aber, da ihre Weltanschauung durch den Gedanken einer Entwicklung auf ein Weltziel hin bestimmt ist, ...

10 [R] Den Gedanken des ethischen Weltzieles! Gar nicht denkbar, ...

Seins oder in der eines Endzwecks des Seins zusammengedacht werden sollen: immer versteigt sich das Denken dabei ins Überethische, wobei die Weltanschauung entsprechend an ethischem Gehalte verliert.

In den entwicklungsfähigsten Religionen, dem Hinduismus und dem Christentum, versuchen sich Monismus und Dualismus gegenseitig zu durchdringen. Der Hinduismus sucht den Urgrund des Seins mit einem persönlichen ethischen Gotte zu identifizieren, und das Christentum, in seinem mystischen und philosophischen Denken, sucht den ursprünglich außerweltlichen ethischen Gott als Urgrund des Seins zu begreifen. Dadurch bekommen diese Religionen etwas außerordentlich Lebendiges. Sie erleben das Gedankenringen sowohl der dualistischen wie der monistischen Weltanschauung in sich. Aber eine Lösung des Problems der Verbindung des Ethischen mit dem Kosmischen ergibt sich aus diesen Kombinationen auch nicht. Es werden Ausgleiche aufgestellt, die für das logische Denken und das ethische Wollen in gleicher Weise unbefriedigend sind.

Alles, was in dem Suchen nach Weltanschauung in den Weltreligionen vor sich geht, ereignet sich also aus innerer Notwendigkeit. Nur die Worte, mit denen die Denkoperationen umkleidet werden, sind frei. Die Denkoperationen selber sind Vermittlungsversuche, deren Ergebnis inhaltlich von vornherein durch die Art festgelegt ist, in der die beiden Elemente miteinander zusammengebracht werden.

Das Ethische ist mit dem Ungeheuer der kosmischen Probleme in einer Höhle eingeschlossen. Es muß vorsichtig und leise machen, um es nicht zu wecken.

Den Generationen und dem Einzelnen kommt wenig von den Gesetzen, die das Schicksal ihrer Weltanschauung und damit ihre eigenen materiellen und geistigen Geschicke bestimmt, zum Bewußtsein. Sie suchen mit ihrer Zeit und auf den Wegen ihrer Zeit und eignen sich an, was dabei gefunden wird. Aber die Unvollkommenheit der Weltanschauung wirkt sich in ihnen aus. Sie und ihre Gesellschaft stehen nur unvollkommen unter dem Einfluß von Ideen, in denen sie ihrem Dasein einen Sinn zu geben vermögen.[11]

---

11 [R] um es nicht dahinleben zu müssen und [das] Verhalten zur Welt und zum Menschen ...

6. [Vorstufen des Schlußkapitels IX][1]

[a).] Skizze des Schlußkapitels über Kultur und Ethik in den Weltreligionen[2]

Die Weltreligionen. Was in der Welt von Kultur und Ethik wirksam ist, ist in den Weltreligionen [als] Weltanschauung angelegt.

1) Kultur und Ethik in der Welt durch Religionen bedingt. Durch Unvollkommenheit der Religionen [werden] Kultur und Ethik aufgehalten. Gewiß. Aber die Unvollkommenheit [hat] innere Ursachen[3] – Gerade das, was sich selbstverständlich zusammentun soll, Kultur und Ethik, [ist] nicht so einfach zusammenzutun. [Das] Unbefriedigende, daß sie nicht so leistungsfähig sind, hat innere Gründe der Weltanschauung – Für Beginn: *Ein gewaltiger Erwerb von ethischem Denken ist in den Religionen niedergelegt.* [Eine] gewaltige Anstrengung zu ethischem Denken [hat] in den Religionen statt [gehabt], und doch [hat dies] *für den Fortschritt der Welt nicht ausgereicht.*

Gewaltig das Denken, das in ihnen stattfindet.

Auf großen Wegen das ethische Suchen der Menschheit. Im Rahmen einer mehr oder weniger naiven Weltanschauung das ethische Suchen.

Nur [der] weltbejahende Monismus [ist] fähig, Ethik und Kulturideen hervorzubringen. Daß der Weltverneinungsmonismus nicht nur Kultur, sondern auch Ethik verneint.

Drei große Typen der Ethik treten in den Religionen zutage.[4] Entweder in [aus?] einheitlichem Prinzip des natürlichen Seins ab[ge]leitet: monistische Ethik. Oder aus Prinzip das natürliche Sein entgegengesetzt: da aber[?] neues Sein. Zwei Arten. Die monistische pessimistische Ethik liegt vor im indischen Denken. Die monistisch optimistische im chinesischen Denken.

Monistische Ethik leitet die Ethik aus Urprinzip des Seins ab. Die dualistische: Immer optimistisch – weil Wille! Gegensatz zwischen Erkenntnis [und?] Wirkl[ichkeit?]. Dualistisch: Naiv, aber entspricht den Tatsachen!

Die gewaltigen Fragen, die in dem ethischen Problem so rätselhaft durcheinandergehen, treten nicht erst in der philosophischen Ethik, sondern alle schon in der Ethik der Weltreligionen auf.

---

1 [Sac 7, Nr. 8.]

2 [Datum am Schluß des nachfolgenden «Neuen Entwurfs», Ms.-S. 11:] Straßburg 20. 1. 21.

3 [R] Religionen so viele Défaillancen.

4 [R] bei Jesus und Johannes [dem Täufer] Indifferenz für Kult wie bei Amos!

Zwei Typen der Ethik stehen einer gegen den andern: Entweder wird das Grundprinzip des Ethischen aus dem natürlichen Sein abgeleitet und so die Einheitlichkeit des Seinsprinzips der Welt gewahrt. Es entsteht die monistische Ethik, sei es in pessimistischer Weltanschauung wie bei den Indern, sei es in optimistischer wie bei den Chinesen. Oder aber das Prinzip des ethischen Geschehens wird als Gegensatz gegen das des natürlichen aufgefaßt und so eine Zweiheit von miteinander streitenden Weltprinzipien gesetzt. Es entsteht die im Denken Zarathustras, der jüdischen Propheten und Jesu ausgebildete dualistische Ethik. Sie urteilt pessimistisch über die Welt. Aber ihre Weltanschauung ist optimistisch, weil sie eine durch den Sieg des ethischen Weltprinzips vervollkommnete Welt will und erhofft. Die mohammedanische Ethik spielt keine selbständige Rolle. Sie ist nur eine Epigonenerscheinung der jüdischen und der christlichen Ethik. Während die Religion, der sie angehört[?], eine große Rolle in der Weltgeschichte spielt. Aber die [d. h. ihre] Ethik selbst [spielt] keine Rolle in der Geschichte des ethischen Denkens, sondern [steht] auf [dem] Standpunkt der gesetzlichen Ethik. Dualistisch.

Vier Fragen sind an diese ethischen[5] Systeme zu stellen.

Erstens: Welchen Inhalt geben sie dem[?] Grundprinzip des Sittlichen. Zweitens: Wie begründen sie es. Drittens: Inwieweit sind sie genötigt, für diese Begründung das Naive heranzuziehen. Viertens: Inwieweit vermögen sie zugleich Individualethik und Sozialethik aufzustellen?

In dem Maße, als sie [diese ethischen Systeme] davon beantworten und nicht beantworten können, ist ihr Vermögen und Unvermögen, die Einzelnen und die Gesellschaft zu versittlichen, erklärt.

Was die Setzung eines Inhaltes des Grundprinzips des Sittlichen angeht, ist die dualistische Ethik der monistischen bei weitem überlegen. Der Grundsatz des «Anders sein als die Welt», so unbefriedigend er in dieser Allgemeinheit ist, ist voll elementaren Lebens. In allen Situationen, die für die Einzelnen und die Völker in Betracht kommen können, wirft er ethische Fragen auf und sucht Entscheide darauf zu geben. Er ist tätige, ein Ziel verfolgende Weltverneinung.

Aus dem natürlichen Prinzip des Seins den Inhalt des Grundprinzips des Ethischen aufzustellen, ist voller Schwierigkeiten. Der indische Monismus versucht es, indem er in dem Sein eine Differenzierung unternimmt. Er setzt dem natürlichen Sein das reine Sein als seine höhere Erscheinungsform entgegen und stellt es als Ziel des Lebens auf. Weil aber dieses reine Sein als qualitätslos und tot gedacht ist, kann aus dieser Differenzierung kein lebendiger Inhalt der Ethik gewonnen werden.

5 [Gestrichen:] religiösen.

Man verrennt sich in eine inhaltslose und untätige Verneinung des Seins, die man als Ethik ausgibt, obwohl sie nichts anderes als Erstrebung des Nichts ist. (Ein tätiger Inhalt muß in dem Sein gegeben sein.) Nicht die allgemeine Zweckmäßigkeit, aus der Ethik hervorgehen kann.

In der chinesischen Ethik verfährt der Monismus naiv. Nach dem, was der gewöhnlichen Erfahrung als ethisch gilt, stellt er den Inhalt des Ethischen auf und läßt ihn in dem Weltprinzip gegeben sein. Dies ist nur so lange möglich, als das naive Denken das beobachtende nicht aufkommen läßt. Also im Grunde dasselbe: [Das] Ethische aus innerer Erkenntnis ins Absolute, [den] Urwillen des Seins, hineinlegen. – [Der] Dualismus [dagegen] postuliert ein anderes Sein.

Die[6] Antwort auf die erste Frage lautet also: nur die dualistische Ethik ist fähig, ein lebendiges und inhaltvolles Grundprinzip der Ethik aufzustellen.[7] Sie vermag hierin vollständig zu befriedigen, geht von der unmittelbaren Erfahrung des ethischen Empfindens aus. [Der] Dualismus [setzt] zuerst in Gegensätzlichkeit gegen das natürliche Handeln das Ethische, und wenn [er] diesen Inhalt [hat], dann begründet [er] ihn in Gott.

Wie[8] aber fällt die Antwort auf die zweite Frage aus. Hier ist [der] Monismus im Vorteil. Grundsätzlich weil Einheit des Geschehens. [Das] Ethische [ist eine] im Naturgeschehen angelegte Form, eine Differenzierung des Naturgeschehens. Die Form, die das Naturgeschehen im Handeln des Menschen annimmt.[9] Aber das Kosmische: den Willen des Seins danach zu deuten! Gelänge es zu begründen. Also das grundsätzlich Richtige. Die Notwendigkeit. Die Prinzipien, die seinem Handeln gesetzt sind, als notwendig. [Wenn der Mensch] seiner natürlichen Bestimmung nachfolgt, dann [handelt er] ethisch. Eine höhere Bejahung des Lebens! Die Einheit in der Entgegensetzung. Die Spannung. Aber die Differenzierung nicht auf[zu]zeigen vermag, sondern ins Naive. Ungeheure Klarheit Laotses.

Dualismus[10] als Lösung immer unbefriedigend, Monismus als Ethik! Der Dualismus als Lösung vollständig unbefriedigend. [Dem] Prinzip des natürlichen Seins ein anderes Prinzip entgegenstellt … nur weil es für die Ethik also notwendig.[11] Aber naiv. Das Problem des Kosmischen

---

6 [R] Das Christentum erlebt in seinen geschichtlichen Entwicklungen gewissermaßen alle Weltreligionen in sich.

7 [R] Nicht zwingend. Fühlt es.

8 [R] innere Unsicherheit der Ethik.

9 [R] Das Ethische [ist] das große Rätsel in der Welt. Will sich begreifen. Gerüste dran verfaulen.
Im Rohbau fertig.

10 [R] Richtige Auseinandersetzung.

11 [R] Ethik [kommt] keinen Schritt voran in der Selbsterkenntnis. Fällt wie im Dunkeln in offenen Schacht.

bleibt. Wie Religion und Ethik denkend werden wollen, stellt sich [dieses Problem] auf. In zweierlei Form: 1) Weltziel. Was ist dein Weltziel? 2) Gottesvorstellung.

[b).] Neuer Entwurf[12]

Was[13] also haben die Weltreligionen für das Aufkommen von Kultur und Ethik[14] unter den Menschen geleistet? In der Frage der Kultur gehen ihre Wege auseinander. Das religiöse Denken Indiens verneint die Kultur. Im Denken Chinas, in dem Zarathustras und in dem der älteren jüdischen Propheten wird sie bejaht. Im Christentum wird sie zugleich bejaht und verneint, weil die vollendete Welt nicht in natürlicher Entwicklung aus der natürlichen erstrebt, sondern als Ablösung derselben erhofft wird.

Zarathustras Religion ist nie zu größerer Wirkung gekommen und seit Jahrhunderten vom Erdboden verschwunden. Der Kulturgedanke im chinesischen religiösen Denken ist dauernd mit allen Schwächen einer naiven Weltanschauung behaftet geblieben. Das Christentum hat Kulturideale nur insoweit zu den seinigen gemacht, als es in der Verbindung mit neuzeitlichem Denken den Mut fand, seinem inneren Wesen gegen die bisher beobachtete, in seiner Geschichte begründete Weltverneinung Gehör zu geben.

Das Ideal der besseren Zukunft der Menschheit durch den Fortschritt in der Versittlichung der Völker und der zweckmäßigen ethischen Organisation der Gesellschaft ist also in dem religiösen Denken der Menschheit entweder überhaupt nicht oder nur in einer ganz unbegreiflichen Unzulänglichkeit zur Geltung gekommen.[15] Da die Einzelnen wie die Völker ihre Weltanschauung [in] überwiegender Weise aus der Religion empfangen haben und noch empfangen, ist die bisherige Weltgeschichte so wenig durch das Ideal der Kultur bestimmt worden. Da sie aber nur durch diese eine Richtung auf das Sinnvolle erhalten kann, ist sie dem Sinnlosen verfallen.

Die Feststellung, daß die Weltreligionen den Völkern und der Menschheit das jeder höheren Weltanschauung scheinbar so selbstverständliche Ideal ethisch begründeter Kultur nicht aufzwangen und damit ihre Rolle für das öffentliche Leben und den geschichtlichen Fort-

12 [Sac 7, Nr. 8.]
[Dem Titel beigefügte Angabe:] Ludwigshafen. [Datum: 20. 2. 21, nach Anm. 39.]

13 [Die beiden ersten Ms.-Seiten (4 und 5) sind, der gerüttelten Schrift nach, vermutlich in der Eisenbahn geschrieben.]

14 [R] Ethik [ist] die höchste Art, in der sich Wille zum Leben auslebt!

15 [Zuerst:] in einer ganz unbegreiflichen Unvollkommenheit gedacht worden.

schritt so schlecht erfüllten, darf nicht als einfacher Tadel ausgesprochen werden. Das tragische Versagen hat seinen Grund in den Schwierigkeiten, die sich auftun, sobald eine Weltanschauung den Gedanken der Kultur und der Ethik wirklich auszudenken und zu begründen unternimmt.[16] Daß die historischen Religionen dabei die Pfade des Naiven wandeln dürfen, die dem reinen Denken verboten sind, erleichtert ihnen die Erreichung des Zieles in etwas, aber nicht in allem.[17] Sie gelangen darauf auf Berghöhen, auf denen sie sich verschanzen. Aus den Fragen, die sie nicht stellen und nicht zu stellen erlauben, erbauen sie sich Wälle, hinter denen sie sich mit ihren wertvollen Ideen behaupten. Aber das Land ringsum vermögen sie gegen die Ideen der Kulturlosigkeit und der Nichtsittlichkeit nur soweit zu unterwerfen, als diese [die wertvollen Ideen] in ihnen [den historischen Religionen] an realer Gedankenkraft besitzen.

Daß in den Religionen die Gedanken sich in weniger logischer Weise auszudenken und zusammenzudenken brauchen, hindert nicht, daß sich die Probleme der Begründung der Kultur und der Ethik in ihrer Weltanschauung in allen rätselhaften Schwierigkeiten auftun.[18] Die Geschichte der Weltreligionen ist die Geschichte des Problems von Kultur und Ethik.

Weil sie ihrer nicht Herr werden, vermögen die Weltreligionen die Idee der Kultur nicht oder nur unvollständig und die der Ethik nicht zwingend und umfassend genug zu denken. Wer sich das in ihnen sich abspielende schwere Ringen des höheren Wollens gegen das unnachgiebige Erkennen vergegenwärtigt, urteilt nicht über sie, sondern ist erschüttert und dankt ihnen für alles, was sie dabei der Menschheit erworben und erhalten haben.

Alle[19] Probleme und Schwierigkeiten, die das Problem von Kultur und Ethik in den Weltreligionen entfaltet, gehen mehr oder weniger darauf zurück, daß das Kosmische und das Ethische sich nicht recht zusammenbringen lassen wollen. Unverhüllt tritt das in den indischen Religionen der Welt- und Lebensverneinung zutage. Nicht nur die Idee der Kultur, sondern auch die der Ethik wird hier bis auf den letzten Rest von der Mystik des Aufgehens im reinen universellen Sein aufge-

---

16 [R] gerettete Wahrheiten. Starke Wahrheiten.

17 [R] Gedanken aufstellen. Daß es den Gedanken erlassen ist, sich miteinander in strenger Logik zu verbinden und zusammenzudenken. Ein Urteil, das viel geringer als ... *Weicht aus ins Naive!* (Philosophie.)

18 [R] Eine schwache Wahrheit, [Fortsetzung gestrichen:] daß die Gedanken sich in den Religionen das Recht herausnehmen dürfen, sich in weniger logischer Weise auszudenken und zusammenzudenken [und daß dies] eine Erleichterung [ist]. Aber das Haus mit Baufehlern unter Dach. Weltanschauungsideale bauen sich ein Haus.

19 [R] Die Weltreligionen sitzen festgestrandet ... eine neue Flut ethischen Denkens [muß sie] weitertragen der Kultur entgegen. [Siehe S. 347.]

zehrt.[20] Wo man das Ethische erwartete, stellte sich das Überethische ein! Das in Welt- und Lebensverneinung verlaufende Denken ist wie ein Ankertau, das anfängt, auf seiner Winde abzulaufen, und unaufhaltsam und ergebnislos bis auf sein letztes Stück in die Tiefe geht, weil der Anker in diesem Ozean keinen Grund findet.[21]

In den Weltreligionen mit Welt- und Lebensbejahung bricht der Widerstreit zwischen Kosmischem und Ethischem sowohl in der Frage des Weltgrundes als in der des Weltzieles aus. Gott als Urgrund des Seins begriffen, ist keine sittliche Größe.[22] Das Ethische wird also in ihn hineingelegt. Im Monismus, vertreten durch die chinesischen Denker, findet dies in vorsichtig naiver Weise statt. Der Dualismus, vertreten durch Zarathustra, das Judentum und das Christentum, geht in naiver Unbefangenheit vor, indem er ein natürliches und ein ethisches Weltprinzip anerkennt, ohne sich Rechenschaft davon zu geben,[23] wie eine solche Zweiheit möglich ist. Die tiefe Einsicht, daß das ethische Verhalten im Gegensatz zum natürlichen steht, zwingt dazu,[24] Gott als ethische Persönlichkeit gegen das als unethische Persönlichkeit oder als unpersönlichen Seinsgrund gedachte Prinzip des natürlichen Geschehens aufzustellen. Je lebendiger und tiefer die Ethik, desto stärker empfindet sie die Nötigung, so vorzugehen. Aber daß sie damit das Denken vergewaltigt, vermag sie nicht in Vergessenheit zu bringen.[25] Der Drang, Gott als den Inbegriff des Weltgeschehens und Gott als ethische Persönlichkeit als Einheit vorzustellen und aus ihr das Geschehen in der Welt und das Müssen des Menschen zu begreifen, ist nicht auszurotten. Sobald ihm aber nachgegeben wird, kommt das Ethische in Gefahr, wie Tau in der aufgehenden Sonne zu verdunsten. Die monistische Vorstellung von Gott ist denknotwendig. Aber sie hat nicht ethischen, sondern überethischen Charakter.[26]

Derselbe Konflikt zwischen logischer und ethischer Wahrheit bricht in der Vorstellung des Weltzwecks aus. Nur das naive Denken, wie es sich bei Laotse, Kungtse und den jüdischen Propheten bietet, vermag bei der Idee der in geschichtlicher Entwicklung ethisch gewordenen Menschheit stehen zu bleiben. Soweit tieferes Überlegen einsetzt, tritt die Forderung auf, daß das Weltziel nicht nur eine Umwandlung der

---

20 [R] ... Das Christentum der Religion am nächsten. Die Weltbedeutung.

21 [R] Wie sich [die Welt- und Lebensverneinung] ausdenkt, fällt [sie] ins Nichtethische! So viele Fragen der Weltanschauung [muß sie?] unbefriedigt lassen. Wollen das eine [wir müssen das eine wollen?], was nottut.

22 [R] Nicht ungerecht sein, daß sie [die Religion] die Stellung der Frage nicht erlaubt[?]. Mit unterdrückten Fragen leben läßt. Bild von Höhle und Ungeheuer. [Vgl. S. 339 u. 350.]

23 [R] leidet Wahrhaftigkeit [die Wahrhaftigkeit leidet].

24 [R] Theologie [kann] diese Probleme zudecken, aber nicht lösen.

25 [R] Logische und ethische Wahrheit ... Erkennen[,] Wollen.

26 [R] Der Frost des Überethischen legt sich auf die Gedanken.

Menschheit, sondern der Welt bedeuten müsse. Wiederum bleibt dem Menschen, der nach dem Ethischen griff, das Überethische in der Hand, weil er zugleich logisch sein will.[27]

Die vielen unlösbaren Fragen der ethischen Religion gehen alle darauf zurück, daß der Geist, der Gott und Welt begreifen will, vom Natürlichen zum Ethischen zu gelangen sucht, in Wirklichkeit aber hinaus in das Überethische getrieben wird.

Die Schwierigkeit, die darin gegeben ist, daß die Vorstellung des Weltzwecks in das Gebiet des Überethischen führt, ist für das religiöse Denken eine Versuchung, von den drei Größen Gott, Welt und Mensch, die mittlere gewissermaßen ausfallen zu lassen.[28]

Das auf die Zukunft der Welt gerichtete religiös-ethische Wollen tritt also mehr oder weniger zurück. Die Religion wird einseitig als Beziehung des Menschen zu Gott aufgefaßt. In dem Maße, als diese Entwicklung zum Individualismus vor sich geht, hört die Religion auf, das Ideal der Kultur zu unterhalten. Aller christlichen Mystik und aller von Spinoza und der spekulativen Philosophie des 19. Jahrhunderts beeinflußten Religiosität fehlt es an religiösem Enthusiasmus für Kultur.

Noch mehr.[29] In dem Maße[, als] diese individualistische Religion sich denkend zu begreifen sucht, verliert die Religion auch an ethischer Energie. Auch die christliche Mystik und das denkende Christentum ist in steter Gefahr, zu einem einfachen gedankenmäßigen Aufgehen in Gott als dem Weltgrunde zu werden und dabei den Enthusiasmus für die Verwirklichung des Reiches Gottes und die Instinkte der tätigen Ethik Jesu zu verlieren. Wie oft hat so christliche Religiosität, ohne es sich einzugestehen, tatsächlich überethischen Charakter angenommen,[30] weil sie zum Aufgehen des Menschen in Gott als dem überethischen Urgrund des Seins geworden ist![31] Die Sprache, in der sie dieses Aufgehen beschreibt, ist noch christlich, aber in der Frömmigkeit selber ist nicht mehr die [Frömmigkeit, Ethik] Jesu. Sie ist unenthusiastisch. Dies tritt bei Schleiermacher in furchtbarer Deutlichkeit zutage, gerade weil er mit virtuoser Kunst Mystik als Christentum zu deuten sucht.[32]

---

27 [R] Jede Religion Mystik! Von naiver zu tiefer!

28 [R] ... Keine Kultur. Keine Weltzukunft in Religion, sondern individualistisch-ethisch. Das Christentum [hat] den Gedanken des Reiches Gottes nicht mehr wirklich gedacht. Keine Kultur! Aber Illusion, nicht mehr Ethik. Beziehung auf Gott ... das Absolute! Erkenntnismystik! Aber Mystik das Unethische. Mystik nur noch dem Namen nach christlich. Verheerungen. Weltzweck: ethischer Fortschritt der Menschheit.

29 [R] Jesus kein Mystiker – Elementare Religion. Paulus Mystik: Ethik Wirkung der neuen Welt. So wir im Geiste leben, lasset uns auch im Geiste wandeln [Gal. 5,25]. Lebendige Religion ethisch, unlogische Weltanschauung. Nichts schwerer zu denken als ethische Weltordnung. Etwas Unmögliches!.

30 [R] Das ethische Aufgehen in Gott.

31 [R] Vorwärtsorientierung.

32 [R] Das Naive zu erhalten! [R] Alle Probleme der Weltreligionen treten in den unter ihnen, die eine Geschichte erlebt haben, auf! [Vgl. S. 342, Anm. 6.]

Das Ethische und das Erkenntnismäßige streiten also in der Religion widereinander. In dem Maße[, als] Religion «denkend» wird, wird sie «ruhend». Sie verliert die Orientierung nach vorwärts, den Enthusiasmus, der lebendige Ideale von Ethik und Kultur unterhält.[33]

Nichts ist schwerer als eine in sich begründete Weltanschauung aufzustellen.[34] Ethik ist das große Rätsel in der Welt. Wie ist sie aus dem Willen, der sich sonst in dem All kundgibt, begreiflich? In welchem Sinne will sie auf ihn wirken?

Ethik und das Universum in Einklang zu bringen, ist das Problem, das dem Entstehen der Weltreligionen und den Wandlungen, die in ihnen vor sich gehen, zu Grunde liegt. In dem Maße[, als] sie ethisch denken, denken sie unkosmisch, und in dem Maße[, als] sie kosmisch denken, überethisch.

Darum gibt es zwei große Typen von Religion: die naiv ethische und die mystisch-überethische. Zwischen diesen beiden Polen, zwischen Amos und den brahmanischen Denkern, bewegen sich alle Gestaltungen der Weltreligionen – als Ausprägungen derselben oder als Vermittlung zwischen ihnen. Weil sie keine ethische Weltanschauung, die vor dem Denken standhält, zu bieten vermögen, sind die Weltreligionen so schwach und so unsicher in der Art, wie sie die Ideen von Kultur und Ethik vertreten. Sowie sie ihren Enthusiasmus zum denkenden Enthusiasmus vertiefen wollen, sperrt das Ungeheuer der kosmischen Probleme seinen Rachen gegen sie auf. Sie sind mit ihm in einer Höhle eingeschlossen und müssen vorsichtig und leise machen, um es nicht zu wecken. Weil sie in das Naive ausweichen und so viele im unmittelbaren Denken sich stellende Fragen unbeantwortet lassen müssen, oft auch zum voraus unterdrücken, haben die Weltreligionen die Ideen von Kultur und Ethik nicht in der nötigen stetigen Stärke unter die Menschen gebracht. Soviel Versäumnis man ihnen auch nachrechnen wollte: zuletzt ist es nicht ihre Schuld, sondern die des Problems der ethischen Weltanschauung.[35]

Heute sind die Weltreligionen wie gestrandete Schiffe. Von sich aus kommen sie nicht mehr voran. Eine neue Flut ethischen Denkens muß sie weiter tragen.

Seitdem die Menschheit zur denkenden Religiosität gekommen ist, hat sie in irgendeiner Form und in irgendeinem Maße das Ethische dem

---

33 [R] Paradoxie. [- Das] Christentum betrieb [das] Kulturideal nicht, weil es noch nicht sah, [daß es] in der von der Weltenderwartung kommenden Weltverneinung beharrt ... Und dann weil monistisch.

34 [R] Das Naive, wo der Drang zum Denken einsetzt, ist die Gefahr, wird zur furchtbaren Schwäche!

35 [Notiz:] (Die Weltreligionen konnten nicht mehr leisten als sie leisteten! Wie konnten [sie] weiter voran[kommen] – Werden nicht mehr leisten, wenn sie das bleiben, was sie sind.)

Kosmischen opfern müssen und ist so unvermögend geworden, den Enthusiasmus für Kultur und Ethik in der erforderlichen Weise zu unterhalten.[36] Ist dieses Verhängnis aber unabwendbar? Liegt es nicht daran, daß wir das Ethische und das Kosmische in einer Geschlossenheit und Vollständigkeit zusammenbringen wollen, die in sich unmöglich ist? Liegt es nicht auch daran, daß wir immer wieder eine ethische Weltanschauung aufstellen wollen, ohne vorerst zu einer klaren Vorstellung des Ethischen durchgedrungen zu sein?

Das Ethische in der Religion[37] ist dem Ungeheuer der kosmischen Probleme ausgeliefert. In diese Wehrlosigkeit darf es sich nicht ergeben. Es muß versuchen, ob es nicht zum wahren Bewußtsein seiner selbst kommen, das Ungeheuer durch die Macht seines Blickes zähmen kann.

Der wahre Fortschritt in der Religion ist[38] aus einem vertieften Erfassen des Ethischen hervorgegangen. Darum wird es auch uns bestimmt sein, fortzuschreiten, nicht indem wir das Kosmische und das Ethische in neuen Arten zur Weltanschauung zusammenklügeln, sondern indem wir in der Erfassung des Ethischen einen Schritt voran tun.[39]

[c).] Neue Fassung[40]

Rückblick[41]
Das Zusammendenken des Ethischen und des Kosmischen als das Grundproblem der Weltreligionen

Aus der Zusammenschau der Weltanschauungen der großen Weltreligionen ergibt sich ein Einblick in die Gesetzmäßigkeit, die in den Fragen der Weltanschauung waltet und die Resultate bestimmt. Das Problem der Probleme ist, Ethik und Welt zusammenzudenken.[42]

Die Weltanschauung der großen Weltreligionen bewegt sich in steten Konflikten. Soweit sie logisch ist, ist sie unethisch, und soweit sie

36 [R] Das Christentum aus dem Dualistischen ins Monistische umdenken, ohne daß es dabei an ethischer Energie verliert, sondern seinen enthusiastischen Charakter behält.

37 [R] [Die Religionen haben weltanschaulich] naiv bleiben müssen, weil [sie] in der Auffassung des Ethischen naiv blieben! Hier irgendwie muß das Rätsel liegen.

38 [Ms.:] ist einer.

39 [R] Straßburg, 20. 1. 21.

40 [Sac 2.] [Die Überschrift ist Randnotiz, mit Datum:] Günsbach 30. V. 21.

41 [Vorangestellt:] Gnosis. [Ursprüngliche, gestrichene Überschrift:] XVI. Zusammenschau der Weltreligionen.

42 [Die hier stehende Anm. über den Islam hat A. Schweitzer ins Zarathustrakapitel V übernommen, als Anm. 1 der Einleitung, s. S. 107, gemäß einem dazu notierten Vermerk:] (Notiz über Islam erst bringen, wo dualistische Religionen eingeführt werden.)

ethisch ist, unlogisch. Soweit sie «Weltanschauung» ist, ist sie nicht ethisch, und soweit sie ethisch ist, ist sie nicht «Weltanschauung».

Das Resultat bleibt gleich unbefriedigend, ob man vom Denken über die Welt ausgehend zur Ethik zu gelangen sucht, wie es die monistischen Weltanschauungen unternehmen, oder ob man sich dem Dualismus ergibt und vom Ethischen aus Bestimmung und Lauf der Welt festzulegen unternimmt.

Das chinesische und das indische Denken bauen Weltanschauung auf Naturphilosophie auf. Aber in dem Maße[, als] sie an diesem Plane festhalten, sind sie unvermögend, die Ethik einzubauen.

Zarathustra, die jüdischen Propheten, Jesus und das Christentum legen der Weltanschauung das Erlebnis des Gedankens des Ethischen zu Grunde. Aber dieses Fundament hält die Last einer der Wirklichkeit entsprechenden Erkenntnis der Welt nicht aus.

Wo die Weltanschauung der Weltreligionen Ethik und Welt zusammenbringen, fällt die Entscheidung immer nach der Seite des Kosmischen aus. In der monistischen Weltanschauung der Chinesen und Inder ist der Inbegriff des Seins, in der religiösen Sprache Gott genannt, in dem Maße eine überethische und unpersönliche Größe, als sie konsequent in der Richtung der Naturphilosophie gedacht wird. Die dualistischen Weltanschauungen wehren sich mit aller Macht gegen den Pantheismus, weil sie die mit ihm gegebene Gefährdung des Ethischen intuitiv empfinden. Um das Weltprinzip zur ethischen Persönlichkeit erheben zu können, statuieren sie eine Außerweltlichkeit. Aber diese Gewalttat hilft ihnen nichts. Sie können nicht dauernd im Naiven verharren. Soweit sie aber denkend werden, stehen sie vor der Frage, wie sich der ethische persönliche Gott zum Weltprinzip als solchem verhält.[43] Und wollen sie die Frage der ethischen Vorstellung Gottes bei Seite liegen lassen, um nichts mit den Schwierigkeiten der Verbindung des Ethischen mit dem Kosmischen zu tun zu haben, so erliegen sie ihnen in der Frage des Weltzieles. Bei Zarathustra, bei den jüdischen Propheten, bei Jesus und im Christentum wird nicht ein ethischer, sondern ein übernatürlicher Endzustand der Welt erwartet. Der ethische Fortschritt der Menschheit ist nur eine Etappe in der Verwirklichung desselben. Die Kräfte, die die Entscheidung bringen, sind rein überweltlich.

Ob das Ethische und das Kosmische miteinander in der Vorstellung des Urgrunds des Seins oder in der eines Endzweckes des Seins zusammengedacht werden sollen: immer versteigt sich das Denken dabei ins Überethische, wobei die Weltanschauung entsprechend an ethischem Gehalte verliert.

Alles, was in dem Suchen nach ethischer Weltanschauung in den Weltreligionen vor sich geht, ereignet sich also aus Notwendigkeit. Nur

---

43 [R] Hier Schleiermacher. Auch hier christliche Mystik.

die Worte, mit denen die Denkoperationen umkleidet werden, sind frei. Die Denkoperationen selber sind nur Vermittlungsversuche zwischen dem Ethischen und dem Kosmischen, deren Ergebnis von vornherein durch die Art, in der die beiden Elemente zusammengebracht werden, bestimmt ist. Seitdem die Menschheit zu denkender Religiosität gelangt ist, hat sie in irgendeiner Form und in irgendeinem Maße das Ethische dem Kosmischen und das Kosmische dem Ethischen opfern müssen.

Das Ethische ist mit dem Ungeheuer der kosmischen Probleme in einer Höhle eingeschlossen. Es muß vorsichtig und leise machen, damit dieses nicht aufwacht und seinen Rachen gegen es aufsperrt. Es ist nicht der Weltreligionen Schuld, daß sie[44] so und so viele dem unmittelbaren Denken sich stellende Fragen unbeantwortet lassen und zuletzt, nachdem sie dem Menschen viel gegeben haben, ihn im Nichtdenken zu erhalten suchen, damit er an den Lösungen, die sie ihm bieten, nicht irre werde. Statt aufs hohe Meer zu gelangen, müssen sie zwischen Untiefen lavieren.

Ethische und überethische Mystik

Das Tragische an den Weltreligionen ist also, daß sie die Ideen von Ethik und Kultur der Menschheit nicht mit nachhaltiger Stärke aufzuerlegen vermögen. Soweit sie monistisch sind, besitzen sie sie nicht oder nur schwach; soweit sie dualistisch denken, vermögen sie sie nur in einer mehr oder weniger naiven Weltanschauungen zu bieten.

Wohl sind in dem gewaltigen Ringen um ethische Weltanschauung, das in den Weltreligionen stattfand, machtvolle Ideen von Ethik und Kultur aufgekommen. Aber sie reichten nicht aus, um die unter ihrem Einfluß stehenden Menschen und Völker in der Bahn stetigen Fortschritts zu erhalten. Wenn man die Weltgeschichte auf die Geschichte der Weltanschauung zurückführt, wird das Chaos von Fortschritt, Rückschritt und Stillstand, das den Weg der Menschheit bezeichnet, verständlich.

Den Menschengenerationen und den Einzelnen kommen freilich die Gesetze, die das Schicksal ihrer Weltanschauung und damit ihre eigenen geistigen und materiellen Geschicke bestimmen, nur dunkel zum Bewußtsein. Aber die Unvollendetheit der Weltanschauung lebt sich an ihnen aus. Ideen von Ethik und Kultur sind in ihnen nur kräftig, soweit sie eine ethisch-optimistische Weltanschauung erlangt haben. Von anderswo her können sie die Ideale zum gestaltenden Wirken auf sich selbst und auf die Verhältnisse nicht beziehen.

Was sucht der Mensch in der Weltanschauung? Das höhere Leben. Er will dem universellen Sein nicht nur in natürlicher Weise, als Exi-

44 [Ms.:] Es ist nicht ihre Schuld, daß die Weltreligionen ...

stenz unter Existenzen, angehören, sondern mit seinem Denken und Wollen in das Sein und seine Ziele eingehen und so Frieden finden und Kraft werden. In dieser Art Persönlichkeit geworden, trägt er Kultur in sich und wirkt Kultur.

Alle tiefe Weltanschauung ist zuletzt Mystik. Das Suchen der Menschheit geht nach ethischer Mystik.

Die monistischen Weltreligionen[45] sind nur zur überethischen Mystik gelangt. Sie lehren das Einsseins des endlichen Geistes mit einem Weltgeiste, der nicht ethische Persönlichkeit ist. Von[46] diesem Erleben des höheren Lebens geht keine auf Ethik und Fortschritt gerichtete Tätigkeit aus.

Die dualistischen Weltreligionen sind nur optimistischer-ethischer Enthusiasmus. Sie können Menschen und Völker zu Ethik und Fortschritt fortreißen. Aber sie erhalten sie in einem Zustande der Weltentfremdung. Ihre Weltanschauung muß für die elementare Sehnsucht nach dem Einswerden mit dem Weltgeiste verständnislos bleiben. Gibt sie ihr nach, so kommt sie selber auf die Bahn überethischer Mystik und wird vom ethischen Enthusiasmus abgetrieben. Auch in der christlichen Mystik ist das Aufgehen in Gott eine erkenntnismäßige und überethische Tat. In christlichen Worten dargestellt kann sie, wie auch im Hinduismus, ethische Färbung annehmen. Im Grunde aber geht sie auf Naturphilosophie zurück.

Letzten Endes ist die ganze Geschichte des Christentums nichts anderes als der Kampf zwischen der Religiosität Jesu und der Mystik, zwischen ethisch-enthusiastischer und kosmisch-überethisch denkender Frömmigkeit. Erschüttert sieht man ihm zu, denn es wird darin um die wertvollen Güter gekämpft, die unser Denken nicht vereinigen kann.

Gibt es eine Möglichkeit, weiter zu kommen? Ist uns die ethische Mystik, in der die Menschheit innerliche und stetige Kräfte zu Sittlichkeit und Fortschritt finden und damit zur wahren Kultur kommen würde, dauernd unerreichbar?

[Skizze:]
Wir[47] verstehen das große Suchen, das in allen Richtungen stattfindet: *seiner Existenz und der der Menschheit einen Sinn geben*: meinen Willen in den Weltwillen eingehen lassen. Freiheit – als Kraft im Sinne der höchsten Kraft wirken: Ethisch –

---

45 [R] Mystik vorher.

46 [Ms.:] Aus.

47 [R] In jeder Weltreligion [. . .] optimistisch[-]ethische Weltanschauung. Alle Elemente dazu erhalten. Indien. Lebt nicht in Brahmanismus, sondern deutet ihn um in ethische Mystik. [Der] Brahmanismus [hat] nur solche Bedeutung, weil [er] in Dokumenten vorliegt.

Ethische Mystik. Heiler:[48] Prophetische Religionen. Damit angezeigt unmystisch.

Dies ausführen – Ethische Mystik [ist der] tiefste Ausdruck der optimistisch-ethischen Weltanschauung:

Introitus

Eine Weltanschauung ist nur so viel wert, als sie Antriebe zu Ethik und Kultur für den Einzelnen wie für die Gesellschaft enthält. Zu lange [wurden] die Weltreligionen nur vom religionsgeschichtlichen Standpunkt [aus] betrachtet. Ihren Vorstellungen und [dem] Kultischen [wurde] nachgegangen. Alles das Interessante und Merkwürdige. Ihre Vorstellung von Welt und Weltkräften gibt sich kund. Aber nicht philosophisch behandelt. Nicht innerlich. *Gnostiker*: [suchen] den Ewigkeitsgehalt. Wohl solche Bewegungen. Das Gemeinsame suchen.[49] Nicht da und dort entlehnen, wie Theosophie, und damit in Barockstil etwas Neues zusammenbauen, wobei das Phantasiemäßige mehr berücksichtigt ist als das Innerliche. Sondern wahre Gnosis! Universalen Maßstab an sie [die Religionen] legen. Nicht ihr Wellenspiel beschauen, sondern ihre Tiefe messen.[50] Die Frage an sie stellen: in welcher Tiefe und Überzeugungskraft sind die Ideen der Ethik und der Kultur[51] in ihnen vorhanden. Was vermochten sie in dem, was den Menschen und die Menschheit voranbringt, und was vermochten sie nicht? Welche Begründung [haben sie] gefunden für [das] Sittliche und wie es in dem Universum begriffen? Inwieweit [haben sie] das Sittliche zwingend zu machen verstanden?

Weltreligionen, jede [hat] auf ihre Art die Völker, die unter ihrem Einfluß standen,[52] zu höherer Ethik und Kultur geführt als vorher vorhanden war. In ihnen [ist] der große Fortschritt der Weltanschauung niedergelegt, in dem die Menschheit aus dem Primitivismus herausgetreten ist.

Aber[53] [sie sind] den Weg nicht zu Ende gegangen. Nur beschränkte Macht. Nichtkultur und Nichtethik nicht nur neben sich dulden ... warum neben sich dulden? Weil sie sie in sich enthalten!

---

48 [Ms.:] Heyler. [Schrift von Friedrich Heiler: *Das Gebet* (s. S. 168, Anm. 4).]

49 [R] Weltreligionen vertiefbar?

50 [R] Ethik und Kultur in den Weltanschauungen der Weltreligionen [Titelnotiz]. Zur wahren Gnosis.

51 [R] Die beiden Werke greifen ineinander über!.

52 [R] Blick auf Zukunft: *Alles Denken vertieft die Religion.* Nichts ändern[?]. Das Suchen ist da. Aus dem Innern kommende Reformen.

53 [R] Abgeschlossenheit [läßt sich?] nicht wahren. [Jede?] Weltreligion trägt universale Instinkte der andern[?] in sich. Je tiefer, desto universaler. – Im Christentum Naturphilosophie: *Umdenken aus [dem] Dualismus in Monismus.*

In was haben [die] Weltreligionen auf Erden Kultur hervorgebracht und unterhalten? Dazu aber: Was ist Kultur?

Die Weltanschauung [ist] nicht so durchdacht und zu Ende gedacht, daß [sie] Ethik und Kultur begründen kann. Alle Unvollkommenheiten und Katastrophen, die in der Geschichte des geistigen und materiellen Lebens der Völker zutage treten, gehen auf Unzulänglichkeit der Weltanschauung zurück![54]

[Die] Weltreligionen [sind] bestimmt, miteinander Träger der höchsten Weltanschauung zu werden. Dem Denken nach geben sie [der] Weltanschauung in sich Raum. Vorstellungsmaterial nebensächlich.

Nichts [ist] in [der] Geschichte der Menschheit von ungefähr. Setzt sich mit Wirklichkeit auseinander nach Maßgabe der Gedanken, die in [der] Weltanschauung enthalten sind. – Weltanschauung [muß als] Kraft in den Einzelnen und [in der] Gesamtheit leben und wirken. Weltreligionen arbeiten an [den] Menschen. (Dies früher: Frage, ob [die] Weltanschauungen der Weltreligionen philosoph[isch] durchdenkbar. Ein primitives Glauben.)

In [der] Einleitung:[55] Daß keine scharfe Trennung zwischen religiöser und philosophischer Weltanschauung. Die indischen Denker sind mehr Philosophen. China: Kungtse [ist] religiöser Reformator und zugleich philosophischer Denker. Die fromme Weltanschauung Laotses, Dschuang-Dsis etc. ins Profane gewendet.

Was ist Kultur? Hier Definition. Innerliche und äußerliche Kultur. Wir Abendländer halten die äußerliche fest und verlieren die innerliche – Dies [ist] sonst nie vorgekommen – Ausführen.

Was an Kultur entsteht, ist die Wirkung, der Ausfluß aus [?] Weltanschauung – Alles Geschehen in der Menschheit ist Produkt der Weltanschauung – Es ereignet sich nichts in ihrer geistigen und materiellen Geschichte, was nicht in ihrer Weltanschauung gegeben ist.

Auffassung von Kultur als einem Nebenprodukt von denen, die die Entwicklung der Kultur in Tabellen darstellen und auf Cäsar, Alexander den Großen und die, die in [der] Geschichte eine Rolle gespielt, [beschränken,] sie als Verkörperung der Kultur exemplifizieren. Äußerliche Geschichtsbetrachtung.

Kultur in Ideen. – Welche Weltanschauung aber [wirkt, begründet] Kultur? Innerliche Kultur nur durch Ethik. Jede Weltanschauung, so-

---

54 [R] In Indien Ethik in Mystik hineindenken – In China: Lebensverneinung in Lebensbejahung. Nicht aus Weltreligion Universalreligion, sondern jede [soll] zur Universalität fortschreiten. Universalität aber ist [besteht darin,] Ethik und Kultur in höchster Kraft zu enthalten.

55 [R] Christentum universalste, weil, ununiversal angelegt, die primitivste[?], erlebt die Gedanken der andern Weltreligionen im Verlaufe seiner Entwicklung in sich. Freilich daraus das Uneinheitliche!
Das Zerrissene.

weit wirklich ethisch, [bringt] Menschen mit innerlicher Kultur [hervor]. Hier nur ethische Probleme. Ethik der Primitiven. Grundprinzip der Ethik – Denknotwendig. Ethik zwingend gestalten. Worin Fortschritte der Ethik.[56]

Äußere Kultur [ist] durch Verwirklichung von Zielen in der Welt bestimmt. Dazu gehört, daß dieses Umgestalten und Verbesserung [Verbessern] der Wirklichkeit für wertvoll angesehen [wird]. D. h. Welt- und Lebensbejahung. Optimistische. Vollständige Kultur ist durch optimistisch-ethische Weltauffassung hervorgebracht und unterhalten. Innerliche nur durch ethische. Veräußerlichte nur durch optimistische. Z. B. in jetzigem Europa: eine enthusiastische, von Stolz getragene Welt- und Lebensbejahung, Überhebung und Geschäftigkeit, die stark macht, wobei aber das ethische Fundament fehlt, die Menschen immer kleiner werden, während äußere Erfolge staunenswert. Geistig armes Geschlecht haust in [der] Wirrsal seiner Errungenschaften. Eine Lebensbejahung wendet sich gegen die andere, und so kehrt mit Notwendigkeit [ein] primitiver, kulturloser Zustand wieder.

Gegen [die] geistlose Auffassung, [daß die] Menschheit zur Kultur kommt durch Zusammenwirken von Umständen, sondern aus geistiger Kraft. Auch nicht Auf und Nieder der Kultur als ein Blühen und Abblühen nach Analogie des Naturverlaufs, dem seine Zeit gesetzt ist.[57] [Es] geschieht, was in Ideen sich vorbereitet. – Übrigens [sind die] chinesische und die indische Kultur nicht abgeblüht, sondern verharren dauernd auf dem Standpunkt, den sie erreicht [haben]. [Sie] haben keine Geschichte. Nur [die] europäische, weil in ihr die widerstreitenden Kräfte und die Auseinandersetzungen zwischen innerer und äußerer Kultur [wirken]![58]

Warum begründen die in der Welt wirkenden Weltanschauungen nicht definitive und stetige Kultur? Wie haben die Weltreligionen, in denen die Menschen ihre Welt- und Lebensanschauung gefunden haben, das Lebensbejahende (Optimistische) und wie das Ethische begründet und es in den Menschen zur wirkenden Kraft erhoben?

Hinweis. Daß in dem abendländischen Denken dasselbe Problem wiederkehrt. In ihm klingen Motive aller Weltanschauungen ineinander und treten in einer Symphonie in der dominierenden Tonart der Lebensbejahung auf, [einer Symphonie,] deren Finale aber grausigen Charakter annimmt, weil Lebens- und Weltbejahung sich darin im Sinnlosen austobt.

---

56 [R] Jetzt lebensbejahende Ethik[, ist?] zwar auch Wirken.

57 [R] Daß [die] Kultur aufgeht wie [eine] Pflanze.

58 [R] Indische und chinesische Weltanschauung religiös, weil in Zusammenhang mit Religion auftretend und [die] ge[. . .] Religion gewohnheitsmäßige[s] anerkannte[s] Überlieferungsgut [enthält, darstellt]. Aber eigentlich philosophisch, [religiös nur,] weil durch Religion gedacht (im Schatten einer Religion).

(Die Definition von Lebensbejahung und von Ethik vorher.) Das große Suchen nach Ethik und Lebensbejahung – Dies [ist] das Brot, von dem der Mensch auf seiner Erdenwanderung lebt.

Wir wollen [die] Vergangenheit der Menschheit verstehen, um an ihrer Zukunft zu arbeiten. [Die] Geschichte der Weltanschauungen [ist] die innerlichste Weltgeschichte. Das Werden der Fragen, vor denen wir stehen. Über uns [selbst] zur Klarheit kommen.

Theosophie: Gedanken der verschiedenen Religionen mit übergroßer Bevorzugung des Phantasiemäßigen zusammendichten.

In Schlußabschnitt: Rekapitulieren, was in den Weltreligionen als Grundprinzip der Ethik aufgestellt ist. Das Grundprinzip von Jesus und Mitse.

Plan der Einleitung:
Seit Jahrzehnten werden die Weltreligionen eingehend religionsgeschichtlich untersucht.

1) Weltreligionen nicht nur religionsgeschichtlich. Geschlechter, die seit Jahrhunderten auf Erden sich folgen, leben in der Hauptsache von der Weltanschauung der Weltreligionen. Was sind diese wert. Philosophische Betrachtung der Weltreligionen. Gnosis. Theosophie. Auf das Innerlichste gehend.

2) Geschicke der Menschheit durch Weltanschauung bestimmt etc. Kultur und Ethik. [In] moralischer und kultureller Entwicklung nicht weiter voran, als die Energien in [der] Weltanschauung dazu ausreichen. Wie das Problem der Weltanschauung sich in ihnen stellt.

Für uns die Frage der Fragen jetzt: der Stand und die Zukunft der Kultur. [Wir] tragen in uns die Frage herum: was ist unsere Kultur, was wird aus ihr. Die Kultur der Menschheit [ist] durch die Weltreligionen bestimmt.

Inwiefern begründen sie Kultur, inwiefern vermögen sie sie nicht weiter voranzubringen.

Nicht uninteressiert: [Wir] wollen über die Menschheit und uns ins Klare kommen. Wo sind wir? Wohin wollen wir?

B. Anhang zu «Mensch und Kreatur in den Weltreligionen»

1. Mystik der Ehrfurcht vor dem Leben

a) Textskizzen[1]

[Renaissance bis 18. Jahrhundert.]
Die unlebendige Begriffsphilosophie.

Bleibt Sache der Tierschutzvereine. – Bei Schopenhauer Sache der Weltanschauung – Die menschliche Gesellschaft ist etwas anderes als die Menschheit. – Als ob es nicht eine philosophische Frage, eine Weltanschauungsfrage wäre.

Auch Paracelsus: nur [der] Mensch hat [eine] Seele.

Die «Naturphilosophie». Renaissance[-]Menschen. Nur die Skeptiker. Und diese nicht aus Überzeugung. Hie und da Ethik des Verhaltens zum anderen Leben! Schopenhauer bemüht sich nicht um die Sache der Kreatur.

Paracelsus (1493–1541): [Der] Mensch ist [der] Zweck, um dessentwillen alles andere geschaffen ist. Mikrokosmos.

Sebastian Franck (1499–1542): Tiere [haben] keinen freien Willen, sondern [in ihnen wirkt sich] nur eine von Gott gesetzte Notwendigkeit [aus] (140).[2] Blick auf die Wirklichkeit gerichtet.

Italienischer Naturphilosoph *Cardanus* (1501–1571) [: Der] Mensch [ist] nicht Zentrum der Natur. *Auch die Geschöpfe sind um ihretwillen da.*[3] Aber [der] Mensch hat [eine] unsterbliche Seele.

Giordano Bruno (1548–1600): Allbeseelung. – Aber die Verbundenheit des Menschen [mit der Kreatur] betont [er] nicht. Ethisch ohne Wirkung. Nicht Ethik: [Sie ist ein bestimmtes] Verhalten zum Leben. – Eine grenzenlose Liebe zum Unendlichen.

Michel de Montaigne (1533–1592): Skeptiker. [Der] Mensch [steht] nicht im Mittelpunkt der Welt und *[hat] kein Recht, sich über Tiere zu erheben.*

Pierre Charron (1541–1603) ebenso. Nur Gradunterschiede zwischen Mensch und Kreatur.

---

1 [Dossier 6, Nr. 16 a (Ms.-S. 253–265. – 1933].
2 [F. Ueberweg, *Grundriß der Geschichte der Philosophie*, III. Teil, Basel, [12]1924, S.] 140.
3 [R] Macht [sich von] Vorurteile[n] des mittelalterlichen Denkens frei.

René Descartes (1596–1650). Mechanische Naturauffassung. Nur im Menschen [sind] Körper und Seele zu einer Einheit verbunden. Pflanzen spricht [er das] Lebensprinzip ab. Auch [?] [die] Tiere [haben] keine Seele. [Sie] seien bloß Automaten, die keine Empfindung haben, also auch keinen Schmerz fühlen. Wären die Tiere beseelt, so würden die Menschen sich durch ihr Verhalten gegen sie der größten Grausamkeit schuldig machen. (Seele bei Descartes das Denken. Keine Einwirkung der Seele auf den Leib. Nur Gott bewirkt die gegenseitige Beziehung des Leibes und der Seele zueinander).

Hobbes: Ethik [ist] nur [die] Organisation der menschlichen Gesellschaft.

A. A. C. Shaftesbury (1671–1713). Jedes Individuum ist ein Ganzes, ein Mikrokosmos. Aber [die] Ethik [ist] nur auf [das] Wohl der Gattung [ausgerichtet]. [Das] Einzelwesen [hat einen] angeborenen moralischen Sinn [:] Tugend ist Liebe zu Ordnung und Schönheit in der Gesellschaft, immer angeregt und gesteigert durch Ordnung und Harmonie des Universums. Pflanzen und Tiere [haben] auch Seele. *[Haben] teil an der Weltseele!* Aber den Schritt [zur] Verbundenheit [des] Mensch[en] mit den Tieren tut er nicht, sondern [alles bleibt] intellektualistisch: Alle[4] auf Weltseele. Einordnung des Menschen in das Universum. Heroismus der Menschenliebe. Ethik des Menschen zum Menschen.

Francis Hutcheson (1694–1746). Liebe macht den Menschen zum Menschen, überhaupt [ist Liebe] eines jeden Wesens [nur?] zu dem ihm verwandten Wesen [festzustellen].

Samuel Clarke (Engländer, 1675–1725). Ethiker. [Das] Tier [ist] ein empfindendes Wesen. Also [darf man] ihm keinen Schmerz zufügen. [Den] Baum darf man nicht schädigen, weil [er ein] vegetatives Wesen [ist], das Früchte tragen soll. (Also utilitaristisch.) Noch keine Ehrfurcht vor Leben als solchem.

William Wollaston (1659–1724). *Setzt auch das Tier als empfindendes Wesen in seine Rechte ein!* Aus der Tatsache, daß es ein empfindendes Wesen ist, muß ich folgern, daß ich es nicht quälen darf. Aber [er] sieht das ganze Problem nicht.

David Hume (1711–1776). Ethik = vollendete Menschlichkeit. Hier wirklich Teilnahme an dem einzelnen Menschen. Freude an seinem Wohlergehen, Schmerz um sein Leiden. Sympathie, die auf der Gleichartigkeit der Seelen der Menschen beruht. Aber hier also dehnt er es [das

---

4 [Undeutlich, ob «alle» oder «alles». Der Satz wäre wohl wie folgt zu ergänzen: «Alle Verbundenheit beruht auf der (nur) abstrakten Annahme einer Weltseele», oder: «Alles läuft auf eine (nur) abstrakte Teilnahme der Wesen an der Weltseele hinaus». (Demnach wäre im Denken Shaftesburys grundsätzlich wohl eine Verbundenheit mit der Kreatur festzustellen, die aber zu keinen praktischen ethischen Forderungen in bezug auf das Verhalten zu den Tieren führte).]

Mitfühlen] nicht auf Teilnahme mit allem Lebenden aus. Stellt also nicht Motive des Handelns in den Vordergrund.

Die Motive der ethischen Verbundenheit mit den Geschöpfen im Alten Testament

[1. Ansatz:]

In der Schicht des alttestamentlichen Gesetzes, die unter dem Einfluß der Propheten steht. Das Mitleid mit Menschen kaum erreicht, auf Tiere ausgedehnt. Gesetze in dem «Deuteronomium» (der sogenannten Wiederholung des Gesetzes, eine selbständige, wohl im 6. Jahrh. v. Chr. entstandene Einheit im jerusalemitischen Priesterum). Nächstenliebe [gegen] Witwen, Waisen, Fremdlinge. Ernte so halten, daß diese Nachlese halten können. (Dtn. 24,19–21.)

Du sollst dem Ochsen beim Dreschen keinen Maulkorb anlegen (25,4). Einen Sklaven, der sich vor seinem Herrn zu dir geflüchtet, sollst du nicht ausliefern. Er soll bei dir innerhalb deiner Grenzen bleiben dürfen (23,16). Dem verirrten Ochsen oder Esel Hilfe bringen (22,1). Wenn du siehst, daß ein Esel oder ein Ochse deines Volksgenossen auf dem Wege gestürzt ist, so sollst du ihnen deine Hilfe nicht vorenthalten, vielmehr sollst du sie[5] aufrichten helfen (22,4). Noch beschränkt: Aus dem Vogelnest nicht die Mutter mit den Jungen oder Eiern nehmen, sondern nur Junge oder Eier. Die Mutter fliegen lassen (22,6–7). Das Menschentum motiviert: Gedenke daran, daß du in Ägypten Sklave warst; darum gebiete ich dir, so zu handeln [5,15].

Sprüche Salomos:

Hungert deinen Hasser, so speise ihn mit Brot; und dürstet ihn, so tränke ihn mit Wasser (25,21).
Wer dem Armen gibt, leidet keinen Mangel (28,27).
Tue deinen Mund auf für die Stummen, für die Sache aller dahinschmachtenden Leute (31,8).
Tue deinen Mund auf, richte gerecht und schaffe Recht dem Elenden und Armen (31,9).
Der Gerechte erbarmet sich seines Viehs [12,10].

Sprüche Jesus' des Sohnes Sirachs [Menschlichkeit gegenüber Menschen]:

Menschlichkeit: Mein Sohn, entziehe nicht dem Armen seinen Lebensunterhalt, und bedürftige Augen halte nicht hin (4,1).
Einen Bittenden, der in Bedrängnis ist, weise nicht ab (4,4).
Neige dem Armen dein Ohr zu (4,8).
Rette den Unterdrückten aus der Hand des Unterdrückers (4,9).
Laß dich nicht verdrießen, den Kranken zu besuchen (7,8).
Jedes Lebewesen liebt seines Gleichen und jeder Mensch seinen Nächsten (13,15). (Dies die Ethik Humes.)

---

5 [Ms.:] sie ihnen.

Hast du einen Sklaven, so halte ihn wie dich selbst ... Hast du einen Sklaven, so behandle ihn wie einen Bruder und wüte nicht gegen dein eigenes Lebensblut (30,39).
Wenn du ihn schlecht behandelst, macht er sich auf und davon ... Auf welchem Wege willst du dann seiner wieder habhaft werden? (30,40.)

[2. Ansatz:]

Anregung zur Stellung und Bejahung dieser Frage findet sich im Alten Testament. In dem 5. Buch Mose, das ein in sich geschlossenes Ganzes bildet und sich wie eine Wiederholung des im 2., 3. und 4. Buch Mose entwickelten Gesetzes ausnimmt, weshalb es als Deuteronomium (Gesetzes-Wiederholung) bezeichnet wird, wird zugleich mit der Forderung der Nächstenliebe die des gütigen Verhaltens gegen die Geschöpfe erhoben. Dieses Gesetzbuch stammt nicht von Moses, sondern entstand gegen Ende des 7. Jahrhunderts v. Chr. und weist den Einfluß der in den vorhergehenden Jahrhunderten wirkenden Propheten Amos und Jesaja auf. Im Jahre 623, unter der Regierung des Königs Josia, wurde es nach dem [Bericht] im 2. Buche der Könige (Kap. 22 u. 23) als «Gesetz Mosis» promulgiert.

In dieser von einem lebendigen ethischen Geiste durchwehten Gesetzessammlung wird dem Menschen Gütigkeit gegen die Haustiere zur Pflicht gemacht. Trifft er einen verirrten Ochsen oder Esel an, so soll er Sorge tragen, daß er wieder zu seinem Herrn zurückkommt (22,1). Ist ein Ochse oder Esel auf dem Wege gestürzt, so soll er ihm, auch wenn er ihm nicht gehört, Hilfe bringen (22,4) und ihn aufrichten. Dem Ochsen, der auf der Dreschtenne die Körner aus dem Getreide tritt, soll er «das Maul nicht verbinden» (25,4), damit er nicht die Qual aussteht, im Stroh herumzulaufen, ohne etwas davon erhaschen zu können.

[3. Ansatz:]

Schon in der wohl gegen Ende des 8. Jahrhunderts in Israel, dem Nordreich, entstandenen kleinen Gesetzessammlung, die uns im 2. Buch Mose (Exodus), Kap. 21 bis 23, enthalten ist und gewöhnlich als «Bundesbuch» bezeichnet wird, wird dem Menschen Gütigkeit gegen die Haustiere zur Pflicht gemacht. Trifft er einen seinem Feinde gehörenden Ochsen oder Esel, der sich verirrt hat, soll er Sorge tragen, daß er wieder zu seinem Herrn zurückkommt; sieht er, daß der Esel seines Feindes unter seiner Last zusammengebrochen ist, so soll er ihn nicht im Stiche lassen, sondern ihm helfen, den Esel [zu] befreien. Er darf also dem Tier sein Mitleid nicht versagen, obwohl es dem Feinde gehört, sondern soll dem Tier und dem Feinde zugleich Liebe erweisen.[6]

6 [R] [Es] handelt sich nur um Haustiere.

Diese Bestimmungen weisen, wie die von der Barmherzigkeit gegen die Witwe, die Waise, den Armen und den Fremdling, den Einfluß der ethischen Predigt der Propheten Amos und Hosea auf, die um die Mitte des 8. Jahrhunderts v. Chr. wirkten.

In der großen Gesetzessammlung, die gegen Ende des 7. Jahrhunderts in Judäa, dem Südreich, entstand und 623 v. Chr. unter dem König Josia als «Gesetz Mosis» promulgiert wurde (sie macht den Hauptbestandteil des 5. Buches Mose aus), kommt das Ethische, in der Nachwirkung der Verkündigung des Propheten Jesaja (2. Hälfte des 8. Jahrhunderts)[7] noch stärker als in dem «Bundesbuch», zur Geltung. Die Gütigkeit gegen die Haustiere geht hier so weit, daß verboten wird, dem Ochsen, der auf der Dreschtenne die Körner austritt, das Maul zu verbinden (5. Mose 25,4). Er soll nicht die Qual ausstehen, in dem Stroh herumlaufen zu müssen, ohne zum Lohne für seine Arbeit etwas davon erhaschen zu können.

Das sich hier bekundende Mitempfinden mit der Kreatur steht noch in den Anfängen. Es ist in der Hauptsache auf die Haustiere beschränkt. Wie rudimentär die den anderen Geschöpfen entgegengebrachte Gütigkeit ist, wird aus der Bestimmung ersichtlich, daß man den beim Brüten betroffenen Vogel am Leben lassen müsse, aber die Eier und die Brut wegnehmen dürfe (5. Mose 22,6–7).

Aber welche ethische Errungenschaft bedeutet es schon, daß eine so weit gehende Barmherzigkeit gegen die Haustiere vom Gesetze zur Pflicht gemacht und damit dem Einzelnen etwas Gewohntes und Selbstverständliches wird! «Der Gerechte erbarmet sich seines Viehes», heißt es bei [in den Sprüchen Salomos 12,10].

[Neues Testament: Jesus und Paulus]

Von Jesus sind keine Aussprüche über die Barmherzigkeit gegen die Tiere überliefert. Er fügt dem, was im Gesetz gesagt ist, nichts hinzu. Aber von seinem Mitempfinden für sie gibt das Gleichnis vom verlorenen Schafe Zeugnis [Mt. 18,12–14]. Nicht weil es für ihn von Wert ist, ein Besitzstück darstellt, [sucht der Hirte das Schaf,] sondern weil er es liebt. Die Sorge Gottes für die Lilien[8] [Mt. 6,28.30].

Hingegen ist Paulus mit der Kreatur beschäftigt. Es ist ihm gewiß, daß sie sich wie der Mensch nach Erlösung von dem Leiden und der Vergänglichkeit sehnt und auf sie hofft (Röm. 8,19.21–23).

Der Sinn dieser Worte kann nur der sein, daß Paulus nicht nur die Menschen, sondern auch alle lebendigen Wesen für berufen hält, an der Herrlichkeit des für bald erwarteten Reiches Gottes teilzuhaben. Auch sie sollen in ein leidloses und unvergängliches Dasein eingehen! Damit

---

7 [R] 740–701.

8 [«Lilien»: undeutlich, eher wie «Linden» zu lesen, was wohl nicht gemeint ist (vgl. S. 387 und Haupttext S. 206).]

spricht Paulus nur etwas aus, das in der spätjüdischen Vorstellung von dem Reiche Gottes gegeben ist. Die Gläubigen des Spätjudentums und des Urchristentums erwarten nicht eine dem Menschen allein zuteil werdende Unsterblichkeit, sondern sie denken sich das Reich Gottes als eine Verwandlung der gesamten irdischen Welt in eine überirdische. Daß aus irdischen Pflanzen überirdische werden, ist den spätjüdischen Apokalypsen etwas Selbstverständliches. Apokalypse Baruch [29,5], Apokalypse Johannes [22,2].

Nichts[9] zu tun mit Pauli Verhalten zu den[10] Geschöpfen hat seine unglückliche Deutung[11] des alttestamentlichen Gebotes «Du sollst dem Ochsen, der da drischt, das Maul nicht verbinden»[12] (Dtn. 25,4) im 9. Kap. des 1. Briefes an die Korinther (9,7–11). Es kommt ihm darauf an, aus der Schrift [. . .] die Behauptung zu beweisen, daß er und die anderen Verkündiger des Evangeliums in derselben Weise berechtigt seien, ihren Unterhalt aus dieser Tätigkeit zu beziehen, wie der Priester von dem Altare lebt, den er bedient. Bewiesen ist aber nach jüdischer Logik etwas nur, wenn es im Gesetz steht. Da das Gesetz seinem natürlichen Wortlaute nach nirgends eine Bestimmung über die Apostel enthält, bedient sich Paulus, um es im Sinne seiner Behauptung Zeugnis geben zu lassen, der allegorischen Auslegung, die bei den[13] Schriftgelehrten seiner Zeit geläufig ist. Zu diesem Zwecke bemächtigt er sich des in Betreff des dreschenden Ochsen gegebenen Gebotes und behauptet, daß es nicht wörtlich zu verstehen sei, sondern bedeute, daß, wie dem Ochsen beim Dreschen erlaubt sein soll, von seiner Arbeit auf der Dreschtenne Nahrung zu haben, also auch jeder Mensch, der Verkündiger des Evangeliums nicht ausgenommen, aus seiner Tätigkeit seinen Unterhalt beziehen darf.

1. Kor. 9,7–10 [Zitat s. Anh. B,3 c, S. 387].

Die Bemerkung, daß Gott nicht für die Ochsen sorgt, ist von Paulus nicht so gemeint, daß er sich überhaupt nicht um die Kreatur kümmert. Sie besagt nur, daß jenes Gebot nicht um des dreschenden Ochsen willen in der Schrift stehe, sondern die Bestimmung habe, das Recht der Verkündiger des Evangeliums, von ihren Gemeinden unterhalten zu werden, zu begründen.[14]

---

9 [R] Die Verbundenheit des Menschen mit der Kreatur in der Hoffnung des Reiches Gottes ... Nach den ergreifenden Versen im 8. Kap. des Römerbriefes und nicht nach seiner rabbinischen Deutung des Gebotes, «daß man dem Ochsen das Maul nicht verbinden solle», will Pauli Stellung zu den Geschöpfen [beurteilt sein].

10 [Darüber korr.:] Gesinnung gegen die.

11 [Darüber korr.:] Auslegung.

12 [Darüber:] Verständnislosigkeit für Tiere. [Vgl. Anm. 14.]

13 [Ms.:] die ihm in den ...

14 [R] Keine Verständnislosigkeit für [das] Tier, sondern stellt nur in Abrede, daß diese Stelle um der Ochsen willen im Gesetz steht ... Neuer Himmel und eine neue Erde (Offenbarung Joh 21,1).

Im Interesse eines nur mit willkürlichster allegorischer Auslegung zu führenden Schriftbeweises mißdeutet Paulus ein die Gütigkeit gegen die Geschöpfe vertretendes alttestamentliches Gebot. Daß er damit aber, wie man gemeint hat, Gefühllosigkeit den Geschöpfen gegenüber bekunde, trifft nicht zu. Wie tief er mit ihr empfindet, spricht er im Römerbrief, der nicht lange nach dem 1. Korintherbrief geschrieben ist, in ergreifender Weise aus.

Der spätjüdische und urchristliche Glaube an das Reich Gottes trägt also den Gedanken der Verbundenheit des Menschen mit der Kreatur in sich. Der Mensch erhofft die Erlösung aus dem Zustande des Leidens und der Vergänglichkeit nicht nur für sich, sondern auch für die Kreatur.[15] Das Befremdliche an diesem Mitempfinden mit der Kreatur ist, daß es sich rein betrachtend verhält. Die Folgerung, daß der Mensch ihr helfend beistehen und durch Gütigkeit ihr Leid lindern müsse, wird nicht gezogen.[16] Dies liegt daran, daß der spätjüdische und urchristliche Glaube an das Reich Gottes durch die Erwartung des alsbaldigen Eintretens des Weltendes beherrscht ist. In dieser nur noch für kurz bestehenden Welt durch irgendwelche Betätigung etwas ausrichten zu wollen, hat keinen Sinn. Warum auf dem reißenden Strom noch rudern? Wenn unmittelbar bevorsteht, daß die Kreatur von ihrem Leiden bei der Verwandlung des irdischen in die überirdische Welt völlig erlöst wird, spielt das, was der Mensch ihr bis dahin noch Gutes antun kann, keine Rolle mehr. Die Erwartung des nahen Weltendes ist es also, die das Spätjudentum und das Urchristentum davon abhält, den in ihrem Glauben an das Reich Gottes enthaltenen Gedanken der Verbundenheit des Menschen mit der Kreatur in der Ethik wirksam werden zu lassen. Darum predigen Jesus und Paulus, trotz tiefem Mitempfinden mit den Geschöpfen, nicht tätige Liebe zu ihnen.[17]

---

15 [R] ... was man gewöhnlich übersieht. Der reißende Strom, wozu noch rudern [vgl. die anschließenden Sätze im Text]. Aber ohne daß eine Weiterbildung der Ethik des Verhaltens ihnen [den Tieren] gegenüber erfolgt (aus ihr hervorgeht). Weltenderwartung.

16 [R] Die ergreifenden Worte Pauli für einen toten Buchstaben. Drückt eine erhöhte Forderung des ethischen Verhaltens aus.

[Im] Mittelalter, wo der Strom nicht so reißend war, [wurde] die Ethik des Verhaltens zu den Geschöpfen vom Gebote der christlichen Liebe aus, ach, nicht einmal auf Menschen ausgedehnt. – [Das Mittelalter] hält Vernichtung [der] Ketzer, Hexen, Folter alles [als] mit dem Liebesgebot vereinbar.

Wie es dem Paulus fernliegt, die Aufhebung der Sklaverei zu verlangen – Onesimus. Status quo.

17 [Beigefügt:] Darum ist in der Bergpredigt nicht von der Liebe zu den Tieren die Rede! [. . .]

[Das spätere Christentum. Mittelalter]
Im Laufe der Jahrhunderte gibt das Christentum dann die Hoffnung auf das baldige Eintreten des Weltendes auf.[18] Es findet sich darein, mit dem Bestehen der irdischen Verhältnisse zu rechnen. Damit aber erhält alles auf irgendwelche Besserung dieser Verhältnisse gehende Wirken, auch das Betätigen der Gütigkeit gegen die Geschöpfe, wieder seine Bedeutung. Nun sieht sich das im Christentum überlieferte Gebot der Liebe vor in dieser Welt zu lösende Aufgaben gestellt, auch vor die, der leidenden Kreatur aufzuhelfen und der gedankenlosen Grausamkeit der Menschen gegen sie ein Ende zu setzen. Aber es erfaßte sie nicht. Obwohl seiner Geltung und Enthaltung nicht mehr durch Weltend-Erwartung Grenzen gesetzt werden, nimmt es sich nicht vor, etwas in der Welt auszurichten, und erweitert es sich nicht zum Gebot der Liebe zu allen Geschöpfen. Es erreicht seine Vollendung nicht, weil kein Denken vorhanden ist, in dem dies stattfinden könnte.

Das Denken des Mittelalters – es beginnt alsbald, nachdem die römische Philosophie sich erschöpft hat und das Christentum in Dogmen erstarrt ist, also mit Augustin (354–430) – ist unfrei und unschöpferisch. Es verarbeitet (und dies oft in großartiger Weise) Überliefertes. Aber es geht nicht über es hinaus. So bleibt es dabei stehen, das Gebot der Liebe, weil es so überliefert ist, nur für das Verhalten zu den Menschen gelten zu lassen. Sogar wenn es wollte, würde es sich nicht für berechtigt halten, es auf die Geschöpfe auszudehnen. Dies hieße ja, eine christliche

---

18 [R] Das Mitleid gegen Tiere ist im Geiste der christlichen Ethik der Liebe, [wird] aber von ihr nicht ausgesprochen.

Ohne universell gewordene Ethik [ist] keine Weltanschauung möglich. [. . .]

Diesen Abschnitt einleiten: das Mittelalter unter Einfluß der christlichen Ethik. (Also nicht: die Anregung etc.)

Gründe: unschöpferisch und unfrei. Die Ethik der Liebe nur für Menschen gültig. Autorität. Aber auch nicht mehr das [?] [. . .] Bewußtsein der Verbundenheit mit der Kreatur, aus dem heraus die Tat möglich wäre – isolierte [. . .]

Dogma [von] der Erlösung durch den Tod und die Auferstehung Jesu – viel Ursprünglichkeit verloren. Noch im Dogma mitgeführt. Aber lebt nicht mehr. Als ein toter Gedanke. Also nicht mehr Verbundenheit – und nicht mehr die Gütigkeit des Alten Testaments. Ethik der Liebe [gilt als] mit aller Gefühllosigkeit vereinbar. Gedankenlosigkeit. Alle Grausamkeit [. . .] rechtfertigen: Ethik der christl. Ehrbarkeit in der christl. Weltverneinung. (Weltverneinung schon früher). Leiden der Kreatur so von Gott gewollt.

Das Denken aus dem Bann erlösen.

Weltverneinung [hat] einen Sinn in [der] Erwartung des baldigen Weltendes, aber wenn diese aufgegeben wird, nicht mehr. Bei [der] Weltenderwartung [ist] Duldung und Ergebung in das Unethische [Duldung des Unethischen und Ergebung in es] verständlich. Bei Aufgeben der Weltenderwartung wird [beides] unethisch.

[. . .]

Darum führt das Christentum das, was im ethischen Geiste der Propheten begonnen war, nicht weiter.

Wahrheit verbessern zu wollen und ihrer Autorität die schuldige Achtung versagen. Daß Jesus und Paulus die sich nach ihrem Empfinden von selbst verstehende und von dem Geiste des Gebotes der Liebe geforderte Gütigkeit gegen die Geschöpfen nicht ausdrücklich verkündeten, weil für die Erwartung des nahen Weltendes ihre Betätigung nicht mehr in Frage kommt, wirkt sich in dem Denken des Mittelalters (und auch in dem der späteren Jahrhunderte) in verhängnisvoller Weise aus. Die Ansicht, daß die Ethik es nur mit dem Menschen und nicht auch mit den Geschöpfen zu tun habe, gilt nicht nur als vernunftgemäß, sondern auch als[19] christlich. Sie als Gedankenlosigkeit zu erkennen und zu bekämpfen, ist auf Jahrhunderte hinaus unmöglich gemacht.

Überdies ist das Mittelalter weit davon entfernt, das Gebot der Liebe so tief zu erleben, daß ihm der Gedanke kommen könnte, es auf die Geschöpfe auszudehnen. In Wirklichkeit ist seine Ethik in der Hauptsache durch die Vorstellung der Ehrbarkeit der zehn Gebote und durch das Ideal des Vollkommen-Werdens in Welt- und Lebensverneinung bestimmt. Das Gebot der Liebe führt sich in ihr so zahm auf, daß es gegen die Folter, die qualvollen Hinrichtungen, die Ketzerverbrennungen, die Hexenverfolgungen und überhaupt gegen keine der damals in Blüte stehenden Grausamkeiten Einspruch erhebt. Wird dieses unmenschliche Verfahren gegen Menschen als mit ihm vereinbar angesehen, wie viel mehr jegliche Gefühllosigkeit gegen die Geschöpfe!

Daß der mittelalterliche Mensch das Problem des ethischen Verhaltens zu den Geschöpfen nicht in Sicht bekommt, liegt auch noch daran, daß es ihm durch das Dogma der Unsterblichkeit verdeckt wird.[20] Auf Grund des Dogmas der Unsterblichkeit sieht er sie als seelenlose, unfühlende, in keiner Weise einen Wert bedeutende Wesen an. Sie sind ihm vegetierende Dinge, ohne andere Bestimmung, als ihm unterworfen und dienstbar zu sein. Mit ihnen ohne Mitempfinden zu verfahren, hält

---

19 [Ms.:] für [statt «als»].

20 [R] Der mittelalterliche Unsterblichkeitsglaube ist nicht der urchristliche. Im Urchristentum erwartet der Gläubige unvergängliches Dasein nicht nur für sich, sondern auch für die Kreatur, weil seine Hoffnung auf Unsterblichkeit in dem Glauben an die Verwandlung der gesamten Welt aus dem irdischen in den überirdischen Zustand enthalten ist. Beim Zurücktreten der Erwartung des Weltendes verliert der Glaube an die Unsterblichkeit des Menschen seine Universalität, die Beziehung zu der allgemeinen Vorstellung [von] der Verwandlung der Welt. Diese Wandlung [d. h. diese Änderung] bringt es mit sich, daß jetzt der Glaube an die Unsterblichkeit des Menschen ein Dasein für sich führt. Es entsteht die Lehre, daß er allein von allen Geschöpfen eine unsterbliche Seele besitze und des ewigen Lebens teilhaftig werden könne. Während der Christ der ersten Generation [von hier an (Ms.-S. 266) in sac 8, Nr. 2a] sich in seinem Unsterblichkeitsglauben also seiner Verbundenheit mit den Geschöpfen bewußt ist, wird dem des Mittelalters in ihm im Gegenteil gewiß, daß er mit ihnen nichts gemein hat. Makel[?] der Praerogative ([des] Privilegs)!

er für ein ihm zustehendes Hoheitsrecht. Pflichten und Verantwortung ihnen gegenüber erkennt er nicht an.[21]

b) [Stellensammlung zu «Mensch und Kreatur» aus den] Skizzen zum chinesischen [und zum indischen] Denken[22]

[. . .]

Übersetzung der buddhistischen Schriften ins Chinesische um die Mitte des 10. Jahrh. n. Chr. abgeschlossen.

Der Mahāyāna-Buddhismus in dem Werk *Saddharma-puṇḍarīka* = der Lotus der guten Religion ([Moritz] Winternitz, [*Geschichte der indischen Literatur,* Bd.] II. [Leipzig 1912,] S. 230 ff.) niedergelegt, das zwischen 265 und 316 n. Chr. ins Chinesische übersetzt wurde, also schon vorher existierte. Also etwa um 200 v. Chr. Aber die ganze Bewegung viel früher. Grundgedanke: der Bodhisattva weigert sich, ins Nirvāṇa einzugehen, bis alle Wesen erlöst sind!

Im 24. Kapitel dieses Buches [ist] von einem Bodhisattva Avalokiteśvara die Rede, der allen Wesen die Heilslehre bringen, allen Leidenden helfen [. . .], ein grenzenloses Erbarmen üben will. Die Ausübung des Erbarmens [wird] sehr ausgeführt.

Milde und Güte gegen alle Wesen!

Eine andere große Schrift des Mahāyāna-Buddhismus ist die *Prajñā pāra mitās* («Vollkommenheit der Weisheit»). Aber sehr weitschweifig. – [Die] Ethik des Mahāyāna-Buddhismus am klarsten im *Śikṣa samuccaya,* «Die Summe der Lehre». Aufopferung für andere. Der Bodhisattva muß sagen: «Ich nehme die Leiden aller Wesen auf mich, bin fest entschlossen zu dieser Übernahme ...[23] Denn ich habe das Gelübde getan, alle Wesen zu erretten ... Befreien muß ich alle Wesen aus dem Urwald der Geburt, aus dem Urwald des Alters, aus dem Urwald der Krankheit ... aus dem dichten Urwalde der Ketzerei, aus dem Urwald des Verlustes guter Werke, aus dem durch die Unwissenheit entstandenen Urwald ... *Ich bin nicht bloß auf meine eigene Erlösung bedacht* ... Ich bin entschlossen, an jedem einzelnen Orte der Qual[24] endlose Myriaden von Weltzeitaltern zu verweilen ... Und warum? Weil es besser ist, daß ich allein leide, als daß alle diese Wesen in die Stätten der Qual versinken. Ich gebe mich selbst als Lösegeld» ... (Winternitz II, S. 261).

---

21 [Beigefügte Notiz:] Auf [über das] Privileg wachen, daß ihm kein Eintrag geschieht.

22 [Sac 8 II, Nr. 2 a (Ms.-S. 266–270), Nr. 2 b (Ms.-S. 271–279). Spätere irrtümliche Aufschrift:] 1921.

23 [R] Erlösungs-Mitleid, Kreatur.

24 [Darüber:] Dies das Große am Mahāyāna-Buddhismus.

Im Mahāyāna-Buddhismus [findet sich] die Idee des Paulus: er opfert sein jenseitiges Heil für den Nächsten (S. 261).

Neben [der] Hingebung die Meditation. Aber [das] Dogma [ist] dasselbe wie [im] Buddhismus – Also auch die Lehre vom Nichts, nur jetzt in konsequenter Weise so: «Möge ich alle Wesen in die Stadt Nirvaṇa führen».

Denselben Inhalt, nur viel lebendiger und schöner, hat der *Bodhicaryāvatāra* («Eintritt in das Bodhi-Leben»). Unendliches Mitleid mit den Wesen, Verehrung der Buddhas und Überzeugung von «Leerheit» [ist] die höchste Weisheit.

«Durch gute Tat mög allen Wesen ich von allem Leide Lind'rung bringen». (S. 264)

Bodhisattvas, um zu helfen, fahren in die Hölle (S. 265).

Es ist uns Gewohnheit, daß wir diesen unseren Körper, der ja gar nicht existiert, als unser Ich ansehen; genau so können wir es durch Gewohnheit dahin bringen, in dem Nächsten unser Ich zu sehen (S. 265).[25] «Umwandlung des Nächsten in das Ich». Also ganz metaphysische Begründung. Aber das alles [ist] doch nur eine untergeordnete Lehre. Ist alles Nichts, so hat keine Betätigung des Mitleids einen Sinn. Auch bei Šāntideva die Lehre der zwei Wahrheiten. Zwar ist alles in der Welt leer und nichtig, aber nur die Täuschung über das Ich ist schädlich, während die Täuschung über die Pflichten wohltätig ist.

Achtung: Buddha und die Tiere. Winternitz II, S. 213. Buddha in früherer Geburt opfert sich für hungrigen Tiger.

Auch sonst Legenden [von] der Tierliebe. König Sibi, der auch den Stechfliegen etwas geben will und sich die Haut der Hand ritzt … (Winternitz II, S. 219).

Tierschutz bei [der] Jainareligion. Der König, der im ganzen Reich Jagd und Tötung von Tieren verbietet, Tierkämpfe etc., Winternitz II, S. 328, ebenso II S. 348. Ahiṃsā (Schonung aller Lebewesen).

…

Tschuangtse und die Tiere (Buch Tschuangtse [XX 8] S. 153).

…

Die große Natürlichkeit der chinesischen Philosophie …

Kungtse: Liebe und Pflicht = «im innersten Herzen alle Wesen gern haben, alle lieben ohne Selbstsucht» [bei Dschuang Dsi, XIII 7], S. 101.

…

Liä-Dsi: Mensch und Tier, [II 18] S. 25.

…

Yang-Dschu: Mensch und Tier. [Der] Mensch [steht] durch sinnenden Verstand höher als das Tier, [bei Liä Dsi, VII 8] S. 81. – Die Geschichte von den freigelassenen Tauben, [VIII 27] S. 107. – Mensch und Tier, [VI-

25 [Darüber:] Verbundenheits-Idee.

II 28] S. 108. (Daß Tiere nicht für [den] Menschen da sind). Alle Wesen sind unsere Mitgeschöpfe, nicht gibt es edlere und unedlere. Der Himmel [hat] die Geschöpfe nicht für den Menschen geschaffen. – Die heiligen Bücher [. . .].

[Fortsetzung aus den «Skizzen zum indischen Denken» (Ms.-S. 271):]
Über [den] Buddhismus in China. [Heinrich] Hackmann, *Chinesische Philosophie*, [München 1927].

Mensch und Kreatur. «Der Mensch [allein empfängt][26] die Elemente (die des Männlichen und Weiblichen) in ihrer ganzen Vorzüglichkeit und wird so das geisteskräftigste Wesen». (S. 317. Aus dem Sung-Konfuzianismus).

In China ein Ineinander von rationalem und mythischem Denken.

Tiere auf derselben Höhe wie [der] Mensch bei Tschu Hsi (S. 342 und 347). Meng-Tse und die Tiere ... [Die] Geschichte mit den Ochsen, S. 7.

[Randnotizen (Ms.-S. 273–279:]
Mensch und Kreatur. [Moritz] Winternitz, [*Geschichte der indischen Literatur*, Bd.] I, [Leipzig 1909,] S. 225.

Mensch und Kreatur im Mahābhārata, I, S. 359. S. 361 gegen Opfer. Fabel [:] Jäger und Tauben (I, S. 354).

Tiere: I, S. 359; S. 361; S. 386[?]

[Bd.] II, S. 58: In niederen Daseinsformen nur [gegenseitiges Morden, da] gibt [es] keine gute Handlung (Buddha).

Gegen Quälen von Tieren: II, S. 73.

Tiermärchen, in denen die Tiere die schöne Rolle haben. Buddhists[?] II, S. 104; S. 122 (gegen Jagd).

II, S. 121: Der Einsiedler als [der] höchste Mensch in Indien.

«Wenn du mir eine Gnad' erweisen willst, Gott Indra, der Geschöpfe Herr! So mög' um meinetwillen nie und nirgendwo ein Wesen Schaden leiden an Seele oder Leib: das, Indra, ist der Gnaden beste, das mein Wunsch.»

II, S. 213: Mahāyānaliteratur. Ein Buddha bietet sich einer Tigermutter an, daß sie die Jungen nicht frißt.

II, S. 219: König Šibi ritzt sich die Haut mit [einem] Messer, damit Stechfliegen sich an seinem Blute sättigen.

Mahāyānalehre: «Ich nehme die Leiden aller Wesen auf mich» etc., II, S. 261. Aber alles [ist] mehr [nur] Deklamation. Ich gebe mich selbst als Lösegeld hin.

Ebenso in Jaina.

II, S. 296; 314; 328; 348: Der jīnische König Kumārapāla (12. Jahrh. n. Chr.) verzichtet auf die Jagd und verbietet alles Töten von Leben, ebenso Tierkämpfe.

---

26 [Nach Hackmann ergänzt.]

[Bd.] III, [S.] 216: Šakuntala [hat] nie Zweige gebrochen von Bäumen, obwohl sie ihr als Schmuck schön gestanden [wären]. Nimmt Abschied von Bäumen und Tieren.

III, S. 230: Der buddhistische Prinz Jimūtārāhana im Drama Nāgānanda, ein Bodhisattva, bietet sich dem Dämonen-Vogel Garuda (einst das Reittier Višnus) als Opfer dar für andere Menschen (jeden Tag muß ihm ein Mensch dargeboten werden). Sterbend belehrt er ihn, daß er der Tötung anderer Menschen entsagen [soll]. (Der andere will sich als Sühne, daß er einen Boddhisattva tötet, verbrennen.) Der Bodhisattva wünscht sich einen neuen Leib als Lohn zu erhalten, um anderen Gutes zu tun.

III, S. 530: Im Nītivākyāmrṭu des Somadevasūri (10. Jh. n. Chr.), eine Art Ethik, [ist] unter [dem] Kapitel «Freundschaft» bemerkt, daß Tiere oft bessere Freunde [sind] als Menschen. Auch das Vergnügen an [der] Jagd [wird] (aus jinistischen Gründen) verworfen.

III, S. 587: Spruch des Kabir aus Benares (Rāmaverehrer), 1470 [1440?]–1518: «Der Mensch, der gütig ist und rechtschaffen handelt, der gleichgültig ist gegen die Dinge dieser Welt, der alle Geschöpfe auf Erden als sein eigenes Selbst ansieht: Der erlangt das unsterbliche Wesen, der wahre Gott ist stets in ihm.»

O[tto] Strauß, [*Indische Philosophie,*] S. 51: [Der] Unterschied zwischen Mensch und Geschöpf [ist], daß er Bewußtsein hat. «Er sagt, was er erkannt hat, er sieht, war er erkannt hat, er weiß, was morgen sein wird, er weiß von Himmel und Hölle, er strebt mit seinen irdischen Mitteln nach der Unsterblichkeit, während die anderen[!] Tiere nur Hunger und Durst als Bewußtseinsinhalte haben.» [Der] Mensch [ist] nach [den] Upanishads das brahmanhafteste Wesen.

Strauß S. 100–101: Buddha: Nicht töten [Ahiṃsā, S. 100]. Liebe zu allen Wesen. Aber Liebe zu allen Wesen [ist] nicht das Höchste [S. 101].

Im Jinismus [ist der] Seelenbegriff ganz weit: Mensch, Tier und Pflanze, ja auch die Elemente sind beseelt, d. h. haben Leben. (O. Strauß, S. 112. Darum Ahiṃsā besonders geboten.

Winternitz II, S. 291 ff.[: Das] große Gebot[? Der Kanon der Jainas]. [Das Gebot: S. 296.]

Winternitz, *[Der] Mahāyāna-Buddhismus,* [S.] 19: «Die höchste Verehrung des Buddha, die man ihm erzeigen kann, ist, daß man den Gedanken des großen Mitleids mit allen Wesen erfaßt!»

S. 31: Schützer aller Wesen!

S. 34: Die Rettung aller Wesen ist mein Gelöbnis etc.

Aber die Hauptsache: Alle Wesen aus der Flut des Saṃsāra herausführen! Immer deklamatorisches Mitleid.

S. 35: Das Mitleid [ist] die eine und einzige Tugend des Bodhisattva. Alle anderen Tugenden [führen?] von ihm aus in Tätigkeit. Aber die Hauptsache: Das Licht der Erkenntnis bringen (S. 37). Den Willen zur

Erleuchtung wecken. Verwandeln sich in alle Wesen der Menschen [?], gehen in die Hölle, um die Menschen [darüber: «Wesen»] zu retten [S. 38].

S. 39: Möge ich alle Wesen in die Stadt des Nirvāṇa führen.

S. 40: Hilft auch um den Preis einer Sünde den andern.

S. 44 u. 45: Ethik des Sich selbst mit den Andern für gleich Haltens. S. 45: Der Unterschied zwischen dem Selbst und den andern ist relativ. S. 46: Gebet für alle Wesen. Alle Frommen mögen als Männer wiedergeboren werden.

S. 49: Fleischessen ist [der] Eindruck, der von einem früheren Raubtierdasein übrig geblieben. Im Fleischessen könnte man einen wiedergeborenen Verwandten essen (S. 50). Höllenstrafe für Fleischessen. Fleischesser haben [eine] schlechte Wiedergeburt als Katzen oder niedrige Menschen! [S. 51]

Kreatur im Mahāyāna-Buddhismus

S. 57: Liebe zu den Geschöpfen 1) weil in jedem Wesen ein Teilchen der Möglichkeit der Eigenschaft eines zukünftigen Buddha [vorhanden ist], 2) aus Dankbarkeit für die Wohltaten der Buddhas, um sie zu bezeigen, Liebe zu allen Geschöpfen. [Nr. 118, 119.]

Solange die Wesen leiden, gibt es keine Freude für die, die voll Mitleid sind.

S. 58: Metaphysische Begründung: Kein Unterschied zwischen Ich und Du. Mein Fuß ist jedoch nicht meine Hand! [Nr. 99.]

S. 59: «Alle Leiden sind herrenlos.»

S. 60: «Der eigene Körper ist etwas Fremdes.» «Die Hände und andere (Glieder des Körpers) sind einem lieb, weil sie Glieder des Körpers sind. Warum sind einem die Geschöpfe nicht ebenso lieb, weil sie Teile der Welt sind[?]» [Nr. 114.]

Aus Gewohnheit soll die Idee des Selbst in bezug auf andere entstehen. S. 61: Großes Fürbittengebet für alle Geschöpfe, auch die Höllenmenschen [?]. Daß alle Frauen und Tiere als Männer wiedergeboren werden. «In Wohlstand soll das Volk leben, und der König soll gerecht sein.» «Alles Leiden der Welt, das es gibt, möge in mir zur Entwicklung gelangen.» [S. 62.]

S. 80: Kräftiger Zauber[spruch] gegen Schlangenbiß darf nicht vor [einer] Schlange gesprochen werden, weil die Schlange sonst stirbt!

Kreatur in [der] Mahāyāna-Literatur: In dem Jātakamālā des Dichters Šūra (Sanskrit-Buddhismus) [die] Geschichte über [die] Vollkommenheit eines Bodhisattva [angesichts eines hungrigen Tigerweibchens. Siehe oben, Winternitz II, S. 213].

[Schluß des (nicht aufgenommenen) Haupttextes der «Skizzen zum indischen Denken», Ms.-S. 308:]

In dem indischen Nicht-Verletzen ist nichts von Ehrfurcht vor dem Leben. – Jesus kennt nur Betätigung der Liebe zur Erlangung der Vollkommenheit, des Vollkommener-Werdens zum Teilhaben an der überirdischen Welt, nicht Wirken in Liebe zur Besser-Gestaltung der Verhältnisse dieser Welt.

c) Skizze des Abschnitts «Mensch und Kreatur im griechisch-römischen Denken»[27]

Anaximander, 610–546: Mensch aus Lebewesen niederer [anderer] Art entstanden ([Friedrich] Ueberweg, [*Grundriß der Geschichte der Philosophie*, I, Berlin ^{12}1926, S.] 49).

Pythagoras, [580]-497[500]. Seelenwanderung. In seinem Orden Enthaltung von animalischer Kost. Aber nicht aus seiner Weltanschauung begründet. [Die] Zahl [ist] das Wesen der Dinge. Prinzipien der Mathematik gleich den Prinzipien alles Seienden. Ein Stück Gottheit im Leibe des Gefängnisses.

Hirn: Prinzip des Menschen; Herz: Prinzip des Tieres; Nabel: Prinzip der Pflanze. – [. . .]

Xenophanes (geb. 580; wurde 92 Jahre alt): Allwaltende Gottheit.[28]

Parmenides, 540–[nach 480]. Kein Werden und Vergehen. Vielheit ist trügerischer Schein (S. 80). «Denn ein und dasselbe ist Denken und Sein.» Aber Sinnenschein als relative [vermeintliche] Wahrheit (S. 85).

Auch *Empedokles*, geb. 483,[29] gest. 60 Jahre alt: Seelenwanderungslehre. Götter beschließen (wie unirdisch!), daß die langlebigen Dämonen, die sich mit Mord und Meineid befleckt [haben,] dreimal zehntausend Horen hindurch in Gestalt sterblicher Wesen umherirren. Von sich selbst: «Denn ich war schon einmal Jüngling, Jungfrau und Busch und Vogel und meerentsprungener stummer Fisch» [S. 97]. Gegen Fleischessen und Tiertötung. Wohl von Pythagoras abhängig.

Anaxagoras, 499–428 v. Chr.[:] Geist in allem. Allbeseelung. Νοῦς die bewegende und gestaltende Kraft. Macht über den Stoff. Geist ist reinster Stoff. Auch Pflanzen schon beseelt.

Platon, 428–348:

In Unteritalien Verkehr mit Pythagoräern.

Im Timaios: Weltschöpfer schafft die Welt als beseeltes und vernunftbegabtes Wesen. *Weltseele*. [S. 307/308.]

---

27 [Dossier 6, Nr. 16b.] – [R] Mystik der Ehrfurcht vor dem Leben. Skizzen. Lambarene 1933.
[Spätere irrtümliche Aufschrift:] Günsbach 1921.

28 [Über der Zeile:] Daß Tiere im Spätstoizismus [eine] Rolle spielen.

29 [Darüber:] 490–430.

Bei Plato: nicht alle Wesen [haben] dieselben Seelenkräfte. Menschliche Seele[30] unsterblich. Eingefügt in sterblichen Leib. Wer die sinnlichen Triebe beherrscht, gelangt nach der gehörigen Zeit wieder auf den Stern, dem sie [die Seele] zugehört, zu glückseligem Leben. [Die] andere [Seele gelangt] in Frauen[-] und Tierexistenzen, bis [sie] sich wieder zur ursprünglichen Vollkommenheit bekehrt hat. Also die ganz ungeborgene Seelenwanderungslehre. Nicht Gott, sondern die Götter [haben] die Wesen geschaffen! Wären sie von Gott, dann [wären sie] unsterblich. Alle von Geburt an Mannesseelen. [S. 309.]

Im Timaios ebenfalls: Tiere [als] Degenerierung des Menschen. Entartung durch Vernunftdefekt [Timaios 44]. Unsterbliche Vernunft; dazu beide niedere Seelenteile.

[Die] Welt eigentlich auf [den] Menschen [hin] gemacht.

Seele: 1) Vernunft (λογιστικόν), [2) das] Mutartige (θυμοειδές), [3) das] Begehrende (ἐπιθυμητικόν). [Der] Mensch [hat] alle drei Seelenvermögen, [das] Tier die beiden letzten, [die] Pflanzen das letzte. [S. 334/335.]

Nur [der] oberste Seelenteil [ist] unsterblich. Diese Seele [ist] praeexistent und postexistent. Ganzes Durcheinander.

Aristoteles, 384–322 v. Chr.:

Vernunftgemäßer Weltgeist. Ästhetisches Empfinden der unverbrüchlichen Gesetzmäßigkeit des Kosmos. Mensch Aufstieg vom Tier her. Pflanze = Bildungskraft; Tier: [Ebenfalls] Bildungskraft, zudem Empfinden, Begehren, Ortsbewegung; [der] Mensch [hat] dies alles + νοῦς. Vernunft unsterbliche Teile (die tätige Vernunft!) (S. 384). Pflanzen-, Tier-, Menschenseele. – Zentralorgan: Herz.

Nur [der] νοῦς (Denkvermögen) [ist] trennbar vom Leib und *unsterblich.* [Die] anderen Seelenteile [sind] sterblich. Νοῦς praeexistent vor [dem] Leib, geht in ihn als ein Göttliches ein, von außen her.

Die Welt [ist] zweckmäßig auf dieses Erlebnis des Göttlichen in der Materie [hin].[31]

Es fehlt in [der] ganzen griechischen Philosophie das Empfinden des Geheimnisses des Lebens, des Geheimnisses des Seins!

Stoa

Zenon (336–264), Kleanthes und Chrysippos. Wahrheit aus begreifender Vorstellung: φαντασία καταληπτική. Alles Wirkliche [ist] körperhaft. Stoa: materialistischer Monismus. Gott bringt die Welt zweckmäßig hervor, richtet alles zum Besten des Menschen ein. [Die] Gottheit durchdringt die Welt als ein Hauch.

---

30 [Darüber beigefügt:] in ihrem obersten Teil.

31 [R] *Die Bedeutung der Seelenlehre für Mensch und Kreatur!*

[Die] Seele des Menschen ist Ausfluß der Gottheit, steht mit ihr in Wechselwirkung. Überdauert den Leib; besteht aber nur bis zur nächsten Weltperiode (Weltverbrennung). Seele einheitlich. – *Pantheismus.* Das Verhängnis (εἱμαςμένη). Vernunft im All – Ursache und Wirkung. Vorsatz und Fatum (Verhängnis) identisch.

Gott wohltätig, menschenfreundlich. Theodizee, um Übel zu erklären. Schon ganz ins Kleinliche [gehend]. Aber Gott wieder persönlich gedacht. (Hymnus des Kleanthes an Zeus). (Kleanthes: Nachfolger Zenons).

[Die] Seele [hat] 8 Teile. Nur [die] Seele des Weisen unsterblich. Pflanzen [haben] keine Seele; aber [die] Tiere [haben] Seelen. Aber nur [der] Mensch [hat] die *Vernunft*, den *Logos*! Also nur der Mensch [hat das] Vermögen der Unvergänglichkeit bis zur nächsten Weltverbrennung.

Ethik = [das] naturgemäße Leben (ὁμολογουμένως τῇ φύσει ζῆν) [S. 426]. *Einheit mit Weltvernunft!* Tugend [als] zur Glückseligkeit hinreichend. Lust [ist] nur etwas zur Tätigkeit Hinzutretendes. Ethik [ist] Tätigkeit ... Aber was will diese Tätigkeit?

Die Welt [ist] geworden um der Menschen und [der] Götter willen! [Der] Mensch um der Gemeinschaft willen. *Mensch und Menschheit.* Dies [ist das] vernunftgemäße Verhalten: Überwindung der Affekte. Fatalismus und Ethik [sind] in [der] Stoa schwer miteinander in Einklang zu bringen. Aber *das Ethische: das Handeln.* [S. 425, 428–430.]

Epikur, 342–271 [:]

Seele unvergänglich! Also hier [der] Weg frei zum Interesse für [die] Geschöpfe. Auch frei vom Gedanken, daß [die] Welt für [den] Menschen da sei. Gegen [den] stoischen Vorsehungsglauben; gegen alle Theodizee! Indifferent für die physikalischen Erklärungen. Aber [er kommt] nicht auf [die] Idee des Geheimnisses. – Kampf gegen [den] Fatalismus der Stoa. Aber doch [ist] seine Physik deterministisch!

Theorie der Lust! Seelenruhe verlangt Beschränkung der Begierden. Aber hier eben kein Prinzip des Tuns!

Leibliche Gesundheit und seelische Ruhe [als] das zu Erstrebende und unser Handeln Diktierende = zuletzt körperliche und *seelische Leidenslosigkeit.* Das Verhängnis als nicht vorhanden anerkennen.[32] Aber dieselbe Unterwerfung unter [das] Geschehen, wie die Stoa. Lust der Ruhe (ἀταςαξία), Lust der Bewegung (χαςά) [S. 458]. Die erstere [ist] die höchste. Seelische und körperliche Lust. Muß aber eigentlich alle Lust als sinnlich ansehen. Ataraxie ist [ein] seelischer Zustand.

---

32 [d. h.: erklären (?)]

Egoistisch; aber auch Lust und Wohl des Nebenmenschen! Menschenfreundlichkeit. Kommt über die antiken Härten hinaus! [S. 460.] *Der Mensch als solcher*!

Spätere Stoa: Seneca (gest. 65 n. Chr.); Epiktet (50 n. Chr.–138); Marc Aurel (regiert 161–180). – Persönlicher Gott! Verwandtschaft mit ihm; im Dienste seines Willens Menschenliebe betreiben, Gütigkeit, Verzeihen. Wirken für [die] Menschheit.

Seneca: Schau der Natur! Da schon Renaissance. Gott [als] persönliches Wesen, ohne den Pantheismus zu verlassen meinen![33] Aber [die Stoiker bleiben] bei der Idee der Zusammengehörigkeit aller Menschen und [bei der Idee der] Gleichheit. Vernunft als Gottheit, die in jedem Menschen wohnt.

Ebenso Epiktet. Leben: Gottesdienst. Alle Menschen [sind] durch das Göttliche in ihnen miteinander verwandt. Unglück: Gott will uns erziehen. «In unserer Gewalt stehen unser Wille, unser Meinen und Vorstellen von den Dingen und der Gebrauch, den wir von unseren Vorstellungen machen» ... «Nur, was in unserer Gewalt steht, ist frei und uns zugehörig» (S. 497). In allem anderen unfrei, dem Schicksal unterworfen. Unterwerfung unter [die] Weltordnung. Empfindet es nicht als Unglück.

Marc Aurel: Gott gibt jedem Einzelnen einen Daimon. Bewunderung für [die] weise Ordnung des Kosmos, göttliche Fürsorge für [die] Welt, Vorsehung, Ergebung in [das] Weltgeschehen, Verwandtschaft des Menschen mit Gott, νοῦς als göttlicher δαίμων. – Alle äußeren Dinge [sind] nebensächlich. Unbeständigkeit alles Daseins aus der Tendenz der Allnatur, alles Seiende zu verändern, [abgeleitet].

Seneca: Glückseligkeit der Seele nach dem Tode; bei Marc Aurel: Tod besonders als Befreiung der Seelen aus [dem] Dienst [des] Leibes ... Ob Rückkehr in den Weltlogos? Dies [ist] nicht klar (S. 502). Jedenfalls nicht [ein] Auswalzen[?] der Glückseligkeit.

Neupythagoreismus. Erlöschen des alten Pythagoreismus im 4. Jahrhundert v. Chr. Lebt im letzten Jahrh. v. Chr. wieder auf, in Alexandrien.

Gegen [die] Idee, daß alles für [den] Menschen da sei (Platon, Stoa). – Celsus (Ende des 2. Jahrhunderts n. Chr.). Mittlere Platoniker. Für [den] Menschen [sind die gesamten Dinge] ebensowenig [geschaffen] wie für den Löwen, den Adler, den Delphin (S. 550). Gottes Fürsorge geht nur auf das Ganze! Aber [er] kommt nur [nun?] nicht auf [die] Kreatur als Ganzes!

---

33 [Der 2. Satzteil sollte wohl lauten: die Stoiker meinen, daß sie hierbei den Pantheismus verlassen haben. Vgl. Ueberweg I, 12. Aufl. 1926, S. 492: «Aber dem religiösen Zuge der Zeit gemäß tritt die theistische Seite des Gottesbegriffes der pantheistischen gegenüber in den Vordergrund ...»]

Bei Ovid, 43 v. Chr.–16 n. Chr., durch Einwirkung des Pythagoreismus. Im goldenen Zeitalter: Schonung zahmer Tiere, Enthaltung von Fleischeskost. Aber nirgends das Nichtverletzen! Wie wenn durch Wolken, die sich auseinanderschieben, [ein] vorübergehender Ausblick in [eine] andere Welt [sich dargeboten und wieder entzogen hätte].

Auch die Neuplatoniker sind nur mit dem Menschen beschäftigt.[34] [Der] Neuplatoniker Porphyrios [fordert] die Enthaltung [von] animalischer Nahrung aus religiösen Gründen. ([Lebte von] 232 – Anfang d. 4. Jahrh. [304].

34 [R] [Der] Mensch nur mit sich beschäftigt.

2. Chinesische Tierschutzgeschichten[1] [1919]

Mit Studien über die alten Religionen des Orients beschäftigt, las ich dieser Tage das berühmte Buch *Vom Lohn und von der Strafe*, das die weitverbreitetste heilige Schrift der chinesischen Tao-Religion ist. Es besteht aus ungefähr zweihundert Sprüchen, die Anweisungen zum sittlichen Leben enthalten. Den Sprüchen sind dann später erläuternde Erzählungen hinzugefügt worden. In den Sprüchen wird zum öfteren das Mitleid gegen jede Kreatur eingeschärft. Einige der sinnigen Erzählungen, die sie verdeutlichen sollen, seien hier mitgeteilt.

Ein Mann namens Tsaï-Siang, welcher zur Zeit der Herrschaft der Song lebte, aß gern Wachteln. Eines Nachts sah er im Traum einen Jüngling, ganz in Gelb gekleidet, welcher zu ihm sagte: «Morgen muß ich mein Leben lassen; ich bitte dich inständig, Herr, verschone mich.» Siang frug ihn, wer er wäre, und jener antwortet mit einem Vers, der ungefähr folgenden Wortlaut hatte:

«Ich nähre mich von einigen Hirsekörnern, um für deinen Tisch wenige Bissen Fleisch zu liefern. Eine einzige Brühe kostet mehreren lebenden Wesen das Leben, und dabei genügt dieses nicht einmal, deinen Hunger zu stillen. Diese frevelhafte Gier wird zur Folge haben, daß dein jetziges Glück sich in Unglück verwandeln wird. Ich flehe dich an, Herr, hüte dich, diese Tiere umzubringen. Leben und Tod folgen rasch aufeinander, gleich dem Rad, das sich um seine Achse dreht.»

Siang wachte auf; er ging in die Küche und fand dort mehrere Dutzend Wachteln; sofort gab er den Tierchen die Freiheit. In der folgenden Nacht erschien ihm im Traum eine Schar graugekleideter Männer, welche mit dem Ausdruck tiefster Dankbarkeit zu ihm sagten: «Dank deiner Güte, Herr, sind wir am Leben geblieben. Wir haben nun für dich zum Herrscher des Himmels gebetet, und dieser hat beschlossen, daß dir ein hohes Amt und ein reiches Einkommen zuteil werde.» [Julien, S. 141/142][2]

Ein Mann aus der Provinz Ho-Nan, namens Pant-Tsching, hatte großes Vergnügen an der Jagd. Eines Tages stieg er auf einen Berg und durchbohrte mit einem Pfeil ein Affenweibchen. Das Tier riß unter den größten Schmerzen das Geschoß heraus. Plötzlich ergriff es sein Junges, gab ihm zu trinken; darauf riß es einige große Blätter ab, formte daraus

1 Von Dr. A. Schweitzer [Aus dem «Evangelisch-Protestantischen Kirchenboten für Elsaß-Lothringen», Straßburg, 20. 9. 1919, S. 155.]

2 [Julien: s. S. 65, Anm. 45.]

eine Art Gefäß, ließ die noch übrige Milch hineinträufeln und stellte es neben sich. Wenige Augenblicke darauf starb es, indem es einen gellenden Schrei ausstieß. Bei diesem Anblick wurde Pant-Tsching von tiefem Schmerz ergriffen, und von nun an entsagte er der Jagd.

Man ersieht daraus, daß die Tiere eine der unsrigen ähnliche Natur haben, und daß sie ebenso wie wir zärtliche Liebe für ihre Familie empfinden. [Julien, S. 231]

3. [Aus den Materialien zu «Mensch und Kreatur»]

a) [Im Haupttext fehlender Anfang des Kapitels «Mensch und Kreatur im chines. Denken»[1] (Vorfassung):[2]]

Auch in chinesischen Ethik findet sich die Idee, daß der Mensch Pflichten gegen alle Geschöpfe habe. Hier wird aber das gütige Verhalten aus der zwischen Mensch und Kreatur bestehenden Wesensverwandtschaft und aus dem natürlichen Mitleid begründet. Auch bleibt es nicht auf das Nicht-Töten und Nicht-Schädigen beschränkt. Es wird tätiges Mitleid geboten.

Der Fortschritt von der Idee der Liebe zu den Menschen zu der der Liebe zu aller Kreatur läßt sich durch die Jahrhunderte hindurch verfolgen.[3]

[Am Schluß dieses Textes folgen Gebote aus dem Kan-Ying-Pien sowie einige Erklärungen und ein Beispiel aus den erläuternden Erzählungen zu denselben, drei kleine Abschnitte,[4] die Schweitzer fast unverändert ins V. Kapitel des Buches *Die Weltanschauung der indischen Denker* (München, Bern 1935, S. 62 f.) übernommen hat (hier deshalb weggelassen).]

[Anschließende Notizen:]

Kaibara Ekken (1630–1714), [Alfred] Forke, [*Die Gedankenwelt des chinesischen Kulturkreises*,] S. 214, japanischer Konfuzianer, verlangt Liebe zu allen Geschöpfen. Auch auf Tiere und Pflanzen [zu erstrecken]. Also der Wille des Himmels. Wohl von Buddhisten beeinflußt.

Hui Schi (Schule des Mo Di, von Tschuang Tse erwähnt [Stellen bei Richard Wilhelm, *Dschuang Dsi*, im Register angegeben], 4. Jh. v. Chr.): Liebe des Mo Di durch taoistische Lehre [von] der Identität aller Wesen unterbaut. Man muß alle Wesen lieben, weil die ganze Welt ihrem Wesen nach eins und identisch ist (Richard Wilhelm, [*Chinesische Philosophie*,] S. 62).

Yen Ying verlangt allgemeine Liebe und Mitleid gegen Tiere; lebt etwa 580–500. Staatsmann. Antikonfuzianer, weil [er] einfachste Lebens-

---

1 [Dossier 6, Nr. 17.]

2 [Undatiert und unpaginiert, vom Hrg. mit a-f numeriert. Daß es sich um eine Vorfassung handelt, kann man mit einiger Sicherheit annehmen, weil die andere Fassung umfangreicher und ausgearbeiteter ist.]

3 [Dieser Kapitelanfang schloß offenbar ursprünglich an das Indienkapitel an.]

4 [Im dritten dieser Abschnitte findet sich eine gestrichene Übersetzungsvariante, die ein Hinweis darauf ist, daß Schweitzer aus dem Französischen (S. Julien) übersetzt hat.]

weise verlangt. [Heinrich] Hackmann, [*Chinesische Philosophie*, München 1927,] S. 107–109.

b) Mensch und Kreatur im indischen Denken [1. Fassung][5]

Für das indische Denken ergibt sich die Anerkennung der Wesensverwandtschaft zwischen dem Menschen und den Geschöpfen aus der allgemeinen Anschauung, daß alles individuelle Sein Erscheinung eines all-einen Seins ist. Schon in den wohl zwischen 1000 und 800 v. Chr. entstandenen Hymnen des Rigveda beginnt die Vorstellung sich auszubilden, daß der Ātman, das jedem Wesen innewohnende Seelische, ein Teil der Weltseele, des Brahman, sei. In den Upanishads,[6] zwischen 800 und 500 v. Chr., wird sie dann entwickelt und mit der Lehre von der Seelenwanderung (Saṃsāra) in Verbindung gebracht. Von da an ist es eine gemeinsame Überzeugung aller indischen Denker, auch derjenigen, die, wie Buddha, nicht an der Lehre vom Brahman festhalten, daß Menschen in Tierexistenzen und Tiere in Menschenexistenzen wiederkehren. Eine Ausnahme machen nur die Vertreter des entschiedenen Materialismus, die ein vollständiges Aufhören des Lebens bei dem Tode behaupten.

In der Hauptsache kommt es den Upanishads nur auf die Feststellung[7] der zwischen allen Geschöpfen bestehenden Wesensverwandtschaft an. Die Forderung, daß der Mensch mit den Mitgeschöpfen als mit seinesgleichen schonend und mitleidig zu verfahren habe, ist erst im Werden begriffen. Wenn die Upanishads sich gegen die hergebrachte Opferung von Tieren aussprechen, so tun sie dies nicht, weil sie solches Töten mißbilligen, sondern weil sie in Abrede stellen, daß den Opfern eine Bedeutung für die Erlösung zukomme.

In einigen[8] Stellen aber werden unter den für die Brahmanen-Gläubigen geltenden Geboten das des Nicht-Tötens (Chāndagya-Upanishad III,17, [Otto] Strauß, [*Indische Philosophie*, München 1925,] S. 53) und das des Mitleidig-Seins (Brhadadāraṇyaka-Upanishad V,2, Winternitz, [*Geschichte* I,] S. 221) angeführt.

Was sich in dem Denken der Upanishads vorbereitet, vollendet sich in dem Buddhas. Als obersten Grundsatz alles menschlichen Verhaltens stellt er den des Nicht-Verletzens (Ahiṃsā) auf. Er bekämpft die Opfer

---

5 [Dossier 6, Nr. 9.] – [R] Mystik der Ehrfurcht vor dem Leben. Textskizze. Durch definitiven Text ersetzt. Lambarene, September 1933.

6 [Ms., hier und im folgenden:] Upaniṣads.

7 [R] Einfache Feststellung. Töte[n] der Schlangen. Ermahnung, es nicht zu tun.] [Winternitz, *Geschichte*] I, S. 333; 355 [Siehe nächsten Abschnitt.]

8 [R] Nur in ganz wenigen ...

nicht nur, weil sie zur Seligkeit unnötig sind, sondern weil sie Vernichtung von Leben sind. Weil seiner Auffassung nach alles individuelle Sein in Leiden besteht, verlangt er auch, daß der Mensch von Mitleid mit allen Wesen erfüllt sei und dieses ihnen gegenüber betätige.[9]

Tatsächlich aber kann Buddha, wie auch Schopenhauer, wenn er in Übereinstimmung mit sich selber bleibt, nur das Gebot des Nichtverletzens und das des Mitempfindens mit dem Leiden der Geschöpfe vertreten, nicht aber auch das des helfenden Mitleids, wie ja seine Ethik sich überhaupt in der Grenze des Nicht-Tuns halten muß. Seiner Weltanschauung gemäß hat der Mensch ja nicht dem Leben zu dienen, sondern muß danach trachten, bei sich und den andern Wesen das Aufhören des Lebens durch Aufgabe des Willens zum Leben herbeizuführen. Hat, wie er behauptet, das Leiden aller Wesen seinen Ursprung in ihrer Begierde, ihre Existenz in der Sinnenwelt auszukosten, so kann die Erlösung für sie nur darin bestehen, daß sie dies erkennen und durch Lebensverneinung die Fähigkeit erlangen, dem Wiedergeboren-Werden zu entgehen und das Nirvāṇa zu erreichen. Das Einzige, was der Mensch für andere tun kann, ist also, ihnen das Verhalten durch das die Erlösung erreicht wird, zu verkünden und vorzuleben.[10]

Insoweit als Buddha außer dem mitleidsvollen Mitempfinden und dem Nicht-Schädigen noch Betätigung von Mitleid und Liebe fordert, tritt er aus dem Kreis seiner welt- und lebensverneinenden Weltanschauung heraus und läßt sich von uneingestandener Welt- und Lebensbejahung leiten. Bemüht sich ein Mensch, ein anderes Wesen von dem Leid, das ihm widerfährt, zu befreien, so verfährt er ja, als käme es darauf an, diesem anderen Willen zum Leben zu einem besseren Sich-Ausleben zu verhelfen. Da Buddha die Mitteilung des Wissens von der Erlösung als die einzig wirksame Betätigung von Mitleid ansieht, müßte er sich eingestehen, daß der Mensch nur dem Menschen, nicht aber auch den für solche Bekehrung nicht empfänglichen anderen Geschöpfen Gutes antun kann. Indem er liebevolles Verhalten gegen sie gebietet, sucht er also eine Forderung des natürlichen welt- und lebensbejahenden Empfindens mit der unnatürlichen Weltanschauung der Welt- und Lebensverneinung zu vereinigen.[11]

Was Buddha begonnen, setzt der Buddhismus fort. Neben dem in seiner welt- und lebensverneinenden Weltanschauung begründeten Grundsatz des Nicht-Verletzens predigt er seinen Bekennern auch das in ihr nicht enthaltene Gebot tätigen Mitleids.

---

9 [R] Inkonsequenz.

10 [R] Das einzige, was der Mensch für andere Wesen [Menschen] tun kann, ist also, daß er ihnen dazu verhilft, zur wahren Erkenntnis von Leid und Erlösung und zum Aufgeben des Willens zum Leben zu gelangen.

11 [R] So versucht er in unzulässiger [weil inkonsequenter] Weise, natürliches Empfinden mit seiner unnatürlichen Auffassung vom Leben zu vereinen.

Bezeichnend für dieses Werben um liebendes Verstehen der Geschöpfe ist, daß in buddhistischen Legenden, Fabeln und Märchen Tiere auftreten, die es in tugendhafter Gesinnung dem Menschen gleichtun, wenn sie ihn darin nicht gar übertreffen. In der Geschichte von einem Prinzen, einer Schlange, einer Ratte und einem Papageien, die zusammen auf einem Baumstamm in dem Flusse dahintreiben und von einem Asketen gerettet werden, erweisen sich die Tiere dankbar, während der Prinz, als er König geworden, ihn auspeitschen läßt. In einer andern Geschichte wird ein Affe, der einen Menschen vom Tode bewahrt hat, von diesem, der nach seinem Fleische lüstern ist, angefallen.

Dem späteren Buddhismus zufolge kommt es vor, daß solche edelmütigen Tiere in Wirklichkeit eine Reinkarnation Buddhas sind.[12] Dies ist der Fall bei dem Gazellenbock, der sein von dem jagenden König verfolgtes Gazellenweibchen zu retten versucht, indem er sich selber dem Tode preisgibt. Von solcher Gesinnung überwältigt, läßt der König nicht nur von dieser Herde ab, sondern gelobt dem Gazellenbock, überhaupt nicht mehr zu jagen. [Winternitz II, S. 122.]

Von dem in menschlicher Gestalt auf Erden wandelnden Buddha wird erzählt, daß er sich Tieren ausliefere. Eine der ältesten Buddhalegenden handelt davon, daß der Meister sich einem hungrigen Tigerweibchen hingegeben habe, um es vor dem Verbrechen zu bewahren, seine eigenen Jungen aufzuzehren. In dem Drama Nāgānanda des berühmten Dichters Harṣadeva (7. Jahrhundert n. Chr.) erklärt sich ein als Prinz Jīmūtavāhana auftretender Buddha bereit,[13] die Stelle eines von seiner weinenden Mutter begleiteten Nāgaprinzen einzunehmen, der dem dämonischen Vogel Garuḍa (dem täglich ein Nāga zum Fraß geliefert werden muß) dargebracht werden soll. Als dieser ihn auf einem fernen Felsen zu zerreißen und zu verzehren beginnt, merkt er an der heiteren Gelassenheit seiner in den letzten Zügen liegenden Beute, daß er es mit einem Buddha zu tun hat. Voller Reue will er den Tod im Feuer suchen. Jīmūtavāhana aber belehrt ihn, daß er zur Sühne allem Töten für immer zu entsagen habe.

Seine höchste Ausbildung findet das Gebot der Liebe zu den Geschöpfen in dem in den ersten Jahrhunderten n. Chr. auftretenden Mahāyāna-Buddhismus, wie dieser es ja überhaupt unternimmt, die vom Meister ausgegangene Lehre des Mitleidig-Seins weiter auszubilden.

Indem er das Mitleidig-Sein als den höchsten Beruf des Menschen betrachtet, kann der Mahāyāna-Buddhismus nicht zugeben, daß der geschichtliche Buddha das Eingehen ins Nirvāṇa als das einzig zu erstrebende Ziel verkündigt habe. Dies sei nur eine auf das beschränkte Erkenntnisvermögen seiner damaligen Schüler Rücksicht nehmende

---

12 [R] Bodhisattva.

13 [R] Geschmacklos.

Lehre. In Wirklichkeit verlange Buddha von seinen Jüngern, daß sie, auch wenn sie die Fähigkeit zum Eingehen ins Nirvāṇa erreicht hätten, dennoch immer wieder ins Erdendasein zurückkehrten, um sich in Wort und Tat um die Erlösung aller Wesen zu bemühen.[14] Dementsprechend behauptet die Mahāyāna-Lehre, daß Buddha nicht nur einmal in der Welt als Verkünder der Erlösung aufgetreten sei, sondern daß er dies in immer neuen Geburten seit jeher bis zum Eingehen aller Geschöpfe ins Nirvāṇa tue und daß es neben ihm unzählige zur Buddhawürde bestimmte Heilige (Boddhisattvas) gebe, die in zahllosen Wiedergeburten das Werk der Erlösung aller Wesen betrieben. Jeder Mensch trage die Möglichkeit in sich, ein solcher Helfer zur Erlösung zu werden.

Der Mahāyāna-Gläubige sieht die Erfüllung des Sinnes seines Daseins also darin, die Vollkommenheit des «großen Mitleids» zu erreichen. Er betet für alle Wesen, daß sie keinen Mangel leiden, von Schmerz und Krankheit verschont bleiben, nicht verlassen und unterdrückt sind, ein glückliches Leben in sündloser Gesinnung verbringen und aus den niederen Daseinsformen in die höheren, zur Erlösung führenden, eingehen. Lange Fürbittengebete dieser Art sind uns in Mahāyāna-Schriften erhalten. Weil die Frauen unter die niederen Wesen gerechnet werden, wird für sie erfleht, daß sie als Männer wiedergeboren werden (Winternitz, *[Der] Mahayana[-Buddhismus,]* S. 47). Auch der in Qual und Ängsten befindlichen Höllenbewohner wird in diesen Gebeten gedacht. Das große Mitleid geht nicht nur auf die auf Erden lebenden Geschöpfe, sondern auf alle Wesen aller Weltenräume.

Das höchste ihm erreichbare Glück sieht der Mahāyāna-Gläubige darin, daß er anderen Wesen dadurch dienen darf, daß er für sie leidet. «Solange die Wesen leiden, gibt es keine Möglichkeit der Freude für die, die voll Mitleid sind», heißt es in den Bodhicaryāvatāra des Šāntideva (7. Jahrhundert n. Chr.). In diesem findet sich auf der Satz: «Alles Leiden in der Welt, das es gibt, möge in mir zur Entwicklung gelangen». [Siehe Anh. B,1 b, S. 369 (Winternitz, a.a.O., S. 62).]

Daß Menschen Geschöpfe töten, um ihr Fleisch zu essen, geht nach der Mahāyāna-Lehre darauf zurück, daß in ihnen Eindrücke eines früheren Raubtierdaseins nachwirken. Sie werden als Angehörige der niederen Kasten, als Wahnsinnige, als Katzen oder als Dämonen wiedergeboren. Auf den Fleischgenuß soll der Mensch auch darum verzichten, weil er ja in die Lage kommen könnte, das Fleisch eines seiner in [einem] Tierleib wiedergeborenen Verwandten zu essen. In der Sorge um die Erhaltung der Existenz anderer Wesen geht die Mahāyāna-Lehre so weit, daß sie verbietet, die kräftigste der Zauberformeln gegen Schlangenbiß in Gegenwart einer Schlange auszusprechen, da diese daran sterben könnte (Winternitz, [a.a.O.] S. 80).

---

14 [R] Diese höchste Lehre vom Mitleid – sich lossagen vom Erlösungs-Egoismus.

Obwohl die Mahāyāna-Lehre verlangt,[15] daß sich die Liebe zu den Geschöpfen in jeder Art von Helfen bekunde, besteht doch auch für sie die eigentliche Tat des Mitleids nur darin, daß der zum Wissen gelangte Mensch sich darum bemühe, sie aus dem Strome der Wiedergeburten an das Ufer des Nirvāṇa [zu] retten. Indem sie von dem Menschen verlangt, daß er auf das Eingehen in das Nirvāṇa verzichte, um fort und fort den leidenden Wesen zu dienen, stellt sie ein Gebot des Mitleids auf, das über das des geschichtlichen Buddhas weit hinausgeht. Da sie aber bei Buddhas Weltanschauung der Welt- und Lebensverneinung und bei seiner Vorstellung der Erlösung als des Aufhörens der Wiedergeburt verbleibt,[16] kann sie logischerweise den Kreis der Betätigung des Mitleids nicht weiter ziehen als er es tat.[17] Es ist dem Mahāyāna-Buddhismus unmöglich, dem auf eine Forderung des irdischen Wohlergehens der anderen Wesen gerichteten Tun wirklich eine Bedeutung beizulegen. Daß diese Lehre vom Mitleid unsachlich ist, tut sich darin kund, *daß sie sich nicht mit der Wirklichkeit auseinandersetzt.* Von den Beispielen der Liebe zu den Geschöpfen, die sie beibringt, ist eigentlich keines aus dem Leben gegriffen. Stets handelt es sich um absonderliches Tun, wie in der Erzählung von König Šibi, der sich mit einem Messer die Haut aufritzt, um den Stechfliegen sein Blut als Nahrung zu spenden.

Auch der von Mahāvira, dem großen Zeitgenossen Buddhas, begründete Jinismus vertritt das Gebot des Mitleids mit allen Geschöpfen. Wie der Buddhismus verwirft er die blutigen Opfer, weil sie gegen den Grundsatz des Nicht-Verletzens (Ahiṃsā) verstoßen. Wie der Buddhismus verlangt er strengste und weitgehendste Beobachtung dieses Gebotes.[18] In dem Āyāraṃgasutta, einer heiligen, wohl bis in das 4. Jahrhundert v. Chr. hinaufreichenden Schrift des Jinismus, wird das große Gebot mit den Worten verkündet:[19] «Alle Heiligen und Ehrwürdigen in der Vergangenheit, in der Gegenwart und in der Zukunft, sie alle sagen so, reden so, künden so und erklären so: Keinerlei Lebewesen, keinerlei Geschöpfe, keinerlei beseelte Dinge, keinerlei Wesen darf man töten, noch mißhandeln, noch beschimpfen, noch quälen, noch verfolgen. Das ist das reine, ewige, beständige Religionsverbot, das von den Weisen, die die Welt verstehen, verkündet worden ist.» (Winternitz, *[Geschichte,]* II, S. 295 [296]).

---

15 [Darüber:] [Hat] aber nur die Frage des Mitleids kennengelernt.

16 [R] Inkonsequenz.

17 [R] besitzt das Vermögen, Widersprechendes zu vereinen. Verfährt gewalttätig. Geht noch weiter als Buddha. Im Hintergrund eine Lehre von der doppelten Wahrheit. Pathos.

18 [R] Phantasien. – Frei von aller solchen Unnatürlichkeit. Viel natürlicher als die buddhistische Mitleidslehre ist die des Jaina-Denkens.

19 [R] Teilnahme auf Erhaltung und Förderung von Leben gerichtet.

Von den jinistischen Erzählungen, die auf dieses Gebot Bezug nehmen, sind die schönsten die vom Prinzen Ariṣṭanemi und vom König Kumārapāla:

Während er sich unterwegs befindet, um seine Braut zur Hochzeit heimzuholen, kommt er an mit Tauben gefüllten Käfigen vorbei und erfährt auf seine Frage, daß sie bestimmt sind, zu seiner Hochzeit geschlachtet zu werden. Voller Grauen gibt er die Reise auf und entschließt sich, als Einsiedler im Walde zu leben. Als die Braut davon erfährt, gibt auch sie das Weltleben auf, das so viel Leid über die Geschöpfe bringt.

König Kumārapāla, eine historische Persönlichkeit aus dem 12. Jahrhundert n. Chr., entsagt bei seiner Bekehrung zum Jinismus (vorher war er Śivaverehrer) der Jagd und verbietet in seinem Reiche das Töten von Tieren, den Genuß von Fleisch wie auch Tierkämpfe. (Winternitz II, S. 348).

Auf Wunsch Kumārapālas verfaßt Hemacandra ein Gedicht über die Lehren des Jinismus, in dem er das Mitleid preist und das den Brahmanen als heilige Schrift geltende (wohl aus dem 2. Jahrhundert v. Chr. stammende) Gesetzbuch Manus dafür tadelt, daß es Bestimmungen enthält, die auf das Gebot des Nicht-Verletzens (Ahiṃsā) keine Rücksicht nehmen.

In dem Lehrgedicht des Hemacandra wird die Ahiṃsā in den herrlichen Versen gepriesen:

«Einer liebevollen Mutter aller Wesen gleicht Ahiṃsā,
In der Wüste Saṃsarā [etc., s. Haupttext S. 193 (Ms.-S. 210)].

Im Jinismus verbleibt das Mitleid mit den Geschöpfen, so stark es auch ausgebildet ist, ganz innerhalb der ihm von der Weltanschauung der Welt- und Lebensverneinung gezogenen Grenzen.[20] Er setzt sich nur vollständigstes Nicht-Schädigen, nicht aber auch eigentliche Förderung von Leben vor.

In dem Maße, als Welt- und Lebensbejahung in dem indischen Denken zur Geltung kommt, würde die Verbundenheit mit der Kreatur nicht nur in Nicht-Schädigen [bestehen][21] – [das] Verhältnis zu den Geschöpfen [wäre] nicht mehr durch «Nichttat» [bestimmt]. Ahiṃsā [ist] die große Errungenschaft aus der Vorzeit.

Welt- und Lebensbejahung:[22] Kural (in Tamil-Sprache) des Webers

---

20 [R] Es bleibt Mitleid des Nicht-Tuns.

21 [R] Buddhismus rüttelt an den Ketten der indischen Weltanschauung – aber vergeblich.

22 [R] Nicht-Töten – aber das ist etwas anderes als vom Tode erretten. Das indische Verhalten zur Kreatur [ist] durch den Grundsatz des Nicht-Tötens bestimmt.

[H.] Oldenberg, [*Die Lehre der Upanishaden und die Anfänge des Buddhismus*, Göttingen ^{2}1923, S.] 113[:] Ahiṃsā in [der] Chandogya-Upanishad. Zur Brahmanenwelt geht ein, wer nach der Ordnung seine Schülerzeit verbracht, als Hausvater den Veda weiter studiert, fromme Söhne und Schüler aufgezogen, all seine Organe im Ātman zur Ruhe gebracht und zeitlebens keinem Wesen ein Leid zugefügt hat!

Tiruvaḷḷuvar ([Winternitz] III, S. 579. Tiruvaḷḷuvar kein Name, sondern Titel der religiösen Lehre der Parias von Südindien). Kural = Kurzstrophe.[23] 1330 ethische Sentenzen in Versen. Ideal des lebenstüchtigen Menschen. Gerechtigkeit, Sanftmut, Barmherzigkeit. Nicht auf indischem Boden wandeln [?]. Fast meint man manchmal, die Stimme des Kungtse zu hören. Tätige Liebe. Wohl 2. Jahrhundert n. Chr.

Rāmānuja, Kommentator des Veda (Wende des 11. zum 12. Jhdt. n. Chr.)

Rāmānanda (14.–15. Jahrhundert). Sein Jünger Kabīr aus Benares ([Winternitz III,] S. 586). Sieht alle Geschöpfe als sein eigenes Selbst an (S. 587), ein ganz anderer Klang.

Die[24] alte klassische Lehre der indischen Weltanschauung der Welt- und Lebensverneinung. – [Die] Ethik [führt ein] Schattendasein. Entsprechend der Weltanschauung der Welt- und Lebensverneinung [ist es] nur eine Ethik des Nicht-Tuns. Nur [auf] das Nicht-Verletzen (das ursprünglich nicht ethisch gemeinte, aber dann ethisch gedeutete Nicht-Verletzen) beschränkt: Die indische klassische Ethik [ist] wie ein Mond, von dem nur ein Viertel[25] leuchtet, während das Übrige der Ethik nur als dunkler Umriß sichtbar ist. Nachher hellt sich die andere Hälfte etwas auf, ohne jedoch volle Leuchtkraft zu erhalten. Die Welt- und Lebensbejahung. Aus dem natürlichen Empfinden des werktätigen Volkes, wie es uns in den Sprüchen des Kural entgegentritt. Aus der hinduistischen Idee der Liebe zu Gott, die sich in Tat auswirkt. In dem neuzeitlichen indischen Denken macht sich welt- und lebensbejahende Ethik geltend unter [dem] Einfluß der christlichen Idee der ethischen Gottesliebe. Das brahmanische Einsseins mit der Weltseele, von dem Wissen um das Eins-Sein mit der Weltseele [sind die Brahmanen bewegt]. (Bhakti). Aber die Ethik der Tat, wie sich nun das Verhältnis des Menschen zu den Geschöpfen auf Grund der Ethik der Tat gestaltet, beschäftigt sie nicht. Ethik der Liebe zu Gott [besteht] in Liebe zu allen Wesen, Einswerden mit [dem] Gott der Liebe in der Liebe zu allen Wesen – dieses Problem beschäftigt sie nicht. Immer nur [heißt es,] Gott ist der Vater

---

23 [Gestrichene Bemerkung:] Frei von System. Ideal.

24 [R] Oldenberg, *Lehre*, S. 294 [daß Anm. 8 über die Brhad-Āranyaka-Upanishad u. a.].

Aus Brhad Āranyaka-Upanishad V,2 (Oldenberg a.a.O. S. 161): Gütigkeit: in der Stelle der drei da da da: dāmyata (bezwingt euch), datta (gebt), dayadhvam (seid gütig). Gütigkeit auch gegen Kreatur. [Gestrichen:] Modulationskreis der Brahmanenlehre in ferne Tonarten: dies [ist] die indische Philosophie.

«Alle Wesen in seinem eigenen Selbst anzuschauen und sein Selbst in allen Wesen», Oldenberg S. 123. Aber nicht ethisch angewandt[.] Tat twam asi.

Tiere als Lehrer (Oldenberg, a.a.O., S. 146). Nur Selbstliebe (Oldenberg S. 170). Auch in dem Yogischen [?] *Freundschaft mit allen Wesen* (Oldenberg S. 280 und 28[?]) als *Kontemplation*.

25 [Darüber:] [eine] Hälfte.

aller Menschen, und diese sind Brüder (S. 187 [?].[26] Brāhma Samāj von 1878).[27] Die neue Ethik hat [daran] Genüge, sich als Ausfluß der Liebe zu Gott zu verstehen, und [sie ist durch] soziale Reformen (Abschaffung der Witwenverbrennung, Niederlegung der Kastenschranken, Fürsorge für die Armen) erschöpft. Stellt also das Problem gar nicht. Synthese von Theismus und Pantheismus. Die Brahmanenlehre in ihrer allgemeinsten Fassung, daß alle Wesen an der Weltseele teilhaben, mit [dem] ethischen Theismus [zu] versöhnen und in seinem Sinn um[zu]deuten: [das versucht die neue indische Ethik.] Zuletzt [aber bleibt sie] doch prinzipiell in Welt- und Lebensverneinung. Bleibt für [die] Geschöpfe bei der so weitherzig wie möglich ausgelegten Lehre des Nicht-Verletzens stehen. Diese [Lehre] genügt ihr praktisch. Und weiß nicht recht, wie weit sie ...

c) Mensch und Kreatur
[1. Fassung der Kapitel V–VII.][28]

Schon die wohl gegen Ende des 8. Jahrhunderts v. Chr. in Israel, dem Nordreich, entstandene kleine Gesetzessammlung, die uns in dem 21., 22. und 23. Kapitel des zweiten der den Namen des Moses führenden Bücher (Exodus) enthalten ist und gewöhnlich als «Bundesbuch» bezeichnet wird, macht dem Menschen Gütigkeit gegen die Haustiere zur Pflicht. Trifft er einen Ochsen oder Esel an, der sich verirrt hat, so soll er, sogar wenn er[29] seinem Feinde gehört, Sorge tragen, daß er wieder zu seinem Herrn zurückkommt (2. Mose 23,4). Sieht er, daß der Esel seines Feindes unter seiner Last zusammengebrochen ist, soll er ihm helfen, sich[30] aufzurichten (2. Mose 23,5). Er darf also dem Tiere sein Mitleid nicht versagen, obwohl es seinem Feinde gehört, sondern soll beiden zusammen Liebe erweisen.[31]

Diese Gebote finden sich neben solchen von der Barmherzigkeit gegen die Witwen, die Waisen, die Armen und die Fremdlinge und neben Gesetzen, die die Rechte der Sklaven wahren. Miteinander weisen sie

---

26 [Vgl. Winternitz III, S. 596.]

27 [Gesellschaft der Brahmagläubigen, 1828 gegründet von Ram Mohan Ray. Vgl. A. Schweitzer, *Die Weltanschauung der indischen Denker*, 1935, S. 166 (Bern ^{2}1965, S. 168). Die Jahreszahl 1878 ist wohl Verschreibung für 1828 (1878 ist das Jahr eines Glaubensbekenntnisses von Schülern Keshab Candra Sens, vgl. oben S. 201).]

28 [Dossier 6, Nr. 11, ab Ms.-S. 125, letzter Abschnitt. – August 1933.]
[R] Definitiver Text. Aber ersetzt.

29 [der Ochse oder der Esel.]

30 [Ms.:] ihn.

31 [Beigefügte Notiz:] Die Tiere als die Rechtlosen und Schwachen – Das Recht des Rechtlosen.

den Einfluß der ethischen Predigt der Propheten Amos und Hosea auf, die um die Mitte des 8. Jahrhunderts v. Chr. in dem Nordreich wirkten.

In der großen Gesetzessammlung, die in der 2. Hälfte des 7. Jahrhunderts v. Chr. in Judäa, dem Südreich, entstand und 623 v. Chr. unter dem König Josia als «Gesetz Mosis» promulgiert wurde (sie macht den Hauptbestand des sogenannten 5. Buches Mosis, [des] Deuteronomiums, aus), macht [sich] das Ethische, in der Nachwirkung des Auftretens des Propheten Jesaja (2. Hälfte des 8. Jahrhunderts v. Chr.), noch stärker bemerklich als in dem «Bundesbuch». In der Gütigkeit gegen die Haustiere wird hier so weit gegangen, daß verboten ist, dem Ochsen, der auf der Dreschtenne die Körner austritt, den Mund zu verbinden[32] (5. Mose 25,4). Er soll nicht in dem Stroh herumlaufen müssen, ohne zum Lohne für seine Arbeit etwas davon erhaschen zu können.

Das sich im Alten Testament bekundende Mitempfinden mit der Kreatur steht noch in den Anfängen. Es bleibt in der Hauptsache auf die Haustiere beschränkt. Wie rudimentär die den anderen Geschöpfen entgegengebrachte Gütigkeit ist, wird aus der Bestimmung ersichtlich, daß man den beim Brüten betroffenen Vogel zwar am Leben lassen müsse, ihm aber die Eier oder die Brut wegnehmen dürfe (5. Mose 22,6 u. 7).[33]

Aber welche ethische Errungenschaft bedeutet es schon, daß durch das Gesetz eine so weit gehende Gütigkeit gegen die Haustiere zur Pflicht gemacht ist und damit dem Einzelnen etwas Gewohntes und Selbstverständliches wird![34]

Von[35] Jesus ist kein Ausspruch über die Barmherzigkeit gegen die Tiere überliefert. Dem, was darüber im Gesetz gesagt ist, fügt er nichts hinzu, obwohl er das von den Propheten aufgestellte Gebot der Liebe auf seinen höchsten Ausdruck bringt. Wie er über Mensch und Kreatur denkt, kommt aber im Gleichnis vom verlorenen Schaf (Lk. 15,1–7) zum Ausdruck. Wenn in diesem der Hirte in der Wüste herumzieht, um sein Tier wiederzufinden, so tut er dies nicht, weil es ein Stück Besitz darstellt, sondern weil er es liebt und vor dem Schicksal, das seiner in der Einöde wartet, bewahren will. Das Gleichnis ist ja [als] von der Barmherzigkeit Gottes gegen die Menschen [handelnd] gemeint.

Jesus ist überzeugt, daß Gott sich der Tiere und auch der Pflanzen in derselben Weise annimmt wie der Menschen. Gott ist es, verkündet er in der Bergpredigt, der die sorglosen Vögel ernährt und die

32 [Zuerst, dann gestrichen:] einen Maulkorb anzulegen.

33 [Notiz:] Wohl nicht so weit wie Meng Tse, aber ins Gebot aufgenommen.

34 [Beigefügt:] Der Gerechte erbarmt sich seines Viehes [Prov. 12,10].

35 [R] taucht in dem Glauben an das Reich Gottes der Gedanke der zwischen Mensch und Geschöpf bestehenden Verbindung [? Gestrichen: «Zusammengehörigkeit»] auf. Paulus sagt ebenfalls nichts [nicht] mehr.

Lilien auf dem Felde herrlicher bekleidet sein läßt als Salomo war (Mt. 6,26–29).

Nach Paulus gilt die Kreatur so viel vor Gott, daß auch sie berufen ist, an seinem Reiche teilzuhaben. Er denkt sie sich, wie die Menschen, von Sehnsucht nach der Herrlichkeit, die auf das Elend der irdischen Existenz folgen soll, erfüllt.

Brief an die Römer Kap. 8,19–21 [22]: [Siehe def. Text S. 207.]

Nichts zu tun mit Pauli Gesinnung gegen die Geschöpfe hat seine unglückliche Auslegung des alttestamentlichen Gebotes «Du sollst dem Ochsen, der da drischt, das Maul nicht verbinden» (5. Mose 25,4) im 9. Kap. des 1. Briefes an die Korinther, 7–10: «Wer pflanzt einen Weinberg und ißt nicht von seiner Frucht? Oder wer weidet eine Herde und nährt sich nicht von der Milch der Herde? Rede ich solches auf Menschenweise? Sagt nicht solches das Gesetz auch? Denn im Gesetz Mosis steht geschrieben: ‹Du sollst dem Ochsen, der da drischt, das Maul nicht verbinden›. Sorgt Gott für die Ochsen? Oder sagt er es nicht allerdings um unseretwillen? Denn es ist ja [um] unseretwillen geschrieben».

Paulus behauptet also, daß jenes Gebot nicht des dreschenden Ochsen wegen in der Schrift stehe,[36] sondern bildlich zu verstehen sei und als Gottes Wille kund tue, daß jeder von der ihm obliegenden Beschäftigung seinen Lebensunterhalt beziehen dürfe. Er will auf diese Weise Gegnern, die ihm nicht zugestehen wollen, daß er von den Gemeinden, in denen er das Evangelium verkündet, lebe, aus der Schrift dartun, daß ihm dies zustehe. Nach der jüdischen Anschauung, in der [er] auch als Christ noch lebt, ist etwas wirklich erwiesen nur, wenn es [als] im Gesetz enthalten dargetan ist. Da er ein dahingehendes Gebot aber nicht anführen kann, nimmt er dem Geschriebenen[?] das für ihn erläßliche [? Erläßliche?] weg und biegt es in der gewalttätigen Auslegungsart des damaligen Rabbinertums, von der er auch sonst Gebrauch macht, in der Art um, daß es bezeugt, worauf es ihm ankommt. Daß er damit aber den Standpunkt vertrete, daß die den Geschöpfen erwiesene Güte unangebracht sei und nicht in der Absicht Gottes liege, trifft nicht zu. Seinem tiefen Mitempfinden mit ihnen gibt er ja im Römerbrief einen so ergreifenden Ausdruck.

Die Ansicht, daß auch die Kreatur an dem Reiche Gottes teilhaben werde, ist Paulus nicht [allein] eigentümlich. Sie ist in dem Glauben, den er mit anderen teilt, enthalten. Das Spätjudentum und das Urchristentum erhoffen nicht eine dem Menschen allein zuteil werdende Unsterblichkeit.[37] In der Erwartung des baldigen Endes der irdischen Welt lebend, stellen sie sich das Kommen des Reiches Gottes als eine Verwandlung der irdischen und leidvollen Welt in die überirdische und leidlose vor. Dementsprechend nehmen sie an, daß nicht nur die Men-

36 [R] [nicht] so gemeint sei wie sie [es] laute.

37 [R] Erlösung der Menschen – Erlösung der gesamten Schöpfung.

schen, sondern alle Wesen, die Pflanzen wie die Tiere, soweit sie von Gott dazu bestimmt sind, alsbald Vollkommenheit und Unvergänglichkeit erlangen werden. In der erneu[er]ten Welt sind,[38] nach einer Schilderung der spätjüdischen Apokalypse des Baruch, an einem Weinstock tausend Ranken; eine Ranke trägt tausend Trauben; eine Traube trägt tausend Beeren; eine Beere gibt ein Maß Wein (Kap. 29, Vers 5).[39] Der «Baum des Lebens», vor den Toren des neuen Jerusalems, von dem in der Apokalypse Johannis die Rede ist, trägt seine Frucht jeden Monat (Kap. 22,2).

In der spätjüdisch-urchristlichen [Weltenderwartung] ist also der Gedanke der Zusammengehörigkeit von Menschen und Geschöpf lebendig.[40] Dieses Mitempfinden mit den Geschöpfen hat aber das Unbegreifliche an sich, daß ihm der Trieb zur Betätigung fehlt. Es verhält sich rein betrachtend. Die Folgerung, daß der Mensch den Geschöpfen helfend beistehen und durch Gütigkeit nach Vermögen ihr Leiden lindern müsse, wird nicht gezogen. Dies liegt daran, daß dieser Glaube an das Reich Gottes zugleich Glaube an die baldige Verwandlung der irdischen Welt in die übernatürliche ist. In der nur noch für ganz kurz bestehenden irdischen Welt durch irgend eine Betätigung noch irgend etwas ausrichten zu wollen, hat keinen Sinn. Auf dem reißenden Strome noch rudern zu wollen, macht für das Vorankommen nichts aus. Wenn unmittelbar bevorsteht, daß die Kreatur von ihrem Leiden bei der Verwandlung der irdischen in die übernatürliche Welt erlöst werden wird, spielt das, was der Mensch ihr bis dahin[41] noch Gutes antun kann, keine Rolle mehr.[42]

Der in der Erwartung des bevorstehenden Endes der natürlichen Welt wurzelnde Glaube an die baldige Erlösung aller Kreaturen ist es also, der das Spätjudentum und das Urchristentum davon abhält,[43] den Gedanken der Verbundenheit des Menschen mit der Kreatur in der Ethik wirksam werden zu lassen. So kommt es, daß sich in der Bergpredigt kein Wort von der Gütigkeit gegen die Geschöpfe findet.

Durch den Glauben an das baldige Ende der natürlichen Welt wird das Christentum auch davon abgehalten, aufgrund des Gebotes der Liebe die Abschaffung der Sklaverei und anderer sozialer Mißstände zu

38 [R] Entgegensetzung von Himmel und Erde.

39 Schließt das Erlebnis der Verbundenheit mit der Kreatur in sich ein. [Der] Gedanke der Verbundenheit in ihm lebendig.

40 [Beigefügt:] Gott bestimmt sie zur Herrlichkeit, wie bei Zarathustra. Tätigkeitsmotiv fehlt. –
[R] einbezogen in [das] Hoffen.

41 [Eingefügt:] zur Verbesserung ihrer Lage.

42 [R] Ethik universell ihrem Wesen nach – Aber [kommt] nicht zur Ausbildung: Die Weltenderwartung steht ihr im Wege.

43 [Darunter:] wie im indischen Erlösungsgedanken.

betreiben. Es nimmt dies alles als einen Teil des doch nur für ganz kurz bestehenden Elendes hin. Darum bittet Paulus den entlaufenen und durch ihn zum Christentum bekehrten Sklaven Onesimus nicht von seinem Herrn frei, obwohl er mit diesem, einem Christen namens Philemon aus Kolossae, gut bekannt ist, sondern er sendet ihn zu ihm zurück. Wer als Sklave zum Reich Gottes berufen ist, soll es als Sklave erwarten, ist sein Grundsatz. Sogar wenn ihm die Freiheit angeboten wird, soll er sie nicht annehmen (1. Brief an die Korinther, Kap. 7, Vers 21 und 22). Diese Zumutung erschien den Übersetzern des Neuen Testamentes so unglaublich, daß sie den betreffenden griechischen Satz statt mit «Sogar wenn du frei werden kannst, so bleibe vielmehr dabei (das heißt beim Sklave-Sein)» gegen den offenkundigen Wortlaut mit «Wenn du frei werden kannst, so benütze dies vielmehr» wiedergaben.

Das Urchristentum wie auch das Spätjudentum lebt in der Vorstellung, daß das Elend der Welt voll werden müsse, damit die Erlösung komme.

*

Im Laufe der Jahrhunderte gibt das Christentum dann, durch das Ausbleiben des erwarteten Ereignisses dazu gezwungen, die Hoffnung auf die baldige Verwandlung dieser Welt in die übernatürliche auf. Es findet sich darein, mit einem noch langen Weiterbestehen der irdischen Verhältnisse zu rechnen. Das Dokument dieser Wandlung ist Augustins (354–430) Schrift über das Reich Gottes (De Civitate Dei). Augustin gibt es auf, das Reich Gottes für eine rein zukünftige Größe zu halten. Er vertritt die uns geläufige, damals aber neue Anschauung, daß es bereits in der irdischen Welt, wenn auch erst in seinen Anfängen, da sei, nämlich in der Kirche. In der Kirche kämpfe es mit den bösen Mächten der natürlichen Welt, bis es, am fernen Ende der Zeiten, mit dem Eintreten der übernatürlichen Welt die Vollendung erreichen werde.[44]

Wo nun das Christentum sich dazu entschließt, die gegenwärtige [Welt] als die noch lange für es in Betracht kommende anzusehen, sollte in ihm auch das bisher durch die Erwartung des baldigen Kommens der übernatürlichen Welt niedergehaltene Streben, die Verhältnisse dieser Welt besser zu gestalten, wieder lebendig werden. Nun sieht es sich ja vor Aufgaben gestellt, die das Gebot der Liebe in dieser Welt zu lösen hat, auch vor die, der leidenden Kreatur aufzuhelfen und der ihr Elend noch vermehrenden gedankenlosen Grausamkeit der Menschen ein Ende zu setzen. Aber es erfaßt sie nicht. Es findet sich damit ab, in dieser Welt leben zu müssen, aber es wird nicht heimisch in ihr und nimmt kein Interesse an ihr. Es setzt sich kein Wirken in ihr vor. Auch kümmert es sich nicht um die Kreatur.

44 [R] Findet sich damit ab. Jetzt und Dann ist Diesseits und Jenseits geworden. Kein Interesse an ihr [der Welt] wird heimisch. – [R] Dies [dieser Abschnitt] entfällt.

Das Gebot der Liebe leuchtet im Mittelalter nur in mattem Lichte. Es erreicht seine Vollendung nicht, weil kein Denken vorhanden ist, in dem dies stattfinden könnte.

Das Denken des Mittelalters – es beginnt alsbald, nachdem die griechisch-römische Philosophie kraftlos geworden und das Christentum in Dogmen erstarrt ist, also mit Augustin – ist unfrei und unschöpferisch. Es verarbeitet Überliefertes. In den Systemen eines Albertus Magnus (1207–1280) und eines Thomas von Aquino (1225–1274) tut es dies in großartiger Weise. Aber es geht über das Überlieferte nicht hinaus. So bleibt es dabei stehen, das Gebot der Liebe nur für das Verhalten zu Menschen gelten zu lassen, weil es ihm nur in diesem Umfang überliefert ist. Es auf die Geschöpfe auszudehnen, käme ihm als eine unzulässige Verbesserung einer christlichen Wahrheit vor. Daß Jesus und Paulus die in ihrem Empfinden und in dem Geiste des Gebotes der Liebe enthaltene Gütigkeit gegen die Geschöpfe nicht ausdrücklich fordern, weil für die Erwartung des nahen Endes der natürlichen Welt ihre Betätigung nicht mehr in Frage kommt, wirkt sich in dem Denken des Mittelalters (und auch in dem der späteren Jahrhunderte) in verhängnisvoller Weise aus. Die Ansicht, *daß die Ethik es nur mit Menschen und nicht auch mit den Geschöpfen zu tun habe, gilt als durch das Christentum sanktioniert.* Sie als Gedankenlosigkeit zu erkennen und zu bekämpfen, ist auf Jahrhunderte hinaus unmöglich gemacht.

Zudem ist das Mittelalter weit davon entfernt, das Gebot der Liebe so tief zu erleben, daß ihm der Gedanke kommen könnte, es auf die Geschöpfe auszudehnen. Seine Ethik ist durch die Vorstellung der *Ehrbarkeit der zehn Gebote* und durch das *Ideal des Vollkommener-Werdens* in Welt- und Lebensverneinung bestimmt. *Das Gebot der Liebe führt sich in ihr so zahm auf*, daß es gegen die Folter, die qualvollen Hinrichtungen, die Ketzerverbrennungen, die Hexenverfolgungen und überhaupt *gegen keine der damals in Blüte stehenden Grausamkeiten Einspruch erhebt.* Wie sollte es sich da für das Mitempfinden mit den Geschöpfen und [für] das gütige Verhalten zu ihnen einsetzen!

Dem Aufkommen der Frage, ob die Ethik es nicht auch mit den Geschöpfen zu tun habe, steht im Mittelalter auch das Dogma von der Unsterblichkeit entgegen.[45] Der mittelalterliche Unsterblichkeitsglaube ist nicht mehr der urchristliche. Im Urchristentum erwartet der von der Vorstellung der baldigen Verwandlung der Welt beherrschte Gläubige, daß nicht nur der Mensch, sondern mit ihm auch die Kreatur, soweit es ihr von Gott bestimmt ist, unvergängliches Dasein erlange. Beim Zurücktreten der Hoffnung auf die baldige Verwandlung der Welt geht dieser Gedanke der allgemeinen Unsterblichkeit aller Wesen verloren.

45 [R] Menschenseele – Tierseele. Menschenseele immateriell, darum ewig, Tierseele materiell.

Es bildet sich die Anschauung aus, daß der Mensch allein von allen Geschöpfen[46] Unsterblichkeit besitze. Dies hängt damit zusammen, daß an die Stelle der Vorstellung des Teilhabens des Menschen an der Verwandlung der Welt die des «In-den-Himmel-Kommens» getreten ist. Während der noch in der Erwartung des nahen Weltendes lebende Christ der ersten Generation sich in dem Unsterblichkeitsglauben also seiner Verbundenheit mit den Geschöpfen bewußt ist, findet der mittelalterliche in ihm nur seine Verschiedenheit von ihnen und seine Erhabenheit über sie begründet. Soweit er Überlegungen über sein Verhältnis zu ihnen anstellt, tut er dies allein in der Absicht, sich die privilegierte Stellung, die er ihnen gegenüber als unsterbliches Wesen einnimmt, nach jeder Seite hin zu vergegenwärtigen. Den Unterschied zwischen ihm und ihnen erklärt er sich so, daß er allein eine immaterielle[47] und darum unsterbliche Seele besitze, während ihnen nur eine materielle, vergängliche, des Erkennens wie auch des Empfindens nur in ganz unvollkommener Weise fähige verliehen sei. Er erachtet sie nicht wert, daß er ihnen Teilnahme entgegenbringe.[48] Ja, er ist sogar des Glaubens, daß sie ihrer als unfühlende Wesen nicht bedürfen. Mitleid mit ihnen kommt ihm wie ein Versuch vor, den von Gott gesetzten Schranken die gebührende Anerkennung zu versagen.

Wohl tritt im Mittelalter ein Mensch auf, der in herrlicher Einfalt seine Verbundenheit mit der Kreatur erlebt: Franziskus von Assisi (1182–1226). Aber er übt darin keinen Einfluß auf die Zeitgenossen aus. Daß er dies nicht tut, hat seinen Grund nicht nur in ihrer Verständnislosigkeit, sondern auch darin, daß er ihnen das Problem Mensch und Kreatur nicht wirklich zu bedenken gibt. Auch für sich selber rollt er es nicht auf. In großartiger Unbefangenheit erhebt er sich über die Vorurteile der Zeit. Ein Stück der Wahrheit, für die den andern der Sinn fehlt, ist von ihm erkannt. Aber nur ein Stück. Er ist mit den Geschöpfen mehr in einem frommen ästhetischen Gefühl als in *ethischer Hingebung verbrüdert*. Sie sind ihm Mitgenossen der Freude an dem von Gott geschenkten Dasein.[49] Von dem Umfang und der Schwere der das Verhältnis des Menschen zu den Geschöpfen betreffenden Fragen gibt er sich keine Rechenschaft. Seine Lebensfreude wird nicht durch Mit-Leiden mit ihnen getrübt. Die Verantwortung gegen sie lastet nicht auf [ihm].

46 [Darüber:] Religion des Reiches Gottes – Religion der Unsterblichen [? der Unsterblichkeit?].

47 [Darüber:] Hier griechische Begründung.

48 [R] die nicht wert sind, daß man ihnen Teilnahme entgegenbringe, und [die] nicht Anspruch auf sie haben. Wertloses Dasein [nach?] der antiken Philosophie – aber nicht vereinbar mit der Ethik der Liebe. [. . .]

Von der Höhe der spätjüdischen und urchristlichen Anschauung [. . .] kehrt [er] also zur antiken Ansicht zurück.

49 [R] Ein Dichter – ein Denker.

Auch ruft er nicht zur Barmherzigkeit und Gütigkeit gegen sie auf. Er besitzt die Erkenntnis der Verbundenheit des Menschen mit der Kreatur, ohne die Nötigung zu empfinden, sie in ihrer Bedeutung für die Ethik und die Weltanschauung auszudenken.

So kommt es, daß das Mittelalter trotz Franziskus von Assisi in seiner gedankenlosen, mit der Anerkennung des Gebotes der Liebe nicht vereinbaren Engherzigkeit gegen die Geschöpfe verharrt.[50]

***

In der Neuzeit[51] wird die Ethik der Liebe durch das Denken neu belebt.[52] Während dieses sich bis dahin durch Jahrhunderte hin dem Christentum nur ange[p]aßt [?] hatte, ergreift es jetzt von ihm Besitz. Nunmehr hört die Ethik auf, sich als eine nur geoffenbarte, über dem Denken stehende Wahrheit anzusehen. [. . .] Sie tritt mit dem Anspruch auf, auch ein Ergebnis des vernunftgemäßen Überlegens über das Verhalten des Menschen zu[m?] Menschen zu sein. Zugleich geht sie einen Bunde mit dem in der neuzeitlichen Welt- und Lebensbejahung aufkommenden Geiste des Wirkens ein. Wurde die Liebe bis dahin als eine zur Erlangung christlicher Vollkommenheit erforderliche Tugend geübt, so erhält sie nun die Bedeutung eines in seine Konsequenzen zu verfolgenden und auf alle menschlichen Verhältnisse anzuwendenden Prinzips.[53]

Im Laufe der Generationen räumt diese denkend gewordene Ethik der Liebe dann mit der vielen Mitleidslosigkeit und Grausamkeit auf, die sie im Mittelalter neben sich geduldet hatte. In unablässigem Kampfe erreicht sie es, daß die Folter und die qualvollen Hinrichtungen außer Gebrauch kommen, die Ketzerverfolgungen und Hexenverfolgungen aufhören, die Leibeigenschaft und die Sklaverei abgeschafft werden und noch so manche andere soziale Ungerechtigkeiten verschwinden.

Humanitätsgesinnung setzt sich durch. Der Gedanke, daß der Mensch jeden anderen Menschen als Seinesgleichen anzusehen, ihm Mitempfinden entgegenzubringen[54] und Gütigkeit zu erweisen habe, gelangt zur Anerkennung.

Aber sich in ihre letzten Konsequenzen auszudenken, unternimmt die Ethik der Liebe auch jetzt nicht. Sie gelangt nur bis zur Einsicht der

50 [R] Vorurteile durch das Denken der Neuzeit unterwühlt.
Mittelalterliche Meinung revidiert und erschüttert. Kann die Geschöpfe nicht unterbringen. Die Renaissance ist nur mit der Verherrlichung des Menschen, anders als das Mittelalter, beschäftigt.

51 [R] Lambarene, Mariae Himmelfahrt 1933. [-] In der Neuzeit erwacht die Ethik der Liebe zu neuem Leben.

52 [Korr., ohne Streichung der obigen ersten Version:] … erfährt die Ethik [der Liebe] Belebung durch das Denken.

53 [R] setzt sich vor, die ganzen Verhältnisse der Gesellschaft zu durchdringen.

54 [R] Daß man mit den Menschen [. . .] Mitempfinden habe, wird als [zum] Recht erhoben.

zwischen den Menschen bestehenden Gemeinschaft. Hier macht sie Halt. Das Problem Mensch und Geschöpf nimmt sie nicht in Angriff. Dem europäischen Geiste [ist es] versagt, Weltanschauung so tief aufzufassen wie [das] indische und [das] chinesische Denken.[55]

Daß das Denken der Renaissance an diesem Problem vorbeigeht, ist erstaunlich. Wenn Giordano Bruno (1548–1600) und andere die Ansicht vertreten, daß alles Sein beseelt ist und daß die Kreatur, Tiere wie auch Pflanzen, auch an dem das All erfüllenden und belebenden Geiste Gottes teilhaben, so legen sie die vom Mittelalter zwischen dem Menschen und den Geschöpfen aufgerichteten Schranken nieder.[56] Aus der Weltanschauung der Allbeseelung entnehmen sie, wie Paulus aus der Erwartung der Verwandlung der Welt, daß alle lebendigen Wesen vor Gott einen Wert bedeuten und daß sie miteinander etwas gemein haben, das alle zwischen ihnen bestehenden Unterschiede zu relativen macht. Nach Paulus sind sie miteinander dazu bestimmt, bei der Verwandlung der Welt in eine überirdische Seinsweise einzugehen; nach Giordano Brunos Pantheismus tragen sie schon in dem irdischen Dasein überirdisches in sich.

Obgleich er einsieht, daß die Geschöpfe ihm wesensverwandt sind, erlebt Giordano Bruno keine wirkliche Verbundenheit mit ihnen. Er kommt nicht auf den Gedanken, daß die Ethik es auch mit ihnen zu tun habe. Wohl ist das Sein für ihn etwas viel Lebendigeres als für die Mystiker.[57] Dennoch beschäftigt ihn, wie sie, nur das gedankliche Einswerden mit der vorgestellten Totalität des Seins. Eine Beziehung zu dem lebendigen Sein, in dem das absolute Sein in die Erscheinung tritt, sucht er nicht. Die Liebe zum Unendlichen, von der er redet, ist beschaulicher Art. Er verkündet die Beseeltheit aller lebendigen Wesen, ohne die Ethik auf alle zu erweitern.

Auch Michel de Montaigne (1533–1592) und Pierre Charron (1541–1603) erkennen die zwischen dem Menschen und den Geschöpfen bestehende Wesensverwandtschaft an, ohne die sich aus ihr für die Ethik ergebende Folgerung zu ziehen.[58]

Die mittelalterliche Ansicht über Mensch und Kreatur erneuert René Descartes (1596–1650). Seine scholastischen Instinkte und sein System zwingen ihn dazu.

---

55 [Dieser Satz nachträglich beigefügt.]

56 [Darüber:] aber nur Erkenntnis, nicht Ethik.

57 [R] Nur Beziehung zum Menschen und zum All als Ganzheit, aber nicht mit der Kreatur Wesensverwandtschaft. Mystik des Mensch[en] [hat] es mit Gott als dem Inbegriff des Seins und allenfalls mit dem Menschen zu tun. Eigentlich keine lebendige Beziehung zum Seienden.

58 [R] [Undeutlich, zu welcher Textstelle gehörend:] Überfliegt die Welt. Schaut Gott in der Welt. – Abstrakt. Sein Einswerden ist nur ein Akt des Denkens, aus dem keine Betätigung. Übt nie Betätigung, denkt sie nur.

Descartes wendet sich von dem in der Renaissance aufgekommenen sachlichen Denken über die Natur ab. An die Stelle der Wirklichkeit setzt er Begriffe von körperlichem und geistigem Sein (substantia extensa und substantia cogitans). Diese erlauben ihm nicht, das Leben als eine geheimnisvolle Einheit von Körperlichem und Geistigem aufzufassen. Er muß behaupten, daß alles Geschehen im Bereiche des Körperlichen rein mechanisch abläuft.[59] Körper, dies seine Devise, sind Maschinen. Alle Geschöpfe, der Mensch ausgenommen, haben nur körperliches Dasein.[60] Was wir an ihnen an geistigen Regungen und an Empfinden[61] wahrzunehmen glauben, ist bloßer Schein. Sie sind nichts weiter als von Gott verfertigte Automaten. Als einziges Geschöpf besitzt der Mensch eine Seele: Durch sie ist er ein empfindendes und denkendes Wesen.

Die von ihm aufgestellten Begriffe nötigen Descartes, ein reines Nebeneinander von Körper und Seele im Menschen zu behaupten. Natürlich kann er diese den einfachsten Beobachtungen widersprechende dogmatische Ansicht nicht durchführen, ohne sich fort und fort in Widersprüche zu verwickeln. Ein Mitempfinden mit den Tieren ist nach Descartes' Theorie also gegenstandslos, weil die Tiere als seelenlose Wesen keine Empfindung haben. Sie fühlen keinen Schmerz. Also kann man mit ihnen ohne Bedenken ohne jegliches Mitleid verfahren.

Durch diese mit der großen Autorität seines Namens ausgestatteten Behauptungen und überhaupt durch sein dem lebendigen Sein und der Ethik so verständnislos gegenüberstehendes Philosophieren trägt Descartes viel Schuld daran, daß im 17. Jahrhundert ein Denken über Mensch und Kreatur nicht aufkommt.

Weil er nicht unter dem unheilvollen Einfluß Descartes steht, sondern die Naturphilosophie der Renaissance erneuert, verkündet Graf Shaftesbury (1671–1713), wie Giordano Bruno, die Lehre der Allbeseelung. Auch seine Ethik aber geht nur auf den Menschen und die menschliche Gesellschaft.

Wirkliches Interesse – zum ersten Male im neuzeitlich-europäischen Denken! – bringen den Geschöpfen die Engländer Samuel Clarke (1675–1729) und William Wollaston (1659–1724) entgegen. Allen lebendigen Wesen Mitempfinden zu bezeigen und für ihr Wohl Sorge zu tragen, gehört, ihnen zufolge, zum vernunftgemäßen und ethischen Verhalten. Der Bedeutung, die die Verbundenheit mit der Kreatur für die Weltanschauung hat, gehen sie aber nicht weiter nach.

---

59 [Gestrichene Notiz am oberen Seitenrand:] Am Schluß des Abschnitts: Laß dich nicht auf diese Frage ein, sonst weißt du nicht, wohin sie dich führe. Du weißt nicht, wie es dir damit ergeht.

60 [R] Erneuerung des Plato [-] fundamentaler Unterschied [?].

61 [Darüber:] (Hierzu Sāṃkhya-Lehre.)

Obwohl David Hume (1711–1776) das Ethische aus der Sympathie, dem natürlichen Mitempfinden begründet, kommt er aus dem Kreise der Menschenliebe nicht heraus. Der große schottische Denker will dartun, daß es nicht angeht, das Ethische, wie das im 18. Jahrhundert versucht wurde, als etwas anzusehen, das der Mensch aus richtig verstandenem Egoismus sich selber auferlegt (weil er des Glaubens ist, mit der Beförderung des Gesamtwohles zugleich seinem Wohle am besten zu dienen) oder das er sich von der Gesellschaft auferlegen läßt (weil diese ihn dazu anhalten will, dem Gesamtwohl als der Voraussetzung des Wohls des Einzelnen zu dienen). Das Ethische, führt Hume aus, entsteht nicht aus solchen Erwägungen.[62] Es wurzelt in der Tiefe des Wesens des Menschen, nämlich in seinem Befähigtsein und Genötigtsein, fremdes Schicksal wie als eigenes zu erleben. Aus Humes ganzer Art zu überlegen wird aber ersichtlich, daß er die Voraussetzungen für solches Sympathisieren nur dann als gegeben erachtet, wenn es sich um in jeder Hinsicht gleichartige Wesen handelt.[63] Darum sieht er nur die Gütigkeit des Menschen zum Menschen als begründbar an. Der Gedanke einer Erweiterung der Ethik liegt ihm so ferne, daß er sich nicht einmal dazu äußert.[64]

Auch für Kant hat es die Ethik eigentlich nur mit den Pflichten der Menschen gegen Menschen zu tun. Die «menschliche» Behandlung der Tiere sieht er nur als eine Übung der Empfindlichkeit an, die unserem teilnehmenden Verhalten gegen Menschen förderlich ist. Er befürwortet die Gütigkeit gegen die Geschöpfe. Aber er kann sie in seiner nur auf den Menschen und die menschliche Gesellschaft eingestellten Ethik nicht unterbringen, ohne diese dadurch zu sprengen.

Etwas weiter als Kant geht der englischer Ethiker Jeremy Bentham (1748–1832).[65] Zwar sieht auch er die Gütigkeit gegen die Geschöpfe vornehmlich als eine Übung ihrer Betätigung gegen Menschen an. Aber es finden sich bei ihm auch Stellen, in denen er sie um ihrer selbst willen fordert. Zur Vorstellung einer wirklichen Verbundenheit des Menschen mit der Kreatur erhebt er sich ebensowenig wie Kant.

Johann Gottlieb Fichte (1762–1814), Georg Wilhelm Friedrich Hegel (1770–1831), Friedrich Wilhelm Joseph Schelling (1775–1854), Daniel [Friedrich] Ernst Schleiermacher (1768–1834) und die in ihren Bahnen wandelnden zeitgenössischen Denker geben dem ethischen Problem des Verhaltens des Mensch[en zur] Kreatur keinen Raum in ihren Systemen.

---

62 [Darüber, am oberen Seitenrand:] Hier allgemein. Die Ethik erweitert sich.

63 [R] Hier kürzer.

64 (? Dies nachsehen!) – [R] Zum Kentern [?] bringen! Goethe: Das Recht aufs Leben! Ein Bewegtsein von dem Geheimnis des Lebens! Wert, unergründlichen Wert.

65 [R] Lambarene: Donnerstag 17. August 1933.

Goethe aber, der sich nicht wie sie über die Natur erhebt, sondern sich in sie versenkt, gibt sich mit ihm ab. In seiner schlichten, tiefen Art äußert er sich in dem Gedicht «Die Spinne» (aus dem Westöstlichen Divan):

[Siehe Haupttext S. 216.]

Hier klingt das Motiv, das in der Naturphilosophie der Renaissance und Grafen Shaftesbury erst undeutlich zu erkennen war, in vollem, reinem Ton. Goethe hat ein Empfinden von dem Geheimnis, daß jedes Wesen, so unscheinbar es auch ist, als lebendiges Sein einen Wert[66] bedeutet. Die Ehrfurcht vor dem Leben beginnt sich in ihm gegen das gedankenlose Schädigen und Vernichten von Leben aufzulehnen.

Als erster europäischer Denker – er legt Wert darauf, daß ihm dieser Ruhm zuerkannt werde – nimmt Arthur Schopenhauer (1788–1860) die Idee der Verbundenheit des Menschen mit der Kreatur wirklich in die Weltanschauung auf. Er bringt sie aber nicht mit der neuzeitlich-europäischen Weltanschauung der Welt- und Lebensbejahung zusammen, sondern mit der Welt- und Lebensverneinung, die er dem indischen Denken entlehnt. Alles Dasein in dieser in Raum und Zeit verlaufenden Welt, dies seine Lehre, ist Leiden. Quelle des Leidens ist der Wille zum Leben, wie er in den geschöpflichen Individuen vorhanden ist. Er ist von Streben nach Lust beherrscht, das keine Befriedigung finden kann, und befindet sich in stetigem Kampfe mit dem Willen zum Leben, wie er sich in anderen Wesen kundgibt. So bringt jedes Geschöpf sich selber Leiden und erfährt Leiden von anderen. Da in uns allen der gleiche Wille zum Leben ist, wissen wir von dem Leiden der anderen als wie von dem eigenen. Wir erleben es mit. Darum können wir nicht anders als mit ihnen wie mit uns Mitleid haben.[67]

Einen großen Einfluß übt Schopenhauers Ethik des universalen Mitleids auf das europäische Denken nicht aus. Dies liegt einmal darin, daß sie sich von einer welt- und lebensverneinenden pessimistischen[68] Weltanschauung herleitet. Sich diese anzueignen, ist das seit der Renaissance auf Welt- und Lebensbejahung eingestellte europäische Denken nicht imstande. Es gäbe sich damit selber auf. Ferner aber büßt die Ethik des universellen Mitleids durch die in der pessimistischen Weltanschauung vorhandene Idee der Erlösung ihre Bedeutung ein. Nach Schopenhauer vermag kein Geschöpf dem andern wirksame Hilfe zu bringen. Das Elend, dem sie alle miteinander ausgeliefert sind, rührt ja von der Tatsache her, daß das Sein, statt reines, in sich selbst ruhendes Sein zu bleiben, in einer Vielheit von individuellem Sein in Raum und Zeit in die

66 [Nachträglich eingefügt:] in dem Sein.

67 [R] Nicht nur behaupten, sondern auch in [der] Weltanschauung unterbringen. Kein Nebenbau.

68 [R] Nicht so lebendig. Schopenhauer [ist] nicht für das Recht der Kreatur eingetreten.

Erscheinung tritt und sich von dem Drange beherrschen läßt, in diesem Dasein zu verharren und in ihm Lust zu genießen.[69]

Befreiung aus diesem Elend kann das Geschöpf durch sich selber erreichen. Um ihrer teilhaftig zu werden, muß es den Willen zum individuellen Leben in sich zum Aufhören bringen. Dem irdischen Dasein, während es noch andauert, abzusterben, ist der einzige Weg zur Erlösung. Im Grunde können die Individuen für einander also nicht mehr tun, als daß sie eines das andere antreiben, sich zur Erkenntnis zu erheben, daß all ihr Leid aus dem Wahne des Leben-Wollens herrührt, und eines dem andern das Freiwerden von ihm und das Eingehen in das von der Welt abgelöste und zum Frieden gekommene Sein vorleben.

Damit ist alles aus Mitleid entsprungene materielle Helfen entwertet. Schopenhauers Ethik ist eine schöne Brücke, von der aus keine Straße weiterführt. Wie in der Weltanschauung des Urchristentums, so steht auch in der seinen der Gedanke einer in dem Aufhören des irdischen Seins kommenden Erlösung der Forderung, das in dieser Welt vorhandene Elend durch Wirken aus Liebe zu bekämpfen, im Wege. Tatsächlich unternimmt es Schopenhauer auch nicht, eine Bewegung zur Linderung der Not der Geschöpfe ins Leben zu rufen.

Charles Darwin (1809–1882) erklärt die Gütigkeit gegen die Geschöpfe als eine Äußerung des sozialen Triebes des Menschen. An sich ergebe sich aus diesem zwar nur das ethische Verhalten des Menschen gegen den Mitmenschen und die menschliche Gesellschaft. Die starke Ausbildung, die es im Laufe so vieler aufeinanderfolgender Generationen erfährt, bringt es aber mit sich, daß die Menschen auch die Geschöpfe als zu ihnen gehörig ansehen und sich wohlwollend zu ihnen verhalten.

Wilhelm Wundt (1832–1920) hingegen legt Wert auf die Feststellung, daß die Ethik es nur mit dem Menschen zu tun habe. «Das einzige Objekt des Mitgefühls ist der Mensch», heißt es bei ihm. Tieren gegenüber können in uns nur Regungen entstehen, die dem Mitgefühl einigermaßen verwandt sind.[70] Daß man diesem Mitgefühl zweiter Ordnung Raum gebe, beanstandet er nicht.

---

69 [R] Nicht kann der Mensch dem andern Menschen und den Geschöpfen Erlösung bringen. Eine schöne [zuerst: hohle] Schale ohne Inhalt. Zwecklos!

70 [R] Leslie Stephen, [S.] 121. [Ohne Titelangabe. Vielleicht ist das in *Kultur und Ethik* (Kap XVI) genannte Werk von L. Stephen: *The Science of Ethics*, 1882, gemeint, in dessen (unveränderter?) 2. Auflage, London 1907, folgender Satz steht (S. 121, Schluß von Abschnitt 31): «The relations between members of different states are by no means those of simple antagonism, but also of direct sympathy and cohesion.» In dem betr. Abschnitt ist die Rede von sozialer Beziehung (social tissue), freilich zwischen Menschen, nicht von solcher zwischen Tieren.]

In der Bahn [?] gehen [Gehen?] der Engländer und Amerikaner. Festländisches [Denken] gefühlloser? Nein, nur Schwierigkeit [mit] dem Anbau.

[Alfred] Fouillé und [Jean Marie] Guyau (S. 4 ff. [ohne Werkangabe]) [gehen] nicht

Mit dem Dilemma, daß es die Gütigkeit gegen die Kreatur als irgendwie von der Ethik gefordert anerkennen muß, ohne sie wirklich in ihr unterbringen zu können, wird das neuzeitlich[-]europäische Denken also nicht fertig. Von Rechts wegen sollte ihm die merkwürdige Tatsache, daß etwas, was dem natürlichen Empfinden als durchaus ethisch vorkommt, nicht in seiner Vorstellung des Ethischen enthalten ist, Anlaß geben, diese daraufhin zu revidieren, ob sie nicht zu eng sei. Dies aber könnte dazu führen, die Ethik in Mitempfinden mit allem lebendigen Sein und Hingebung an es bestehen zu lassen und das ethische Verhalten des Menschen zum Nebenmenschen und zur menschlichen Gesellschaft als etwas Besonderes aus jenem Allgemeinen abzuleiten. Ein solches Unternehmen kommt dem neuzeitlich-europäischen Denken aber so abenteuerlich vor, daß es sich um keinen Preis auf es einlassen will. Mit Müh und Not bringt es die gewöhnliche, den Menschen und die menschliche Gesellschaft zum Gegenstand habende Ethik unter Dach. Nun sollte es sich zu einem Umbau entschließen, um auch Platz für die Geschöpfe zu bekommen, statt sich einfach mit einem Anbau zu behelfen!

Dem Umbau der Ethik redet der Berliner Arzt Wilhelm Stern in seiner *Grundlegung der Ethik als positiver Wissenschaft* (1897) das Wort. Er wagt es, die universelle Auffassung des Ethischen zu vertreten. Das Ethische besteht ihm zufolge darin, daß wir uns mit allen lebendigen Wesen *solidarisch* fühlen und keines, auch nicht das am tiefsten stehende, schädigen oder vernichten, ohne daß wir durch die Notwendigkeit der Selbsterhaltung dazu gezwungen sind. Die Bedeutung dieser Stellungnahme wird von dem zeitgenössischen Denken nicht erkannt. Das Buch findet keine Beachtung. Freilich: Stern legt nur einen ganz skizzenhaft gehaltenen Plan des Umbaus vor.[71] Er führt die universelle Ethik[72] nicht im Einzelnen aus und geht auf die in ihr gegebenen Probleme nicht ein.

Von den letzten Jahrzehnten des 19. Jahrhunderts an herrscht die Tendenz vor, die Gütigkeit gegen die Geschöpfe möglichst nebensächlich zu behandeln,[73] wenn nicht gar sie gänzlich außer Betracht zu lassen. Dies hängt mit dem Zurücktreten des Ideals der humanen Gesinnung zusammen. Unter dem Einfluß von Herbert Spencer (1820–1903), Eduard von Hartmann (1842–1906),[74] Friedrich Nietzsche (1844–1900) und anderen gibt es die Ethik auf, ihren Beruf darin zu sehen, die Menschen zum Mitempfinden untereinander und zur Hingebung füreinan-

---

auf das Verhalten gegen Geschöpfe [ein]. – [Die] Zoologie hat allen Vorurteilen ein Ende gemacht.

71 [Darüber:] Daß das Mitempfinden nicht genügt. Muß noch etwas größer [. . .] planen. Ableitung kompliziert.

72 [R] erbaulich.

73 [Darunter:] eine Tugend neben anderen.

74 [Darüber eingefügt:] Also eine Wendung, bei der sie [die humane Gesinnung?] von der Ethik gegen die Tiere abkommt.

der anzuhalten.[75] Sorge um das Wohlergehen der Einzelnen kommt ihr als Naivität und Sentimentalität vor. Sie will nicht mehr Ethik[76] der Liebe sein. Ihren eigentlichen und höheren Beruf sieht sie jetzt darin, die Menschen dazu anzuhalten, der Verwirklichung des überethisch vorgestellten höchsten menschlichen Seins[77] dienstbar zu sein. Je nachdem sie soziologisch oder biologisch orientiert ist, sieht sie dieses Ideal in der höchstorganisierten Kollektivität oder in der die höchste Vitalität bewährenden Einzelpersönlichkeit. In dem einen Falle legt sie dem Menschen das Verhalten auf, das der gerade geltenden sozialwissenschaftlichen Theorie von der höchsterreichbaren Organisation der menschlichen Gesellschaft entspricht, in dem andern dasjenige, das das Aufkommen des höheren Menschentypus möglich machen soll.

Die frühere Ethik der Sympathie mit den Menschen war noch einigermaßen imstande, nebenher auch die Forderung des mitfühlenden Verhaltens zu den Geschöpfen zu vertreten. Der Grundsatz aber, der in der soziologischen und biologischen Ethik die Beziehung des Menschen zur Gesellschaft regelt, läßt sich in keiner Weise auf sein Verhalten zu den Geschöpfen ausdehnen.[78] Dasselbe gilt von der Ethik der sogenannten Wertphilosophie, die es mit den die Kultur ausmachenden Werten zu tun hat.

Immer mehr kommt die neuzeitlich-europäische Ethik also dahin, sich in der Art zu begründen, daß sie logischerweise nur von dem Verhalten des Menschen zu den Menschen, nicht auch von dem des Menschen zu den Geschöpfen handeln kann. Die Forderung des ethischen Verhaltens des Menschen gegen die Kreatur zu vertreten, überläßt sie den Tierschutzvereinen. Diese halten, so gut sie es vermögen, unter uns das Bewußtsein von dem Problem Mensch und Kreatur wach, über dessen fundamentale Bedeutung für die Weltanschauung ins Klare zu kommen, den neuzeitlichen europäischen Denkern versagt blieb.[79]

---

75 [R] Für Nietzsche und die anderen modernen Denker, die das aus Mitempfinden kommende Verhalten zu den Menschen als eine Verirrung ansehen und die Inhumanitätsgesinnung verherrlichen, kommt ein Mitempfinden mit der Kreatur nicht in Betracht. Aber auch Philosophen, die ethische Anlagen [?] in bezug auf das Verhalten zum Menschen vertreten, lehnen es mehr oder weniger entschieden ab, das Teilnehmen an dem Ergehen der Kreatur für geboten zu halten ...

76 [Darüber:] Schweigen sich aus.

77 [Dazu notiert:] wie die Natur.

78 [Zwischen die Abschnitte notiert:] Zwei Wege: 1) Höchstentwicklung der Gesellschaft, oder 2) Höchstentwicklung des Einzelnen.

79 [R] Lambarene, 22.8.33.
Achtung: Das Kapitel über universalistische Ethik und Europa am Ende: nach [den Kapiteln über die] chinesische und indische und zarathustrische [Ethik]. Und dann Schopenhauer viel kürzer behandeln. Und auch dartun, daß Europa zu keiner Tierethik [gelangt], weil es die Schwierigkeiten des ethischen Problems, d. h. der universalistischen Ethik viel stärker empfindet, viel tiefer auf [das] ethische Problem eingeht, es von allen Seiten in Augenschein nimmt. Dies [ist] dann die richtige Überleitung zur Schlußbetrachtung.

C. Anhang zu den Hibbert-Vorlesungen: Die Religion im heutigen Geistesleben

1. Die Religion im Geistesleben unserer Zeit. [Aus den] Skizzen [zu den] Hibbert-Lectures, Oxford[1]

Daß ich die Kräfte der Natur erkenne und sie mir dienstbar mache, mir das Leben erleichtere und verschönere: Gut. Aber ob wir dadurch wirklich nur glücklicher geworden sind, daß die Natur uns dienstbar ist? Eine tragische Seite. Die Naturkräfte wenden sich gegen uns. Die materielle Not, die Arbeitslosigkeit: Weil wir mit unserem Wissen die Maschine schaffen, die die Arbeit des Menschen überflüssig gemacht [hat]. Die Distanzen überwunden: Daß wir das Getreide und die Früchte von dem fruchtbarsten und am leichtesten zu bearbeitenden Lande überall hinbringen und das andere Land eigentlich zu Wüstenei wird. Kulturgefährdend – glücksgefährdend. Und die Macht über die Naturgewalten [wird] zum Problem. [Wir] benutzen sie zur Zerstörung. Wenn in unseren Großstädten Übungen angestellt werden, daß auf ein Sirenengeheul alle Lichter ausgehen und alle sich in die Keller stürzen wie die Mäuse auf dem Felde in ihre Löcher,[2] wenn der Habicht kommt, weil in der Luft ein Übermensch daherfliegt mit unermeßlicher Kraft des Vernichtens und Zerstörens ... Was ist das für eine furchtbare Frage: [Der] Mensch ist eine arme Maus geworden ... vor einem sinnlos zerstörenden Menschen. Also das Wissen. Die Frage, was der Mensch mit dem Wissen macht ... was aus dem Menschen wird. Was der Mensch in der Welt will. – Je gewaltiger seine Macht, je dringender die Frage. Was macht er aus sich? Was macht er aus seiner Macht[?] Also kann [das] Wissen sich nicht selbst genügen, sondern [es] enthält ein höheres Problem in sich.

Nicht den Menschen sagen: dein Wissen taugt nichts, sondern[:] gehe bis zum Ende deines Wissens. Nicht [auf] dein Wissen von der Welt, wo du gewissermaßen nur Zuschauer bist, sondern [auf] das Wissen von dir und der Welt [kommt es an]. Dein Verhältnis zu dir selbst und zu der Welt. Dein Verhältnis zur Welt. Der Mensch wird sich selber zum Rätsel. Dies ist der Anfang des Wissens. Alles andere [ist] nur Präludium.

1 [Sac 15, 1934. Ms.-S. 47–59, Dok.-S. 481–489.]
2 [R] La vie inutile.

Leidende Kraft ... Ein Stäubchen, das durch irgendwelches Ereignis vernichtet werden kann. Und etwas unfaßlich Großes: Bewußt wirkende Kraft, die auf die Welt wirkt. (Agit dans le monde et sur le monde.) Le couronnement de la religion est de prendre conscience de soi-même. Cesser de végéter, de brillammant végéter, et commencer à vivre vraiment.

Von uns allen verlangt das Leben la souffrance, non seulement la souffrance corporelle, mais être au dessus des choses, supporter ce que nous devons endurer des hommes, les déceptions, pas cahoter [cahoté] et desemparé par les événements, mais cherchant la route de devenir une force pure.[3] Développer cette chose mystérieuse qui est en moi: ma volonté de vivre. Atteindre la perfection intérieure. La profonde fidélité à ce que l'esprit veut. Die[s] und als eine wirkende Kraft.

Der Welt, der wir in natürlicher Weise angehören, geistig angehören. Das geistige Eins-Sein mit dem unendlichen Sein erleben. Unser Geist in Harmonie mit dem Weltgeiste.

Das Wesen der Religion ist Frömmigkeit. Glauben und Wissen sind nicht reine Gegensätze. Etwas Gemeinsames: *la piété*. La croyance ne produit pas la piété, elle la suppose. *Es gibt frommes Wissen und frommes Glauben, und es gibt unfrommes Glauben (croyance impie, devenue purement intellectuelle*, se substituant tout simplement à la connaissance, prenant sa place).[4] – L'idéal d'une Eglise n'est pas d'être une Eglise de fervents croyants, mais d'hommes profondément pieux. Les croyances peuvent être diverses, la piété est une. La croyance est le corps, la piété est l'âme. Et le fondement de la piété c'est cette chose toute individuelle. Der nicht-religiöse Mensch ist eine Verkümmerung des Menschen. Im Wissen verkümmert, weil nicht bis zu der letzten Frage vorgedrungen.[5] – *Religion ist nicht, die letzten Fragen gelöst haben, sondern von ihnen bewegt sein. La véritable connaissance rend pieuse [pieux].*

Religion[6] ist Mystik. Denn Mystik ist das Eins-Sein mit dem Unendlichen. Disons *l'infini*. Cherchons un nom. Je sais seulement: Le grand mystère (l'absolu) dans lequel est contenu le mystère de la vie. Allez au bout de la connaissance et vous vous trouvez devant le problème de notre rapport avec l'infini.

Die Mystik: bisher quietiv. Konnte nicht die Frömmigkeit aller sein. Aber hier zeigt [sich] wieder, wie falsch es ist, die rein historische Betrachtungsweise [anzuwenden]. Nicht auf Erscheinungen, sondern

---

3 [R] Affirmer au delà de ce que nous savons.

4 [R] Une idée fixe s'est emparée de la science, comme si elle ne devait pas soccuper des questions de vie! Comme si elle devait rester science de simple constatation. Der einzelne Mensch durch idées fixes gelähmt, wie auch das Geistesleben.

5 [R] Nous oublions l'infini. Il se présente à nous chaque jour par le soleil.

6 [R] *Das Ethische in [der] Religion.* Dies war immer der Fortschritt. Liebe auch [in der] indischen Mystik.

[auf] die Idee kommt es an. Idee der Mystik: que mon esprit individuel devienne un avec le mystérieux esprit, infini, universel. Ce que nous voyons ce sont des essais de mystique. La Mystique véritable, complète, totale est celle par laquelle l'homme devient un avec l'esprit infini par la contemplation et par l'activité.

Also:[7] drei Wahrheiten. 1) Das Primäre an der Religion [ist] die Frömmigkeit, nicht der Glaube. Der Glaube [ist] nur ein Versuch de vaincre le mystère. 2) Das Wesen der Religion ist Mystik. Das geistige und tätige Einsseins mit dem infini. Das Suchen nach dem Einssein. Worterklärung der Religion [d. h. Erklärung des Wortes Religion]. Le mot en lui même [est] mystèrieux. Etre uni. [3)] Religion[8] ist etwas, dessen ich in jedem Augenblick meines Lebens bedarf und das in mir stetig sich manifestiert ... [Über] ein unfreundliches Wort hinauskommen, mit einem Leid fertig werden ...[9] Dazu bedarf ich [der] Religion: Daß ich nicht der natürliche Mensch, sondern der andere Mensch bin.

Trouver à chaque instant en soi la nécéssité de la religion et la religion même. Die wahre Religion [ist] die, die nicht nur in Großem, sondern [auch] in Kleinigkeiten uns leitet. Celle qui régit mes pensées, mes actions, et qui se dégage de moi.

Jede tiefe Weltanschauung ist religiös, und jede tiefe Religion[10] ist denkend. Religion ist Denken. Im Denken werden wir religiös.

Aber wodurch nun mit dem infini en rapport. Wodurch Einheit mit [dem] Unendlichen: *Durch die Liebe.*[11]

Wir verstehen den Weltgeist nicht. Seine Ziele kennen [wir] nicht. [Wir müssen] eingestehen, daß er [ein] Rätsel ist.[12] Er ist schöpferisch und zerstörend. Unser Geist [kann] ihn nicht fassen. Glaube wollte alles erklären. Das Übel in der Welt – gewalttätig. Und doch: *Der tiefste Glaube will nicht mehr erklären.* Fermer les yeux devant la réalité. Croyez ceci et ceci. Expliquer l'évolution du monde. Théodicée de Leibniz. Religion abhängig von Welterklärung. (Wer diese Welterklärung nicht anerkennt, nicht zu der seinigen macht, der kann nicht religiös sein[, so lautet dann die entsprechende Folgerung]).[13]

7 [R] Sagen, daß ich nicht mit Barth polemisiere. Die große Entscheidung ist, die Wahrheit aussprechen. Irrtümer muß man nicht widerlegen. Pas chercher à réfuter, mais chercher la vérité.

8 [R] Titel: Die Religion des Denkens.

9 [R] *Bild*: Denken und Religion: Fruchtbarer Ackerboden und Samenkorn. Nur wo Denken ist, da ist fruchtbarer Ackerboden. Sonst [fällt ein] kostbares Samenkorn auf unfruchtbaren Boden und verkümmert.

10 [R] Religion hat die Beziehung zur Kultur.

11 [R] 1) Das Wesen der Religion, 2) Die Welterkenntnis, 3) Ethik.

12 [R] Religion ist Glaube an den Geist.

13 [R] Gottlosenpropaganda – Antigottlosenpropaganda: Je le hais, ce mot propaganda. Un manque de croyance en la vérité, un manque de respect dans la vérité. Substituierung [d'] une opinion à la vérité. *Antigottlosenpropaganda ist die Frömmigkeit.*

Sondern die tiefe Frömmigkeit ergibt sich ins Geheimnis. Elle souffre d'être devant le mystère, où elle voudrait posséder la connaissance. Nous en souffrons toujours. Aber jede tiefe Religion [weiß] zuletzt ja immer wieder[, daß] alles, was der Glaube verstehen kann, nur ein wenig [ist] im Vergleich zu dem, was er nicht verstehen kann. Jesus: Dein Wille geschehe –

Aber was nun wissen. *Das Wissen von der Liebe.* Gibt es geistige Erkenntnisse, die so gewiß sind wie die Erfahrungserkenntnisse? Die Frage nicht stellen, denn falsche Analogie. Aber wenn gestellt, ja dann nur eine Antwort: *Es gibt die Gewißheit der Liebe!*[14]

Diese Idee in uns [läßt uns] nicht für uns leben. Ihre Entwicklung. Zuerst nur für die Nächsten. Die Idee des Blutes [der Blutsverwandtschaft]. Dann [dehnt sie] sich immer weiter [aus]. Die Verbundenheit mit der Schöpfung. Anerkennen. [Wir] möchten sie [die Idee] beschränken. Auf [die] Gesellschaft (Ethiker des 18. Jahrhunderts). – Aber sie läßt sich nicht beschränken. Unser Leben können wir nicht für uns behalten.[15] Eins-Sein mit Leben = Eins-Sein mit infini. Geahnt von Kungtse, von Mengtse, von Mi Tse (hier zitieren), bei Zarathustra primitiv – bei den Propheten, dann bei Jesus vollendet – schrankenlos. Absolutheit. Die Liebe [ist] das Geheimnisvolle. Die geistige Lebenskraft. Das Anders-Sein als die Welt.[16] – Alle Ideale hängen mit Liebe zusammen. Alle sind Geheimnis. Ich bekümmere mich [darum], daß nach mir eine bessere Menschheit [kommt.] Ich, der ich nicht mehr sein werde.

Nichts am [oder (undeutlich): vom] Weltgeist verstehe [ich] – nur daß ich der Welt angehöre durch Liebe. Durch Liebe trete [ich] mit dem Unendlichen in Beziehung. In Liebe Friede. Erlösung von der Welt.

Religion ist Mystik der Liebe. *Und das Denken kommt zur Liebe* – und [auch?] die überlieferte Religion. – *Denken [geht?] durch Erkenntnis hindurch.* Liebe = Ehrfurcht vor dem Leben. Die Wertphilosophie. [Sie gilt?] dem Natürlichen wie dem Geistigen. Die Liebe [ist] denknotwendig. *Ja, der Mensch, der mit Denken unterwegs Halt macht.* Wie einen Tunnel graben und in der Mitte aufhören, statt ihn zu Ende zu graben. Erschüttert [wird] der größte Skeptiker: durch die einfachste Tat der Liebe. – Dies die Wahrheit. *Kein Gesetz.* Kein Naturgesetz. Als ob die

---

Wenn es Frühling wird, fängt nicht die Wiese an zu sprossen, sondern die Gräser, diese [sind] der Träger des Lebens, die Individualität. Dann mehrere nebeneinander ein grüner Fleck. Immer mehr grüne Flecken – und zuletzt grünt und blüht die Wiese.

14 [R] *Wir freuen uns des Christentums, weil Liebe.* – Zuerst Liebe, dann Wahrhaftigkeit behandeln.

15 [R] Zwei große Ideen[:] [die] der Wahrhaftigkeit und [die] der Liebe.

16 [R] Gehört zum Mittelalterlichen, das sich bei uns auf so vielen Gebieten wieder geltend macht. [Undeutlich, was mit diesem zum Mittelalterlichen Gehörenden gemeint ist.]

Natur in Gesetzen begriffen wäre. Die schöpferische Kraft [wird] nie in Gesetzen begriffen – nur der Ablauf.

Liebe [ist das] Gesetz des geistigen Lebens. In keiner andern Weise [kann ich] mich in den Dienst des Weltgeistes stellen. Ich weiß nicht, was es bedeutet – Entweder erstarrt der Stern, auf dem wir leben, einst in Eis, oder [er wird] in Flammen verzehrt – nichts [wird] mehr sein – aber es hat sich erfüllt, daß der Schöpferwille erfüllt wurde durch die, die ihn verstanden. – Die Angst vor dem Denken! Wohin kommen wir mit dem Denken – Die große Not unserer Zeit [ist] die Gedankenlosigkeit.

Die Mystik der Liebe bei Jesus. Redet nicht die Sprache der Mystik. Aber überall, wo Liebe [ist], da ist Mystik. *Selig sind* ...! Eins mit Gott – Gotteskindschaft. In der Liebe beginnt sich die Gotteskindschaft zu verwirklichen. Bei Paulus dann die Mystik. Schon im Reiche Gottes leben durch den Geist – Geist Christi empfangen – äußert sich als Geist der Liebe. Liebe [ist] die höchste Geistigkeit.

Wunderbar, wie bei Jesus dies im Vordergrund steht. Alle Dogmen [sind] so im Hintergrund, daß man sie so lange übersehen konnte. Das eigentliche Leben jeder tiefen Religion ist Mystik der Liebe. Also: hier Denkreligion! Osez penser! [Osez] être pensants. Die Angst, das Leben nicht mehr so leben zu können, wie man es für bequem hält.

Diese Religion des Denkens [ist] dieselbe Fundamentalidee wie die Fundamentalidee der höchsten geschichtlichen Religion. In dieser Fundamentalreligion existiert die Frage [«]Glauben und Wissen[«] gar nicht. Denn sie beruht auf Denkgewißheit. Gar nicht religiöse Wahrheiten besonderer Art. Überall wo irgend eine doppelte Wahrheit [eine Rolle spielt] – habt Angst davor. Auch die versteckte [doppelte Wahrheit]. Religion beruht nicht auf Glauben. Je tiefer sie ist, je weniger Bedürfnis hat [sie], das Unerklärliche zu erklären. Sie bedarf dessen nicht.

Glaube[17] ist Deutung der Welt. An die Stelle der sachlichen Erkenntnis: Die Welt geschaffen von gütigem Gott. Weltziel durch Gott der Liebe bestimmt. Weltablauf durch natürliche Kräfte. Religion [hat] mit dem Geheimnis der Schöpfung nichts zu tun. *Ein Symbol.* Was wir Dualismus [nennen]. Urkraft – und persönlicher Schöpfer. Pantheismus-Angst. Unpersönlicher Gott – persönlicher Gott. Nur dies eine: Urkraft, die ich sehe. Idee der Liebe – persönlicher Gott. Ist ja nur ein Gleichnis. Das Unendliche weder als unpersönlich – denn keiner von uns kann sich etwas Unpersönliches vorstellen – noch als persönlich[18] – denn keiner kann sich eine unendliche Persönlichkeit vorstellen – alles

17 [R] Viele meiner philosophischen Freunde: Religion: Jardin fermé. Comme on marche sur une route longeant un mur – ceci cest le jardin – on entre pas.

18 [Satz entsprechend vom Vorsatz geändert. Ms.:] Und das Unendliche ist Persönlichkeit, aber keiner ...

[ist] Gleichnis. Die Naturkraft [ist] mir unpersönlich – cela m' entoure.[19] Aber die Idee der Liebe in mir [ist] persönlich. –

Hier Atheismus. Gottlosen ... Wo Liebe ist[, ist] kein Atheismus. Widerlegung – [Wenn die] Sonne aufgeht[, ist] kein Dunkel [mehr].

2tens. Erlösung et vie éternelle. In der Liebe sein – Erlöst-Sein. Die große Lehre von der Erlösung: die Béatitudes [Seligpreisungen]. Ewiges Leben: daß wir nach unserem Tode von Leiblichkeit frei, von Zeit frei [sind]. Aber nur ein Versuch, das Unerklärliche zu sagen. Bedürfnis des Erklärens bei den einen größer als bei andern. Aber immer [ist eine] Veräußerlichung der Religion [damit verbunden]. *Innerlichkeit und Tätigkeitsdrang.*

Vous prenez la solidité [Festigkeit] à la religion ... *La solidité d'une religion ne sont pas les croyances, mais l'esprit.*

Das größte Weltkind: devant les béatitudes. Es muß sagen: C'est la vérité. Hat gar nicht mehr [die] Verschiedenheit von Glauben und Wissen.

Der große Fortschritt der Erkenntnis: *Le sens de la réalité.* Il peut devenir dangereux aux croyances, mais pas à la religion. La religion est au dessus des croyances.

Ob nicht die ganze Religion aufs Ethische [zurückgeht und auf es abzielt?] (Schon Kant, um die Aussagen der Religion durch Ethik zu begründen. Der tiefe Pedant).

Religion des vérités essentielles! (hier gegen den Idioten von [William] James.) *Evangelium aeternum.* Les vérités relatives, symboliques.

Jetzt:[20] Ob Kirchen mitmachen können. Cette évolution. Kirche[:] collectivité des croyants. La collectivité ne se transforme pas comme telle – elle se transforme par les individualités qui la constituent. Bild von [der] Wiese.[21] Grünen. Nicht die Wiese grünt, die einzelnen Gräserchen [grünen] – Organisme! Pas une organisation. Un organsime porte son organisation en lui. Il est vivant. Organisation est extérieure. On peut organiser une machine, mais on ne peut pas [de la] même [façon] organiser la société [. . .], pas la société d'un peuple! Ceci [daß man dies könne, ist] la grande erreur tragique. Substituer l'organisation à l'organisme.

L'Eglise [soit?] la communauté des religieux. L' église des croyants est une forteresse inexpugnable. Mais l'église de la piété est une armée qui envahit toute la contrée.

Die Bedeutung der Kirche: Menschen, die gesammelt sind. Alle Ge-

---

19 [R] Diese philosophische Religion (Denkreligion) [ist] nicht etwas Gemessenes und Kaltes. Denn wo Leben ist und auf Leben eingegangen wird, da [ist] nicht Gemessenes, sondern Lebendiges.

20 [R] Hier Bild von Seele und Leib!

21 [Vgl. oben Anm. 13.]

danken auf das Ewige gerichtet halten. In dieser zerstreuten Welt-Communauté des Saints. Vom predigenden Pfarrer. On sait sa pauvreté, découragé – mais le service est constitué par les pensées qui sont là en nous – par ce que chacun de nous apporte sur un grand autel – Nous sommes venus vers l'Infini et l'Eternel. Dans les croyances – pas un n'a celles des autres – différents dans les croyances – unis dans la piété.

Von meiner Konfirmation ... Aimez l'Eglise. Ne vous laissez pas déraciner. Ausblick auf die Zeit, wo die Gotteshäuser wieder voll sind, wo der Sonntag wieder Sonntag ist – wo die Glocken nicht mehr so traurig klingen ... Die Notwendigkeit der Sammlung, de la communauté avec les autres dans l'infini. – Dies kommt, si dans nous il y a la véritable piété et le véritable amour de l'Eglise.

Kulturreligion, Kulturchristentum! – Mais [. . .]. Reich-Gottes-Gedanke. Denn entweder kommt das Reich Gottes voran oder das Chaos, in dem alles Geistige, alles Ethische, alle Werte vernichtet werden. Le monde ne peut être sauvé que par la religion – par la piété! In tieferem Sinn ist dies wahr. Et nous voyons cette vérité cruellement devant nos yeux. La religion de piété, d'amour qui nous est transmise par les grands prophètes et notre Seigneur Jésus Christ – et que nous trouvons dans notre pensée [ist keine geistige Macht mehr in unserer Zeit.]

[Plannotiz:] Früher: Mat[erial?] vom Reich-Gottes[-Abschnitt] bei aufbauendem Teil.

Die[22] Religion [ist] nicht ein Meer für sich, sondern Ebbe und Flut (marée haute et marée basse) de la vie spirituelle. Les époques pensantes sont religieuses, les époques non pensantes irreligieuses. La religion doit pouvoir être appropriée. Vitamines.

Die Macht der Kirche. Aber nicht geistige Macht.

L'amour est la grande raison.

L'esprit des réalités et l'esprit d'idéalisme! Esprit des réalités: Das Schöpferische, das in den Jungen ist, muß [man] anerkennen. So auch [wird] in den Geschehnissen nicht aus réalités der Geist gewonnen, sondern das [aus dem?] Schöpferische[n?]! Das Schöpferische [ist] das Ideal. Geschehenskraft: die Liebe. Es gibt keine andere rationnellement gestaltende Kraft! Schon in deinem Leben ist die Macht die Liebe. Veni creator spiritus.

Dies bedarf der Geist unserer Zeit avec son esprit des réalités: [Er ist] nicht fähig, [das] sacrificium intellectus [zu leisten]! *L'esprit de vérité*! Ne pas lui imposer les croyances! Dies [wäre der] Weg [nach] rückwärts.[23] *[Er] muß den Weg von innen her zur Religion finden, l'esprit de notre temps, nicht von außen her.*

---

22 [R] In der Bahn 21. 9. 1934 von Lausanne nach Günsbach. Ich muß ... am 22. 9. 34 die Trauung von Robert Minder halten in der Kirche zu Günsbach.

23 [Dieser Satz ist über den Schluß des vorangehenden Satzes notiert.]

Der Piétisme hat [die] Reformation vollendet! Réforme: émancipation [hors] d'un système des croyances. Aber nicht zu Ende. Vergeistigung der Religion insoweit, als [sie] *eine* croyance fondamentale (idée der Religion) sucht. [Die Reformation] setzt sie [die fundamentale Idee] über alle [andern Ideen?] hinaus. Aber kommt nicht bis dahin, daß [die] fundamentale Idee nicht une croyance, sondern la piété ist. [Die] Reformation [wird erst] durch [den] Piétisme vollendet. Une évolution que personne n'arrêtera.

Die Vernunftreligion der Liebe

Jesus nie gegen Vernunft. Sondern die höchste Wahrheit. *Wissen um das Reich Gottes.*

Religion Sache des Geistes, nicht der Tradition. Jede Wahrheit muß immer neu geboren werden. Elle n'est pas une chose qu'on transmet. Bei Jesus: redet nicht wie die Schriftgelehrten.

Religion. Die croyances sind der Leib! Die Religion besteht nicht aus croyances und expériences spirituelles.

Nicht der Zeit die Religion leicht machen! *Liebe ist nichts Leichtes.*[24]

Mit der Welt in Beziehung treten durch den Geist, der in uns ist. Nicht unsere Erkenntnis, sondern unser Leben! Dies [ist] viel mehr! Schleiermacher[:] Gefühl. Aber bei ihm schon die Idee der besonderen Provinz. *Besser: Denken.* Bei Kant: theoretische und praktische Vernunft. Auch die Einheit des Geistes gefährdet. Besser: Denken, das durch Erkennen hindurchgegangen ist. Religion verlernt [die] Angst vor dem Wissen! Kritik der reinen Vernunft: Könnte gerade so gut heißen: vom Erkennen [des Erkennes]!

Ob [die] Religion der Zeit zu gebieten hat![?] Ja. *Religion [ist] das Persönlichste und das Allgemeinste.* Religion das Persönlichste[:] Privatsache? Unser aller Privatsache wird Sache der Gesellschaft. Esprit dans lequel nous tous vivons devient l'esprit de la Société. *Der Geist, in dem wir leben*!

Das Geheimnisvolle, das man erreicht, wenn man durch Erkenntnis hindurchgegangen! Nicht [das] Erkennen ablehnen: sondern im Erkennen bis zu Ende gehen. Durch die Gefilde der Klarheit führt der Weg zum Geheimnis[?][25] der Wahrheit.

Religion et révélation [Offenbarung]! La grande révélation historique et intérieure c'est l'amour. Toute révélation transmise doit correspondre à une révélation qui se fait en nous. Mystique. Révélation est quelque chose qui se reproduit en nous. Nur dies [ist] Wahrheit.

---

24 [R] Erlösungsreligion. Etwas Egoistisches. Zeigen[:] Erlösungsreligion im indischen Denken!

25 [Nur die 3 ersten Buchstaben sind deutlich. Eindeutig aber lautet das Wort anders als im selben Satz in Kulturphilosophie III 1 (1933): «Gefilde» (zweimal im selben Satz. *Die Weltanschauung der Ehrfurcht vor dem Leben*, München 1999, S. 180.).]

Daß gegen Glauben Skeptizismus möglich [ist], aber nicht gegen Ethik.

Religion: pensée individuelle. *Aussi longtemps que des hommes [restent] des individus.* Mais quand la société prend possession spirituelle d'eux: [s'ils] reçoivent leurs idées de [par?] la nation, alors plus de religion. Le nationalisme [est] le plus grand ennemi de la religion. Ob selber irreligiös oder nicht: destructeur de la religion!

Aus der tiefen Erkenntnis des Wesens des Ethischen [erwächst die] Religion.

Aus Romain Rolland, [*Essai sur la mystique et l'action de l'Inde vivante,*] II: *La vie de Vivekananda* [*et l'évangile universel,* Paris] 1930, [S.] 79.

Interessant. Keshab Chunder [Candra] Sen dans son *Epître aux frères Indiens,* (1880[26]): «Vous n'accepterez rien, de confiance, comme font les superstitieux. La science sera votre religion, ainsi dit le Seigneur notre Dieu. Vous respecterez la science au-dessus de toute chose: la science de la matière, au dessus des Védas, et la science de l' esprit, au-dessus de la Bible. L'astronomie et la géologie, l'anatomie et la physiologie, la botanique et la chimie sont les Ecritures vivantes du Dieu de la Nature. La philosophie, la logique, l'éthique, le yoga, l'inspiration et la prière sont les Ecritures du Dieu de l'âme. Dans la Nouvelle Foi[, (c'est à dire, celle qu'il apportait), tout est scientifique. Ne mystifiez pas votre esprit par des mystères occultes! Ne vous livrez pas à des rèves et à des fantaisies!][27] Mais avec une vision claire et un jugement sain, non troublé, prouvez toute chose, et tenez vous fermes à ce qui a été prouvé vrai. Dans toutes vos croyances et toutes vos prières, la foi et la raison devraient s'harmoniser en la vraie Science.»

[2. Nicht aufgenommene Manuskripte (s. Quellenverzeichnis S. 450)]

2 a Skizzen und Auszüge für das def. Manuskript der Hibbert-Lectures
2 b Skizzen zur def. Fassung der Hibbert-Vorlesungen

26 [R. Rolland gibt außer dieser Jahreszahl keine Quelle und keinen Druckort an.]
27 [Das in [ ] gesetzte Stück hat Schweitzer weggelassen.]

3. Die Religion im heutigen Geistesleben.[28] [Anfang einer] Ausarbeitung für den Druck

Ich habe über Religion vor Ihnen zu reden. Dies möchte ich in der Art tun, daß ich mit Ihnen die Wahrheit suche. Lassen Sie mich nicht darum besorgt sein, ob ich Ideen ausspreche, die die Überzeugungen von solchen, die hier unter uns sind, verletzen oder die dem oder jenem zu gewagt vorkommen. Zum voraus bitte ich um Verzeihung, wenn ich jemandem von Ihnen Anstoß gebe.

So entschuldigen Sie mich, bitte, gleich von vornherein, daß ich von der Stellung, die das moderne Geistesleben zur Religion überhaupt einnimmt, rede und mein Thema nicht formuliert habe «Das Christentum im modernen Geistesleben». Warum ich dies tue, wird Ihnen im Verlaufe der Vorträge klar werden. Ich rechtfertige mich also nicht darüber.

Auch verbreite ich mich nicht darüber, wie aktuell und wie wichtig der Gegenstand dieser Vorlesungen ist. Sie wissen es von selbst.

Fangen wir gleich mit der Frage an, ob die Religion eine Macht in unserem Geistesleben ist?

Ich antworte ohne Zögern, und Sie antworten mit mir: Nein. Gewiß, es ist noch lebendige Frömmigkeit in den christlichen Kirchen und in den indischen Religionen, um nur diese zu nennen. Die Religion leistet noch etwas in unserer Zeit. Sie hat Werke der Liebestätigkeit aufzuweisen, auf die sie stolz sein darf. Es sind auch viele religiöse Bedürfnisse unter den Menschen vorhanden, die der Kirche nicht mehr oder kaum noch mehr angehören. Dies alles bin ich froh, Ihnen und mir zugeben zu dürfen. Aber an der Feststellung, daß die Religion keine Macht in dem geistigen Leben unserer Zeit mehr ist, wird dadurch nichts geändert.

Eine einzige Tatsache genügt, um dies zu erweisen: Die Religion hat nichts gegen die Kräfte vermocht, durch die der Krieg heraufgeführt wurde. Sie hat die ethischen Ideale, deren Hüterin sie ist, nicht gegen die Inhumanitäts-Ideale und Sinnlosigkeits-Ideale, die im Geiste der Zeit waren, zu verteidigen vermocht.

Als der Krieg da war, hat sie nicht ihre Würde gewahrt, sondern kapituliert. Sie hat sich mobilisieren lassen. Sie ließ sich dazu gebrauchen – es war ja so verständlich bei der Notlage, in der sich jedes Volk ange-

---

28 [Sac 15. Vollständiger Titel:] Hibbert-Vorlesungen ([R] *Ausarbeitung für den Druck.* Lambarene, 16. 6. 1935) /*Die Religion im heutigen Geistesleben*/ Vier Vorlesungen im Manchester College, Oxford/(16., 18., 23., 25. Oktober 1934).

sichts der bestehenden Tatsache des Krieges befand – mitzuhelfen, dem Volke Mut zum Durchhalten zu geben und ihm die Überzeugung zu verleihen, daß es nicht nur für seine Existenz kämpfte, sondern auch für die Sache der Gerechtigkeit und für die Rettung der geistigen Güter der Menschheit. Dies alles ist begreiflich aus der Notlage, in die die Religion durch die Notlage des Volkes geriet. Aber darum ist nicht minder wahr, daß in dem Kriege die Religion in allen Ländern ihre Hoheit und Reinheit verlor und mit dem Geiste der Welt zusammenging. Fast alle unsere Gotteshäuser sind im Kriege durch das, was im Namen der Religion in ihnen in bezug auf den Krieg gesagt und gebetet wurde, entweiht worden.

In dem Krieg hat es in allen Ländern einen Besiegten gegeben: die Religion.

Was in der Jetztzeit vor sich geht, macht die Niederlage der Religion völlig offenbar.[29] Gewiß, sie erhebt in dem Chaos, in dem unsere Kultur dem Untergange zugeht, hie und da ihre Stimme. Aber sie vermag nur zu protestieren, nicht zu gebieten. Der Geist der Zeit hört nicht auf sie. Er folgt seinen eigenen Eingebungen.

Welches ist nun aber der eigentliche Grund, daß die Religion und das Ethische, das in ihr enthalten ist, über den Geist unserer Zeit keine Macht mehr haben? Welches ist der andere Geist, der in dem Geiste unserer Zeit herrscht und die ethischen Ideale der Religion nicht zur Geltung kommen läßt?

Ich nenne ihn bei seinem Namen: der Geist der Realitäten.

Der Geist der Realitäten liegt im Kampfe mit dem Geist der Ideale und triumphiert über ihn.

Der Geist der Ideale besteht darin, daß der Mensch und die Gesellschaft sich im Nachdenken über das Wahre und Gute Ideale geschaffen und diesen entsprechend die Wirklichkeit zu gestalten unternehmen. Der Realitäten-Geist hingegen glaubt nicht an die Wahrheit und die Macht der dem ethischen Denken entstammenden Ideale, sondern will seine Ideale der Wirklichkeit selber entnehmen.[30] Es dünkt ihn eine Naivität und eine Vergewaltigung der Wirklichkeit, aus dem ethischen Denken kommende Ideale auf die Wirklichkeit [anwenden zu wollen] . . .[31]

---

29 [R] Die Religion gelähmt, das nutzlose Protestieren!
Eine Erlösungsreligion[,] gar keine Bedeutung für eine Zeit.

30 [R] Denken, das von der Wirklichkeit bestimmt ist.

31 [R] Hier habe ich es aufgegeben, diese definitive Redaktion in Afrika zu machen, wo ich mir die Sammlung dazu zu schwer erkaufen muß.

4. [Zwei Notizen für die Hibbert-Vorlesungen[32]]

Für Hibbert-Vorlesungen:

Die Leute haben heute oft das Verständnis und Bedürfnis für Religion verloren, weil sie so viel Religions-Ersatz haben. Religion verlangt Individualität.[33]

Alle Religion, die rein Erlösungsreligion ist, oder sich zwischen Erlösungs- und Reich-Gottes-Religion hin und her bewegt, oder nur die Berufung auf die Vergangenheit, nicht auf das Denken kennt, ist kraftlos.[34] In Harmonie mit der Vergangenheit sein – in Harmonie mit [der] Religion Jesu, nicht einfach Wiederholung derselben, was unmöglich ist.

32 [Aus Dossier 7, Nr. 3.]

33 [Notiz, geschrieben zwischen Ostern und dem 14. Juli 1935, offenbar für die «Ausarbeitung für den Druck» bestimmt.]

34 [R] *Hibbert-Vorlesungen. Religion.* [Wenn diese zwischen dem 20. und 24. 9. 1935 geschriebene Notiz nicht nur in Rückerinnerung an die Hibbert-Vorlesungen zu anderer Verwendung festgehalten wurde, so kann auch sie nur für die «Ausarbeitung» bestimmt gewesen sein, dann freilich im Widerspruch zur Bemerkung vom Juni, die Vollendung der «definitiven Redaktion in Afrika» aufgegeben zu haben. Rechnete A. S. im Herbst 1935 also doch noch mit einer späteren Fertigstellung – in Europa? Vgl. Einleitung S. 222 f.]

5. Die Religion in der modernen Kultur[35]

Ich will über die Bedeutung der Religion im geistigen Leben und in der Kultur unserer Zeit sprechen. Die erste Frage, der man sich dabei gegenübergestellt sieht, lautet: «Stellt die Religion eine Macht dar im geistigen Leben unserer Zeit?» Ich antworte in Ihrer aller und in meinem eigenen Namen: «Nein!» Es gibt noch Religion in der Welt; es gibt auch viel Religion in der Kirche; es gibt noch viel fromme Leute unter uns. Das Christentums kann noch hinweisen auf Liebeswerke und soziale Einrichtungen, auf die es stolz sein kann. Es gibt auch ein Verlangen nach Religion unter vielen, die den Kirchen nicht mehr angehören. Ich gestehe das gern zu. Und doch müssen wir bei der Feststellung bleiben, daß die Religion keine Macht besitzt. Beweis? Der Krieg.

Die Religion besaß nicht die Kraft, dem Geiste Widerstand zu leisten, durch den wir in den Krieg gerieten. Sie wurde von diesem Geiste überwältigt. Sie konnte nichts ausrichten gegen die Ideale der Unmenschlichkeit und Unvernunft, die den Krieg hervorbrachten; und als der Krieg ausgebrochen war, kapitulierte die Religion. Sie wurde mobilisiert. Sie mußte dabei mithelfen, den Mut der Völker aufrechtzuerhalten. Um jedem Volke Mut zu machen zum Weiterkämpfen, mußte man ihm auseinandersetzen, daß es zu kämpfen gälte für die Existenz und die geistigen Güter der Menschheit. Die Religion half dazu, diese Überzeugung zu vermitteln. Es ist leicht verständlich, warum sie dies tat. Es schien einfach notwendig. Und dennoch bleibt es wahr, daß im Kriege die Religion ihre Reinheit verlor und ihr Ansehen. Sie machte gemeinsame Sache mit dem Geist der Welt. Das eine Opfer der Niederlage war die Religion. Und daß die Religion geschlagen wurde, zeigt sich deutlich in unserer Zeit. Denn nur um zu protestieren, erhebt sie noch ihre Stimme. Sie kann nicht mehr befehlen. Der Geist der Zeit hört nicht auf sie. Er geht seinen eigenen Weg.

---

35 «The Christian Century» (New York), 21. und 28. November 1934. (Der Artikel ist englisch erschienen. Deutsche Übers.)

[Abdruck, mit freundlicher Erlaubnis des Verlages, aus G. Seaver, *Albert Schweitzer als Mensch und als Denker*, deutsch von A. Lindemann, Göttingen, Vandenhoeck & Ruprecht, 10., nach der neuesten englischen Ausgabe ergänzte Aufl. 1959, S. 361–368. (S. 149 wird der Text irrtümlicherweise als Auszug aus den Gifford-Lectures bezeichnet.) –

Wenn dieser Text auch kein Originalauszug ist, so wird doch durch die Redaktionsnotiz in «The Christian Century», wonach ihm ein (englisches) Stenogramm von G. Durden Smith zugrunde liegt, bezeugt, daß er dem gesprochenen Vortrag einigermaßen nahesteht. (Vgl. Einleitung S. 226.)]

Wie kam es dazu, daß ethische Ideale den unmenschlichen Idealen des Krieges nicht Widerstand leisten konnten? Es war auf den Geist des praktischen Realismus zurückzuführen. Ich stelle den Geist des Idealismus und den Geist des Realismus als äußerste Gegensätze einander gegenüber. Der Geist des Idealismus ist der Überzeugung, daß Männer und Frauen einer[36] Zeit zu ethischen Idealen durch Denken kommen und daß diese Ideale so kräftig sind, daß die Menschen erklären: Wir wollen sie gebrauchen, um die Wirklichkeit zu beherrschen. Wir wollen die Wirklichkeit in Übereinstimmung mit diesen Idealen umgestalten. Der Geist des Idealismus hat den Wunsch, über den Geist des Realismus zu herrschen. Der Geist des praktischen Realismus indessen hält es für falsch, Ideale anzuwenden auf das, was geschieht. Der Geist des Realismus hat keine Macht über die Wirklichkeit. Wenn eine Generation nach dessen[37] Ideen lebt, ist sie der Wirklichkeit unterworfen. Das ist die Tragödie, die sich in unserer Zeit abspielt. Denn es ist für unsere Zeit charakteristisch, daß wir nicht mehr wirklich an sozialen oder geistigen Fortschritt glauben, sondern der Wirklichkeit ohnmächtig gegenüberstehen.

Die Religion unserer Zeit macht den gleichen Eindruck wie ein afrikanischer Fluß in der Trockenzeit – ein großes Flußbett, Sandbänke und dazwischen ein schmaler Wasserlauf, der sich seinen Weg sucht. Man versucht sich vorzustellen, daß einstmals ein Fluß dieses Bett ausfüllte, daß es hier keine Sandbänke gab, sondern der Fluß majestätisch dahinströmte, und daß es eines Tages wieder so sein wird. Ist es möglich, sagt man sich, daß einst ein Fluß dieses Bett ausfüllte? Gab es einmal eine Zeit, wo ethische Religion eine Kraft war im geistigen Leben der Zeit? Ja, im 18. Jahrhundert. Damals bildeten ethische Religion und Denken eine Einheit. Das Denken war religiös, und die Religion war denkende Religion. Weil es durch ethische religiöse Ideen bestimmt war, unternahm das Denken jener Periode den Versuch, sich die Wirklichkeit vorzustellen, wie sie sein sollte. Es besaß ethische Ideale, nach welchen es die Wirklichkeit gestaltete.

Und weil es von solchen Idealen erfüllt war, besaß es tatsächlich Macht über die Wirklichkeit. Es unternahm ein großes Reformwerk. Es führte Krieg gegen Aberglauben und Unwissenheit. Es erlangte Anerkennung für die Humanität durch das Gesetz. Die Folter wurde abgeschafft, zuerst in Preußen im Jahre 1740 durch eine Kabinettsordre Friedrichs des Großen. Vom Individuum wurde verlangt, daß es sich in den Dienst der Gesellschaft stellen sollte. Englische Auswanderer formulierten in Amerika zum erstenmal die Menschenrechte. Die Idee der Humanität begann an Bedeutung zu gewinnen. Menschen wagten es,

---

36 [Vorlage:] der.
37 [Vorlage:] seinen.

den Gedanken zu fassen, daß dauernder Friede auf Erden herrschen müßte. Kant schrieb ein Buch *Vom ewigen Frieden* (1795) und trug darin den Gedanken vor, daß sogar die Politiker sich den Grundsätzen der Ethik unterwerfen müßten. Schließlich brachte der Geist des 18. Jahrhunderts im 19. Jahrhundert die Abschaffung der Sklaverei zustande.

Der religiös-ethische Geist des achtzehnten Jahrhunderts wünschte damals, das Reich Gottes auf Erden zu verwirklichen.

Im neunzehnten Jahrhundert erhob sich dann der Geist des Realismus gegen diesen Geist des Idealismus. Die erste Persönlichkeit, in der er sich verwirklichte, war Napoleon I. Der erste Denker, in dem er sich ankündigte, war der deutsche Philosoph Hegel. Die Menschen, so behauptete Hegel, haben die Wirklichkeit nicht umzugestalten, um sie mit Idealen in Einklang zu bringen, die vom Denken aufgestellt sind. Der Fortschritt vollzieht sich von selber im natürlichen Ablauf der Ereignisse. Die Leidenschaften der herrschenden Persönlichkeiten und der Völker stehen so oder so im Dienst des Fortschritts – selbst der Krieg. Die Ansicht, daß ethischer Idealismus eine Art von Sentimentalität ist, mit der man in der Welt der Wirklichkeit nichts anfangen kann, begann mit Hegel. Er sollte als erster die Theorie des Realismus in Worte bringen. Er schrieb: «Was vernünftig ist, ist wirklich, und was wirklich ist, ist vernünftig.» Am Abend des 25. Juni 1820, als dieser Satz geschrieben war, begann unser Zeitalter, das Zeitalter, welches weiterging zum Weltkriege – und welches vielleicht eines Tages der Kultur ein Ende machen wird.

Hegel wagt zu behaupten, alles diene dem Fortschritt. Die Leidenschaften der Herrscher und der Völker seien Diener des Fortschritts. Man kann nur sagen, daß Hegel die Volksleidenschaften nicht kannte, wie wir sie kennen, sonst hätte er nicht gewagt, das zu schreiben!

Eine Wahrheit steht fest. Alles, was in der Weltgeschichte geschieht, beruht auf etwas Geistigem. Wenn das Geistige stark ist, schafft es Weltgeschichte. Wenn es schwach ist, erleidet es Weltgeschichte. Es erhebt sich nun die Frage: sollen wir Weltgeschichte machen oder sie nur passiv erleiden? Wird unser Denken wieder ethisch-religiös werden? Werden wir wieder Ideale erringen, die Macht haben über die Wirklichkeit? Das ist die Frage, die heute vor uns steht.

In der Religion gibt es zwei verschiedene Strömungen, eine dogmenfreie und eine dogmatische. Die dogmenfreie beruht auf der Predigt Jesu; die dogmatische beruht auf den Glaubensbekenntnissen der frühen Kirche und der Reformation. Die dogmenfreie Religion ist bis zu einem gewissen Grade die Erbin der rationalistischen Religion. Sie ist ethisch, beschränkt sich auf die ethischen Grundwahrheiten und bemüht sich, soweit es in ihrer Macht steht, mit dem Denken auf gutem Fuße zu bleiben. Sie hat den Wunsch, ein Stück vom Reiche Gottes in der Welt zu verwirklichen. Sie hält sich selber für identisch mit der Religion Jesu. Alle Anstrengungen der historisch-theologischen Wissenschaft im neunzehnten Jahrhundert gehen darauf aus, den Nachweis zu führen, daß das christliche Dogma mit Paulus begann und daß die Religion Jesu undogmatisch ist, so daß sie in jedem Zeitalter übernommen werden kann.

Aber es bedeutete eine große Schwierigkeit für die undogmatische Religion, als die theologische Wissenschaft am Ende des neunzehnten Jahrhunderts sich zum Zugeständnis genötigt sah, daß die ethische Religion Jesu die übernatürlichen Vorstellungen des spätjüdischen Glaubens vom messianischen Reiche und sogar auch seine Erwartung des nahe bevorstehenden Weltendes teilte. Hierin zeigt sich deutlich, daß es keine rein historische Begründung der Religion gibt. Wir müssen die ethische Religion Jesu aus dem Rahmen seiner Weltanschauung herausnehmen und sie in unsere eigene hineinversetzen. Während er das Kommen des Gottesreiches beim Ende der Welt erwartete, müssen wir unter dem Einfluß des Geistes seiner ethischen Religion uns bemühen, das Reich Gottes in dieser Welt Wirklichkeit werden zu lassen durch Werke der Liebe.

Die dogmatische Religion beruht auf den Glaubensbekenntnissen, auf der frühen Kirche und der Reformation. Sie hat keine Beziehungen zum Denken, sondern betont den Unterschied zwischen Denken und Glauben. Diese Religion wird ferner mehr durch den Erlösungsgedanken als durch den Reichgottesgedanken beherrscht. Sie hat nicht den Wunsch, auf die Welt Einfluß zu üben. Es ist charakteristisch für alle alten Glaubensbekenntnisse, daß die Reichgottesidee in ihnen keinen Ausdruck findet.

Warum hat die Reichgottesidee in der frühen Kirche keine Bedeutung? Sie war eng verbunden mit der Erwartung des Weltendes. Und als die Hoffnung auf das Kommen des Weltendes geschwunden war, verlor damit auch die Reichgottesidee ihre Kraft. So kam es, daß die Glaubensbekenntnisse zu dieser Zeit für die Erlösungsidee voreingenommen waren.[38] Erst nach der Reformation kam allmählich der Gedanke auf, daß wir als Männer und Frauen in unserer Zeit die Religion Jesu in der Weise verstehen müssen, daß wir uns bemühen, das Reich Gottes in dieser Welt Wirklichkeit werden zu lassen. Einzig durch die Reichgottesidee gelangt die Religion in Verbindung mit der Kultur.

In jüngster Zeit ist in der dogmatischen Religion eine Richtung hervorgetreten, die dem Denken den Rücken kehrt und gleichzeitig behauptet, daß Religion mit der Welt und der Kultur nichts zu tun habe.

---

38 [Vorlage:] ... nicht etwa für die Erlösungsidee voreingenommen waren. [Englische Vorlage:] So it came about that the creeds were not at the same time preoccupied with the idea of redemption. [«not» ist zu streichen, ist doch wohl ein Druckfehler oder ein Irrtum des englischen Berichterstatters.]

Es sei nicht ihre Aufgabe, das Reich Gottes auf Erden zu verwirklichen. Diese extreme Richtung wird hauptsächlich durch Karl Barth vertreten.

Karl Barth ist der modernste Theologe, weil er am meisten im Geiste unserer Zeit lebt und mehr als irgendein anderer jene Verachtung für das Denken hat, die charakteristisch ist für unsere Zeit. Er wagt die Behauptung, Religion habe nichts mit dem Denken zu tun. Er verlangt, daß die Religion mit nichts anderem zu tun haben soll als mit Gott und Mensch, der großen Antithese. Er behauptet, ein religiöser Mensch beschäftige sich nicht mit dem, was der Welt zustoße. Die Reichgottesidee spielt bei ihm keine Rolle. Er höhnt über den sogenannten «Kulturprotestantismus». Die Kirche muß die Welt sich selbst überlassen. Aufgabe der Kirche ist nur, die offenbarte Wahrheit zu predigen. Die Religion ist von der Welt abgekehrt.

Doch Karl Barth, den ich persönlich hoch schätze, kam in die Lage, daß er sich mit der Welt beschäftigen mußte, was er theoretisch nicht zu tun wünschte. Er mußte die Freiheit der Religion gegen den Staat verteidigen. Und er tat es mutig. Aber es zeigt sich dabei, daß seine Theorie falsch ist. Es ist etwas Furchtbares um die Behauptung, Religion sei nicht ethisch. Karl Barth ist eine wahrhaft religiöse Persönlichkeit, und seine Predigten enthalten viel tiefe Religion. Aber es ist etwas Furchtbares, daß er zu predigen wagt, die Religion sei von der Welt abgekehrt; er drückt damit dasselbe aus, was der Zeitgeist empfindet.

Der Zeitgeist liebt nicht, was einfach ist. Er glaubt nicht mehr, das Einfache könne tief sein. Er liebt das Komplizierte und sieht darin Tiefe. Er liebt das Gewaltsame. Darum kann der Zeitgeist Karl Barth und Nietzsche gleichzeitig lieben. Der Zeitgeist liebt die Dissonanz, in Tönen, in Linien und im Denken. Das zeigt, wie weit er vom richtigen Denken entfernt ist, denn richtiges Denken bildet eine Harmonie in uns.

Wenn man die Entwicklung der Religion seit der Mitte des neunzehnten Jahrhunderts überblickt, versteht man die tragische Tatsache, daß sich zwar wirklich lebendige Religion unter uns findet, daß sie aber nicht der Sauerteig ist, der das Denken unserer Zeit durchsäuert.

Wir wollen vier «Wege» prüfen, auf denen das Denken zu einer Religion zu gelangen sucht. Den ersten Weg beschreitet der Materialismus – die Religion der Naturwissenschaft. Der Materialismus erklärt der Metaphysik den Krieg. Er will nur das Positive, das man wirklich erkennen kann, und damit legt er seine Lebensauffassung dar. Die Ethik des Materialismus spricht sich in dem Satze aus: Du muß leben für das Wohl der Allgemeinheit. Hat eine derartige Ethik wirklich die Bedeutung einer Religion? Kann ein Mensch den Zweck seines Lebens wirklich verstehen, wenn er sagt: Ich lebe für das Wohl der Allgemeinheit? Nein! Die Ethik des Materialismus ist unvollständig. Sie hängt in der Luft.

Die Ethik des Materialismus ist ferner überflüssig. Die Gesellschaft hat es nicht nötig, daß das Individuum ihr diene. Die Gesellschaft hat sein sittliches Verhalten nicht nötig; sie kann ihm die Gesellschaftslehre aufzwingen, die sie für die beste hält. Herbert Spencer war nicht nur ein großer Denker, sondern auch ein großer Prophet. Er gab der Sorge Ausdruck, daß der Staat mit Gewalt das Individuum zwingen würde, sich ihm zu unterwerfen. Er hatte recht. Die Ethik des Materialismus hat nicht triumphiert, denn in unserer Zeit haben wir erlebt, wie der Staat das Individuum vernichtet, um das Individuum sich dienstbar zu machen. Deshalb ist die Ethik des Materialismus keine Religion.

Den zweiten Weg ist Kant gegangen und beinahe alle bedeutenderen Philosophen der zweiten Hälfte des neunzehnten Jahrhunderts. Wie versuchen sie zur Religion zu kommen? Sie wagen nicht mehr zu behaupten, daß wir von der Ethik die Vorstellung der Existenz Gottes und der Unsterblichkeit der Seele ableiten. Sie sind vorsichtiger. Sie fragen: Gelangt das Denken zu etwas, das wir Gott nennen können? Sie suchen zu zeigen, daß die Existenz eines ethischen Gottes irgendwie notwendig ist, und versuchen dem Materialisten zu beweisen, daß er ohne diese Vorstellung nicht richtig leben kann.

Aber diese ethische Religion der Philosophen der zweiten Hälfte des neunzehnten Jahrhunderts ist nicht fest gegründet. Ihre Gottesvorstellung ist ganz unvollständig. Das Ethische in ihrer Lehre hat keine zwingende Stärke. Es fehlt die treibende Kraft und Begeisterung, und so hat diese schöne philosophische Religion keine Bedeutung gehabt für das Denken der Welt im allgemeinen. Sie ist etwas, das nicht in den Mittelpunkt der Dinge gestellt werden kann; sie ist zu fein, zu behutsam, sie gibt keine Befehle.

Der dritte Weg ist der der Wertphilosophie und des Pragmatismus. Die Wertphilosophie nimmt Zuflucht zu einer Art des Denkens, die zum Dualismus führt. Sie behauptet, es gäbe geistige Wahrheiten neben theoretischen Wahrheiten und jede wertvolle Überzeugung besäße in sich selber Wahrheit – eine gefährliche Behauptung. Der eigentliche Vater dieser Lehre von der doppelten Wahrheit ist Hume. Um dem Skeptizismus zu entgehen, behauptet Hume, wir brauchten Überzeugungen, welche uns helfen könnten, zu leben und zwar solche, in bezug auf die wir nicht fragen: Sind sie wahr?, sondern: Sind sie notwendig für unser Leben?

Was bedeutet Pragmatismus, verglichen mit dieser Wertphilosophie? Er ist eine Wertphilosophie, die das Kriterium der Ethik aufgegeben hat. Der Pragmatismus sagt: Jede Idee, die mir zu leben hilft, ist Wahrheit. Die Europäer erhielten diesen Pragmatismus gebrauchsfertig aus Amerika übermittelt durch William James. So gelangt das moderne Denken zur Lehre von der doppelten Wahrheit. Die Theorie von der doppelten Wahrheit bildet eine geistige Gefahr. Wenn es eine doppelte

Wahrheit gibt, dann gibt es keine Wahrheit. Das Gefühl für Wahrhaftigkeit wird abgestumpft; das einzige aber, was dem Denken Humanität verleihen kann, ist ein Empfinden für Wahrheit, denn Wahrhaftigkeit ist die Grundlage alles geistigen Lebens, und wenn diese Grundlage erschüttert ist, bleibt kein geistiges Leben bestehen. Im Pragmatismus ist nicht nur die Wahrhaftigkeit und Wahrheit, sondern die Ethik gefährdet. Denn die Ethik ist hier nicht mehr das Kriterium für das, was wertvoll ist. Der Pragmatismus ist erfüllt vom Geist des Realismus. Er gestattet den Menschen, ihre Ideale der Wirklichkeit zu entnehmen.

Den vierten Weg gehen die modernen Denker, die sich von Kant freigemacht haben. Es sind dunkle Denker – ihr Denken ist dunkel, und dazu haben sie noch die Gabe, dunkel zu schreiben! Sie wollen zur Religion gelangen, indem sie sagen: Alles Erkennen der Welt auf wissenschaftlichem Wege führt nur zu einer Beschreibung der Welt, aus der der Mensch nichts für sich gewinnen kann. Was wir erkennen müssen, ist das eigentliche Wesen des Universums. Zuvor aber müssen wir uns beschäftigen mit dem Geheimnis unseres Lebens. Im Geheimnis unseres Lebens erfassen wir das Geheimnis des Universums. Sie behaupten: Wir erkennen das Universum durch Intuition, nicht durch die Vernunft. Unser Leben erkennt das Leben in der Welt, durch unser Leben werden wir eins mit dem Leben des Universums. Dieses Denken ist also Mystik.

Aber die Ethik spielt keine Rolle in dieser Art des Denkens. Das große Problem, um das sich der Mensch müht, spielt keine Rolle darin.

Im modernen Denken geschieht dasselbe wie in der Religion. Das Denken läßt mitten im Sturm das Steuerruder aus der Hand gleiten. Es verzichtet darauf, menschlichen Wesen Ideale zu geben, mit deren Hilfe sie mit der Wirklichkeit fertig werden können. Es überläßt sie sich selber, und zwar in einem besonders schrecklichen Augenblick. Denn der gegenwärtige Augenblick ist schrecklich. Der Mensch hat Macht gewonnen über die Naturkräfte, und dadurch ist er zum Übermenschen geworden und gleichzeitig zum unglücklichsten Menschen. Denn diese Macht über die Naturkräfte wird nicht zum Segen, sondern zur Zerstörung angewendet.

Weil er Macht hatte über die Naturkräfte, baute der Mensch Maschinen, die Menschen Arbeit wegnahmen, und dadurch entstehen soziale Probleme von solchem Ausmaß, wie es sich vor vierzig Jahren niemand hätte träumen lassen. In manchen Städten werden jetzt Luftschutzübungen abgehalten, wobei Sirenen heulen und alle Lichter verlöschen. Die Leute ziehen Geräte über ihren Kopf, daß sie aussehen wie Tiere, und sie stürzen in die Keller, während durch die Luft der Übermensch heranfliegt, im Besitz unendlicher Macht der Zerstörung.

Die Menschheit hat immer ethische Ideale nötig gehabt, um mit ihrer Hilfe dem Menschen den richtigen Weg zeigen zu können, wie er die Macht, die er besitzt, richtig verwenden möge. Heute ist diese Macht tausendfach gewachsen. Tausendmal nötiger hat jetzt der Mensch ethische Ideale, die ihm den Weg zeigen können. Doch gerade in dem Augenblick, wo es darauf ankommt, versagt das Denken. In dieser Periode tiefster Not gibt das Denken der Menschheit die Ideale nicht, die sie nötig hat, um nicht überwältigt zu werden. Ist das unser Schicksal? Ich hoffe es nicht. Ich glaube es nicht. Ich bin der Ansicht, daß in unserem Zeitalter wir alle eine neue Art des Denkens in uns tragen, die uns ethische Ideale geben wird.

Alles Denken muß auf den Versuch verzichten, die Welt zu erklären. Wir können nicht begreifen, was in der Welt geschieht. Das Herrliche in ihr ist mit dem verbunden, was Schrecken erregt, das Sinnvolle mit dem, was sinnlos ist. Der Weltgeist ist gleichzeitig schöpferisch und zerstörend. Er schafft, indem er zerstört, und zerstört, indem er schafft; und darum bleibt er für uns ein Rätsel. Und es bleibt uns nichts anderes übrig, als uns damit abzufinden.

Das Denken, welches Fühlung behält mit der Wirklichkeit, muß aufschauen zum Himmel, es muß über die Erde schauen und wagen, seinen Blick auf die vergitterten Fenster eines Irrenhauses zu richten. Schau auf zu den Sternen und begreife, wie klein unsere Erde im Weltall ist. Schau auf die Erde und erkenne, wie winzig der Mensch auf ihr ist. Die Erde existierte lange, ehe Menschen darauf lebten. In der Geschichte des Weltalls leben Menschen auf der Erde erst seit einer Sekunde. Wer weiß, ob die Erde nicht noch einmal ohne Menschen um die Sonne kreisen wird? Darum dürfen wir den Menschen nicht in den Mittelpunkt der Welt rücken. Und unser Blick muß auf die vergitterten Fenster eines Irrenhauses gerichtet sein, um uns an die schreckliche Tatsache zu erinnern, daß das Geistige und Seelische gleichfalls der Zerstörung unterworfen ist.

Nur wenn das Denken so bescheiden wird, kann es den Weg betreten, der zur Erkenntnis führt. Je tiefer eine Religion ist, desto mehr vergegenwärtigt sie sich die Tatsache, daß das, was sie durch den Glauben erkennt, wenig ist im Vergleich mit dem, was sie nicht erkennt. Die erste Leistung des Denkens besteht in Resignation, sich Abfinden mit dem, was geschieht. Wenn wir innerlich frei werden von dem, was geschieht, gelangen wir durch das Tor der Erkenntnis auf den Weg zu Ethik.

Je tiefer wir in die Natur schauen, desto mehr erkennen wir, daß sie voller Leben ist, und desto gründlicher wird uns klar, daß alles Leben ein Geheimnis ist und daß wir mit allem Leben in der Natur verbunden sind. Der Mensch kann nicht länger sein Leben für sich allein leben. Wir werden uns bewußt, daß alles Leben wertvoll ist und daß wir mit all diesem Leben verbunden sind. Aus dieser Erkenntnis erwächst unsere geistige Verbindung mit der Welt.

In der Mystik des Mittelalters gab es den wundervollen Ausdruck *docta ignorantia* – «verständnisvolles[39] Nichtwissen», das ist unser Zustand. Diese *docta ignorantia* ist uns vermittelt durch die Naturwissenschaft. Wir wollen keine Furcht vor der Naturwissenschaft haben – sie bringt uns näher zu Gott.

Es geht eine Entwicklung vor sich, in deren Verlauf der Kreis der Ethik sich immer mehr erweitert und die Ethik tiefer wird. Diese Entwicklung ist im Gange von den frühesten Zeiten an bis zur Gegenwart. Sie wird oft angehalten, gehemmt durch den Mangel an Denken unter den Menschen – ich wage zu behaupten durch denjenigen Mangel an Denken, der das Denken charakterisiert! Aber trotzdem geht die Entwicklung bis zu Ende weiter. Der von der Ethik beschriebene Kreis erweitert sich immer mehr. Der primitive Mensch hat nur Pflichten gegenüber seinen nächsten Verwandten. Alle anderen Lebewesen sind für ihn nur Dinge; er mißhandelt und tötet sie ohne Bedenken. Dann erweitert sich der Kreis zum Stamm, zum Volk und wird immer weiter, bis schließlich der Mensch sich seiner ethischen Verbindung mit der gesamten Menschheit bewußt wird. Das bedeutet eine gewaltige Leistung des Denkens.

Man denke an Plato und Aristoteles. Ihre Ethik ist engherzig. Sie kümmerten sich nur um ihre Mitbürger. Sklaven und Fremde kamen für sie nicht in Betracht. Mit dem Stoizismus beginnt sich dann der Kreis zu erweitern. Das war die größte Offenbarung griechischen Denkens. (Man verzeihe diese ketzerische Ansicht!) Da taucht plötzlich bei Seneca, Epiktet und Marc Aurel der Gedanke auf, daß die Ethik sich auf die Menschheit erstreckt. Das Denken gelangt bei jener intuitiven Erkenntnis an, welche sich schon bei den israelitischen Propheten findet und voll entwickelt wird durch Jesus.

Gewiß meint nun die Ethik, der Kreis sei weit genug. Aber nein! Die Macht, die den Kreis dazu treibt, sich zu vergrößern, vergrößert ihn weiter. Langsam entsteht in unserem europäischen Denken die Vorstellung, daß die Ethik es nicht nur mit der Menschheit zu tun hat, sondern ebenso mit der Tierwelt. Das beginnt mit Franz von Assisi. Die Deutung, die sich nur auf den Menschen bezieht, muß aufgegeben werden. So werden wir schließlich zu der Feststellung kommen, daß Ethik Ehrfurcht vor *allem* Leben bedeutet.

Ich möchte die Ethik so definieren: Gut ist Leben erhalten und Leben fördern; schlecht ist Leben schädigen und zerstören. Mag sie sich auch noch so sehr dagegen sträuben, die Ethik gelangt schließlich zur Religion Jesu. Sie muß erkennen, daß sie keine andere sinnvolle Beziehung zu anderen Wesen entdecken kann als die Beziehung der Liebe. Ethik bedeutet Erhaltung des Lebens auf dem höchsten Stand der Entwick-

39 [A. Schweitzer, s. o. S. 270:] wissende Unwissenheit.

lung – meines eigenen Lebens und fremden Lebens –, indem ich mich ihm widme in Hilfsbereitschaft und Liebe; dies beides gehört zusammen.

Und diese tiefe, universale Ethik hat die Bedeutung einer Religion. Sie *ist* Religion.

Heutzutage besteht ein Mangel an Denken, der charakterisiert ist durch Verachtung des Lebens. Wir führten Krieg um Fragen, die durch vernünftige Überlegungen hätten gelöst werden können. Niemand hat dabei gewonnen. Der Krieg tötete Millionen von Menschen, brachte Leiden über Millionen von Menschen und brachte Leiden und Tod über Millionen von unschuldigen Tieren. Warum? Weil wir nicht die vernünftigste Denkweise der Ehrfurcht vor dem Leben besaßen. Und weil wir sie nicht besitzen, fürchtet jedes Volk jedes andere, und jedes verursacht jedem anderen Furcht. Wir sind alle miteinander geistig krank, weil es uns an vernünftiger Denkweise fehlt. Es gibt kein anderes Heilmittel als die Ehrfurcht vor dem Leben, und zu ihr müssen wir gelangen.

Das Denken hat uns das nicht gegeben, aber das Denken bereitet es vor – in der Naturwissenschaft, die uns gestattet, das innere Wesen des Seins zu erkennen, und in der Ethik, die sich in einer Richtung entwickelt, in der sie ihre Vollendung in der Ehrfurcht vor dem Leben erreicht. Ehrfurcht vor dem Leben wohnt in unserem Denken. Wir müssen nur tief genug durch die Gedankenlosigkeit hindurchdringen, bis wir zu dieser tiefen Ethik gelangen, welche bereits Religion ist.

Wir wandern jetzt in der Dunkelheit, aber alle miteinander haben wir die Überzeugung, daß wir dem Lichte entgegenschreiten, daß wieder eine Zeit kommen wird, wo religiöses und ethisches Denken sich vereinen werden. Daran glauben wir, darauf hoffen wir und dafür wirken wir, indem wir den Glauben aufrechterhalten, daß, wenn wir ethische Ideale in unserm Leben wirksam werden lassen, einmal die Zeit kommen wird, wo die Völker das gleiche tun werden. Wir wollen aufschauen zum Licht und uns trösten mit dem Nachsinnen darüber, was das Denken für uns in Bereitschaft hat.

Verzeichnis der von Albert Schweitzer zitierten und benutzten Literatur

(Die in den drei Haupttexten und den zugehörigen Anhängen vorkommende Literatur sowie originale Literaturangaben aus den «Alten Skizzen zu den Weltreligionen» und aus nicht aufgenommenen Skizzen zu den Hibbert-Lectures)

I. Kultur und Ethik in den Weltreligionen

Abaelard, P.: *Ethica seu liber dictus: scito te ipsum*, in: *Thesaurus Anecdotorum novissimus...*, von B. Pez, Bd. III, Augustae Vindelicorum et Graecii 1721–1723 (Engl. Übersetzung von J. Ramsay McCallum, Oxford 1935; von D. E. Luscombe, Oxford 1871, mit lat. Text)

Amélineau, E.: *La morale égyptienne, quinze siècles avant notre ère. Etude sur le Papyrus Boulaq Nr. 4*, Paris 1892

Ders.: *Essai sur l'évolution historique et philosophique des idées morales dans l'Egypte ancienne*, Paris 1895

Anquetil-Duperron, A. H.: *Relation abrégé* du voyage que M. Anquetil Duperron a fait dans l'Inde pour la recherche et la production des ouvrages attribués à Zoroastre. – *Suite* du voyage de M. Anquetil Du Perron. *Liste des manuscrits... déposés à la Bibliothèque du Roi le 15 mars 1762*, Paris, M. Lambert, 1762, 2 vol.

Baldensperger, W.: *Das Selbstbewußtsein Jesu im Lichte der messianischen Hoffnungen seiner Zeit*, Straßburg 1888 (dritte Auflage unter dem Titel: 1903) *Die messianisch-apokalyptischen Hoffnungen des Judentums*

Barth, A.: *Les religions de l'Inde, Encyclopédie des sciences religieuses*, Paris 1870. (Englische Ausgabe: *The Religions of India*, London 1882, [4]1906)

Barth, P.: *Die Stoa*, Stuttgart 1903

Bartholomae, C.: *Die Gathas des Avesta*, Straßburg 1905

Bauer, B.: *Kritik der evangelischen Geschichte der Synoptiker*, 3 Bde., Leipzig 1841–42

Ders.: *Christus und die Cäsaren, der Ursprung des Christentums aus dem römischen Griechentum*, Berlin 1877

Baur, F. Chr.: *Paulus, der Apostel Jesu Christi*, Stuttgart 1845

Ders.: *Seneca und Paulus, das Verhältnis des Stoicismus zum Christenthum nach den Schriften Seneca's*, in: Drei Abhandlungen zur Geschichte der alten Philosophie, hg. von E. Zeller, Leipzig 1876

Beckh, H.: *Buddhismus (Buddha und seine Lehre)*, 2 Bde., I: [2]1919; II: [2]1920

Bergaigne, A.: *La religion védique*, 3 Bde., Paris 1878–1883

Bigg, C.: *Neoplatonism*, London 1895

Binet-Sanglé, Ch.: *La folie de Jésus*, 3 Bde., Paris 1902–1912

Boethlingk, O. (Übers. und Hg.): *Khândagjo Upanishad*, Leipzig 1889

Ders. (Übers. und Hg.): *Brhadâranja Upanishad*, St. Petersburg 1889

Böhme, J.: *Aurora, das ist: Morgen Röthe im Auffgang und Mutter der Philosophie. Oder: Beschreibung der Natur,* Dresden (?) 1634, *Jac. Böhme's sämtliche Werke,* hg. v. K. W. Schiebler, 7 Bde., Leipzig 1831–1847, Bd. 2: 1832 (Englisch von W. Law: *The Works of Jacob Boehme,* London 1764–1781)
Boissier, G.: *La Fin du Paganisme,* 2 Bde., Paris 1891
Bonhöffer, A.: *Die Ethik des Stoikers Epiktet,* Stuttgart 1894
Breasted, J. H.: *Development of Religion and Thought in ancient Egypt,* London 1912
Brochard, V-Ch.-L.: *Les Sceptiques grecs,* Paris 1887
Brugsch, H.: *Religion und Mythologie der alten Aegypter,* Leipzig ²1891
Buchholz, E.: *Die sittliche Weltanschauung des Pindaros und des Aeschylos,* Leipzig 1869
Budde, K.: *Die Religion des Volkes Israel bis zur Verbannung,* Gießen 1900 (dritte Auflage unter dem Titel: *Die altisraelitische Religion,* 1912)
Budge, E. A. Th. W.: *The Chapter of Coming forth by Day or the Theban Recension of the Book of the Dead,* I-III, London 1898/1910
Bühler, G. (Übers.): *Über die indische Sekte der Jainas,* Kaiserliche Akademie der Wissenschaften, Wien, Almanach 1887
Burnouf, E.: *Introduction à l'histoire du Bouddhisme indien,* Paris 1844
Ders. (Hg.): *Le lotus de la bonne loi,* Paris 1852
Caird, E.: *The Evolution of Theology in the Greek Philosophers,* 2 Bde., Glasgow 1904
Cämmerer, A. Fr. (Übers.): *Tirruvalluwer, Gedichte und Denksprüche, aus der Tamilischen Sprache übersetzt,* Nürnberg 1803
Casartelli, L. C.: *La philosophie religieuse du mazdéisme sous les Sassanides,* Paris 1884/1886
Chabas, F. J.: *Les maximes du scribe Ani, d'après le papyrus hiératique No. IV du Musée de Boulaq, avec double transcription, traduction analytique et commentaire perpétuel,* 2 Bde., L'Egyptologie Série 1, Paris/Chalon-sur-Saône 1876/1878
Chalmers, J.: *The Speculation on Metaphysics, Polity and Morality of the old Philosopher Lao-tsze,* London 1868
Chantepie de la Saussaye, P. D.: *Lehrbuch der Religionsgeschichte,* 2 Bde., Tübingen 1887
Cohen, H.: *Kants Begründung der Ethik,* Berlin 1877
Couvreur, F. S.: *Les Quatres Livres par Confucius et Mencius,* avec un commentaire abrégé en chinois, une double traduction en français et en latin et un vocabulaire des lettres et des noms propres par S. Couvreur, Ho-Kien-fu 1895
Crooke, W.: *An Introduction to the Popular Religion and Folklore of Northern India,* Allahabad 1894 (Westminster ²1896)
Cumont, F.: *Textes et monuments figurés relatifs aux mystères de Mithra,* 4 Bde., Bruxelles 1896–1899
Curtius, E.: *Griechische Geschichte,* 3 Bde., Berlin ⁶1887–1889
Cust, R. N.: *Pictures of Indian Life Sketched with the Pen from 1852–1881,* London 1881
d'Alviella, E. G. C.: *L'évolution religieuse contemporaine chez les Anglais, les Américains et les Hindous,* Paris 1884
Dahlmann, J.: *Das Mahâbhârata als Epos und Rechtsbuch,* Berlin 1895
Darmesteter, J. (Übers.): *The Vendîdâd,* The Sacred Books of the East Bd. IV (The Zend-Avesta Part I), Oxford 1880
Ders.: *The Sîrôzahs, Yasts and Nyâyis,* The Sacred Books of the East Bd. XXIII (The Zend-Avesta Part II), Oxford 1883
Ders.: *Le Zend-Avesta,* 3 Bde., Annales du Musée Guimet Bd. XXIf., XXIV, Paris 1892 f.

Ders.: *Les prophètes d'Israël*, Paris 1891/1892
Ders.: *Lettres sur l'Inde*, Paris 1888
Ders.: *Ormuzd et Ahriman*, Paris 1877
Davids, C. A. F. Rhys.: *Buddhist Psychology. An Inquiry into the Analysis and Theory of Mind in Pali Literature*, London 1914, ²1924
Davids, Th. W. Rhys (Übers.): *Buddhist Suttas,* The Sacred Books of the East Bd. XI, Oxford 1881
Deussen, P.: *Das System des Vedânta*, Leipzig 1883
Ders.: *Die Sûtra's des Vedânta, ... nebst dem vollständigen Commentare des Cankara. Aus dem Sanskrit übersetzt*, Leipzig 1887
Ders.: *Die Geheimlehre des Veda. Ausgewählte Texte der Upanishad's*, Leipzig ⁴1911
Ders.: *Allgemeine Geschichte der Philosophie*, I,1: *Allgemeine Einleitung und Philosophie des Veda bis auf die Upanishad's*, Leipzig 1894; I,2: *Die Philosophie der Upanishad's*, Leipzig 1899
Ders.: *Sechzig Upanishad's des Veda*, Leipzig 1897, ²1906
Ders./Strauß, O.: *Vier philosophische Texte des Mahabhâratam*, Leipzig 1906
Deutsch, S. M.: *Peter Abälard, ein kritischer Theologe des zwölften Jahrhunderts*, Leipzig 1833
Diogenes Laertios: *Leben und Meinungen der Philosophen*, übers. v. O. Apelt, 2 Bde., Leipzig 1921
Dorner, I. A.: *System der christlichen Sittenlehre*, Berlin 1885
Dosābhāi Frāmjī: *History of the Parsis, including their Manners, Customs, Religion and Present Position*, 2 Bde., London/Edinburgh 1884
Douglas, R. K.: *Confucianism and Taoism*, London 1889
Drews, A.: *Die Christusmythe*, 2 Bde., Jena 1909 [²1910]
Duhm, B.: *Die Theologie der Propheten als Grundlage für die innere Entwicklungsgeschichte der israelitischen Religion dargestellt*, Bonn 1875
Dutt, R. C. [Ramesachaudra Datta]: *The Ramayana and the Mahabharata*, Neudruck London 1910
Ders.: *(Maha-Bharata:) The Epic of Ancient India*, London 1899
Eicken, H.: *Geschichte und System der mittelalterlichen Weltanschauung*, Stuttgart 1887
Ernesti, H. F.: *Die Ethik des Apostels Paulus in ihren Grundzügen dargestellt*, Göttingen ³1880.
Faber, E.: *Der Naturalismus bei den alten Chinesen*, Elberfeld 1877
Ders.: *Mencius, eine Staatslehre auf ethischer Grundlage oder Lehrbegriff des chinesischen Philosophen Mencius*, Elberfeld 1877
Ders.: *Die Grundgedanken des alten chinesischen Sozialismus oder die Lehren des Philosophen Micius*, Elberfeld 1877
Ders.: *Quellen zu Confucius und dem Confucianismus*, Hongkong 1870
Ders.: *Lehrbegriff des Confucianismus*, Hongkong 1872
Fausbött, V. (Übers.): *Dhammapada*, mit lat. Übers., Kopenhagen 155
Forke, A.: *Mê-Ti, des Sozialethikers und seiner Schüler philosophische Werke*, Berlin 1922
Foucart, M. P.-F.: *Recherche sur l'origine et la nature des mystères d'Eleusis*, Paris 1895
Franke, R. O.: *Dighanikaya*, Göttingen 1913
Friedländer, L.: *Darstellungen aus der Sittengeschichte Roms in der Zeit des Augustins bis zum Ausgang der Antonine*, 3 Bde., Leipzig ⁵1881
Frohschammer, J.: *Die Philosophie des Thomas von Aquino kritisch gewürdigt*, Leipzig 1889

Garbe, R.: *Die Bhagavadgītā*, Leipzig 1905
Ders.: Die *Sâmkhya-Philosophie*, Leipzig 1894, ²1917
Gaß, W.: *Geschichte der christlichen Ethik*, 2 Bde., Berlin 1881/87
Gassendi, P.: *De vita, moribus et doctrina Epicuri*, Lyon 1647
Gehrich, G.: *Geschichte der Religion im Altertum bis auf Alexander den Großen*, Bd. II: *Die Religion bei den iranischen Völkern*, übers. von C. P. Tiele, Gotha 1903
Geldner, K. F.: *Awestaliteratur*, in: Geiger, W./Kuhn, E. (Hg.), *Grundriß der iranischen Philosophie*, Bd. 2, Straßburg 1896 (1904, S. 1–53)
Ders./Kaegi, A.: *Siebenzig Lieder des Rigveda*, 2 Bde., Berlin 1881/1887
Gerhard, E.: *Orpheus und die Orphiker*, Abhandlungen der Königl. Akademie der Wissenschaften, Berlin 1861
Geyer, B. (Hg.): *Peter Abälards philosophische Schriften. Beiträge zur Geschichte der Philosophie des Mittelalters*, 3 Bde., Münster 1919–32
Gompetz, H.: *Die Lebensauffassungen der griech. Philosophie und das Ideal der inneren Freiheit*, Jena 1904
Gough, A. E.: *The Philosophy of the Upanishads and Ancient Indian Metaphysics*, London/Edingburgh 1882
Grant, A.: *Aristotle*, in Collins, W. L. (Hg.), *Ancient Classics for English Readers*, Bd. V, London 1877
Ders.: *The Ethics of Aristotle*, 2 Bde., London 1856, ⁴1885
Graßmann, H.: *Rig-Veda übersetzt und erläutert*, 2 Bde., Leipzig 1876–1877
Gréard, V. C. O.: *De la morale du Plutarque*, Paris ³1880
Greßmann, H. (Hg.): *Altorientalische Texte und Bilder zum Alten Testament*, 2 Bde., Tübingen 1909
Grill, J.: *Lao-tzes Buch vom höchsten Wesen und vom höchsten Gut*, Tübingen 1910
Grote, G.: *Plato and the other Companions of Socrates*, 3 Bde., London 1865
Grube, W.: *Geschichte der chinesischen Literatur*, Leipzig 1902
Happel, J.: *Die religiösen und philosophischen Grundanschauungen der Inder*, Gießen 1902
Hardy, E.: *Die vedisch-brahmanische Periode der Religion des alten Indiens*, München 1893
Hardy, R. Spence: *Eastern Monachism*, London 1850
Harlez, Ch. de: *Avesta*, 3 Bde., Liège 1875–1877, Paris ²1881
Ders.: *Textes taoistes*, Paris 1891
Ders.: *Les Origines du Zoroastrisme*, Paris 1879
Hatch, E.: *Griechentum und Christentum. 12 Hibbertvorlesungen über den Einfluß griechischer Ideen und Gebräuche auf die christliche Kirche,* übers. von E. Preuschen, Freiburg i.Br. 1892
Haug, M.: *Essays on the Sacred Language, Writings, and Religion of the Parsis*, London/Edingburgh ³1884
Havet, E.-A.-E.: *Le christianisme et ses origines*, Paris 1868
Heiler, F.: *Das Gebet. Eine religionsgeschichtliche und religionspsychologische Untersuchung*, München 1919
Herrmann, W.: *Ethik*, Tübingen 1901, ⁴1909
Hobbes, Th.: *Elementa philosophica de Cive*, Amsterdam 1647 (franz. Übersetzung durch S. Sorbière: *Elements philosophiques du Citoyen*), Amsterdam 1649; deutsch durch J. H. v. Kirchmann: *Abhandlungen über den Bürger*, Leipzig 1873
Ders.: *Leviathan or the Matter, Form and Power of a Common-wealth, ecclesiastical and civil of Government*, London 1651. (Deutsche Übersetzung: *Leviathan, oder der kirchl. u. bürgerl. Staat*, 2 Bde., Halle 1794 f.)

Hopkins, E. W.: *The Religions of India*, Boston 1885
Hû, F.: *Le Dhammapada*, Paris 1878
Hunter, W. W.: *The Indian Empire: Its history, people and products*, London 1882
Jackson, A. V. W.: *Zoroaster, the Prophet of ancient Iran*, New York 1899
Jacobi, H.: *Der Buddhismus und seine Geschichte in Indien*, 2 Bde., Leipzig 1882–1884
Ders.: *Neutestamentliche Ethik*, Königsberg 1899
Janet, P.: *Histoire de la philosophie morale et politique*, 2 Bde., Paris 1858
Jowett, B. (Übers.): *The Dialogues of Plato*, 5 Bde., Oxford ³1892
Julien, S. (Übers.): *Le livre de la voie et de la vertu, composé dans le Vie siècle avant l'ère chrétienne par le philosophe Lao-Tseu*, Paris 1842
Ders.: *Le livre des récompenses et des peines, en chinois et en français*, Paris 1835
Juncker, A.: *Die Ethik des Apostels Paulus*, 1. Hälfte, Halle 1904.
Justi, F.: *Geschichte des alten Persiens*, Allgemeine Geschichte in Einzeldarstellungen, hg. von W. Oncken, Berlin 1879, 1. Hauptabt., Teil 4
Kasimirski, M. (Übers.): *Le Koran, traduction nouvelle, faite sur le texte Arabe*, Paris 1840, 1854
Kautzsch, E. F. (Übers.): *Die Heilige Schrift des Alten Testaments*, Freiburg i.Br. 1892, 1894, Tübingen ²1896/1897
Ders.: *Die Apokryphen und Pseudepigraphen des alten Testamentes*, Tübingen 1900 (Neudruck 1921, ⁴1922/23)
Kern, J. H. C.: *Geschiedenis van het Buddhismus in Indie*, 2 Bde., Haarlem 1882–1884
Keyserling, Graf H. A.: *Tagebuch*, München 1919, Darmstadt ⁴1920
Ders.: *Philosophie der Kunst*, Darmstadt 1920
Ders.: *Über die innere Beziehung zwischen den Kulturproblemen des Orients und des Okzidents. Eine Botschaft an die Völker des Ostens*, Jena 1913
Köstlin, K.: *Die Ethik des klassischen Altertums*, Tübingen 1887
Kreibig, J. C.: *Geschichte und Kritik des ethischen Skeptizismus*, Wien 1896
Kremer, A. von: *Geschichte der herrschenden Ideen des Islams*, Leipzig 1868
Kreyher, J.: *L. A. Seneca und seine Beziehungen zum Urchristentum*, Berlin 1887
Kuenen, A.: *De godsdienst van Israel tot den ondergang van den joodschen staat*, 2 Bde., Haarlem 1869–1870
Ku Hung Ming, M. A.: *Der Geist des chinesischen Volkes und der Ausweg aus dem Krieg*, Jena 1916
Ders.: *Chinas Verteidigung gegen europäische Ideen*, deutsch von R. Wilhelm, Jena ²1921
Legge, J. (Übers.): *The Sacred Books of China*, in der Reihe *The Sacred Books of the East*:
Bd. XXXIX, S. 45–124: *The Tâo Teh King*, Oxford 1891
S. 164–392: *The Writings of Kwang Zze*, Books I-XVII
Bd. XL: S. 1–232: *The Writings of Kwang Zze*, Books XVIII-XXXIII
S. 235–246: *The Thâi-Shang Tractate of Actions and their Retribuations*, Oxford 1891
Ders. (Übers.): *The Chinese Classics*, Bd. I-V, Oxford/London 1861–1872, Oxford ²1893 ff. (Bd.I: *Confucian Analects*, Bd. II: *The Works of Mencius)*
Lehmann, E.: *Der Buddhismus als indische Sekte und als Weltreligion*, Tübingen 1911
Ders.: *Mystik in Heidentum und Christentum*, Leipzig 1908
Ders.: *Zarathustra, en bog im Persernes gamle tro*, 2 Bde., Kopenhagen 1899–1902
Loosten, G. L. de: *Jesus Christus vom Standpunkt des Psychiaters*, Bamberg 1905

Lowell, P. (übers. v. B. Fraugas): *Die Seele des fernen Ostens*, Jena ^{2}1927
Lübker, Fr.: *Sophokleische Theologie und Ethik*, Kiel Bd. I: 1851, Bd. II: 1855
Maas, E.: *Orpheus. Untersuchungen zur griechischen, römischen und altchristlichen Jenseitsdichtung und Religion*, München 1895
Macdonell, A. A.: *Vedic Mythology*, in: *Short Histories of the Literature of the World*, ed. by E. W. Gosse, London Bd. 9: 1900, und in: *Grundriß der indo-arischen Philosophie und Altertumskunde*, hg. v. G. Bühler (fortges. v. F. Kielhorn), III/1, A, Straßburg 1897
Marheineke, Ph. K.: *Allgemeine Geschichte der christlichen Moral in den der Reformation vorausgehenden Jahrhunderten*, Sulzbach 1806
Martha, B.-C.: *Les moralistes sous l'Empire romain*, Paris 1865
Ders.: *Etudes morales sur l'antiquité*, Paris 1883
Maury, A.: *Histoire des religions de la Grèce*, 3 Bde., Paris 1857–59
Meyer, E.: *Geschichte des Altertums*, Bd. I/1: Stuttgart ^{2}1907
Mills, L. H. (Übers.): *The Yashna, Visparad, Afrinagân, Gâs, and Miscellaneous Fragments (The Zend-Avesta Part III)*, The Sacred Books of the East, Bd. XXXI, Oxford 1887
Mischel, F. (Übers.): *Das Oupnek'hat. Die aus den Veden zusammengefaßte Lehre von dem Brahman*, Dresden 1882
Mohl, J. (Übers.): *Le livre des Rois pas Abou'l Qasim Firdusi*, 7 Bde., Paris 1838–78
Müller, F. M. (Übers.): *The Dhammapada. Translated from Pâli,* The Sacred Books of the East, Bd. X, Oxford 1881
Ders. (Übers.): *The Upanishads,* The Sacred Books of the East, Bd. I und XV, Oxford 1879 und 1884
Ders./Oldenberg, H. (Übers.): *Vedic Hymns,* The Sacred Books of the East, Bd. XXXII und XLVI, Oxford 1891 und 1897
Neumann, K. E. (Übers.): *Buddhistische Anthologie. Texte aus dem Pālikanon*, Leiden 1892
Ders. (Übers.): *Die Reden Gotamo Buddho's. Aus der mittleren Sammlung Majjhimanikayo des Pali-Kanons zum ersten Male übersetzt*, 3 Bde., Leipzig 1896–1902
Noer, Graf F. A. von: *Kaiser Akbar*, Bd. I in 2 Abt., Leiden 1880 und 1881, Bd. II 1885
Nöldeke, Th.: *Aufsätze zur persischen Geschichte*, Leipzig 1887
Ders.: *Das Leben Muhammeds*, Hannover 1863
Ders.: *Geschichte des Korans*, Göttingen 1860
Oldenberg, H.: *Buddha*, Berlin 31897, 61914)
Ders.: *Die Religion des Veda*, Berlin 1894
Oltramare, P.: *L'histoire des idées théosophiques dans l'Inde*, Annales du Musée Guimet, Bd. XXIII, XXXI, Paris 1906, 1923
Palmer, E. H. (Übers.): *The Qur'ân*, The Sacred Books of the East, Bd. VI und IX, Oxford 1880
Petrie, W. M. F.: *A History of Egypt*, Bd. I: *From the Ist to the XVIth Dynasties,* London 1894
Pfleiderer, E.: *Sokrates und Plato*, Tübingen 1896
Plath, J. H.: *Confucius' und seiner Schüler Leben und Lehren*, Abhandlungen der Münchner Königl. Akademie, philos.-philolog. Classe, Bd. XI-XIII, München 1867–1874
Pope, G. U. (Übers.): *The «Sacred» Kurral of Tiruvaḷḷuvar-Nâganār*, London 1886

Rau, A.: *Die Ethik Jesu. Ihr Ursprung und ihre Bedeutung vom Standpunkt des Menschentums*, Gießen 1889
Rée, P.: *Die Entstehung des Gewissens*, Berlin 1885
Regnaud, P.: *Matériaux pour servir à l'histoire de la philosophie de l'Inde*, 2 Bde., Paris 1876–1878
Reimarus, H. S.: *Vom Zwecke Jesu und seiner Jünger*, das 7. der *Fragmente eines Ungenannten*, hg. von G. E. Lessing, Braunschweig 1778
Remusat, J. P. A. (Übers.): *Le Livre des Récompenses et des Peines*, Paris 1816
Remusat, Ch. F. M. de: *Abélard*, Paris 1845
Renan, E.: *Averroès et l'averroïsme*, Paris [1866]
Ders.: *Histoire du peuple d'Israêl*, 5 Bde., Paris 1887–1894
Ders.: *La vie de Jésus*, Paris 1863
Ders.: *Essais de morale et de critique*, Paris 1859
Reuß, E.: *Geschichte der Heiligen Schriften des Alten Testaments*, Braunschweig 1881, ²1890
Ders.: *La Bible. Traduction nouvelle avec introduction et commentaires*, 16 Bde., Paris 1874–1881
Richter, R.: *Der Skeptizismus in der Philosophie,* Bd. I, Leipzig 1904
Rietter, A.: *Die Moral des hl. Thomas von Aquin*, München 1858
Robertson, J. M.: *Christianity and Mythology*, London 1900
Robertson-Smith, W.: *The Prophets of Israel and their place in history to the close of the eighth century a. Chr.*, Edingburgh 1882
Roeder, G.: *Urkunden zur Religion des alten Ägypten*, Jena 1915
Rohde, E.: *Psyche. Seelencult und Unsterblichkeitsglaube der Griechen*, 1. Hälfte Freiburg i.Br. 1890
Rotermund, W.: *Die Ethik Lao-tses mit besonderer Bezugnahme auf die buddhistische Moral*, Gotha/Perthes 1874
Roy, P. Ch. (Übers.): *The Mahabharata*, 9 Bde., Calcutta 1883–1896
Sale, G.: *The Koran*, London/Philadelphia 1874
Schack, A. F. von (Übers.): *Heldensagen des Firdusi*, 3 Bde., Berlin ³1877
Scherman, L.: *Philosophische Hymnen aus dem Rig- und Atharvaveda-Sanhitâ verglichen mit den Philosophemen der älteren Upanishads*, Straßburg 1887
Schleiermacher, F. D. E.: *Entwurf eines Systems der Sittenlehre*, Berlin 1835
Ders.: *Die christltche Sitte nach den Grundsätzen der evangelischen Kirche*, Berlin 1843
Schmidt, Ch. G.-A.: *Essai historique sur la société civile dans le monde Romain et sur sa transformation par le christianisme*, Paris 1853, deutsch von A. Richard, Leipzig 1857
Schmidt, L.: *Die Ethik der alten Griechen*, 2 Bde., Berlin 1887
Schneider, H.: *Kultur und Denken der alten Ägypter*, Leipzig 1907
Schopenhauer, A.: Parerga und Paraligomena II, Berlin 1851
Schott, W. (Übers. u. Hg.): *Werke des chinesischen Weisen Kung-Fu-Dsü und seiner Schüler. Lun-Yü*, Erster Teil: Halle 1826, Zweiter Teil: Berlin 1832
Schrader, F. O.: *Über den Stand der indischen Philosophie zur Zeit Mahaviras und Buddhas*, Straßburg 1902
Schroeder, L. v. (Übers.): *Bhagavadgītā. Des Erhabenen Sang*, Jena 1912
Schüler, W. (Übers.): *Das Buch des Höchsten von den Taten und Vergeltungen.* Zeitschrift für Missionskunde und Religionswissenschaft, Heidelberg 1909
Schürer, E.: *Geschichte des jüdischen Volkes im Zeitalter Jesu Christi*, 3 Bde., Leipzig ³1898–1901

Schweitzer, A.: *Das Messianitäts- und Leidensgeheimnis Jesu*, Tübingen 1901 (englische Übersetzung: *The Mystery of the Kingdom of God. The secret of Jesus' Messiahsip and Passion*, London 1914)
Ders.: *Die psychiatrische Beurteilung Jesu. Darstellung und Kritik*, Tübingen 1913
Ders.: *Geschichte der Leben-Jesu-Forschung*, Tübingen 1906, ²1913 (engl. Übersetzung: *The Quest of historical Jesus. A critical study of its progress from Reimarus to Wrede*, London 1910)
Ders.: *Geschichte der paulinischen Forschung von der Reformation bis auf die Gegenwart*, Tübingen 1911 (engl. Übersetzung: *Paul and his Interpreters*, London 1912)
Seek, O.: *Geschichte des Untergangs der antiken Welt*, I, Berlin 1895
Second, L. (Übers.): *La Sainte Bible, qui comprend l' Ancien et le Nouveau Testament*, Oxford 1887
Sell, Ch. E.: *The faith of Islam*, London 1880
Senard, E. Ch. M.: *Les origines Bouddhiques*, Paris 1907
Smith, A.: *Theory of Moral Sentiments*, deutsch von L.Th. Kosegarten: *Theorie der moralischen Gefühle*, Leipzig 1791–1795
Ders.: *Inquiry into the nature and causes of Wealth of Nations*, Dublin 1776, London ³1784
Smith, W. B.: *Der vorchristliche Jesus, nebst weiteren Vorstudien zur Entstehungsgeschichte des Urchristentums* (deutsch von H. Lehmpfuhl), Gießen 1906
Spiegel, F.: *Avesta. Die heiligen Schriften der Parsen*, 3 Bde., Leipzig 1852–1863
Ders.: *Erânische Altertumskunde*, 3 Bde., Leipzig 1871–1878
Steinbart, G. S.: *System der reinen Philosophie oder Glückseligkeitslehre des Christentums* Züllichau 1778
Stephen, L.: *The Science of Ethics*, London 1882
Stewart, J. A.: *Notes on the Nicomachean Ethics of Aristotle*, 2 Bde., Oxford 1892
Strauß, D. F.: *Das Leben Jesu, kritisch bearbeitet*, 2 Bde., Tübingen 1835
Strauss, V. von (Übers.): *Lao-tse's Tao-te-king*, Leipzig 1870
Strehly, G. (Übers.): *Les lois de Manou* (*Manava Dharma Castra*), Annales du Musée Guimet, Bd. II, Paris 1893
Suzuki, D. T./Carus, P. (Übers.): *T'ai-Shang Kan-Ying P'ien. Treatise of the Exalted One on Response and Retribuation*, Chicago 1906
Thibaut, G. (Übers.): *The Vedanta-Sutras*, The Sacred Books of the East, Bd. XXXIV/XXXVIII: Oxford 1890, 1896; Bd. XLVII: Oxford 1904
Tiele, C. P./Söderblom, N.: *Kompendium der Religionsgeschichte*, Breslau ⁵1920
Trumpp, E.: *Die Religion der Sikhs*, Leipzig 1881
Ueberweg, F. (Hg.): *Grundriss der Geschichte der Philosophie*, Bd. I: *Die Philosophie des Altertums*, Berlin ¹¹1920
Ular, A.: *Lao-tse. Die Bahn und der rechte Weg, Der chinesischen Urschrift nachgedichtet*, Leipzig 1920
Ullmann, L. (Übers.): *Der Koran*, Crefeld 1840, Leipzig ⁶1878
Wallace, W.: *Epicureism*, Chief Ancient Philosophies, Bd. 3, London 1880
Warren, H. C.: *Buddhism in Translations*, Harvard Oriental Series, Bd. 3, Cambridge 1896
Weiß, J.: *Die Predigt Jesu vom Reiche Gottes*, Göttingen 1892
Weizsäcker, C. (Übers.): *Das Neue Testament*, Tübingen ⁹1906
Wellhausen, J.: *Geschichte Israels*, Bd. I, Berlin 1878
Ders.: *Israelitische und jüdische Geschichte*, Berlin ⁶1907

Ders.: *Prolegomena zur Geschichte Israels*, Berlin 1883
Werner, K.: *Der heilige Thomas von Aquino*, 3 Bde., Regensburg 1858 f.
Wide, S.: *Griechische und römische Religion*, Berlin 1910
Wiedemann, A.: *Ägyptische Geschichte*, Handbücher der alten Geschichte, 1. Serie, 1. Abt., Gotha 1884
Wilhelm, R., Übersetzungen:
– *Dschuang Dsi. Das wahre Buch vom südlichen Blütenland*, Jena ²1920
– *Kungfutse. Gespräche (Lun Yü)*, Jena 1914
– *Laotse, Tao te king. Das Buch des Alten vom Sinne und Leben*, Jena 1911
– *Liä Dsi. Das wahre Buch vom quellenden Urgrund*, Jena ²1921
– *Mong Dsi. Die Lehrgespräche des Meisters Mong K'o*, Jena 1914
Winckler, H.: *Die Gesetze Hammurabis. Das älteste Gesetzbuch der Welt*, in: Der alte Orient. Gemeinverständliche Darstellungen, 4. Jg., Heft 4, Leipzig 1902
Winternitz, M.: *Der Buddhismus,* Religionsgeschichtliches Lesebuch, Tübingen 1908, S. 214–322
Wolff, F. (Übers.): *Avesta. Die heiligen Bücher der Parsen*, Straßburg 1910
Ziegler, Th.: *Die Ethik der Griechen und Römer*, (Geschichte der Ethik 1. Abt.), Bonn 1881
Ders.: *Geschichte der christlichen Ethik. Von Jesus bis ins 18. Jahrhundert,* Straßburg 1886

II. Mensch und Kreatur in den Weltreligionen

Chantepie de la Saussaye, P. D.: *Lehrbuch der Religionsgeschichte,* hg. von A. Bertholet und E. Lehmann, Tübingen 1925
Clarke, S.: *A Discourse concerning the Unchangeable Obligations of Natural Religion, an the Truth and Certainty of the Christian Revelation*, London 1706
Descartes, R.: *Discours de la méthode,* Leiden 1637
Deussen, P.: *Sechzig Upanishads des Veda*, Leipzig ³1921
Forke, A.: *Die Gedankenwelt des chinesischen Kulturkreises*, München/Berlin 1927
Hackmann, H.: *Chinesische Philosophie*, München 1927
Hillebrandt, A.: *Aus Brahmanas und Upanishaden*, Jena 1921
Julien, S. (Hg.): *Le livre des récompenses et des peines, en chinois et en français*, Paris 1835
Kant, I.: *Die Metaphysik der Sitten*, Königsberg 1797
Oldenberg, H.: *Buddha*, Berlin 1897
Ders.: *Die Lehre der Upanishaden und die Anfänge des Buddhismus*, Göttingen ²1923
Pischel, P.: *Leben und Lehre des Buddha*, Leipzig 1906
Stern, W.: *Kritische Grundlegung der Ethik als positiver Wissenschaft*, Berlin 1897
Strauß, O.: *Indische Philosophie, München* 1925
Ueberweg, F. (Hg.): *Grundriß der Geschichte der Philosophie*, Bd. I: Berlin ¹²1926; Bd. II: Berlin ¹¹1928; Bd. III: Berlin 121924; Bd. IV: Berlin ¹²1923, Bd. V: Berlin ¹²1928
Wilhelm, R.: *Chinesische Philosophie*, Breslau 1929 (Übersetzungen: s. o., Teil I, S. 10)
Winternitz, M.: *Der Mahāyāna-Buddhismus*, Tübingen 1930
Ders.: *Geschichte der indischen Literatur*, 3 Bde., Bd. I: Leipzig 1909; Bd. II: Leipzig 1912; Bd. III: Leipzig 1920
Wollaston, W.: *The Religion of Nature delineated*, o. O. 1722/1724
Wundt, W.: *Ethik*, Stuttgart 1886

III. Hibbert-Vorlesungen: Die Religion im heutigen Geistesleben

Baker, M./Eddy, G.: *Science and Health*, Boston 1875 (deutsche Ausgabe: *Wissenschaft und Gesundheit mit Schlüssel zur Hl. Schrift*, 1904)

Barth, K.: *Der Römerbrief*, München ²1922

Bauch, B.: *Wahrheit, Wert und Wirklichkeit*, Leipzig 1923

Bayle, P.: *Dictionnaire historique et critique*, Rotterdam 1695, Amsterdam 1730

Beck, M.: *Wesen und Wert. Grundlegung einer Philosophie des Daseins*, 2 Bde., Berlin 1925

Bergson, H.: *Les deux sources de la morale et de la religion*, Paris ²1932

Bernhart, J.: *Thomas von Aquino. Summe der Theologie*, zusammengefasst von J. Bernhart, 2 Bde., Leipzig 1934 f.

Besant, A.: *Esoterisches Christentum oder Die kleinen Mysterien*, (deutsch v. M. Scholl) Leipzig 1911

Blavatsky, H. P.: *Isis unveiled*, 2 Bde., New York 1877 (deutsch: *Die entschleierte Isis*, Leipzig 1922)

Ders.: *The Secret Doctrine*, 3 Bde., London 1888 (deutsch: *Die Geheimlehre*, Leipzig 1920 u. 1922)

Brentano, F.: *Vom Ursprung sittlicher Erkenntnis*, Leipzig 1889 f., ²1921

Chamberlain, H. S.: *Die Grundlagen des 19. Jahrhunderts*, 3 Bde., München 1899–1904

Cohn, J.: *Philosophie im Zeitalter des Spezialismus*, Berlin 1925

Comte, A.: *Cours de philosophie positive*, Paris 1830–42

Coué, E.: *La Maîtrise de Soi-même par l'autosuggestion*, Nancy ²1924

Croce, B.: *Filosofia come scienza dello spirito*, 4 Bde., Bd. II: *Logica come scienza del concelto puro*, Bari 1909

Darwin, Ch.: *On the Origin of Species by Means of Natural Selection*, London 1859 (deutsch: *Über die Entstehung der Arten im Tier- und Pflanzenreich durch natürliche Zuchtwahl*, Stuttgart 1860)

Dewey, J.: *Studies in Logical Theory*, Chicago 1903

Du Bois-Reymond, E.: *Über die Grenzen des Naturerkennens*, Leipzig 1872

Ders.: *Die sieben Welträtsel*, Leipzig 1882

Eucken, R.: *Der Wahrheitsgehalt der Religion*, Leipzig ²1905

Görland, A. A.: *Mein Weg zur Religion*, Leipzig ³1922

Green, Th. Hill: *Prolegomena to Ethics*, Oxford 1883

Grotenfeld, A.: *Geschichtliche Wertmaßstäbe in der Geschichtsphilosophie bei Historikern und im Volksbewußtsein*, Leipzig 1905

Gründler, O.: *Elemente zu einer Religionsphilosophie auf phänomenologischer Grundlage*, Kempten/München 1922

Häberlin, P.: *Das Geheimnis der Wirklichkeit*, Basel/Zürich 1927

Haeckel, E.: *Natürliche Schöpfungsgeschichte*, Berlin 1868

Ders.: *Die Welträtsel*, Bonn 1899

Harnack, A.: *Das Wesen des Christentums*, Leipzig 1900

Ders.: *Lehrbuch der Dogmengeschichte*, 3 Bde., Freiburg i. Br. ³1894 u. 1897, Tübingen ⁴1909 f.

Hartmann, N.: *Ethik*, Berlin/Leipzig 1926

Hauer, J. W.: *Die Religion, ihr Werden, ihr Sinn, ihre Wahrheit*, Bd. I, Stuttgart 1923

Hegel, G. W. F.: *Grundlinien der Philosophie des Rechts*, Berlin [1820] ²1821
Ders.: *Vorlesungen über Geschichte der Philosophie*, 3 Bde., Berlin 1833–1836
Ders.: *Philosophie der Religion*, Berlin 1832
Heidegger, M.: *Sein und Zeit*, Halle/Saale 1927
Heyde, J. E.: *Wert. Eine philosophische Grundlegung*, Erfurt 1926
Hoche, A. E.: *Jahresringe. Innenansicht eines Menschenlebens*, München 1934
Hume, D.: *Dialogues concerning natural religion*, London 1779
Ders.: *The Natural History of Religion*, London 1757
James, W.: *Die religiöse Erfahrung in ihrer Mannigfaltigkeit*, (deutsch v. G. Wolbermin), Leipzig 1907, ⁴1925
Ders.: *Pragmatism: a new name for some old ways of thinking. Popular lectures on Philosophy*, Boston 1906. Druck: London/Cambridge/Mass. 1907 (deutsch: Leipzig 1908)
Kaftan, J.: *Philosophie des Protestantismus*, Tübingen 1917
Kant, I.: *Kritik der reinen Vernunft*, Riga 1781
Ders.: *Die Metaphysik der Sitten*, Königsberg 1797
Ders.: *Kritik der praktischen Vernunft*, Riga 1788
Ders.: *Die Religion innerhalb der Grenzen der blossen Vernunft*, Königsberg 1793, ²1794
Ders.: *Zum ewigen Frieden. Ein philosophischer Entwurf*, Königsberg 1795
Kerler, D. H.: *Weltwille und Wertwille*, hg. v. K. Port, Leipzig 1925
Ders.: *Die auferstandene Metaphysik*, Ulm 1921
Keyserling, H. Graf: *Prolegomena zur Naturphilosophie*, München 1910
Ders.: *Tagebuch*, München 1919, Darmstadt ⁴1920, ⁵1921
Klages, L.: *Der Geist als Widersacher der Seele*, 3 Bde., Bd. 1 und 2, Leipzig 1929
Klatt, F.: *Die geistige Wendung des Maschinenzeitalters*, Potsdam 1930
Kraus, O.: *Die Grundlagen der Werttheorie*, in: Jahrbücher der Philosophie, Berlin 1914
Ders.: *Zur Theorie des Wertes*, Halle/Saale 1901
Lagarde de, P. A.: *Deutsche Schriften*, Gesamtausgabe, Göttingen 1886 (Auswahl von H. Mulert: *Paul de Lagarde*, Berlin 1913)
Lamettrie, J. O.: *L'homme plante*, London 1751
Ders.: *L'homme machine*, Leyden 1748
Lange, F. A.: *Geschichte des Materialismus und Kritik seiner Bedeutung in der Gegenwart*, Iserloh 1875
Leese, K.: *Moderne Theosophie*, Berlin ²1920
Locke, J.: *The Reasonableness of Christianity, as Delivered in the Scriptures*, London 1695 (deutsch von C. Winckler: *Vernünftigkeit des biblischen Christentums*, Gießen 1914)
Lotze, R. H.: *Mikrokosmos. Ideen zur Naturgeschichte und Geschichte der Menschheit. Versuch einer Anthropologie*, Bd. I, Leipzig 1856
Marcus, E.: *Theorie einer natürlichen Magie, gegründet auf Kants Weltlehre*, München 1924
Martineau, J.: *The Seat of Authority in Religion*, London 1890
Mehlis, G.: *Einführung in das System der Religionsphilosophie*, Tübingen 1917
Messer, A.: *Deutsche Wertphilosophie der Gegenwart*, Leipzig 1926
Ders.: *Wertphilosophie der Gegenwart*, Philosophische Forschungsberichte Heft 4, Berlin 1930
Ders.: *Die Philosophie der Gegenwart*, Wissenschaft u. Bildung, Bd. 138, Leipzig 1916
Ders.: *Die Philosophie der Gegenwart in Selbstdarstellungen: August Messer*, R. Schmidt (Hg.), Bd. 3, Leipzig 1922, S. 145–176
Müller, F. M.: *Hibbert-Lectures, Lectures on the origin and growth of Religion as illustrated by the Religion of India*, London/Oxford 1878

Münsterberg, H.: *Philosophie der Werte. Grundzüge einer Weltanschauung*, Leipzig 1908
Natorp, P.: *Religion innerhalb der Grenzen der Humanität*, Freiburg i.Br. 1894
Nietzsche, F.: *Also sprach Zarathustra. Ein Buch für Alle und Keinen,* Leipzig 1883
Oesterreich, T. K.: *Die deutsche Philosophie des 19. Jahrhunderts und der Gegenwart,* in: Ueberweg, F. (Hg.): *Grundriß der Geschichte der Philosophie,* Bd. IV, Berlin ^{12}1923
Pannwitz, R.: *Krisis der europäischen Kultur*, Nürnberg 1917
Ders.: *Deutsche Lehre*, Nürnberg 1917
Peirce, Ch. S. S.: *How to Make our Ideas Clear*, Popular Science Monthly, Januarheft, New York 1878, S. 286–302
Reimarus, H. S.: *Schutzschrift für die vernünftigen Verehrer Gottes*, daraus 7 *Fragmente eines Ungenannten*, hg. von G. E. Lessing, Braunschweig 1778
Reinke, J.: *Die Welt als Tat*, Berlin 1899
Rickert, H.: *Die Philosophie des Lebens. Darstellung und Kritik der philosophischen Modeströmungen unserer Zeit*, Tübingen 1920
Ders.: *System der Philosophie*, Bd. I: Allgemeine Grundlegung der Philosophie, Tübingen 1921
Rolland, R.: *Essai sur la mystique et l'action de l'Inde vivante*, II: *La vie de Vivekananda et l'évangile universel*, Paris 1930
Rousseau, J. J.: *Emile, ou de l'education*, Amsterdam 1762
Scheler, M.: *Phänomenologische Wertlehre*, Halle/Saale 1916
Ders.: *Der Formalismus in der Ethik und die materielle Wertethik*, Halle/Saale 1921
Schiller, F. C. S.: *Humanism*, London 1903
Ders.: *Studies in Humanism*, London 1907
Schleiermacher, F. D. E.: *Reden über die Religion an die Gebildeten unter ihren Verächtern*, Berlin 1799
Schmidt, L.: *Das Christentum so alt als die Welt*, Frankfurt 1741
Scholz, H.: *Religionsphilosophie*, Leipzig 1921
Schwarz, H.: *Auf Wegen der Mystik*, Erfurt 1924
Schweitzer, A.: *Geschichte der Leben-Jesu-Forschung*, Tübingen 1906, ^{2}1913
Spencer, H.: *Die Prinzipien der Ethik*, deutsch von B. Vetter, fortgeführt von J. V. Carus, Bd. X und XI aus *System der synthetischen Philosophie*, Stuttgart 1879, 1895
Ders.: *Die Prinzipien der Soziologie,* ebd. Bd.IV, Stuttgart 1891
Spengler, O.: *Der Untergang des Abendlandes*, Bd. I: Wien 1918, München $^{33-47}$1923); Bd. II: München $^{1-15}$1922
Steiner, R.: *Die Mystik im Anfange des neuzeitlichen Geisteslebens und ihr Verhältnis zu modernen Weltanschauungen*, Berlin 1901
Ders.: *Die Geheimwissenschaft*, Leipzig 1910
Ders.: *Die Rätsel der Philosophie*, 2 Bde., Berlin 1918
Ders.: *Vom Menschheitsrätsel*, Berlin 1916
Stern, W.: *Person und Sache. System des kritischen Personalismus,* Bd. I: *Ableitung und Grundlehre des kritischen Personalismus*, Leipzig 1906; Bd. II: *Die menschliche Persönlichkeit*, Leipzig 1918; Bd. III: *Wertphilosophie*, Leipzig 1924
Strauß, D. F.: *Der alte und der neue Glaube*, Leipzig 1872
Tiele, C. P./Söderblom, N.: *Kompendium der Religionsgeschichte,* Breslau 51920
Tindal, M.: *Christianity as old as the Creation, or the Gospel a replication of the Religion of Nature*, London 1730 (deutsch: *Beweis, daß das Christentum so alt als die Schöpfung sey*, Frankfurt 1741)
Toland, J.: *Christianity not mysterious*, London 1696

Überweg, F. (Hg.): *Geschichte der Philosophie*, Bd. III: Berlin ^{12}1924, Bd. IV: Berlin ^{11}1915, ^{12}1923, Bd. V: Berlin ^{12}1928
Unamuno, M. de: *Das tragische Lebensgefühl*, München 1925
Vaihinger, H.: *Philosophie des Als Ob*, Berlin ^{2}1913, $^{5/6}$1920, $^{9/10}$1927
Wilken, F.: *Grundzüge einer personalistischen Werttheorie*, Jena 1924
Windelband, W.: *Das Heilige*, in: *Präludien*, Sonderdruck nach der Auflage Tübingen 1916 (9. mech. gedruckte Aufl. 1924), S. 295–332
Ders.: *Geschichte und Naturwissenschaft*, Straßburger Rektoratsrede 1894
Ders.: *Präludien*, Freiburg i.Br. 1884
Wobbermin, G.: *Das Wesen der Religion*, Leipzig 1921
Wollaston, W.: *The Religion of Nature delineated*, o. O. 1722

Quellenverzeichnis

Die ältere, von Frau Ali Silver in Günsbach erstellte Inventarliste der «sacs» im dortigen Archiv-Bestand weist eine eigene Numerierung auf, die auch nach der Verlegung von 74 Manuskriptsäcken von Günsbach nach Zürich (ZB) beibehalten werden konnte (revidierte Inventarliste). Obwohl die Mss. in Zürich wie auch in Günsbach nun nicht mehr in Säcken, sondern in Schachteln liegen, haben wir die Bezeichnung «sacs» belassen, um Verwechslungen mit den 39 (jetzt 42) Dossiers, die schon früher nach Zürich gebracht worden waren und ebenfalls eine eigene Numerierung aufweisen, auszuschließen.

Zum I. Teil (*Kultur und Ethik in den Weltreligionen*) ist zu bemerken, daß viele Seiten dieses Textes in der Dokumentation nicht in Abschrift, sondern bereits als Fahnendruck wiedergegeben sind, nämlich aus dem 1. Fahnendruck des Lambert Schneider-Verlags Heidelberg von 1975.

Ferner sind zwei in diesem I. Teil vorkommende Namen, «Campion» und «Heiler», zu erklären: Es sind dies die Namen von Mitarbeitern, die A. Schweitzer geholfen haben, die Masch.-Abschriften zu korrigieren.

In den Weltreligionen-Masch.-Exemplaren sind die Untertitel jeweils am Rand handschriftlich eingetragen. Die Hs. ist wahrscheinlich die von Annie Fischer.

Haupttexte

Kultur und Ethik in der Weltanschauung der Weltreligionen

Autographen: Folio; Masch.-Abschriften: «Getippt von Annie Fischer».

Sac/ Dossier (Sign.):	Ms.-S.:	Textbezeichnung, Bemerkungen:	Datum:	Bibliothek.:	Dok.-S. (ZAG)
sac 19a	*aut.*	*Umschlagblatt* Cultur und Weltreligionen, complet	–	ZAG	–
sac 19a	*aut.*	*Umschlagblatt.* Erste Schreibmaschinen-niederschrift von «Kultur und Ethik in den Weltreligionen», getippt von Annie Fischer	«etwa 1920? oder 1921»	ZAG	–
sac 19a	*aut.*	*Titelblatt* eines fragmentar. Masch. Exemplars mit *aut.* Titeln (im Vorwort erwähnt)	–	ZAG	–

Sac/ Dossier (Sign.):	Ms.-S.:	Textbezeichnung, Bemerkungen:	Datum:	Bibliothek.:	Dok.-S. (ZAG)
	Kap. I: Die Probleme der Weltanschauungen der Weltreligionen				
sac 2	1–12, *aut.*	Kapitelzahl der Vorfassung Anh. I,3 b: VIII (s. Vorwort S. 14).	1920	ZB	1 h – 6
sac 19a	1–9, *Masch.*	2 Durchpausexemplare	–	ZAG	
sac 19a	1–5[6], *Hs.*	Fremde Hs., «revidiert»	–	ZAG	
sac 33	1–9, *Masch.*	–	–	ZAG	
	Kap. II: Die Ethik in den primitiven Religionen und im assyrischen, ägyptischen und griechischen Polytheismus				
sac 2	1–16, *aut.*	Gestrichene Kapitelzahl: IX	1920	ZB	7–16
sac 19a	1–12, *Masch.*	2 Durchpausexemplare	–	ZAG	
sac 33	1–12, *Masch.*	–	–	ZAG	
	Kap. III: Ethik und Cultur im chinesischen Denken (Gestrichener Titel: Das ethische Problem im chinesischen Denken)				
sac 2	1–29, *aut.*	–	Straßburg 1920	ZB	17–48
sac 33	1–5, 9–59, 61–66, *Masch.* + *aut.*	«Heiler-Exemplar. Korrigiertes Norm-Exemplar». Mit *aut.* Ersatztext und *aut.* Korr. Kapitelzahl X durch III ersetzt.	–	ZAG	
sac 19a	1–72, *Masch.* + *Hs.*	Durchpausexemplar, «Campion-Exemplar». Ersatztexte und Zusätze in fremder Hs. Kap.Zahl X durch III ersetzt.	–	ZAG	
	Kap. IV: Ethik und Cultur im indischen Denken (Gestrichener Titel: Das ethische Problem im indischen Denken)				
sac 2	1–42, *aut.*	als Kap. XI	6.12.1920. Schlußdatum: Samstag 11.12.20, abends	ZB	49–76

Sac/ Dossier (Sign.):	Ms.-S.:	Textbezeichnung, Bemerkungen:	Datum:	Bibliothek.:	Dok.-S. (ZAG)
sac 33	1–3,3 a, 4–8,8 ab, 9–42, *Masch.* +*aut.*	«Heiler-Exemplar. Schweitzer-Exemplar mit Blaukorrekturen». «Revidiertes Musterexemplar». Mit *aut.* Erweiterungen und Korrekturen. Kap.zahl XI durch IV ersetzt.	–	ZAG	
sac 19a	1–34, *Masch.*	Durchpausexemplar; als Kap. IV.	–	ZAG	
sac 19a	1–48, *Masch.* +*Hs.*	Durchpausexemplar, «Campion-Exemplar». Die Erweiterungen in fremder Hs.; Kap.zahl XI durch IV ersetzt.	–	ZAG	
	Kap. V: Ethik und Cultur in der Religion Zarathustras (Gestrichener Titel: Das ethische Problem in der Religion Zarathustras)				
sac 2	1–16, *aut.*	als Kap. XII	1920. Schluß-datum: 16.12.20.	ZB	76–85
sac 2	1–13, abgeändert in 5–17, *Masch.*	als Kap. XII	–	ZB	
sac 2	+1–4, *aut.*	[Einleitung.] *Cultur und Ethik in der Religion Zarathustras.* «Schweitzer-Exemplar. Revidiert. Heiler-Exemplar». «Blaukorrekturen und Heilerkorrekturen eingetragen.» Kap.zahl XII durch V ersetzt.%	1920	ZB	
sac 19a	1–4, *Hs.* +*aut.* +5–17, *Masch.*	[Einleitung mit *aut.* Zusätzen.] Das Ganze: «Campionexemplar». Gestrichen: «Heilerexemplar». Durchpausexemplar, als Kap. V, mit div. *Hs.*- und *aut.* Zusätzen und -Korrekturen.	–	ZAG	

Sac/ Dossier (Sign.):	Ms.-S.:	Textbezeichnung, Bemerkungen:	Datum:	Bibliothek.:	Dok.-S. (ZAG)
sac 19a	+5–17, *Masch.*	Exemplar ohne Einleitung mit *aut.* und *Hs.*-Korr., als Kap. XII.	–	ZAG	
sac 33	1–13, *Masch.*	ohne Einleitung, mit andern Korr. Kap.zahl XII durch V ersetzt.	–	ZAG	
	Kap. VI. Ethik und Cultur im jüdischen Denken (Gestrichener Titel: Das ethische Problem in der jüdischen Religion)				
sac 2	1–20, *aut.*	als Kap. XIII	22.12.20.	ZB	86–97
sac 19a	1–19, *Masch.*	2 Durchpausexemplare, als Kap. XII. 1 davon: «revidiert», mit *aut.* Korr. («N[. . .]-Exemplar).	–	ZAG	
sac 19a	1–36, *Hs.*	Fremde Hs. + Durchpaus-exemplar, als Kap. VI	–	ZAG	
sac 33	1–19, *Masch.*	2 Exemplare, «Heiler-Exemplar». Kap.zahl VIII durch VI ersetzt.	–	ZAG	
	Kap. VII: Ethik und Cultur im Denken Jesu (Gestrichener Titel: Das ethische Problem bei Jesus)				
sac 2	1–19, *aut.*	als Kap. XIV	24.12.20. S. 12: 3.1.21.	ZB	98–106
sac 19a	1–15, *Masch.*	2 Durchpausexemplare, als Kap. XIV	–	ZAG	
sac 33	1–15, *Masch.*	«Heiler-Exemplar». Kap.zahl XIV durch VII ersetzt.	–	ZAG	
	Kap. VIII: Ethik und Kultur im Denken des Christentums (Gestrichener Titelanfang: «Das Problem der . . .»; 2.; gestrichene Version: Ethik und Kultur in der christlichen Ethik)				
sac 2	1–17, *aut.*	als Kap. XV	5.1.21. S. 7: 6.1.21.	ZB	107–114
sac 2	1–9, *aut.*	«Anhang an das schon getippte Capitel» «Ethik und Cultur im Denken des Christentums»	13.6.21., Schlußdatum: Montag id.	ZB	115–118
sac 19a	1–14, *Masch.*	2 Durchpausexemplare, beide als Kap. XV. In 1 Exemplar die 2. Seite als neue Reinschrift.	–	ZAG	

Sac/ Dossier (Sign.):	Ms.-S.:	Textbezeichnung, Bemerkungen:	Datum:	Bibliothek.:	Dok.-S. (ZAG)
sac 19a	1–7, *Masch.*	Anhang. 2 Durchpausexemplare.	–	ZAG	
sac 19a	1–4, *Hs.*	Anhang, fremde Hs.	–	ZAG	
sac 33	1–14, *Masch.*	mit *aut.* Korr., als Kap. XV	–	ZAG	
sac 33	1–7, *Masch.*	Anhang. Durchpaus-exemplar	–	ZAG	
	Kap. IX: Rückblick				
sac 2	1–36, *aut.*	«revidiert»; ohne Kap.zahl	1921. S. 28: 19.6.21 morgens. Schluß-datum: Günsbach 19.6.21, abends.	ZB	118–128
	Weitere Manuskripte, die herangezogen wurden:				
	Zu Kap. II:				
sac 7, Nr. 3	31–33 (19–21), *aut.*	Die Ethik in der babylonischen und ägyptischen Religion (Variante und Notizen aus: *Die Anfänge der Ethik*, s. Anh. I,3 a)	21.10.20	ZB	360, 18–20
	Zu Kap. III:				
sac 33a	1–15, *Hs.*	Abschrift (fremde Hs) aus: Stanislas Julien, *Le livre des récompenses et des peines* (s. S. 65, Anm. 45)	–	ZAG	
	Zu Kap. IV: Varianten und Notizen aus:				
sac 7, Nr. 3	14–24, *aut.*	[Vorfassung über das indische Denken]	Zwischen 14. und 21.10.20	ZB	360, 10–16
	Zu Kap. VIII:				
sac 6, Nr. 5		Angaben aus dem Verzeichnis	«Angefangen Juli 1919»	ZB	401

Sac/ Dossier (Sign.):	Ms.-S.:	Textbezeichnung, Bemerkungen:	Datum:	Bibliothek.:	Dok.-S. (ZAG)
Mensch und Kreatur [in den Weltreligionen] [aus Kulturphilosophie III,1] Autographen (Bleistift): Folio; ab Kap. II unter dem Obertitel: «Mystik der Ehrfurcht vor dem Leben».					
	Kap. I: Mensch und Kreatur. Allgemeines				
Doss. 6, Nr. 10	120–123, *aut.*	Definitiver Text	1933	ZB	131, 132
id. Nr. 11	+124,125 gestrichene Zählung: 115,116; *aut.*	(Anfang v. Doss. 6, Nr. 11) Zum Ganzen: «Ersetzt. Stellen notiert 1939»; aber kein Ersatztext vorhanden.	1933	ZB	
	Kap. II: Mensch und Kreatur im chinesischen Denken				
Doss. 6, Nr. 17	145–158, gestrichene Zählung: 124–137; *aut.*	Mystik der Ehrfurcht vor dem Leben. Text. Definitiv.	Schluß-datum 2.9.1933	ZB	133–137
	Kap. III: Mensch und Kreatur im indischen Denken				
Doss. 6, Nr. 15	201–231, gestr. Zählung: 138–167; *aut.*	Mystik der Ehrfurcht vor dem Leben. Definitiv. Hier dann größere Einleitung. Stellen notiert 1939.	Sept. 1933; Schluß-datum: 7./8.10.19 33	ZB	138–147
	Kap. IV: Mensch und Kreatur in der Lehre Zarathustras				
Doss. 6, Nr. 12	159–161, gestr. Zählung: 168–170; *aut.*	Mystik der Ehrfurcht vor dem Leben. Text. Definitiv. Stellen notiert 1939.	1933	ZB	148
	Kap. V: Mensch und Kreatur im jüdischen [und urchristlichen] Denken				
Doss. 6, Nr. 12	162–172, gestr. Zählung: 179–189; *aut.*	Mystik der Ehrfurcht vor dem Leben. Text. Definitiv. Stellen notiert 1939.	1933	ZB	149–151

Sac/ Dossier (Sign.):	Ms.-S.:	Textbezeichnung, Bemerkungen:	Datum:	Bibliothek.:	Dok.-S. (ZAG)
	Kap. VI: Mensch und Kreatur im antiken europäischen Denken				
Doss. 6, Nr. 13	173–178, gestr. Zählung: 171–176; *aut.*	Mystik der Ehrfurcht vor dem Leben. Definitiv. Stellen notiert 1939.	1933	ZB	152,153
	Kap. VII: Mensch und Kreatur im Denken des europäischen Mittelalters [bis zur Neuzeit]				
Doss. 6, Nr. 14	179–200, gestr. Zählung: 190–211; *aut.*	Mystik der Ehrfurcht vor dem Leben. Definitiv. Hier bessere Überleitung. Stellen notiert 1939.	23. Okt. 1933; Schlußdatum: 30.10.33	ZB	154–160
Doss. 21, Nr. 5 (E)	13, *aut.*	Rückseite	Antwort: Mai 1951	ZB (Kopie im ZAG)	134
Die Religion im heutigen Geistesleben (4 Hibbert-Vorlesungen)					
sac 15	1–101, aut.	Folio. [Angabe S. 1:] ... Oxford, 16.,18.,23.,25. Okt./London ... 17.,19.,24.,26. Okt.	[1934]	ZB	161–210
	1–19	I. Vorlesung, definitiver Text			166–173
	20–56	II. Vorlesung, definitiver Text			174–190
	57–87	III. Vorlesung, Text [mit skizzenhaften Abschnitten]			191–203
	88–101	IV. Vorlesung [skizzenhaft]	S. 88: 24.10.34		
–		*Kommentar* von Ulrich Neuenschwander	1975	ZAG	211–224
		Zum Vorwort:			
–	2 S., *Masch.*	Vereinbarung über die Vorlesungen (Memorandum)	April 1933	ZAG	162

Sac/ Dossier (Sign.):	Ms.-S.:	Textbezeichnung, Bemerkungen:	Datum:	Bibliothek.:	Dok.-S. (ZAG)
–	2 S., *Masch.*	Ankündigung und Programm der Vorlesung (mit Angabe der Daten und Orte),	Okt. 1934		162 (Titel)
		Sammlung E. R. Jacobi		ZB	–

Anhang
A.
Zu Kultur und Ehtik in den Weltreligionen

		1.			
sac 6, Nr. 1b	30–52, *aut.*	Aufschrift S. 31: *Alte Skizze [oder: Skizzen] zu [den] Weltreligionen* [= 2. Teil der «Notizen und Skizzen für die ethische Arbeit»]	S. 31: 1919	ZB	225–258
	30	*Skizze des Kapitels über Religion und Ethik*			225
		Alte chinesische Religion Ägypten, Semiten, Syrer, Phönizier			226
	31	Israel			227
	32	Islam			228
	33	Die Griechen			229
	34, 35	Römische Kultvorstellungen			232
	37	Germanen			235
		Inder			
	40	Buddhismus			239
	42	Hinduismus			242
	43	Perser, Zarathustra			244
	45–51	*Skizze des Kapitels*	S. 45: Schluß der [vorangehenden] Skizze: 9.8.19.		248–258:
	51, 52	Sprüche aus dem chinesischen *Livre des récompenses et des peines*			258
sac 6, Nr. 1c	53 (=1) –23, *aut.*	Notizen und Skizzen für die ethische Arbeit. Fortsetzung [3. Teil = 2. Teil der «Alten Skizzen zu den Weltreligionen»]	–	ZB	259–287

Sac/ Dossier (Sign.):	Ms.-S.:	Textbezeichnung, Bemerkungen:	Datum:	Bibliothek.:	Dok.-S. (ZAG)
	1–7	*Die indische Religion. Skizze*			259–267
	5	Definitiver Plan			264
	6	Plan der ethischen Bewertung der indischen Lehren			265
	8–13	[(Neue) Skizze über Indien] [a]			268–274
	14–18	*Die Menschheit auf der Suche nach dem Fundament der Moral.* Skizze über die ethische Leistung des Judentums und des Christentums	29.9.19 (S. 14)		275–281
	19–21	*Zur Skizze über [die] Ethik Jesu [b]*			282–285
	21–23 (22/23)	[Nachtrag zum Abschnitt über Ägypten, einige Zitate hieraus] [c]			286, 287 286
		2.			
sac 7, Nr. 2a	1 -56, *aut.*	*Das ethische Suchen der Menschheit. Titel: Die Grundidee des Sittlichen*	Begonnen am 30.7.19	ZB	288–359
	1–11	[Einleitung]			288–297
	12	III. Entwicklung der Ethik durch die Religion:			298
	12	Phönizische, syrische, assyrische und babylonische Völker			298
	13a-c	Ägyptische Religionen			298–303
	13c-16	Griechische Religion			303–306
	17–26	[Chinesische Religion]			307–31
	27–33	[Die] Religion Zarathustras			316,17
	34–55	Die indischen Religionen			317a/b – 329
sac 7, Nr. 2b	57–97 *aut.*	Fortsetzung:	Datum S. 57:	ZB	330–359
	57–72 (68–72)	Die Ethik des Judentums	7.11.19		330–340 (337–340)
	73–90	Die Ethik Jesu			340–353
	90–97	[Christliche Ethik]	Schlußdatum: 23.11.19		353–359

Sac/ Dossier (Sign.):	Ms.-S.:	Textbezeichnung, Bemerkungen:	Datum:	Bibliothek.:	Dok.-S. (ZAG)
		3a.			
sac 7, Nr. 3	134, *aut.*	*Skizze der def. Fassung der mittleren Capitel des Bandes I der Culturphilosophie*	Anfangsdatum: 11.10.20	ZB	360,120
	1–13	Geschichte der Ethik, einleitendes Capitel [=Vorfassung des Kap. III von Kulturphilos. II]	11.10.20		360,19
	14–24	[Vorfassung zum indischen Denken]	zwischen 11. u. 21.10.20		360, 10–16
	25(13) 30(18)	Die Anfänge der Ethik (S. 25: «Plan»)	21.10.20		360,17
	31(19) 33(21)	Die Ethik in der babylonischen und ägyptischen Religion [Vorfassung zu Kap. II]	–		360, 18–19
	34	Das Gesetzbuch Manus	–		360,20
		3b.			
sac 2	1–7	*VIII. Das ethische Denken beim Jugendlichen und beim primitiven Menschen* [z. T. id. mit der Einleitung zu Anh. I,2,3 a (Die Anfänge der Ethik) u. mit Kap. I]	1920	ZB	361–364
sac 4a	1–4, *Masch.*	id. (Gehört zu «Duplikate und ausgefallene Capitel des I. u. II. Teils der Culturphilosophie»)	–	ZAG	–
		4a.			
sac 7, Nr. 1	16, *aut.*	*Skizzen zum chinesischen und zum indischen Capitel:*	19 19/20	ZB	365–368
	1–4	[Notizen zur Auswahl von Lun-Yü-Zitaten nach W. Schott (bibliograph. Angaben s. S. 38, Anm. 7).]			365
	5	Skizze für die Ethik Laotses			366
	5, 6	Skizze des Capitels über indische Ethik			367, 368

Sac/ Dossier (Sign.):	Ms.-S.:	Textbezeichnung, Bemerkungen:	Datum:	Bibliothek.:	Dok.-S. (ZAG)
		4b.			
sac 2	7–9, *aut.*	[Lun-Yü-Zitate aus der Ms.-Fassung, Kap. III nach W. Schott]	19 20	ZB	369, 370
		4c.			
sac 7, Nr. 4	1–19, *aut.*	*Skizzen zu den Nachträgen der Capitel über die Weltreligionen* [China]	Datum S. 1: 6.5.21. Schlußdatum: 10.5.21	ZB	371–380
	15, *aut.*	Neue Fassung der Aussprüche aus den Lun-Yü			371
		Mengtse			373
		Liehtse			374
		Yang Dschu, im VII. (und VIII.) Buch des Liä Dsi (Liehtse)			376
		Tschuangtse (Dschuang Dsi)			376–380
		Nr. 6: Ausspruch des Guan Yin Hi			377 f.
		4d. *Aus dem alten chinesischen «Livre des récompenses et des peines»:*			
sac 6, Nr. 1b	51, 52	1. Sprüche (in Anh. I,1)	29.9.19	ZB	258
	39 (Druck)	2 Moralische Erzählungen, in: «Evangelisch-Protestantischer Kirchenbote für Elsaß-Lothringen»	21.2.1920	ZAG	381, 382
		5a.			
sac 7, Nr. 1	7, *aut.*	*Würdigung der Ethik Zarathustras*	–	ZB	382a
		5b.			
sac 7, Nr. 1	8, 9, *aut.*	*Skizze für den Schluß des Capitels über die christliche Ethik*	1919/1920	ZB	382b/c

Sac/ Dossier (Sign.):	Ms.-S.:	Textbezeichnung, Bemerkungen:	Datum:	Bibliothek.:	Dok.-S. (ZAG)
		5c.			
sac 7, Nr. 7	37, *aut.* 1–2, *aut.*	[*Ohne Titel*, im Anschluß an eine] Skizze zur Umarbeitung der letzten Seiten des Capitels über Ethik des Christentums	28.5.21	ZB	383–385
		6. Vorstufen des Kapitels IX:			
		6a.			
sac 7, Nr. 8	14, *aut.*	*Skizze des Schlußkapitels über Kultur und Ethik in den Weltreligionen*	–	ZB	386, 387
		6b.			
sac 7, Nr. 8	411, *aut.*	*Neuer Entwurf*	Schlußdatum: 20.1.21	ZB	388–393
		6c.			
sac 2	1–12, *aut.*	*Neue Fassung. Rückblick* Gestrichene Kap.zahl XVI	30.5.21	ZB	394–400
	Die Dok. enthält nebst dem Verzeichnis «Literatur für die ethische Arbeit» (s. o. S. 17) noch ein Verzeichnis «Ergänzende Literaturangaben zum Haupttext», das im Druck ersetzt ist durch die originalen Literaturangaben aus dem nicht aufgenommenen Hauptbestand der «Alten Skizzen zu den Weltreligionen» (S. 17.277)				401 401a-405

B.
Zu Mensch und Kreatur in den Weltreligionen

Sac/ Dossier (Sign.):	Ms.-S.:	Textbezeichnung, Bemerkungen:	Datum:	Bibliothek.:	Dok.-S. (ZAG)
		1. Mystik der Ehrfurcht vor dem Leben			
		1a.			
Doss. 6, Nr. 16a	253–265, *aut.*	*Textskizzen zu «Mensch und Kreatur»*	[1933]	ZB	406–415
	253–255	[Renaissance bis 18. Jhdt.]			406, 407
	255–259	Die Motive der ethischen Verbundenheit mit den Geschöpfen im Alten Testament			408–410

Sac/ Dossier (Sign.):	Ms.-S.:	Textbezeichnung, Bemerkungen:	Datum:	Bibliothek.:	Dok.-S. (ZAG)
	259–263	[Neues Testament: Jesus und Paulus]			411, 412
	263–265	[Das spätere Christentum. Mittelalter]			413–415
sac 8 II, Nr. 2a	+ 266, *aut.*	[R-Schluß] ca. 4 letzte Zeilen			415
		1b.			
		[Aus den]			
sac 8 II, Nr. 2a	266–270, *aut.*	*Skizzen zum chinesischen [und indischen] Denken*	[1933] [S. 266 u. 267 irrtüml. Angabe:] 1921	ZB	416, 417
sac 8 II, Nr. 2b	+ 271, *aut.*	[Exzerpte aus Hackmann, Chines. Philos. Abschnitt zu Mensch und Kreatur:]			417
		[Aus den]			
sac 8 II, Nr. 2b	273–279, *aut.*, R	*Skizzen zum indischen Denken*	[1933]	ZB	418–419
		[Randtext]			
	271–308, *aut.*	[Haupttext (Exzerpte aus Winternitz u. Hillebrandt u. a.)]		ZB	–
		[Schluß desselben (308)]			419
		1c.			
Doss. 6, Nr. 16b	308–313, *aut.*	*Skizze des Abschnitts «Mensch und Kreatur im griechisch-römischen Denken.*	S. 308: 1933 [+irrtüml. Angabe:] Günsbach 1921	ZB	420–423
		2.			
–	155	*Chinesische Tierschutzgeschichten* , in: «Evangelisch-Protest antischer Kirchenbote für Elsaß-Lothringen»	20.9.1919	ZAG	424
		3a.			
Doss. 6, Nr. 17	S.a-f(g), daraus: a und f, *aut.*	[*Anhang, ohne Titel.* Vorfassung oder Skizze zu Kap. II]	–	ZB	425, 426

Sac/ Dossier (Sign.):	Ms.-S.:	Textbezeichnung, Bemerkungen:	Datum:	Bibliothek.:	Dok.-S. (ZAG)
		3b.			
Doss. 6, Nr. 9	1–15, *aut.*	*Mensch und Kreatur im indischen Denken* [1. Fassung von Kap. III], durch def. Text ersetzt.	Lambarene, Sept. 1933	ZB	427–434
		3c.			
Doss. 6, Nr. 11	125–151, gestr. Zählung bis 137: 116–128	[*Mensch und Kreatur.* 1. Fassung der Kap. V-VII]	S. 138: 1933; S. 143: 17.8.1933. Schlußdatum: 22.8.33	ZB	435–450

C.
Zu Hibbert-Vorlesungen:

Sac/ Dossier (Sign.):	Ms.-S.:	Textbezeichnung, Bemerkungen:	Datum:	Bibliothek.:	Dok.-S. (ZAG)
		1.			
sac 15	1–69 [+70–72], *aut.*	*Die Religion in dem heutigen Geistesleben und in der Kultur unserer Zeit.* Vorträge für Hibbert-Lectures Oxford. Skizzen	11.9.–24.1 0. 1934	ZB	452–496
	1–45	I. Vorlesung			452–480
	45–59	Der Aufbauende Teil			480–489
	60–69	III. Vorlesung			489–495
	[70–72]	Plan der IV. Vorlesung [Schluß des Plans auf Ms.-S. 88 des Haupttextes, und die Rückseiten von S. 99 u. 98 desselben enthalten die Skizzenseiten 70 u. 71.]			495–496
		1 Günsbach	–		
		3 Bahn nach Lausanne	11. 9.34		
		6 Lausanne	12.9.34		
		26 "	14.9.34		
		34 "	18.9.34		
		43 "	20.9.34		
		57 In der Bahn von Lausanne nach Günsbach	21.9.34		
		60 Oxford	20.10.34		

Sac/ Dossier (Sign.):	Ms.-S.:	Textbezeichnung, Bemerkungen:	Datum:	Bibliothek.:	Dok.-S. (ZAG)
		67 Lausanne [vermutlich Datum späterer Benützung des Blattes]	31.12.34		
		70 Oxford ...	24.10.34		
	47–59	[Im Vortrag verwendeter Teil (Im vorliegenden Druck: S. 400–408)]			481–489
		2a.			
Doss. 7, Nr. 4	116–150, *aut.*	*Skizzen und Auszüge für das def. Manuskript der Hibbert-Lectures*	17.-15.1. 1935	ZB	497–516
		2b.			
Doss. 7, Nr. 4	82-115, *aut.* *[Zuerst:]* 1-	*Skizzen zur def. Fassung der Hibbert-Vorlesungen.* Anfang	Auf «Am³rique», Febr. 1935	ZB	517–537
Doss. 7, Nr. 4	[1–81 =	Bücherexzerpte vom Herbst 1935 für die Gifford II-Vorlesungen	25.7.35 – 30.10.35	ZB	Gifford-Dok.]
		3.			
sac 15	1–5, *aut.*	*Hibbert. Vorlesungen. Die Religion im heutigen Geistesleben.* Ausarbeitung für den Druck [Anfang, bricht ab.]	16.6.35	ZB	538–539
		4.			
Aus: Doss. 7, Nr. 3	7, *aut.*	[*2 Notizen für die Hibbert-Vorlesungen*]	[vor dem 14.7.35]	ZB	540
	+22, *aut.*		20.9.35		
		5.			
–	361–368	*Die Religion in der modernen Kultur* [deutsche Übersetzung einer engl. Zusammenfassung der Hibbert-Vorlesungen, aus:] George Seaver, *Albert Schweitzer als Mensch und als Denker,* Göttingen 101959, Übersetzung von Albert Lindemann.	–	–	541–549

Register

*Seitenzahlen mit * beziehen sich auf Anmerkungen.*

1. *Bibelstellen*

a) Altes Testament

b) Apokryphen und Pseudepigraphen

c) Neues Testament

2. Zitierte Verfasser und Quellen

3. Namen und Sachen

Anzeigen

Übersicht über die Werke aus dem Nachlaß

Reich Gottes und Christentum
Hrsg. von Ulrich Luz,
Ulrich Neuenschwander (†) und Johann Zürcher
1995. 759 Seiten. Leinen

Straßburger Vorlesungen
Hrsg. von Erich Gräßer
und Johann Zürcher
1998. 759 Seiten. Leinen

Die Weltanschauung der Ehrfurcht vor dem Leben
Kulturphilosophie III
Hrsg. von Claus Günzler
und Johann Zürcher
Band 1: Erster und zweiter Teil
1999. 493 Seiten. Leinen
Band 2: Dritter und vierter Teil
2000. 504 Seiten. Leinen

Predigten 1898–1948
Hrsg. von Richard Brüllmann (†)
und Erich Gräßer
2001. 1392 Seiten. Leinen

Kultur und Ethik in den Weltreligionen
Hrsg. von Ulrich Körtner
und Johann Zürcher
2001. 467 Seiten. Leinen

Geschichte des chinesischen Denkens
Hrsg. von Bernard Kaempf
und Johann Zürcher

Vorträge und Aufsätze
Hrsg. von Claus Günzler,
Ulrich Luz und Johann Zürcher

Wir Epigonen
Hrsg. von Ulrich Körtner
und Johann Zürcher

Verlag C. H. Beck München